AMPHI
LMD

COURS DE DROIT DES PERSONNES ET DE LA FAMILLE

Clara Bernard-Xémard

Docteur en droit et habilitée à diriger des recherches (HDR), est Maître de conférences en droit privé de l'Université de Versailles-Saint-Quentin.
Elle codirige le Master 2 Carrières judiciaires de l'Université de Versailles-Saint-Quentin ainsi que l'IEJ.

Suivez-nous sur

DANGER
LE PHOTOCOPILLAGE TUE LE LIVRE

70, rue du Gouverneur Général Éboué
92131 Issy-les-Moulineaux cedex
ISBN 978 - 2 - 297 - 06273 - 2

AMPHI LMD

COURS DE DROIT DES PERSONNES ET DE LA FAMILLE

Clara Bernard-Xémard

3e édition 2017-2018

Intègre la réforme « J21 » et ses décrets d'application

Gualino
une marque de Lextenso

AMPHI LMD

La collection Amphi LMD permet aux étudiants de Licence (L1, L2 et L3), d'acquérir l'ensemble des connaissances d'une matière en conformité avec le cours dispensé en amphi.

Chaque livre :

- développe des connaissances approfondies sur la matière juridique traitée ;
- permet une accessibilité immédiate à une information approfondie.

À ma famille. Avec une pensée très particulière pour Léna, Élisa, Stanislas et leur papa...

Avertissement relatif à la réforme du droit des contrats et des obligations

(Ordonnance nº 2016-131 du 10 février 2016 portant réforme du droit des contrats, du régime général et de la preuve des obligations)

Les dispositions qui en sont issues sont entrées en vigueur le 1er octobre 2016. Cet ouvrage fait référence à certains textes du droit commun des contrats et de la responsabilité. À chaque fois, il est indiqué la nouvelle numérotation et fait un rappel de l'ancienne.

Sommaire

Sommaire

Sommaire

Sommaire

Partie 2 : La famille

Sommaire

Sommaire

Sommaire

Sommaire

Sommaire

Liste des principales abréviations

AJ fam.	Actualité juridique, famille
BICC	Bulletin d'information de la Cour de cassation
Bull. civ.	Bulletin des arrêts de la Cour de cassation, chambres civiles
C. civ.	Code civil
C. com.	Code de commerce
C. éduc.	Code de l'éducation
C. pén.	Code pénal
CASF	Code de l'action sociale et des familles
Cass. 1re civ.	Cour de cassation, première chambre civile
Cass. 2e civ.	Cour de cassation, deuxième chambre civile
Cass. 3e civ.	Cour de cassation, troisième chambre civile
Cass. ass. plén.	Cour de cassation, assemblée plénière
Cass. com.	Cour de cassation, chambre commerciale
Cass. crim.	Cour de cassation, chambre criminelle
Cass. soc.	Cour de cassation, chambre sociale
CEDH	Cour européenne des droits de l'homme
CIDE	Convention internationale des droits de l'enfant
COJ	Code de l'organisation judiciaire
Cons. const.	Conseil constitutionnel
Conv. EDH	Convention européenne des droits de l'homme
CPC	Code de procédure civile
CSP	Code de la santé publique
CSS	Code de la sécurité sociale
D.	Recueil Dalloz
D.	Décret
DDHC	Déclaration des droits de l'homme et du citoyen
Déc.	Décision
Defrénois	Répertoire du notariat Defrénois
Dr. famille	Droit de la famille
Dr. soc.	Droit social
DUDH	Déclaration universelle des droits de l'homme
Gaz. Pal.	Gazette du Palais
HALDE	Haute Autorité de lutte contre les discriminations et pour l'égalité
JAF	Juge aux affaires familiales

JCP	JurisClasseur périodique, édition générale (Semaine juridique LexisNexis)
LEFP	L'essentiel Droit de la famille et des personnes
LPA	Les Petites Affiches
RLDC	Revue Lamy Droit civil
RTD civ.	Revue trimestrielle de droit civil
TGI	Tribunal de grande instance
TI	Tribunal d'instance

Introduction

1 — Plan de l'introduction. L'introduction sera l'occasion d'approcher tant les notions de personnes et famille (section 1) que le droit qui les régit (section 2).

SECTION 1 L'approche juridique des notions de personnes et de famille

2 — Langages courant et juridique. Si les mots « personne » et « famille » sont employés fréquemment dans le langage courant, le sens juridique de l'un et de l'autre mérite d'être précisé.

I L'approche juridique de la notion de personne

3 — Notion de personne. La personne est un être capable de jouir de droits subjectifs (droit de vote, droit de propriété, droit au respect de la vie privée...). En droit français, les personnes sont opposées aux choses. La notion de personne englobe à la fois les personnes physiques (assimilables aux êtres humains) et les personnes morales (groupements de personnes ou de biens, tels que les sociétés ou les fondations par exemple).

4 — Notions de personnalité juridique et de capacité juridique. La personne est titulaire de la personnalité juridique, laquelle la rend apte à être titulaire de droits et à les exercer. La titularité et l'exercice des droits sont subordonnés à la capacité juridique, autrement dit à l'absence d'incapacité juridique. Il est légitime qu'une personne soit, en raison de sa vulnérabilité, frappée d'une incapacité, du moins dans une certaine mesure. L'incapacité implique de distinguer entre l'incapacité de jouissance et l'incapacité d'exercice.

5 — Notion d'incapacité de jouissance. Elle est définie comme l'inaptitude à jouir d'un droit. L'incapacité de jouissance ne peut jamais être générale : cela irait à l'encontre même du concept de personnalité juridique. Elle est donc nécessairement spéciale.

Certaines personnes sont incapables de se marier en raison de leur âge. D'autres ne sont pas capables de jouir de certains droits en France (vote, exercice d'une profession) parce qu'elles sont de nationalité étrangère.

6 — Notion d'incapacité d'exercice. Elle est définie comme l'inaptitude à exercer un droit dont on est titulaire, en raison de l'âge (mineurs) ou de l'altération des facultés (majeurs protégés). Il est donc possible d'avoir la personnalité juridique tout en étant frappé d'une incapacité d'exercice. Ainsi, un mineur a la personnalité juridique mais est, en principe, incapable d'accomplir des actes juridiques.

7 — Notion de droit des personnes. À travers ces définitions, se dessine l'objet même du droit des personnes envisagé comme discipline juridique. Cette matière consiste à appréhender la notion de personnalité juridique, posant ainsi les questions de savoir à qui elle est octroyée, jusqu'à quand et quels sont les droits qui y sont attachés. Elle permet aussi de déterminer quelles sont les personnes frappées d'incapacité(s), ce qui revient à analyser comment les êtres humains vulnérables sont protégés en droit français.

8 — Spécificités du droit des personnes. Le droit des personnes est un droit de masse puisqu'il concerne les 66,6 millions d'êtres humains habitant en France au 1er janvier 2016. Ce droit comporte des enjeux humains considérables dans la mesure où il touche à la vie (800 000 naissances en France en 2015), à la vieillesse (phénomène de plus en plus présent avec le recul de l'espérance de vie, laquelle est actuellement de 85 ans pour les femmes et 78,9 ans pour les hommes) et à la mort (600 000 décès en France en 2015). Bref, c'est un droit vivant.

Source : Insee, Bilan démographique 2015.

II L'approche juridique de la notion de famille

9 — Famille : une notion évolutive. Il est difficile de donner une définition juridique de cette notion, car il n'existe pas une famille mais des familles, lesquelles varient en fonction des lieux et des époques. Chaque État les appréhende différemment, en fonction de ses aspirations politiques, sociales et culturelles notamment.

La famille africaine traditionnelle est, par exemple, conçue comme un vaste groupe regroupant les individus de plusieurs générations.

À l'inverse, les sociétés occidentales fonctionnent aujourd'hui traditionnellement sur un modèle familial plus resserré, à savoir généralement un père, une mère et leur(s) enfant(s). C'est la famille dite « ménage ».

10 — Diversité des familles en France. Si la famille « ménage » construite sur le mariage était la norme encore au milieu du XXe siècle en France, tel n'est plus le cas aujourd'hui. On assiste, en effet, depuis plusieurs décennies à l'émergence de nouvelles familles : les familles hors mariage, les familles décomposées, les familles recomposées, les familles monoparentales, les familles homoparentales.

Il est à noter qu'à l'heure actuelle, près de 60 % des naissances surviennent hors mariage (source : Insee).

11 — Famille monoparentale. Composée d'un parent isolé avec un ou plusieurs enfants, la famille monoparentale est en constante augmentation. La proportion des familles monoparentales par rapport à l'ensemble des familles est ainsi passée de 8,2 % en 1975 à 20,8 % en 2011. Dans 85 % des cas, il s'agit d'une mère seule avec son ou ses enfants. Selon une estimation de l'Ined, 25 % à 33 % des femmes connaissent au moins une situation de monoparentalité au cours de leur vie.

V. notamment Algalva E., « Les familles monoparentales : des caractéristiques liées à leur histoire matrimoniale », Cahiers de l'Ined 2005, n° 156 ; v. aussi l'étude collective « Depuis combien de temps est-on parent de famille monoparentale ? », Insee Première mars 2015, n° 1539.

12 — Famille homoparentale. On parle de famille homoparentale lorsqu'un enfant vit avec deux adultes de même sexe dont l'un, au moins, est son parent. Il est difficile de cerner actuellement l'ampleur du phénomène. Selon les démographes, 24 000 à 40 000 enfants vivent au sein de familles homoparentales (étude de l'Ined de 2005). Les associations dites homosexuelles évoquent, elles, entre 200 000 et 300 000 enfants.

13 — Définition de la famille retenue dans l'ouvrage. Pour prendre en compte cette diversité qui existe dans les faits, on retiendra ici une définition large de la notion de famille, laquelle sera entendue comme un groupe de personnes unies, soit par un lien de parenté, soit par un lien d'alliance, soit même par une vie commune.

14 — Définition du lien de parenté. La parenté est le lien juridique unissant des personnes entre lesquelles il existe un lien de sang. Cette définition est quelque peu réductrice. Au lien de sang, il faut ajouter les liens dits électifs, c'est-à-dire ceux qui procèdent d'une adoption ou encore d'une filiation rendue possible grâce à une assistance médicale à la procréation réalisée avec un tiers donneur (don de sperme, par exemple).

15 — Définition du lien d'alliance. C'est le lien qui naît du mariage. Il donne également naissance à une famille, c'est-à-dire à un groupe de personnes reliées entre elles par des liens fondés sur le mariage.

16 — Notion de vie commune. Même si l'idée est contestée par certains juristes, il faut aujourd'hui admettre que la vie commune – que mènent par exemple deux concubins ou deux personnes pacsées l'une avec l'autre (appelées des partenaires en droit) – fait naître une famille.

SECTION 2 L'approche juridique du droit des personnes et de la famille

17 — Plan de section. Il est important d'évoquer tant l'évolution du droit des personnes et de la famille (I) que ses sources (II).

I L'évolution du droit des personnes et de la famille de 1804 à aujourd'hui

18 — Évolution considérable du droit des personnes et de la famille en deux siècles. Quel contraste entre 1804 (A) et aujourd'hui (B) ! Plus de deux siècles au cours desquels l'être humain a été enrichi de nouveaux droits, l'épouse libérée de la tutelle de son mari, les parents traités égalitairement, les enfants adultérins sortis de l'ombre et les couples homosexuels autorisés à se marier et à adopter.

A Le droit des personnes et de la famille en 1804

1 Le droit des personnes en 1804

19 — Droit des personnes négligé par le Code Napoléon. Le Code civil avait, en 1804, fait une place réduite aux personnes. En effet, les auteurs s'accordent à dire que c'était un Code plus centré sur l'avoir que sur l'être. Ainsi, sur les 2 281 articles contenus à l'époque dans le Code civil, 507 seulement étaient consacrés aux personnes.

2 Le droit de la famille en 1804

20 — Famille dans le Code Napoléon. Dans le Code civil de 1804, la famille était abordée sous l'angle du mariage, du divorce, de la filiation, de la puissance paternelle et de la tutelle. L'analyse des dispositions légales consacrées à ces thèmes permet de dégager les caractéristiques du droit de la famille de l'époque.

21 — Situation de la femme mariée dans le Code Napoléon. En 1804, l'épouse était soumise à la puissance de son mari auquel elle devait « obéissance » (C. civ., art. 213 ancien). Elle était juridiquement incapable. Pour réaliser des actes qui semblent aujourd'hui anodins à beaucoup de femmes (travailler, contracter, ouvrir et gérer un compte en banque), elle avait besoin de l'autorisation de son mari ou à défaut, de celle du juge.

22 — Défense de la famille légitime dans le Code Napoléon. Le Code civil de 1804 ne reconnaissait que la famille construite sur le mariage, c'est-à-dire - selon un vocable utilisé jusqu'à l'ordonnance du 4 juillet 2005 - la famille légitime. Le mariage était largement encouragé tandis que le divorce était très encadré. L'établissement de la paternité du mari de la femme ayant accouché était facilité par le biais d'une présomption légale. Les enfants légitimes étaient juridiquement très bien protégés par l'octroi de droits importants, notamment des droits alimentaires et des droits successoraux.

23 — Mari : unique chef de la famille légitime dans le Code Napoléon. La direction de la famille légitime appartenait exclusivement au mari. Il choisissait seul le logement familial et gérait seul les biens de la communauté. Surtout, il exerçait seul la puissance paternelle sur les enfants, détenant sur eux des moyens de correction forts - par exemple la possibilité de les faire emprisonner.

24 — Refus de la famille naturelle dans le Code Napoléon. En 1804, les concubins étaient, sur le plan juridique, ignorés. L'établissement de la filiation des enfants nés hors mariage (appelés à l'époque « enfants naturels ») n'était pas toujours possible. Ceux-ci avaient un traitement juridique inférieur à celui des enfants légitimes puisque des droits moindres leur étaient conférés. C'était particulièrement vrai pour l'enfant naturel adultérin.

L'enfant adultérin est un enfant issu de deux personnes dont l'une au moins est engagée dans les liens du mariage avec une tierce personne. Ce vocable n'est plus utilisé en droit français depuis l'ordonnance du 4 juillet 2005.

B L'évolution moderne du droit des personnes et de la famille

1 L'évolution du droit des personnes

25 — Intérêt manifesté aux personnes dans les années 1970. C'est à partir de 1968 que le législateur français a commencé à s'intéresser à la personne physique, en réformant le droit de l'incapacité. La loi du 17 juillet 1970 a été dans le même sens en consacrant, dans l'article 9 du Code civil, le droit de chacun au respect de sa vie privée. Quelques années plus tard, c'est la condition juridique des mineurs qui a évolué avec la loi du 5 juillet 1974, laquelle a abaissé l'âge de la majorité civile de 21 à 18 ans.

26 — Intérêt manifesté aux personnes, confirmé avec les lois de bioéthique. Le 29 juillet 1994 ont été adoptées les premières lois dites de bioéthique, lesquelles ont notamment contribué à doter la personne physique de nouveaux droits subjectifs : le droit à la dignité et au respect de l'être humain dès le commencement de la vie (C. civ., art. 16), le droit au respect de son corps (C. civ., art. 16-1), le droit à l'intégrité du corps humain (C. civ., art. 16-3). La réforme des lois de bioéthique, réalisée par la loi du 6 août 2004, a enrichi la liste en ajoutant le droit à l'intégrité de l'espèce humaine (C. civ., art. 16-4). Ces principes fondamentaux ont été réaffirmés à l'occasion de la loi du 7 juillet 2011 relative à la bioéthique.

27 — Protection des majeurs renforcée en 2007. Ce panorama serait incomplet si n'était pas évoquée ici la loi du 5 mars 2007 réformant la protection juridique des majeurs. Il n'est d'ailleurs pas neutre que le législateur ait affirmé à cette occasion que la protection des majeurs vulnérables « est instaurée et assurée dans le respect des libertés individuelles, des droits fondamentaux et de la dignité de la personne » (C. civ., art. 415, al. 2).

2 L'évolution du droit de la famille

a La période de stabilité

28 — Stabilité du droit de la famille au XIXe siècle. Pendant tout le XIXe siècle, le droit de la famille n'a quasiment pas évolué, sauf en matière de divorce. En effet, ce dernier a d'abord été supprimé par la loi Bonald du 8 mai 1816, avant d'être rétabli par la loi Naquet du 27 juillet 1884 en cas de faute.

b La période des changements ponctuels

29 — Modifications ponctuelles du droit de la famille pendant la première moitié du XXe siècle. Durant cette période, différents événements (guerres mondiales, crise économique, montée du féminisme) ont incité le législateur à faire des interventions ponctuelles en droit de la famille. La loi du 13 juillet 1907 a ainsi permis à la femme mariée de percevoir et de disposer librement de ses salaires et gains professionnels. Plus tard, la loi du 18 février 1938 a, elle, supprimé l'incapacité juridique de la femme mariée. La loi du 22 septembre 1942 a ensuite quelque peu augmenté les pouvoirs de la femme mariée, notamment en consacrant la théorie jurisprudentielle du mandat domestique de l'épouse.

c L'ère Carbonnier

30 — Vingt ans de renouveau en droit de la famille. De 1964 à 1985, ont été adoptées, sous l'impulsion du doyen Carbonnier, de profondes réformes en droit de la famille touchant à de nombreux aspects (incapacités, régimes matrimoniaux, divorce, filiation, autorité parentale), de sorte que la matière a été véritablement transformée.

Loi n° 64-1230 du 14 décembre 1964 relative à la tutelle et à l'émancipation : JO 15 déc. 1964, p. 11140.

Loi n° 65-570 du 13 juillet 1965 portant réforme des régimes matrimoniaux : JO 14 juill. 1965, p. 6044.

Loi n° 68-5 du 3 janvier 1968 portant réforme du droit des incapables majeurs : JO 4 janv. 1968, p. 114.

Loi n° 70-459 du 4 juin 1970 relative à l'autorité parentale : JO 5 juin 1970, p. 5227.

Loi n° 72-3 du 3 janvier 1972 sur la filiation : JO 5 janv. 1972, p. 145.

Loi n° 75-617 du 11 juillet 1975 portant réforme du divorce : JO 12 juill. 1975, p. 7171.

Loi n° 77-1447 du 28 décembre 1977 relative à l'absence : JO 29 déc. 1977, p. 6215.

Loi n° 85-1372 du 23 décembre 1985 relative à l'égalité des époux dans les régimes matrimoniaux et des parents dans la gestion des biens des enfants mineurs : JO 26 déc. 1985, p. 15111.

31 — Présentation de Jean Carbonnier. Né en 1908, il a été professeur à la faculté de droit de Poitiers dont il a été doyen puis à celle de Paris. Il est l'auteur d'un célèbre manuel de droit civil en 5 volumes (Introduction, Les personnes, La famille, Les biens, Les obligations). Il a été le premier à promouvoir la sociologie juridique. Lorsqu'il a élaboré les avant-projets de lois de réforme du droit de la famille, on a dit de lui qu'il avait été « jurislateur ». C'était un éminent juriste, regretté par beaucoup à sa mort en 2003.

32 — Réforme sous Jean Carbonnier : pluralisme mais cohérence. « À chacun sa famille, à chacun son droit » écrivait Jean Carbonnier en 1978 dans *Essais sur les lois*, mettant ainsi en évidence que face à la pluralité des modèles familiaux, le législateur moderne avait choisi de répondre par une pluralité de statuts. Malgré ce pluralisme, les lois adoptées sous l'égide du doyen Carbonnier prenaient toutes leur ancrage dans le mariage. En cela, la cohérence était respectée.

Carbonnier J., *Essais sur les lois*, 2e éd., 1995, Defrénois.

d L'après-Carbonnier

33 — Nouvelle série de réformes en droit de la famille. À partir de 1999, un nouveau train de réformes a été mis en route, de sorte que la matière a encore évolué sous l'empire de nouvelles lois. Ces dernières concernaient tant le couple (avec l'instauration du pacs en 1999 puis la réforme du divorce en 2004) que l'enfant (lois sur l'autorité parentale et le nom de famille en 2002, textes sur la filiation en 2005 et 2009).

Loi nº 99-944 du 15 novembre 1999 relative au Pacte civil de solidarité (pacs) : JO 16 nov. 1999, nº 265, p. 16959.

Lois nº 2002-304 et nº 2002-305 du 4 mars 2002 relatives au nom de famille et à l'autorité parentale : JO 5 mars 2002, p. 4159 et 4161.

Loi nº 2004-439 du 26 mai 2004 portant réforme du divorce : JO 27 mai 2004, nº 122, p. 9319.

Ordonnance nº 2005-759 du 4 juillet 2005 portant réforme de la filiation : JO 6 juill. 2005, nº 156, p. 11159.

Loi nº 2009-61 du 16 janvier 2009 ratifiant l'ordonnance du 4 juillet 2005 : JO 18 janv. 2009, nº 0015, p. 1062.

34 — Réformes par strates du droit de la famille. Si les lois adoptées sous l'égide du doyen Carbonnier répondaient à une cohérence d'ensemble, il a souvent été mis en évidence que les réformes entamées à partir de 1999 en sont, elles, dénuées. En effet, le législateur s'est souvent contenté d'enchaîner les réformes les unes après les autres sur des thématiques diverses, sans analyser si l'ensemble était cohérent. Le même constat s'impose à la fin du quinquennat du président Hollande, période pendant laquelle la matière a encore évolué.

e Le droit de la famille sous le quinquennat du président Hollande

35 — Couples homosexuels : avancée et *statu quo*. Presque un an jour pour jour après sa prise de fonction à la présidence de la République, François Hollande a, ainsi qu'il s'y était engagé pendant sa campagne, promulgué une loi ouvrant le mariage aux couples de personnes de même sexe. Ce séisme en droit de la famille en appellera nécessairement d'autres, à plus ou moins long terme. Ainsi, bien que repoussée à une date ultérieure, la question de l'accès des femmes homosexuelles à la technique de l'insémination artificielle avec donneur (IAD) en France devra bien un jour être à nouveau débattue.

Loi nº 2013-404 du 17 mai 2013 ouvrant le mariage aux couples de personnes de même sexe : JO 18 mai 2013, nº 0114, p. 8253.

36 — Modernisation et simplification du droit de la famille : loi du 16 février 2015. Animé par la volonté de moderniser et de simplifier le droit et les procédures, le gouvernement conduit par Jean-Marc Ayrault avait déposé en novembre 2013, pendant la présidence de François Hollande, un projet de loi, devenu la loi nº 2015-177 du 16 février 2015. Cette loi a eu un impact indéniable sur le droit de la famille, puisque :

- d'une part, elle a modifié des dispositions légales dont certaines touchent au droit des personnes et de la famille (personnes protégées et divorce, notamment) ;
- d'autre part, elle a habilité le gouvernement à réformer par voie d'ordonnances plusieurs matières (droit des obligations, régime général de l'obligation, droit de la preuve...) et aussi plusieurs domaines du droit de la famille (entendu au sens large). C'est à cette fin qu'a été adoptée l'ordonnance du 15 octobre 2015 portant simplification et modernisation du droit de la famille.

Loi nº 2015-177 du 16 février 2015 relative à la modernisation et à la simplification du droit et des procédures dans les domaines de la justice et des affaires intérieures : JO 17 févr. 2015, nº 0040, p. 2961.

37 — Modernisation et simplification du droit de la famille : ordonnance du 15 octobre 2015. Adoptée par le gouvernement après qu'il ait été autorisé par la loi du 16 février 2015 à réformer par voie d'ordonnance certaines dispositions touchant au droit des personnes et de la famille, l'ordonnance du 15 octobre 2015 est venue modifier trois domaines :

- le divorce (avec la réécriture de l'article 267 du Code civil) ;
- l'administration légale (laquelle se trouve substantiellement modifiée) ;
- la protection des majeurs (qui est enrichie d'un nouvel instrument avec la consécration de l'habilitation dite familiale).

Ordonnance nº 2015-1288 du 15 octobre 2015 portant simplification et modernisation du droit de la famille : JO 16 oct. 2015, nº 0240, p. 19304.

Sur cette ordonnance, v. notamment le dossier spécial « Simplification et modernisation du droit de la famille », Dr. famille, janv. 2016.

Ces modifications seront évoquées plus en détail dans chacun des chapitres concernés.

38 — Lois récentes ayant des incidences ponctuelles sur le droit des personnes et de la famille. Parmi celles-ci, on peut signaler :

- la loi du 28 décembre 2015 relative à l'adaptation de la société au vieillissement (laquelle a notamment créé de nouvelles incapacités spéciales de recevoir et organisé une publicité pour le mandat de protection future) ;
- la loi dite « de fin de vie » du 2 février 2016. Comme son titre l'indique, cette dernière loi instaure de nouveaux droits en faveur des malades et des personnes en fin de vie, tels que le droit « à un meilleur apaisement possible de la souffrance » (CSP, art. L. 1110-5) ou encore le droit, sous certaines conditions, à une « sédation profonde et continue » (CSP, art. L. 1110-5-2). Elle réforme également les directives anticipées en les élargissant et en les rendant, en principe, contraignantes pour les médecins. Elle crée aussi un véritable statut pour la personne de confiance.

Loi n° 2015-1776 du 28 décembre 2015 relative à l'adaptation de la société au vieillissement : JO 29 déc. 2015, n° 0301, p. 24268.

Loi n° 2016-87 du 2 février 2016 créant de nouveaux droits en faveur des malades et des personnes en fin de vie : JO 3 févr. 2015, n° 0028.

39 — Loi du 14 mars 2016 portant réforme de la protection de l'enfant. Issue d'une proposition de loi déposée en septembre 2014, cette loi, longtemps attendue, a été adoptée après un long cheminement parlementaire. Elle comporte trois titres qui posent les grandes thématiques et enjeux de cette réforme de la protection de l'enfance, à savoir :

- améliorer la gouvernance nationale et locale de la protection de l'enfance ;
- sécuriser le parcours de l'enfant en protection de l'enfance ;
- adapter le statut de l'enfant placé sur le long terme.

Elle est donc riche en dispositions nouvelles, qui figurent non seulement dans le Code civil, mais aussi dans le Code de l'action sociale et des familles et le Code pénal. Entre autres mesures, cette loi a donné une nouvelle définition de la protection de l'enfance et créé un conseil national dédié à cette protection. Elle a également modifié quelque peu le droit de l'adoption, spécialement celui de l'adoption simple. Elle a aussi instauré des mesures de suivi de l'enfant dans certaines situations particulières : enfants en difficulté, enfants placés, enfants nés sous X puis restitués à l'un de leur parent.

Loi n° 2016-297 du 14 mars 2016 relative à la protection de l'enfant : JO 15 mars 2016, n° 0063.

Pour une vision globale de cette loi, lire la note d'actualité publiée à ce sujet par l'Observatoire national de la protection de l'enfance (ONPE).

40 — Loi dite « Justice du XXIe siècle ». Quelques mois avant la fin de la présidence de François Hollande a été adoptée une loi volumineuse, qui a des incidences nombreuses tant en droit des personnes qu'en droit de la famille. Il s'agit de la loi nº 2016-1547 du 18 novembre 2016 de modernisation de la justice du XXIe siècle, dont le titre IV vise à recentrer les juridictions sur leurs missions essentielles, c'est-à-dire juger. À cette fin, plusieurs pans du droit des personnes et de la famille ont été déjudiciarisés (notamment le changement de prénom, l'enregistrement de certains pacs, le divorce dans une certaine mesure avec l'instauration d'un divorce par consentement mutuel sans juge, les formalités à accomplir en cas de renonciation à succession, déclaration à concurrence de l'actif net ou envoi en possession) et confiés à de nouvelles autorités (officier de l'état civil, notaire, avocat, selon les cas...). Mais déjudiciariser pour simplifier, n'est-ce pas dénaturer ces deux matières, dans lesquelles le juge occupait traditionnellement une place de choix ? D'autres thématiques importantes ont, sans être déjudiciarisées, été saisies par cette loi : changement de sexe à l'état civil, habilitation familiale, etc.

Loi nº 2016-1547 du 18 novembre 2016 de modernisation de la justice du XXIe siècle : JO 19 nov. 2016.

Les changements issus de ces lois seront évoqués en détail dans l'ouvrage, dans les chapitres concernés.

Lecture conseillée : « Le droit des personnes et de la famille à l'aune des nouveautés de la loi J21 », Dr. famille 2017, Dossier, p. 10.

41 — Analyse des lois modernes. Toutes les réformes entamées à partir de 1964 sont, au fond, allées dans le même sens : faire une plus grande place aux concepts de liberté et d'égalité. Ceux-ci sont deux grandes dominantes du droit contemporain de la famille. Ainsi, le concept d'égalité a été décliné sous de nombreuses formes : égalité entre le mari et la femme (lois de 1965 et 1985), égalité entre les enfants nés en mariage et hors mariage (lois de 1972 et de 2002, ordonnance de 2005), égalité entre les père et mère (lois de 1970, de 1985, de 2002) et maintenant égalité entre les couples hétérosexuels et homosexuels (loi de 2013). La notion de liberté a, elle aussi, connu une promotion à l'époque contemporaine, notamment la liberté de se marier (loi de 2013) et de divorcer (loi de 2016 dite « Justice du XXIe siècle », laquelle a consacré dans notre droit un divorce par consentement mutuel sans juge).

42 — Analyse critique du droit de la famille moderne. Cette tendance consistant à asseoir le droit moderne de la famille principalement sur les concepts de liberté et d'égalité est critiquée par des auteurs, comme Mme Dominique Fenouillet, au motif qu'elle est poussée à l'extrême au point d'étouffer d'autres valeurs tout aussi importantes. Selon elle, « aucune famille ne peut se construire et prospérer sur les seules considérations de liberté et d'égalité ; c'est le devoir, l'union, la solidarité, le dépassement des égoïsmes individuels... qui, seuls, peuvent dessiner un groupe familial fort ».

Fenouillet D., *Droit de la famille*, 3e éd., 2013, Dalloz, Cours.

43 — Lien entre famille et société. Quelle que soit l'opinion que l'on a du droit moderne de la famille, il faut avoir conscience que le législateur doit être particulièrement prudent lorsqu'il appréhende la famille. En effet, celle-ci exerce des fonctions collectives. Elle est, en quelque sorte, le premier maillon de la société.

II Les sources du droit des personnes et de la famille

44 — Multiplication des sources du droit des personnes et de la famille. La prédominance des sources internes (A) n'empêche pas en cette matière l'émergence de sources internationales (B).

A La prédominance des sources internes

1 La loi

45 — Rôle prépondérant de la loi en droit des personnes et de la famille. La première source du droit des personnes et de la famille est indéniablement la loi, comme en témoignent les nombreuses réformes intervenues en ces deux matières depuis 1964.

2 La Constitution et le Conseil constitutionnel

46 — Rôle de l'État en droit des personnes et de la famille. La Constitution est une source du droit des personnes et de la famille, notamment parce que le Conseil constitutionnel a intégré au bloc de constitutionnalité, le Préambule de la Constitution de 1946 qui prévoit – entre autres – que « la nation assure à l'individu et à la famille les conditions nécessaires à leur développement ».

47 — Principes à valeur constitutionnelle en droit des personnes et de la famille. Le Conseil constitutionnel classe des libertés et droits familiaux au rang des principes à valeur constitutionnelle. C'est le cas de la liberté de se marier (Cons. const., 13 août 1993 et 9 nov. 1999) ou encore du droit au regroupement familial (Cons. const., 13 août 1993).

Cons. const., 13 août 1993, n° 93-325 DC : JCP 1993, III, 66372, note d'Onorio.

Cons. const., 9 nov. 1999, n° 99-419 DC : JO 16 nov. 1999, n° 265, p. 16962.

48 — Décision importante du Conseil constitutionnel. Il arrive que le Conseil constitutionnel rende en droit de la famille des décisions importantes. L'exemple le plus illustre découle de sa décision du 9 novembre 1999 portant sur la constitutionnalité de la loi relative au pacs, dans laquelle le Conseil constitutionnel a pallié les lacunes, oublis et imperfections du législateur en la matière. Par exemple, il a précisé dans le silence de la loi que si le consentement au pacs est vicié par une erreur, un dol ou une violence, celui-ci encourt alors la nullité. Il est d'ailleurs significatif qu'un auteur – N. Molfessis – ait intitulé l'un de ses articles consacrés au sujet « La réécriture de la loi relative au pacs par le Conseil constitutionnel. »

Molfessis N., « La réécriture de la loi relative au pacs par le Conseil constitutionnel », JCP 2000, I, 210.

49 — Questions prioritaires de constitutionnalité (QPC) en droit des personnes et de la famille. Mécanisme entré en vigueur le 1er mars 2010, les QPC portent aujourd'hui régulièrement sur des thèmes intéressant le droit des personnes et de la famille. Or, même si le Conseil constitutionnel refuse souvent d'être l'initiateur des réformes (voir ses décisions QPC relatives à l'accouchement sous X, le mariage entre deux personnes de même sexe ou encore l'adoption de l'enfant de sa compagne par une femme homosexuelle), sa décision d'inconstitutionnalité a parfois pour effet de provoquer une évolution du droit positif.

V. par exemple, l'inconstitutionnalité du 1er alinéa de l'article L. 224-8 du Code de l'action sociale et des familles qui a été relevée par le Conseil constitutionnel dans une décision du 27 juillet 2012 (Cons. const., 27 juill. 2012, n° 2012-268 QPC : Dr. famille 2012, Comm. n° 143, Neirinck Cl.) et qui a provoqué une intervention du législateur en la matière (L. n° 2013-673, 26 juill. 2013 relative à l'arrêté d'admission en qualité de pupille de l'État).

3 ▌ La jurisprudence

50 — La jurisprudence, incontestable source du droit des personnes et de la famille. La jurisprudence est à l'origine de l'émergence des principaux droits de la personnalité, de l'extension des droits des concubins (par l'application notamment de la théorie de l'enrichissement sans cause) ou encore de l'accroissement du rôle de la vérité biologique dans le droit de la filiation (avec la création, sous l'empire de la loi du 3 janvier 1972, de deux nouvelles actions en contestation de paternité légitime). Plus récemment, elle a admis le prononcé de la délégation-partage de l'exercice de l'autorité parentale au sein de la famille homosexuelle.

B L'émergence des sources internationales

51 — Traités internationaux relatifs à la famille. Les personnes et surtout la famille sont envisagées dans plusieurs traités internationaux comme la Déclaration universelle des droits de l'homme (DUDH) adoptée par l'Assemblée générale des Nations unies le 10 décembre 1948, la Convention européenne des droits de l'homme et du citoyen (Conv. EDH) du 4 novembre 1950 ou encore la Convention internationale des droits de l'enfant (CIDE) adoptée par l'Assemblée générale des Nations unies le 20 novembre 1989 et entrée en vigueur en France le 2 septembre 1990.

1 La Convention européenne des droits de l'homme et la Cour européenne des droits de l'homme

52 — Convention européenne des droits de l'homme (Conv. EDH). Cette convention consacre certains droits familiaux, comme le droit de se marier ou de fonder une famille (art. 12). Elle reconnaît des droits fondamentaux à la personne tels que le droit à la vie (art. 2), le droit à un procès équitable (art. 6), le droit au respect de sa vie privée et familiale, de son domicile et de sa correspondance (art. 8).

53 — Convention européenne des droits de l'homme (Conv. EDH) et Cour européenne des droits de l'homme (CEDH). Les dispositions de la Conv. EDH sont invocables par tout justiciable d'un État signataire de la Convention, devant ses juridictions nationales. Et si le justiciable n'a pas obtenu satisfaction devant les juridictions nationales, il peut, après avoir épuisé toutes les voies de recours internes, saisir la CEDH pour faire condamner son pays pour ne pas avoir respecté les dispositions de la Conv. EDH.

54 — Cour européenne des droits de l'homme (CEDH). Elle exerce une influence non négligeable sur le droit interne des personnes et de la famille. Ainsi, c'est parce qu'elle a été condamnée par la CEDH en 1992 que la Cour de cassation a fait évoluer sa jurisprudence relativement au changement de sexe à l'état civil des personnes transsexuelles. De la même façon, c'est depuis une condamnation de la France par la CEDH en 2008, que les agréments sont délivrés sans difficulté par les conseils généraux aux personnes homosexuelles, candidates à une adoption individuelle. En condamnant la France le 26 juin 2014, la CEDH a également incité l'Assemblée plénière de la Cour de cassation à admettre, le 3 juillet 2015, à certaines conditions, la transcription des actes de naissance valablement dressés à l'étranger sur les registres de l'état civil français des enfants issus d'une gestation pour autrui (GPA) réalisée à l'étranger.

Sur le dernier exemple, v. CEDH, 26 juin 2014, n° 651192/11, Menesson c/ France et n° 65941/11, Labassée c/ France – Cass. ass. plén., 3 juill. 2015 : D. 2015, p. 1819, note Fulchiron H. et Bidaud-Garon C.

2 La Convention internationale des droits de l'enfant (CIDE)

55 — Contenu de la Convention internationale des droits de l'enfant (CIDE). Cette Convention reconnaît des droits importants à l'enfant comme le droit inhérent à la vie (art. 6), le droit pour chacun de connaître ses parents et d'être élevé par eux (art. 7), la possibilité d'être entendu dans toute procédure judiciaire ou administrative l'intéressant (art. 12), le droit à la liberté d'expression (art. 13) ou encore le droit à la liberté de pensée, de conscience et de religion (art. 14). Elle exerce aujourd'hui une influence tant sur le législateur que sur les juges français.

56 — Influence ponctuelle de la Convention internationale des droits de l'enfant (CIDE) sur le législateur français. C'est, par exemple, pour mettre le droit français en conformité avec les exigences posées dans l'article 12 de la CIDE que le législateur français a adopté, à l'occasion de la loi du 8 janvier 1993, une nouvelle disposition, insérée à l'article 388-1 du Code civil, selon laquelle « dans toute procédure le concernant, le mineur capable de discernement peut [...] être entendu par le juge » (al. 1er).

Loi n° 93-22 du 8 janvier 1993 modifiant le Code civil relative à l'état civil, à la famille et aux droits de l'enfant et instituant le juge aux affaires familiales : JO 9 janv. 1993, n° 7, p. 495.

57 — Influence au début limitée de la Convention internationale des droits de l'enfant (CIDE) sur les juges français. La Cour de cassation avait, au départ, jugé en 1993 dans l'arrêt Lejeune que la CIDE ne créait que des obligations à la charge des États et qu'elle ne pouvait être invoquée entre particuliers à l'occasion d'un litige. À défaut d'applicabilité directe, son influence sur le droit interne était donc limitée. Tel n'est plus le cas depuis le revirement de jurisprudence de la Cour de cassation en 2005.

Cass. 1re civ., 10 mars 1993 : D. 1993, 361, note Massip J.

58 — Influence aujourd'hui étendue de la Convention internationale des droits de l'enfant (CIDE) sur les juges français. Tant le Conseil d'État que la Cour de cassation ont reconnu, respectivement en 1995 et 2005, que certaines dispositions de la CIDE sont directement applicables devant les juridictions de notre pays, de sorte que les justiciables français ont le droit de se fonder sur celles-ci pour tenter d'obtenir satisfaction en justice.

Cass. 1re civ., 18 mai 2005 : D. 2005, 1909, note Egéa.
CE, 10 mars 1995 : D. 1995, 617, note Benhamou.

59 — Plan général. La première partie de cet ouvrage sera consacrée aux personnes. La seconde traitera de la famille.

PARTIE 1
Les personnes

60 — *Summa divisio*. Le droit français ne reconnaît que deux catégories : les personnes et les choses. À défaut d'être qualifié de personne, on est juridiquement considéré comme une chose. L'enjeu lié à la qualification est important puisque seule la personne est titulaire de la personnalité juridique et donc de droits subjectifs. Cette *summa divisio* a été ébranlée par la loi du 16 février 2015 qui définit, pour la première fois dans le Code civil, les animaux comme « des êtres vivants doués de sensibilité » (C. civ., art. 515-14 nouveau). Néanmoins, la suite du texte précise que « sous réserve des lois qui les protègent, les animaux sont soumis au régime des biens ».

Loi n° 2015-177 du 16 février 2015 relative à la modernisation et à la simplification du droit et des procédures dans les domaines de la justice et des affaires intérieures : JO 17 févr. 2015, n° 0040, p. 2961.

61 — Différentes catégories de personnes. Notre droit fait la distinction entre les personnes physiques et les personnes morales. Les personnes physiques et morales sont titulaires de la personnalité juridique, laquelle leur confère des droits subjectifs. Selon le Vocabulaire juridique, la personne physique est « l'être humain, tel qu'il est considéré par le droit », c'est-à-dire « la personne humaine comme sujet de droit ». Les personnes morales sont, quant à elles, des groupements de personne(s) physique(s) ou de biens auxquels la personnalité juridique est reconnue.

Cornu G., *Vocabulaire juridique*, 2016, Association Henri Capitant, PUF.

62 — Notion de majeurs protégés. Parmi les personnes physiques, certaines méritent une protection particulière. C'est le cas des personnes majeures qui sont vulnérables en raison de leur état physique ou mental.

63 — Annonce du plan. La première partie de cet ouvrage consacrée aux personnes sera composée de trois chapitres. Le premier portera sur les personnes physiques, le deuxième sur les personnes morales et le troisième sur les majeurs protégés.

CHAPITRE 1

Les personnes physiques

64 — Définition de la personne physique. Il s'agit d'un être humain titulaire de la personnalité juridique. Doté de la personnalité juridique, celui-ci se voit reconnaître des droits subjectifs : droit à une nationalité, droit à un nom et à un prénom, droit à une filiation, droit au respect de la vie privée, etc.

65 — Exclusion des animaux de la catégorie des personnes. À défaut d'intégrer la catégorie des personnes, l'animal est considéré en droit français comme une chose. Il est analysé, selon les cas, comme un meuble par nature ou un immeuble par destination. Cette conception est critiquée par des auteurs qui préconisent de reconnaître aux animaux la personnalité juridique afin de leur attribuer techniquement des droits.

Marguénaud J.-P., « La personnalité juridique des animaux », D. 1998, 205.

66 — Animaux dans la loi du 16 février 2015. Cette loi s'est efforcée d'améliorer le statut des animaux. En effet, elle a introduit dans le Code civil un nouveau texte qui définit les animaux comme « des êtres vivants doués de sensibilité », et ce, afin de s'aligner sur la qualification déjà retenue dans le Code pénal et le Code rural. Mais il n'empêche que les animaux restent soumis au régime des biens « sous réserve des lois qui les protègent » (C. civ., art. 515-14 nouveau).

Loi nº 2015-177 du 16 février 2015 relative à la modernisation et à la simplification du droit et des procédures dans les domaines de la justice et des affaires intérieures : JO 17 févr. 2015, nº 0040, p. 2961.

Reboul-Maupin N., « Nos amis les animaux... sont désormais doués de sensibilité : un tournant et des tourments », D. 2015, 573.

67 — Plan du chapitre. Il est fondamental de s'intéresser à l'existence juridique de la personne physique (section 1) avant de voir comment cette dernière est juridiquement identifiée (section 2).

SECTION 1 L'existence juridique de la personne physique

68 — Plan de section. Dès lors que la personnalité juridique est reconnue à l'être humain, des droits subjectifs lui sont conférés. Tant l'octroi de la personnalité juridique (I) que les effets qui lui sont attachés (II) méritent donc d'être analysés.

I La reconnaissance de la personnalité juridique

69 — Plan : Commencement et fin. Il est important de situer le début (A) et la fin (B) de la personnalité juridique.

A Le début de la personnalité juridique

70 — Deux thèses principales sur le début de la personnalité juridique. La première thèse consiste à dire que la personnalité juridique débute au moment de la conception de l'être humain. Très protectrice, elle présente un inconvénient évident : celui de devoir situer la conception. Selon une seconde thèse, moins protectrice mais plus pragmatique, la personnalité juridique commence à la naissance de l'être humain.

1 La conception classique du droit français

a Le principe : l'acquisition de la personnalité juridique à la naissance de l'enfant

71 — Principe dit de simultanéité. Un être humain accède à la personnalité juridique à l'instant où il naît vivant et viable. Le point de départ de la personnalité juridique est donc la naissance dès lors que l'enfant naît vivant et viable. Ce principe a été déduit de plusieurs textes du Code civil, notamment de l'article 725 qui dispose au début de son premier alinéa que « pour succéder, il faut exister à l'instant de l'ouverture de la succession ».

72 — Notion de viabilité. L'enfant né viable est celui qui est physiologiquement capable de survivre, car doté de tous les organes nécessaires à la vie.

73 — Conséquence du principe de simultanéité. Comme l'être humain accède à la personnalité juridique à l'instant où il naît vivant et viable, il est important que sa naissance soit rapidement connue de l'État. Ce dernier impose donc de déclarer toute naissance afin que soit dressé un acte de naissance.

74 — Déclaration de naissance. Elle doit être faite à l'officier de l'état civil du lieu de naissance de l'enfant, dans les 5 jours qui suivent l'accouchement. Ce délai, issu de la loi du 18 novembre 2016 de modernisation de la justice du XXIe siècle, remplace celui de 3 jours initialement prévu. La déclaration doit, en principe, être effectuée par le père de l'enfant. Si celui-ci est mort, absent ou inconnu, l'obligation de déclarer la naissance incombe au médecin, à la sage-femme, aux officiers de santé ou à toute autre personne ayant assisté à l'accouchement. La déclaration de naissance permet à l'officier de l'état civil de dresser un acte de naissance (C. civ., art. 55 et 56).

75 — Mentions de l'acte de naissance. Cet acte doit obligatoirement comporter les mentions évoquées dans l'article 57, alinéa 1er du Code civil :
- mentions relatives au nouveau-né : jour, heure, lieu de naissance, sexe, prénoms, nom de famille ;
- mentions relatives au(x) parent(s) du nouveau-né : prénoms, noms de famille, âge, profession et domicile.

L'acte de naissance peut aussi contenir des mentions relatives au déclarant, c'est-à-dire celui qui a déclaré la naissance de l'enfant : prénoms, nom de famille, âge, profession et domicile.

b L'atténuation du principe : l'acquisition de droits dès la conception de l'enfant

76 — Adage « *infans conceptus* ». Selon l'adage latin « *infans conceptus pro nato habetur quoties de commodo ejus agiteur* », l'enfant conçu sera considéré comme né chaque fois qu'il pourra en tirer avantage. Dès lors, l'enfant simplement conçu peut acquérir des droits lorsqu'il y va de son intérêt, à la condition néanmoins de naître vivant et viable. Si tel est le cas, il peut en conséquence se voir ouvrir, de manière rétroactive, des droits dès l'instant de sa conception.

Selon l'article 311 du Code civil, l'enfant est présumé avoir « été conçu pendant une période qui s'étend du 300e au 180e jour inclusivement avant la naissance » (al. 1er). « La conception est présumée avoir eu lieu à un moment quelconque de cette période » légale de 121 jours, « selon ce que commande l'intérêt de l'enfant » (al. 2).

77 — Adage « *infans conceptus* » ponctuellement consacré dans le Code civil. La règle qui permet à l'enfant simplement conçu d'acquérir des droits lorsqu'il y va de son intérêt est formulée par certains textes spéciaux du Code civil. Ainsi, il résulte de l'article 725, alinéa 1er *in fine* que l'enfant conçu au jour de l'ouverture de la succession peut succéder à condition de naître viable. Dans le même sens, l'article 906 énonce que l'enfant conçu au jour d'une libéralité (donation ou testament) peut en être le bénéficiaire à la condition de naître viable.

78 — Adage « *infans conceptus* » appliqué par la jurisprudence. La règle qui permet à l'enfant simplement conçu d'acquérir des droits lorsqu'il y va de son intérêt a été étendue par la jurisprudence à des circonstances autres que celles expressément visées dans le Code civil. Par exemple, la Cour de cassation a jugé, dans un arrêt rendu en 1939, qu'a le droit à une rente l'enfant qui était seulement conçu au jour où son père avait eu un accident du travail ayant entraîné son décès, mais qui était ensuite né vivant et viable.

Cass., ch. réunies, 8 mars 1939, DC 1941, 137, note Julliot de la Morandière L. La Cour de cassation a réaffirmé la même solution, notamment dans un arrêt du 10 décembre 1985 : Cass. 1re civ., 10 déc. 1985 : Bull. civ. I, n° 339 ; D. 1987, jur. p. 449, note Paire G.

79 — Adage « *infans conceptus* » récemment appliqué par la jurisprudence. En 2012, le TGI de Niort a accepté de réparer le préjudice d'affection subi par des enfants simplement conçus au jour de l'accident de leur père au motif que « si les enfants n'étaient pas encore nés au moment de l'accident, ils étaient cependant déjà conçus et pouvaient prétendre à une indemnisation ».

Ainsi, « le lien de causalité entre l'accident et le préjudice résultant des troubles dans les conditions d'existence des enfants est établi. Le préjudice d'affection de ces enfants, qui grandissent aux côtés d'un père physiquement très amoindri de manière irréversible, doit être indemnisé à hauteur de 20 000 euros chacun », TGI Niort, 17 sept. 2012, n° RG : 11/01855 : RLDC 2012/4899, note Philippot A.

2 Une conception parfois dérangeante

80 — Personnalité juridique de l'enfant né vivant et viable puis décédé. Un enfant né vivant et viable puis décédé quelques heures après sa naissance a acquis la personnalité juridique. Deux actes sont alors dressés : un acte de naissance, puis un acte de décès. En l'absence de certificat médical attestant que l'enfant est né vivant et viable, celui-ci ne peut acquérir la personnalité juridique.

81 — Statut de l'embryon et du fœtus. Comme la personnalité juridique débute en principe à la naissance, ni l'embryon ni le fœtus n'en sont titulaires. Ils ne peuvent l'avoir rétroactivement – par application de l'adage *infans conceptus* – que s'ils naissent vivants et viables. Aussi, lorsque l'enfant ne naît pas vivant et viable, on pressent des difficultés, lesquelles méritent ici d'être développées.

a L'enfant non né vivant et viable

82 — Consécration en 1993 de l'acte d'enfant sans vie. L'enfant qui n'est pas né vivant et viable, n'ayant pas la personnalité juridique, ne peut donc être titulaire de droits subjectifs. Il est juridiquement considéré comme une chose, ce qui est difficilement acceptable pour ceux qui l'ont conçu. C'est justement pour atténuer leurs souffrances que la loi du 8 janvier 1993 a consacré la possibilité de leur délivrer un acte particulier appelé acte d'enfant sans vie.

Loi n° 93-22 du 8 janvier 1993 modifiant le Code civil relative à l'état civil, à la famille et aux droits des enfants et instituant le juge aux affaires familiales : JO 9 janv. 1993, n° 7, p. 495.

83 — Notion d'acte d'enfant sans vie. L'article 79-1, alinéa 2 du Code civil prévoit, qu'en l'absence de certificat médical attestant que l'enfant est né vivant et viable, l'officier de l'état civil établit un acte d'enfant sans vie lequel énonce notamment les jour, heure et lieu de l'accouchement et est inscrit sur les registres de décès. La délivrance de cet acte repose sur une démarche volontaire des parents. Elle n'est contrainte par aucun délai.

Le mot « parent » est ici employé. Néanmoins, l'enfant n'ayant pas la personnalité juridique, il ne peut voir sa filiation légalement établie. Il ne s'agit donc pas de parents au sens légal du terme.

α Les droits résultant de l'acte d'enfant sans vie

84 — Droits conférés par la délivrance d'un acte d'enfant sans vie. Avec cet acte, l'enfant peut être mentionné sur le livret de famille si ses parents le souhaitent. Depuis une instruction générale relative à l'état civil du 11 mai 1999, il peut recevoir un prénom si les parents en expriment le désir. Ceux-ci peuvent bénéficier des congés maternité et paternité. Ils ont aussi le droit de réclamer le corps de l'enfant et d'organiser ses obsèques. À défaut d'acte d'enfant sans vie, le fœtus est, en général, incinéré à l'hôpital.

85 — Reconnaissance administrative de l'enfant né sans vie. Même si l'acte d'enfant sans vie ouvre certains droits, il n'en reste pas moins que l'enfant n'a pas la personnalité juridique. L'inscription à l'état civil de l'enfant né sans vie ne débouche que sur sa reconnaissance administrative. Néanmoins, celle-ci revêt une importance symbolique pour les parents concernés, leur permettant notamment de mieux faire leur deuil.

β L'évolution des conditions de délivrance de l'acte d'enfant sans vie

86 — Conditions de délivrance de l'acte d'enfant sans vie entre 1993 et 2001. Au départ, la loi du 8 janvier 1993 ne précisait pas à quelles conditions était subordonnée la délivrance de l'acte d'enfant sans vie. Une circulaire d'application de cette loi en date du 3 mars 1993 avait repris le seuil dit de viabilité datant de 1804. La délivrance de l'acte était ainsi réservée aux enfants qui avaient atteint le seuil de viabilité, soit 180 jours de gestation (C. civ., art. 311). L'application de ce seuil à l'acte d'enfant sans vie ayant été critiquée, de nouveaux critères ont été posés en 2001.

87 — Conditions de délivrance de l'acte d'enfant sans vie entre 2001 et 2008. Pour introduire plus de souplesse, une circulaire du 30 novembre 2001, reprenant une recommandation de l'Organisation mondiale de la santé (OMS), avait introduit d'autres seuils. Elle préconisait aux officiers de l'état civil de ne délivrer l'acte d'enfant sans vie que si l'enfant pesait, au jour de sa naissance, au minimum 500 grammes ou s'il était né au terme de 22 semaines d'aménorrhée au moins.

Circulaire n° 2011/576 du 30 novembre 2001, intégrée dans l'instruction générale complémentaire relative à l'état civil du 29 mars 2002 : JO 28 avr. 2002, n° 100, p. 7719.

À titre de comparaison, la durée d'une grossesse normale est de 40 semaines d'aménorrhée.

88 — Saisine de la Cour de cassation au sujet de la délivrance de l'acte d'enfant sans vie. Lorsque la grossesse avait duré moins de 22 semaines d'aménorrhée ou que l'enfant mis au monde pesait moins de 500 grammes, l'officier de l'état civil refusait de délivrer un acte d'enfant sans vie. Des parents confrontés à de tels refus n'ont pas hésité à saisir la justice, ce qui a permis à la Cour de cassation d'exprimer sa position en 2008.

89 — Arrêts de 2008 de la Cour de cassation relatifs à la délivrance de l'acte d'enfant sans vie. Dans trois arrêts rendus le 6 février 2008, la Cour de cassation a commencé par dénier toute valeur juridique à la circulaire du 30 novembre 2001. Elle a ensuite énoncé que l'article 79-1 du Code civil ne subordonne la délivrance d'un acte d'enfant sans vie, ni au poids du fœtus, ni à la durée de la grossesse. Elle a ainsi abandonné les deux seuils – alternatifs – institués dans la circulaire de 2001.

Cass. 1re civ., 6 févr. 2008 (3 arrêts) : Bull. civ. I, n° 41 à 43 ; JCP 2008, II, 10045, note Loiseau G.

90 — Arrêtés et décrets de 2008 sur la délivrance de l'acte d'enfant sans vie. Après les trois arrêts de la Cour de cassation de février 2008, deux décrets et deux arrêtés ont été pris le 20 août 2008. Ils indiquent qu'il est possible d'obtenir un acte d'enfant sans vie en présence d'un « accouchement spontané ou provoqué pour raison médicale ». Ils abandonnent donc, comme la Cour de cassation en février 2008, les critères institués par la circulaire de 2001 (grossesse de 22 semaines d'aménorrhée au moins ou poids minimum de 500 grammes lors de la naissance). La circulaire de 2001 a ensuite été définitivement abrogée par une autre circulaire prise le 19 juin 2009.

Décret n° 2008-798 du 20 août 2008 modifiant le décret n° 74-449 du 15 mai 1974 relatif au livret de famille : JO 22 août 2008, n° 0195, p. 13144.

Décret n° 2008-800 du 20 août 2008 relatif à l'application du second alinéa de l'article 79-1 du Code civil : JO 22 août 2008, n° 0195, p. 13145.

Arrêté du 20 août 2008 modifiant l'arrêté du 1er juin 2006 fixant le modèle du livret de famille : JO 22 août 2008, n° 0195, p. 13145.

Arrêté du 20 août 2008 relatif au modèle de certificat médical d'accouchement en vue d'une demande d'établissement d'un acte d'enfant sans vie : JO 22 août 2008, n° 0195, p. 13165.

Circulaire interministérielle du 19 juin 2009 relative à l'enregistrement à l'état civil des enfants décédés avant la déclaration de naissance et ceux pouvant donner lieu à un acte d'enfant sans vie, à la délivrance du livret de famille, à la prise en charge des corps des enfants décédés, des enfants sans vie et des fœtus.

91 — Conditions de délivrance de l'acte d'enfant sans vie depuis 2008. Les décrets et arrêtés de 2008 refusent la délivrance d'un acte d'enfant sans vie en cas de « fausse couche précoce » ou « d'interruption volontaire de grossesse ». En revanche, ils autorisent la délivrance de l'acte en cas « d'accouchement spontané ou provoqué pour raison médicale (dont interruption médicale de grossesse) ». Sa délivrance est donc conditionnée à la production d'un certificat attestant de l'accouchement de la mère.

92 — Certificat médical d'accouchement nécessaire à la délivrance de l'acte d'enfant sans vie. Selon la circulaire du 19 juin 2009, « la réalité d'un accouchement relève de l'appréciation médicale des praticiens (...) ». Celle-ci précise que l'établissement d'un certificat médical d'accouchement implique « le recueil d'un corps formé – y compris congénitalement mal formé – et sexué, quand bien même le processus de maturation demeure inachevé ». Selon la circulaire, les situations d'IVG (interruptions volontaires de grossesse) et les interruptions spontanées précoces de grossesse survenant en deçà de la 15e semaine d'aménorrhée ne répondent pas, *en principe*, aux conditions d'établissement d'un certificat médical d'accouchement.

93 — Appréciation doctrinale des nouveaux textes relatifs à la délivrance de l'acte d'enfant sans vie. Certaines personnes considèrent que, même si officiellement les critères alternatifs de poids du fœtus et de durée de la gestation – institués dans la circulaire de 2001 – ont été abandonnés, les textes de 2008 et la circulaire de 2009 réintroduisent implicitement une norme de durée minimale de la grossesse puisqu'en deçà de 15 semaines d'aménorrhée, il n'est, en principe, pas possible d'obtenir un certificat médical d'accouchement et donc un acte d'enfant sans vie.

b L'absence d'incrimination en cas d'atteinte involontaire à la vie de l'enfant à naître

94 — Possibilité d'obtenir réparation en cas de naissance d'un enfant non né vivant ou viable ? Dans le cadre d'accidents (de la circulation ou médicaux), s'est posée en droit pénal la question de savoir si une femme dont l'enfant n'est pas né vivant ou viable en raison de la faute commise par un tiers peut obtenir réparation au nom de celui-ci. La question a longtemps opposé les juges du fond avant d'être tranchée en juin 2001 par l'Assemblée plénière de la Cour de cassation.

95 — Saisine en 2001 de la Cour de cassation au sujet de l'homicide involontaire d'un enfant à naître. Dans l'affaire ayant donné lieu à l'arrêt de l'Assemblée plénière de 2001, il s'agissait d'une femme enceinte de 6 mois qui avait été victime d'un accident de la circulation et avait perdu à la suite du choc le fœtus qu'elle portait. Son enfant était donc viable, mais il n'était pas né vivant puisque décédé *in utero*. Devant la justice, la femme poursuivait le conducteur de la voiture du chef d'atteinte involontaire à la vie de l'enfant à naître.

96 — Refus de la Cour de cassation d'appliquer l'homicide involontaire à l'enfant à naître (2001). Dans un arrêt rendu le 29 juin 2001, la Cour de cassation a jugé que « le principe de la légalité des peines et des délits, qui impose une interprétation stricte de la loi pénale, s'oppose à ce que l'homicide involontaire d'autrui soit étendu au cas de l'enfant à naître dont le régime juridique relève de textes particuliers sur l'embryon ou le fœtus ». Elle a ainsi considéré que l'incrimination d'homicide involontaire ne peut s'appliquer à l'enfant qui est né viable mais non vivant.

Cass. ass. plén., 29 juin 2001 : JCP G 2001, II, 10569, rapp. Sargos P., concl. Sainte-Rose J., note Rassat M.-L.

97 — Proposition doctrinale d'étendre l'homicide involontaire à l'enfant à naître. La jurisprudence de la Cour de cassation de 2001 est très critiquée. Pour certains auteurs, le droit français protège davantage la liberté de la femme d'avorter que celle de procréer, ce qui est paradoxal.

En outre, celui qui a involontairement provoqué la mort du fœtus jouit d'une forme d'impunité, ce qui n'est guère admissible. Selon eux, l'article 221-6 du Code pénal qui incrimine l'homicide involontaire a pour objet de protéger la vie d'autrui. Cet autrui devrait être interprété largement pour inclure le fœtus logé dans le ventre de sa mère jusqu'au moment où survient l'accident.

Mayaud Y., chron. sous Cass. ass. plén., 29 juin 2001 : D. 2001, 2917.

98 — Réitération du refus jurisprudentiel d'appliquer l'homicide involontaire à l'enfant à naître. Malgré les critiques doctrinales massives, la position de la Cour de cassation n'a pas évolué sur ce sujet depuis 2001. Celle-ci rappelle régulièrement que le principe de la légalité des délits et des peines, qui impose une interprétation stricte de la loi pénale, s'oppose à ce que l'incrimination d'homicide involontaire s'applique au cas de l'enfant qui n'est pas né vivant ou viable. Néanmoins, quelques juges du fond, désireux de provoquer un revirement de jurisprudence, statuent en sens contraire.

Cass. crim., 25 juin 2002 : D. 2002, 3099, note Pradel J. – Cass. crim., 4 mai 2004 : D. 2004, 3097, note Pradel J.

Pour la résistance des juges du fond, v. par exemple le tribunal correctionnel de Tarbes qui, le 4 février 2014, a condamné à 3 ans de prison avec sursis, l'automobiliste qui avait provoqué un accident de voiture à la suite duquel une femme avait perdu, au bout de 6 mois et 1/2 de grossesse, le bébé qu'elle attendait : Dr. famille 2014, Comm. n° 127, note Mirkovic A. Le jugement a été infirmé en appel.

99 — Neutralité de la CEDH sur le statut de l'enfant à naître. Dans un arrêt rendu contre la France le 8 juillet 2004, *Vo c/ France*, la CEDH a considéré qu'il n'est « ni souhaitable, ni même possible actuellement » de répondre à la question de savoir si l'enfant à naître est une « personne » au sens de l'article 2 de la Conv. EDH.

CEDH, 8 juill. 2004, Vo c/ France : RTD civ. 2004, 799, obs. Marguénaud J.-P.

B La fin de la personnalité juridique

100 — Cause unique d'extinction la personnalité juridique. La fin de la personnalité juridique est fixée au moment de la mort. C'est aujourd'hui la seule cause d'extinction de la personnalité juridique. Avant la loi du 31 mai 1854, la mort civile – sanction qui frappait notamment les personnes condamnées à mort – faisait perdre à un être humain encore vivant, sa personnalité juridique.

101 — Plan. La fin de la personnalité juridique sera appréhendée à travers le décès (1) et deux autres événements, l'absence et la disparition, pour lesquels il existe une incertitude sur l'existence d'un individu (2).

1 Le décès

a Les critères du décès

102 — Impossible définition juridique de la mort. Autrefois, la mort était un événement instantané qui touchait toutes les fonctions vitales à la fois. Tel n'est plus nécessairement le cas aujourd'hui en raison des progrès de la science moderne. Devant la difficulté de définir juridiquement une notion scientifiquement éclatée (mort clinique, encéphalique, physiologique, biologique ou fonctionnelle), le législateur a préféré donner des critères de détermination du décès, lesquels varient selon qu'il existe ou non un arrêt cardiaque et respiratoire.

103 — Constat de la mort en cas d'arrêt cardiaque et respiratoire. Cette situation, la plus courante dans les faits, est évoquée dans l'article R. 1232-1 du Code de la santé publique. Si la personne présente un arrêt cardiaque et respiratoire persistant, le constat de la mort ne peut être établi que si trois autres critères cliniques sont simultanément présents, à savoir :
- une absence totale de conscience et d'activité motrice spontanée ;
- une abolition de tous les réflexes du tronc cérébral ;
- une absence totale de ventilation spontanée.

104 — Constat de la mort en cas de mort cérébrale. Dans l'hypothèse d'une mort cérébrale, toutes les activités du cerveau sont irrémédiablement arrêtées, mais la respiration et les battements du cœur sont maintenus artificiellement. S'appliquent, alors, les dispositions juridiques de l'article R. 1232 du Code de la santé publique.

> « Si la personne, dont le décès est constaté cliniquement, est assistée par ventilation mécanique et conserve une fonction hémodynamique, l'absence de ventilation spontanée est vérifiée par une épreuve d'hypercapnie. De plus, en complément des trois critères mentionnés à l'article R. 1232-1, il est recouru pour attester du caractère irréversible de la destruction encéphalique : 1° Soit à deux électroencéphalogrammes nuls et aréactifs effectués à un intervalle minimal de quatre heures (...) 2° Soit à une angiographie objectivant l'arrêt de la circulation encéphalique (...) » (CSP, art. R. 1232).

b La publicité du décès

105 — Déclaration de décès. Le décès doit être déclaré à l'officier de l'état civil de la commune dans laquelle il a eu lieu, dans les 24 heures qui suivent l'événement. La déclaration doit être faite par « un parent du défunt » ou « une personne possédant sur son état civil les renseignements les plus exacts et les plus complets » (C. civ., art. 78).

« En cas de décès dans les établissements de santé et dans les établissements sociaux et médico-sociaux qui accueillent des personnes âgées, les directeurs en donnent avis, par tous moyens, dans les vingt-quatre heures, à l'officier de l'état civil » (C. civ., art. 80, al. 2).

106 — Acte de décès. Informé du décès, l'officier doit dresser un acte de décès. Ce dernier doit contenir les mentions prévues dans l'article 79 du Code civil, à savoir des indications relatives aux date et lieu du décès, à l'identité du défunt, à celles de ses père et mère, à celle de son conjoint ou de son partenaire, à celle de l'auteur de la déclaration de décès. En revanche, aucune mention relative aux causes et circonstances de la mort n'est portée dans l'acte de décès.

107 — Diffusion de l'acte de décès. Celui-ci doit d'abord être mentionné en marge de l'acte de naissance de la personne décédée (C. civ., art. 79, al. 2). L'acte doit, ensuite, être diffusé dans le lieu où le défunt avait son domicile. Si le décès est intervenu ailleurs que dans la commune où celui-ci avait son domicile, l'officier de l'état civil qui a dressé l'acte de décès est tenu d'en envoyer une expédition, dans le plus bref délai, à l'officier de l'état civil du dernier domicile du défunt (C. civ., art. 80, al. 1er).

L'expédition est une copie de l'original de l'acte authentique.

C Les effets du décès

108 — Principe de l'extinction de la personnalité juridique au décès. À la différence de la personne sur le point de mourir qui reste titulaire de droits subjectifs, la personne décédée perd la personnalité juridique. Dès lors, ses qualités de parent, d'allié et de citoyen – et tous les droits qui y étaient attachés – s'éteignent en principe.

109 — Effets de la volonté après la mort. Si la personnalité juridique s'éteint normalement au décès, il est néanmoins possible dans certains cas que la volonté exprimée par la personne de son vivant produise des effets juridiques au-delà de sa mort. Le mariage posthume et l'adoption posthume en sont quelques illustrations.

110 — Admission exceptionnelle du mariage posthume. Depuis une loi du 31 décembre 1959, le mariage posthume d'une personne décédée est admis à certaines conditions. En effet, le président de la République peut, pour des motifs graves, autoriser la célébration du mariage dès lors qu'une réunion suffisante de faits établit sans équivoque son consentement (C. civ., art. 171, al. 1er).

111 — Admission exceptionnelle de l'adoption posthume. Si l'adoptant décède après avoir régulièrement recueilli l'enfant en vue de son adoption, une requête en adoption peut être présentée en son nom par son conjoint survivant ou l'un de ses héritiers (C. civ., art. 353, al. 3). De la même façon, si la mort frappe l'enfant à adopter, une requête en adoption peut être présentée si celui-ci avait déjà été régulièrement recueilli en vue de son adoption (C. civ., art. 353, al. 4). Dans chacun de ces deux cas, l'adoption produit des effets limités.

112 — Autorisation des prélèvements *post mortem* d'organes. Toute personne peut, de son vivant, faire connaître son opposition à ce que des prélèvements d'organes soient effectués sur elle après sa mort, notamment en s'inscrivant sur le registre national prévu à cet effet. En l'absence d'opposition, des prélèvements peuvent, en théorie, être librement effectués, à des fins thérapeutiques ou scientifiques, sur la dépouille d'une personne dès lors qu'elle est majeure et non placée sous tutelle (CSP, art. L. 1232-1 et L. 1232-2).

113 — Expression des dernières volontés. De son vivant, toute personne peut, par voie de testament, prendre tant des dispositions relatives au sort de ses biens après sa mort (en consentant des legs) que des dispositions extrapatrimoniales. Au titre de ces dernières, elle peut, par exemple, exprimer sa volonté en ce qui concerne le caractère de ses funérailles (civil ou religieux) ou son mode de sépulture.

114 — Modes de sépultures autorisés. En France, le choix n'est possible qu'entre la terre (inhumation) ou le feu (crémation). En effet, la jurisprudence interdit de manière constante la congélation des corps des défunts, principalement pour des raisons de santé publique.

> « Le droit de toute personne d'avoir une sépulture et de régler librement, directement ou par l'intermédiaire de ses ayants droit, les conditions de ses funérailles préalablement à son inhumation s'exerce dans le cadre des dispositions législatives et réglementaires en vigueur (...). La conservation du corps d'une personne décédée par un procédé de congélation ne constitue pas un mode d'inhumation prévu par les textes », CE, 29 juill. 2002 : D. 2002, IR, 2, 583.

115 — Organisation de la sépulture. Lorsque la personne n'a pas exprimé de choix de son vivant, sa famille prend alors les dispositions nécessaires au moment du décès. Il n'est pas rare que surviennent des désaccords entre la famille biologique du défunt (parents, frères et sœurs) et son concubin, partenaire ou époux. Les tribunaux ont tendance à considérer que c'est à celui qui partageait la vie du défunt que revient le droit de régler ses obsèques. En tout cas, il s'agit là d'une question de fait que les juges du fond doivent souverainement trancher.

V. en ce sens Cass. 1re civ., 30 avr. 2014 : Dr. famille 2014, Comm. n° 117, note Beignier B.

116 — Protection du cadavre. Si le décès fait transiter l'être humain de l'état de personne à celui de chose, cette dernière est juridiquement protégée. Tant le cadavre que sa demeure ont le droit au respect. L'atteinte à l'intégrité du cadavre est punie d'un an d'emprisonnement et de 15 000 euros d'amende. Les mêmes sanctions pénales sont encourues en cas de « violation ou (...) profanation, par quelque moyen que ce soit, de tombeaux, de sépultures, d'urnes cinéraires ou de monuments édifiés à la mémoire des morts » (C. pén., art. 225-17).

2 Les événements assimilés au décès

117 — Absence et disparition appréhendées par le droit. Il existe des situations dans lesquelles l'existence d'une personne est incertaine. C'est le cas lorsque celle-ci est absente ou disparue. Le législateur en tire des conséquences en admettant que l'absence et la disparition produisent, à certaines conditions, les mêmes conséquences juridiques que le décès.

a L'absence

118 — Définition juridique de l'absence. Celle-ci caractérise l'état d'une personne dont on ne sait pas ce qu'elle est devenue. Il y a absence « lorsqu'une personne a cessé de paraître au lieu de son domicile ou de sa résidence sans que l'on ait eu de nouvelles » (C. civ., art. 112). Dans le langage courant, absence et disparition sont souvent assimilées alors qu'au plan juridique, elles correspondent à des situations bien distinctes.

119 — Régime juridique de l'absence. Dans le Code civil de 1804, l'absence était soumise à un régime juridique compliqué. Celui-ci a été profondément remanié par la loi du 28 décembre 1977 qui est entrée en vigueur le 31 mars 1978. Depuis cette réforme, la matière n'a quasiment pas été modifiée.

Loi n° 77-1447 du 28 décembre 1977 portant réforme du titre IV du livre Ier du Code civil : des absents : JO 29 déc. 1977, p. 6215.

120 — Physionomie générale de l'absence. Depuis la loi du 28 décembre 1977, deux périodes sont distinguées en cas d'absence d'une personne. Au cours de la première période – celle de la présomption d'absence –, la loi présume que l'absent est vivant. En revanche, à partir de la déclaration d'absence qui ouvre la seconde période, l'intéressé est présumé être décédé.

α La présomption d'absence

121 — Saisine facultative du juge en cas d'absence. Lorsqu'une personne cesse de paraître à son domicile sans que l'on ait eu de nouvelles, le juge des tutelles peut être saisi pour constater la présomption d'absence, à la demande du ministère public ou « des parties intéressées » (C. civ., art. 112). Cette expression légale vise le conjoint de l'absent, son partenaire et sans doute aussi son concubin. Elle englobe également ses héritiers présomptifs, ses créanciers, etc. De manière générale, elle vise toutes les personnes qui ont un intérêt à ce que soit désigné un administrateur chargé de gérer le patrimoine de l'absent.

Les héritiers présomptifs sont les personnes qui ont vocation à succéder au défunt.

122 — Constatation et preuve de l'absence. Le juge saisi sur le fondement de l'article 112 du Code civil doit commencer par constater que la situation d'absence est légalement caractérisée. La preuve de l'absence doit être rapportée par celui qui saisit le juge des tutelles. L'absence étant un fait juridique, elle peut être prouvée par tous moyens : production de documents, mesures d'instruction, témoignages, etc.

123 — Organisation judiciaire de la gestion des biens de l'absent. Après avoir constaté l'absence, le juge des tutelles doit, en principe, organiser, dans l'intérêt du présumé absent, la gestion des biens de ce dernier. Il n'a néanmoins pas à le faire lorsque le présumé absent a laissé une procuration suffisante à effet de le représenter et d'administrer ses biens ou lorsque le conjoint de l'absent peut pourvoir suffisamment aux intérêts en cause par application des règles du régime matrimonial (C. civ., art. 121, al. 2).

124 — Nomination d'un administrateur pour assurer la gestion des biens de l'absent. Le juge des tutelles désigne un ou plusieurs parents ou alliés ou, le cas échéant, toute autre personne (notaire, administrateur de biens, etc.). Cette personne est appelée « administrateur judiciaire ».

125 — Rôle de l'administrateur judiciaire de l'absent. Celui-ci a pour mission de représenter la personne présumée absente et d'administrer tout ou partie de ses biens (C. civ., art. 113). Il est contrôlé par le juge des tutelles lequel peut, à tout moment, mettre fin à sa mission et le remplacer.

126 — Famille de l'absent. L'absent, présumé vivant à ce stade, doit continuer à remplir ses obligations à l'égard tant de son époux ou partenaire que de ses enfants. Le juge des tutelles doit donc fixer, selon l'importance des biens, les sommes qu'il convient d'affecter annuellement à l'entretien de la famille ou aux charges du mariage. Il doit aussi déterminer comment il est pourvu à l'établissement des enfants (C. civ., art. 114).

127 — Fin de la présomption d'absence : réapparition de l'absent. Si l'absent réapparaît ou donne de ses nouvelles, il peut alors saisir le juge des tutelles pour qu'il mette fin aux mesures prises pour sa représentation et l'administration de ses biens (C. civ., art. 118). Le même texte précise que l'absent recouvre les biens gérés ou acquis pour son compte durant la période de l'absence.

128 — Fin de la présomption d'absence : décès de l'absent. Outre la réapparition de l'absent, la période de présomption d'absence prend aussi fin lorsque le décès de celui-ci est établi. Selon les circonstances, le décès peut donner lieu, soit à l'établissement classique d'un acte de décès, soit à une déclaration judiciaire appelée « déclaration d'absence ».

129 — Durée de la période de présomption d'absence. À défaut de réapparition de l'absent ou de décès constaté de celui-ci, la période de présomption d'absence se prolonge. Elle dure, selon les cas, au moins 10 ans ou 20 ans. À l'expiration de l'un ou l'autre de ces délais, une déclaration d'absence peut être judiciairement prononcée.

β La déclaration d'absence

130 — Tribunal compétent pour la déclaration d'absence. Le prononcé de cette déclaration – aussi appelée jugement déclaratif d'absence – relève de la compétence du tribunal de grande instance, lequel peut être saisi par toute partie intéressée ou par le ministère public.

En 2010, il n'y avait eu que 3 demandes de constatation de présomption d'absence introduites en justice pour 194 demandes de déclaration d'absence.

131 — Conditions de délai imposées au TGI saisi d'une déclaration d'absence. Le TGI ne peut rendre le jugement déclaratif d'absence qu'à la condition que 10 ans au moins se soient écoulés depuis la constatation judiciaire de la présomption d'absence par le juge des tutelles. Lorsque l'absence n'avait pas été judiciairement constatée, le délai est porté à 20 ans et court alors à partir des dernières nouvelles de l'intéressé (C. civ., art. 122).

132 — Diffusion de la requête judiciaire de déclaration d'absence. Une fois saisi sur le fondement de l'article 122 du Code civil, le TGI ne procède pas immédiatement à l'examen de la requête. Celle-ci doit, en effet, faire au préalable l'objet d'une large publicité. Ainsi, des extraits de la requête en déclaration d'absence doivent être publiés dans deux journaux diffusés dans le département ou dans le pays du domicile ou de la dernière résidence de la personne dont on est sans nouvelles (C. civ., art. 123). Le TGI ne peut rendre sa décision qu'un an après cette publication (C. civ., art. 125).

133 — Prononcé et diffusion du jugement déclaratif d'absence. Une fois prononcé, le jugement est porté à la connaissance des tiers par voie de transcription. Dès que le jugement déclaratif d'absence est passé en force de chose jugée, son dispositif doit, en effet, être transcrit, à la requête du procureur de la République, sur les registres de décès du lieu du domicile ou de la dernière résidence de l'absent. Cette transcription permet aux tiers d'être informés.

Un jugement est passé en force de chose jugée quand il n'est susceptible d'aucun recours, soit parce que les recours ont été épuisés, soit parce que les délais pour les exercer sont expirés. Le dispositif est la partie du jugement qui contient la solution.

134 — Effets du jugement déclaratif d'absence. À partir de sa transcription sur les registres de décès, le jugement produit « tous les effets que le décès établi de l'absent aurait eus » (C. civ., art. 128, al. 1er). Par conséquent, la succession de l'absent est ouverte. Les mesures prises pour l'administration des biens de l'absent prennent fin, sauf décision contraire du TGI ou du juge des tutelles qui les avaient ordonnées. Le mariage ou le pacs de l'absent est dissous. Le conjoint ou le partenaire de l'absent peut donc contracter une nouvelle union ou un nouveau pacs.

135 — Annulation du jugement déclaratif d'absence en cas de réapparition de l'absent. Le retour de l'absent est improbable. Le législateur l'a néanmoins envisagé. Le jugement déclaratif d'absence peut être annulé à la requête du procureur de la République ou de toute personne intéressée (C. civ., art. 129, al. 1er).

136 — Effets de l'annulation du jugement déclaratif d'absence. L'absent dont l'existence est judiciairement constatée, recouvre ses biens dans l'état où ils se trouvent et ceux qu'il aurait dû recueillir pendant son absence (C. civ., art. 130). Son mariage reste, lui, dissous (C. civ., art. 132).

Pour un exemple de réapparition de l'absent, v. TGI Chaumont, 20 janv. 2011 : Dr. famille 2011, comm. n° 174, note Massip J.

Sans nouvelles depuis 1960 d'une femme âgée de 21 ans, un jugement de présomption d'absence avait été rendu en 1997 et en 2009, un jugement déclaratif d'absence avait été prononcé. L'intéressée avait finalement donné de ses nouvelles au procureur de la République de son lieu de naissance, en 2010. En 2011, le tribunal, saisi par le Parquet, a ordonné l'annulation du jugement déclaratif d'absence.

b ▮ La disparition

137 — Notion de disparition. Il y a des cas dans lesquels le décès d'une personne apparaît comme étant certain ou très probable, alors même que son corps n'a pas été retrouvé. Il est possible de mettre en œuvre le régime de la disparition, lequel est issu d'une ordonnance du 23 août 1958. Est alors rendu un jugement déclaratif de décès, dont il convient de préciser la portée.

Ordonnance nº 58-779 du 23 août 1958 simplifiant et modifiant certaines dispositions en matière d'état civil : JO 30 août 1958, p. 8047. V. C. civ., art. 88 à 92.

α ▮ Le jugement déclaratif de décès

138 — Saisine du TGI en cas de disparition. Selon l'article 88 du Code civil, un jugement déclaratif de décès peut être rendu dans deux séries de circonstances :

- lorsqu'ont existé des circonstances de nature à mettre la vie d'un individu en danger, mais que son corps n'a pas été retrouvé (par exemple lors d'un naufrage, d'un tremblement de terre, d'un crash aérien...) ;
- lorsque le décès de l'individu est certain, mais que son corps n'a pu être retrouvé.

139 — Origine des demandes de jugement déclaratif de décès. L'article 88 du Code civil précise que le tribunal peut être saisi :

- soit par le procureur de la République ;
- soit par « des parties intéressées ». Il peut s'agir notamment du conjoint ou du partenaire de la personne disparue, de ses héritiers présomptifs, de ses créanciers...

En 2010, 61 demandes de jugement déclaratif de décès pour cause de disparition ont été introduites devant la justice française.

140 — Prérogatives du TGI en cas de disparition. Le TGI du lieu de la mort ou de la disparition est compétent. Avant de rendre sa décision, celui-ci peut, s'il estime que le décès de la personne n'est pas suffisamment établi, ordonner des mesures d'information complémentaire. Il peut notamment requérir une enquête administrative sur les circonstances de la disparition.

141 — Contenu du jugement déclaratif de décès. Lorsque le TGI décide de rendre un jugement déclaratif de décès, il doit alors impérativement fixer la date précise de la mort de la personne. Il doit la déterminer « en tenant compte des présomptions tirées des circonstances de la cause » s'il en existe. À défaut, le jour du décès est fixé au jour de la disparition (C. civ., art. 90, al. 3).

142 — Diffusion du jugement déclaratif de décès. Le dispositif de ce jugement doit être transcrit sur les registres de l'état civil du lieu réel ou présumé du décès et, le cas échéant, sur ceux du lieu du dernier domicile du défunt (C. civ., art. 91).

β La portée du jugement déclaratif de décès

143 — Effets du jugement déclaratif de décès. Selon l'article 91 du Code civil, ce jugement tient lieu d'acte de décès. Il emporte donc notamment l'ouverture de la succession de l'intéressé et la dissolution de son mariage ou de son pacs.

144 — Réapparition de la personne disparue. Si l'intéressé réapparaît, le procureur de la République ou toute personne intéressée peut alors poursuivre l'annulation du jugement déclaratif de décès. À l'instar de l'absent qui réapparaît, la personne disparue qui ressurgit recouvre ses biens dans l'état où ils se trouvent, mais son mariage reste dissous (C. civ., art. 91, 92, 131 et 132).

II Les prérogatives des personnes physiques : étude de quelques droits de la personnalité

145 — Notion de droits de la personnalité. Au titre de ses droits subjectifs, la personne physique possède des droits fondamentaux inhérents à sa personne, destinés à protéger ses intérêts, lesquels sont appelés droits de la personnalité. Cette notion a fait son apparition à la fin des années 1960. Au départ, la jurisprudence et/ou le législateur ont reconnu séparément un droit sur tel ou tel élément de la personne. Puis, une synthèse des droits de la personnalité a été effectuée.

146 — Liste des droits de la personnalité. Il est difficile d'arrêter une liste précise des droits de la personnalité. À titre d'exemples, on peut citer le droit au respect de la dignité, le droit à l'image ou le droit à la voix. On s'intéressera, ici, en particulier au droit au respect de l'intégrité (A) et au droit au respect de la vie privée (B).

A Le droit au respect de l'intégrité

147 — Conception large de l'intégrité. Le respect est dû tant à l'intégrité physique que morale de la personne.

1 Le droit au respect de l'intégrité physique

a La consécration du droit à la vie

148 — Droit à la vie protégé en France. Ce droit trouve application dans la prohibition de la peine de mort, laquelle figure depuis la loi constitutionnelle de 2007 dans la Constitution française (art. 66-1). Il irrigue également les articles 221-1 et suivants du Code pénal, qui qualifient de crime le fait de priver volontairement autrui de la vie. Il est aussi présent dans la loi du 17 janvier 1975 relative à l'interruption volontaire de grossesse (IVG).

> « La loi garantit le respect de tout être humain dès le commencement de la vie. Il ne saurait être porté atteinte à ce principe qu'en cas de nécessité et selon les conditions définies par la présente loi », L. n° 75-17, 17 janv. 1975, dite « loi Veil », relative à l'interruption volontaire de grossesse, art. 1er : JO 18 janv. 1975, p. 739.

149 — Droit à la vie protégé en droit international. Le droit à la vie est garanti par plusieurs textes internationaux, parmi lesquels la DUDH de 1948, le Pacte des Nations unies relatif aux droits civils et politiques de 1966 et la Conv. EDH.

> « Tout individu a droit à la vie, à la liberté et à la sûreté de sa personne » (DUDH, art. 3).
>
> « 1. Le droit de toute personne à la vie est protégé par la loi. La mort ne peut être infligée à quiconque intentionnellement, sauf en exécution d'une sentence capitale prononcée par un tribunal au cas où le délit est puni de cette peine de loi » (Conv. EDH, art. 2).

150 — Limites du droit à la vie : légitime défense. En droit interne, il y a des cas dans lesquels la mort peut frapper de manière légitime l'être humain. En effet, la légitime défense de soi ou d'autrui est autorisée par l'article 122-5 du Code pénal.

> « N'est pas pénalement responsable la personne qui, devant une atteinte injustifiée envers elle-même ou autrui, accomplit, dans le même temps, un acte commandé par la nécessité de la légitime défense d'elle-même ou d'autrui, sauf s'il y a disproportion entre les moyens de défense employés et la gravité de l'atteinte » (C. pén., art. 122-5).

151 — Limites du droit à la vie : IVG. L'interruption volontaire de grossesse est, en France, autorisée dans deux cas : pour convenance personnelle avant la 12e semaine de grossesse (ce délai, fixé à 10 semaines dans la loi Veil de 1975 a été porté à 12 semaines par la loi du 4 juillet 2001) ou pour motif thérapeutique à tout moment de la grossesse. Le motif thérapeutique est évoqué dans l'alinéa premier de l'article L. 2213-1 du Code de la santé publique. Selon ce texte, l'interruption volontaire d'une grossesse peut, à

toute époque, être pratiquée si deux médecins membres d'une équipe pluridisciplinaire attestent, après avis consultatif de celle-ci :
- soit que la poursuite de la grossesse met en péril grave la santé de la femme ;
- soit qu'il existe une forte probabilité que l'enfant à naître soit atteint d'une affection d'une particulière gravité reconnue comme incurable au moment de la grossesse.

On parle dans ces cas d'interruption médicale de grossesse (IMG).

Loi n° 75-17 du 17 janvier 1975 dite loi Veil relative à l'interruption volontaire de grossesse : JO 18 janv. 1975, p. 739.

Loi n° 2001-588 du 4 juillet 2001 relative à l'interruption volontaire de grossesse et à la contraception : JO 7 juill. 2001, n° 156, p. 10823.

b Faut-il consacrer un droit à la mort ? La question de l'euthanasie

152 — Débat sur l'euthanasie. Peut-on aider une personne à mourir ? Le débat est régulièrement relancé par des faits divers qui défraient la chronique (affaires *Pretty*, *Vincent Humbert*, *Chantal Sébire*, *Vincent Lambert* notamment). Il donne ainsi tant aux magistrats de la Cour européenne des droits de l'homme qu'aux juges nationaux l'occasion de s'exprimer sur le sujet. En France, le débat sur l'euthanasie a d'abord été marqué, en 2000, par un jeune homme, Vincent Humbert. Plus récemment, le cas d'un homme quadragénaire, Vincent Lambert, entré dans un état de conscience minimale depuis un accident de la circulation, et dont la famille se déchire sur son maintien ou non en vie, a sensibilisé l'opinion, notamment politique, sur cette question. Les débats nés à ces occasions ont été de nature à provoquer l'intervention du législateur, comme en témoignent les lois du 22 avril 2005 et du 2 février 2016.

153 — Affaire *Humbert*. Vincent Humbert était devenu, à 20 ans, tétraplégique, muet et aveugle à la suite d'un accident de voiture. Il avait écrit un livre à Jacques Chirac, alors président de la République, intitulé *Je vous demande le droit de mourir*. Ce droit lui ayant été refusé, sa mère lui a injecté une dose de barbiturique. Le médecin du jeune homme a ensuite cessé toute mesure de réanimation. Vincent Humbert s'est éteint le 26 septembre 2003.

154 — Loi « Léonetti I » en 2005. Une « mission parlementaire sur l'accompagnement de la fin de vie », présidée par Jean Léonetti, homme politique très impliqué dans les questions éthiques, a été mise en place après le décès de Vincent Humbert. Les travaux de cette mission ont abouti à l'adoption de la loi du 22 avril 2005, laquelle permet à certaines conditions « le laisser mourir ».

Loi n° 2005-370 du 22 avril 2005 relative aux droits des malades et à la fin de vie : JO 23 avr. 2005, n° 95, p. 7089 et rect. JO 20 mai 2005.

155 — Loi « Léonetti II » en 2016. Jean Léonetti est, avec le député Alain Claeys, à l'origine d'une autre loi adoptée récemment : la loi du 2 février 2016 créant de nouveaux droits en faveur des malades et des personnes en fin de vie. Celle-ci est, en effet, issue d'une proposition de loi élaborée par les deux députés à la demande du président de la République François Hollande qui s'était prononcé, dans son programme de campagne, en faveur « d'une assistance médicalisée pour terminer sa vie dans la dignité ».

Loi n° 2016-87 du 2 février 2016 créant de nouveaux droits en faveur des malades et des personnes en fin de vie : JO 3 févr. 2016, n° 0028.

Dans le programme de campagne de M. Hollande figurait, en effet, l'engagement n° 21 ainsi rédigé : « Je proposerai que toute personne majeure en phase avancée ou terminale d'une maladie incurable, provoquant une souffrance physique ou psychique insupportable et qui ne peut être apaisée, puisse demander, dans des conditions précises et strictes, à bénéficier d'une assistance médicalisée pour terminer sa vie dans la dignité. »

156 — Plan. Après les lois des 22 avril 2005 et 2 février 2016, il est important de faire le point sur les pratiques interdites et autorisées en droit interne, en confrontant les solutions françaises aux principes posés en la matière par la Cour européenne des droits de l'homme.

α ▮ Les pratiques interdites

157 — Interdiction de l'euthanasie active en France. L'euthanasie dite active consiste à provoquer la mort au travers d'un acte positif (débrancher une machine, administrer une substance létale...). Autorisée aux Pays-Bas (loi de 1990) et en Belgique (loi de 2002), elle est interdite en France. Sur le plan pénal, l'acte d'euthanasie active constitue un crime poursuivi, selon les cas, sur le fondement de l'assassinat (meurtre avec prémédication) ou de l'empoisonnement.

158 — Interdiction du suicide assisté en France. On parle de suicide assisté lorsqu'un tiers fournit au malade une substance mortelle que celui-ci s'administre lui-même. En l'état actuel du droit, le tiers en question encourt des sanctions pénales. En effet, le suicide assisté relève soit de la provocation au suicide (réprimée par l'article 223-13 du Code pénal), soit de la non-assistance à personne en danger (sanctionnée par l'article 223-6 du Code pénal).

159 — Préconisations du rapport Sicard sur le suicide assisté. Le rapport Sicard, remis au président de la République le 18 décembre 2012, entrouvrait la porte au suicide assisté. Il proposait en effet de dépénaliser celui-ci à certaines conditions :
- personne atteinte d'un mal incurable au stade terminal ;
- volonté libre du malade, exprimée explicitement et à plusieurs reprises ;
- acte accompli par le malade lui-même grâce au traitement fourni par un médecin.

Finalement, cette proposition n'a pas été suivie d'effet.

Commission de réflexion sur la fin de vie en France, *Penser solidairement la fin de vie*, rapport remis à François Hollande, président de la République française, 18 déc. 2012.

Ce rapport est issu d'une commission chargée par le président Hollande, en juillet 2012, de réfléchir à la fin de vie. Celle-ci était présidée par M. Didier Sicard, ancien président du Comité consultatif national d'éthique (CCNE).

160 — Droit français au regard de la jurisprudence de la Cour européenne des droits de l'homme. Dans l'arrêt *Pretty c/ Royaume-Uni*, la CEDH avait refusé en 2002 « de déduire de l'article 2 de la Convention un droit à mourir, que ce soit de la main d'un tiers ou avec l'assistance d'une autorité publique ». Elle a semblé évoluer quelque peu sur le sujet, puisqu'elle a jugé en 2011 que « le droit d'un individu de décider de quelle manière et à quel moment sa vie doit prendre fin, à condition qu'il soit en mesure de se forger librement sa propre volonté (...) à ce propos et d'agir en conséquence, est un des aspects du droit au respect de la vie privée au sens de l'article 8 de la CEDH ». Néanmoins, elle a considéré que l'État n'a pas l'obligation positive de faire en sorte que le requérant puisse obtenir sans ordonnance médicale la substance lui permettant de mourir sans douleur et sans risque d'échec.

CEDH, 29 avr. 2002, Pretty c/ Royaume-Uni : JCP G 2002, I, 157, n° 1, obs. Sudre F.

CEDH, 20 janv. 2011, Haas c/ Suisse : D. 2012, 308, obs. Galloux J.-C. et Gaumont-Prat H.

β ▮ Les pratiques autorisées

161 — Trois pratiques assimilées à l'euthanasie passive. La loi du 22 avril 2005 a reconnu officiellement la possibilité aux médecins de prendre, dans certaines circonstances, des décisions qui peuvent avoir pour effet, non de provoquer la mort du patient, mais de l'anticiper. C'est le cas lorsque le médecin décide d'arrêter ou de limiter des actes résultant d'une obstination déraisonnable ou lorsqu'il administre au patient un traitement dit à double effet. La loi du 2 février 2016 s'inscrit dans cette même tendance, puisqu'elle ouvre également le droit à « une sédation profonde et continue provoquant une altération de la conscience maintenue jusqu'au décès » (CSP, art. 3 ; art. L. 1110-5-2 nouveau).

162 — Arrêt ou limitation des actes résultant d'une obstination déraisonnable. Ne pas s'obstiner de manière déraisonnable, telle est la préconisation formulée à l'égard des médecins, dans la loi du 22 avril 2005 tout d'abord, puis dans celle du 2 février 2016. Selon l'article L. 1110-5-1 du Code de la santé publique dans sa dernière rédaction, les actes de prévention, d'investigation ou de traitements et de soins « ne doivent pas être mis en œuvre ou poursuivis lorsqu'ils résultent d'une obstination déraisonnable. Lorsqu'ils apparaissent inutiles, disproportionnés ou lorsqu'ils n'ont d'autre effet que le seul maintien artificiel de la vie, ils peuvent être suspendus ou ne pas être entrepris, conformément à la volonté du patient et, si ce dernier est hors d'état d'exprimer sa volonté, à l'issue d'une procédure collégiale définie par voie réglementaire » (al. 1er). Dans ce cas, le médecin « sauvegarde la dignité du mourant et assure la qualité de sa vie en dispensant les soins palliatifs » (al. 3).

La loi ne précise pas ce que sont des actes inutiles, disproportionnés ou n'ayant d'autre effet que le seul maintien artificiel de la vie. Elle en laisse l'appréciation aux médecins, ce qui a suscité des difficultés dans le cas de Vincent Lambert.

163 — Vincent Lambert : arrêt des traitements légalement possible ? Depuis un accident de la circulation survenu en 2008, Vincent Lambert est, en raison de son état de tétraplégie et de complète dépendance, pris en charge pour tous les actes de la vie quotidienne et est alimenté et hydraté de manière artificielle. En 2013, le médecin le prenant en charge a décidé, après avoir consulté l'épouse de M. Lambert, d'arrêter son alimentation artificielle et de diminuer son hydratation au motif que l'obstination déraisonnable évoquée dans la loi était ici caractérisée.

164 — Vincent Lambert et les juges nationaux. Cette décision médicale d'arrêter l'alimentation et l'hydratation artificielles de M. Lambert a été contestée par ses parents et certains de ses frères et sœurs. Après plusieurs mois de contentieux, le Conseil d'État, se fondant sur des expertises médicales selon lesquelles les lésions de M. Lambert sont irréversibles, a jugé en juin 2014 que la décision du médecin de mettre fin à l'alimentation et l'hydratation artificielle de M. Lambert est légalement fondée dans la mesure où l'obstination déraisonnable visée dans la loi est caractérisée. Il a ainsi considéré que l'alimentation et l'hydratation artificielles sont des « traitements » au sens du Code de la santé publique. Cette position jurisprudentielle a été consacrée par la loi du 2 février 2016, qui précise désormais que « la nutrition et l'hydratation artificielle constituent des traitements qui peuvent être arrêtés... » (CSP, art. L. 1110-5-1, al. 2 nouveau).

CE, 24 juin 2014 : Dr. famille 2014, Comm. n° 141, note Binet J.-R.

165 — Vincent Lambert et les juges de la CEDH. Avant même que le Conseil d'État ne rende sa décision, les parents de Vincent Lambert ont saisi la Cour européenne des droits de l'homme qui a demandé à la France, sur le fondement de l'article 39 de son règlement, de suspendre l'exécution de l'arrêt en attendant que le dossier soit étudié sur le fond par la juridiction européenne. Finalement, la CEDH, dans un arrêt du 5 juin 2015, a jugé, à la majorité, qu'il n'y aurait pas violation de l'article 2 de la Conv. EDH (droit à la vie) en cas de mise en œuvre de la décision du Conseil d'État du 24 juin 2014. Elle a constaté qu'il n'existe pas de consensus entre les États membres du Conseil de l'Europe pour permettre l'arrêt d'un traitement maintenant artificiellement la vie. Dans ce domaine qui touche à la fin de vie, il y a lieu d'accorder une marge d'appréciation aux États. La Cour a considéré que les dispositions de la loi du 22 avril 2005, telles qu'interprétées par le Conseil d'État, constituent un cadre législatif suffisamment clair pour encadrer de manière précise la décision du médecin dans une situation telle que celle-ci.

CEDH, 5 juin 2015, n° 46043/14, Lambert et autres c/ France.

166 — Notion de traitement précisée par la loi du 2 février 2016. Après que le Conseil d'État ait considéré dans son arrêt du 24 juin 2014 que l'alimentation et l'hydratation artificielles sont des « traitements » au sens du Code de la santé publique, cette solution a été consacrée par la loi du 2 février 2016. En effet, celle-ci est venue préciser que « la nutrition et l'hydratation artificielle constituent des traitements qui peuvent être arrêtés » dans les conditions prévues par la loi (CSP, art. L. 1110-5-1, al. 2 nouveau).

Loi n° 2016-87 du 2 février 2016 créant de nouveaux droits en faveur des malades et des personnes en fin de vie : JO 3 févr. 2016, n° 0028.

167 — Autorisation du traitement à double effet. La loi du 22 avril 2005 a reconnu en premier la possibilité aux médecins d'appliquer un traitement dit « à double effet », une solution reconduite par la récente loi du 2 février 2016, dans l'article L. 1110-5-3 du Code de la santé publique. Selon ce texte, « le médecin met en place l'ensemble des traitements analgésiques et sédatifs pour répondre à la douleur réfractaire du malade en phase avancée ou terminale, même s'ils peuvent avoir pour effet d'abréger la vie ». Si le premier effet du traitement est ainsi de diminuer la douleur du malade en lui administrant des antalgiques, il peut cependant avoir pour effet secondaire d'abréger sa vie. Si la volonté du médecin a bien été d'atténuer la douleur, le décès du patient consécutivement à l'utilisation du traitement à double effet n'est alors pas passible de sanctions pénales.

La distinction avec l'acte d'euthanasie n'est pas, dans les faits, toujours facile à faire.

168 — Droit à une sédation profonde et continue. La loi du 2 février 2016 admet, lorsque le patient demande à éviter toute souffrance et refuse de subir une obstination déraisonnable, le droit de mettre en œuvre « une sédation profonde et continue provoquant une altération de la conscience maintenue jusqu'au décès » dans les deux cas suivants :

- lorsque le patient atteint d'une affection grave et incurable, et dont le pronostic vital est engagé à court terme, présente une souffrance réfractaire aux traitements ;
- lorsque la décision du patient atteint d'une affection durable et incurable d'arrêter un traitement engage son pronostic vital à court terme et est susceptible d'entraîner une souffrance insupportable.

Article 3 de la loi n° 2016-87 du 2 février 2016 créant de nouveaux droits en faveur des malades et des personnes en fin de vie (CSP, art. L. 1110-5-2 nouveau).

2 Le droit au respect de l'intégrité morale

169 — Notion de droit à l'intégrité morale. Elle renferme différentes composantes dont les plus importantes sont le droit au respect de son honneur et de la présomption d'innocence.

a Le droit au respect de l'honneur

170 — Définition de l'honneur. L'honneur est ici entendu comme « la dignité d'un individu, élément de son patrimoine moral qu'il est en droit de faire respecter à chacun et dans son devoir de s'y conformer ».

Cornu G., *Vocabulaire juridique*, 9e éd., 2016, Association Henri Capitant, PUF.

171 — Protection juridique de l'honneur. L'honneur d'une personne est protégé principalement au travers du délit de diffamation publique. Celui-ci reste, en l'état actuel du droit, régi par la loi du 29 juillet 1881 sur la liberté de la presse, laquelle a été modifiée à plusieurs reprises.

Loi du 29 juillet 1881 sur la liberté de la presse : JO 30 juill. 1881, p. 4201.

172 — Notion de diffamation publique. Elle est définie comme « toute allégation ou imputation d'un fait qui porte atteinte à l'honneur ou à la considération de la personne ou du corps auquel le fait est imputé »

(L. 29 juill. 1881 sur la liberté de la presse, art. 29). Elle requiert, pour être constituée, la réunion de quatre éléments : l'allégation d'un fait précis, la mise en cause d'une personne déterminée clairement identifiée, une atteinte à l'honneur ou à la considération, et le caractère public de la mise en cause.

173 — Procédure en cas de diffamation publique. La victime des propos diffamatoires doit engager elle-même les poursuites en portant plainte. Si le parquet décide de classer l'affaire, la victime peut déclencher les poursuites, soit en saisissant le juge d'instruction et en se constituant partie civile, soit en saisissant directement le tribunal correctionnel par voie de citation directe.

174 — Défense de l'auteur des propos diffamatoires. L'article 35 *bis* de la loi du 29 juillet 1881 précise que « toute reproduction d'une imputation qui a été jugée diffamatoire sera réputée faite de mauvaise foi, sauf preuve contraire de son auteur ». Il appartient donc à ce dernier de rapporter la preuve de sa bonne foi. Il doit notamment prouver sa sincérité (c'est-à-dire qu'il disposait d'éléments suffisants pour croire à la vérité des faits relatés) et qu'il poursuivait un but légitime (celui d'informer le public).

> Dans une affaire où M. Rocard avait dit de J.-M. Le Pen qu'il avait pratiqué la torture en Algérie, la Cour de cassation a considéré qu'il poursuivait en l'espèce un but légitime, à savoir informer les téléspectateurs de l'émission 7/7 en période électorale, Ch. mixte, 24 nov. 2000 : BICC, n° 527, p. 14.

175 — Sanctions en cas de diffamation publique. Sur le plan pénal, l'auteur de la diffamation encourt des peines de 45 000 euros d'amende et d'un an d'emprisonnement. Il peut aussi, sur le plan civil, être condamné à verser des dommages et intérêts à la victime. En outre, il est possible de faire publier le jugement de condamnation ou encore d'insérer un encart rectificatif pour réparer l'honneur de la personne.

b ▮ Le droit au respect de la présomption d'innocence

176 — Valeur constitutionnelle de la présomption d'innocence. La proclamation du principe remonte à la Déclaration des droits de l'homme et du citoyen du 26 août 1789 (DDHC) dont l'article 9 énonce que « tout homme est présumé innocent jusqu'à ce qu'il ait été déclaré coupable ». La DDHC ayant été reprise dans les préambules tant de la IVe que de la Ve République, la présomption d'innocence est donc un principe qui a valeur constitutionnelle.

177 — Présomption d'innocence inscrite dans la loi. La présomption d'innocence est un principe de procédure pénale, comme en témoigne l'article préliminaire du Code de procédure pénale. Elle figure également dans le Code civil puisqu'il a été jugé opportun lors de l'adoption de la loi du 15 juin 2000 d'y introduire, un nouvel article – l'article 9-1 – énonçant que « chacun a droit au respect de la présomption d'innocence » (al. 1er).

Loi n° 2000-516 du 15 juin 2000 renforçant la protection de la présomption d'innocence et les droits des victimes : JO 16 juin 2000, n° 0138, p. 9038 ; rect. JO 8 juill. 2000, n° 157, p. 10323.

178 — Présomption d'innocence proclamée à l'international. La présomption d'innocence apparaît dans des textes internationaux, notamment dans la Convention européenne des droits de l'homme dont l'article 6.2 énonce que « toute personne accusée d'une infraction est présumée innocente jusqu'à ce que sa culpabilité ait été légalement établie ».

179 — Atteinte à la présomption d'innocence. Cette atteinte implique la réunion de plusieurs conditions. Il faut qu'une personne soit, de manière publique, et avant toute condamnation irrévocable, présentée comme étant coupable de faits faisant l'objet d'une enquête ou d'une instruction (C. civ., art. 9-1, al. 2).

C'est le cas lorsqu'un journal « présentait sans aucune réserve ou nuance » une femme « comme une "tortionnaire" ayant maltraité son enfant, ce dont il résultait que l'article contenait des conclusions définitives tenant pour acquise sa culpabilité », Cass. ass. plén., 21 déc. 2006, D. 2007, 835, note Morvan P.

180 — Conciliation de la présomption d'innocence avec d'autres droits et libertés. Concilier le droit au respect de la présomption d'innocence avec d'autres droits et libertés, tels que la liberté d'expression, la liberté de la presse ou encore le droit à l'information, s'avère souvent délicat pour les juges. Dans une décision rendue le 3 octobre 2000 condamnant la France, la CEDH s'est attachée à défendre la liberté de la presse. Mais on ne peut tirer de cette décision un enseignement général : tout est question d'espèce.

CEDH, 3 oct. 2000, Roy et Malaurie c/ France : D. 2000, IR, 257.

181 — Sanctions en cas d'atteinte à la présomption d'innocence. L'article 9-1, alinéa 2 du Code civil prévoit que le juge peut ordonner toutes mesures susceptibles de faire cesser l'atteinte : insertion d'une rectification, diffusion d'un communiqué notamment. Il précise également que la victime peut solliciter le versement de dommages et intérêts en réparation du préjudice subi.

B Le droit au respect de la vie privée

182 — Protection de la vie privée sur le plan international. La protection de la vie privée a été affirmée dès 1948 dans la DUDH (art. 12). Ont ensuite fait écho le Pacte des Nations unies de 1966 sur les droits civils et politiques et surtout la Conv. EDH dont l'article 8 irrigue régulièrement le contentieux.

> « Toute personne a droit au respect de sa vie privée et familiale (...) » (Conv. EDH, art. 8-1).

183 — Protection de la vie privée jusqu'en 1970. En l'absence de texte de loi spécifique, la vie privée, avant 1970, était protégée par la jurisprudence sur le fondement de l'article 1382 du Code civil relatif à la responsabilité civile délictuelle (actuel art. 1240).

184 — Protection de la vie privée à partir de 1970. À l'occasion de la loi du 17 juillet 1970, une protection particulière de la vie privée a été mise en œuvre au travers de la consécration d'un nouveau texte, l'article 9 du Code civil. L'alinéa 1 de celui-ci (« chacun a droit au respect de sa vie privée ») érige officiellement en droit subjectif, le droit au respect de la vie privée. L'alinéa 2 précise les sanctions applicables en cas de non-respect.

> Loi n° 70-643 du 17 juillet 1970 tendant à renforcer la garantie des droits individuels des citoyens : JO 19 juill. 1970, p. 6751.

185 — Droit au respect de la vie privée pour tous les vivants. Depuis un arrêt du 23 octobre 1990, la Cour de cassation considère que « toute personne, quels que soient son rang, sa naissance, sa fortune, ses fonctions présentes ou à venir, a droit au respect de sa vie privée ». Mais elle juge que le droit d'agir pour le respect de la vie privée s'éteint au décès de la personne concernée, laquelle est la seule titulaire de ce droit. Il en résulte que le droit d'agir en ce domaine n'est pas transmis aux héritiers de l'intéressé.

> Champ d'application de l'article 9, Cass. 1re civ., 23 oct. 1990 : Bull. civ. I, n° 222.
> Intransmissibilité du droit au respect de la vie privée, Cass. 1re civ., 14 déc. 1999 : Bull. civ. I, n° 35 – Cass. 2e civ., 8 juill. 2004 : Bull. civ. II, n° 390.

1 La notion de vie privée

186 — Contours de la notion de vie privée. Se pose régulièrement en jurisprudence, la question de savoir quels sont les éléments relevant de la vie privée, autrement dit faisant l'objet de la protection de l'article 9 du Code civil. Les décisions rendues à cet égard sont extrêmement nombreuses – comme en témoigne l'abondante jurisprudence insérée sous ce texte par les différents éditeurs du Code civil – dans la mesure où les frontières entre vie privée et publique ne sont pas toujours faciles à tracer. L'analyse de celle-ci met en évidence que la vie privée fait l'objet d'une interprétation relativement large en droit français.

187 — Éléments de la vie privée issus de la vie personnelle. Selon la jurisprudence, intègrent la notion de vie privée des données tenant à la vie personnelle de l'individu : son identité, sa religion, son origine ethnique, sa santé, sa sexualité, sa vie sentimentale et familiale, ses mœurs, son état de grossesse, sa maternité, sa paternité notamment. C'est également le cas de son domicile ou de sa résidence.

188 — Éléments financiers : Vie privée ? Il ressort de la jurisprudence que la notion de vie privée protégée par l'article 9 du Code civil englobe les données relatives au salaire d'un individu. En revanche, la publication de renseignements d'ordre purement patrimonial échappe à la protection légale dès lors qu'elle ne comporte aucune allusion à la vie et à la personnalité de l'intéressé. Il s'agit là d'une jurisprudence constante de la Cour de cassation.

189 — Éléments de la vie privée issus du patrimoine. Les juges considèrent que les informations relatives à l'étendue du patrimoine d'une personne, à la teneur d'un héritage qu'elle a reçu, aux dettes qu'elle a contractées, relèvent de la vie privée. C'est également le cas de la déclaration de revenus et des références bancaires.

2 La vie privée confrontée au droit à l'information

190 — Conflit entre le droit au respect de la vie privée et le droit à l'information. Dans certains cas, la vie privée se télescope avec le droit à l'information. Par exemple, l'affaire ayant impliqué Dominique Strauss-Kahn pose la question de savoir si la révélation au grand jour par les médias, des mœurs et pratiques sexuelles de cet homme politique français doit être sanctionnée sur le fondement de l'article 9 du Code civil pour atteinte du respect dû à la vie privée ou si, à l'inverse, elle relève du droit à l'information du public.

191 — Jurisprudence initialement favorable au droit au respect de la vie privée. Au départ, la jurisprudence avait tendance à se montrer restrictive à l'égard du droit à l'information, faisant ainsi primer dans ce conflit de normes, le droit au respect dû à la vie privée. Cette tendance s'était dégagée dans un arrêt rendu en 1986 par la cour d'appel de Paris.

Cette dernière avait considéré que les exigences de l'information ne pouvaient l'emporter sur la protection de la vie privée que dans le cas où la publication se rattache directement à un événement d'intérêt général et que l'atteinte est strictement nécessaire pour commenter l'événement, CA Paris, 5 mars 1986 : D. 1986, IR, 189, obs. Lindon R.

192 — Jurisprudence ultérieure favorable au droit à l'information. Une position plus favorable au droit à l'information s'est ensuite dégagée en jurisprudence. En témoigne une décision rendue en 1999 dans laquelle le TGI de Nanterre avait jugé que le public avait le droit d'être informé de l'évolution capillaire d'un célèbre journaliste... Dans la continuité, la Cour de cassation a considéré en 2006 qu'une information peut être légitime, même si elle révèle des aspects de l'intimité des personnes, dans la mesure où elle constitue une « contribution au débat d'intérêt général ».

TGI Nanterre, 15 juill. 1999 : D. 2000, Somm. 272, obs. Caron Ch.
Cass. 1re civ., 24 oct. 2006 : D. 2007, 2776, note Marino L.

193 — Interrogations suscitées par l'affaire *Liliane Bettencourt*. Cette affaire opposait – entre autres – droit au respect dû à la vie privée et droit à l'information du public dans la mesure où il était question de la validité d'enregistrements réalisés clandestinement lors de réunions d'affaires de la milliardaire, par son maître d'hôtel. Certes, les conversations étaient privées. Néanmoins, elles apportaient des éclairages sur les opérations patrimoniales de la vieille dame et sur les relations qu'elle entretenait avec celui qui gérait sa fortune, informations qui pouvaient donc être considérées comme relevant de la légitime information du public.

194 — Solution de la Cour de cassation dans l'affaire *Liliane Bettencourt*. Dans un arrêt du 6 octobre 2011, la Cour de cassation a jugé que « constitue une atteinte à l'intimité de la vie privée, que ne légitime pas l'information du public, la captation, l'enregistrement ou la transmission sans le consentement de leur auteur des paroles prononcées à titre privé ou confidentiel ». La solution a été présentée comme réalisant un bon équilibre entre le droit d'informer et le respect de la vie privée.

Cass. 1re civ., 6 oct. 2011 : RLDC 2012/4668, note Dupuis M.

3 Les sanctions en cas d'atteinte au respect dû à la vie privée

195 — Conditions requises : absence d'autorisation de l'intéressé. L'atteinte au respect dû à la vie privée suppose que l'intéressé n'ait pas autorisé l'immixtion dans sa vie privée. Selon la jurisprudence, cette autorisation peut être expresse ou tacite. Il faut néanmoins qu'elle soit certaine. Pour les juges, l'autorisation ne peut être déduite du fait que l'intéressé n'avait pas engagé de poursuites pour des révélations antérieures de même nature.

196 — Panorama des sanctions en cas d'atteintes à la vie privée. Les juges peuvent condamner l'auteur de l'atteinte faite à la vie privée à verser à la victime, des dommages et intérêts en réparation du dommage subi. Ceux-ci ne sont pas une sanction pleinement satisfaisante dans la mesure où ils ne font pas cesser le dommage. Aussi, d'autres sanctions ont été prévues par le législateur. Les juges peuvent ainsi « prescrire toutes mesures, telles que séquestre, saisie et autres, propres à empêcher ou à faire cesser une atteinte à l'intimité de la vie privée », lesquelles « peuvent, s'il y a urgence, être ordonnées en référé » (C. civ., art. 9, al. 2).

SECTION 2 L'identification juridique de la personne physique

197 — État civil et état de la personne. La personne physique est identifiée dans l'état civil, lequel reflète l'état de la personne. Selon le doyen Cornu, « l'état d'une personne est sa situation juridique, son statut, sa condition juridique qui peut englober l'ensemble des éléments auxquels la loi attache des effets de droit ». Il rassemble les éléments caractéristiques de la personne physique : sa nationalité, son sexe, son nom, son prénom, son domicile notamment. Avant d'examiner les principaux d'entre eux (II), il convient de présenter les caractères de l'état de la personne (I).

Cornu G., *Vocabulaire juridique*, 9e éd., 2016, Association Henri Capitant, PUF.

I Les caractères de l'état de la personne

198 — Caractères fondamentaux. L'état de la personne est personnel (A), indisponible (B) et imprescriptible (C).

A Le caractère personnel de l'état de la personne

199 — Sens du caractère personnel. Énoncer que l'état de la personne a un caractère personnel signifie que le statut qui en découle ne relève pas de son patrimoine, mais est intimement lié à sa personne. Il en résulte les deux conséquences suivantes.

200 — Indivisibilité de l'état de la personne. Étant personnel, l'état de la personne est donc indivisible. Il en résulte qu'une personne ne peut avoir deux états différents. Celle-ci ne peut ventiler les éléments composant son état pour en retenir certains et en rejeter d'autres.

201 — Insaisissabilité de l'état de la personne. Étant personnel, l'état de la personne est donc insaisissable. Par conséquent, les prérogatives attachées à l'état de la personne ne peuvent être saisies par les créanciers de celle-ci.

B L'indisponibilité de l'état de la personne

202 — Principe de l'indisponibilité de l'état de la personne. Nul ne peut, par sa seule volonté, disposer de son état et des éléments qui le composent : sexe, prénom, nom, filiation, nationalité... Ainsi, toute convention par laquelle une personne entendrait céder un élément de son état serait frappée de nullité. Inversement, la convention par laquelle une personne voudrait acquérir un élément nouveau serait, elle aussi, frappée de nullité.

1 L'affirmation du principe

203 — Consécration du principe de l'indisponibilité de l'état de la personne. Ce principe est incontestablement présent en droit français. Il sous-tend, par exemple, l'article 323 du Code civil selon lequel « les actions relatives à la filiation ne peuvent faire l'objet de renonciation ». Il est régulièrement invoqué par la jurisprudence française, notamment pour prohiber les conventions de maternité pour autrui.

204 — Maternité pour autrui appréhendée par la Cour de cassation en 1991. Dès 1991, l'Assemblée plénière de la Cour de cassation a condamné la technique de la maternité pour autrui en jugeant que « la convention par laquelle une femme s'engage, fut-ce à titre gratuit, à concevoir et à porter un enfant pour l'abandonner ensuite à sa naissance contrevient tant au principe de l'indisponibilité du corps humain qu'à celui de l'indisponibilité de l'état des personnes ».

Cass. ass. plén., 31 mai 1991 : D. 1991. 417, rapp. Chartier, note Thouvenin.

205 — Maternité pour autrui appréhendée par la Cour de cassation en 2011. Vingt ans après l'arrêt rendu par l'Assemblée plénière, c'est encore en se fondant sur le principe de l'indisponibilité de l'état de la personne (et sur ce seul principe) que la Cour de cassation a réitéré la prohibition de la gestation pour autrui dans trois arrêts rendus le 6 avril 2011.

« En l'état du droit positif, il est contraire au principe de l'indisponibilité de l'état des personnes, principe essentiel du droit français, de faire produire effet, au regard de la filiation, à une convention portant sur la gestation pour le compte d'autrui, qui, fut-elle licite à l'étranger, est nulle d'une nullité d'ordre public aux termes des articles 16-7 et 16-9 du Code civil », Cass. 1re civ., 6 avr. 2011 [3 arrêts] : AJ fam., mai 2011, n° 262, note Chénedé F., Haftel B. et Domingo M.

2 Le recul du principe de l'indisponibilité de l'état de la personne à l'époque contemporaine

206 — Recul de l'indisponibilité de l'état de la personne en matière de transsexualisme. Il est incontestable que ce principe recule depuis plusieurs années. Il se trouve ainsi supplanté, en certains domaines, par d'autres normes. La jurisprudence relative au changement de sexe à l'état civil du transsexuel en constitue sans doute le meilleur exemple. En effet, jusqu'en 1992, le changement de sexe à l'état civil du transsexuel était refusé par la Cour de cassation, au nom du principe de l'indisponibilité de l'état de la personne. Mais le 11 décembre 1992, l'Assemblée plénière de la Cour de cassation a procédé à un revirement de jurisprudence en énonçant que le principe du respect dû à la vie privée justifie que l'état civil de la personne transsexuelle indique désormais le sexe dont elle a l'apparence.

Pour la jurisprudence antérieure au revirement : Cass. 1re civ., 16 déc. 1975 : JCP 1976, II, 18, 503 – Pour le revirement : Cass. ass. plén., 11 déc. 1992, in *Grands arrêts de la jurisprudence civile*, 13e éd., 2015, Dalloz, t. 1, n° 25 et 26.

207 — Recul de l'indisponibilité de l'état de la personne en matière de gestation pour autrui (GPA). En l'état actuel du droit, la gestation pour autrui, et plus généralement la maternité de substitution, sont interdites (C. civ., art. 16-7 et 17-9). Pourtant, force est de constater que si la jurisprudence refusait au départ de faire produire des effets en matière de filiation à une convention de gestation pour autrui frappée d'une nullité d'ordre public en droit français, elle a été contrainte d'évoluer sous l'influence de la Cour européenne des droits de l'homme qui l'a condamnée en 2014. En juillet 2015, la Cour de cassation a ainsi admis la transcription en France de l'acte de naissance dressé à l'étranger qui désignait comme parents légaux de l'enfant la mère porteuse russe et le père biologique de l'enfant (en l'occurrence, le ressortissant français qui avait commandité la gestation pour autrui). En 2017, elle a jugé, au sujet d'une requête en adoption simple déposée par le mari du père biologique d'un enfant conçu en exécution d'un contrat de gestation pour autrui, que « le recours à la gestation pour autrui à l'étranger ne fait pas obstacle au prononcé de l'adoption par l'époux du père dès lors que les conditions légales de l'adoption sont remplies et qu'elle est conforme à l'intérêt de l'enfant ». Si le principe de l'indisponibilité de l'état de la personne justifie la prohibition de la gestation pour autrui, il n'empêche plus, dans certaines circonstances, l'établissement en France de la filiation de l'enfant qui en est issu.

Voir sur cette question, *infra*, n° 1937 à 1947.

C L'imprescriptibilité de l'état de la personne

208 — Sens de l'imprescriptibilité de l'état de la personne. L'imprescriptibilité appliquée à l'état de la personne signifie qu'une personne ne peut, par l'écoulement du temps, perdre un état ou acquérir un nouvel état. Prescriptions extinctive et acquisitive n'ont donc, en principe, pas de prise en la matière. Néanmoins, là encore, le principe a reculé à l'époque contemporaine.

209 — Exception au principe d'imprescriptibilité de l'état de la personne. L'imprescriptibilité ne joue pas en matière de filiation. En effet, depuis la loi du 3 janvier 1972 portant réforme de la filiation, une personne peut acquérir une filiation par l'écoulement du temps grâce au mécanisme de la possession d'état.

Loi n° 72-3 du 3 janvier 1972 sur la filiation : JO 5 janv. 1972, p. 145.

210 — Limite au principe d'imprescriptibilité de l'état de la personne. La jurisprudence admet, de manière très exceptionnelle, que « la possession prolongée d'un nom peut en permettre l'acquisition dès lors que cette possession n'a pas été déloyale ».

Cass. 1re civ., 31 janv. 1978 : Bull. civ. I, n° 41.

II Les composantes de l'état de la personne

211 — Plan. Seront ici évoquées les principales composantes de l'état de la personne, à savoir le sexe (A), le nom de famille (B) et le prénom (C).

A Le sexe

212 — Définition du transsexualisme. La principale difficulté juridique que pose le sexe s'agissant de l'état de la personne est liée au syndrome du transsexualisme. Celui-ci est défini comme le sentiment profond et inébranlable d'appartenir au sexe opposé. Autrement dit, le sexe anatomique de l'individu ne correspond pas dans ce cas à son sexe psychologique.

213 — Trouble de l'identité sexuelle. Selon l'Organisation mondiale de la santé (OMS), le transsexualisme est une maladie. En France, il a longtemps été considéré comme une affection psychiatrique, ce qui n'est plus le cas depuis un décret du 8 février 2010. La transphobie a été officiellement reconnue en France par une loi du 6 août 2012, l'« identité sexuelle » ayant été intégrée parmi les critères de discrimination inscrits à l'article 225-1 du Code pénal.

Décret n° 2010-125 du 8 février 2010 portant modification de l'annexe figurant à l'article D. 322-1 du Code de la sécurité sociale relative aux critères médicaux utilisés pour la définition de l'affection de longue durée « affections psychiatriques de longue durée » : JO 10 févr. 2010, n° 0034, p. 2398.

Loi n° 2012-594 du 6 août 2012 relative au harcèlement sexuel : JO 7 août 2012, n° 0182, p. 12921.

214 — Transsexualisme : entre la science et le droit. Pour répondre au mal-être des personnes atteintes du syndrome du transsexualisme, les médecins ont mis au point des traitements hormonaux et des interventions chirurgicales permettant le changement de sexe. Après avoir changé de sexe, des transsexuels se sont tournés vers la justice pour savoir s'ils pouvaient changer leur état civil, plus précisément les mentions initiales relatives à leur sexe et leur prénom. La question de leur mariage a aussi suscité des difficultés juridiques.

V. à ce propos Gobert M., « Le transsexualisme ou la difficulté d'exister », JCP 1990, I, 3475.

1 Le transsexualisme et les changements à l'état civil

a Le changement de sexe du transsexuel

215 — Demande de changement de sexe à l'état civil. Une fois le changement de sexe réalisé sur le plan médical, les transsexuels saisissent ensuite la justice pour que la mention « sexe » initialement portée sur leur état civil soit modifiée. En effet, ils considèrent que le respect dû à leur vie privée implique que leur état civil coïncide, s'agissant de la mention du sexe, avec leur nouvel état. La question de savoir si un transsexuel peut changer de sexe à l'état civil a d'abord été saisie par la jurisprudence, laquelle a, selon les époques et les juridictions, apporté des réponses différentes. Puis, elle a été appréhendée par le législateur à l'occasion de la loi du 18 novembre 2016 de modernisation de la justice du XXIe siècle.

α Le changement de sexe à l'état civil saisi par la jurisprudence

216 — Refus initial de la Cour de cassation du changement de sexe à l'état civil (1975). Au départ, la Cour de cassation refusait de faire droit au changement de la mention « sexe » sur l'état civil des transsexuels. Son refus était fondé sur le principe de l'indisponibilité de l'état des personnes.

Cette position avait notamment été affirmée dans un arrêt rendu par la première chambre civile de la Cour de cassation le 16 décembre 1975.

> « Après avoir relevé que A. s'était délibérément soumis à un traitement hormonal puis, hors de France, à une intervention chirurgicale qui a entraîné la modification artificielle des attributs de son sexe, la cour d'appel a décidé, à bon droit, que le principe de l'indisponibilité de l'état des personnes, au respect duquel l'ordre public est intéressé, interdit de prendre en considération les transformations corporelles ainsi obtenues », Cass. 1re civ., 16 déc. 1975 : JCP 1976, II, 18503, note Penneau J.

217 — Juges du fond acceptant le changement de sexe à l'état civil. Ce refus de faire droit au changement de la mention « sexe » sur l'état civil des transsexuels a été réaffirmé par la Cour de cassation en 1990. Certains juges du fond admettaient néanmoins le changement de sexe à l'état civil du transsexuel.

> Cass. 1re civ., 21 mai 1990 : Bull. civ. I, n° 117, qui avait jugé que « le transsexualisme, même lorsqu'il est médicalement reconnu, ne peut s'analyser en un véritable changement de sexe, le transsexuel, bien qu'ayant perdu certains caractères de son sexe d'origine, n'ayant pas pour autant acquis ceux du sexe opposé ».

218 — Condamnation de la France par la CEDH pour le refus du changement de sexe à l'état civil (1992). Une transsexuelle française qui était passée du sexe masculin au sexe féminin et qui n'avait pu obtenir le changement de la mention de son sexe à l'état civil a saisi la CEDH. Cette saisine a donné lieu à un arrêt rendu le 25 mars 1992 dans lequel la CEDH a condamné, pour violation de l'article 8 de la Convention (droit au respect dû à la vie privée), la France pour son refus de procéder au changement de sexe à l'état civil des transsexuels.

> CEDH, 25 mars 1992, Botella c/ France : JCP 1992, II, 21955, note Garé Th.

219 — Revirement de la Cour de cassation sur le changement de sexe à l'état civil (1992). La jurisprudence de la Cour de cassation ayant été condamnée par la CEDH en mars 1992, celle-ci a opéré quelques mois plus tard un revirement de jurisprudence. Dans un arrêt rendu le 11 décembre 1992 par son Assemblée plénière, elle a autorisé pour la première fois le changement à l'état civil de la mention relative au sexe du transsexuel.

> « Lorsqu'à la suite d'un traitement médico-chirurgical, subi dans un but thérapeutique, une personne présentant le syndrome du transsexualisme ne possède plus tous les caractères de son sexe d'origine et a pris une apparence physique la rapprochant de l'autre sexe, auquel correspond son comportement social, le principe du respect dû à la vie privée justifie que son état civil indique désormais le sexe dont elle a l'apparence. Le principe de l'indisponibilité de l'état des personnes ne fait pas obstacle à une telle modification », Cass. ass. plén., 11 déc. 1992, in *Grands arrêts de la jurisprudence civile*, 13e éd., 2015, Dalloz, t. 1, n° 27.

220 — Changement de sexe à l'état civil non rétroactif. En employant l'adverbe « désormais » dans l'attendu de son arrêt du 11 décembre 1992 (« le principe du respect dû à la vie privée justifie que son état civil indique *désormais* le sexe dont elle a l'apparence »), la Cour de cassation met en évidence que le changement de sexe à l'état civil du transsexuel ne vaut que pour l'avenir.

221 — Conditions imposées en 1992 au changement de sexe à l'état civil. Admettant pour la première fois en 1992 le changement de sexe à l'état civil des transsexuels, la Cour de cassation l'avait néanmoins subordonné à plusieurs conditions dans cet arrêt : la réalité du syndrome transsexuel, l'existence d'un traitement médico-chirurgical subi dans un but thérapeutique, la disparition partielle du sexe d'origine, une apparence physique proche de l'autre sexe et un comportement social correspondant au sexe psychologique.

222 — Preuve du transsexualisme et expertise en 1992. S'agissant de la preuve du syndrome transsexuel (première condition imposée pour pouvoir obtenir le changement de sexe à l'état civil), l'Assemblée plénière de la Cour de cassation avait jugé, dans un deuxième arrêt rendu le 11 décembre 1992 que la réalité du syndrome transsexuel ne pouvait être établie que par une expertise judiciaire. Le tribunal était donc tenu d'ordonner l'expertise judiciaire que sollicitait l'intéressé(e) pour prouver la réalité de son transsexualisme.

> Cass. ass. plén., 11 déc. 1992, in *Grands arrêts de la jurisprudence civile,* 13e éd., 2015, Dalloz, t. 1, n° 27.

223 — Appréciation divergente en jurisprudence des conditions du changement de sexe à l'état civil. Les conditions posées par la Cour de cassation pour changer de sexe à l'état civil avaient engendré des interprétations disparates : le « traitement médico-chirurgical » visé dans l'arrêt du 11 décembre 1992 avait été entendu par certains juges du fond comme imposant l'ablation des organes génitaux d'origine et leur remplacement par des organes génitaux artificiels du sexe revendiqué. Autrement dit, ils exigeaient, pour faire droit à la demande de changement d'état civil, que le transsexuel concerné ait subi une opération de réassignation sexuelle. À l'inverse, d'autres juridictions du fond admettaient le changement de sexe à l'état civil dès lors que l'intéressé avait suivi un traitement d'hormonothérapie.

224 — Rapport Hammarberg en 2009 sur le changement de sexe à l'état civil. Au niveau européen, il a été suggéré en 2009 d'assouplir les conditions de changement de sexe à l'état civil des transsexuels. Un rapport rendu par Thomas Hammarberg, commissaire aux droits de l'homme près du Conseil de l'Europe, a préconisé d'instaurer des « procédures rapides et transparentes de changement (...) de sexe sur les extraits d'actes de naissance, cartes d'identité, passeports, diplômes et autres documents officiels ».

Hammarberg M. T., *Droits de l'homme et identité de genre*, oct. 2009, Conseil de l'Europe.

225 — Assouplissement en 2010 des conditions de changement de sexe à l'état civil. Le ministère de la Justice a, le 14 mai 2010, adressé une circulaire aux juridictions, allant dans le sens des préconisations contenues dans le rapport Hammarberg. Celle-ci suggérait de faire droit aux changements de sexe des transsexuels même si ces derniers n'avaient pas subi d'opération de réassignation sexuelle. La circulaire préconisait de cantonner les expertises médicales - qui ont pour effet de ralentir considérablement le cours des procédures - aux cas de doutes sérieux sur la réalité du transsexualisme du demandeur.

Circulaire de la Dacs n° CIV/07/10 du 14 mai 2010 relative aux demandes de changement de sexe à l'état civil.

226 — Attente d'une nouvelle prise de position de la Cour de cassation sur le changement de sexe à l'état civil. Dans un contexte juridique devenu flou en raison notamment de la jurisprudence disparate des juges du fond, on attendait que la Cour de cassation reprenne position sur le sujet pour clarifier les conditions de changement de sexe à l'état civil des transsexuels. C'est ce qu'elle a fait dans plusieurs arrêts rendus en 2012 et 2013.

227 — Arrêts de la Cour de cassation en 2012 sur le changement de sexe à l'état civil. Dans deux arrêts rendus le 7 juin 2012, la Cour de cassation a jugé que, pour obtenir la modification de la mention de son sexe à l'état civil, « la personne doit établir, au regard de ce qui est communément admis par la communauté scientifique, la réalité du syndrome transsexuel dont elle est atteinte, ainsi que le caractère irréversible de la transformation de son apparence ». Elle subordonnait ainsi le changement de sexe à l'état civil de transsexuel à deux conditions.

Cass. 1re civ., 7 juin 2012 : Dr. famille 2012, Comm. n° 131, note Reigné Ph.

228 — Première condition exigée en 2012 : la réalité du syndrome transsexuel. Pour obtenir son changement de sexe à l'état civil, le transsexuel devait prouver la réalité du syndrome transsexuel dont il est atteint. À ce titre, il ressortait des arrêts de 2012 que l'expertise judiciaire - obligatoire selon la Cour de cassation en 1992 pour prouver ledit syndrome - était devenue facultative. Néanmoins, malgré l'abandon du caractère obligatoire de l'expertise en la matière, les juges continuaient souvent de la prescrire en pratique, car elle facilite indéniablement la preuve.

229 — Deuxième condition exigée en 2012 : le caractère irréversible de la transformation de l'apparence. Pour obtenir son changement de sexe à l'état civil, le transsexuel devait aussi rapporter la preuve du caractère irréversible de la transformation de son apparence. Selon la doctrine, la condition ainsi formulée était maladroite dans la mesure où l'irréversibilité est, en réalité, un leurre. En effet, si le transsexuel arrête son traitement hormonal, ses caractères physiques refont surface. En réalité, l'irréversibilité ne peut résulter que d'une ablation totale des organes d'origine. C'est la raison pour laquelle cette deuxième condition a été analysée par la doctrine comme impliquant implicitement une opération de réassignation sexuelle.

230 — Conditions du changement de sexe du transsexuel réaffirmées en 2013. Dans un nouvel arrêt rendu en 2013, la Cour de cassation avait confirmé sa jurisprudence en jugeant que pour obtenir le changement de la mention de son sexe à l'état civil, la personne devait établir, au regard de ce qui est communément admis par la communauté scientifique, la réalité du syndrome transsexuel dont elle est atteinte ainsi que le caractère irréversible de la transformation de son apparence.

Cass. 1re civ., 13 févr. 2013 : Dr. famille 2013, Comm. n° 48, note Reigné Ph.

231 — Nécessité d'une opération de réassignation sexuelle et de stérilité pour pouvoir changer de sexe ? Dans l'affaire ayant donné lieu à l'arrêt de 2013, le pourvoi faisait valoir que le suivi d'un traitement hormonal était une condition suffisante du changement d'état civil. Le pourvoi ayant été rejeté par la Cour de cassation, des auteurs en ont déduit que la Cour de cassation exigeait, pour admettre le changement de sexe du transsexuel à l'état civil, une intervention chirurgicale de réassignation sexuelle et, implicitement, une stérilité de l'intéressé.

En 2017, la France a été condamnée par la Cour européenne des droits de l'homme pour avoir posé une telle exigence. Celle-ci avait été saisie par trois personnes transgenres qui s'étaient vu refuser leurs demandes de changement de sexe par l'État français, à défaut d'avoir produit des attestations médicales justifiant qu'elles avaient suivi des opérations de conversion sexuelle ayant entraîné le caractère irréversible de la transformation de leur apparence. Dans ces arrêts du 6 avril 2017, la CEDH a jugé que « le rejet de la demande des deuxième et troisième requérants tendant à la modification de leur état civil au motif qu'ils n'avaient pas établi le caractère irréversible de la transformation de leur apparence, *c'est-à-dire démontré avoir subi une opération stérilisante ou un traitement médical entraînant une très forte probabilité de stérilité*, s'analyse en un manquement par l'État défendeur à son obligation positive de garantir le droit de ces derniers au respect de leur vie privée » (§ 135). Quelques mois avant cette condamnation, la France avait assoupli le changement de sexe à l'état civil à l'occasion de la loi du 18 novembre 2016 de modernisation de la justice du XXIe siècle (voir les articles 61-5 à 61-8 du Code civil qui en sont issus, présentés *infra*, n° 234 et s.).

CEDH, 6 avr. 2017, n° 79885/12, 52471/13 et 52596/13, A.P., Garçon et Nicot contre France : AJ fam. 2017, p. 299.

232 — Volonté d'assouplir le changement de sexe à l'état civil du transsexuel. À partir de 2015, s'est manifestée en France une volonté politique d'assouplir le changement de sexe à l'état civil du transsexuel. Ainsi, le 30 novembre 2015 a été déposée à l'Assemblée nationale une proposition de loi ayant pour objet de démédicaliser et de déjudiciariser partiellement la procédure à suivre pour obtenir cette modification : l'intéressé devait adresser sa demande au procureur de la République, en accompagnant celle-ci de documents établissant le changement de sexe, parmi lesquels le certificat médical *pouvait* figurer. Cette proposition de loi n'a pas été discutée au parlement, mais elle a néanmoins indirectement contribué à introduire le changement de sexe à l'état civil dans le Code civil.

Proposition de loi n° 3084 relative à la modification de la mention du sexe à l'état civil.

233 — Vers un changement. Les auteurs de la proposition de la loi de 2015 ont profité de la discussion au parlement du projet de loi sur la modernisation de la justice du XXIe siècle pour déposer un amendement visant à introduire dans le Code civil des dispositions relatives à la modification de la mention du sexe à l'état civil. Selon eux, l'amendement, justifié notamment par les recommandations de la Haute Autorité de lutte contre les discriminations et pour l'égalité (HALDE) et la recommandation n° 1728 du Conseil de l'Europe, visait à consacrer des règles légales respectueuses de la vie privée et des droits fondamentaux des personnes transgenres et à mettre fin aux discriminations dont elles pouvaient être l'objet. Les débats parlementaires qui ont suivi ont opposé sur cette question les partisans de l'autodétermination (favorables à un changement systématique de l'état civil du transsexuel) et les personnes opposées à une privatisation de l'état civil. Malgré les tensions, la loi du 18 novembre 2016 de modernisation de la justice du XXIe siècle contient finalement plusieurs dispositions relatives à la modification de la mention du sexe, lesquelles ont été insérées dans le Code civil (C. civ., art. 61-5 à 61-8 nouveaux).

Projet de loi sur la justice du XXIe siècle présenté en Conseil des ministres le 31 janvier 2015 par le garde des Sceaux Jean-Jacques Urvoas.

β Le changement de sexe à l'état civil saisi par la loi du 18 novembre 2016

234 — Présentation générale de la loi. Entre autres innovations, la loi du 18 novembre 2016 de modernisation de la justice du XXIe siècle introduit dans le Code civil une nouvelle section intitulée « La modification de la mention du sexe à l'état civil ». Celle-ci prend place dans le livre premier consacré aux personnes, plus précisément dans son titre consacré aux actes de l'état civil. Elle est composée de quatre articles (C. civ., art. 61-5 à 61-8 nouveaux), lesquels sont entrés en vigueur le 20 novembre 2016. Ces nouvelles dispositions légales assouplissent le changement de sexe à l'état civil. En revanche, elles maintiennent la compétence du juge en la matière, faisant ainsi échec aux tentatives de déjudiciarisation menées pendant les débats parlementaires. Enfin, elles précisent les effets du changement de sexe en s'efforçant de protéger l'individu concerné.

Loi nº 2016-1547 du 18 novembre 2016 : JO 19 nov. 2016, validée par le Conseil constitutionnel la veille (v. Cons. const., 17 nov. 2016, nº 2016-739 DC) ; décret nº 2017-450 du 29 mars 2017 relatif aux procédures de changement de prénom et de modification de la mention du sexe à l'état civil : JO 31 mars 2017.

Lectures conseillées : Vialla F., « Loi de modernisation de la justice du XXIe siècle : changement de la mention du sexe à l'état civil », D. 2016, p. 2351 ; Paricard S., « Une libéralisation du changement de sexe qui suscite des difficultés majeures », AJ fam. 2016, p. 585.

235 — Assouplissement des conditions exigées. Selon le nouvel article 61-5 du Code civil, issu de la loi du 18 novembre 2016 :

« Toute personne majeure ou mineure émancipée qui démontre par une réunion suffisante de faits que la mention relative à son sexe dans les actes de l'état civil ne correspond pas à celui dans lequel elle se présente et dans lequel elle est connue peut en obtenir la modification.

Les principaux de ces faits, dont la preuve peut être rapportée par tous moyens, peuvent être :

1º Qu'elle se présente publiquement comme appartenant au sexe revendiqué ;

2º Qu'elle est connue sous le sexe revendiqué de son entourage familial, amical ou professionnel ;

3º Qu'elle a obtenu le changement de son prénom afin qu'il corresponde au sexe revendiqué. »

Cette nouvelle disposition légale tranche avec les arrêts de 2012 et 2013 de la Cour de cassation, d'une part, en ouvrant plus largement le changement de sexe à l'état civil et, d'autre part, en assouplissant ses conditions.

236 — Ouverture du changement de sexe à l'état civil. Le nouvel article 61-5 du Code civil ouvre le changement de sexe à l'état civil aux personnes majeures, mais aussi aux personnes mineures émancipées. Or, il s'agit pour ces dernières d'une réelle innovation, puisque sous l'empire du droit antérieur les requêtes n'avaient concerné que des majeurs. Pendant les débats parlementaires, il a été souligné par une sénatrice que « l'exclusion absolue des personnes mineures contrevient aux dispositions de la Convention internationale relative aux droits de l'enfant, que la France a ratifiée. Le changement d'état civil est en effet rendu accessible au titre de l'intérêt supérieur de l'enfant que l'article 3, § 1 garantit, tout en prenant en compte le développement de leurs capacités ». Il nous semble néanmoins dangereux de se servir de l'argument – trop souvent invoqué – de l'intérêt supérieur de l'enfant, d'autant qu'il a été mis en évidence que peu d'adolescents sont, en réalité, concernés par des troubles de l'identité sexuelle.

Benbassa E., Sénat, séance du 27 sept. 2016.

Pour l'argument lié à l'intérêt supérieur de l'enfant, v. Auffière P. et Barousse C., « Des prémisses de la jurisprudence aux permissions de la loi », AJ fam. 2016, p. 580, et pour sa critique, v. Bernard-Xémard C., « La loi du 18 novembre 2016 : un grand pas pour les personnes transgenres ? », Dr. famille 2017, dossier 7.

237 — Assouplissement de la preuve exigée. Dans ses arrêts de 2012 et 2013, la Cour de cassation exigeait, pour faire droit à la demande du changement de sexe du requérant que celui-ci prouve, d'une part, la réalité de son syndrome transsexuel et, d'autre part, le caractère irréversible de la transformation de son apparence. Le nouvel article 61-5 du Code civil, issu de la loi du 18 novembre 2016, assouplit considérablement la preuve requise puisqu'il subordonne le changement à une sorte de « possession d'état », laquelle présente la particularité d'être totalement démédicalisée. Parmi les trois éléments constitutifs de la possession d'état finalement retenus dans le nouveau texte (v. les 1°, 2° et 3°), aucun d'eux ne se réfère, en effet, au processus de conversion sexuelle de l'intéressé. Pourtant, la disposition au départ adoptée par les sénateurs comportait un 4° faisant référence au fait que l'individu « a pris l'apparence du sexe revendiqué *par l'effet d'un ou plusieurs traitements médicaux* », mais celui-ci a ensuite été supprimé par l'Assemblée nationale. Le changement de sexe à l'état civil est donc, dans la loi du 18 novembre 2016, autorisé sans que l'individu ait à rapporter une quelconque preuve médicale de sa transition sexuelle. D'ailleurs, le nouvel article 61-6 du Code civil, issu de la loi du 18 novembre 2016, précise explicitement dans son alinéa 3 que « le fait de ne pas avoir subi des traitements médicaux, une opération chirurgicale ou une stérilisation ne peut motiver le refus de faire droit à la demande ». Le changement de sexe à l'état civil est donc beaucoup plus facile à obtenir pour les personnes transsexuelles. Il s'ouvre également aux transgenres, qui sont des personnes ayant la conviction d'appartenir au sexe opposé mais qui n'ont pas entamé de processus de conversion sexuelle. Des auteurs font également valoir que des personnes seulement travesties peuvent, si elles en ont la volonté et si elles remplissent les conditions légales, obtenir le changement de leur sexe à l'état civil sur le fondement du nouvel article 61-5 du Code civil.

Au sujet des travestis, v. Aufière P. et Barousse C., « Des prémices de la jurisprudence aux permissions de la loi », AJ fam. 2016, p. 585.

238 — Maintien de la compétence du juge. Le nouvel article 61-6 du Code civil issu de la loi du 18 novembre 2016 dispose que la demande ayant pour objet la modification du sexe à l'état civil « est présentée devant le tribunal de grande instance ». La compétence du juge est ainsi maintenue alors que, pendant les débats parlementaires, des amendements avaient été déposés pour déjudiciariser le changement de sexe. Le juge saisi d'une demande de changement de sexe doit, premièrement, vérifier que le consentement du demandeur est « libre et éclairé », puis, secondement, constater « d'après les différents éléments de preuve que le requérant produit au soutien de sa demande qu'il satisfait bien aux conditions posées dans l'article 61-5 du Code civil » (C. civ., art. 61-6, al. 1 et 3 nouveau).

239 — Mention du changement de sexe. Selon le nouvel article 61-7 du Code civil, issu de la loi du 18 novembre 2016, « mention de la décision de modification du sexe (...) est portée en marge de l'acte de naissance de l'intéressé, à la requête du procureur de la République, dans les quinze jours suivant la date à laquelle cette décision est passée en force de chose jugée » (al. 1). En revanche, aucune mention du changement de sexe n'est apposée en marge de l'acte de mariage de l'intéressé, dans la mesure où celle-ci pourrait être constitutive d'une atteinte à la vie privée de son époux. De même, aucune mention du changement de sexe n'est portée en marge des actes de naissance de ses descendants s'il en a.

240 — Respect des droits acquis par l'individu avant le changement de sexe. Le nouvel article 61-8 du Code civil, issu de la loi du 18 novembre 2016, énonce que « la modification de la mention du sexe dans les actes de l'état civil est sans effet sur les obligations contractées à l'égard des tiers ni sur les filiations établies avant cette modification ». La première partie du texte vise ainsi à protéger la personne qui a changé de sexe à l'état civil en préservant les contrats auxquels elle est partie (contrats de travail ou d'assurance par exemple). La seconde partie rappelle, dans le sens de la jurisprudence antérieure d'ailleurs, que le changement de sexe n'a aucune incidence sur le lien de filiation établi antérieurement entre l'individu et ses enfants. La filiation (qu'elle soit paternelle ou maternelle) est donc maintenue, avec tous les effets qui y sont attachés. Il en résulte notamment que les droits et les devoirs du parent transsexuel en matière d'autorité parentale ne diffèrent pas, en principe, après son changement de sexe. La Cour européenne des droits de l'homme a néanmoins admis qu'il peut, à titre exceptionnel, en être différemment en cas de circonstances particulières. C'est le cas lorsque le parent transsexuel est atteint de troubles émotionnels susceptibles de provoquer des perturbations psychologiques chez l'enfant (CEDH, 30 nov. 2010, nº 35159/09 : Dr. famille 2010, alerte 3, Bruggeman M.).

b ▮ Le changement de prénom à l'état civil du transsexuel

241 — Demande des transsexuels de changement de prénom. Il est facile de concevoir les désagréments subis par un transsexuel qui, après sa transformation physique, continue de porter son ancien prénom. Il est donc logique que les transsexuels aient demandé, dès les années 1990, à changer de prénom à l'état civil. En droit, le changement de prénom est subordonné à l'existence d'un « intérêt légitime » (C. civ., art. 60).

242 — Évolution de la jurisprudence. Avant 1992, quelques rares juridictions du fond avaient accepté le changement de prénom en cas de transsexualisme alors même que la mention du sexe à l'état civil n'avait pas été modifiée. À partir de 1992, la tendance en jurisprudence a été d'accepter la modification du prénom du transsexuel dès lors que le changement de son sexe à l'état civil était admis. En effet, « l'intérêt légitime » exigé dans l'article 60 du Code civil consiste, en l'occurrence, à mettre en harmonie le prénom avec le nouveau sexe de l'individu. Néanmoins, comme la condition de « traitement médico-chirurgical » imposée au changement de sexe à l'état civil du transsexuel par la Cour de cassation de 1992 à 2012 faisait l'objet d'une interprétation divergente des juges du fond, certaines juridictions avaient refusé de faire droit à la demande de changement de prénom du transsexuel qui n'avait pas eu recours à la chirurgie.

Ayant admis le changement de prénom : Paris, 24 févr. 1978 : JCP 1979, II, 19202, note Penneau J.

Ayant refusé le changement de prénom : CA Nancy, 14 nov. 2003 : BICC 1er juin 2004, nº 895.

243 — Incidence de la loi du 18 novembre 2016 de modernisation de la justice du XXIe siècle. Cette loi a notamment assoupli les conditions auxquelles le changement de sexe à l'état civil est subordonné, lequel est, depuis le 20 novembre 2016, totalement démédicalisé. On doit donc en conclure que si l'individu n'a pas subi d'opération chirurgicale ou de traitements hormonaux pour changer de sexe mais que le sexe qu'il revendique ne correspond pas à son prénom, alors l'intérêt légitime exigé à l'article 60 du Code civil est constitué. On note également que dans la loi du 18 novembre 2016, le changement de prénom est l'un des éléments constitutifs de la possession d'état sexuelle exigée pour changer de sexe (v. C. civ., art. 61-5, 3° nouveau).

244 — Incidence du changement de prénom de l'individu. Lorsqu'une personne change de prénoms, ses nouveaux prénoms sont en principe mentionnés en marge des actes de l'état civil « de son conjoint et de ses enfants » (C. civ., art. 61-4). Il existe néanmoins une exception quand les modifications de prénoms sont corrélatives à une décision de justice modifiant la mention du sexe de l'individu à l'état civil. Dans ce cas, les modifications de prénoms de l'individu transsexuel ou transgenre « ne sont portées en marge des actes de l'état civil des conjoints et enfants qu'avec le consentement des intéressés ou de leurs représentants légaux » (C. civ., art. 61-7 nouveau issu de la loi du 18 novembre 2016 de modernisation de la justice du XXIe siècle). La vie privée du conjoint de l'individu et de ses enfants est ainsi protégée.

2 Le transsexualisme et le mariage

245 — Difficultés liées au mariage du transsexuel. La question de la mise en œuvre du principe de la liberté du mariage a été vivement discutée s'agissant des transsexuels, qu'il s'agisse de la célébration d'une union après la modification de la mention du sexe dans l'acte de naissance ou du sort du mariage célébré préalablement. Les controverses ont été en grande partie aplanies, d'abord par la Cour européenne des droits de l'homme, puis par la loi du 17 mai 2013 qui a ouvert le mariage aux couples de personnes de même sexe.

Loi n° 2013-404 du 17 mai 2013 ouvrant le mariage aux couples de personnes de même sexe : JO 18 mai 2013, n° 0114, p. 8253.

a Le projet de mariage du transsexuel après son changement de sexe à l'état civil

246 — Mariage possible pour le transsexuel ? Avant la loi du 17 mai 2013, s'était posée la question de savoir si un transsexuel qui a fait modifier la mention de son sexe à l'état civil peut ensuite se marier avec une personne de son sexe d'origine. C'est la CEDH qui a tranché en 2002 les divergences doctrinales françaises qui existaient à cet égard.

247 — Mariage possible pour un transsexuel selon la CEDH. En 2002, la CEDH a jugé dans l'arrêt *Goodwin c/ Royaume-Uni* qu'il n'existe « aucune raison justifiant que les transsexuels soient privés en toutes circonstances du droit de se marier ». Elle a ainsi reconnu aux transsexuels ayant obtenu un changement de sexe à l'état civil, le droit de se marier avec une personne de leur sexe d'origine.

CEDH, 11 juill. 2002, Goodwin c/ Royaume-Uni : RTD civ. 2002, 862, chron. Marguénaud J.-P. ; Dr. famille 2002, Comm. n° 133, obs. Gouttenoire A.

b Le changement de sexe du transsexuel pendant son mariage

248 — Sort du mariage du transsexuel. L'hypothèse est la suivante : une personne se marie avec une autre de sexe opposé. Pendant son union, elle suit des traitements hormonaux et/ou une intervention chirurgicale et obtient la modification de la mention de son sexe à l'état civil. Le sort de cette union, contractée entre deux personnes de sexes différents qui se retrouvent être de même sexe pendant le mariage, a été discuté. Plusieurs moyens ont, en effet, été envisagés pour y mettre fin : caducité du mariage, nullité ou encore divorce des époux. Ils doivent donc être exposés, en considération du fait que les personnes de même sexe peuvent se marier depuis la loi du 17 mai 2013.

Loi n° 2013-404 du 17 mai 2013 ouvrant le mariage aux couples de personnes de même sexe : JO 18 mai 2013, n° 0114, p. 8253.

249 — Caducité du mariage du transsexuel ? Avant la loi du 17 mai 2013, des auteurs, notamment Monsieur Terré et Mme Fenouillet, avaient proposé de sanctionner par la caducité le mariage de celui qui, changeant de sexe en cours d'union, se retrouve marié avec une personne de même sexe. La caducité consiste à faire disparaître pour l'avenir un acte initialement valable, mais dont l'une des conditions de validité a ensuite disparu. Bien qu'intéressante, cette proposition doctrinale n'a pas été consacrée en jurisprudence. En outre, depuis la loi du 17 mai 2013, la différence de sexe des époux n'est plus une condition de validité du mariage. Dès lors, l'identité des sexes des conjoints, à laquelle peut aboutir une conversion sexuelle réalisée pendant le mariage, n'est plus susceptible de constituer une cause de caducité de l'union.

Terré F. et Fenouillet D., *La famille*, 8e éd., 2011, Dalloz, Précis.

250 — Annulation du mariage du transsexuel. Selon l'article 180, alinéa 2 du Code civil, le mariage peut être annulé à la demande d'un époux pour « erreur sur les qualités essentielles de son conjoint ». Comme la cause de la nullité s'apprécie à la date de la célébration du mariage, des auteurs considèrent que cette cause de nullité peut être retenue si le syndrome transsexuel existait lors de ladite célébration et n'avait pas été révélé à l'autre.

Larribau-Terneyre V., « Transsexualisme et couple », Dr. famille mai 2013, dossier spécial, art. 14.

251 — Divorce de l'époux transsexuel. Le mariage du transsexuel qui change de sexe en cours d'union peut être dissous par le divorce. Si les époux sont d'accord pour divorcer, il pourra s'agir soit d'un divorce par consentement mutuel, soit d'un divorce pour acceptation du principe de la rupture du mariage (C. civ., art. 229). Les époux pourront aussi divorcer pour altération définitive du lien conjugal s'ils vivent séparés de fait depuis au moins 2 ans lors de l'assignation en divorce. Enfin, des juridictions ont admis que le divorce peut, dans cette hypothèse, être prononcé pour faute aux torts exclusifs de l'époux transsexuel (C. civ., art. 242). Cette jurisprudence est critiquable. Le transsexualisme est un syndrome, il n'est donc pas possible de considérer que celui qui le subit et procède à des transformations corporelles commet une faute au sens de l'article 242.

« Le divorce peut être demandé par l'un des époux lorsque des faits constitutifs d'une violation grave ou renouvelée des devoirs et obligations du mariage sont imputables à son conjoint et rendent intolérable le maintien de la vie commune » (C. civ., art. 242).

Pour le prononcé du divorce pour faute, v. notamment : CA Nîmes, 7 juin 2000 : Dr. famille 2001, Comm. n° 4, note Lécuyer H.

B Le nom de famille

252 — Importance du nom. Il est un élément fondamental de l'état de la personne. Outre le fait qu'il permet – généralement – de distinguer un individu de ses contemporains, il comporte également des enjeux en matière de transmission aux générations suivantes. Longtemps appelé nom patronymique, il est désigné, depuis la loi du 4 mars 2002, sous le terme de nom de famille.

Loi n° 2002-304 du 4 mars 2002 relative au nom de famille : JO 5 mars 2002, p. 4159.

1 L'attribution initiale du nom de famille

a Le nom, fruit de la filiation

253 — Régime juridique du nom. Pendant longtemps, la question du nom attribué à l'enfant a peu intéressé le législateur. La situation a évolué avec la loi du 4 mars 2002 portant réforme du nom de famille. Techniquement très mal faite, la réforme de 2002 a été rapidement suivie d'un autre texte, la loi du 18 juin 2003. Plus récemment, la loi du 17 mai 2013 a eu quelques incidences sur le nom attribué à l'enfant.

Loi n° 2002-304 du 4 mars 2002 relative au nom de famille : JO 5 mars 2002, p. 4159.

Loi n° 2003-516 du 18 juin 2003 relative à la dévolution du nom de famille : JO 19 juin 2003, n° 140, p. 10240.

Loi n° 2013-404 du 17 mai 2013 ouvrant le mariage aux couples de personnes de même sexe : JO 18 mai 2013, p. 8253.

254 — Nom patronymique avant 2002. Jusqu'à la loi du 4 mars 2002, les règles régissant le nom des personnes variaient en considération de la nature – légitime ou naturelle – de la filiation. De manière générale, se manifestait une préférence affirmée pour le nom du père. Attribuer à l'enfant le nom du père était conçu comme un moyen d'afficher publiquement sa paternité.

255 — Nom de famille depuis 2002. Rompant avec les règles traditionnelles tendant à favoriser la transmission du nom paternel, la loi du 4 mars 2002 a consacré, dans l'article 311-21 du Code civil, une faculté nouvelle : elle permet aux parents de l'enfant, lorsque certaines conditions sont remplies, de choisir le nom transmis à celui-ci. La loi n'étant entrée en vigueur que le 1er janvier 2005, le nouveau texte ne s'applique qu'aux enfants nés à partir de cette date. Pour ceux-ci, le nom de famille attribué *ab initio* relève donc, en principe, d'un choix parental. L'attribution imposée du nom est donc exceptionnelle.

α Le principe : le nom de famille choisi

256 — Choix du nom ouvert par l'article 311-21 du Code civil. Lorsque la filiation de l'enfant « est établie à l'égard de ses deux parents au plus tard le jour de la déclaration de naissance ou par la suite mais simultanément, ses parents choisissent alors le nom de famille qui lui est dévolu » entre le nom du père ou le nom de la mère, ou leurs deux noms accolés dans l'ordre choisi par eux dans la limite d'un nom de famille pour chacun d'eux (al. 1er).

Selon l'Insee, 83 % des enfants nés en 2014 portent le seul nom de leur père et 10 % portent le nom de leurs deux parents.

257 — Conditions relatives à l'établissement de la filiation de l'enfant. Pour que les parents puissent choisir le nom de leur enfant (entre le nom du père, de la mère ou leurs deux noms), il est nécessaire que la filiation de l'enfant soit « établie à l'égard de ses deux parents au plus tard le jour de la déclaration de sa naissance ou par la suite mais simultanément » (C. civ., art. 311-21, al. 1er). Concrètement, cette expression légale vise les parents unis par les liens du mariage, les époux qui adoptent conjointement un enfant en la forme plénière, les parents non mariés qui établissent la filiation au jour de la déclaration de naissance ou après (sous réserve, dans cette dernière hypothèse, que la filiation maternelle et paternelle soit établie simultanément).

258 — Caractéristiques du choix parental relatif au nom de l'enfant. Les parents mentionnent le nom qu'ils choisissent de donner à leur enfant, dans une déclaration conjointe faite à l'officier de l'état civil. Le nom qu'ils retiennent pour leur premier enfant vaut pour leurs autres enfants communs (C. civ., art. 311-21, al. 3).

259 — Égalité des père et mère en matière de nom de famille depuis 2002. La loi du 4 mars 2002 a mis sur un pied d'égalité les père et mère, en permettant à chacun d'eux de transmettre son nom à l'enfant. Le principe d'égalité s'exprime pleinement lorsque le double nom est transmis à l'enfant. Néanmoins, la transmission d'un double nom est porteuse d'inconvénients si le processus se reproduit de génération en génération. C'est pour cela qu'il est précisé dans la loi que « lorsque les parents ou l'un d'entre eux portent un double nom de famille, ils peuvent (...) ne transmettre qu'un seul nom à leurs enfants » (C. civ., art. 311-21, al. 4).

260 — Défaut de déclaration conjointe sous l'empire de la loi de 2002. Il était prévu dans la loi du 4 mars 2002 que si les parents ne faisaient pas de déclaration conjointe à l'officier de l'état civil mentionnant le choix du nom de l'enfant (soit parce qu'ils en ignoraient l'existence légale, soit parce qu'ils ne parvenaient pas à s'entendre), c'est alors le nom du père qui était attribué à l'enfant (C. civ., art. 311-21, al. 1er). Cette disposition légale avait été critiquée au motif qu'elle maintenait une préférence pour le nom paternel. Elle a été, en partie, supprimée à l'occasion de la loi du 17 mai 2013 qui a ouvert le mariage aux couples de personnes de même sexe.

261 — Désaccord des parents sur le nom de l'enfant depuis la loi du 17 mai 2013. Cette loi a complété l'alinéa 1er de l'article 311-21 du Code civil par une disposition nouvelle. En cas de désaccord entre les parents, signalé par l'un d'eux à l'officier de l'état civil au plus tard au jour de la déclaration de naissance ou après la naissance lors de l'établissement simultané de la filiation, l'enfant prend leurs deux noms – dans la limite du premier nom de famille pour chacun d'eux – accolés selon l'ordre alphabétique.

Loi n° 2013-404 du 17 mai 2013 ouvrant le mariage aux couples de personnes de même sexe : JO 18 mai 2013, p. 8253.

262 — Égalité parentale toujours imparfaite après la loi du 17 mai 2013. Le fait d'avoir ajouté une nouvelle disposition au premier alinéa de l'article 311-21 du Code civil à l'occasion de la loi du 17 mai 2013 n'éradique pas pour autant tous les griefs d'inégalité dénoncés par certains. En effet, si les parents ne sont pas d'accord sur le nom conféré à leur enfant mais qu'ils ne manifestent pas publiquement leur opposition auprès de l'officier de l'état civil, le nom du père est alors attribué à l'enfant, dès lors que sa filiation est établie simultanément à l'égard de ses deux parents (application de la 2e phrase de l'alinéa 1er de l'article 311-21).

β ▮ L'exception : le nom de famille imposé

263 — Établissement d'un seul lien de filiation. Lorsque la filiation n'est établie qu'à l'égard d'un parent, l'enfant prend alors le nom de ce parent (C. civ., art. 311-23, al. 1er).

264 — Établissement non simultané de la filiation après la naissance de l'enfant. Lorsque la filiation de l'enfant a été établie à l'égard des deux parents en dehors des conditions évoquées au début de l'alinéa 1 de l'article 311-21 (notamment en cas d'établissement non simultané de la maternité et de la paternité après la déclaration de naissance), l'enfant prend le nom de celui de ses parents à l'égard duquel sa filiation a été établie en premier lieu (C. civ., art. 311-23, al. 1er). Ses parents peuvent néanmoins, dans ce cas, changer son nom en faisant une déclaration conjointe.

265 — Changement du nom de l'enfant par la déclaration conjointe des parents. Quand la filiation de l'enfant n'est pas établie simultanément après sa naissance, ses parents sont privés de la possibilité de choisir son nom. Ils ont alors la faculté, lors de l'établissement du second lien de filiation, mais aussi pendant toute la minorité de l'enfant, de faire une déclaration conjointe devant l'officier de l'état civil, laquelle a pour effet, soit de conférer à l'enfant le nom de son autre parent, soit d'accoler leurs deux noms, dans l'ordre choisi par eux, dans la limite d'un nom de famille pour chacun d'eux (C. civ., art. 311-23, al. 2).

> Lorsque l'enfant a plus de 13 ans, il doit donner son consentement personnel au changement de nom (al. 4).

b ▮ Le nom, fruit d'une décision administrative

266 — Nom de l'enfant sans parent. Lorsqu'un enfant est trouvé et/ou n'a aucun lien de filiation établi, l'officier de l'état civil doit alors lui choisir trois prénoms dont le dernier tient compte de nom de famille (C. civ., art. 57, al. 2).

2 Le changement de nom de famille

267 — Immutabilité du nom. Qu'il soit le fruit d'une filiation ou d'une décision administrative, le nom est en principe immuable. En effet, la loi du 6 fructidor an II énonce qu'« aucun citoyen ne pourra porter de nom ni de prénom autres que ceux exprimés dans son acte de naissance : ceux qui les auraient quittés sont tenus de les reprendre » (art. 1er). Il en résulte que le nom ne peut être modifié, sauf rares exceptions.

268 — Changement de nom de l'enfant résultant d'un changement de filiation. Lorsque la filiation paternelle de l'enfant est contestée avec succès en justice, l'enfant perd le nom paternel – si celui-ci lui avait été attribué – et prend le nom de sa mère. En outre, l'enfant qui s'est vu attribuer le nom de son parent à l'égard duquel sa filiation a été établie en premier lieu peut, dès lors que la filiation à l'égard de l'autre est instaurée, changer de nom sur le fondement de l'article 311-23 du Code civil si ses parents font une déclaration conjointe devant l'officier de l'état civil.

269 — Changement de nom indépendant d'un changement de filiation. Le législateur moderne a exceptionnellement admis qu'une personne puisse changer de nom de famille indépendamment d'un changement de filiation. C'est le cas lorsque celle-ci a un intérêt légitime à abandonner son nom initial (a) ou lorsqu'elle souhaite le franciser (b). Il existe aussi, plus accessoirement, une procédure dite de relèvement du nom (c). Indépendamment de ces trois procédures, la loi du 18 novembre 2016 de modernisation de la justice du XXIe siècle a introduit une possibilité nouvelle, quelque peu marginale, permettant à toute personne qui justifie d'un nom inscrit sur le registre de l'état civil d'un autre État de « demander à l'officier de l'état civil dépositaire de son acte de naissance établi en France son changement de nom en vue de porter le nom acquis dans cet autre État » (C. civ., art. 61-3-1 nouveau, v. spéc. al. 1er).

a Le changement de nom pour intérêt légitime

270 — Procédure administrative de changement de nom. Selon l'article 61 du Code civil, « toute personne qui justifie d'un intérêt légitime peut demander à changer de nom » (al. 1er). Cette disposition vise à permettre à une personne de se débarrasser d'un nom ridicule ou difficile à porter. Elle a également pour objet d'éviter l'extinction d'un nom de famille. En effet, « la demande de changement de nom peut avoir pour objet d'éviter l'extinction du nom porté par un ascendant ou un collatéral du demandeur jusqu'au quatrième degré » (al. 2).

271 — Changement de nom et motifs affectifs. Dans un arrêt du 31 janvier 2014, le Conseil d'État a admis pour la première fois que « des motifs d'ordre affectif peuvent, dans des circonstances exceptionnelles, caractériser l'intérêt légitime requis par l'article 61 du Code civil pour déroger aux principes de dévolution et de fixité du nom établis par la loi ». Il a ainsi autorisé des enfants délaissés par leur père, à abandonner leur nom paternel pour prendre le nom maternel.

CE, 31 janv. 2014 : Dr. famille 2014, Alerte 10, « Changement de nom pour motif d'ordre affectif, le Conseil d'État prend la main et ouvre la boîte de Pandore », Lamarche M.

272 — Introduction de la demande administrative de changement de nom fondée sur l'article 61 du Code civil. La demande doit être introduite par la personne qui sollicite le changement de nom. S'il s'agit d'un mineur non émancipé, elle est introduite par ses parents, titulaires de l'autorité parentale.

273 — Examen de la demande administrative du changement de nom fondée sur l'article 61 du Code civil. La demande est examinée par le gouvernement et plus précisément par le ministre de la Justice. C'est lui qui autorise, par décret, le changement de nom. Dans les faits, il rejette rarement la demande de changement de nom introduite sur le fondement de l'article 61 du Code civil.

b Le changement de nom pour francisation

274 — Francisation du nom pour une meilleure intégration. Il résulte de la loi du 25 octobre 1972 que toute personne qui acquiert ou qui recouvre la nationalité française peut demander la francisation de son nom afin de favoriser son intégration dans la communauté française (art. 1er). La francisation consiste, soit à traduire en langue française le nom de l'intéressé, soit à le modifier pour lui faire perdre son apparence, sa consonance ou son caractère étranger (art. 2).

Loi n° 72-964 du 25 octobre 1972 relative à la francisation des noms et prénoms des personnes qui acquièrent, recouvrent ou se font reconnaître la nationalité française.

275 — Procédure de francisation du nom. La francisation du nom peut être formulée à l'occasion de la demande de naturalisation, de réintégration ou de déclaration d'acquisition de la nationalité française. Elle est autorisée par décret.

En consultant le *Journal officiel*, il est aisé de trouver des décrets portant francisation de noms et prénoms d'étrangers ayant acquis ou recouvré la nationalité française.

c Le relèvement du nom

276 — Circonstances du relèvement du nom. Une loi du 2 juillet 1923 a instauré la procédure de relèvement du nom des citoyens morts pour la France. Ainsi, lorsque le dernier représentant d'une famille « est mort à l'ennemi sans postérité », ses successibles jusqu'au sixième degré inclus ont le droit de relever son nom en l'ajoutant au leur (art. 1er).

Loi du 2 juillet 1923 perpétuant le nom des citoyens morts pour la patrie : JO 3 juill. 1923.

277 — Demande de relèvement du nom. Cette demande doit être introduite par voie de requête devant le tribunal de grande instance du lieu de l'ouverture de la succession (L. 2 juill. 1923, art. 2).

C Le prénom

1 L'attribution initiale du prénom

278 — Fonction du prénom. Le prénom est un élément de l'état des personnes qui a pour fonction d'individualiser l'individu au sein de sa famille. Son choix relève dans la plupart des cas d'une décision parentale, plus rarement d'une décision administrative.

a La décision parentale

279 — Choix parental du prénom. Attribut de l'autorité parentale, le choix des prénoms de l'enfant appartient à ses parents (C. civ., art. 57, al. 1er). En cas de désaccord des parents, aucune prééminence n'est assurée à l'un ou l'autre. Si seul un des deux parents est vivant, connu ou en état de manifester sa volonté, le choix lui en revient entièrement.

280 — Choix des prénoms en cas d'accouchement anonyme. La femme ayant fait le choix d'accoucher anonymement a la possibilité, si elle le désire, de faire connaître les prénoms qu'elle souhaite voir attribuer à l'enfant. Si elle n'use pas de cette faculté légale, les prénoms de l'enfant sont alors choisis par l'officier de l'état civil (C. civ., art. 57, al. 2).

281 — Enfermement du choix du prénom avant 1993. Jusqu'à la loi du 8 janvier 1993, les prénoms de l'enfant devaient nécessairement être choisis par les parents « dans les différents calendriers et ceux des personnages connus dans l'histoire ancienne ».

Loi du 11 germinal an XI (article 1er).

282 — Encadrement du choix du prénom depuis 1993. Une loi du 8 janvier 1993 a conféré aux parents la liberté de choisir les prénoms qu'ils donnent à leur enfant. Néanmoins, un contrôle est confié en la matière à l'officier de l'état civil qui reçoit la déclaration de naissance de l'enfant, lequel s'exerce « lorsque les prénoms ou l'un d'eux, seul ou associés aux autres prénoms ou au nom lui paraissent contraires à l'intérêt de l'enfant ou au droit des tiers à voir protéger leur nom de famille » (C. civ., art. 57, al. 3).

Loi n° 93-22 du 8 janvier 1993 modifiant le Code civil relative à l'état civil, à la famille et aux droits de l'enfant et instituant le juge aux affaires familiales : JO 9 janv. 1993, n° 7, p. 495.

283 — Procédure en cas de prénom(s) litigieux. Même si l'officier de l'état civil juge le prénom choisi par les parents contraire à l'intérêt de l'enfant ou au droit des tiers, il est néanmoins tenu de l'inscrire sur les registres de l'état civil. Il doit en aviser sans délai le procureur de la République, lequel peut, s'il est du même avis que lui, saisir le juge aux affaires familiales (C. civ., art. 57, al. 3 *in fine*).

284 — Intervention du juge aux affaires familiales en cas de prénom(s) litigieux. Si le juge considère que le prénom est contraire à l'intérêt de l'enfant ou au droit des tiers, il en ordonne la suppression sur les registres de l'état civil. Il invite les parents à choisir un nouveau prénom. Si les parents s'obstinent dans leur premier choix ou choisissent à nouveau un prénom contraire à l'intérêt de l'enfant ou aux droits des tiers, c'est alors le juge qui choisit le prénom de l'enfant. Mention de la décision est portée en marge des actes de l'état civil de l'enfant (C. civ., art. 57, al. 4).

285 — Exemples de prénoms jugés contraires à l'intérêt de l'enfant. Certains prénoms ont été jugés contraires à l'intérêt de l'enfant.

Ainsi :

- Ravi, prénom issu de la tradition de l'Inde. Il a été jugé contraire à l'intérêt de l'enfant « en raison de sa grande fantaisie », Cass. 1re civ., 5 juin 1993, pourvoi n° 90-12823 ;
- Titeuf, prénom inspiré d'une bande dessinée, Cass. 1re civ., 12 févr. 2012 : D. 2012, 552 ;
- M.J., prénom composé des initiales de Michaël Jackson, CA Amiens, 13 déc. 2012, n° RG/12/02281 : RLDC 2013, p. 44, rubrique « Et aussi » ;
- Fraise et Nutella : RLDC mars 2015, p. 41.

286 — Prénoms admis. Ont été autorisés des prénoms parfois plus qu'originaux : Clio, Térébantine, Zébulon, Bergamote.

Ainsi que :

– Canta (Bordeaux, 22 oct. 2009). La cour d'appel a considéré qu'il n'est « pas sûr que le nom Canta évoque longtemps dans l'esprit du public l'image d'un chanteur devenu meurtrier » ;

– Sarkozy (prénom donné à son bébé par un couple arménien en l'honneur de Nicolas Sarkozy, alors président de la République, après l'adoption d'une loi pénalisant la négation du génocide arménien de 1915). Ce choix n'a pas été contesté par l'officier de l'état civil concerné, mais a été relayé dans la presse.

b Le choix administratif

287 — Choix d'un prénom si parents inconnus. Dans ce cas, l'officier de l'état civil choisit trois prénoms dont le dernier tient lieu de nom de famille. Il doit porter immédiatement sur l'acte de naissance les prénoms choisis (C. civ., art. 57, al. 2).

2 Le changement de prénom

288 — Changement de prénom exceptionnellement admis. En principe immuable, le prénom d'une personne ne peut être changé qu'en présence de circonstances particulières, à savoir une adoption, la volonté de l'intéressé de franciser son prénom ou de l'existence d'un intérêt légitime d'en changer.

289 — Changement de prénom en cas d'adoption d'un enfant. En cas d'adoption plénière ou simple d'un enfant, le tribunal peut, sur demande du ou des adoptants, modifier les prénoms de l'enfant.

Pour l'adoption plénière : C. civ., art. 357.

Pour l'adoption simple : C. civ., art. 361.

290 — Changement de prénom pour francisation. Depuis une loi du 25 octobre 1972, toute personne qui acquiert ou recouvre la nationalité française peut demander la francisation de son nom et de ses prénoms ou de l'un d'eux « lorsque leur apparence, leur consonance ou leur caractère étranger peut gêner son intégration dans la communauté française » (art. 1er). La francisation d'un prénom consiste soit à substituer un prénom français au prénom étranger, soit à attribuer de manière complémentaire un prénom français (art. 2).

Loi n° 72-964 du 25 octobre 1972 relative à la francisation des noms et prénoms des personnes qui acquièrent, recouvrent ou se font reconnaître la nationalité française : JO 26 oct. 1972, p. 11195.

291 — Évolution du changement de pronom pour intérêt légitime. Le changement de prénom a été quelque peu remanié à l'occasion de la loi du 18 novembre 2016 de modernisation de la justice du XXIe siècle, dont l'un des objectifs essentiels a été de recentrer les juridictions sur leur mission essentielle : juger, c'est-à-dire trancher des litiges. Si la condition requise pour qu'une personne puisse demander à changer de prénom n'a pas été modifiée, en revanche le processus pour l'obtenir a, lui, été repensé.

Loi n° 2016-1547 de modernisation de la justice du XXIe siècle : JO 19 nov. 2016. Cette loi a été, en la matière, complétée par un décret. V. décret n° 2017-450 du 29 mars 2017 relatif aux procédures de changement de prénom et de modification de la mention du sexe à l'état civil : JO 31 mars 2017.

292 — Qui peut demander à changer de prénom ? Comme sous l'empire de la loi antérieure, l'article 60 du Code civil, dans sa rédaction issue de la loi du 18 novembre 2016, précise que le changement de prénom peut être demandé « par toute personne ». S'il s'agit d'un mineur ou d'un majeur sous tutelle, la demande est remise par son représentant légal. Si l'enfant est âgé de plus de 13 ans, son consentement personnel est alors requis (C. civ., art. 60, al. 1er).

293 — Objet de la demande. La demande fondée sur l'article 60 du Code civil peut tendre « à l'adjonction, la suppression ou la modification de l'ordre des prénoms » (C. civ., art. 60, al. 2).

294 — Condition légale inchangée. Le changement de prénom est, en droit français, subordonné à l'existence d'un intérêt légitime, condition qui a été maintenue par la loi du 18 novembre 2016 (C. civ., art. 60, al. 4). Selon la jurisprudence, « l'intérêt légitime » est notamment caractérisé lorsqu'un individu a usé de manière prolongée d'un prénom. Un changement de sexe opéré par un transsexuel peut aussi constituer un intérêt légitime justifiant le changement de son prénom. L'intérêt légitime existe également lorsqu'une personne veut changer de prénom pour un motif religieux ou culturel, ou pour s'intégrer pleinement à la communauté française.

295 — Processus de changement de prénom modifié. Avant la loi du 18 novembre 2016, la demande de changement de prénom pour « intérêt légitime » relevait de la compétence du juge aux affaires familiales. Or, cette loi a, entre autres, voulu transférer les dossiers les plus simples à l'officier de l'état civil, dans le but de désengorger les juridictions. Depuis son entrée en vigueur, en l'occurrence le 20 novembre 2016, la demande de changement de prénom doit être remise à l'officier de l'état civil du lieu de résidence de l'intéressé ou du lieu où son acte de naissance a été dressé (v. C. civ., art. 60, al. 1er dans sa nouvelle rédaction).

296 — Simplification ou complexification ? À première vue, la loi du 18 novembre 2016 simplifie le droit tout en assurant une cohérence et continuité : l'officier de l'état civil, qui exerce en droit français un contrôle sur les prénoms choisis pour l'enfant lors de la déclaration de naissance, est naturellement compétent pour recevoir les demandes de changement de prénoms formulées durant la vie de l'individu. On remarquera néanmoins que la nouvelle loi prévoit que « s'il estime que la demande ne revêt pas un intérêt légitime, en particulier lorsqu'elle est contraire à l'intérêt de l'enfant ou aux droits des tiers à voir protéger leur nom de famille, l'officier de l'état civil saisit sans délai le procureur de la République. Il en informe le demandeur. Si le procureur de la République s'oppose à ce changement, le demandeur, ou son représentant, peut alors saisir le juge aux affaires familiales » (C. civ., art. 60, al. 4 nouveau). Une divergence de vues entre le demandeur et l'officier de l'état civil quant à l'existence d'un intérêt légitime à changer de prénom peut donc avoir pour effet de mobiliser, sur un seul et même dossier, trois personnes : un officier d'état civil, un procureur de la République et un juge aux affaires familiales...

CHAPITRE 2

Les personnes morales

297 — Définition de la personne morale. Il s'agit, en principe, d'un groupement – généralement de personnes, plus rarement de biens – qui est titulaire, à certaines conditions, de la personnalité juridique. Dotée de la personnalité juridique, la personne morale est ainsi pourvue d'attributs : nom, domicile, nationalité. Elle peut aussi passer des contrats et ester en justice. De la sorte, elle a une existence juridique distincte de la ou des personnes physiques qui la composent.

298 — Plan du chapitre. Il conviendra d'abord de cerner ce que recouvre la notion de personne morale (section 1) avant de préciser sa condition juridique (section 2).

SECTION 1 La notion de personne morale

299 — Plan de section. Il est nécessaire de commencer par évoquer le débat portant sur la nature des personnes morales (I) puis de dresser une typologie de celles-ci (II).

I Le débat relatif à la nature des personnes morales

300 — Enjeu du débat sur les personnes morales. Il y a plusieurs siècles déjà, s'est élevé en doctrine un débat sur la notion même de personne morale, posant ainsi la question de savoir si la personnalité morale est une fiction ou une réalité (A). Le débat peut sembler inintéressant tant il est théorique. Pourtant, il comporte un enjeu essentiel : quel doit être le rôle du législateur (et donc de l'État) dans la consécration des personnes morales ? La réponse du droit français mérite donc d'être exposée (B).

A Le débat doctrinal

1 La théorie de la fiction

301 — Thèse de la fiction de la personne morale. Principalement défendue par Savigny, cette thèse consiste à dire que seules les personnes physiques, parce qu'elles sont en mesure de manifester leur volonté, sont aptes à être titulaires de droits. Tel n'est pas naturellement le cas du groupement. Dès lors, si celui-ci se voit octroyer des droits, c'est uniquement parce que le législateur le considère comme une personne morale par le biais d'une fiction, d'un artifice juridique. Seul le législateur peut accorder – expressément ou tacitement – la personnalité morale aux groupements.

Savigny (1779-1861) était un juriste allemand, qui a notamment créé l'École historique d'histoire du droit.

2 La théorie de la réalité

302 — Thèse de la réalité de la personne morale. Les tenants de cette thèse, parmi lesquels Durkheim, considèrent, eux, que la personnalité juridique appartient de manière naturelle au groupement constitué pour défendre des intérêts collectifs. Dès lors, ce dernier a la personnalité morale, indépendamment de toute autorisation accordée par le législateur.

Durkheim (1858-1917) est considéré comme l'un des pères fondateurs de la sociologie française.

B Le droit positif actuel

1 La consécration jurisprudentielle de la thèse de la réalité

303 — Arrêt de 1954 consacrant la thèse de la réalité de la personne morale. La Cour de cassation a expressément affiché sa préférence pour la théorie de la réalité en 1954. Dans le silence du législateur (et notamment de l'ordonnance du 22 février 1945), se posait la question de savoir si les comités d'établissement avaient ou non la personnalité morale. La Cour de cassation a répondu affirmativement.

« La personnalité civile n'est pas une création de la loi ; elle appartient, en principe, à tout groupement pourvu d'une possibilité d'expression collective pour la défense d'intérêts licites, dignes, par suite, d'être juridiquement reconnus et protégés », Cass. 2e civ., 28 janv. 1954 : D. 1954, 217, note Levasseur G.

304 — Confirmation jurisprudentielle de la thèse de la réalité de la personne morale. Dans la lignée de son arrêt de 1954, la Cour de cassation a continué à afficher son adhésion à la thèse de la réalité, en jugeant que certains groupements ont, malgré le silence de la loi, la personnalité juridique. Tel est le cas du comité de groupe de sociétés (arrêt de 1990) ou encore du comité d'hygiène, de sécurité et des conditions de travail (arrêt de 1991).

Cass. soc., 23 janv. 1990 : Dr. soc. 1990, 326, obs. Savatier J.
Cass. soc., 17 avr. 1991 : Dr. soc. 1991, 516.

2 La reconnaissance de la thèse de la fiction

305 — Reconnaissance du pouvoir du législateur. Même si pour la Cour de cassation la personnalité morale n'est pas une création de la loi, il serait excessif de prétendre que la théorie de la fiction n'a pas sa place en droit français. En effet, dans certains cas, c'est le législateur qui confère aux groupements la personnalité morale en subordonnant celle-ci à une démarche positive des membres physiques les composant (par exemple, l'immatriculation de la société au registre du commerce et des sociétés ou encore la déclaration d'une association à la préfecture).

306 — Conséquence de la position hybride du droit sur la personne morale. Le fait que les théories de la réalité et de la fiction soient l'une et l'autre consacrées en droit français engendre une conséquence pratique importante : des groupements nombreux et très divers ont la personnalité juridique.

II Les différentes personnes morales

307 — Distinction traditionnelle entre personnes morales de droit public et de droit privé. Les personnes morales de droit public (A) sont régies par le droit administratif et les personnes morales de droit privé (B) sont, elles, soumises au droit privé. Cette *summa divisio* n'a pas empêché l'émergence d'une catégorie intermédiaire regroupant les personnes morales mixtes (C). Il y a là une différence importante avec les personnes physiques.

A Les personnes morales de droit public

308 — Liste des personnes morales de droit public. On trouve dans cette catégorie, l'État et les collectivités territoriales, c'est-à-dire les régions, départements et communes. En revanche, les districts et arrondissements ne sont pas dotés de la personnalité juridique. Constituent également des personnes morales de droit public, les établissements publics, tels que les universités, hôpitaux, chambres de commerce, etc.

B Les personnes morales de droit privé

309 — Typologie des personnes morales de droit privé. Constituent des personnes morales de droit privé, des groupements de personnes (sociétés, associations notamment), mais aussi des groupements de biens (fondations).

1 Les groupements de personnes

a Les sociétés

310 — Définition de la société. Selon l'article 1832 du Code civil, « la société est instituée par deux ou plusieurs personnes qui conviennent par un contrat d'affecter à une entreprise commune des biens ou leur industrie en vue de partager le bénéfice ou de profiter de l'économie qui pourra en résulter » (al. 1er), étant précisé que « les associés contribuent aux pertes » (al. 3). Exceptionnellement, la société peut être créée par une seule personne (v. par exemple : EURL, entreprise unipersonnelle à responsabilité limitée, loi du 11 juillet 1985 ; SASU, société par actions simplifiée unipersonnelle, loi du 12 juillet 1999).

311 — Société avec personnalité juridique. La société est dotée de la personnalité juridique dès lors qu'elle est inscrite, à la demande de ses associés, au Registre du commerce et des sociétés (RCS). À défaut d'immatriculation, la société n'a pas la personnalité juridique.

312 — Société sans personnalité juridique. Tel est le cas des sociétés en participation et des sociétés créées de fait. La société en participation se caractérise par le fait que ses associés ont décidé de ne pas l'immatriculer et de ne pas la soumettre à publicité. La société créée de fait résulte, elle, du comportement de personnes ayant participé ensemble à une œuvre économique dont elles ont partagé les profits et supporté les pertes, mais sans avoir conscience de s'être comportées comme des associés. C'est par exemple le cas lorsqu'un concubin participe au quotidien à l'exploitation d'un fonds de commerce appartenant à l'autre.

313 — Typologie des sociétés. Cette typologie repose sur plusieurs critères de distinction. Les principaux consistent à opposer, d'une part, les sociétés civiles aux sociétés commerciales et, d'autre part, les sociétés de personnes aux sociétés de capitaux.

α La distinction entre sociétés commerciales et sociétés civiles

314 — Notion de sociétés commerciales. Celles-ci présentent la spécificité d'être régies par les dispositions du Code de commerce, et plus précisément par son livre II (C. com., art. L. 210-1 et s.) lequel est issu de la loi – plusieurs fois modifiée – du 24 juillet 1966 portant réforme des sociétés commerciales. Une société peut être commerciale en raison, soit de sa forme, soit de son objet.

Loi nº 66-537 du 24 juillet 1966 sur les sociétés commerciales : JO 26 juill. 1966, p. 6402.

315 — Sociétés commerciales par la forme. Selon l'article L. 210-1 du Code de commerce, sont commerciales, à raison de leur forme et quel que soit leur objet, les sociétés en nom collectif, les sociétés en commandite simple, les sociétés à responsabilité limitée (SARL, EURL) et les sociétés par actions (SA, SCA, SAS). Dès lors que la société emprunte l'une de ces formes, elle est dite commerciale, indépendamment de son objet social (lequel peut être commercial, civil, artisanal...).

SA : société anonyme.

SCA : société en commandite par actions.

SAS : société par actions simplifiée.

316 — Sociétés commerciales par l'objet. Une société peut également être commerciale en raison de son objet. C'est le cas lorsqu'elle exerce une activité commerciale.

317 — Notion de sociétés civiles. L'article 1845 du Code civil précise qu'« ont le caractère civil toutes les sociétés auxquelles la loi n'attribue pas un autre caractère en raison de leur forme, de leur nature ou de leur objet » (al. 2). Les sociétés civiles peuvent prendre différentes formes au plan juridique : sociétés civiles professionnelles (SCP), sociétés civiles de moyens (SCM), exploitations agricoles à responsabilité limitée (EARL), etc. Elles présentent la spécificité de ne déployer que des activités civiles (agricoles, libérales, immobilières...).

β La distinction entre sociétés de personnes et sociétés de capitaux

318 — Notion de sociétés de personnes. Dans celles-ci, l'*intuitu personae* joue un rôle fondamental. Cette expression vient du latin et signifie « en considération de la personne ». Selon Henri Roland, elle se dit « des opérations dans lesquelles la personnalité de l'une des parties a été déterminante du consentement de l'autre ». Sont considérées comme des sociétés de personnes, la société en nom collectif et la société en commandite simple.

Roland H., *Lexique juridique des expressions latines*, 2016, LexisNexis.

319 — Notion de sociétés de capitaux. Dans les sociétés dites de capitaux, seuls importent les capitaux apportés, les qualités des associés passant, elles, à l'arrière-plan. Constituent incontestablement des sociétés de capitaux en droit français, les sociétés anonymes et les sociétés par actions simplifiées.

b ▮ Les associations

320 — Définition de l'association. Selon l'article 1er de la loi du 1er juillet 1901, l'association est une « convention par laquelle deux ou plusieurs personnes mettent en commun d'une façon permanente leurs connaissances ou leur activité, dans un but autre que de partager des bénéfices ». Depuis cette loi, les associations peuvent être librement constituées, à condition néanmoins de respecter l'ordre public et les bonnes mœurs.

Loi du 1er juillet 1901 relative au contrat d'association : JO 2 juill. 1901, p. 4025.
On recensait, en France, en 2012, plus de 1 300 000 associations vivantes et actives. Environ 65 000 associations sont créées chaque année.

321 — Typologie des associations. On distingue dans notre pays trois types d'associations :
- les associations non déclarées ;
- les associations déclarées ;
- les associations reconnues d'utilité publique.

322 — Pas de personnalité juridique pour les associations non déclarées. Ces associations sont parfaitement légales mais n'ont pas de personnalité juridique. Elles ne peuvent donc ni contracter, ni agir en justice, ni avoir de patrimoine propre. Les personnes physiques qui agissent pour l'association non déclarée, sont donc responsables des actes qu'elles passent en son nom et doivent en assumer les risques, notamment financiers.

323 — Personnalité juridique restreinte pour les associations déclarées. Sous réserve qu'elles soient déclarées à la préfecture, ces associations bénéficient d'une personnalité juridique restreinte, parfois qualifiée de « petite personnalité ». Celle-ci leur confère des droits limités. Les associations déclarées peuvent agir en justice. Elles peuvent recevoir des dons manuels. Elles peuvent acquérir à titre onéreux des immeubles s'ils sont strictement nécessaires à la réalisation de leur objet. Elles peuvent recevoir des dons et legs lorsqu'elles ont pour but exclusif l'assistance, la bienfaisance, la recherche scientifique ou médicale (L. 1er juill. 1901, art. 6).

324 — Personnalité juridique pour les associations reconnues d'utilité publique. Reconnues d'utilité publique par décret en Conseil d'État, elles jouissent de la « grande personnalité » juridique. Elles peuvent accomplir tous les actes de la vie civile dès lors qu'ils ne sont pas interdits par leurs statuts. Elles peuvent acquérir à titre onéreux plus largement que les associations déclarées. Elles peuvent recevoir des dons et legs dans les conditions de droit commun (C. civ., art. 910 ; L. 1er juill. 1901, art. 10 et 11).

c Les syndicats professionnels

325 — Présentation des syndicats professionnels. Autorisés en France depuis la loi du 21 mars 1884, les syndicats professionnels sont des organisations ayant pour objet l'étude et la défense des droits et des intérêts matériels et moraux, tant collectifs qu'individuels, des personnes mentionnées dans leurs statuts. Ils sont régis par les articles L. 2111-1 et suivants du Code du travail. Ils ont la personnalité juridique dès lors qu'ils sont déclarés en mairie.

Loi du 21 mars 1884, dite Waldeck-Rousseau, relative aux syndicats professionnels : JO 22 mars 1884, p. 1577.

d Les groupements d'intérêt économique

326 — Groupement d'intérêt économique de droit français (GIE). Institué par l'ordonnance du 23 septembre 1967 – intégrée dans les articles L. 251-1 et suivants du Code de commerce –, le GIE est doté de la personnalité juridique. Il vise à permettre à deux ou plusieurs personnes physiques ou morales de constituer un groupement dont le but « est de faciliter ou de développer l'activité économique de ses membres, d'améliorer ou d'accroître les résultats de cette activité » (C. com., art. L. 251-1, al. 2).

Par exemple, le GIE *Cartes bancaires* organise et contrôle le fonctionnement des cartes bancaires. Il regroupe plus de 200 établissements bancaires ou financiers en France et à l'étranger.

327 — Groupement européen d'intérêt économique (GEIE). Il a été institué par une loi du 13 juin 1988. L'objectif du GEIE est de favoriser la coopération transfrontalière, de faciliter ou de développer en Europe, l'activité économique de ses membres. Le GEIE est réputé être une structure juridique relativement souple.

Par exemple, *Arte* est un groupement européen d'intérêt économique créé en 1991 dont les membres sont *Arte France* et *Arte Deutschland TV*.

2 Les groupements de biens : les fondations

328 — Définition de la fondation. Selon l'article 18 de la loi du 23 juillet 1987 sur le développement du mécénat, la fondation est « l'acte par lequel une ou plusieurs personnes physiques ou morales décident l'affectation irrévocable de biens, droits ou ressources à la réalisation d'une œuvre d'intérêt général et à but non lucratif ».

Loi nº 87-571 du 23 juillet 1987 sur le développement du mécénat : JO 24 juill. 1987, p. 8255.

329 — Personnalité morale de la fondation : conditions et effets. Pour qu'une fondation jouisse de la personnalité morale, il est nécessaire qu'un décret en Conseil d'État la reconnaisse d'utilité publique. La fondation peut alors avoir un patrimoine, accomplir des actes juridiques notamment tous les actes de la vie civile qui ne sont pas en contradiction avec l'objet qu'elle poursuit. Elle peut également recevoir des legs.

Ont notamment été reconnues d'utilité publique les fondations suivantes :
- Fondation Abbé Pierre pour le logement des défavorisés (D. 11 févr. 1992) ;
- Fondation ARC pour la recherche sur le cancer (D. 16 mars 2012) ;
- Fondation Valentin Haüy au service des aveugles et des malvoyants (D. 27 juill. 2012).

C Les personnes morales mixtes

330 — Personnes publiques qui se privatisent. Intègrent la catégorie des personnes morales mixtes, les groupements publics qui exercent une activité de droit privé. C'est notamment le cas des Établissements publics industriels et commerciaux (Epic).

L'Institut national de l'audiovisuel (INA) ou l'Institut national de la consommation (INC) sont, par exemple, des Epic.

331 — Personnes privées qui se publicisent. Intègrent aussi la catégorie des personnes morales mixtes, des groupements de personnes privées poursuivant des buts d'utilité publique. C'est notamment le cas des ordres professionnels (ordre des médecins, des avocats, des experts-comptables, des architectes, des notaires, etc.).

SECTION 2 La condition juridique de la personne morale

332 — Plan de section. Comme cela a été fait pour les personnes physiques, il est nécessaire de préciser quand débute et se termine la personnalité juridique de la personne morale (I) avant de s'intéresser à son identification juridique (II).

I Le commencement et la fin de la personnalité juridique

333 — Enjeux attachés à la personnalité juridique. Des enjeux importants étant attachés à la personnalité juridique (nom, nationalité, capacité de contracter...), il est fondamental de cerner quand commence (A) et prend fin (B) la personnalité juridique des personnes morales.

A Le commencement de la personnalité juridique

334 — Commencement variable de la personnalité morale. Alors que la personnalité juridique des personnes physiques démarre au même moment pour toutes – à la naissance en principe, à la conception exceptionnellement –, le commencement de celle des personnes morales est très variable.

335 — Personnalité juridique de la personne morale résultant d'un accord de volontés. Dans certains cas, la personnalité juridique de la personne morale existe dès lors que les personnes physiques se sont mises d'accord pour constituer le groupement. La personnification du groupement n'implique ici aucune démarche de la part des personnes physiques le constituant. Seul compte leur accord de volontés, lequel fait naître le groupement à la vie juridique. Ainsi, la collectivité des copropriétaires est constituée par un syndicat qui a la personnalité juridique (L. 10 juill. 1965, art. 14).

336 — Personnalité juridique de la personne morale résultant d'une autorisation étatique. Dans la plupart des cas, l'acquisition de la personnalité juridique des groupements implique, outre l'accord de volontés des personnes physiques qui le constituent, une autorisation de l'État, dont la forme varie selon la structure du groupement. On donnera ici l'exemple des sociétés, des associations et des fondations.

1 Le commencement de la personnalité juridique des sociétés

337 — Nécessaire immatriculation d'une société au RCS pour acquisition de la personnalité morale. La société, qu'elle soit civile ou commerciale, acquiert la personnalité morale à compter de son immatriculation au registre du commerce et des sociétés (RCS) (C. civ., art. 1842 ; C. com., art. L. 210-6).

Tant que la société n'est pas immatriculée au RCS (hypothèse de la société en formation) ou si les associés ne font pas les démarches d'immatriculation, soit volontairement (société en participation), soit parce qu'ils n'ont pas conscience d'avoir institué une structure sociale (société créée de fait), le groupement n'a alors pas la personnalité juridique.

338 — Demande d'immatriculation au RCS. Le ou les associés doivent adresser leur demande d'immatriculation de la société, soit directement au registre du commerce et des sociétés (RCS), soit à un centre de formalités des entreprises (CFE) qui transmet au RCS. La demande doit être faite, une fois que les statuts de la société ont été signés et publiés dans un journal d'annonces légales (JAL) du département du siège social.

339 — Mentions obligatoires de la demande d'immatriculation d'une société. Cette demande doit contenir un certain nombre de mentions obligatoires (énumérées dans les articles R. 123-53 et suivants du Code de commerce) et doit être accompagnée de différentes pièces justificatives.

340 — Procédure d'immatriculation au RCS. Les demandes d'immatriculation de sociétés – réceptionnées par un CFE ou le RCS – sont transmises au greffe du tribunal de commerce compétent. Le greffier du tribunal contrôle le dossier en vérifiant sa régularité tant sur le fond que la forme. Depuis un décret du 2 juillet 1998, il est prévu que le greffier dispose d'un délai franc d'un jour ouvrable après réception de la demande, pour immatriculer la société ou demander les renseignements ou pièces manquants (C. com., art. R. 123-97).

341 — Publication de l'immatriculation au RCS. Une fois la société immatriculée au RCS, un avis de constitution de la société doit être inséré au *BODACC* (*Bulletin officiel des annonces civiles et commerciales*), lequel vise à informer les tiers de l'existence juridique d'une nouvelle société.

2 Le commencement de la personnalité juridique des associations

342 — Commencement de la personnalité juridique des associations déclarées. Celles-ci jouissent de la « petite » personnalité juridique dès lors qu'elles sont déclarées. La déclaration est faite à la préfecture du département ou à la sous-préfecture de l'arrondissement où l'association aura son siège social. L'association est rendue publique par une insertion au *Journal officiel* (L. 1er juill. 1901, art. 5). La jurisprudence considère que la personnalité juridique de l'association commence au jour de l'insertion au *Journal officiel*.

Loi du 1er juillet 1901 relative au contrat d'association : JO 2 juill. 1901, p. 4025.

343 — Commencement de la personnalité juridique des associations reconnues d'utilité publique. Ces associations acquièrent la « grande » personnalité juridique par décret pris après avis du Conseil d'État. Le décret n'est pris qu'à l'issue d'une période probatoire de fonctionnement de l'association au moins égale à 3 ans. Au préalable, une enquête administrative est menée sur l'association.

Loi du 1er juillet 1901 relative au contrat d'association, article 10, alinéa 1er : JO 2 juill. 1901, p. 4025.

3 Le commencement de la personnalité juridique des fondations

344 — Condition d'octroi de la personnalité juridique des fondations. Une fondation n'acquiert la personnalité juridique que si un décret en Conseil d'État la reconnaît d'utilité publique. Cette exigence résulte de l'article 18 de la loi du 23 juillet 1987.

Loi n° 87-571 du 23 juillet 1987 sur le développement du mécénat : JO 24 juill. 1987, p. 8255.

B La fin de la personnalité juridique

345 — Différences entre les personnes physiques et morales. Tandis que la mort met fin à l'existence des personnes physiques, la dissolution met, elle, un terme à l'existence du groupement. Elle est l'équivalent du décès de la personne physique. Mais alors que le décès d'une personne physique engendre la disparition instantanée de sa personnalité juridique, la dissolution, elle, ne provoque pas immédiatement l'extinction de la personnalité morale du groupement.

346 — Spécificité des personnes morales. La personnalité morale survit pour les besoins de la liquidation. La fin de la personnalité juridique implique donc que la personne morale soit dissoute, mais également liquidée.

1 La dissolution de la personne morale

347 — Causes de dissolution diverses de la personne morale. Les causes provoquant la dissolution d'une personne morale sont relativement nombreuses. Ainsi, l'article 1844-7 du Code civil en évoque huit pour les sociétés. Certaines d'entre elles valent pour toutes les personnes morales. On en donnera ici quelques exemples.

348 — Dissolution de la personne morale liée à l'écoulement du temps. Tout groupement de personnes – mais non de biens – est nécessairement constitué pour une durée limitée. Il prend donc fin à l'arrivée du terme statutaire ou légal (lequel est, par exemple, de 99 ans pour les sociétés selon l'article 1838 du Code civil). Le groupement peut néanmoins être prorogé si ses membres le veulent.

349 — Dissolution volontaire de la personne morale. La personne morale peut être dissoute à la suite d'une décision prise par l'organe compétent. Par exemple, les associés d'une société peuvent décider de sa dissolution anticipée lors d'une assemblée générale (C. civ., art. 1844-7, 4°). Il en est de même pour l'association déclarée.

350 — Dissolution imposée de la personne morale. Sa dissolution imposée peut résulter de circonstances naturelles (mort de tous les associés d'une société, notamment). Elle peut aussi découler d'une décision judiciaire. Le tribunal peut, par exemple, prononcer à la demande d'un associé, la dissolution de la société pour « justes motifs » (C. civ., art. 1844-7, 5°). Enfin, la dissolution peut provenir de l'autorité administrative : la reconnaissance d'utilité publique, tant des associations que des fondations, peut, en effet, être retirée par décret en Conseil d'État.

2 La liquidation de la personne morale

351 — Maintien de la personnalité juridique pendant la liquidation de la personne morale. La dissolution de la personne morale n'engendre pas la disparition instantanée de sa personnalité juridique. La jurisprudence a considéré, la première, que la personnalité juridique survit lorsque cela est nécessaire pour les besoins de la liquidation. La solution a été expressément reprise par le législateur au sujet des sociétés (C. com., art. L. 237-2, al. 2).

> « La personnalité morale de la société subsiste pour les besoins de la liquidation jusqu'à la publication de la clôture de celle-ci » (C. civ., art. 1844-8, al. 3).

352 — Avantage du maintien de la personnalité juridique pendant la liquidation. Le maintien de la personnalité juridique permet de faciliter la liquidation de la personne morale. En effet, le groupement, encore doté de la personnalité juridique, peut ainsi continuer à agir en justice, à passer des contrats, à recouvrer des créances, etc.

II L'identification juridique de la personne morale

353 — Plan. Chaque personne morale est individualisée par une nationalité (A), un domicile (B) et un nom (C).

A La nationalité de la personne morale

354 — Enjeux attachés à la détermination de la nationalité. La nationalité d'une personne morale permettant de déterminer à quelle loi elle est soumise, on comprend d'emblée que la question de sa détermination comporte des enjeux pratiques importants en matière fiscale, sociale, etc. Deux critères sont utilisés : l'un principalement (critère du siège social), l'autre subsidiairement (critère du contrôle).

355 — Application du critère du siège social pour déterminer la nationalité de la personne morale. La nationalité d'une personne morale est, en principe, déterminée par le lieu de son siège social. Les sociétés dont le siège social est situé sur le territoire français sont donc françaises et soumises à la loi française.

356 — Application exceptionnelle du critère du contrôle pour déterminer la nationalité d'une personne morale. Ce critère, appliqué exceptionnellement par la jurisprudence, revient à prendre en considération la nationalité des personnes physiques qui dirigent et contrôlent la personne morale. Il a, par exemple, été appliqué après la Première Guerre mondiale, pour déterminer si des entreprises étaient françaises ou allemandes. À l'heure actuelle, il est mis en œuvre notamment pour les sociétés de transport aérien.

B | Le domicile de la personne morale

357 — Enjeux attachés à la détermination du domicile de la personne morale. Il y en a plusieurs. Par exemple, lorsqu'une société est assignée en justice, elle doit en principe l'être devant le tribunal du lieu où elle est établie (CPC, art. 42 et 43). En outre, le lieu du siège social, c'est-à-dire celui du domicile, détermine généralement la nationalité d'une personne morale, et ainsi la loi qui lui est applicable.

358 — Notion de domicile de la personne morale. Selon la jurisprudence, le domicile – plus généralement appelé siège pour la personne morale – est le centre de l'activité juridique, financière et administrative de celle-ci. Il correspond, par exemple, au lieu où se trouvent les organes de direction d'une société.

Civ., 7 juill. 1947 : JCP 1947, II, 2871.

359 — Domicile réel de la personne morale. Selon la jurisprudence, le domicile de la personne morale doit correspondre à la réalité. Il ne doit pas être fictif. Si tel était le cas, les juridictions ne le prendraient pas en considération.

360 — Unicité et pluralité de domiciles de la personne morale. Contrairement aux personnes physiques qui ne peuvent avoir qu'un domicile, il est admis à titre d'exception qu'une personne morale puisse avoir plusieurs domiciles. Cette jurisprudence, dite des « gares principales », permet notamment d'assigner la personne morale devant la juridiction dans le ressort de laquelle se trouve située, non son siège social, mais l'une de ses succursales. Elle a pour conséquence pratique de désengorger les juridictions des grandes agglomérations.

C | Le nom de la personne morale

361 — Appellations du nom de la personne morale. À l'instar de la personne physique, la personne morale est identifiée par son nom, lequel prend diverses appellations en ce qui les concerne : raison sociale ou dénomination sociale pour les sociétés ; titres pour les associations ; dénominations pour les syndicats et fondations.

362 — Choix du nom de la personne morale. La ou les personnes fondatrices de la personne morale choisissent, en principe, librement son nom. Néanmoins, elles ne peuvent choisir un nom portant atteinte à l'ordre public ou aux bonnes mœurs, ou encore un nom portant atteinte aux droits que des tiers peuvent déjà avoir sur cette appellation.

363 — Nom de famille d'une personne physique attribué à la personne morale. L'indisponibilité du nom de famille ne s'oppose pas à ce qu'une personne physique l'utilise à titre de dénomination sociale. Dans ce cas, le nom de famille devient « un signe distinctif qui s'est détaché de la personne physique qui le porte, pour s'appliquer à la personne morale qu'il distingue, et devenir ainsi objet de propriété incorporelle » (arrêt *Bordas*, 1985). En devenant nom commercial, le nom de famille de la personne physique devient objet de propriété, sur lequel peuvent être passés des contrats. La société à qui le nom a été attribué peut, par exemple, le céder.

Cass. com., 12 mars 1985, Bordas : Bull. civ. IV, n° 95 ; D. 1985, 471, note Ghestin J.

364 — Protection des noms de famille notoires. Même si le nom de famille, donné comme dénomination sociale, se détache de la personne physique pour devenir un objet de propriété incorporelle, celle-ci conserve des droits sur son nom dès lors qu'il est notoire. C'est l'enseignement que l'on peut tirer de l'arrêt Ducasse rendu en 2003 par la Cour de cassation.

Cass. com., 6 mai 2003, Alain Ducasse : D. 2003, 2228, note Loiseau G. Selon la Cour de cassation, le consentement donné par un associé fondateur notoirement connu à l'insertion de son nom de famille dans la dénomination d'une société exerçant son activité dans le même domaine que lui, ne saurait, sans accord de sa part et en l'absence de renonciation expresse ou tacite à ses droits patrimoniaux, autoriser la société à déposer ce nom à titre de marque.

CHAPITRE 3

Les personnes majeures protégées

365 — Plan du chapitre. La protection mise en place à l'égard des majeurs qui méritent d'en bénéficier prend en droit français plusieurs formes. Il peut s'agir d'une protection purement judiciaire (section 2) ou d'une protection conventionnelle organisée à l'avance par le biais d'un mandat de protection future (section 3). Récemment, l'ordonnance du 15 octobre 2015 a ajouté à la liste un nouvel instrument de protection, l'habilitation familiale, laquelle se distingue par sa nature hybride (section 4). Avant de présenter ces différentes mesures, il est nécessaire de dresser un bref historique de la matière (section 1).

SECTION 1 Introduction au droit des majeurs protégés

366 — Protection des incapables majeurs en 1804. Dans le Code Napoléon, deux institutions avaient été mises en place pour protéger les majeurs vulnérables : l'interdiction judiciaire et la dation du conseil judiciaire. Le droit de l'incapacité n'a ensuite pas évolué jusqu'en 1968.

367 — Protection des incapables majeurs en 1968. La loi du 3 janvier 1968, que l'on doit au doyen Carbonnier, a eu pour objet de réformer les incapacités. Elle a posé les bases du système actuel en instituant trois régimes :

- deux régimes d'incapacités : la tutelle et la curatelle ;
- une mesure plus légère : la sauvegarde de justice.

Elle a laissé le juge des tutelles libre de choisir le régime le plus adapté à l'état de la personne.

Loi n° 68-5 du 3 janvier 1968 portant réforme du droit des incapables majeurs : JO 4 janv. 1968, p. 114.

368 — Nécessité de réformer la loi de 1968 sur les incapacités. Même si la loi de 1968 était globalement bien faite, elle présentait l'inconvénient de concentrer la protection sur les biens de l'incapable, délaissant ainsi sa personne. En outre, on s'était rendu compte que le dispositif était souvent utilisé, non pour des raisons juridiques, mais pour des personnes en grande difficulté sociale. Dans les années 2000, le contexte de vieillissement de la population et de recul des solidarités familiales a également conforté l'idée qu'il fallait réformer le droit protégeant les majeurs.

Le nombre de demandes annuelles de mise sous protection a été multiplié par deux entre 1990 et 2004, passant de 51 378 à 99 016.

369 — Réforme des majeurs protégés en 2007. La réforme a eu lieu avec la loi du 5 mars 2007, entrée en vigueur le 1er janvier 2009. Sans bouleverser la trilogie traditionnelle (tutelle, curatelle et sauvegarde de justice), elle s'est efforcée de moderniser le droit (notamment en éradiquant le terme « majeurs incapables ») et de renforcer la protection du majeur en consacrant un nouvel instrument conventionnel : le mandat de protection future.

Loi n° 2007-308 du 5 mars 2007 portant réforme de la protection juridique des majeurs : JO 7 mars 2007, n° 56, p. 4325.

370 — Incidences sur les personnes vulnérables de la loi du 16 février 2015. Cette loi contient deux séries de mesures intéressant les personnes vulnérables. Les premières sont d'application immédiate et concernent spécifiquement les majeurs protégés puisqu'elles modifient certaines dispositions qui leur sont applicables (logement du majeur protégé, durée des mesures de protection, règles relatives au budget de la tutelle). La seconde est une mesure différée. En effet, cette loi a autorisé le gouvernement à prévoir par ordonnance un nouveau dispositif d'habilitation judiciaire. Selon le texte, il s'agissait d'instaurer en droit français « un dispositif d'habilitation par justice au bénéfice des ascendants, descendants, frères et sœurs, partenaires pacsés ou concubins au sens de l'article 515-8, d'un majeur hors d'état de manifester sa volonté, permettant de le représenter ou de passer certains actes en son nom sans qu'il soit besoin de prononcer une mesure de protection judiciaire » (L. n° 2015-177, 16 févr. 2015, art. 1er). Ce dispositif a été consacré par la récente ordonnance du 15 octobre 2015 sous l'appellation « habilitation familiale ». La section 4 de ce chapitre lui est consacrée.

Loi n° 2015-177 du 16 février 2015 relative à la modernisation et à la simplification du droit et des procédures dans les domaines de la justice et des affaires intérieures : JO 17 févr. 2015, n° 0040, p. 2961.

Ordonnance n° 2015-1288 du 15 octobre 2015 portant simplification et modernisation du droit de la famille : JO 16 oct. 2016, n° 0240, p. 19304.

SECTION 2 La protection purement judiciaire

371 — Plan. Il est nécessaire de distinguer la protection dite occasionnelle, qui découle du prononcé judiciaire de la nullité d'un acte juridique passé par un majeur aliéné (I), de l'ouverture par le juge d'une mesure de protection juridique (tutelle, curatelle ou sauvegarde de justice) qui a, elle, vocation à durer plus ou moins longtemps (II).

I La protection occasionnelle des majeurs : la nullité de certains actes

372 — Sort des actes passés par un majeur aliéné. Indépendamment de l'ouverture à son égard d'une mesure de protection judiciaire, le majeur aliéné est protégé par une disposition légale selon laquelle les actes qu'il a passés sous l'empire d'un trouble mental sont annulables (C. civ., art. 414-1). Cette protection implique de s'intéresser à la nullité elle-même (A) et à son régime juridique (B).

373 — Caractère ponctuel de la protection du majeur aliéné. La protection est ici occasionnelle, intermittente, et ce par opposition à celle qui résulte d'une mesure judiciaire qui, elle, a vocation à durer plus ou moins longtemps : 1 an pour la sauvegarde de justice et 5 ans en principe pour la tutelle et la curatelle, sauf exception possible pour la tutelle (C. civ., art. 441, al. 2, issu de la L. 16 févr. 2015) ou renouvellement des mesures (C. civ., art. 442, issu de la L. 16 févr. 2015).

374 — Cumul de la nullité des actes du majeur aliéné avec un régime de protection judiciaire. La nullité des actes prévue dans l'article 414-1 du Code civil peut se cumuler avec un régime de protection judiciaire. En effet, le majeur placé sous un régime de protection conserve parfois la capacité d'accomplir certains actes juridiques. Si le majeur les accomplit sous l'empire d'un trouble mental, la sanction de la nullité a alors vocation à s'appliquer.

375 — Responsabilité du majeur aliéné. Si le majeur aliéné est à certains égards protégé, il n'en demeure pas moins responsable civilement de ses actes. En effet, l'article 414-3 du Code civil précise que « celui qui a causé un dommage à autrui alors qu'il était sous l'empire d'un trouble mental n'en est pas moins obligé à réparation ». En revanche, l'aliénation mentale peut être une cause d'irresponsabilité pénale. L'article 122-1 du Code pénal précise effectivement que « n'est pas pénalement responsable la personne qui était atteinte, au moment des faits, d'un trouble psychique ou neuropsychique ayant aboli son discernement ou le contrôle de ses actes » (al. 1er).

A La nullité des actes passés par un majeur aliéné

376 — Actes du majeur aliéné susceptibles de nullité. L'article 414-1 du Code civil énonce que « pour faire un acte valable, il faut être sain d'esprit », et qu'à défaut, il est possible d'en demander la nullité. Le texte visant de manière générale « un acte », on en déduit qu'il s'applique tant aux actes à titre onéreux ou gratuit qu'aux contrats et actes unilatéraux. Les ventes, cautionnements, échanges, testaments, donations et autres entrent donc dans son champ d'application.

Pour les actes à titre gratuit (donations, testament), il existe néanmoins une disposition spéciale, l'article 901 du Code civil, qui précise que « pour faire une libéralité, il faut être sain d'esprit ».

377 — Plan. Le prononcé de la nullité de l'acte n'est possible que si les conditions légales sont remplies (1) et que la preuve de l'insanité d'esprit est rapportée (2).

1 Les conditions légales requises

378 — Notion de trouble mental. L'acte est annulable lorsqu'il a été passé par une personne non saine d'esprit, c'est-à-dire atteinte d'un trouble mental. Selon un arrêt rendu en 1941 par la Cour de cassation – au sujet de l'article 901 du Code civil –, l'insanité d'esprit « comprend toutes les variétés d'affections mentales par l'effet desquelles l'intelligence de l'intéressé aurait été obnubilée ou sa faculté de discernement déréglée ».

Civ., 4 févr. 1941 : D. 1941, 113.

379 — Caractéristiques du trouble mental. Peu importe la durée du trouble mental. Pour que la nullité soit prononcée, il faut et il suffit qu'il ait été de nature à exclure une volonté consciente et lucide de l'intéressé au moment de la passation de l'acte. L'existence du trouble mental au moment de la passation de l'acte relève de l'appréciation souveraine des juges du fond.

2 La preuve à rapporter

380 — Charge de la preuve de l'insanité d'esprit. Il appartient à celui qui demande la nullité de l'acte de prouver l'insanité d'esprit de l'intéressé au moment de la passation de l'acte.

381 — Administration de la preuve de l'insanité d'esprit. Il s'agit ici de prouver un fait juridique. La preuve est donc libre et peut être faite par tout moyen : écrit, expertise, témoignage, présomption, etc. Selon la jurisprudence, l'ouverture d'une curatelle puis d'une tutelle ne fait pas à elle seule présumer le trouble mental.

Cass. 1re civ., 25 mai 2004 : Dr. famille, 2005, Comm. n° 20, note Fossier Th.

B ▌ Le régime de l'action en nullité

382 — Plan. Il convient d'apporter des précisions tant sur l'exercice de l'action en nullité (1) que sur la confirmation de l'acte (2) qui équivaut, elle, à renoncer à demander la nullité.

1 ▌ L'exercice de l'action en nullité

a ▌ Les titulaires de l'action

383 — Action en nullité intentée du vivant de l'aliéné. Dans sa rédaction issue de la loi du 5 mars 2007, le texte précise que de son vivant, l'action en nullité pour insanité d'esprit n'appartient qu'à l'intéressé (C. civ., art. 414-2, al. 1er). Comme le tuteur et le curateur de l'intéressé ne sont plus visés expressément, s'est posée la question de savoir s'ils ont le droit, comme sous l'empire de la nouvelle loi, d'agir en nullité. Des auteurs leur reconnaissent le droit d'agir en dépit du silence de la nouvelle loi.

Douchy-Oudot M., *Droit civil, 1re année, Introduction, personnes, famille*, 8e éd., 2015, Dalloz, HyperCours.

384 — Action en nullité intentée après la mort de l'aliéné. Dans ce cas, il faut distinguer entre deux catégories d'actes. Les donations entre vifs et les testaments peuvent être librement attaqués en nullité par les héritiers du disposant, lesquels doivent rapporter la preuve de son insanité d'esprit au moment de l'acte. En revanche, les autres actes accomplis par l'intéressé ne peuvent être attaqués en nullité pour insanité d'esprit par ses héritiers que dans les cas suivants (C. civ., art. 414-2, al. 2) :
- si l'acte porte en lui-même la preuve d'un trouble mental ;
- s'il a été fait alors que l'intéressé était placé sous sauvegarde de justice ;
- si une action avait été introduite avant son décès aux fins d'ouverture d'une curatelle ou d'une tutelle ;
- si effet a été donné au mandat de protection future.

b Le délai pour agir

385 — Prescription de l'action en nullité : durée et point de départ du délai. L'action en nullité est prescrite au terme d'un délai de 5 ans (C. civ., art. 414-2, al. 3). Ce délai court, en principe, à partir du jour où l'acte contesté a été accompli. Néanmoins, selon la jurisprudence, la prescription quinquennale peut être suspendue lorsque l'auteur de l'acte était dans l'impossibilité d'agir en nullité en raison de son trouble mental. Si cette action est intentée par les héritiers, le délai de 5 ans court, en principe, à partir du jour du décès de l'auteur de l'acte.

La Cour de cassation a jugé que la prescription quinquennale de l'action en nullité de l'acte était, en raison de l'impossibilité d'agir de l'intéressée finalement mise en tutelle, suspendue jusqu'à la date de son placement sous ce régime de protection, Cass. 1re civ., 1er juill. 2009 : D. 2009, 2660, note Raoul-Cormeil G.

2 La possible confirmation de l'acte

386 — Confirmation de l'acte d'un majeur aliéné. La nullité pour insanité d'esprit n'étant que relative, il en résulte que l'acte accompli sous l'empire d'un trouble mental peut être confirmé par son auteur (v. C. civ., art. 1181 et 1182). La confirmation est une « manifestation de volonté par laquelle le titulaire d'une action en nullité relative renonce à agir et, par un nouveau consentement, valide rétroactivement l'acte ».

Définition donnée par Guinchard S. et Debard T. (dir.), *Lexique des termes juridiques*, 24e éd., 2016-2017, Dalloz.

387 — Confirmation de l'acte par le majeur aliéné placé en curatelle. Si l'acte – accompli au départ sous l'empire d'un trouble mental – est confirmé par son auteur alors que celui-ci est placé en curatelle, la confirmation n'est valable que si elle est faite avec l'assistance de son curateur.

388 — Confirmation de l'acte par le majeur aliéné placé en tutelle. Si l'auteur de l'acte – accompli sous l'empire d'un trouble mental – est placé en tutelle, la confirmation de celui-ci doit être faite par le tuteur autorisé par le conseil de famille.

Décret n° 2008-1484 du 22 décembre 2008 relatif aux actes de gestion du patrimoine des personnes placées en curatelle ou en tutelle, et pris en application des articles 452, 496 et 502 du Code civil (annexe I, colonne 2, point IX) : JO 31 déc. 2008, n° 0304, p. 20631.

II La protection prolongée des majeurs : l'ouverture d'une mesure de protection

389 — Plan de section. Depuis la réforme du 3 janvier 1968, la loi prévoit et organise trois régimes de protection juridique pour les majeurs : la sauvegarde de justice (régime le plus léger), la tutelle (le plus lourd) et la curatelle (régime intermédiaire). Si ceux-ci obéissent à des règles qui leur sont propres (B), il n'empêche qu'il existe, quel que soit le régime de protection judiciairement mis en place, un cadre général, autrement dit des règles communes (A).

390 — Chiffres sur la protection juridique. Selon le rapport annuel de 2014 de l'observatoire des populations majeures protégées dans les unions départementales des associations familiales (Udaf), 800 000 personnes seraient bénéficiaires d'une mesure de protection juridique en France. 55,8 % d'entre elles sont placées sous curatelle et 36,4 % sous tutelle.

A Les règles communes

391 — Qui peut être protégé ? Selon l'article 425 du Code civil dans sa rédaction issue de la loi du 5 mars 2007, peut bénéficier d'un régime de protection (tutelle, curatelle, sauvegarde de justice), toute personne qui est « dans l'impossibilité de pourvoir seule à ses intérêts en raison d'une altération, médicalement constatée, soit de ses facultés mentales, soit de ses facultés corporelles de nature à empêcher l'expression de sa volonté » (al. 1er). Le texte a été réécrit par la réforme de 2007 pour consacrer les solutions admises par la jurisprudence sous l'empire de la loi antérieure.

392 — Altération des facultés du majeur. Selon l'article 425 du Code civil, deux causes permettent l'ouverture d'un régime de protection :
- l'altération des facultés mentales ;
- l'altération des facultés corporelles empêchant l'expression de sa volonté. C'est, par exemple, le cas lorsqu'une personne infirme ne peut plus communiquer avec son entourage.

Dans chacune de ces deux hypothèses, l'origine et la durée de l'altération des facultés sont indifférentes au législateur, lequel impose que la mesure de protection soit nécessaire et s'en remet aux médecins en exigeant un certificat médical circonstancié (C. civ., art. 431).

393 — Qui peut demander la protection judiciaire ? Selon l'article 430 du Code civil, celle-ci peut être demandée par « la personne qu'il y a lieu de protéger ». Encore faut-il que celle-ci soit suffisamment lucide. À défaut, peuvent agir son conjoint, son partenaire ou son concubin à condition que la vie commune n'ait pas cessé entre eux, « un parent », « un allié » ou « une personne entretenant avec le majeur des liens étroits et stables », ainsi que « la personne qui exerce à son égard une mesure de protection juridique ». Le procureur de la République est également autorisé à agir, d'office ou saisi par un tiers.

394 — Plan. Après avoir précisé qui peut être judiciairement protégé et à la demande de qui, il convient de s'intéresser en détail aux acteurs (1) de la protection, aux principes directeurs qui régissent la protection (2), et à la personne protégée elle-même (3).

1 Les acteurs de la protection

395 — Différents acteurs de la protection. Trois catégories de personnes sont susceptibles d'intervenir dans la procédure de protection : les acteurs judiciaires (a), les médecins (b) et les mandataires (c).

a Les acteurs judiciaires

α Le juge des tutelles

396 — Rôle central du juge des tutelles dans la protection des majeurs. Rattaché au tribunal d'instance, ce juge joue un rôle central dans la protection légale des majeurs, notamment parce qu'il est presque toujours compétent pour connaître des demandes ayant pour objet la mise en œuvre d'un régime de protection pour une personne majeure (tutelle, curatelle, sauvegarde de justice).

397 — Prérogatives du juge des tutelles dans la protection des majeurs. Saisi par requête dans les hypothèses gracieuses et chargé de trancher les litiges en cas de contentieux, ce juge s'est vu confier des prérogatives afin d'être en mesure de prendre une décision éclairée. Il peut ainsi visiter ou faire visiter la personne dont la protection est demandée (C. civ., art. 416, al. 2). Il peut faire examiner l'intéressé par un médecin (CPC, art. 1212).

398 — Mission générale de surveillance confiée au juge des tutelles. Une fois le régime de protection mis en place, ce juge est chargé, avec le procureur de la République, d'exercer « une surveillance générale des mesures de protection dans leur ressort » (C. civ., art. 416, al. 1er). Il peut notamment visiter ou faire visiter les majeurs protégés par la loi. Il peut convoquer les personnes chargées de la protection (al. 2). Celles-ci sont alors tenues de déférer à la convocation et de « communiquer toute information » requise (al. 3).

399 — Pouvoirs du juge des tutelles sur les personnes chargées de la protection des majeurs. Il ressort de l'article 417 du Code civil que le juge des tutelles dispose, sur elles, de trois séries de prérogatives :

- il peut prononcer des injonctions contre les personnes chargées de la protection et condamner à une amende civile celles qui ne déférent pas (al. 1er) ;
- il peut aussi les dessaisir de leur mission « en cas de manquement caractérisé dans l'exercice de celle-ci » (al. 2) ;
- enfin, il peut demander au procureur de la République de solliciter la radiation d'une personne dont la profession est de protéger les majeurs (al. 3).

400 — Recours contre les décisions du juge des tutelles : appel devant une cour d'appel comprenant un magistrat spécialisé. Certaines décisions du juge des tutelles peuvent être frappées d'appel, lequel est interjeté devant une cour d'appel. Depuis la loi du 12 mai 2009, il existe à l'intérieur de chaque cour d'appel un magistrat « délégué à la protection des majeurs ». Désigné par le premier président de la cour d'appel, ce magistrat préside la formation de jugement qui statue en matière de protection juridique des majeurs sur les appels des décisions rendues par le juge des tutelles et le conseil de famille ou exerce, dans cette même formation, les fonctions de rapporteur (COJ, art. L. 312-6-1, issu de la L. n° 2009-526, 12 mai 2009).

Loi n° 2009-526 du 12 mai 2009 de simplification et de clarification du droit et d'allégement des procédures : JO 13 mai 2009, p. 7920.

β Le procureur de la République

401 — Déclenchement de la protection judiciaire des majeurs par le procureur de la République. Celui-ci joue, comme le juge des tutelles, un rôle essentiel dans le dispositif de protection des majeurs. Il peut, en effet, déclencher la mise en place d'une mesure de protection en saisissant le juge des tutelles, soit à la demande d'un tiers, soit d'office (C. civ., art. 430, al. 2).

402 — Mission générale de surveillance confiée au procureur de la République. Celui-ci exerce, avec le juge des tutelles, une « surveillance générale des mesures de protection dans leur ressort » (C. civ., art. 416, al. 1er). Comme le juge des tutelles, il peut, à ce titre, procéder à des visites (al. 2), convoquer les personnes chargées de la protection (al. 3) ou encore faire examiner l'intéressé par un médecin (CPC, art. 1212).

b Les médecins

403 — Rôle du médecin dans la protection judiciaire des majeurs. Lorsqu'une demande tendant à la mise en place d'un régime de protection d'un majeur est présentée devant le juge des tutelles, il est nécessaire de prouver que celui-ci est « dans l'impossibilité de pourvoir seul à ses intérêts en raison d'une altération, soit de ses facultés mentales, soit de ses facultés corporelles de nature à empêcher l'expression de sa volonté » (C. civ., art. 425, al. 1er). La loi impose que ladite altération soit « médicalement constatée » (même texte).

404 — Protection judiciaire des majeurs conditionnée par le certificat médical. Toute demande tendant à l'ouverture d'une mesure judiciaire doit être accompagnée, à peine d'irrecevabilité, « d'un certificat circonstancié rédigé par un médecin choisi sur une liste établie par le procureur de la République » (C. civ., art. 431, al. 1er). Selon la Cour de cassation, le juge des tutelles ne peut passer outre l'absence de certificat médical au motif que l'intéressé a refusé de se soumettre à l'examen médical.

Cass. 1re civ., 29 juin 2011 : AJ fam. 2011, 431, obs. Verheyde T.

405 — Rôle du médecin traitant dans la protection judiciaire des majeurs. L'avis du médecin traitant de la personne à protéger est parfois sollicité. Il a même été renforcé à l'occasion de la loi du 16 février 2015. Ainsi, lors de l'ouverture d'une mesure de protection judiciaire, le médecin inscrit sur la liste établie par le procureur de la République qui dresse le certificat médical circonstancié, peut solliciter l'avis du médecin traitant de la personne qu'il y a lieu de protéger (C. civ., art. 431). Celui-ci peut aussi être amené à donner son avis lorsqu'il est, par exemple, question de vendre le logement de la personne protégée pour la placer dans un établissement (C. civ., art. 426).

Loi n° 2015-177 du 16 février 2015 relative à la modernisation et à la simplification du droit et des procédures dans les domaines de la justice et des affaires intérieures : JO 17 févr. 2015, n° 0040, p. 2961.

c Les personnes chargées de la protection : les mandataires

406 — Mandataires professionnels et non professionnels chargés de la protection des majeurs. Lorsqu'il décide de mettre en place une mesure de protection (tutelle, curatelle, sauvegarde de justice), le juge des tutelles doit désigner une personne chargée d'assurer la protection de l'intéressé selon des modalités propres à chaque régime. Cette personne est choisie prioritairement dans l'entourage de l'intéressé (époux, partenaire, concubin, etc.). Lorsque cela n'est pas possible, le juge des tutelles désigne alors un mandataire professionnel.

407 — Innovation en 2007 : mandataires professionnels chargés de la protection des majeurs. La loi du 5 mars 2007 a innové en créant une nouvelle profession : les « mandataires judiciaires à la protection des majeurs ». Ce sont des personnes qui sont chargées, à titre professionnel, de la protection des majeurs dans le cadre d'une sauvegarde de justice, d'une curatelle ou d'une tutelle.

> Code de l'action sociale et des familles, article L. 471-1 issu de L. n° 2007-308, 5 mars 2007 portant réforme de la protection juridique des majeurs : JO 7 mars 2007, n° 56, p. 4325.

408 — Conditions d'accès à la profession de mandataire judiciaire à la protection des majeurs. Les mandataires judiciaires à la protection des majeurs figurent sur une liste dressée et tenue à jour par le représentant de l'État dans le département. Selon l'article L. 471-4 du Code de l'action sociale et des familles, ils doivent satisfaire à des conditions de moralité, d'âge, de formation certifiée par l'État et d'expérience professionnelle (al. 1er).

2 Les principes directeurs de la protection

409 — Trois principes fondamentaux au cœur du dispositif de protection des majeurs. Ils sont explicitement évoqués dans l'article 428 du Code civil. Il s'agit des principes de nécessité (a), de subsidiarité (b) et de proportionnalité (c).

a La nécessité de la mesure de protection

410 — Nécessité de la mesure de protection judiciaire des majeurs. L'article 428, alinéa 1er du Code civil commence par énoncer que « la mesure de protection ne peut être ordonnée par le juge qu'en cas de nécessité ». Le certificat médical circonstancié exigé pour établir l'altération des facultés de l'intéressé (C. civ., art. 425 et 431) a justement pour objet d'en prouver la nécessité. C'est également au regard de ce principe que l'on justifie la durée des mesures de protection. Ce principe explique aussi que le juge des tutelles a la faculté de mettre fin à tout moment à une mesure de protection, de la modifier ou de lui en substituer une autre.

b La subsidiarité de la mesure de protection

411 — Subsidiarité de la mesure de protection judiciaire des majeurs. Après avoir évoqué le principe de nécessité, l'article 428 du

Code civil met en évidence que la mesure de protection judiciaire ne peut être ordonnée que si d'autres règles juridiques ne permettent pas d'assurer la protection de la personne.

Ainsi, le juge doit l'ordonner « lorsqu'il ne peut être suffisamment pourvu aux intérêts de la personne par l'application des règles du droit commun de la représentation, de celles relatives aux droits et devoirs respectifs des époux et des règles des régimes matrimoniaux (...), par une autre mesure de protection judiciaire moins contraignante ou par le mandat de protection future » (al. 1er).

412 — Subsidiarité de la mesure de protection judiciaire des majeurs par rapport aux dispositifs issus du mariage. Il résulte de l'article 428 du Code civil qu'il faut d'abord puiser, si le majeur est marié, dans les règles résultant du mariage, avant d'envisager, lorsqu'elles sont insuffisantes, la mise en place d'une mesure de protection judiciaire. En effet, certaines règles applicables entre époux sont susceptibles d'offrir des solutions lorsque l'un des époux connaît une altération de ses facultés mentales.

C'est notamment le cas du mandat entre époux (C. civ., art. 218), de l'habilitation judiciaire à représenter son conjoint (C. civ., art. 219) ou de l'autorisation judiciaire à agir seul qu'un époux peut solliciter sur le fondement de l'article 217 du Code civil.

413 — Subsidiarité de la mesure de protection judiciaire du majeur par rapport au mandat de protection future. Si un majeur a conclu un mandat de protection future et qu'il fait ensuite l'objet d'une demande de protection légale sur le fondement de l'article 425, le juge des tutelles ne peut y faire droit qu'après avoir constaté que ledit mandat ne permet pas de pourvoir suffisamment aux intérêts de la personne (C. civ., art. 428, al. 1er).

Le mandat de protection future permet à une personne de charger par avance une autre de la représenter pour le cas où, en raison d'une altération médicalement constatée de ses facultés, elle ne pourrait plus pourvoir seule à ses intérêts.

414 — Contradiction légale s'agissant du principe de subsidiarité. D'un côté, le législateur affirme que la mesure de protection judiciaire est subsidiaire par rapport au mandat de protection future (C. civ., art. 428). D'un autre, il énonce que le mandat de protection future prend fin lorsque la personne protégée est placée en curatelle ou en tutelle (C. civ., art. 483). Ce dernier texte semble donc marquer la supériorité de certaines mesures de protection (tutelle, curatelle) sur le mandat de protection future.

c La proportionnalité de la mesure de protection

415 — Notion de proportionnalité. Dans son deuxième alinéa, l'article 428 du Code civil précise que la mesure de protection prise à l'encontre du majeur « est proportionnée et individualisée en fonction du degré d'altération des facultés personnelles de l'intéressé ». Le juge ne doit pas prononcer une tutelle si la personne est susceptible d'être protégée par la mise en place d'une sauvegarde de justice ou d'une curatelle (C. civ., art. 440, al. 4). Il ne doit pas non plus décider d'ouvrir une curatelle si une mesure de sauvegarde de justice permet d'assurer une protection suffisante à l'intéressé (al. 2).

3 Le majeur à protéger, placé au cœur du dispositif

416 — Considération accordée à la personne protégée. Le majeur à protéger tient une place importante dans le dispositif issu de la loi du 5 mars 2007. En témoigne l'article 415 du Code civil qui, au titre des dispositions communes, énonce que la protection des majeurs est « instaurée et assurée dans le respect des libertés individuelles, des droits fondamentaux et de la dignité de la personne » (al. 2). « Elle a pour finalité l'intérêt de la personne protégée. Elle favorise, dans la mesure du possible, l'autonomie de celle-ci » (al. 3).

a Le majeur, associé à la mesure de protection mise en place

417 — Audition du majeur protégé. Celui-ci n'est pas un simple spectateur puisqu'il est appelé à s'exprimer devant le juge. En effet, lorsqu'il est saisi d'une demande tendant à l'ouverture d'une mesure de protection, le juge statue après avoir, en principe, appelé ou entendu la personne à protéger (C. civ., art. 432, al. 1er). Il peut décider exceptionnellement, en motivant sa décision, de ne pas procéder à l'audition si celle-ci est de nature à porter atteinte à la santé de la personne à protéger ou si le majeur est hors d'état de manifester sa volonté (al. 2).

> Les détails de l'audition de la personne à protéger ont été précisés dans le décret n° 2008-1276 du 5 décembre 2008 relatif à la protection juridique des mineurs et des majeurs et modifiant le Code de procédure civile : JO 7 déc. 2008, n° 0285, p. 18646.

418 — Information du majeur protégé. Une fois la protection mise en place, la personne qui en est l'objet doit, « selon des modalités adaptées à son état », recevoir de la part de la personne chargée de sa protection « toutes informations sur sa situation personnelle, les actes concernés, leur utilité, leur degré d'urgence, leurs effets et les conséquences d'un refus de sa part » (C. civ., art. 457-1).

Un décret organise de manière très précise les modalités concrètes selon lesquelles ladite information est délivrée : décret n° 2008-1556 du 31 décembre 2008 relatif aux droits des usagers des mandataires judiciaires à la protection des majeurs et des délégués des prestations familiales : JO 1er janv. 2009, n° 0001, p. 92.

b Le respect des droits fondamentaux du majeur protégé

α La sauvegarde d'une relative autonomie personnelle du majeur

419 — Droit du majeur protégé d'accomplir seul des actes strictement personnels. Même placé sous un régime de tutelle ou de curatelle, le majeur n'en conserve pas moins le droit d'accomplir seul - c'est-à-dire sans assistance, ni représentation - les actes considérés comme étant strictement personnels. Selon l'article 458, alinéa 2 du Code civil, sont des actes strictement personnels :
- la déclaration de naissance d'un enfant ;
- la reconnaissance d'un enfant ;
- les actes de l'autorité parentale relatifs à la personne de l'enfant ;
- la déclaration du choix ou du changement du nom d'un enfant ;
- le consentement donné à sa propre adoption ou à celle de son enfant.

420 — Droit du majeur protégé de prendre seul des décisions personnelles. Outre l'accomplissement des actes strictement personnels énumérés dans l'article 458, alinéa 2 du Code civil, la personne protégée s'est vue reconnaître par le législateur le droit de prendre « seule les décisions relatives à sa personne dans la mesure où son état le permet » (C. civ., art. 459, al. 1er).

C'est le cas pour une décision concernant un acte médical, TI, 4 févr. 2009 : Defrénois 2010, 870, obs. Massip J.

421 — Libre choix par le majeur protégé, de sa résidence et de ses relations. La mise en place d'une mesure de tutelle ou de curatelle n'empêche pas la personne protégée de choisir le lieu de sa résidence, ni d'entretenir des relations personnelles avec tout tiers, qu'il soit parent ou non, ni d'être visitée ou hébergée par eux. Ces droits initialement reconnus par la jurisprudence ont été inscrits dans le Code civil (C. civ., art. 459-2, al. 1er et 2) à l'occasion de la réforme du 5 mars 2007. En cas de difficulté, c'est le juge ou le conseil de famille qui tranche (C. civ., art. 459-2, al. 3).

β La protection des éléments fondamentaux du patrimoine du majeur

• Le principe de la conservation du logement du majeur protégé

422 — Principe de la conservation du cadre de vie du majeur protégé. Quel que soit le régime de protection mis en place, « le logement de la personne protégée et les meubles meublants dont il est garni doivent être conservés aussi longtemps que possible » (C. civ., art. 426, al. 1er). La disposition légale vise tant la résidence principale que secondaire. Elle s'applique que le majeur protégé soit propriétaire ou locataire de son logement.

En revanche, une juridiction du fond a jugé en 1987 que la protection du logement du majeur protégé ne s'applique pas lorsque celui-ci ne lui appartient que pour une faible part et en nue-propriété. CA Paris, 27 mai 1987 : D. 1988, 216, note Breton.

Les meubles meublants sont ceux qui sont « destinés à l'usage et à l'ornement des appartements, comme tapisseries, lits, sièges (...), tables » (C. civ., art. 534, al. 1er).

423 — Justification de la conservation du logement du majeur protégé. En posant comme principe que le logement du majeur protégé doit être conservé aussi longtemps que possible, le législateur a eu à cœur d'éviter que celui-ci ne se retrouve privé de son cadre de vie habituel, après une longue période d'hospitalisation notamment. Il est effectivement indispensable, quelles que soient les circonstances, de s'efforcer de sauvegarder le lieu de vie de la personne protégée afin de ne pas la priver de ses repères.

424 — Conséquences juridiques du principe de la conservation du logement du majeur protégé : actes interdits et autorisés. Le représentant des intérêts du majeur protégé – le curateur en cas de curatelle, le tuteur en cas de tutelle – ne peut en principe conclure, sur le logement familial de celui-ci et les meubles dont il est garni, aucune convention, exception faite des « conventions de jouissance précaire » (C. civ., art. 426, al. 2).

La convention de jouissance précaire est un contrat par lequel le propriétaire met un immeuble à la disposition d'une personne – l'occupant – de manière précaire, en contrepartie d'une redevance modique. Le propriétaire peut mettre fin à l'occupation du logement à tout moment.

425 — Précisions sur les conventions de jouissance précaire. Dans l'hypothèse où une convention de jouissance précaire aurait effectivement été passée sur le logement familial du majeur protégé (par exemple pendant une période d'hospitalisation), des précautions particulières sont prises pour que celui-ci retrouve ensuite sans difficulté son logement. Ainsi, la convention cesse « dès le retour de la personne protégée dans son logement » (C. civ., art. 426, al. 2) Et peu importe que la durée d'occupation de l'occupant prévue dans la convention ne puisse être respectée en raison du retour du majeur protégé : la convention cesse « malgré toutes dispositions ou stipulations contraires » (al. 2).

426 — Exception à la conservation du logement de la personne protégée. La conservation du logement de la personne protégée va parfois à l'encontre de ses intérêts. Ainsi, la personne âgée qui quitte son logement pour s'installer définitivement dans une maison de retraite peut avoir besoin d'argent pour financer son nouveau mode d'hébergement. Aussi est-il admis de déroger à la règle de la conservation « s'il devient nécessaire ou s'il est dans l'intérêt de la personne protégée qu'il soit disposé des droits relatifs à son logement ou à son mobilier par l'aliénation, la résiliation ou la conclusion d'un bail » (C. civ., art. 426, al. 3).

427 — Conditions de validité des actes de disposition portant sur le logement du majeur protégé. Les actes de disposition ayant pour objet des droits relatifs au logement du majeur protégé ou ses meubles meublants doivent être autorisés par le juge des tutelles ou par le conseil de famille s'il a été constitué. Si l'acte a pour finalité l'accueil de l'intéressé dans un établissement, l'avis préalable d'un médecin est requis. Avant la loi du 16 février 2015, il s'agissait d'un médecin inscrit sur une liste établie par le procureur de la République est alors requis (C. civ., art. 426, al. 3). Depuis l'entrée en vigueur de la nouvelle loi, il peut s'agir de tout médecin, ce qui permet notamment au médecin traitant de l'intéressé de donner son avis.

> Loi n° 2015-177 du 16 février 2015 relative à la modernisation et à la simplification du droit et des procédures dans les domaines de la justice et des affaires intérieures : JO 17 févr. 2015, n° 0040, p. 2961.

428 — Biens inaliénables du majeur protégé. Certains biens, situés dans ou en dehors du logement du majeur protégé, ne peuvent faire l'objet d'aucune convention d'aliénabilité en raison de leur nature particulière. Il est, en effet, précisé que « dans tous les cas, les souvenirs, les objets à caractère personnel, ceux indispensables aux personnes handicapées ou destinés aux soins des personnes malades sont gardés à disposition de l'intéressé, le cas échéant par les soins de l'établissement dans lequel celui-ci est hébergé » (C. civ., art. 426, al. 3 *in fine*).

429 — Exercice des droits des tiers sur le logement du majeur protégé ? S'est posée la question de savoir si la protection du logement de la personne instituée dans l'article 426 du Code civil s'oppose à l'exercice des droits que les tiers peuvent avoir sur ce bien. Cela revient à se demander notamment si le créancier de la personne protégée peut saisir son logement.

430 — Possible exercice des droits des tiers sur le logement du majeur protégé. Plusieurs décisions de justice ont limité la protection du majeur protégé en reconnaissant que les tiers peuvent valablement exercer les droits qu'ils ont sur son logement. Par exemple, la Cour de cassation a jugé en 1983 que l'alinéa 3 de l'ancien article 490-2 du Code civil (C. civ., art. 426 actuel) ne s'oppose pas à ce que l'épouse d'un majeur protégé puisse se voir attribuer, après le divorce, la communauté comprenant l'immeuble d'habitation, à titre de dommages et intérêts.

Cass. 1re civ., 26 janv. 1983 : Bull. civ. I, nº 37.

Dans le même sens, la cour d'appel de Paris a autorisé en 2001 des créanciers à exercer une saisie immobilière sur le logement du majeur protégé, indépendamment de toute autorisation du juge des tutelles, CA Paris, 18 sept. 2001 : D. 2002, somm. 2, 161, obs. Lemouland J.-J.

La protection des comptes et avoirs bancaires

431 — Volonté en 2007 de protéger les comptes bancaires du majeur protégé. Avant la loi du 5 mars 2007 se pratiquaient les « comptes pivots », qui consistaient pour les tuteurs professionnels à regrouper, par commodité, les comptes des majeurs protégés. Cette pratique avait parfois pour conséquence de léser les majeurs protégés, lesquels ne profitaient pas toujours des intérêts générés par leurs propres comptes. La loi de 2007 s'est donc efforcée de renforcer leur protection en matière bancaire (C. civ., art. 427).

432 — Majeur protégé, titulaire de comptes bancaires. Les comptes pivots ont été interdits par la loi de 2007. Si le majeur est titulaire de comptes ou livrets ouverts en son nom au moment où la mesure de protection est instituée, la personne chargée de la mesure de protection ne peut ni les modifier, ni lui en ouvrir de nouveau(x). Si « l'intérêt de la personne protégée le commande », elle peut à titre exceptionnel y être autorisée par le juge des tutelles ou le conseil de famille s'il a été constitué. Le juge ou le conseil de famille peut exiger, « s'il (...) l'estime nécessaire » que le compte soit ouvert à la Caisse des dépôts et consignations (C. civ., art. 427, al. 1, 2 et 3).

La Caisse des dépôts et consignations est une institution financière publique qui assure la gestion des fonds privés requérant une protection particulière.

433 — Majeur protégé non titulaire de comptes bancaires. Si le majeur n'est titulaire d'aucun compte ou livret au moment où la mesure de protection est instituée, la personne chargée de cette mesure lui en ouvre un (C. civ., art. 427, al. 4).

434 — Fonctionnement des comptes bancaires du majeur protégé. S'appliquent les deux règles suivantes : les opérations bancaires d'encaissement, de paiement et de gestion patrimoniale qui sont effectuées au nom et pour le compte de la personne protégée sont, en principe, réalisées exclusivement au moyen des comptes ouverts au nom de celle-ci. Les fruits, produits et plus-values générés par les fonds et les valeurs appartenant à la personne protégée lui reviennent exclusivement (C. civ., art. 427, al. 5 et 6).

435 — Majeur protégé interdit d'émission de chèques. Lorsque le majeur protégé a fait l'objet d'une interdiction d'émettre des chèques (en raison par exemple de sa prodigalité), la personne chargée de sa protection peut, avec l'autorisation du juge ou du conseil de famille s'il a été constitué, faire fonctionner sous sa propre signature les comptes dont la personne protégée est titulaire et aussi disposer de tous les moyens de paiement habituels (C. civ., art. 427, al. 7).

B ▌ Les différents régimes légaux de protection

436 — Statistiques sur les régimes de protection judiciaire. Aujourd'hui en France, environ 800 000 personnes font l'objet d'une protection judiciaire (sauvegarde de justice, tutelle, curatelle). Chaque année, environ 80 000 jugements de tutelle et de curatelle sont rendus, étant précisé que ce chiffre est en constante augmentation. Il convient donc de présenter successivement les trois régimes de protection qui existent en France : la sauvegarde de justice (1), la curatelle (2) et la tutelle (3).

437 — Notions d'assistance et de représentation. Elles doivent être définies avant d'appréhender le fonctionnement des régimes de protection. L'assistance est un système dans lequel une personne signe les actes à côté du majeur protégé. À l'inverse, la représentation est un procédé dans lequel une personne – « le représentant » – agit au nom et pour le compte d'une autre personne appelée « le représenté » (en l'espèce, le majeur protégé). L'acte passé par le représentant produit ses effets directement sur la tête du représenté.

1 ▌ La sauvegarde de justice

438 — Présentation de la sauvegarde de justice. Conçue comme une mesure temporaire, la sauvegarde de justice est la plus légère des mesures de protection juridique car la personne qui en est l'objet conserve sa capacité juridique. Elle a été créée par la loi du 3 janvier 1968 et a été reconduite, sans grand changement, par la réforme du 5 mars 2007.

a Le placement sous sauvegarde de justice

α La condition de fond

439 — Condition de droit commun et condition spécifique de la sauvegarde de justice. Peut être placée sous sauvegarde de justice la personne qui, en raison d'une altération médicalement constatée de ses facultés mentales ou corporelles empêchant l'expression de sa volonté (C. civ., art. 425), « a besoin d'une protection juridique temporaire ou d'être représentée pour l'accomplissement de certains actes déterminés » (C. civ., art. 433, al. 1er).

β Les conditions de forme et de publicité

440 — Sauvegarde de justice prononcée par le juge des tutelles (C. civ., art. 433). Cette mesure peut être prononcée par le juge des tutelles saisi d'une demande de sauvegarde de justice (al. 1er). Elle peut aussi l'être pour le temps de la durée de l'instance lorsque le juge est saisi d'une procédure de curatelle ou de tutelle (al. 2). La demande doit, dans tous les cas, être accompagnée d'un certificat médical rédigé par un médecin choisi sur une liste établie par le procureur de la République, lequel peut solliciter l'avis du médecin traitant de la personne qu'il y a lieu de protéger. En cas d'urgence, le juge peut statuer sans avoir procédé à l'audition de la personne (al. 3). La décision par laquelle le juge des tutelles place un majeur sous sauvegarde de justice en application de l'article 433 du Code civil, ne peut faire l'objet d'aucun recours (CPC, art. 1249, al. 2). Elle est notifiée au requérant et à l'intéressé. Elle est aussi transmise au procureur de la République, lequel la mentionne sur un registre spécial (CPC, art. 1249 et 1251).

Ce registre spécial reçoit aussi les décisions de curatelle, de tutelle et celles qui ont pour objet de mettre fin aux mesures de protection. Il en est de même des renouvellements.

441 — Sauvegarde de justice résultant d'une déclaration d'un médecin. En vertu de l'article 434 du Code civil, le placement sous sauvegarde de justice peut aussi résulter d'une déclaration d'un médecin faite au procureur de la République dans les conditions de l'article L. 3211-6 du Code de la santé publique. Ce texte invite à distinguer entre la déclaration facultative du médecin et celle qui est obligatoire. Ainsi, lorsqu'un médecin donne des soins à une personne et qu'il constate à cette occasion que celle-ci a besoin, en raison de l'altération de ses facultés, « d'être protégée dans les actes de la vie civile », il *peut* alors en faire la déclaration au procureur de la République du lieu de traitement. Si cette déclaration du médecin est accompagnée de l'avis conforme d'un psychiatre, elle a pour effet de placer la personne sous sauvegarde de justice (CSP, art. L. 3211-6, al. 1er). Quand un médecin soigne une personne hébergée dans un établissement de santé ou un établissement social ou médico-social et qu'il constate à cette occasion que celle-ci a besoin, en raison de l'altération de ses facultés, « d'être protégée dans les actes de la vie civile », il *doit* alors en faire la déclaration au procureur de la République du lieu de traitement. Cette seule déclaration a pour effet de placer la personne sous sauvegarde de justice. Le procureur de la République doit en informer le représentant de l'État dans le département (CSP, art. L. 3211-6, al. 2). Le procureur de la République qui reçoit la déclaration (facultative ou obligatoire) du médecin la mentionne sur le registre spécial prévu à cet effet (CPC, art. 1251).

b Les effets de la sauvegarde de justice

α Le sort des actes passés par le majeur placé sous sauvegarde de justice

442 — Validité mais fragilité des actes accomplis par le seul majeur sous sauvegarde de justice. Ce majeur conserve l'exercice de ses droits (C. civ., art. 435, al. 1er). Il peut donc à ce titre accomplir seul des actes juridiques, quels qu'ils soient (vente, donation, etc.). Ceux-ci sont, en principe, valables. Néanmoins, ils peuvent être annulés en cas de trouble mental et rescindés pour lésion ou réduits s'ils sont excessifs.

• L'annulation des actes passés sous l'empire d'un trouble mental

443 — Nullité de l'acte d'un majeur sous sauvegarde de justice par application du droit commun. Si ce majeur passe un acte sous l'empire d'un trouble mental, celui-ci est susceptible d'être annulé sur le fondement, non des règles issues des régimes de protection juridique, mais du droit commun. En effet, rappelons que l'article 414-1 du Code civil dispose que « pour faire un acte valable, il faut être sain d'esprit ».

444 — Preuve de l'insanité d'esprit du majeur sous sauvegarde de justice. Le fait que le majeur soit placé sous sauvegarde de justice est de nature à faciliter la preuve de l'insanité d'esprit, laquelle doit être rapportée pour obtenir l'annulation de l'acte.

• La rescision des actes lésionnaires et la réduction des actes excessifs passés par le majeur placé sous sauvegarde de justice

445 — Rescision des actes lésionnaires du majeur sous sauvegarde de justice. La lésion est un préjudice résultant de la différence de valeur entre les différentes prestations des parties dans un contrat. Elle n'est pas de nature à remettre en cause un contrat, sauf rares exceptions.

À titre d'exception justement, si l'acte passé par le majeur placé sous sauvegarde de justice est lésionnaire, il peut alors être rescindé, c'est-à-dire annulé. C'est ce qu'admet l'article 435, alinéa 2 du Code civil.

446 — Réduction des actes excessifs du majeur sous sauvegarde de justice. Les actes excessifs passés par le majeur placé sous sauvegarde de justice peuvent être réduits. L'action en réduction suppose que la personne protégée ait engagé par son acte une dépense disproportionnée par rapport à ses ressources.

447 — Appréciation de la lésion et de l'excès sous sauvegarde de justice. Tant la lésion que l'excès relèvent de l'appréciation souveraine des juges du fond. Pour les aider dans leur tâche, le législateur les invite à prendre « notamment en considération l'utilité ou l'inutilité de l'opération, l'importance ou la consistance du patrimoine de la personne protégée et la bonne ou mauvaise foi de ceux avec qui elle a contracté » (C. civ., art. 435, al. 2).

448 — Titulaires des actions en rescision et réduction sous sauvegarde de justice. Ces actions n'appartiennent qu'à la personne placée sous sauvegarde de justice et après sa mort, ses héritiers peuvent agir (C. civ., art. 435, al. 3).

449 — Délai pour agir en rescision et réduction. Le délai pour agir est de 5 ans. Il court à compter du jour où le majeur sous sauvegarde de justice a eu connaissance de l'acte alors qu'il était en situation de le refaire valablement, ou à partir de son décès (C. civ., art. 435, al. 3 *in fine*).

β La gestion du patrimoine du majeur placé sous sauvegarde de justice

450 — Règles générales relatives à la gestion du patrimoine du majeur sous sauvegarde de justice. Le majeur placé sous ce régime conserve l'exercice de ses droits (C. civ., art. 435, al. 1er). Il peut, en théorie, gérer seul son patrimoine. Néanmoins, il est parfois préférable en pratique qu'une autre personne gère ses biens. C'est notamment pour cela que la loi du 5 mars 2007 a innové en permettant au juge de désigner un mandataire spécial.

• Le mandataire désigné

451 — Mandataire désigné par le majeur lui-même. Il est concevable que le majeur ait, avant son placement sous sauvegarde de justice, désigné un mandataire pour administrer ses biens. Dans ce cas, ledit mandat continue à produire ses effets pendant la sauvegarde de justice, sauf s'il est révoqué ou suspendu par le juge des tutelles. Dans cette dernière hypothèse, le mandataire est entendu ou appelé (C. civ., art. 436, al. 1er).

452 — Mandataire désigné par le juge. Depuis la loi du 5 mars 2007, le juge des tutelles a la faculté de désigner un mandataire spécial pour « accomplir un ou plusieurs actes déterminés, même de disposition, rendus nécessaires par la gestion du patrimoine de la personne protégée » (C. civ., art. 437, al. 2). Celui-ci peut notamment recevoir mission pour exercer en justice l'action en nullité d'un acte passé par le majeur protégé placé sous sauvegarde de justice, ou les actions en rescision pour lésion ou réduction pour excès (al. 2). Il peut aussi se voir confier une mission de protection de la personne.

453 — Position de la doctrine sur le mandataire désigné par le juge. Pour les auteurs, il est opportun que la loi du 5 mars 2007 ait accordé au juge la possibilité de désigner un mandataire lorsque le majeur est placé sous sauvegarde de justice. En effet, cette désignation permet d'accomplir les actes nécessaires qui s'imposent parfois (comme la vente de certains biens, par exemple), tout en évitant le recours aux mesures de protection plus lourdes (curatelle, tutelle).

454 — Obligation du mandataire judiciairement désigné. Le mandataire judiciairement désigné doit rendre compte de l'exécution de son mandat tant à la personne protégée qu'au juge des tutelles, dans les conditions prévues aux articles 510 à 515 du Code civil (C. civ., art. 437, al. 3).

• L'absence de mandataire désigné

455 — Possible recours à la gestion d'affaires. Lorsqu'aucun mandataire n'a été désigné pour assurer la gestion des biens du majeur placé sous sauvegarde de justice, il arrive qu'un de ses proches s'en charge de manière spontanée dans les faits. Dans ce cas, c'est-à-dire en l'absence de mandat, « les règles de la gestion d'affaires sont applicables » (C. civ., art. 436, al. 2). Il faut alors avoir recours aux dispositions contenues dans les articles 1301 à 1301-5 du Code civil.

c La cessation de la sauvegarde de justice

456 — Causes communes de cessation de la sauvegarde de justice. Que le placement sous sauvegarde de justice ait résulté d'une décision du juge des tutelles ou de la déclaration d'un médecin faite au procureur de la République, il prend fin sous l'effet de l'une des quatre causes suivantes :

– le décès du majeur protégé ;

- l'expiration du délai pour lequel la sauvegarde de justice a été ordonnée (lequel ne peut excéder un an), sauf renouvellement ;
- l'accomplissement des actes pour lesquels la sauvegarde a été ordonnée ;
- l'ouverture à l'encontre de l'intéressé d'une mesure de curatelle ou de tutelle.

457 — Cause de cessation spécifique à la sauvegarde de justice prononcée par le juge. Le juge des tutelles peut, à tout moment, ordonner la mainlevée du placement judiciaire sous sauvegarde de justice si le besoin de protection du majeur cesse (C. civ., art. 439, al. 2).

458 — Cause de cessation spécifique à la sauvegarde de justice résultant de la déclaration d'un médecin. Celle-ci prend fin « par déclaration faite au procureur de la République si le besoin de protection cesse ». On constate donc que si la déclaration d'un médecin peut provoquer le placement sous sauvegarde de justice, elle permet aussi d'y mettre fin. Le procureur de la République peut également prendre spontanément la décision de radier la déclaration médicale à l'origine du placement sous sauvegarde de justice (C. civ., art. 439, al. 3).

459 — Renouvellement de la mesure de sauvegarde de justice. La mesure initiale de sauvegarde de justice ne peut, sous peine de caducité, excéder la durée d'un an. Le juge des tutelles a le droit de la renouveler une fois (C. civ., art. 439, al. 1er) à la condition que la personne dont les facultés sont altérées, ait encore besoin d'une protection juridique temporaire ou d'être représentée pour l'accomplissement de certains actes déterminés (C. civ., art. 433, al. 1er). La durée du renouvellement est égale à la durée de la mesure initiale.

2 La curatelle

460 — Présentation de la curatelle. Il s'agit d'un régime d'assistance mis en place à l'occasion de la loi du 3 janvier 1968. La curatelle a été reconduite, mais avec quelques modifications par la réforme du 5 mars 2007. Cette dernière a notamment supprimé une disposition selon laquelle la curatelle pouvait être prononcée à l'égard du majeur qui « par sa prodigalité, son intempérance ou son oisiveté s'expose à tomber dans le besoin ou compromet l'exécution de ses obligations familiales » (C. civ., art. 508-1 ancien). Plus récemment, la loi du 16 février 2015 a retouché sur quelques points la curatelle.

L'assistance est un système dans lequel une personne signe les actes à côté du majeur protégé.

a Le placement en curatelle

α Les conditions de fond

461 — Condition de droit commun et condition spécifique à la curatelle. Selon l'article 440, alinéa 1er du Code civil, peut être placée en curatelle « la personne qui, sans être hors d'état d'agir elle-même, a besoin, pour l'une des causes prévues à l'article 425, d'être assistée ou contrôlée d'une manière continue dans les actes importants de la vie civile ». L'existence des conditions légales requises pour le placement en curatelle est appréciée souverainement par les juges du fond.

L'article 425 fait référence à la personne qui est dans l'impossibilité de pourvoir seule à ses intérêts en raison d'une altération, médicalement constatée, soit de ses facultés mentales, soit de ses facultés corporelles de nature à empêcher l'expression de sa volonté.

β Les conditions de forme et de publicité

462 — Juge compétent pour un placement en curatelle. Ce placement est de la compétence du juge des tutelles dans le ressort duquel la personne à protéger a sa résidence habituelle. Celui-ci peut être saisi dans les conditions de l'article 430 du Code civil.

463 — Demande de mise en curatelle. À peine d'irrecevabilité, elle doit être accompagnée d'un certificat circonstancié rédigé par un médecin choisi sur une liste établie par le procureur de la République. Ce médecin peut solliciter l'avis du médecin traitant de l'intéressé (C. civ., art. 431, al. 1er). Le certificat médical ne lie pas le juge des tutelles, mais en pratique le juge s'y réfère très souvent.

464 — Audition du majeur à protéger en curatelle. Le juge des tutelles procède, en principe, à l'audition de l'intéressé, sauf s'il est hors d'état de manifester sa volonté ou que l'audition est de nature à porter atteinte à sa santé. Dans ce cas, le juge doit motiver sa décision (C. civ., art. 432).

465 — Recours contre le jugement prononçant une curatelle. Depuis une loi du 12 mai 2009, le jugement peut être frappé d'appel devant une cour d'appel (alors que le TGI était compétent sous l'empire de la loi antérieure). Cet appel peut être interjeté par les personnes autorisées par la loi à solliciter l'ouverture d'une curatelle. Il doit être formé dans un délai de 15 jours. Ce délai court à compter du prononcé de la décision du juge des tutelles ou, pour les personnes à qui le jugement est notifié, à partir de la notification.

CPC, art. 1239 et 1241, issus du D. n° 2009-1628, 23 déc. 2009 : JO 26 déc. 2009, n° 0299, p. 22311.

466 — Recours contre le jugement refusant le prononcé de la curatelle. À l'instar du jugement qui prononce une curatelle, celui qui la refuse peut être frappé d'appel interjeté devant une cour d'appel dans un délai de 15 jours. En revanche, le cercle des personnes autorisées à agir est très restreint puisque selon l'article 1239-2 du Code de procédure civile, seul le requérant peut dans ce cas former appel de la décision.

467 — Publicité du jugement prononçant la curatelle. Le jugement est inscrit au répertoire civil spécial. Il est aussi mentionné en marge de l'acte de naissance de la personne protégée (CPC, art. 1233). Il devient opposable aux tiers de bonne foi deux mois après la mention en marge de l'acte de naissance de l'intéressé, à moins que ceux-ci en aient eu personnellement connaissance (C. civ., art. 444).

b Les effets de la curatelle

α La désignation d'un curateur

468 — Règles générales relatives au choix du curateur. Lors de l'ouverture de la curatelle, un curateur est désigné par le juge des tutelles, selon la hiérarchie établie par les articles 448 et 449 du Code civil. Le juge peut désigner plusieurs curateurs si des circonstances particulières le justifient (situation de la personne protégée, aptitudes des intéressés, consistance du patrimoine à administrer...). Dans ce cas, chaque curateur est réputé, à l'égard des tiers, avoir reçu des autres le pouvoir de faire seul les actes pour lesquels un tuteur n'aurait besoin d'aucune autorisation (C. civ., art. 447, al. 2).

469 — Priorité à la désignation du curateur par l'intéressé lui-même. Il ressort de l'article 448 du Code civil que le juge des tutelles doit prioritairement nommer comme curateur, la personne que l'intéressé avait lui-même désignée, s'il avait bien sûr pris soin de procéder à cette désignation. De la même façon, il doit prioritairement nommer le curateur que des parents avaient éventuellement désigné pour leur enfant.

470 — Forme de la désignation du curateur faite par l'intéressé lui-même. La désignation du curateur doit avoir été faite par déclaration devant notaire ou par un acte écrit en entier, daté et signé de la main du majeur en question. Elle doit être antérieure à la mise sous curatelle (CPC, art. 1255).

471 — Juge confronté au choix de l'intéressé de son curateur. La désignation faite par la personne protégée de son curateur s'impose au juge des tutelles « sauf si la personne désignée refuse la mission ou est dans l'impossibilité de l'exercer ou si l'intérêt de la personne protégée commande de l'écarter » (C. civ., art. 448, al. 1er).

472 — Possibilité judiciaire de désigner le curateur au sein du couple du majeur protégé. À défaut de désignation volontaire d'un curateur, le juge doit désigner comme curateur l'époux de la personne à protéger, ou le partenaire avec lequel elle a conclu un pacs ou son concubin, à moins que la vie commune ait cessé entre eux et qu'une autre cause empêche de lui en confier la charge (C. civ., art. 449, al. 1er).

Cette autre cause est constituée selon la jurisprudence lorsque, par exemple, la personne protégée est sous la dépendance totale de sa seconde épouse et qu'il existe une contrariété d'intérêts entre eux, Cass. 1re civ., 20 déc. 2000 : LPA 11 juin 2001, note Massip J.

473 — Possibilité judiciaire de désigner le curateur dans la famille ou parmi les proches du majeur protégé. Si le juge des tutelles décide de ne pas nommer comme curateur l'époux, le partenaire ou le concubin de la personne protégée, il doit alors désigner « un parent, un allié ou une personne résidant avec le majeur protégé ou entretenant avec lui des liens étroits et stables » (C. civ., art. 449, al. 2). À cet égard, la loi enjoint au juge de prendre en considération les sentiments exprimés par le majeur protégé, ses relations habituelles, l'intérêt porté à son égard et les recommandations éventuelles de ses parents et alliés ainsi que de son entourage (C. civ., art. 449, al. 3).

474 — Possibilité judiciaire de désigner un curateur professionnel. Dans l'hypothèse où aucun membre de la famille ni aucun proche ne peuvent assumer la curatelle, le juge désigne alors un mandataire judiciaire à la protection des majeurs. Il peut s'agir d'une personne ou d'un service préposé d'un établissement de santé. Les mandataires judiciaires sont inscrits sur une liste dressée et tenue à jour par le représentant de l'État dans le département (CASF, art. L. 471-2).

475 — Désignation judiciaire facultative d'un subrogé curateur. Outre le curateur, le juge peut, s'il l'estime nécessaire, désigner un subrogé curateur. Celui-ci a pour mission de surveiller les actes passés par le curateur ou de le remplacer en cas de conflits d'intérêts. Lorsque le curateur est un membre de la famille, le juge choisit le subrogé curateur si possible dans l'autre branche de celle-ci (C. civ., art. 454, al. 2).

476 — Désignation judiciaire facultative d'un curateur *ad hoc*. En l'absence de subrogé curateur, le juge des tutelles peut également désigner, en plus du curateur, un curateur *ad hoc*, notamment lorsqu'à l'occasion d'un acte ou d'une série d'actes, les intérêts de la personne protégée et du curateur sont en opposition. La nomination du curateur *ad hoc* peut aussi être faite à la demande du procureur de la République, saisi d'office ou par tout intéressé (C. civ., art. 455).

β Les actes passés pendant la curatelle

• Les actes valablement accomplis par la personne protégée seule

477 — Énumération des actes personnels valablement accomplis par le majeur en curatelle. Celui-ci conserve le droit d'accomplir seul les actes strictement personnels énumérés à l'article 458, alinéa 2 du Code civil : déclaration de naissance ou reconnaissance d'un enfant, acte de l'autorité parentale relatif à la personne d'un enfant, déclaration du choix ou du changement du nom d'un enfant, consentement donné à sa propre adoption ou à celle de son enfant. Il peut aussi prendre seul « les décisions relatives à sa personne dans la mesure où son état le permet » (C. civ., art. 459, al. 1er). Il a également le droit de choisir son lieu de résidence et d'entretenir des relations personnelles avec des tiers, parents ou non (C. civ., art. 459-2).

478 — Validité des actes conservatoires et actes d'administration en curatelle. Le majeur en curatelle peut accomplir seul les actes qui, en cas de tutelle, ne requièrent pas l'autorisation du juge ou du conseil de famille (C. civ., art. 467, al. 1er). Concrètement, cela vise les actes conservatoires et les actes d'administration.

479 — Notion d'actes conservatoires. Dans le décret du 22 décembre 2008, ils sont définis comme des actes permettant de sauvegarder le patrimoine ou de soustraire un bien à un péril imminent ou à une dépréciation inévitable sans compromettre aucune prérogative du propriétaire (art. 3). C'est notamment le cas du paiement des charges de copropriété.

Décret n° 2008-1484 du 22 décembre 2008 relatif aux actes de gestion du patrimoine des personnes placées en curatelle ou en tutelle, et pris en application des articles 452, 496 et 502 du Code civil : JO 31 déc. 2008, n° 0304, p. 20631.

480 — Notion d'actes d'administration. Ils sont définis dans le décret du 22 décembre 2008, comme des actes d'exploitation ou de mise en valeur du patrimoine de la personne protégée dénués de risque normal (art. 1er). Sont notamment regardés comme des actes d'administration, la conclusion de jouissance précaire, les travaux d'améliorations utiles, la résiliation du bail d'habitation en tant que bailleur, etc.

Décret n° 2008-1484 du 22 décembre 2008 relatif aux actes de gestion du patrimoine des personnes placées en curatelle ou en tutelle, et pris en application des articles 452, 496 et 502 du Code civil : JO 31 déc. 2008, n° 0304, p. 20631.

481 — Sanctions applicables aux actes conservatoires ou d'administration passés par un majeur en curatelle. Ces actes, qui peuvent être accomplis par le majeur en curatelle seul, sont susceptibles d'être annulés s'ils ont été réalisés sous l'empire d'un trouble mental (C. civ., art. 414-1). Ils peuvent aussi donner lieu à une action en rescision s'ils sont lésionnaires ou à une action en réduction s'ils sont excessifs, sauf lorsqu'ils ont été expressément autorisés par le juge (C. civ., art. 465).

482 — Testament du majeur en curatelle. Selon l'article 470, alinéa 1er du Code civil, une personne en curatelle peut librement tester. Néanmoins, pour faire un testament, il faut être sain d'esprit comme le précise l'article 901. À défaut, l'acte est susceptible d'annulation.

Les actes accomplis avec l'assistance du curateur

483 — Énumération des actes devant être accomplis avec l'assistance du curateur. Selon l'article 467, alinéa 1er du Code civil, la personne en curatelle ne peut, sauf décision contraire du juge, faire sans l'assistance de son curateur, aucun acte qui, en cas de tutelle, nécessiterait l'autorisation du juge ou du conseil de famille. Elle ne peut donc faire aucun acte de disposition (vente, emprunt...) sans être assistée de son curateur. Elle a également besoin de son assistance, pour conclure un contrat de fiducie, faire emploi de ses capitaux ou pour introduire une action en justice ou y défendre (C. civ., art. 468, al. 2 et 3).

484 — Notion d'assistance du curateur. Les actes énumérés dans les articles 467 et 468 du Code civil qui requièrent donc l'assistance du curateur impliquent de recueillir, lors de leur conclusion, une double signature : celle de la personne protégée et celle de son curateur (C. civ., art. 467, al. 2). De la même façon, toute signification d'un acte à la personne protégée doit, à peine de nullité, être accompagnée d'une signification à son curateur (al. 3).

La signification est une formalité par laquelle une partie porte un acte à la connaissance de son adversaire.

485 — Initiative d'agir laissée au majeur en curatelle. Malgré l'assistance du curateur, c'est la personne protégée qui garde l'initiative des actes à prendre. En effet, l'article 469, alinéa 1er du Code civil précise que « le curateur ne peut se substituer à la personne en curatelle pour agir en son nom ».

486 — Refus du curateur d'assister le majeur en curatelle. Si le curateur refuse d'assister la personne protégée dans l'un des actes énumérés aux articles 467 et 468 du Code civil, celle-ci peut demander au juge des tutelles l'autorisation d'accomplir l'acte seul (C. civ., art. 469, al. 3).

Dans une espèce, un curateur avait refusé d'assister une personne protégée dans l'achat d'une voiture sans permis. Ce refus a été considéré comme justifié, eu égard à l'inaptitude à la conduite de l'intéressé, TI Alençon, 14 mars 2011 : Dr. famille 2011, Comm. n° 116, note Maria I.

487 — Assistance du curateur en cas de donation. Alors que la personne en curatelle peut faire seule son testament, elle a besoin de l'assistance de son curateur pour consentir une donation. Le curateur est réputé en opposition d'intérêts avec la personne protégée lorsqu'il est bénéficiaire de la donation (C. civ., art. 470, al. 2 et 3).

488 — Sanction des actes illégitimement accomplis par le majeur en curatelle. Indépendamment de tout trouble mental, les actes patrimoniaux accomplis par le majeur en curatelle seul, alors qu'il aurait dû être assisté, peuvent être annulés sur le fondement de l'article 465, 2° du Code civil dès lors qu'ils ont causé un préjudice à la personne protégée. Dans ce cas, l'action en annulation doit être introduite dans les 5 ans de la date d'ouverture de la curatelle.

> En outre, les actes patrimoniaux accomplis par le majeur protégé seul alors qu'il devait être assisté de son curateur sont susceptibles d'être annulés en cas d'insanité d'esprit de l'intéressé (C. civ., art. 414-1).

489 — Sanction des actes illégitimement accomplis par le curateur. Les actes patrimoniaux accomplis par le curateur seul alors qu'il devait seulement assister la personne protégée (actes de disposition, contrat de fiducie, emploi de capitaux, etc.) sont susceptibles d'être annulés de plein droit sans qu'il soit nécessaire de justifier d'un préjudice. L'action en nullité s'éteint par l'écoulement du délai de 5 ans (C. civ., art. 465).

490 — Assistance du curateur en cas de mariage ou de pacs du majeur en curatelle. Le mariage d'une personne en curatelle nécessite l'autorisation de son curateur ou, à défaut, du juge des tutelles (C. civ., art. 460, al. 1er). Si celle-ci désire se pacser, elle doit être assistée de son curateur pour signer la convention de pacs. En revanche, elle n'a pas besoin d'être assistée lors de la déclaration conjointe de pacs laquelle est faite, soit au greffe du tribunal d'instance (ou devant l'officier de l'état civil à partir du 1er novembre 2017, v. C. civ., art. 515-3, dans sa rédaction issue de la loi du 18 novembre 2016 de modernisation de la justice du XXIe siècle), soit devant notaire (C. civ., art. 461, al. 1er et 2).

491 — Assistance du curateur en cas de divorce du majeur en curatelle. Le divorce fondé sur la faute ou sur l'altération définitive du lien conjugal requiert l'assistance du curateur (C. civ., art. 249, 249-1 et 249-4).

> Le divorce pour faute est évoqué dans l'article 242 du Code civil.
>
> Le divorce pour altération définitive du lien conjugal peut être prononcé lorsque les époux vivent séparés de fait depuis deux ans au moins au jour de l'assignation en divorce (C. civ., art. 238, al. 1er).

492 — Assistance du curateur en cas de rupture du pacs par le majeur en curatelle. Le majeur en curatelle qui rompt un pacs a besoin d'être assisté par son curateur lorsqu'il signifie la fin du pacte civil de solidarité à son partenaire (C. civ., art. 461, al. 3).

• La représentation de la personne protégée par le curateur

493 — Représentation exceptionnelle du majeur protégé par le curateur. De manière assez exceptionnelle, le curateur représente la personne protégée, ce qui veut dire qu'il ne se contente pas de l'assister, mais agit à sa place. C'est le cas lorsque le majeur en curatelle adopte un comportement dangereux ou quand le juge prononce une curatelle renforcée. En dehors de ces deux hypothèses, l'acte passé par le curateur seul est nul de plein droit sans qu'il soit nécessaire de justifier d'un préjudice. L'action en nullité s'éteint par l'écoulement d'un délai de 5 ans (C. civ., art. 465).

494 — Comportement dangereux du majeur en curatelle. En présence d'actes qui requièrent l'assistance du curateur, l'initiative d'agir est laissée au majeur protégé. C'est donc lui qui doit prendre la décision donnant lieu à l'acte (comme, par exemple, vendre un bien). S'il s'abstient ou refuse de le faire, son curateur peut solliciter l'autorisation d'agir à sa place. En effet, « le curateur peut, s'il constate que la personne en curatelle compromet gravement ses intérêts, saisir le juge pour être autorisé à accomplir seul un acte déterminé » (C. civ., art. 469, al. 2).

495 — Curatelle renforcée. Le juge peut, à tout moment, ordonner une curatelle renforcée. Dans ce cas, le curateur représente le majeur protégé dans un certain nombre d'actes : il perçoit seul ses revenus sur un compte ouvert au nom du majeur. Il assure lui-même le règlement des dépenses auprès des tiers et dépose l'excédent sur un compte laissé à la disposition de l'intéressé ou le verse entre ses mains. Il peut aussi être autorisé par le juge à conclure seul un bail d'habilitation ou une convention d'hébergement assurant le logement de la personne protégée (C. civ., art. 472).

• Les actes interdits à la personne protégée même avec l'assistance ou la représentation du curateur

496 — Certains divorces interdits en curatelle. Tant qu'un majeur est en curatelle, il ne peut divorcer, ni par consentement mutuel (conventionnel ou judiciaire), ni pour acceptation du principe de la rupture du mariage (C. civ., art. 229-2 nouveau ; C. civ., art. 249-4). Il doit nécessairement se tourner vers l'une des deux autres formes de divorce (divorce pour faute ou divorce pour altération définitive du lien conjugal), lesquelles requièrent l'assistance du curateur.

c ▌La cessation de la curatelle

497 — Causes de cessation de la curatelle. Celle-ci prend fin sous l'effet de l'une des causes suivantes :
- le décès de la personne en curatelle ;
- l'expiration du délai pour lequel elle a été ordonnée (lequel ne peut excéder 5 ans), sauf renouvellement ;
- la décision du juge de mettre fin à la curatelle, soit parce que la cause qui l'avait déterminée a disparu (mainlevée), soit parce que le juge estime nécessaire de soumettre l'intéressé à un autre régime de protection (conversion en tutelle ou sauvegarde de justice).

498 — Durée de la curatelle en cas de renouvellement. La curatelle ne peut, en principe, être renouvelée pour une durée supérieure à sa durée initiale, soit 5 ans. Néanmoins, lorsque l'altération des facultés personnelles de l'intéressé n'apparaît manifestement pas susceptible de connaître une amélioration selon les données acquises de la science, le juge peut alors, par une décision spécialement motivée et sur avis conforme du médecin, renouveler la mesure pour une durée plus longue. Avant la loi du 16 février 2015, le juge pouvait renouveler la mesure pour une durée supérieure à 5 ans qu'il était alors libre de fixer : aucun maximum n'était prévu par la loi (C. civ., art. 442, al. 2 ancien). La loi du 16 février 2015 en a introduit un. En effet, il résulte de la modification du texte que la mesure de curatelle peut, dans ce cas, être renouvelée pour une durée supérieure à 5 ans, mais sans pouvoir excéder 20 ans.

> Loi n° 2015-177 du 16 février 2015 relative à la modernisation et à la simplification du droit et des procédures dans les domaines de la justice et des affaires intérieures : JO 17 févr. 2015, n° 0040, p. 2961. L'article 26 de la loi précise que cette limitation à 20 ans s'applique aux renouvellements des mesures de curatelle (et de tutelle) prononcés à partir de l'entrée en vigueur de la nouvelle loi.

499 — Mainlevée judiciaire de la curatelle ou conversion en une autre mesure de protection. Dans l'un et l'autre de ces cas, le juge des tutelles statue, soit d'office, soit à la requête du conjoint de l'intéressé, de son partenaire ou de son concubin si la vie commune n'a pas cessé entre eux, d'un parent, d'un allié, d'une personne entretenant avec elle des liens étroits et stables ou de la personne qui est chargée de sa protection (C. civ., art. 442, al. 4 et art. 430).

500 — Effets de la mainlevée judiciaire de la curatelle. Cette mainlevée produit ses effets dès lors que le jugement qui la prononce est passé en force de chose jugée. Elle restitue à l'intéressé l'intégralité de l'exercice de ses droits. Elle n'est opposable aux tiers que 2 mois après l'inscription du jugement de mainlevée en marge de l'acte de naissance de l'intéressé, sauf si ceux-ci en avaient eu personnellement connaissance (C. civ., art. 444).

501 — Effets de la conversion judiciaire de la curatelle. Celle-ci peut tendre, soit au prononcé d'une sauvegarde de justice, soit d'une tutelle.

3 La tutelle

502 — Présentation de la tutelle. Il s'agit d'un régime de représentation mis en place par la loi du 3 janvier 1968 et reconduit à l'occasion de la réforme du 5 mars 2007. La loi du 16 février 2015 a apporté quelques modifications à la tutelle (durée et renouvellement de la tutelle ; budget de la tutelle).

La représentation est un procédé dans lequel une personne – « le représentant » – agit au nom et pour le compte d'une autre personne appelée « le représenté » (en l'espèce, le majeur protégé). L'acte passé par le représentant produit ses effets directement sur la tête du représenté.

a Le placement en tutelle

α Les conditions de fond

503 — Condition de droit commun et condition spécifique à la tutelle. Selon l'article 440, alinéa 3 du Code civil, peut être placée en tutelle « la personne qui, pour l'une des causes prévues à l'article 425 doit être représentée de manière continue dans les actes de la vie civile ». Selon la Cour de cassation, la question de savoir si l'intéressé a besoin d'être représenté de manière continue dans les actes de la vie civile relève d'une appréciation souveraine des juges du fond.

L'article 425 fait référence à la personne qui est dans l'impossibilité de pourvoir seule à ses intérêts en raison d'une altération, médicalement constatée, soit de ses facultés mentales, soit de ses facultés corporelles de nature à empêcher l'expression de sa volonté.

504 — Tutelle : mesure la plus grave. En vertu des principes de nécessité et de proportionnalité, la tutelle n'est prononcée que s'il est établi que ni la sauvegarde de justice, ni la curatelle ne peuvent établir de protection suffisante (C. civ., art. 440, al. 4).

β Les conditions de forme et de publicité

505 — Identité des règles de la tutelle et de la curatelle. Les règles qui s'appliquent sont, en de nombreux points, identiques à celles applicables lors de l'ouverture de la curatelle. Elles seront donc ici brièvement décrites.

506 — Rappel des étapes de la mise en tutelle. Le juge compétent est le juge des tutelles, qui est saisi dans les conditions de l'article 430 du Code civil. La demande de tutelle doit, à peine d'irrecevabilité, être accompagnée d'un certificat circonstancié rédigé par un médecin choisi sur une liste établie par le procureur de la République, lequel peut solliciter l'avis du médecin traitant de l'intéressé (C. civ., art. 431). Le juge des tutelles procède, en principe, à l'audition de l'intéressé (C. civ., art. 432).

507 — Rappel des règles relatives à la décision du juge des tutelles. Les recours contre les jugements ouvrant ou refusant une tutelle sont les mêmes qu'en matière de curatelle (CPC, art. 1239 et s.). La publicité du jugement prononçant la tutelle est identique à celle organisée en cas de curatelle (CPC, art. 1233). Le jugement est opposable aux tiers dans les mêmes conditions (C. civ., art. 444).

γ ▮ La durée de la tutelle

508 — Règles relatives à la durée de la tutelle. C'est le juge des tutelles qui fixe la durée de la tutelle, laquelle ne peut, en principe, excéder cinq ans (C. civ., art. 441, al. 1er), le renouvellement ultérieur de la mesure étant possible dans les conditions de l'article 442. Or, cette durée initiale de 5 ans a été critiquée pour les pathologies les plus lourdes dans la mesure où elles obligeaient le juge à intervenir à nouveau à assez brève échéance pour, de surcroît, renouveler de manière inéluctable la mesure. La loi du 16 février 2015 a donc donné la possibilité nouvelle au juge d'allonger, dès la décision initiale, à titre d'exception la durée de la tutelle, sans pouvoir excéder 10 ans, en l'absence manifeste d'amélioration prévisible de l'état de la personne. La décision du juge doit être spécialement motivée et rendue sur avis conforme d'un médecin inscrit sur une liste établie par le procureur de la République (C. civ., art. 441, al. 2 nouveau).

Loi n° 2015-177 du 16 février 2015 relative à la modernisation et à la simplification du droit et des procédures dans les domaines de la justice et des affaires intérieures : JO 17 févr. 2015, n° 0040, p. 2961.

b ▮ Les effets de la tutelle

509 — Effet de la mise en place d'une mesure de tutelle. Il est nécessaire d'évoquer ici tant les organes de la tutelle que les actes passés pendant cette période particulière.

α Les organes de la tutelle

• Les tuteurs, subrogés tuteurs et tuteurs ad hoc

510 — Organes existants en tutelle. Le juge des tutelles (ou le conseil de famille s'il a été constitué) désigne les organes de la tutelle, à savoir :
- un tuteur (ou plusieurs en cas de circonstances particulières), nommé dans les mêmes conditions qu'en matière de curatelle (C. civ., art. 448 et 449) ;
- éventuellement un subrogé tuteur dont le rôle est de surveiller les actes passés par le tuteur et de représenter la personne protégée, notamment lorsque ses intérêts sont en opposition avec ceux du tuteur (C. civ., art. 454) ;
- éventuellement un tuteur *ad hoc* dont la désignation et le rôle sont les mêmes qu'en curatelle (C. civ., art. 455).

• Le conseil de famille des majeurs en tutelle

511 — Organe spécifique de la tutelle : le conseil de famille. Selon l'article 456, alinéa 1er du Code civil, le juge des tutelles a la faculté d'organiser la tutelle avec un conseil de famille « si les nécessités de la protection de la personne ou la consistance de son patrimoine le justifient et si la composition de sa famille et de son entourage le permet ». Lorsque le juge des tutelles prend la décision de constituer un conseil de famille, il lui appartient d'en désigner les membres (au moins 4).

512 — Désignation par le juge du conseil de famille. Le législateur enjoint au juge de désigner les membres du conseil de famille « en considération des sentiments exprimés par la personne protégée, de ses relations habituelles, de l'intérêt porté à son égard et des recommandations éventuelles de ses parents et alliés ainsi que de son entourage » (C. civ., art. 456, al. 2). Les membres sont choisis dans la famille et l'entourage du majeur en tutelle.

513 — Rôle du conseil de famille. Si un conseil de famille est constitué, celui-ci désigne alors le tuteur, le subrogé tuteur et, le cas échéant, le tuteur *ad hoc* conformément aux articles 446 à 455 du Code civil. Pendant la tutelle, le conseil de famille est amené à autoriser les actes les plus graves accomplis au nom du majeur protégé (actes de disposition, donation, etc.).

β Les actes passés pendant la tutelle

514 — Régime général des actes en tutelle. Le majeur en tutelle est, en principe, incapable. Il est représenté dans tous les actes de la vie civile par son tuteur (C. civ., art. 473, al. 1er), lequel a parfois besoin de l'autorisation du juge des tutelles ou du conseil de famille pour agir. Les actes que le majeur en tutelle peut accomplir seul sont très restreints. Ils sont plus nombreux si le juge met en place une « tutelle atténuée ».

515 — Tutelle atténuée. Le juge des tutelles a la possibilité, dans le jugement d'ouverture de la tutelle ou ultérieurement, de déroger à l'incapacité légale du majeur en tutelle, en énumérant certains actes que la personne en tutelle aura la capacité de faire seule ou avec l'assistance d'un tuteur (C. civ., art. 473, al. 2).

• Les actes valablement accomplis par la personne protégée seule

516 — Actes personnels autorisés du majeur en tutelle. À l'instar de la personne en curatelle, celle placée en tutelle a toujours le droit d'accomplir les actes strictement personnels, lesquels sont limitativement énumérés dans l'article 458, alinéa 2 du Code civil. Elle peut aussi prendre « seule les décisions relatives à sa personne dans la mesure où son état le permet » (C. civ., art. 459), choisir son lieu de résidence ainsi qu'entretenir des relations personnelles avec des tiers, parents ou non (C. civ., art. 459-2).

En pratique, l'application de ces dispositions légales est peu compatible avec l'altération des facultés de l'intéressé qui a justifié son placement en tutelle.

517 — Actes de la vie courante autorisés du majeur en tutelle. La jurisprudence admet de manière constante que le majeur en tutelle peut valablement accomplir seul certains actes de la vie courante.

« Le principe posé par l'article 502 (ancien) de l'incapacité complète du majeur sous tutelle ne fait pas obstacle à ce que, par application des dispositions combinées des articles 450 et 459 du Code civil, celui-ci puisse valablement accomplir certains actes de la vie courante pouvant être regardés comme autorisés par l'usage », Cass. 1re civ., 3 juin 1980 : Gaz. Pal. 1981, 1, 171, note J. M.

• Les actes accomplis par le tuteur seul

518 — Énumération des actes valablement accomplis par le tuteur seul. Celui-ci peut notamment accomplir seul, c'est-à-dire sans autorisation du juge ou du conseil de famille, les actes conservatoires et les actes d'administration nécessaires à la gestion du patrimoine de la personne protégée. Il peut également agir seul en justice pour faire valoir les droits patrimoniaux de la personne protégée.

• Les actes subordonnés à l'autorisation du juge des tutelles ou du conseil de famille

519 — Actes de disposition en tutelle. Il résulte de l'article 505, alinéa 1er du Code civil que le tuteur ne peut faire d'actes de disposition (vente, échange…) au nom de la personne protégée qu'à condition d'y avoir été autorisé par le conseil de famille ou, à défaut, le juge des tutelles. L'autorisation détermine les stipulations et, le cas échéant, le prix ou la mise à prix pour lequel l'acte est passé.

520 — Libéralités du majeur en tutelle : donations et testaments. La personne en tutelle désireuse de faire une donation doit être assistée ou au besoin représentée par son tuteur. En outre, l'acte doit être autorisé par le juge des tutelles ou du conseil de famille s'il a été constitué. Le majeur protégé peut faire seul son testament à la condition, là encore, d'obtenir l'autorisation du juge ou du conseil de famille s'il a été constitué (C. civ., art. 476).

521 — Mariage du majeur en tutelle. Selon l'article 460, alinéa 2 du Code civil, le mariage d'une personne en tutelle n'est possible qu'après l'autorisation du juge des tutelles ou du conseil de famille s'il a été constitué. Ladite autorisation est donnée après audition des futurs conjoints et après avoir recueilli, le cas échéant, l'avis des parents des futurs mariés et de leur entourage. Il est à noter que dans un arrêt du 2 décembre 2015, la Cour de cassation a jugé qu'il ressort des articles 458 et 460 du Code civil que le mariage d'une personne sous tutelle constitue un acte dont la nature implique un consentement strictement personnel et qui ne peut donner lieu à représentation. Il en résulte qu'il n'appartient pas au tuteur, mais à l'intéressé lui-même, de présenter devant le juge la requête aux fins d'autorisation de l'union. Cette solution a été présentée comme privant certaines personnes sous tutelle de la possibilité d'accéder à l'union matrimoniale. Soulignons que l'article 146 du Code civil impose que le consentement au mariage des époux existe et soit intègre. Or, toutes les personnes placées sous tutelle ne peuvent exprimer un consentement remplissant ces conditions.

Cass. 1re civ., 2 déc. 2015 : RLDC 2015/6196, note Mésa R.

522 — Pacs du majeur en tutelle. À l'instar du mariage, la conclusion d'un pacs par une personne en tutelle est subordonnée à l'autorisation préalable du juge des tutelles ou du conseil de famille s'il a été constitué, après audition des futurs partenaires et recueil, le cas échéant, de l'avis de leurs parents et de leur entourage. La personne doit être assistée de son tuteur lors de la signature de la convention de pacs. En revanche, elle n'a pas besoin d'être assistée ou représentée par celui-ci lors de la déclaration conjointe de pacs (C. civ., art. 462).

523 — Divorce du majeur en tutelle. L'époux placé en tutelle peut divorcer pour faute ou pour altération définitive du lien conjugal si la demande est présentée par son tuteur et autorisée par le conseil de famille ou le juge des tutelles. Si la demande en divorce intentée sur l'un ou l'autre de ces fondements est formée contre l'époux en tutelle, l'action est alors exercée contre son tuteur (C. civ., art. 249).

Le divorce pour faute est évoqué dans l'article 242 du Code civil.

Le divorce pour altération définitive du lien conjugal peut être prononcé lorsque les époux vivent séparés de fait depuis deux ans au moins au jour de l'assignation en divorce (C. civ., art. 238).

• Les actes interdits pendant la tutelle

524 — Deux divorces interdits en tutelle. Tant que dure la tutelle, le majeur protégé ne peut divorcer, ni par consentement mutuel (conventionnel ou judiciaire), ni pour acceptation du principe de la rupture du mariage. L'assistance ou la représentation de son tuteur est, en cette matière, totalement inefficace (C. civ., art. 229-2 nouveau et art. 249-4).

525 — Interdiction du commerce au majeur en tutelle. Celui-ci ne peut exercer le commerce, même assisté ou représenté par son tuteur (C. civ., art. 509).

γ Le sort des actes pendant la tutelle

526 — Actes antérieurs à la tutelle (ou à la curatelle). Les actes accomplis par la personne protégée antérieurement à sa tutelle sont, en principe, valables. Néanmoins, ils peuvent être annulés s'ils ont été conclus sous l'empire d'un trouble mental de l'intéressé (C. civ., art. 414-1). En outre, ils peuvent être réduits ou annulés sur le fondement de l'article 464, lequel instaure ce que les auteurs ont appelé une « période suspecte ».

527 — Actes accomplis par le majeur en tutelle pendant la période suspecte. Selon l'article 464 du Code civil, les actes accomplis par le majeur moins de 2 ans avant la publicité du jugement d'ouverture de la mesure de protection peuvent être réduits « sur la seule preuve que son inaptitude à défendre ses intérêts, par suite de l'altération de ses facultés personnelles, était notoire ou connue du cocontractant à l'époque où les actes ont été passés » (al. 1er). Ils peuvent, « dans les mêmes conditions, être annulés s'il est justifié d'un préjudice subi par la personne protégée » (al. 2). Les actions doivent être introduites dans les 5 ans, à compter du jugement d'ouverture de la mesure (al. 3).

528 — Actes conclus pendant la tutelle. S'agissant maintenant des actes conclus pendant la tutelle, l'article 465 du Code civil instaure différentes sanctions, lesquelles sont ici présentées.

Les actes lésionnaires ou excessifs accomplis par la personne en tutelle

529 — Actes lésionnaires ou excessifs accomplis par le majeur en tutelle. Lorsque celui-ci a accompli un acte lésionnaire ou excessif, une action en rescision ou en réduction est possible, sauf si l'acte avait été expressément autorisé par le juge des tutelles ou par le conseil de famille s'il avait été constitué. Ces actions n'appartiennent qu'à la personne protégée et, après sa mort, à ses héritiers (C. civ., art. 465, 1°).

Les actes irrégulièrement accomplis par la personne en tutelle

530 — Actes accomplis sans l'assistance du tuteur. L'acte accompli par la personne en tutelle seule, alors que l'assistance de son tuteur était requise, est susceptible d'être annulé s'il est établi que la personne protégée a subi un préjudice (C. civ., art. 465, 2°).

531 — Actes accomplis sans la représentation du tuteur. Lorsque la personne en tutelle accomplit seule un acte nécessitant une représentation de son tuteur, celui-ci est nul de droit sans qu'il soit nécessaire de justifier de l'existence d'un préjudice (C. civ., art. 465, 3°).

Les actes irrégulièrement accomplis par le tuteur

532 — Actes accomplis par le tuteur seul. Si le tuteur accomplit seul un acte qui aurait dû être fait par la personne protégée soit seule, soit avec son assistance ou qui nécessitait l'autorisation du juge ou du conseil de famille, celui-ci est nul de plein droit sans qu'il soit nécessaire de justifier d'un préjudice (C. civ., art. 465, 4°).

C La cessation de la tutelle

533 — Causes de cessation de la tutelle. La tutelle prend fin de la même manière que la curatelle. Elle cesse :
- au décès de la personne protégée ;
- à l'expiration du délai pour lequel elle a été ordonnée (5 ans maximum en principe), sauf renouvellement judiciaire (dans les mêmes conditions que la curatelle) ;
- sur décision du juge de mettre fin à la tutelle (mainlevée de la tutelle ou conversion de la tutelle en sauvegarde de justice ou en curatelle).

534 — Renouvellement de la tutelle. Avant la loi du 16 février 2015, le juge pouvait renouveler la mesure pour une durée supérieure à 5 ans qu'il était alors libre de fixer : aucun maximum n'était prévu par la loi (C. civ., art. 442, al. 2 ancien). La loi du 16 février 2015 en a introduit un. En effet, il résulte de la modification du texte que la mesure de tutelle peut, dans ce cas, être renouvelée pour une durée supérieure à 5 ans, mais sans pouvoir excéder 20 ans.

Loi n° 2015-177 du 16 février 2015 relative à la modernisation et à la simplification du droit et des procédures dans les domaines de la justice et des affaires intérieures : JO 17 févr. 2015, n° 0040, p. 2961. L'article 26 de la loi précise que cette limitation à 20 ans s'applique aux renouvellements des mesures de tutelle (et de curatelle) prononcés à partir de l'entrée en vigueur de la nouvelle loi.

SECTION 3 La protection conventionnelle : le mandat de protection future

535 — Définition du mandat de protection future pour soi. Il s'agit d'un contrat par lequel une personne majeure ou mineure émancipée (le mandant) charge par avance une autre personne (le mandataire) de la représenter, pour le cas où, en raison d'une altération médicalement constatée de ses facultés, elle ne pourrait plus pourvoir seule à ses intérêts. C'est donc un instrument qui permet à une personne de préparer conventionnellement sa protection juridique sans recourir au juge (C. civ., art. 477, al. 1er).

536 — Définition du mandat de protection future pour autrui. Les père et mère (mandants) ou le dernier vivant des père et mère, peuvent conclure un mandat de protection future pour leur enfant mineur ou leur enfant majeur dont ils assument la charge matérielle et affective, pour le cas où celui-ci ne pourrait plus pourvoir seul à ses intérêts en raison d'une altération médicalement constatée de ses facultés. La désignation du ou des mandataires chargés de représenter leur enfant prend effet à partir du jour où le mandant décède ou ne peut plus prendre soin de l'intéressé (C. civ., art. 477, al. 3).

537 — Genèse du mandat de protection future. Il a été instauré par la loi du 5 mars 2007, sous l'impulsion du notariat. Ce dernier a fait valoir que la consécration de cet instrument contractuel serait opportune en raison du vieillissement actuel de la population. En outre, elle s'inscrit dans le mouvement de contractualisation du droit de la famille amorcé par le législateur moderne. Récemment, ce mandat de protection future a été saisi par une loi du 28 décembre 2015 qui a – enfin – organisé sa publicité.

Loi n° 2007-308 du 5 mars 2007 portant réforme de la protection juridique des majeurs : JO 7 mars 2007, n° 56, p. 4325. Avant la France, plusieurs pays s'étaient déjà dotés d'instruments assez similaires (Québec, Allemagne, Espagne, Italie, Suisse...).

Loi n° 2015-1776 du 28 décembre 2015 relative à l'adaptation de la société au vieillissement : JO 29 déc. 2015, n° 0301, p. 24268.

538 — Droit applicable au mandat de protection future. Le mandat de protection future est soumis à certaines dispositions générales applicables aux mesures de protection juridique des majeurs (C. civ., art. 414 à 427). Lui sont aussi applicables les dispositions des articles 1984 à 2010 du Code civil portant droit commun du mandat, dès lors qu'elles ne sont pas incompatibles avec les dispositions générales spéciales du mandat de protection future. Enfin, les dispositions propres au mandat de protection future sont insérées dans les articles 477 à 494 du Code civil dans leur rédaction issue de la loi du 5 mars 2007. Elles ont été complétées par des dispositions réglementaires (notamment par un décret et un arrêté du 30 novembre 2007 et un décret du 5 décembre 2008).

539 — Préférence du législateur pour le mandat de protection future ou les mesures judiciaires de protection ? Les mesures judiciaires de protection (sauvegarde de justice, curatelle et tutelle) sont soumises aux principes de nécessité et de subsidiarité (C. civ., art. 428, al. 1er). Le mandat de protection future est donc, en principe, préféré aux mesures judiciaires de protection. Néanmoins, la loi précise aussi que le mandat de protection future cesse si le mandant est placé en curatelle ou en tutelle (C. civ., art. 483).

540 — Date de conclusion et de prise d'effet des mandats de protection future. Il est possible de conclure un mandat de protection future depuis le 7 mars 2007 (date de publication de la loi du 5 mars 2007). Néanmoins, celui-ci n'a pu produire des effets qu'à partir du 1er janvier 2009 (date d'entrée en vigueur de ladite loi).

541 — Pratique du mandat de protection future. Pour l'heure, le mandat de protection future n'a pas véritablement rencontré le succès escompté lors de sa création. Du 1er janvier 2009 (date d'entrée en vigueur de la réforme du 5 mars 2007) à 2012, 1 077 mandats de protection future ont pris effet. Dans des réponses ministérielles datant de 2012, Mme Taubira, alors ministre de la Justice, a observé que « l'augmentation du recours à ce dispositif (...) continue et devrait donc se confirmer, au fur et à mesure de l'appropriation par nos concitoyens de cet instrument juridique novateur ». Amené à se développer, le mandat de protection future doit donc être présenté, ce qui implique de s'intéresser à son élaboration (I), à sa mise en œuvre (II) et à sa cessation (III).

Les mandants sont des femmes dans les deux tiers des cas et ont plus de 80 ans dans 80 % des hypothèses. Huit mandats de protection future sur dix prennent la forme d'un acte notarié.

Rép. min. n° 815 : JOAN Q 9 oct. 2012, p. 5585 – Rép. min. n° 814 : JOAN Q 20 nov. 2012, p. 6792.

I L'élaboration du mandat de protection future

542 — Contrat réglementé. L'élaboration du mandat de protection future est subordonnée à des conditions de fond (A) et de forme (B).

A Les conditions de fond

543 — Nombreuses conditions de fond du mandat de protection future. Elles tiennent tant aux parties au contrat (1) qu'à son contenu (2).

1 Les conditions relatives aux parties au contrat

a Le mandant

544 — Conditions légales relatives au mandant. Le mandat de protection future peut être souscrit par une personne majeure ou une personne mineure, dès lors qu'elle n'est pas en tutelle. Le majeur sous sauvegarde de justice peut librement le conclure alors que le majeur en curatelle peut le conclure, à la condition d'être assisté de son curateur (C. civ., art. 477, al. 1er et 2).

b Le mandataire

545 — Liberté de choix du mandataire. Le mandant dispose d'une liberté importante dans le choix du mandataire, lequel peut être une personne physique ou morale. Le mandataire doit donner son acceptation au mandat de protection future.

546 — Mandataire, personne physique. La personne physique choisie comme mandataire doit jouir de la pleine capacité juridique pendant la durée d'exécution du mandat de protection future. Le mandataire ne peut être un mineur non émancipé ou un majeur placé sous un régime de protection (C. civ., art. 480, al. 2).

Une personne membre d'une profession médicale ou pharmaceutique ne peut être mandataire de son patient. En revanche, les membres des professions judiciaires ou juridiques peuvent, en théorie, être choisis comme mandataires. Rien n'empêche non plus le mandant de désigner un membre de sa famille ou un proche.

547 — Mandataire, personne morale. Il est possible de désigner comme mandataire une personne morale, laquelle doit alors être obligatoirement inscrite sur la liste des mandataires judiciaires à la protection des majeurs prévue à l'article L. 471-2 du Code de l'action sociale et des familles. Cette condition légale vise à éviter que des personnes morales peu scrupuleuses, ou encore des sectes, soient désignées comme mandataires.

548 — Unicité ou pluralité de mandataires. Le mandant peut désigner plusieurs mandataires dans le mandat de protection future. Il peut ainsi, par exemple, choisir un mandataire qui le représentera dans ses actes personnels (du moins ceux qui sont autorisés) et un mandataire qui le représentera dans la gestion de ses biens. Il peut aussi désigner des mandataires dits de second rang qui interviendront en cas de décès ou d'empêchement du mandataire choisi en premier lieu.

2 Les conditions relatives au contenu du mandat

549 — Liberté du mandant. Le mandant dispose d'une liberté importante s'agissant du contenu du mandat de protection future. En effet, la protection qu'il met ainsi en place peut le concerner personnellement, tout comme elle peut concerner ses enfants (mandat de protection future pour autrui). Elle peut concerner sa personne et/ou son patrimoine. En outre, le mandat peut être spécial ou général.

550 — Actes personnels ne pouvant être confiés au mandataire. Certains actes demeurent réservés au mandant lequel ne peut, en aucun cas, donner au mandataire pouvoir pour les accomplir. Il s'agit des actes strictement personnels énumérés dans l'article 458, alinéa 2 du Code civil (déclaration de naissance ou reconnaissance d'un enfant, actes de l'autorité parentale relatifs à la personne d'un enfant, déclaration du choix ou du changement de nom d'un enfant, consentement donné à sa propre adoption ou à celle de son enfant). En outre, s'applique *a priori* également au mandant l'article 459, alinéa 1er du Code civil selon lequel « la personne protégée prend seule les décisions relatives à sa personne dans la mesure où son état le permet ».

551 — Actes personnels pouvant être confiés au mandataire. Le mandant peut, par exemple, charger le mandataire de lui trouver une maison de retraite le moment venu. Il peut aussi le désigner comme personne de confiance (CSP, art. L. 1111-6).

552 — Actes patrimoniaux pouvant être confiés au mandataire. Le mandant peut charger le mandataire de le représenter pour accomplir des actes d'administration, des actes conservatoires ou des actes de disposition sur son patrimoine (C. civ., art. 490, al. 1er). Néanmoins, le mandataire ne peut être autorisé d'une façon générale à accomplir des actes de disposition qu'à la condition que le mandat de protection future ait été passé en la forme notariée.

553 — Actes patrimoniaux ne pouvant être confiés au mandataire. Le mandataire ne peut accomplir sur le patrimoine du mandant un acte de disposition à titre gratuit (donation par exemple) qu'avec l'autorisation du juge des tutelles (C. civ., art. 490, al. 2).

554 — Interrogations doctrinales relatives aux pouvoirs du mandataire. Des auteurs considèrent que l'article 426, alinéa 3 du Code limite les pouvoirs du mandataire dans le mandat de protection future. La doctrine s'interroge aussi sur le point de savoir si le mandataire peut accomplir les actes énumérés dans l'article 509. Il n'existe pas, pour l'heure, de jurisprudence tranchant ces difficultés.

> « S'il devient nécessaire ou s'il est dans l'intérêt de la personne protégée qu'il soit disposé des droits relatifs à son logement ou à son mobilier par l'aliénation, la résiliation ou la conclusion d'un bail, l'acte est autorisé par le juge ou par le conseil de famille s'il a été constitué » (C. civ., art. 426, al. 3).
>
> Actes visés dans l'article 509 du Code civil : actes autres que les donations emportant aliénation gratuite de biens ou de droits, acquisition d'un droit ou d'une créance détenue par un tiers contre la personne protégée, exercice du commerce, exercice d'une profession libérale.

B Les conditions de forme

555 — Formalisme légal imposé au mandat de protection future. À la différence du mandat classique, le mandat de protection future est enfermé dans des règles de forme strictes : il doit nécessairement être passé, soit dans un acte authentique reçu par notaire (C. civ., art. 489), soit dans un acte sous seing privé établi selon un modèle défini par décret en Conseil d'État ou contresigné par un avocat. Ce formalisme supplémentaire, imposé quand le mandat est passé par acte sous seing privé, vise à garantir la qualité de son contenu.

> Le modèle officiel du mandat de protection future a été dressé dans un décret du 30 novembre 2007. Ce modèle (10 pages) est notamment disponible sur le site du ministère de la Justice : www.justice.gouv.fr avec une note explicative (10 pages aussi), laquelle doit être annexée au mandat proprement dit.

556 — Mandat de protection future en la forme notariée. La forme notariée est imposée en cas de mandat pour autrui. Dans les autres cas, elle n'est pas obligatoire mais est vivement recommandée dans la mesure où le notaire va pouvoir éclairer le mandant sur les conséquences de son acte et attirer l'attention du mandataire sur ses obligations ainsi que sur les conditions d'engagement de sa responsabilité.

557 — Mandat de protection future par acte sous seing privé. Lorsque le mandat de protection future est passé par acte sous seing privé, il doit alors être daté et signé de la main du mandant. Le mandataire doit accepter le mandat, ce qu'il fait par simple signature (C. civ., art. 492). Le mandat doit être enregistré pour avoir date certaine (C. civ., art. 492).

558 — Sanction en cas de non-respect du formalisme légal du mandat de protection future. Dans ce cas, le mandat de protection future encourt la nullité. Il n'est pas précisé dans la loi du 5 mars 2007 s'il s'agit d'une nullité relative ou absolue. La différence entre les deux tient au cercle des personnes autorisées à agir en nullité (plus large en cas de nullité absolue) et à la confirmation éventuelle de l'acte (seulement possible en cas de nullité relative).

II La mise en œuvre du mandat de protection future

559 — Possible modification ou révocation du mandat de protection future avant sa prise d'effet. Tant que le mandat de protection future n'a pas été mis en œuvre, il peut être modifié ou révoqué ad nutum (c'est-à-dire sans motif) par le mandant. La révocation de ce mandat doit intervenir selon les mêmes formes que celles utilisées lors de son élaboration.

560 — Révocation limitée du mandat de protection future après sa prise d'effet. Une fois mis en œuvre, le mandat de protection future ne peut plus être révoqué ad nutum par le mandant. Il ne peut être révoqué que par le juge, et ce, pour l'une des trois causes prévues par la loi (et plus précisément à l'article 483, 4° du Code civil).

561 — Plan. La mise en œuvre du mandat de protection future implique d'apporter des précisions sur sa prise d'effet (A) et son exécution (B).

A La prise d'effet du mandat de protection future

1 Les conditions et formalités permettant la prise d'effet

562 — Événement déclencheur du mandat de protection future. Selon l'article 481 du Code civil, le mandat prend effet lorsqu'il est établi que le mandant ne peut plus pourvoir seul à ses intérêts en raison d'une altération de ses facultés mentales ou corporelles l'empêchant d'exprimer sa volonté. La charge de cette preuve pèse sur le mandataire.

563 — Formalités à accomplir. Selon le décret du 5 décembre 2008, le mandataire doit se présenter personnellement au greffe du tribunal d'instance du ressort du mandant (en cas de mandat pour soi-même) ou du ressort du bénéficiaire (en cas de mandat pour autrui). Il doit, en principe, être accompagné du mandant (ou du bénéficiaire du mandat pour autrui). Il doit produire au greffier les pièces suivantes (CPC, art. 1258 et 1258-1) :

- le mandat de protection future (ou copie authentique) ;
- un certificat médical de moins de deux mois établi par un médecin inscrit sur la liste dressée par le procureur de la République attestant que le mandant (mandat pour soi) ou le bénéficiaire du mandat pour autrui subit une altération de ses facultés mentales ou corporelles l'empêchant d'exprimer sa volonté ;
- éventuellement, dans l'hypothèse d'un mandat pour autrui, le certificat de décès du mandant.

564 — Rôle du greffier dans le mandat de protection future. Le greffier du tribunal d'instance effectue un contrôle sur le fond et la forme. En revanche, il ne peut exercer en la matière de contrôle d'opportunité. Si les conditions du mandat de protection future sont remplies, il doit parapher toutes les pages du mandat de protection future, le viser et dater sa prise d'effet. Il doit ensuite restituer le mandat au mandataire. Si lesdites conditions ne sont pas remplies, le greffier restitue le mandat sans visa au mandataire, lequel peut alors saisir le juge des tutelles (CPC, art. 1258-3).

565 — Formalités postérieures du mandat de protection future. Le mandant (ou le bénéficiaire du mandat pour autrui) doit recevoir une notification de la prise d'effet du mandat dans les conditions prévues par l'article 1258-4 du Code de procédure civile. Ainsi, à défaut d'avoir comparu personnellement devant le greffier, il est informé par le mandataire de la prise d'effet du mandat au moyen d'une lettre recommandée avec accusé réception. Le mandataire doit aussi, au moment de la prise d'effet du mandat, effectuer un inventaire des biens du mandant (ou du bénéficiaire du mandat pour autrui).

2 ▌ La publicité du mandat de protection future

566 — Absence initiale de publicité du mandat de protection future. La loi du 5 mars 2007 n'avait, à aucun moment, prévu de publicité. Dès lors, le mandat de protection future ayant pris effet n'était pas porté à la connaissance des tiers, contrairement aux mesures de sauvegarde de justice, de curatelle et de tutelle. Cette absence de publicité avait été critiquée tant par les auteurs que les notaires, lesquels avaient notamment fait valoir qu'il n'est pas normal que les tiers et les proches du mandant puissent ignorer l'existence du mandat de protection future. Ces arguments ont finalement été entendus.

567 — Publicité prévue par la loi du 28 décembre 2015. L'article 35 de la loi du 28 décembre 2015 relative à l'adaptation de la société au vieillissement a introduit dans le Code civil l'article 477-1, aux termes duquel « le mandat de protection future est publié par une inscription sur un registre spécial dont les modalités et l'accès sont régis par décret en Conseil d'État ». Ainsi, la publicité organisée pour le mandat de protection future est la même, que le mandat soit passé en la forme notariée ou par acte sous seing privé. Elle permet concrètement de savoir qui a conclu un mandat de protection future.

Loi n° 2015-1776 du 28 décembre 2015 relative à l'adaptation de la société au vieillissement : JO 29 déc. 2015, n° 0301, p. 24268.

Sur l'influence de cette loi sur le droit des majeurs protégés, v. Raoul-Cormeil G., LEFP 15 févr. 2016, n° 2, p. 2.

B ▌ L'exécution du mandat de protection future

568 — Deux parties. Il convient de présenter les situations juridiques des deux parties au contrat, le mandant et le mandataire.

1 ▌ La situation juridique du mandant

a ▌ Le maintien de la capacité juridique du mandant

569 — Capacité du mandant dans le mandat de protection future. Une fois mis en œuvre, le mandat de protection future n'entraîne pas l'incapacité juridique du mandant. Les actes qu'il accomplit après la prise d'effet de celui-ci sont donc, en principe, valables.

570 — Trouble mental pendant l'exécution du mandat de protection future. Si le mandant a passé, pendant le mandat de protection future, un acte sous l'empire d'un trouble mental, celui-ci est susceptible d'être annulé sur le fondement de l'article 414-1 du Code civil.

571 — Actes lésionnaires ou excessifs pendant l'exécution du mandat de protection future. Si le mandant passe des actes lésionnaires, ceux-ci peuvent être rescindés, c'est-à-dire annulés. S'il passe des actes excessifs, ils peuvent être réduits. L'annulation ou la réduction est prononcée par les tribunaux qui prennent « notamment en considération l'utilité ou l'inutilité de l'opération, l'importance ou la consistance du patrimoine de la personne protégée et la bonne ou mauvaise foi de ceux avec qui elle a contracté » (C. civ., art. 488, al. 1er *in fine*).

572 — Régime des actions en rescision pour lésion et en réduction. Ces actions n'appartiennent qu'à la personne protégée (mandant ou bénéficiaire d'un mandat pour autrui) et, après sa mort, à ses héritiers. Elles sont soumises à la prescription quinquennale de l'article 2224 du Code civil.

b ▮ Les obligations du mandant

573 — Application du droit commun en l'absence de dispositions spécifiques du mandat de protection future. Le mandant est soumis aux obligations résultant du droit commun du mandat contenues dans les articles 1998 à 2002 du Code civil. Il y est notamment prévu que le mandant doit rembourser au mandataire les avances et frais que celui-ci a faits pour l'exécution du mandat et lui payer les salaires éventuellement promis. Il doit également indemniser le mandataire des pertes que celui-ci a essuyées à l'occasion de sa gestion, sauf en cas d'imprudence de sa part.

2 ▮ La situation juridique du mandataire

574 — Mission et rémunération du mandataire. Le mandataire a des obligations liées à la mission de représentation contenue dans le mandat de protection future. Il accomplit sa mission en principe gratuitement, sauf convention contraire (C. civ., art. 1999). En cas de rémunération, celle-ci doit être explicitement précisée dans son principe et son montant.

575 — Exécution personnelle du mandat de protection future. Le mandataire doit exécuter personnellement le mandat. Il peut toutefois se substituer un tiers pour les actes de gestion du patrimoine, mais seulement à titre spécial (C. civ., art. 482, al. 1er).

576 — Obligations d'inventaire dans le mandat de protection future. À la prise d'effet du mandat, le mandataire chargé de l'administration des biens de la personne protégée doit faire procéder à un inventaire de ceux-ci. Au cours de son mandat, il doit le faire réactualiser (C. civ., art. 486, al. 1er).

577 — Obligations de compte de gestion dans le mandat de protection future. Chaque année, le mandataire doit établir un compte de gestion permettant de rendre compte de l'exécution de sa mission. Ce compte est ensuite vérifié « selon les modalités prévues par le mandat » (C. civ., art. 486, al. 2).

578 — Contrôle du compte de gestion dans le mandat de protection future. En cas de mandat établi par acte notarié, le contrôle est exercé par le notaire qui a reçu l'acte. Lorsque le mandat est fait par acte sous seing privé, le contrôle est confié à une tierce personne (physique ou morale) désignée dans le mandat. Lorsqu'un doute apparaît dans la gestion accomplie par le mandataire (mouvements ou fonds suspects, par exemple), la personne qui exerce le contrôle doit saisir le juge des tutelles.

579 — Obligations à la fin du mandat de protection future. À la fin du mandat et dans les 5 ans qui suivent, le mandataire a l'obligation de conserver l'inventaire, les actualisations de celui-ci, les cinq derniers comptes de gestion ainsi que les pièces nécessaires pour continuer cette gestion ou assurer la liquidation de la succession du mandant (C. civ., art. 487).

580 — Responsabilité du mandataire. Celui-ci engage ici sa responsabilité dans les conditions du droit commun (C. civ., art. 424, renvoyant à C. civ., art. 1992).

III La fin du mandat de protection future

581 — Cession temporaire ou définitive du mandat de protection future. Le mandat de protection future peut prendre fin provisoirement en cas de suspension (A) ou définitivement en cas d'extinction (B).

A La suspension du mandat de protection future

582 — Mandat de protection future et sauvegarde de justice du mandant. L'exécution d'un mandat de protection future n'empêche pas de saisir le juge d'une demande d'ouverture d'une mesure judiciaire à l'égard du mandant. Quand le juge des tutelles décide de placer le mandant sous sauvegarde de justice, il a la possibilité de suspendre les effets du mandat de protection future (C. civ., art. 483, dernier al.). Si la santé du mandant s'améliore, le juge peut ensuite décider d'ordonner la mainlevée de la sauvegarde de justice, redonnant ainsi plein effet au mandat de protection future.

B L'extinction du mandat de protection future

583 — Causes d'extinction du mandat de protection future. Plusieurs circonstances mettent fin au mandat de protection future. Selon l'article 483 du Code civil, certaines sont automatiques dans la mesure où elles provoquent nécessairement l'extinction dudit mandat (1). D'autres sont dites facultatives puisque l'extinction du mandat de protection future est laissée à l'appréciation du juge des tutelles (2).

1 Les causes automatiques

a Les causes propres au mandant

584 — Rétablissement des facultés personnelles du mandant. Ce rétablissement peut être constaté à la demande du mandant ou du mandataire. Il est alors nécessaire de faire établir par un médecin figurant sur la liste établie par le procureur de la République, un certificat médical attestant que le mandant est de nouveau apte à pourvoir seul à ses intérêts. Ledit certificat doit être présenté au greffe du tribunal d'instance qui le vise, indique la date à laquelle le mandat cesse de produire effet, et le restitue (C. civ., art. 483, 1°).

585 — Décès du mandant. Cet événement met logiquement fin au mandat de protection future (C. civ., art. 483, 2°).

b Les causes propres au mandataire

586 — Décès, placement sous une mesure de protection ou déconfiture du mandataire. Le décès du mandataire met fin au mandat de protection future sauf si le mandant avait désigné dans le mandat, un mandataire de second rang appelé à se substituer au premier en cas de décès. Il est aussi prévu que le mandat de protection future prend fin lorsque le mandataire fait l'objet d'une mesure de protection judiciaire (tutelle, curatelle ou sauvegarde de justice). La déconfiture du mandataire provoque également la fin du mandat.

La déconfiture est un terme désuet qui désigne la situation dans laquelle une personne morale non commerçante ne peut plus faire face à ses paiements.

2 Les causes facultatives

a Le placement du mandant en tutelle ou curatelle

587 — Primauté de la mesure judiciaire de protection. Lorsque le mandant est placé en tutelle ou en curatelle par le juge des tutelles, le mandat de protection future prend, en principe, fin sauf décision contraire du juge qui ouvre la mesure (C. civ., art. 483, 2°). En fin de compte, la mesure de protection judiciaire, pourtant soumise au principe de subsidiarité, l'emporte sur l'instrument conventionnel.

> « Le mandat de protection future mis à exécution prend fin par le placement en curatelle de la personne protégée sauf décision contraire du juge qui ouvre la mesure », Cass. 1re civ., 12 janv. 2011 : D. 2011, p. 1204, note Noguéro D. – V. dans le même sens, Cass. 1re civ., 29 mai 2013 : D. 2013, p. 1815.

b La révocation judiciaire du mandataire

588 — Causes de révocation judiciaire du mandataire. Selon l'article 483, 4° du Code civil, la révocation du mandat de protection future peut être prononcée par le juge des tutelles lorsque :
- les conditions de l'article 425 du Code civil (altération des facultés mentales ou corporelles du mandant l'empêchant de pourvoir seul à ses intérêts) ne sont pas remplies ;
- les règles du droit commun de la représentation ou celles relatives aux droits et devoirs respectifs des époux sont suffisantes pour qu'il soit pourvu aux intérêts de la personne par son conjoint avec qui la communauté de vie n'a pas cessé ;
- l'exécution du mandat est de nature à porter atteinte aux intérêts du mandant.

589 — Saisine du juge. Selon la loi, « tout intéressé » peut saisir le juge des tutelles d'une demande en révocation du mandat de protection future (C. civ., art. 483, 4°). La formule légale englobe notamment le mandant, les membres de sa famille (descendants, ascendants, conjoint...), ses créanciers, etc.

SECTION 4 La protection hybride : la nouvelle habilitation familiale

590 — Genèse et philosophie. La loi du 16 février 2015 portant simplification et modernisation du droit et de la procédure dans les domaines de la justice et des affaires intérieures ayant autorisé le gouvernement à légiférer dans trois domaines distincts du droit de la famille (divorce, administration légale et droit de la protection juridique des majeurs), une ordonnance a été adoptée à cette fin le 15 octobre 2015. Comportant trois parties principales, son chapitre 3 consacre dans notre droit une nouvelle mesure de protection des majeurs vulnérables appelée habilitation familiale. Cette dernière permet au juge d'autoriser les proches d'une personne hors d'état de manifester sa volonté de la représenter lorsqu'ils sont en mesure de pourvoir seuls à ses intérêts, et ce, sans avoir à se soumettre au formalisme qui s'impose lors de l'ouverture d'une mesure de protection judiciaire (tutelle, curatelle ou sauvegarde de justice). Il s'agit de donner effet aux accords intervenus au sein de la famille pour assurer la préservation de l'un de ses membres (rapport au président de la République, 16 oct. 2015). L'habilitation familiale est donc une mesure de protection juridique qui vient compléter les mesures de protection légale (tutelle, curatelle et sauvegarde de justice) et la mesure conventionnelle de protection (mandat de protection future).

Ordonnance n° 2015-1288 du 15 octobre 2015 : JO 16 oct. 2015, n° 0240, p. 19304.

591 — Dispositif. Entrée en vigueur le 1er janvier 2016, l'habilitation familiale issue de l'ordonnance du 15 octobre 2015 est régie par les articles 494-1 et suivants nouveaux du Code civil. Les modalités d'application de cette nouvelle mesure ont été précisées dans un décret d'application du 23 février 2016. L'habilitation familiale a été retouchée par la loi du 18 novembre 2016 de modernisation de la justice du XXIe siècle afin d'intégrer dans le dispositif le conjoint de la personne à protéger, lequel en avait été exclu au départ.

Décret n° 2016-185 du 23 février 2016 : JO 25 févr. 2016, n° 0047.

Loi n° 2016-1547 du 18 novembre 2016 de modernisation de la justice du XXIe siècle.

592 — Caractère hybride. La nouvelle habilitation familiale est une mesure hybride puisque, d'un côté, elle emprunte aux mesures judiciaires de protection et, de l'autre, elle se rapproche d'une mesure conventionnelle. Comme les mesures de protection légale, elle est soumise aux principes de nécessité, de subsidiarité et de proportionnalité et est prononcée par un juge – le juge des tutelles en l'occurrence. Ainsi, l'article 494-2 du Code civil précise, dans sa rédaction issue de la loi du 18 novembre 2016, que « l'habilitation familiale ne peut être ordonnée par le juge qu'en cas de nécessité et lorsqu'il ne peut être suffisamment pourvu aux intérêts de la personne par l'application des règles du droit commun de la représentation, de celles relatives aux droits et devoirs respectifs des époux et des règles des régimes matrimoniaux, en particulier celles prévues aux articles 217, 219, 1426 et 1429, ou par les stipulations du mandat de protection future conclu par l'intéressé. » Son aspect conventionnel ressort du fait que l'habilitation familiale repose sur un consensus familial.

V. notamment Maria I., « L'habilitation familiale, une nouvelle de protection qui doit faire ses preuves », Dr. famille janv. 2016, dossier spécial, n° 5 ; Raoul-Cormeil G., « L'habilitation familiale : une tutelle adoucie, en la forme et le fond », D. 2015, 2335.

593 — Plan général. Il s'agira ici de présenter cette nouvelle habilitation familiale dans ses grandes lignes, en s'intéressant à sa délivrance (I) et à sa fin (II).

I La délivrance de l'habilitation familiale

594 — Plan détaillé. L'habilitation familiale, qui vise à protéger l'intéressé (A), est, à l'issue d'une procédure d'habilitation (B), délivrée par le juge des tutelles (C).

A La personne protégée

595 — Caractéristiques de la personne protégée. L'habilitation familiale vise à protéger une personne hors d'état de manifester sa volonté, en raison d'une altération, médicalement constatée, soit de ses facultés mentales, soit de ses facultés corporelles (C. civ., art. 494-1 nouveau, renvoyant à C. civ., art. 425). Il peut s'agir d'une personne majeure, d'un mineur émancipé ou même d'un mineur non émancipé. Dans ce dernier cas, la demande peut être introduite et jugée dans la dernière année de sa minorité ; la mesure ne prend toutefois effet que du jour de sa minorité (C. civ., art. 494-3, al. 2 nouveau, renvoyant à C. civ., art. 429).

B La procédure d'habilitation

596 — Plan détaillé. La procédure d'habilitation implique d'apporter des précisions s'agissant du juge compétent et de sa saisine (1), du contenu de la requête (2) et de l'instruction de la demande (3).

1 Le juge : compétence et saisine

a Le juge compétent

597 — Quel juge ? Le juge compétent pour délivrer l'habilitation familiale est le juge des tutelles du tribunal d'instance de la résidence habituelle de la personne à protéger (CPC, art. 1260-1 et 1260-2 ; COJ, art. L. 221-9, 5°).

b La saisine du juge

598 — Les personnes pouvant saisir le juge. La liste des personnes ayant qualité pour saisir le juge d'une requête aux fins d'ouverture d'une habilitation familiale a été limitativement dressée par les rédacteurs de l'ordonnance du 15 octobre 2015, par un renvoi à l'article 1er, I, 2° de la loi du 16 février 2015 (C. civ., art. 494-3, al. 1er). Il s'agit ainsi des ascendants, descendants, frères et sœurs, partenaire de pacs ou concubin (au sens de C. civ., art. 515-8) de la personne à protéger. Il faut ajouter à cette liste le procureur de la République, à la demande de l'une des personnes précitées (C. civ., art. 494-3, al. 1er). Et depuis la loi du 18 novembre 2016 de modernisation de la justice du XXIe siècle, le conjoint de la personne à protéger peut aussi saisir le juge d'une demande d'habilitation familiale. Au final, les personnes autorisées à demander l'ouverture d'une habilitation familiale sont donc moins nombreuses que celles pouvant demander l'ouverture d'une mesure judiciaire telle qu'une tutelle ou une curatelle (par comparaison avec C. civ., art. 430).

599 — Intégration du conjoint dans le dispositif par la loi du 18 novembre 2016. Initialement, le conjoint de la personne à protéger ne pouvait pas saisir le juge d'une requête aux fins d'ouverture d'une habilitation familiale. L'exclusion du conjoint avait été justifiée par le fait que ce dernier peut agir sur d'autres fondements, notamment, depuis la loi du 13 juillet 1965, sur la base de l'article 219 du Code civil qui lui permet de solliciter une habilitation auprès du juge lorsque son époux est hors d'état de manifester sa volonté. Les auteurs avaient néanmoins mis en évidence, à juste titre, que l'habilitation judiciaire de l'article 219 a un objet plus restreint (car exclusivement patrimonial) que l'habilitation familiale de l'article 494-1, qui peut aussi tendre à protéger *la personne*. L'exclusion du conjoint ayant donc été massivement critiquée par la doctrine, le texte a été corrigé par la loi du 18 novembre 2016 de modernisation de la justice du XXIe siècle de manière à intégrer le conjoint dans le dispositif. Depuis le 20 novembre 2016 (date d'entrée en vigueur de la nouvelle disposition), le conjoint de la personne à protéger peut déposer auprès du juge une requête aux fins d'ouverture d'une habilitation familiale (v. C. civ., art. 494-1 nouveau)

Loi n° 2016-1547 du 18 novembre 2016 de modernisation de la justice du XXIe siècle : JO 19 nov. 2016.

Lecture conseillée : Verheyde T., « L'habilitation familiale retouchée », AJ fam. 2016, p. 588.

2 Le contenu de la requête

600 — Obligations légales. La requête aux fins d'ouverture d'une habilitation familiale doit obligatoirement être accompagnée d'un certificat d'un médecin ayant examiné la personne à protéger. Ce médecin doit impérativement être choisi sur la liste des médecins experts (laquelle est établie par le procureur de la République). Il peut lui-même solliciter l'avis du médecin traitant de la personne qu'il y a lieu de protéger (C. civ., art. 494-3 nouveau, renvoyant à C. civ., art. 431). Le certificat médical doit notamment décrire de manière précise l'altération des facultés de l'intéressé.

3 ▌ L'instruction de la demande

601 — Formalisme légal. Le juge des tutelles doit procéder à l'audition de la personne à protéger. Il peut toutefois, par décision spécialement motivée et avis d'un médecin, décider qu'il n'y a pas lieu de procéder à l'audition de l'intéressé « si celle-ci est de nature à porter atteinte à sa santé ou s'il est hors d'état d'exprimer sa volonté » (C. civ., art. 494-4 nouveau, renvoyant à C. civ., art. 432). La personne à protéger peut être accompagnée de son avocat ou, avec l'accord du juge, par toute autre personne de son choix. S'il l'estime opportun, le juge peut entendre les personnes visées à l'article 494-1 du Code civil (ascendant, descendant, frère ou sœur, époux, partenaire de pacs ou concubin de la personne à protéger). Après les avoir entendus ou recueilli leurs observations par courrier, il doit s'assurer de l'adhésion ou, à défaut, de l'absence d'opposition « des proches mentionnés à l'article 494-1 qui entretiennent des liens étroits et stables avec la personne ou qui manifestent de l'intérêt à son égard » (C. civ., art. 494-4, al. 2). Leur adhésion (ou absence d'opposition) doit porter sur la mesure d'habilitation, d'une part, et sur le choix de la personne habilitée, d'autre part.

Le conjoint de la personne à protéger étant, depuis la loi du 18 novembre 2016 de modernisation de la justice du XXIe siècle, explicitement visé par l'article 494-1 du Code civil, il fait donc partie de ceux dont le juge recueille l'adhésion, ce qui est on ne peut plus logique.

C ▌ L'habilitation familiale délivrée par le juge

602 — Plan détaillé. La portée de l'habilitation (1) ainsi que la ou les personnes habilitées par le juge (2) sont quelques-unes des précisions qui doivent figurer dans le jugement d'habilitation (3).

1 ▌ La portée de l'habilitation familiale

603 — Portée variable de l'habilitation familiale. La personne habilitée peut représenter la personne protégée ou passer un ou des actes en son nom afin d'assurer la sauvegarde de ses intérêts (C. civ., art. 494-1). L'habilitation peut être soit générale, c'est-à-dire porter sur l'ensemble des actes relatifs aux biens de la personne à protéger et à sa personne, soit spéciale. Dans ce dernier cas, elle porte seulement sur un ou plusieurs de ces actes.

604 — Actes relatifs au patrimoine et/ou à la personne. Le juge des tutelles peut autoriser la personne habilitée à accomplir un ou plusieurs actes que le tuteur a le pouvoir d'accomplir, seul ou avec une autorisation, sur les biens de la personne protégée (C. civ., art. 494-6 nouveau).

Il est important de souligner que la personne habilitée ne peut accomplir un acte de disposition à titre gratuit qu'avec l'autorisation du juge des tutelles (C. civ., art. 494-6).

605 — Actes relatifs à la personne. Pour cette catégorie d'actes, l'habilitation familiale s'exerce dans le respect des articles 457-1 à 459-2 du Code civil. Il en résulte notamment que l'accomplissement des actes dont la nature juridique implique un consentement strictement personnel ne peut jamais donner lieu à assistance ou représentation de la personne protégée. La liste de ces actes strictement personnels est dressée à l'article 458, alinéa 2 du Code civil, lequel vise « la déclaration de naissance d'un enfant, sa reconnaissance, les actes de l'autorité parentale relatifs à la personne d'un enfant, la déclaration du choix ou du changement de nom d'un enfant et le consentement donné à sa propre adoption ou à celle de son enfant ».

2 La personne habilitée

606 — Énumération légale. La personne habilitée par le juge des tutelles à représenter l'intéressé doit être choisie par ses ascendants, ses descendants, ses frères et sœurs, son époux, partenaire de pacs ou son concubin. Le juge peut habiliter une ou plusieurs de ces personnes. La personne habilitée exerce sa mission à titre gratuit.

3 Le jugement d'habilitation

607 — Contenu du jugement. Le jugement doit :
- désigner la ou les personnes habilitées ;
- fixer l'étendue de l'habilitation (générale ou spéciale) ;
- préciser la durée de celle-ci. À cet égard, la loi indique que lorsque l'habilitation donnée est générale, sa durée est limitée à 10 ans, étant précisé que son renouvellement est possible mais subordonné à certaines conditions, notamment la production d'un certificat médical circonstancié (C. civ., art. 494-6, al. 7). Lorsque l'habilitation est spéciale, elle est valable jusqu'à l'accomplissement des actes visés dans l'habilitation.

608 — Publicité du jugement. L'article 494-6, alinéa 8 du Code civil prévoit, dans sa rédaction issue de l'ordonnance du 15 octobre 2015, que « les jugements accordant, modifiant, ou renouvelant une habilitation générale font l'objet d'une mention en marge de l'acte de naissance, selon les conditions prévues à l'article 444 du Code civil ». Ainsi, une publicité spéciale sur l'acte de naissance de l'intéressé n'est prévue par la loi que lorsque l'habilitation familiale délivrée par le juge est générale.

II La fin de l'habilitation familiale

609 — Incidents pendant l'habilitation. Pendant la durée de l'habilitation, l'une des personnes mentionnées à l'article 494-1 du Code civil ou le procureur de la République peuvent saisir le juge des tutelles des « difficultés qui pourraient survenir pendant la mise en œuvre du dispositif ». Ainsi saisi, le juge peut modifier l'étendue de l'habilitation ou y mettre fin (C. civ., art. 494-10 nouveau).

610 — Causes de cessation. L'habilitation familiale prend fin par l'une des causes prévues par l'article 494-11 du Code civil, à savoir :
- le décès de la personne à l'égard de qui l'habilitation familiale a été délivrée ;
- le placement de l'intéressé sous sauvegarde de justice, curatelle ou tutelle ;
- l'absence de renouvellement à l'expiration du délai fixé (l'habilitation prend alors fin de plein droit) ;
- l'accomplissement des actes pour lesquels l'habilitation avait été délivrée ;
- la mainlevée de l'habilitation familiale. Celle-ci est prononcée par le juge à la demande de l'une des personnes mentionnées à l'article 494-1 du Code civil (ascendants de la personne protégée, ses descendants, ses frères et sœurs, son époux, son partenaire de pacs ou son concubin) ou du procureur de la République « lorsqu'il s'avère que les conditions de l'habilitation ne sont plus réunies ou lorsque l'exécution de l'habilitation familiale est de nature à porter atteinte aux intérêts de la personne protégée ».

PARTIE 2

La famille

CHAPITRE 1

Le concubinage

611 — Définition du concubinage. Le terme « concubinage » vient du latin *cum cubare*, qui signifie « coucher ensemble ». Il désigne le fait, pour deux personnes, d'entretenir une relation stable et continue et de vivre ensemble. On parle également d'union libre. Pendant longtemps, le concubinage a été défini par la jurisprudence, tant civile qu'administrative. Puis, le législateur a pris le relais à l'occasion de la loi du 15 novembre 1999 relative au pacte civil de solidarité.

> « Le concubinage est une union de fait, caractérisée par une vie commune présentant un caractère de stabilité et de continuité, entre deux personnes, de sexe différent ou de même sexe, qui vivent en couple » (C. civ., art. 515-8).

612 — Plan du chapitre. Pour appréhender juridiquement le concubinage, il est nécessaire, après en avoir retracé l'histoire (section 1), de préciser ses conditions d'existence (section 2) et ses effets (section 3). Il est aussi utile de présenter les conventions de concubinage (section 4).

SECTION 1 Introduction au droit du concubinage

613 — Existence du concubinage en droit romain. Celui-ci faisait du concubinage une union certes inférieure au mariage, mais une union néanmoins régulière.

614 — Hostilité au concubinage en ancien droit. Dans l'ancien droit, les relations charnelles hors mariage étaient considérées comme contraires aux bonnes mœurs. À cette époque où la religion catholique était particulièrement influente, tout était donc fait pour inciter les concubins à se séparer.

615 — Encouragement du concubinage en droit intermédiaire. Pendant cette courte période, l'hostilité à l'égard du concubinage a cessé. Opposés au mariage et avides de liberté, les révolutionnaires ont presque encouragé le concubinage.

616 — Ignorance du concubinage dans le Code Napoléon. En 1804, les rédacteurs du Code civil ont pris, eux, le parti d'ignorer purement et simplement le concubinage. Napoléon a eu cette phrase demeurée célèbre : « les concubins se passent de la loi, la loi se désintéresse des concubins ». Dès lors, aucune disposition du Code Napoléon ne traitait du concubinage, lequel ne produisait aucun effet juridique.

617 — Appréhension du concubinage par le législateur moderne. Marginal pendant tout le XIXe siècle et jusqu'au milieu du XXe siècle, le concubinage s'est développé dans les faits à partir de 1960. Il a ainsi fait naître des questions au plan juridique. Dans le silence de la loi, la jurisprudence a donc été amenée à dégager, peu à peu, les règles juridiques applicables au concubinage. Le législateur moderne a, lui, refusé d'appréhender globalement ce phénomène et de doter les concubins d'un statut. Il n'a saisi ce fait que de manière parcellaire. Par exemple, la loi du 15 novembre 1999 relative au pacs s'est contentée de définir le concubinage.

618 — Le concubinage dans les faits. En 1980, on comptait dans la société française un million de couples non mariés. En 2011, selon les statistiques de l'Insee, plus de 5 millions de personnes – en France métropolitaine – vivaient en concubinage.

SECTION 2 L'existence du concubinage

619 — Plan de section. Il importe de savoir quels sont les éléments requis pour qu'une relation soit qualifiée de concubinage (I). Il est également utile de préciser comment celui-ci peut être prouvé (II).

I Les éléments constitutifs du concubinage

620 — Concubinage : conditions requises, condition indifférente. L'existence d'une vie commune, stable et continue, est nécessaire à la qualification de concubinage (B). En revanche, le sexe des concubins est, depuis l'entrée en vigueur de la loi du 15 novembre 1999, indifférent (A). C'est ce qui ressort de la définition posée dans l'article 515-8 du Code civil, issu de la loi du 15 novembre 1999.

A La condition indifférente au concubinage : le sexe des concubins

621 — Refus de la Cour de cassation du concubinage homosexuel. Au départ, la jurisprudence civile considérait que les concubins devaient nécessairement être de sexes différents. En effet, la Cour de cassation avait jugé dans un arrêt rendu en 1989 que le concubinage ne peut concerner « qu'un couple constitué d'un homme et d'une femme ».

Cass. soc., 11 juill. 1989 : JCP 1990, 21553, concl. Dorwling-Carter.

622 — Refus du Conseil d'État du concubinage homosexuel. Le Conseil d'État avait, lui aussi, refusé de connaître le concubinage homosexuel, mais à titre prospectif (c'est-à-dire dans une décision rendue après la loi du 15 novembre 1999 mais se prononçant sur le droit antérieur). Dans un arrêt de 2001, il avait, en effet, affirmé que le concubinage ne pouvait concerner « qu'un couple constitué d'un homme et d'une femme ».

CE, 4 mai 2001 : D. 2002, p. 537.

623 — Admission légale du concubinage homosexuel. Depuis la loi du 15 novembre 1999, le concubinage peut concerner tant un couple hétérosexuel qu'homosexuel (v. C. civ., art. 515-8). Cette loi a donc écarté la condition de différences de sexes, brisant ainsi la jurisprudence antérieure.

Loi n° 99-944 du 15 novembre 1999 relative au pacte civil de solidarité : JO 16 nov. 1999, n° 265, p. 16959.

B Les conditions indispensables au concubinage : une vie commune, stable et continue

624 — Éléments requis pour le concubinage. Selon l'article 515-8 du Code civil, deux conditions sont imposées pour qu'une relation puisse être qualifiée de concubinage : une vie commune doit exister entre deux personnes physiques et celle-ci doit répondre à des exigences de stabilité et de continuité.

1 L'existence d'une vie commune

625 — Contenu de la vie commune en concubinage. L'existence d'une vie commune entre deux personnes est la condition centrale du concubinage. Selon la doctrine, la notion de vie commune inclut une communauté de toit et une communauté de lit. Les concubins sont donc des personnes qui habitent ensemble et qui entretiennent des relations sexuelles l'une avec l'autre. De simples cohabitants ne sont pas considérés comme des concubins.

2 Les caractéristiques de la vie commune

626 — Stabilité et continuité de la vie commune en concubinage. En imposant que la vie commune des concubins soit stable et continue, la loi du 15 novembre 1999 a consacré la jurisprudence antérieure.

Selon la Cour de cassation, le concubinage ne pouvait résulter « que d'une relation stable et continue ayant l'apparence du mariage », Cass. 1re civ., 17 déc. 1997 : D. 1998, 111, concl. Weber, note Aubert.

627 — Durée de la vie commune en concubinage appréhendée par le législateur. La durée de la vie commune, exigée pour que le concubinage puisse ouvrir des droits, est parfois précisée par le législateur lui-même. Elle varie selon les domaines. Elle est, par exemple, de 1 an en matière de bail d'habitation (L. 6 juill. 1989, art. 14 et 15). Elle était de 2 ans en matière d'assistance médicale à la procréation jusqu'à la loi du 7 juillet 2011.

En effet, des lois de bioéthique du 29 juillet 1994 jusqu'à la réforme du 7 juillet 2011, il était inscrit dans le Code de la santé publique que les concubins qui souhaitaient bénéficier d'une technique d'assistance médicale à la procréation, devaient être en mesure de justifier d'une vie commune d'au moins 2 ans (CSP, art. L. 2141-2 ancien). Cette exigence a été supprimée à l'occasion de la loi n° 2011-814 du 7 juillet 2011 relative à la bioéthique : JO 8 juill. 2011, n° 0157, p. 11826.

628 — Durée de la vie commune en concubinage appréhendée par les juges du fond. Lorsque la loi ne précise rien, ce sont alors les juges du fond qui tranchent la question de savoir si la vie commune est ou a été suffisamment stable et continue, pour que la relation puisse être qualifiée de concubinage.

Pour un refus de qualifier la relation de concubinage, Cass. crim., 5 oct. 2010 : Dr. famille 2011, Comm. n° 1, obs. Larribau-Terneyre V.

II La preuve du concubinage

629 — Intérêt de la preuve du concubinage. Comme le concubinage produit parfois des effets de droit – il permet, par exemple, de bénéficier de la sécurité sociale de son concubin –, certaines personnes peuvent avoir intérêt à le prouver. C'est bien évidemment le cas des concubins eux-mêmes, mais aussi quelquefois des tiers, comme les créanciers des concubins.

630 — Preuve du concubinage en droit. Les règles applicables à cet égard sont relativement simples. Le concubinage étant un fait juridique, sa preuve est libre et peut donc être rapportée par tous moyens, notamment par des témoignages et présomptions.

631 — Preuve du concubinage dans les faits. S'est développée la pratique dite des « certificats de concubinage ». Ceux-ci sont délivrés par les mairies (du lieu du domicile des concubins), sur la foi généralement des déclarations des intéressés eux-mêmes. Ils n'ont pas de valeur juridique.

SECTION 3 Les effets du concubinage

632 — Plan de section. Il est nécessaire de distinguer les effets qui se produisent en cours de concubinage (I) et à l'occasion de sa rupture (II).

I Les effets pendant le concubinage

633 — Des effets juridiques mais pas de statut général du concubinage. Le concubinage ne constituant qu'une simple union de fait, il ne bénéficie d'aucun statut général organisé par la loi comparable à celui qui existe pour le mariage ou, à un degré moindre, pour le pacs (A). Néanmoins, il produit des effets juridiques en certains domaines (B).

A L'absence de statut conjugal pour les concubins

1 L'indépendance personnelle des concubins

634 — Pas de devoir de fidélité ou d'assistance en concubinage. Le concubinage ne produit pas les effets personnels qui découlent du mariage. Ainsi, les concubins ne se doivent ni fidélité, ni assistance alors que ces devoirs existent entre époux (C. civ., art. 212). La cour d'appel de Rennes, dans un arrêt du 5 mai 2015, a ainsi jugé que « la situation de concubinage (...) ne génère aucune obligation de fidélité propre au mariage ».

CA Rennes, 5 mai 2015 : Dr. famille 2015, Comm. n° 140, note Binet J.-R.

635 — Devoir de respect en concubinage. S'agissant du devoir de respect – auxquels les époux sont tenus (C. civ., art. 212) –, des auteurs considèrent que, même si la loi n'en prévoit rien, il s'applique aussi au concubinage dans la mesure où il n'est pas spécifique au mariage.

636 — Impossibilité de prendre le nom de son concubin. Contrairement à un époux qui peut, pendant le mariage, porter le nom de son conjoint à titre d'usage (C. civ., art. 225-1), un concubin ne dispose pas de cette faculté. Pendant le concubinage, chaque concubin garde son nom.

2 L'indépendance pécuniaire des concubins

637 — Pas d'obligation de contribuer aux charges du concubinage. À la différence des époux tenus de contribuer aux charges du mariage (C. civ., art. 214), les concubins ne sont pas obligés, selon la jurisprudence, de contribuer aux charges de leur union de fait. Chaque concubin doit donc supporter les frais qu'il a engagés, sans pouvoir se retourner contre l'autre, sauf si un accord en ce sens a été passé entre eux.

Cass. 1re civ., 19 mars 1991 : Bull. civ. I, n° 92.
Cass. 1re civ., 28 nov. 2006 : Bull. civ. I, n° 517.

638 — Pas de solidarité ménagère en concubinage. Contrairement aux époux (C. civ., art. 220), les concubins ne sont pas tenus, selon la jurisprudence, de répondre solidairement, à l'égard des tiers, des dettes dites ménagères. Il n'existe donc pas de solidarité entre concubins pour la dette de loyer notamment, sauf si le bail a été souscrit au nom des deux concubins.

Cass. 1re civ., 27 avr. 2004 : Bull. civ. I, n° 113.
« Les dettes ménagères sont celles qui ont pour objet l'entretien du ménage ou l'éducation des enfants » (C. civ., art. 220, al. 1er).

639 — Absence de régime matrimonial en concubinage. À la différence des époux (C. civ., art. 1387), les concubins ne sont soumis à aucun régime matrimonial. Chaque concubin reste propriétaire des biens qu'il possédait avant le concubinage. Il en est en principe de même pour les biens qu'un concubin acquiert pendant le concubinage, sauf hypothèse particulière d'un achat en indivision.

640 — Acquisition d'un bien en indivision par les concubins. Les concubins peuvent, néanmoins, acquérir un bien ensemble pendant le concubinage. Dans ce cas, le bien est alors réputé indivis. En principe, la quote-part sur le bien de chaque concubin est proportionnelle à sa participation au financement de l'opération et est indiquée dans l'acte d'acquisition. Si rien n'est indiqué dans l'acte, le bien est alors présumé indivis par moitié.

L'indivision est un mécanisme juridique par lequel deux ou plusieurs personnes sont propriétaires ensemble d'un même bien, sans qu'il y ait de division matérielle de leurs parts.

3 L'absence d'incidence du concubinage en matière de filiation

641 — Adoption conjointe interdite en concubinage. Le concubinage ne permet pas au couple d'adopter conjointement un enfant. En effet, en l'état actuel du droit, seuls deux époux peuvent adopter ensemble un enfant (C. civ., art. 343 et 346, al. 1er).

642 — Pas de présomption de paternité en concubinage. Le concubinage n'est pas pris en compte pour l'établissement de la filiation. Alors qu'il existe en mariage une présomption de paternité qui établit automatiquement la paternité du mari à l'égard de l'enfant dont sa femme accouche (C. civ., art. 312), il n'existe pas d'équivalent en concubinage. Le concubin doit donc, s'il veut établir sa paternité à l'égard de l'enfant, le reconnaître ou lui conférer la possession d'état.

643 — Exercice conjoint de l'autorité parentale en concubinage. Une fois établie la filiation de l'enfant issu du concubinage, ses père et mère exercent, en principe, en commun l'autorité parentale (C. civ., art. 372, al. 1er). Néanmoins, il convient de souligner que cet exercice conjoint de l'autorité parentale est un effet, non du concubinage, mais de la filiation.

B Les effets épars du concubinage

644 — Effets sociaux, fiscaux et civils du concubinage. Quelques législations ont, à certains égards, pris en considération le concubinage, acceptant ainsi de lui faire produire des effets de droit. C'est le cas en matière sociale et dans les domaines fiscal et civil.

1 Les règles spéciales du droit social

645 — Prise en compte fréquente du concubinage en droit social. Le bénéfice de la sécurité sociale (prestation maladie, maternité, etc.) a été progressivement ouvert aux concubins. Le droit de la sécurité sociale prévoit aussi que les ressources du concubin sont prises en considération pour calculer l'allocation en faveur des adultes handicapés (AAH) ainsi que l'allocation solidarité aux personnes âgées (ASPA).

2 Les règles spéciales du droit fiscal

646 — Non prise en compte du concubinage pour l'impôt sur le revenu. Les concubins font leur déclaration d'impôts sur le revenu séparément. Chacun d'eux remplit sa propre déclaration d'impôts sur le revenu et reçoit un avis d'imposition distinct. Les concubins paient donc l'impôt séparément. S'ils ont des enfants mineurs ensemble, ceux-ci peuvent être, soit comptés à la charge de l'un des parents, soit répartis entre les deux parents (un même enfant ne pouvant être compté deux fois).

647 — Prise en compte du concubinage pour l'impôt de solidarité sur la fortune. Contrairement aux règles applicables pour l'impôt sur le revenu, le concubinage est pris en considération pour calculer l'assiette de l'impôt de solidarité sur la fortune (ISF). Le fait de réunir les deux patrimoines des concubins permet, en effet, d'atteindre plus facilement le seuil d'imposition à l'ISF (1 300 000 euros en 2015).

3 Les règles spéciales du droit civil

648 — Règles civiles communes au concubinage et au mariage. Il est possible d'extraire de la législation civile des dispositions dans lesquelles le législateur donne aux concubins des droits identiques à ceux des époux.

649 — Continuation du bail d'habitation au profit du concubin. Il est prévu dans l'article 14 de la loi du 6 juillet 1989 relative aux baux d'habitation, qu'en cas d'abandon du domicile par le preneur, le contrat de bail continue au profit de son concubin dès lors que le concubinage était notoire et qu'il existait depuis au moins un an à la date de l'abandon du domicile.

> Loi n° 89-462 du 6 juillet 1989 tendant à améliorer les rapports locatifs et portant modification de la loi n° 86-1290 du 23 décembre 1986 : JO 8 juill. 1989, p. 8541.

650 — Reprise du logement par le propriétaire au profit de son concubin. L'article 15 de la loi du 6 juillet 1989 relative aux baux d'habitation précise que le bailleur peut donner congé au locataire pour reprendre le logement, pour lui ou au profit de son conjoint, de la personne avec laquelle il est lié par un pacs ou encore de son concubin notoire depuis un an.

Loi n° 89-462 du 6 juillet 1989 tendant à améliorer les rapports locatifs et portant modification de la loi n° 86-1290 du 23 décembre 1986 : JO 8 juill. 1989, p. 8541.

651 — Accès à l'assistance médicale à la procréation en concubinage. Les concubins dès lors qu'ils sont de sexe différent, peuvent bénéficier d'une assistance médicale à la procréation (AMP) dans les mêmes conditions qu'un couple hétérosexuel marié. Depuis la loi du 7 juillet 2011, ils n'ont plus à prouver qu'ils vivent ensemble depuis au moins 2 ans. Ils doivent uniquement établir qu'ils remplissent bien les conditions légales pour bénéficier d'une assistance médicale à la procréation (CSP, art. L. 2141-2). Selon ce texte, l'AMP a pour objet de remédier à l'infertilité d'un couple ou d'éviter la transmission à l'enfant ou à un membre du couple d'une maladie d'une particulière gravité.

Loi n° 2011-814 du 7 juillet 2011 relative à la bioéthique : JO 8 juill. 2011, n° 814, p. 11826.

652 — Concubin tuteur ou curateur. Depuis le 1er janvier 2009 (date d'entrée en vigueur de la loi du 5 mars 2007 portant réforme de la protection juridique des majeurs), un concubin peut être désigné tuteur ou curateur de son concubin (C. civ., art. 449, al. 1er).

Loi n° 2007-308 du 5 mars 2007 portant réforme de la protection juridique des majeurs : JO 7 mars 2007, n° 56, p. 4325.

653 — Protection en cas de violences en concubinage. La loi du 9 juillet 2010 relative aux violences conjugales et/ou familiales a étendu aux couples de concubins, un dispositif civil applicable en cas de violences, lequel était jusqu'alors réservé aux couples mariés (C. civ., art. 515-9 à 515-13).

Loi n° 2010-769 du 9 juillet 2010 relative aux violences faites spécifiquement aux femmes, aux violences au sein des couples et aux incidences de ces dernières sur les enfants : JO 10 juill. 2010, n° 0158, p. 12762. Il est à noter que certaines dispositions de cette loi ont été modifiées par la loi du 4 août 2014 – pour l'égalité réelle entre les femmes et les hommes – de manière à renforcer la lutte contre ce fléau.

II | Les effets à la fin du concubinage

654 — Émergence de problèmes juridiques à la fin du concubinage. La fin du concubinage n'est pas réglementée par la loi. Pourtant, c'est à ce moment-là que l'absence de statut des concubins se fait le plus cruellement ressentir. Les tribunaux ont donc été saisis d'un certain nombre de difficultés, lesquelles conduisent à envisager deux hypothèses : la rupture volontaire du concubinage (A) et le décès du concubin (B).

A La rupture volontaire du concubinage

655 — Principales difficultés en cas de rupture volontaire du concubinage. En cas de rupture volontaire du concubinage, deux difficultés peuvent émerger. L'une a trait à l'indemnisation du concubin délaissé, l'autre concerne la liquidation des intérêts pécuniaires des concubins.

1 L'indemnisation du concubin délaissé

656 — Demandes d'indemnisation du concubin délaissé. Dès le début du xxe siècle, les tribunaux français ont été saisis de la question de savoir si un concubin qui est délaissé après des années de concubinage peut, au moment de la rupture, être indemnisé par celui qui l'abandonne.

657 — Principe de la liberté de rupture du concubinage. La jurisprudence juge de manière constante que, les concubins n'étant liés par aucun lien de droit, ils peuvent en principe rompre librement. Dès lors, le fait pour l'un des concubins de rompre n'est pas à lui seul constitutif d'une faute de nature à engager sa responsabilité.

> « Une telle situation, essentiellement précaire et instable, était susceptible de se modifier à la seule volonté de l'un des concubins », Civ., 9 juill. 1935 : DH 1935, 444.

> « Attendu que la rupture d'un concubinage ne constitue pas, en elle-même, une faute susceptible d'ouvrir droit à des dommages-intérêts », Cass. 1re civ., 31 janv. 1978 : Bull. civ. I, n° 39.

658 — Limite : rupture abusive du concubinage. Le principe de la liberté de rompre le concubinage a néanmoins été atténué par la jurisprudence. Celle-ci admet de sanctionner la rupture abusive d'un concubinage lorsque les conditions d'application de la responsabilité délictuelle de droit commun – à savoir une faute, un préjudice et un lien de causalité – sont remplies (C. civ., art. 1382 ancien ; C. civ., art. 1240 nouveau, depuis l'ordonnance du 10 février 2016 portant réforme du droit des contrats, du régime général et de la preuve des obligations, entrée en vigueur le 1er octobre 2016).

> Cass. 1re civ., 29 nov. 1977 : Gaz. Pal. 1978, 2, 345, note Massip J.

659 — Preuves à rapporter en cas de rupture abusive du concubinage. Pour obtenir des dommages et intérêts de la part de celui qui a rompu le concubinage, le concubin délaissé doit établir qu'une faute a été commise et qu'il a subi un préjudice du fait de la rupture.

660 — Faute découlant des circonstances de la rupture du concubinage. Selon la jurisprudence, la faute peut résulter des circonstances de la rupture. Elle est par exemple caractérisée, lorsqu'un concubin a brutalement rompu après de longues années de concubinage. En revanche, le fait d'abandonner sa concubine enceinte ne constitue pas nécessairement une faute.

Départ du concubin sans concertation après 40 ans de vie commune, Cass. 1re civ., 3 janv. 2006 : JCP G 2006, I, 199, n° 7, obs. Bosse-Platière H. ; AJ fam. 2006, 11, obs. Chénedé F.

661 — Faute liée au comportement pendant le concubinage. Selon les juges, la faute peut aussi découler du comportement adopté par le concubin pendant la vie commune. Commet ainsi une faute celui qui avait fait à sa concubine une promesse fallacieuse de mariage. De la même façon, une faute peut être constituée lorsqu'un concubin avait incité sa concubine à arrêter de travailler pendant la vie commune, avant de l'abandonner ensuite sans ressources.

Promesse fallacieuse de mariage, Cass. 1re civ., 7 oct. 1957 : D. 1958, 493, note Savatier.

Incitation à arrêter de travailler, Cass. 1re civ., 7 avr. 1998 : Dr. famille 1998, Comm. n° 81, note Lécuyer H. ; RTD civ. 1998, p. 884, obs. Hauser J.

662 — Préjudice subi à la rupture du concubinage. Il peut être soit moral, soit matériel. Le préjudice matériel a été, par exemple, retenu dans une espèce où un concubin avait invité sa concubine « à le suivre et à venir s'installer à Biarritz, après lui avoir interdit de travailler et s'être formellement engagé à subvenir à ses besoins ».

Cass. 1re civ., 29 nov. 1977 : Bull. civ. I, n° 449 ; Gaz. Pal. 1978, 2, 345, note Massip J.

2 La liquidation des intérêts pécuniaires des concubins

663 — Émergence d'une communauté d'intérêts pendant le concubinage. Des intérêts pécuniaires et patrimoniaux communs se créent naturellement pendant le concubinage, surtout lorsque celui-ci s'installe dans la durée. Il arrive, en effet, fréquemment que les concubins mettent en commun des ressources pour acquérir un bien. Il n'est pas rare non plus que les concubins paient indifféremment les dettes du ménage.

664 — Mésentente des concubins. Si les concubins ne sont pas capables de s'entendre lors de leur rupture, leur différend est alors tranché en justice. Depuis la loi du 12 mai 2009 portant simplification et clarification du droit, le juge aux affaires familiales est compétent pour connaître « de la liquidation et du partage des intérêts patrimoniaux (...) des concubins, sauf en cas de décès ou de déclaration d'absence » (COJ, art. L. 213-3). Cette loi est entrée en vigueur le 1er janvier 2010. Auparavant, c'est le TGI qui était compétent.

Loi n° 2009-526 du 12 mai 2009 de simplification et de clarification du droit et d'allégement des procédures : JO 13 mai 2009, n° 0110, p. 7920.

665 — Règles applicables en cas de désaccord des concubins. Comment le juge liquide-t-il les intérêts patrimoniaux des concubins ? Ces derniers n'étant soumis à aucun régime matrimonial, le droit des régimes matrimoniaux ne peut donc être appliqué. Les juges ont alors recours à des mécanismes issus du droit commun, parmi lesquels la société créée de fait et l'enrichissement sans cause.

a La société créée de fait

666 — Notion de société créée de fait appliquée au concubinage. Il arrive parfois que des concubins se comportent dans les faits comme les associés d'une société alors même qu'ils n'en ont pas créé une officiellement. C'est par exemple le cas lorsqu'ils ont exploité ensemble un fonds de commerce appartenant juridiquement à l'un d'eux. Dans cette hypothèse, la qualification de société créée de fait peut être retenue.

667 — Avantage de la société créée de fait en cas de rupture du concubinage. Lorsque le concubinage cesse, la société créée de fait est alors liquidée comme l'est une société « classique » : après règlement du passif social, l'actif social est partagé entre les ex-concubins au prorata de leurs apports respectifs.

668 — Conditions de la société créée de fait en concubinage. L'existence de la société créée de fait implique, selon la jurisprudence, la réunion de trois éléments :
- chacun des concubins doit avoir réalisé un apport, lequel peut être fait notamment en argent, mais aussi en travail ;
- il doit exister un *affectio societatis*, c'est-à-dire une intention des concubins de collaborer sur un pied d'égalité à l'élaboration d'un projet commun ;
- les concubins doivent avoir manifesté l'intention de participer tant aux pertes qu'aux bénéfices de la société.

669 — Preuve de la société créée de fait au moment de la rupture du concubinage. La preuve des trois éléments de la société créée de fait (apports, *affectio societatis* et intention de participer aux pertes et bénéfices sociaux) doit nécessairement être rapportée par celui des concubins qui s'en prévaut. Or, la jurisprudence fait preuve à cet égard de sévérité : elle impose, de manière constante, que chacun des trois éléments soit prouvé de manière distincte. Autrement dit, la preuve d'un élément ne peut être déduite de la preuve d'un autre.

Cass. com., 23 juin 2004 (2 arrêts) : D. 2004, p. 2969, obs. Vigneau D.

Cass. 1re civ., 4 juin 2007 : Dr. famille 2007, Comm. n° 185, obs. Larribau-Terneyre V.

670 — Acquisition par un concubin du logement de la famille : une société créée de fait ? Si la société créée de fait est surtout invoquée dans le domaine professionnel, des ex-concubins ont aussi tenté de s'en prévaloir lorsqu'ils avaient mis en commun leurs ressources pour que l'un d'eux acquière un immeuble destiné à loger la famille. En 1997, la Cour de cassation avait reconnu l'existence d'une société créée de fait dans ce contexte. Mais dans un arrêt plus récent rendu en 2010, la Haute Juridiction a semblé exclure cette possibilité.

Cass. 1re civ., 11 févr. 1997 : Bull. civ. I, n° 46.

Cass. 1re civ., 20 janv. 2010 (1re espèce) : Dr. famille 2010, Comm. n° 35, obs. Larribau-Terneyre V.

671 — Solution alternative : l'enrichissement sans cause. Si les juges refusent de reconnaître l'existence de la société créée de fait, le concubin lésé peut alors tenter d'obtenir une indemnisation sur le fondement de l'enrichissement sans cause.

b L'enrichissement sans cause

672 — Construction prétorienne de l'enrichissement sans cause. La théorie de l'enrichissement sans cause – dite action *de in rem verso* – a été admise par la Cour de cassation dans le célèbre arrêt Boudier, rendu par la chambre des requêtes le 15 juin 1892 dans les termes suivants : l'action *de in rem verso* « dérive du principe d'équité qui défend de s'enrichir au détriment d'autrui et n'a été réglementée par aucun texte de nos lois ». Cette technique a été consacrée par la loi tardivement, à l'occasion de l'ordonnance du 10 février 2016 portant réforme du droit des contrats, du régime général et de la preuve des obligations, entrée en vigueur le 1er octobre 2016. Désormais dénommé « enrichissement injustifié », ce mécanisme est depuis réglementé dans les articles 1303 et suivants du Code civil.

Req., 15 juin 1892 : DP 1892, I, p. 596.

673 — Enrichissement sans cause appliqué au sein de la famille. Au départ cantonnée au droit des obligations, la théorie de l'enrichissement sans cause a été appliquée, à partir des années 1980, dans les relations de famille. À partir de 1995, elle a été invoquée avec succès à l'occasion de ruptures de concubinage.

Cass. 1re civ., 4 juill. 1995, nº 93-19205.

674 — Collaboration à l'exploitation du fonds du concubin. La Cour de cassation a, par exemple, admis en 1996 que la collaboration, sans rétribution, de la concubine à l'exploitation du fonds de commerce de son concubin, qui se distingue d'une participation aux dépenses communes du couple, implique par elle-même un appauvrissement de celle-ci et un enrichissement de celui-là, ce qui rend recevable la demande fondée sur l'enrichissement sans cause.

Cass. 1re civ., 15 oct. 1996 : Bull. civ. I, nº 357, p. 250.

675 — Enrichissement sans cause et contribution normale aux charges de l'union de fait. Selon la jurisprudence, les charges normales de la vie courante ne peuvent être réclamées sur le fondement de l'enrichissement sans cause, par un concubin à l'autre concubin au moment de la rupture du concubinage.

« Aucune disposition légale ne réglant la contribution des concubins aux charges de la vie commune, chacun d'eux doit, en l'absence de volonté exprimée à cet égard, supporter les dépenses de la vie courante qu'il a exposées. Dès lors, l'un des concubins ne peut être condamné sur le fondement de l'enrichissement sans cause à rembourser à l'autre la moitié desdites dépenses engagées durant la cohabitation », Cass. 1re civ., 28 nov. 2006 : AJ fam. 2007, 33, obs. Chénedé F.

676 — Enrichissement sans cause et contribution excessive aux charges de l'union de fait. Selon la jurisprudence, l'action fondée sur l'enrichissement sans cause est ouverte, lors de la rupture du concubinage, pour les charges qui ont excédé les besoins de la vie courante. En effet, la Cour de cassation a jugé en 2008 que peuvent donner lieu à une indemnisation sur le fondement de l'enrichissement sans cause « les travaux réalisés et les frais exceptionnels engagés par un concubin dans l'immeuble de sa concubine qui excèdent par leur ampleur une participation normale aux charges de la vie commune ».

Cass. 1re civ., 24 sept. 2008 : D. 2009, p. 140, note Lemouland J.-J. ; RLDC 2008/3427, note Bernard-Xémard C. (1re espèce).

677 — Intérêt personnel du concubin appauvri. Dans un autre arrêt rendu le même jour en 2008, la Cour de cassation a rejeté l'action fondée sur l'enrichissement sans cause dans une espèce où un concubin avait financé les travaux de rénovation réalisés dans l'immeuble de sa concubine avec l'intention de s'y installer. La Cour de cassation a considéré que le concubin avait ici agi dans son intérêt personnel. Dès lors, son appauvrissement avait une cause et ne pouvait donc donner lieu à indemnisation.

> Cass. 1re civ., 24 sept. 2008 : D. 2009, p. 140, note Lemouland J.-J. ; RLDC 2008, 3427, note Bernard-Xémard C. (2e espèce).

678 — Frein jurisprudentiel actuel à l'indemnisation lors de la rupture du concubinage. Si les mécanismes de la société créée de fait et de l'enrichissement sans cause/injustifié peuvent être invoqués lors de la rupture du concubinage, la Cour de cassation entend, depuis quelques années, freiner l'exercice de ces deux actions. C'est ce qui ressort de plusieurs de ces arrêts.

> Synthèse : Larribau-Terneyre V., « Enrichissement sans cause et société de fait ne sont pas les mamelles du concubinage », Dr. famille 2010, Comm. n° 3.

B Le décès d'un concubin

679 — Interrogations juridiques liées au décès d'un concubin. Le décès d'un concubin soulève, sur le plan juridique, essentiellement deux types de questions. Le survivant peut-il engager la responsabilité du tiers qui a causé le décès de son concubin ? Le droit des successions et des libéralités protège-t-il les concubins ?

1 L'engagement de la responsabilité de l'auteur du décès

680 — Droit d'action du concubin survivant ? Lorsque le décès de l'un des concubins a été causé par la faute d'un tiers, le concubin survivant peut-il obtenir réparation en engageant la responsabilité civile de l'auteur de l'accident sur le fondement de l'actuel article 1240 du Code civil (C. civ., art. 1382 ancien) ? La position de la Cour de cassation sur ce sujet a évolué au cours du XXe siècle.

681 — Refus jurisprudentiel d'un droit d'action du concubin. En 1937, la chambre civile de la Cour de cassation avait, de manière sévère, dénié au concubin survivant le droit d'agir, au motif que les relations de concubinage « ne peuvent, à raison de leur irrégularité même, présenter la valeur d'intérêts légitimes, juridiquement protégés ». Dès lors, ne pouvant se prévaloir d'un intérêt légitime juridiquement protégé, le concubin survivant n'avait pas le droit d'engager la responsabilité de l'auteur de l'accident.

Civ., 27 juill. 1937 : DP 1938, 1, p. 5.

682 — Refus jurisprudentiel du droit d'action du concubin, contesté. La solution inaugurée par la Cour de cassation en 1937 refusant le droit d'agir en responsabilité au concubin survivant avait donné lieu à un vif débat tant en doctrine qu'en jurisprudence. En effet, il avait notamment été invoqué que l'article 1382 du Code civil (actuel C. civ., art. 1240) n'impose pas l'existence d'un lien de droit entre le défunt et le demandeur en indemnisation.

683 — Admission par la chambre criminelle du droit d'action du concubin. En 1958, la chambre criminelle de la Cour de cassation a consacré une solution différente de celle retenue par la chambre civile en 1937. Elle a, en effet, admis l'action civile formée par la concubine du défunt dès lors que le concubinage était suffisamment stable et n'impliquait pas de relations adultères.

Cass. crim., 26 juin 1958 : Gaz. Pal. 2e partie, p. 160.

684 — Admission par une chambre mixte du droit d'action du concubin. Amenée à trancher la divergence de position entre les chambres civile et criminelle de la Cour de cassation, une chambre mixte s'est finalement prononcée, dans l'arrêt *Dangereux* rendu le 27 février 1970, en faveur du droit d'action du concubin survivant. Selon elle, l'article 1382 du Code civil ordonnant que l'auteur de tout fait ayant causé un dommage à autrui soit tenu de le réparer (actuel C. civ., art. 1240), n'exige pas, en cas de décès, l'existence d'un lien de droit entre le défunt et le demandeur en indemnisation. Le défaut de lien de droit entre les concubins ne s'oppose donc pas à ce que le concubin survivant intente une action en responsabilité contre l'auteur du décès.

Ch. mixte, 27 févr. 1970, Dangereux : D. 1970, 201, note Combaldieu.

685 — Solution étendue au concubinage adultère. En 1975, la Cour de cassation a admis qu'une action en responsabilité intentée sur le fondement de l'article 1382 (actuel C. civ., art. 1240) par le concubin survivant contre l'auteur du décès de l'autre concubin peut être engagée en présence d'un concubinage entaché d'adultère. Il y a adultère lorsque l'un des concubins est engagé dans les liens du mariage avec une tierce personne.

Cass. crim., 19 juin 1975 : D. 1975, 679, note Tunc A.

686 — Solution étendue au concubinage homosexuel. Des juges du fond ont, quant à eux, jugé qu'un concubin homosexuel peut engager sur le fondement de l'article 1382 (actuel C. civ., art. 1240), la responsabilité de celui qui a, par sa faute, provoqué la mort de son concubin.

TGI Belfort, 25 juill. 1995 : JCP G 1996, II, 22724, obs. Paulin C.

2 Le concubinage confronté au droit des successions et des libéralités

a L'absence de droits successoraux du concubin survivant

687 — Absence de droits successoraux légaux découlant du concubinage. Les concubins ne sont pas appelés par la loi à hériter l'un de l'autre en cas de décès. Contrairement à l'époux survivant (C. civ., art. 756 et s.), le concubin survivant n'a aucun droit légal dans la succession de son concubin prédécédé.

688 — Absence de droit sur le logement pour le concubin survivant. À la différence du conjoint ou même du partenaire survivant, le concubin survivant ne dispose en principe d'aucun droit sur le logement occupé du temps du concubinage. Le contrat de bail d'habitation peut seulement, en cas de décès du preneur, être transmis à son concubin notoire dès lors qu'il vivait avec lui depuis au moins un an à la date du décès (L. 6 juill. 1989, art. 14).

689 — Organisation des obsèques du concubin. Il est admis en jurisprudence que le concubin survivant a le droit d'organiser les obsèques du prédécédé, dès lors que le concubinage a été stable. Et lorsqu'une opposition survient sur l'organisation des funérailles du défunt entre sa famille par le sang et son concubin, les juges ont tendance à la trancher en faveur du second.

690 — Recours aux libéralités entre concubins. Pour ne pas se retrouver financièrement trop démunis en cas de décès, les concubins ont un intérêt évident à se consentir réciproquement des libéralités, à savoir des donations (actes entre vifs) ou des legs (actes à cause de mort).

b L'intérêt des libéralités entre concubins

691 — Annulation des libéralités entre concubins pour cause illicite. Au départ, la jurisprudence annulait certaines libéralités que se consentaient des concubins, étant précisé que le concubinage se doublait dans les faits très souvent d'adultère. L'annulation intervenait sur le fondement de l'article 1133 du Code civil qui, au titre des conditions de validité des conventions, imposait une cause licite, c'est-à-dire une cause qui n'était, ni prohibée par la loi, ni contraire aux bonnes mœurs ou à l'ordre public.

L'article 1133 du Code civil a été supprimé par l'ordonnance n° 2016-131 du 10 février portant réforme du droit des contrats, du régime général et de la preuve des obligations, dont les dispositions sont entrées en vigueur le 1er octobre 2016.

692 — Cause des libéralités annulées entre concubins. La Cour de cassation considérait, au début du XXe siècle, que lorsque la libéralité était inspirée par le désir du disposant d'assurer « soit la formation, la continuation ou la reprise des rapports immoraux, soit leur rémunération », sa cause était alors illicite. La libéralité était donc annulée. En revanche, la libéralité entre concubins était jugée valable lorsqu'elle avait pour cause la reconnaissance de l'un des concubins pour l'aide que lui avait apportée l'autre pendant sa maladie. Autrement dit, la Cour de cassation se livrait en la matière à une analyse subjective de la cause.

693 — Contexte favorable à un revirement jurisprudentiel en matière de libéralités entre concubins. L'évolution des mœurs et la meilleure acceptation sociale du concubinage ont conduit la Cour de cassation à procéder à un revirement de jurisprudence, lequel a été fait en deux étapes, en 1999 et 2004.

694 — Reconnaissance limitée de la validité des libéralités entre concubins. Le 3 février 1999, la Cour de cassation a commencé par juger que « n'est pas contraire aux bonnes mœurs la cause de la libéralité dont l'auteur entend maintenir la relation adultère qu'il entretient avec le bénéficiaire ». Elle a ainsi censuré des juges d'appel qui avaient prononcé la nullité de la libéralité consentie par un homme marié à sa maîtresse. Inaugurée en 1999, la solution a ensuite été réaffirmée en 2000 et 2002.

Cass. 1re civ., 3 févr. 1999, in *Grands arrêts de la jurisprudence civile*, Dalloz, 12e éd., 2011, t. 1, n° 28-29 (I).

Cass. 1re civ., 16 mai 2000 : Defrénois 2000, art. 37229, n° 55, obs. Massip J.

Cass. 1re civ., 29 janv. 2002 : Defrénois 2002, art. 37458, n° 22, obs. Massip J.

695 — Pleine reconnaissance de la validité des libéralités entre concubins. Le 29 octobre 2004, l'Assemblée plénière de la Cour de cassation a affirmé que « n'est pas nulle comme ayant une cause contraire aux bonnes mœurs, la libéralité consentie à l'occasion d'une relation adultère ». En l'espèce, le testateur était âgé de 95 ans. Sa concubine avait 64 ans de moins que lui. Et le legs universel qu'il lui avait consenti visait à rémunérer les faveurs de sa concubine. La Cour de cassation s'est refusée à en prononcer la nullité.

Cass. ass. plén., 29 oct. 2004, Galopin, in *Grands arrêts de la jurisprudence civile*, Dalloz, 13e éd., 2015, t. 1, nº 30.

696 — Validité des libéralités entre concubins adultères, critiquée en doctrine. La jurisprudence qui fait produire des effets à une libéralité consentie à l'occasion d'un concubinage entaché d'adultère est massivement critiquée en doctrine. Des auteurs lui reprochent de réduire la notion de bonnes mœurs dans les libéralités, à une peau de chagrin. Ils lui font également grief de vider de sa substance le devoir de fidélité qui s'impose pourtant entre époux (C. civ., art. 212).

V. par exemple, Leveneur L., Contrats, conc. consom. 2005, nº 40.

697 — Régime juridique des donations entre concubins. Ces donations ont nécessairement pour objet des biens présents puisque les donations de biens futurs ne sont possibles qu'entre époux. Elles produisent donc leurs effets du vivant du donateur. Conformément au principe de solennité posé en droit français, les donations que se consentent les concubins doivent, normalement, être faites par acte notarié (C. civ., art. 931). Elles sont, en principe, irrévocables, sauf dans les trois cas prévus dans l'article 953 du Code civil : ingratitude du donataire à l'égard du donateur, inexécution des charges, survenance d'enfant du donateur.

698 — Régime juridique des legs entre concubins. Le legs, en tant que disposition contenue dans un testament, produit ses effets au décès du testateur. Comme en droit commun, le legs qu'un concubin consent à l'autre peut être un legs universel, à titre universel ou à titre particulier (C. civ., art. 1002, al. 1er). Si le concubin laisse à son décès des héritiers réservataires, la libéralité consentie à son concubin ne pourra empiéter sur leur réserve héréditaire (C. civ., art. 913 et 914-1).

Les héritiers réservataires sont des personnes à qui la loi attribue automatiquement une part minimale du patrimoine du défunt. En droit français, sont héritiers réservataires les descendants du défunt ou son conjoint survivant à défaut de descendants.

SECTION 4 Les conventions de concubinage

699 — Objet des conventions de concubinage. Lorsqu'un concubinage s'installe dans la durée, les concubins peuvent vouloir organiser leur vie commune en élaborant une convention dite de concubinage. Ces conventions nées à l'étranger sont aujourd'hui fréquentes dans certains pays (pays nordiques, États-Unis, Québec) mais encore mal connues en France.

700 — Validité des conventions de concubinage. En 2006, la Cour de cassation a jugé que les conventions de concubinage ne contreviennent ni à l'ordre public, ni aux bonnes mœurs. Elles respectent ainsi les prescriptions de l'article 6 du Code civil et sont donc valables.

Cass. 1re civ., 20 juin 2006 : Dr. famille 2006, Comm. n° 155, obs. Larribau-Terneyre V.

701 — Intérêt des conventions de concubinage. En l'absence de statut global du concubinage, ces conventions, peu utilisées pour l'instant, auraient intérêt à être développées. En effet, elles pourraient constituer, dans certains cas, des modes préventifs de règlement des litiges, ce qui permettrait d'éradiquer une partie du contentieux - important - ayant trait au concubinage.

I Les avantages de la convention de concubinage

702 — Compenser l'absence de statut du concubinage. Ces conventions permettent aux concubins de compenser contractuellement certains des désagréments découlant de l'absence de statut global du concubinage, ce qui présente des avantages tant pendant la vie commune qu'au moment de la rupture.

703 — Organiser la vie commune du concubinage. Pendant leur vie commune, la convention de concubinage peut, par exemple, permettre aux concubins de répartir contractuellement entre eux les charges de la vie commune. Elle peut aussi leur servir à acquérir un bien en indivision ou en tontine. Les concubins peuvent également insérer dans la convention de concubinage des dispositions relatives à leurs enfants communs (pactes parentaux).

L'indivision est un mécanisme juridique par lequel deux ou plusieurs personnes sont propriétaires ensemble d'un même bien, sans qu'il y ait de division matérielle de leurs parts.

La tontine est une clause qui permet d'attribuer au survivant des cocontractants, la propriété de la totalité du bien.

704 — Organiser la rupture du concubinage. La convention de concubinage peut aussi avoir pour objet d'organiser les conséquences matérielles de la rupture du concubinage. À cet égard, la Cour de cassation a jugé en 2008 que la somme promise par un concubin à sa concubine était cohérente avec son affectation et proportionnée tant aux facultés respectives du promettant qui reprenait sa liberté, qu'au bouleversement matériel et moral que la rupture causait aux conditions d'existence de sa concubine.

Cass. 1re civ., 20 févr. 2008 : AJ fam. 2008, p. 208.

II Les précautions entourant la rédaction de la convention de concubinage

705 — Recours recommandé à un praticien pour la convention de concubinage. Des précautions particulières sont à prendre lors de l'élaboration des conventions de concubinage. En effet, souvent mal connues, ces conventions, soumises au droit commun des contrats, ne sont pas toujours bien élaborées. Aussi, il est préférable de s'adresser à un praticien (notaire, avocat...), lequel maîtrise les règles fondamentales à l'élaboration d'une « bonne » convention.

706 — Conventions de concubinage ayant un objet interdit. Les conventions de concubinage ne peuvent avoir pour objet d'organiser les relations personnelles des concubins. Par exemple, la convention par laquelle des concubins s'engageraient à perpétuité serait nulle. De la même manière, serait frappée de nullité la convention par laquelle les concubins s'assujettiraient au devoir de fidélité.

707 — Conventions de concubinage devant respecter la liberté de rompre. Dans un arrêt rendu le 20 juin 2006, la Cour de cassation a annulé la clause d'une convention par laquelle les concubins avaient fixé la contribution à l'entretien des enfants à un montant forfaitaire égal à la moitié des revenus du concubin, au motif notamment qu'elle constituait « par son caractère particulièrement contraignant un moyen de dissuader un concubin de toute velléité de rupture contraire au principe de la liberté individuelle ».

Cass. 1re civ., 20 juin 2006 : Dr. famille 2006, Comm. n° 155, obs. Larribau-Terneyre V.

708 — Licéité discutée de certaines conventions de concubinage. Certains auteurs doutent du caractère licite d'une convention de concubinage par laquelle des concubins se feraient appliquer tous les effets patrimoniaux du mariage ou du pacs, en évacuant leurs effets personnels. Pour eux, une telle convention constituerait une atteinte au monopole de l'État d'organiser la vie de couple.

709 — Insuccès des conventions de concubinage. Malgré leurs avantages indéniables, les conventions de concubinage restent pour l'heure peu exploitées. C'est sans doute parce que pour beaucoup de concubins, union libre doit rimer avec non-droit. Nombreuses sont donc les personnes qui, plutôt que d'élaborer une convention de concubinage, préfèrent s'engager dans un pacs.

Le pacte civil de solidarité (pacs)

710 — Création du pacs. Le pacte civil de solidarité, dit pacs, a été instauré par la loi du 15 novembre 1999. Il y est défini comme « un contrat conclu par deux personnes physiques majeures, de sexe différent ou de même sexe, pour organiser leur vie commune » (C. civ., art. 515-1).

Loi n° 99-944 du 15 novembre 999 relative au pacte civil de solidarité : JO 16 nov. 1999, n° 265, p. 16959.

711 — Plan du chapitre. Avant d'évoquer la formation (section 2), les effets (section 3) et la dissolution du pacs (section 4), il convient de le présenter en s'intéressant à sa genèse, sa naissance et ses premières années de vie (section 1).

SECTION 1 Histoire du pacs

712 — Plan de section. Après une gestation et une naissance en 1999 difficiles (I), le pacs, modernisé en 2006, connaît depuis cette date un indéniable succès (II).

I Gestation difficile et naissance au forceps

713 — Revendications des couples homosexuels. La gestation du pacs a été longue et difficile. Tout est parti, dans les années 1980, des revendications des homosexuels désireux que des droits soient reconnus aux couples de personnes de même sexe. En France, ces sollicitations ont rencontré de fortes résistances. La Cour de cassation avait, par exemple, jugé en 1989 qu'un couple ne peut être constitué que d'un homme et d'une femme.

Cass. soc., 11 juill. 1989 (2 arrêts) : JCP 1990, II, 21553, concl. Dorwling-Carter.

714 — Avancées législatives européennes en matière d'égalité des droits des couples homosexuels. À l'étranger, ont été mis en place à partir de 1989 des systèmes de partenariats en faveur des couples homosexuels (L. 1989 au Danemark, L. 1993 en Norvège, L. 1994 en Suède pour ne citer que les pays précurseurs).

Les partenariats sont des instruments réglementant le statut des couples non mariés.

715 — Fédérer les aspirations en faveur du pacs. À cette même période, de nouvelles aspirations animaient certains couples hétérosexuels qui voulaient s'engager l'un à l'égard de l'autre, mais sans pour autant se fondre dans le traditionnel moule du mariage. A ainsi émergé l'idée de construire un cadre juridique ouvert à la fois aux couples homosexuels en quête de droits et aux couples hétérosexuels rebutés par l'institution du mariage.

716 — Violence des débats parlementaires liés au pacs. Les débats parlementaires précédant l'adoption de la loi du 15 novembre 1999, portant création du pacte civil de solidarité, ont été passionnés, comme le prouvent notamment les amendements (plus de mille !) déposés au cours de la discussion parlementaire. Nombreux étaient effectivement les opposants au pacs, brandissant tant la morale que le droit.

717 — Opposants au pacs par la morale. Certaines personnes n'acceptaient pas l'idée que des couples homosexuels puissent accéder à un statut légal leur ouvrant droits et obligations. Ainsi, Mme Christine Boutin avait développé à l'Assemblée nationale, son argumentaire anti-pacs pendant plus de 5 heures, allant même jusqu'à brandir la Bible dans l'hémicycle.

718 — Opposants au pacs par le droit. D'autres personnes ne contestaient pas l'objectif même du pacs qui consistait à offrir un statut légal aux couples homosexuels. Mais elles faisaient valoir que le pacs tel qu'il était envisagé dans la loi de 1999 était un instrument inadapté, notamment sur le terrain du droit des contrats et des biens.

Beignier B., Dr. famille déc. 1999, n° hors série « Le pacs », n° 9, p. 31.

719 — Élaboration insatisfaisante de la loi de 1999 sur le pacs. Les juristes n'ayant pas été concertés à l'occasion de la préparation de la loi du 15 novembre 1999, cette dernière a été jugée lacunaire, obscure et parfois même incohérente. Ainsi, Monsieur Philippe Malaurie écrivait en 1999 : « Rarement un texte aussi important pour l'avenir de la société française a été aussi peu préparé, aussi déficient et sera appliqué à la va-vite. La priorité des priorités (!) aura pour effet l'improvisation des improvisations ».

Malaurie P., Dr. famille déc. 1999, n° hors série « Le pacs », n° 8, p. 30 ;
Malaurie P. et Fulchiron H., *La famille*, 5e éd., 2016, Defrénois.

720 — Réécriture de la loi de 1999 sur le pacs par le Conseil constitutionnel. Saisi sur le fondement de l'article 61 de la Constitution d'un contrôle classique de constitutionnalité (donc opéré avant la promulgation de la loi), le Conseil constitutionnel a, à l'occasion de sa décision n° 99-419 rendue le 9 novembre 1999, précisé de nombreuses dispositions de la loi du 15 novembre 1999. Monsieur Nicolas Molfessis a considéré que le Conseil constitutionnel avait ainsi réécrit la loi.

Cons. const., 9 nov. 1999, n° 99-419 DC : JO 16 nov. 1999, p. 16962.

Molfessis N., « Pacte civil de solidarité. La réécriture de la loi relative au pacs par le Conseil constitutionnel », JCP G 2000, I, 210.

721 — Réécriture de la loi de 1999 sur le pacs, critiquée. Des auteurs ont estimé que, plutôt que de réécrire ainsi la loi, le Conseil constitutionnel aurait dû invalider le texte. Ainsi, selon Monsieur François Terré, le Conseil constitutionnel « a abusé de ses pouvoirs ». Eu égard aux nombreuses réserves d'interprétation qu'il a formulées, il aurait dû annuler globalement le texte.

Terré F., « Histoire d'une loi », in Dr. famille déc. 1999, n° hors-série « Le pacs », n° 7, p. 29.

II Premières années de vie du pacs

722 — Critiques de la loi de 1999 sur le pacs. Malgré les apports de la décision rendue par le Conseil constitutionnel le 9 novembre 1999, le pacs a été, sur le plan technique, massivement critiqué par la doctrine. En outre, les couples homosexuels ont rapidement reproché au pacs de ne pas leur ouvrir suffisamment de droits. La nécessité de réformer le pacs s'est donc très vite fait sentir. La réforme a eu lieu en 2006.

A Le pacs modifié

723 — Réforme du pacs en 2006. Une réforme en profondeur du pacte civil de solidarité a été opérée par la loi du 23 juin 2006 réformant le droit des successions et des libéralités. Ses décrets d'application ont été pris le 23 décembre 2006. Cette loi est entrée en vigueur le 1er janvier 2007.

Loi n° 2006-728 du 23 juin 2006 portant réforme des successions et des libéralités : JO 24 juin 2006, n° 145, p. 9513.

724 — Lacunes de la réforme du pacs. La loi du 23 juin 2006 n'a pas réglé toutes les difficultés en matière de pacs, tant s'en faut. Par exemple, elle n'a pas tranché le point de savoir quelle loi est applicable aux partenariats enregistrés en présence d'intéressés de nationalités différentes. C'est la loi du 12 mai 2009 de simplification et de clarification du droit et d'allégement des procédures qui l'a fait (C. civ., art. 515-7-1 nouveau).

725 — Points forts de la réforme du pacs. La loi du 23 juin 2006 a néanmoins indéniablement amélioré le pacs, en enrichissant ses effets personnels, en modifiant ses règles de publicité et en réformant tant le statut que le fonctionnement du régime des biens des partenaires.

De Banalcazar, S., « Éloge de la raison juridique, ou la remontée des enfers », Dr. famille 2007, étude n° 2.

726 — Évolution de la nature juridique du pacs en 2006. La loi du 23 juin 2006 a aussi contribué à faire évoluer la nature juridique du pacs. Conçu comme un contrat par la loi du 15 novembre 1999, le pacs s'est ensuite rapproché de l'institution, à tel point que certains auteurs l'ont qualifié de « quasi-mariage ».

Simler P. et Hilt P., « Le nouveau visage du pacs : un quasi-mariage », JCP G 2006, I, 161.

727 — Rapprochements législatifs entre pacs et mariage. Après 2006, d'autres lois ont un peu attiré le pacs vers le mariage. Par exemple, la loi du 5 mars 2007 portant réforme de la protection juridique des majeurs, a permis au partenaire d'être nommé tuteur ou curateur, comme un époux peut l'être. La loi du 1er juillet 2010 portant réforme du crédit à la consommation a davantage calqué la solidarité ménagère entre partenaires sur le régime de la solidarité légale applicable aux époux. La loi du 9 juillet 2010 a étendu aux partenaires le dispositif civil applicable en cas de violences conjugales ou familiales, jusqu'alors réservé aux couples mariés.

728 — Rapprochement opéré par la loi du 18 novembre 2016. Dans la continuité de ces rapprochements, il a également été suggéré de faire entrer le pacs en mairie, à l'instar du mariage. Ainsi, la commission dite Guinchard avait, par exemple, proposé en 2008 de faire célébrer le pacs par un officier de l'état civil. Cette proposition, reprise dans le projet de loi sur la justice du XXIe siècle présenté en juillet 2015 devant le Conseil des ministres par le garde des Sceaux de l'époque Jean-Jacques Urvoas, a finalement été concrétisée, en partie par la loi du 18 novembre 2016 de modernisation de la justice du XXIe siècle.

Commission sur la répartition du contentieux présidée par le recteur Guinchard S., *L'Ambition raisonnée d'une justice apaisée*, La Documentation française, 2008. V. aussi, Labbée X., « Pacs, encore un tout petit effort », AJ fam. 2007, n° 11, p. 8.

Loi n° 2016-1547 du 18 novembre 2016 de modernisation de la justice du XXIe siècle : JO 19 nov. 2016.

B ▌ Le pacs plébiscité

729 — Chiffres sur le pacs. Au début, le pacs a séduit, mais beaucoup moins que prévu. À partir de 2007, un cap important est franchi. Le nombre de pacs enregistrés chaque année passe la barre des 100 000 et augmente selon une progression beaucoup plus importante. Depuis 2009, 2 pacs pour 3 mariages sont approximativement conclus chaque année.

Année	Nombre de pacs enregistrés
2000	22 271 pacs
2003	31 570
2006	77 347
2007	101 999
2008	146 000
2009	174 523 (pour 251 478 mariages)
2010	205 558
2011	152 169
2012	160 639 (pour 245 930 mariages)
2013	168 126 pacs (pour 238 592 mariages)
2014	173 469 pacs (pour 240 825 mariages)
2015	173 728 pacs (pour 241 292 mariages)

En 2016, 188 947 pacs ont été enregistrés (dont 16 % chez le notaire).

Insee, statistiques de l'état civil ; SDSE, fiches détails, pacs.

SECTION 2 La formation du pacs

730 — Plan de section. La formation du pacs est soumise à des conditions de fond (I) et de forme (II). S'agissant des premières, le pacs se rapproche du mariage. S'agissant des secondes, il s'en distingue.

I ▌ Les conditions de fond du Pacs

731 — Proximité de fond entre pacs et mariage. À l'instar du mariage, la formation d'un pacs implique de remplir une condition physiologique (A), des conditions dites contractuelles (B) et sociologiques (C).

A La condition physiologique du pacs

732 — Une seule condition physiologique pour le pacs. Si la formation du mariage a longtemps été subordonnée à plusieurs conditions physiologiques, celle du pacs n'en a toujours connu qu'une. En effet, les personnes qui désirent contracter un pacs doivent « seulement » avoir atteint l'âge de la majorité civile. Peu importe, en revanche, le sexe des partenaires.

1 L'exigence de la majorité

733 — Être majeur lors du pacs. L'article 515-1 du Code civil réserve explicitement le pacs « aux personnes physiques majeures ». Tant qu'une personne n'a pas atteint l'âge de 18 ans, elle ne peut donc se pacser. Même émancipé, un mineur ne peut se pacser. Et aucune exception n'est admise. Une différence se manifeste avec le mariage puisqu'en droit français un mineur peut, à titre d'exception, être autorisé à se marier (C. civ., art. 145).

2 L'indifférence de la sexualité

734 — Pas de différence de sexes imposée dans le pacs. La sexualité des partenaires est indifférente aux yeux du législateur français. Ainsi, l'article 515-1 du Code civil prévoit que le pacs peut être conclu par deux personnes « de sexe différent ou de même sexe ». Le pacs est donc ouvert aux couples homosexuels, sans leur être néanmoins réservé. C'est également le cas du mariage depuis la loi du 17 mai 2013, laquelle a ouvert cette institution aux couples de personnes de même sexe.

735 — Pacs homosexuels et hétérosexuels. Institué au départ pour les couples homosexuels, le pacs a paradoxalement toujours davantage attiré les couples hétérosexuels. Par exemple, 95 % des pacs enregistrés en 2010 étaient conclus par des couples hétérosexuels. En 2013, ce chiffre atteignait plus de 96 %. Il en était de même en 2016.

B Les conditions contractuelles du pacs

1 Le consentement des partenaires

736 — Rencontre des consentements des partenaires. À l'instar du mariage, le pacs suppose la rencontre du consentement de chacun des deux partenaires. De cette exigence découlent deux conséquences : le consentement des partenaires doit exister et être exempt de tout vice.

a ▮ L'existence d'un consentement au pacs

737 — Organiser une vie commune des partenaires. En contractant un pacs, les partenaires doivent véritablement avoir l'intention d'organiser leur vie commune. Ils ne doivent pas le conclure en vue uniquement de bénéficier de l'un de ses avantages. Si tel est le cas, le pacs est alors fictif.

738 — Définition et sanction des pacs fictifs. Le pacs fictif est un pacs contracté par des partenaires qui n'ont aucunement la volonté d'organiser une vie commune entre eux, mais qui souhaitent seulement bénéficier de l'un de ses avantages (par exemple, pacs contracté par des fonctionnaires uniquement dans le but de gagner des points pour obtenir une mutation).

Dans le silence des lois du 15 novembre 1999 et du 23 juin 2006, la doctrine s'accorde à dire que, par application du droit commun des contrats, un pacs fictif doit être frappé de nullité.

b ▮ Un consentement non vicié

739 — Consentement au pacs exempt de vices. Le consentement donné au pacs doit être exempt de tout vice. Dans le silence de la loi, le Conseil constitutionnel a précisé, dans sa décision du 9 novembre 1999, que si le consentement de l'un des partenaires est vicié par une erreur, un dol ou une violence, la nullité du pacs peut alors être demandée sur le fondement des articles 1130 et suivants du Code civil.

Cons. const., 9 nov. 1999, n° 99-419 DC : JO 16 nov. 1999, p. 16962.

Pour les notions d'erreur, de dol et de violence : C. civ., art. 1130 et s. nouveaux (C. civ., art. 1109 et s. anciens).

2 ▮ La capacité des partenaires

740 — Exigences de capacité en matière de pacs. Le pacs étant assimilé par la loi à un contrat (C. civ., art. 515-1), il est logique que s'imposent à ce titre des conditions relatives à la capacité des parties, c'est-à-dire en l'occurrence des partenaires. Celles-ci concernent, d'une part, les mineurs et, d'autre part, les majeurs protégés.

741 — Interdiction du pacs au mineur. Le mineur – qui est, en principe, réputé être un incapable juridique – ne peut contracter un pacs, même s'il est émancipé.

742 — Encadrement juridique du pacs des majeurs protégés. Les règles applicables ont été, en partie, modifiées par la loi du 5 mars 2007 portant réforme de la protection juridique des majeurs, laquelle est entrée en vigueur le 1er janvier 2009.

> Loi n° 2007-308 du 5 mars 2007 portant réforme de la protection juridique des majeurs : JO 7 mars 2007, n° 56, p. 4325.

743 — Pacs d'un majeur en tutelle : condition de fond. Depuis le 1er janvier 2009, le majeur en tutelle peut conclure un pacs à condition d'avoir obtenu une autorisation. Celle-ci est délivrée par le juge, ou le conseil de famille s'il en a été constitué un, « après audition des futurs partenaires et recueil, le cas échéant, de l'avis des parents et de l'entourage » (C. civ., art. 462, al. 1er).

744 — Pacs d'un majeur en tutelle : condition de forme. Outre ces précautions sur le fond, s'ajoute une condition de forme. En effet, le majeur sous tutelle doit être assisté par son tuteur lors de la signature de la convention de pacs (C. civ., art. 462, al. 2). En revanche, aucune assistance, ni représentation ne sont requises lors de la déclaration conjointe de pacs. Cette dernière, prévue par l'article 515-3, est faite au greffe du tribunal d'instance ou devant notaire.

745 — Pacs d'un majeur en curatelle : condition de forme. Depuis le 1er janvier 2009, le majeur en curatelle a le droit de conclure un pacs dès lors qu'est remplie une condition de forme particulière : ce majeur doit être assisté de son curateur lors de la signature de la convention du pacs (C. civ., art. 461, al. 1er).

746 — Pacs d'une personne sous sauvegarde de justice. Aucune règle spécifique n'a été posée par le législateur pour le majeur placé sous sauvegarde de justice. La doctrine en déduit que celui-ci peut librement se pacser dès lors que sont remplies les conditions classiques de formation du pacs.

747 — Sanction du pacs en cas d'incapacité. En cas de non-respect de l'une des règles relatives à la capacité d'un partenaire, la nullité du pacs pourrait être invoquée. Cette sanction n'a pas été explicitement prévue par le législateur. Néanmoins, le pacs étant un contrat, la doctrine s'accorde à dire qu'il est possible de faire application des règles légales du droit commun des obligations. Or, celles-ci prévoient que le contrat passé en violation des règles relatives à la capacité des parties est frappé de nullité (C. civ., art. 1145 et s. nouveaux, C. civ., art. 1123 ancien).

C Les conditions sociologiques du pacs

748 — Conditions liées à l'interdiction de la polygamie et de l'inceste dans le pacs. Le législateur a posé des interdits spécifiques en matière de pacs, lesquels touchent aux prohibitions de la polygamie et de l'inceste. Il a ainsi indéniablement rapproché le pacs du mariage.

1 Les interdits liés à la prohibition de la polygamie

749 — Interdiction de la polygamie dans le pacs. La loi précise tout d'abord que le pacs est conclu entre « deux personnes » (C. civ., art. 515-1), ce qui met en évidence que sont interdits les pacs dits « pluriels ». Dans le même ordre d'idée, la loi énonce que le pacs ne peut être conclu entre deux personnes dont l'une au moins est déjà mariée ou liée par un pacs (C. civ., art. 515-2).

750 — Pacs suivi d'un mariage. Lorsqu'une personne conclut un pacs, elle peut ensuite se marier (soit avec son partenaire, soit avec un tiers). Dans ce cas, le mariage entraîne la résiliation de plein droit du pacs (C. civ., art. 515-7).

2 Les interdits liés à la prohibition de l'inceste

751 — Interdiction de l'inceste dans le pacs. Selon l'article 515-2 du Code civil, il ne peut y avoir de pacs :

- « entre ascendant et descendant en ligne directe ». Ne peuvent donc, entre autres, se pacser ensemble un père et sa fille, une grand-mère et son petit-fils, etc. ;
- « entre alliés en ligne directe ». En conséquence, une belle-mère et son gendre ne peuvent, par exemple, se pacser ;
- « entre collatéraux jusqu'au troisième degré inclus ». Dès lors, un frère et une sœur (qui sont collatéraux au deuxième degré) ne peuvent se pacser l'un avec l'autre. La même interdiction frappe un oncle et sa nièce puisqu'ils sont collatéraux au troisième degré. En revanche, des cousins dits « germains », étant des collatéraux au quatrième degré, peuvent se pacser ensemble.

3 La sanction applicable en cas de non-respect des interdits

752 — Nullité du pacs en cas de non-respect des conditions sociologiques. En cas de non-respect des interdits tenant tant à la polygamie qu'à l'inceste, le pacs est alors frappé de nullité absolue. C'est effectivement en ce sens que s'est prononcé le Conseil constitutionnel dans sa décision du 9 novembre 1999.

Cons. const., 9 nov. 1999, n° 99-419 DC : JO 16 nov. 1999, p. 16962.

II Les conditions de forme du pacs

753 — Déroulement du pacs. Les personnes qui désirent se pacser doivent impérativement conclure une convention de pacs (A). Depuis une loi du 28 mars 2011, la forme de la convention de pacs détermine l'autorité compétente en la matière, laquelle peut être le greffier du tribunal d'instance ou le notaire (B).

A La convention de pacs

754 — Nécessité d'une convention de pacs. Les intéressés doivent commencer par conclure une convention de pacs, laquelle est obligatoire (C. civ., art. 515-3, al. 3). Cette convention peut être faite, soit par acte sous seing privé (forme autorisée depuis L. 15 nov. 1999), soit par acte notarié (forme admise depuis L. 23 juin 2006).

755 — Objet de la convention de pacs. De manière générale, la convention de pacs a pour objet d'organiser la vie commune des partenaires, principalement sur le plan patrimonial. Les partenaires peuvent, par exemple, fixer dans quelle mesure chacun participera à l'aide matérielle (C. civ., art. 515-4, al. 1er). Ils peuvent aussi prévoir que tous les biens qu'ils achèteront postérieurement au pacs seront des biens indivis. La convention de pacs peut aussi avoir notamment pour objet de déterminer les règles applicables aux créances entre partenaires (C. civ., art. 515-7, dernier al.).

> L'indivision est un mécanisme juridique par lequel deux ou plusieurs personnes sont propriétaires ensemble d'un même bien, sans qu'il y ait de division matérielle de leurs parts.

756 — Déclaration conjointe de pacs. Outre la convention de pacs, les partenaires doivent faire une « déclaration conjointe », laquelle est enregistrée (C. civ., art. 515-3). Ils doivent nécessairement être présents lors de l'élaboration de la convention de pacs et lors de la déclaration conjointe. Ils ne peuvent donc agir ni par le biais d'une déclaration écrite, ni par le biais d'une représentation telle une procuration.

757 — Autorités compétentes en matière de pacs. Qu'elle soit faite sous seing privé ou par acte notarié, la convention de pacs était, jusqu'à la loi du 28 mars 2011, enregistrée par le greffier du tribunal d'instance qui recevait également la déclaration conjointe de pacs des deux partenaires. La loi du 28 mars 2011 a partagé la compétence entre greffier du tribunal d'instance et notaire en fonction de la forme de la convention de pacs. La loi du 18 novembre 2016 de modernisation de la justice du

XXIe siècle a partiellement modifié ces règles de compétence pour les pacs conclus à partir du 1er novembre 2017.

Loi n° 2011-331 du 28 mars 2011 de modernisation des professions judiciaires ou juridiques et de certaines professions réglementées : JO 29 mars 2011, n° 0074, p. 5447.

Loi n° 2016-1547 du 18 novembre 2016 de modernisation de la justice du XXIe siècle : JO 19 nov. 2016.

B L'enregistrement du pacs

758 — Incidence de la forme de la convention de pacs. Il est nécessaire de distinguer selon que la convention de pacs est faite par acte sous seing privé ou par acte notarié.

1 La convention de pacs établie par acte sous seing privé

759 — Compétence du greffier pour la convention de pacs faite par acte sous seing privé. Lorsque la convention de pacs est faite par acte sous seing privé, c'est le greffier du tribunal d'instance – du lieu de résidence des partenaires ou à défaut de résidence commune, celui du lieu de résidence de l'un des partenaires – qui est compétent.

760 — Production et enregistrement de la déclaration conjointe de pacs par le greffier. C'est devant le greffier du tribunal d'instance que les partenaires font leur déclaration conjointe de pacs (C. civ., art. 515-3, al. 1er). Ils produisent également devant lui leur convention de pacs (C. civ., art. 515-3, al. 3). Le greffier enregistre alors leur déclaration et fait procéder aux formalités de publicité (C. civ., art. 515-3, al. 4).

761 — Formalités de publicité du pacs. Depuis la loi du 23 juin 2006, ces formalités consistent en une mention portée en marge de l'acte de naissance de chacun des deux partenaires. La mention précise, d'une part, qu'un pacs a été conclu et mentionne, d'autre part, l'identité du partenaire.

Sous l'empire de la loi antérieure, la publicité était assurée au moyen d'une mention de la déclaration de pacs sur un registre tenu au greffe du lieu de naissance de chacun des partenaires. Dans les faits, elle n'était pas bien assurée puisque les tiers qui traitaient avec une personne ne pouvaient pas savoir, en regardant son acte de naissance, si cette dernière était ou pas engagée dans un pacs. C'est pour cela que la loi du 23 juin 2006 a modifié le système.

762 — Innovation opérée par la loi dite « Justice 21 ». La loi du 18 novembre 2016 de modernisation de la justice du XXIe siècle a, dans sa volonté de recentrer les juridictions sur leurs missions essentielles (consistant à juger, c'est-à-dire trancher des litiges), transféré la compétence dévolue aux greffiers, pour les pacs dont la convention résulte d'un acte sous seing privé, à l'officier de l'état civil. Ce transfert de compétence s'appliquera aux pacs conclus à partir du 1er novembre 2017 (v. l'article 48 de la loi modifiant l'article 515-3 du Code civil). En revanche, la loi du 18 novembre 2016 ne modifie en rien les compétences du notaire en matière de pacs.

Loi n° 2016-1547 du 18 novembre 2016 de modernisation de la justice du XXIe siècle : JO 19 nov. 2016.

Lectures conseillées s'agissant de ce transfert de compétences : Hilt P., « Les dispositions de la loi de modernisation de la Justice du XXIe siècle relative au mariage et au pacs », AJ fam. 2016, p. 572 ; Bernard-Xémard C., « La justice du XXIe siècle pour les personnes et la famille : une justice sans juge ? », RLDC 2017/6277.

2 La convention de pacs établie par acte notarié

763 — Compétence du notaire en matière de pacs. Lorsque la convention de pacs a été faite en la forme notariée, c'est alors le notaire qui l'a reçue, qui est ensuite compétent pour procéder à l'enregistrement et aux formalités de publicité du pacs. En effet, dans sa rédaction issue de la loi du 28 mars 2011, l'article 515-3 du Code civil précise, dans son alinéa 5, que dans ce cas « le notaire instrumentaire recueille la déclaration conjointe, procède à l'enregistrement du pacte et fait procéder aux formalités de publicité ».

764 — Procédure applicable au pacs devant notaire. Le décret du 20 août 2012 a précisé la procédure applicable en matière d'enregistrement, de modification et de dissolution du pacte civil de solidarité, par un notaire.

Décret n° 2012-966 du 20 août 2012 relatif à l'enregistrement de la déclaration, de la modification et de la dissolution du pacte civil de solidarité reçu par un notaire : JO 22 août 2012, n° 0194, p. 13675.

3 Réflexion sur le partage des compétences

765 — Enjeux du partage des compétences en matière de pacs. Que penser de ce partage de compétences réalisé par la loi du 28 mars 2011, entre le greffier du tribunal d'instance et le notaire, s'agissant de l'enregistrement et de la publicité du pacs ? Les personnes qui en sont à l'origine ont fait valoir que celui-ci va avoir pour effet bénéfique de désengorger les tribunaux. D'autres, à l'inverse, craignent que cette compétence partagée aboutisse à la création d'un pacs à deux vitesses.

Pacs à deux vitesses : Lamarche M., « Le greffier, l'officier de l'état civil ou le notaire ? L'enregistrement du pacs partiellement dévolu au notaire », Dr. famille 2011, Focus 36.

766 — Pacs des partenaires aux revenus modestes. Les personnes aux revenus modestes auront tendance à choisir, pour éviter les frais, de faire leur convention de pacs par acte sous seing privé. C'est donc le greffier du tribunal d'instance qui sera compétent jusqu'au 1er novembre 2017. Leur pacs ne leur coûtera rien, mais ces personnes devront attendre plusieurs mois pour se pacser en raison de l'engorgement actuel des tribunaux.

767 — Pacs des partenaires aux revenus aisés. Les personnes aisées se tourneront, elles, vers un notaire pour faire élaborer leur convention de pacs. La conclusion du pacs sera ainsi plus rapide pour elles. Néanmoins, l'acte sera payant puisque, outre les frais occasionnés par la rédaction de l'acte notarié authentique, les partenaires devront s'acquitter des frais d'enregistrement et de publicité du pacs.

Entre les émoluments de l'étude et le coût des formalités (environ 275 euros) et la taxe fiscale d'enregistrement (125 euros), il faut compter environ 400 euros pour un pacs passé devant notaire.

768 — Pacs et partenaires propriétaires. Lorsque les personnes désireuses de se pacser sont propriétaires – ensemble ou séparément – d'un ou plusieurs biens, il faut alors les inciter à faire leur convention de pacs en la forme notariée. En effet, le notaire pourra ainsi les conseiller sur les précautions à prendre au regard de l'étendue et de la consistance de leur patrimoine.

C La modification de la convention de pacs

769 — Mutabilité de la convention de pacs. La convention de pacs que font les partenaires n'est pas intangible. En effet, ceux-ci peuvent, d'un commun accord, la modifier en cours de pacs en établissant une convention modificative écrite (D. nº 2006-1806, 23 déc. 2006, art. 2).

Décret nº 2006-1806 du 23 décembre 2006 relatif à la déclaration, la modification, la dissolution et la publicité du pacte civil de solidarité : JO 31 déc. 2006, nº 303, p. 20375.

770 — Procédure de modification de la convention de pacs. Les partenaires doivent remettre ou adresser la convention modificative au greffe du tribunal d'instance ou au notaire qui a reçu l'acte initial. Le greffier ou le notaire procède ainsi à son enregistrement (C. civ., art. 515-3, al. 6).

SECTION 3 Les effets du pacs

771 — Début des effets du pacs. Entre les partenaires, le pacs commence à produire ses effets à partir du moment où il est enregistré. En revanche, il produit ses effets à l'égard des tiers à partir du jour où les formalités de publicité ont été accomplies (C. civ., art. 515-3-1, al. 2).

772 — Libertés et contraintes du pacs. À l'origine, le pacs était un véritable un contrat de liberté, en ce sens qu'il laissait les partenaires relativement libres pour organiser leur vie commune. La loi du 23 juin 2006 a eu pour effet de restreindre, à certains égards, leur liberté contractuelle.

773 — Effets personnels et patrimoniaux du pacs. Pour évoquer les effets du pacs, il faut nécessairement distinguer entre les conséquences qu'il produit sur les plans personnel (I) et patrimonial (II).

I Les effets personnels du pacs

774 — Différents devoirs des partenaires. Parmi les effets personnels produits par le pacs, trois sont incontestables : la communauté de vie (A), le devoir d'assistance (B) et le devoir de respect (C) entre partenaires. En revanche, des discussions demeurent sur le point de savoir si les partenaires sont tenus, l'un à l'égard de l'autre, d'un devoir de fidélité (D).

A Le devoir de communauté de vie entre partenaires

775 — Conception minimaliste. Au départ, la loi s'était contentée d'énoncer que « le pacs est un contrat conclu entre deux personnes (...) pour organiser leur vie commune » (C. civ., art. 515-1).

776 — Extension de la vie de couple des partenaires par le Conseil constitutionnel. Dans sa décision du 9 novembre 1999, le Conseil constitutionnel a souligné que l'engagement pris par les partenaires ne se réduit pas « à l'exigence d'une simple cohabitation entre deux personnes », mais qu'il suppose « outre une résidence commune, une vie de couple ». La vie de couple leur impose donc une obligation de toit (l'obligation d'avoir en principe un logement commun) et une obligation de lit (l'obligation pour les partenaires d'entretenir entre eux des relations sexuelles). Sur ce terrain, les partenaires sont donc astreints aux mêmes obligations que les époux (C. civ., art. 215, al. 1er).

Cons. const., 9 nov. 1999, n° 99-419 DC : JO 16 nov. 1999, p. 16962.

777 — Renforcement en 2006 de l'engagement dans le pacs. Depuis la réforme du 23 juin 2006, il est explicitement inscrit dans la loi que la communauté de vie est une obligation qui s'impose aux partenaires. En effet, l'article 515-4 du Code civil dispose que les partenaires « s'engagent à une vie commune ».

778 — Conséquences résultant de l'obligation de communauté de vie dans le pacs. La première conséquence est que les partenaires ne peuvent pas, dans leur convention de pacs, se dispenser mutuellement de leur devoir de communauté de vie. La seconde est que si l'un des deux partenaires ne remplit pas son devoir de communauté de vie, l'autre partenaire peut alors solliciter une résolution judiciaire du pacs sur le fondement de l'article 1217 du Code civil mais aussi lui demander en justice des dommages-intérêts.

B | Le devoir d'assistance entre partenaires

779 — Consécration légale du devoir d'assistance entre partenaires. Le devoir d'assistance entre les partenaires n'était pas prévu dans la loi du 15 novembre 1999. C'est la loi du 23 juin 2006 qui l'a institué en énonçant explicitement que « les partenaires liés par un pacte civil de solidarité s'engagent (...) à une assistance réciproque » (C. civ., art. 515-4, al. 1er). Son non-respect peut donner lieu à une résolution judiciaire du pacs sur le fondement de l'article 1217 du Code civil (C. civ., art. 1184 ancien) au versement de dommages-intérêts.

780 — Devoir de soutien moral entre partenaires. Le devoir d'assistance consiste pour les partenaires à se soutenir moralement dans toutes les épreuves de l'existence (maladie, difficultés professionnelles, perte d'un proche, etc.).

781 — Renforcement législatif du devoir d'assistance entre partenaires. La loi du 5 mars 2007 a renforcé le devoir d'assistance des partenaires. En effet, il résulte de celle-ci que le juge doit nommer comme tuteur ou curateur, le partenaire de la personne majeure protégée, si cette dernière n'a pas exprimé de choix en la matière (C. civ., art. 449 nouveau).

782 — Décision dissidente de la cour d'appel de Montpellier. Celle-ci a jugé en 2011 qu'« il est de principe constant que face à l'absence d'obligation d'assistance entre personnes unies par un pacs, l'abandon de la compagne malade n'est pas constitutif de faute, en l'absence d'autre circonstance ». Cette affirmation, pour le moins surprenante, est indéniablement *contra legem*.

CA Montpellier, 4 janv. 2011 : Dr. famille 2011, Comm. n° 89, obs. Larribau-Terneyre V.

C Le devoir de respect entre partenaires

783 — Devoir de respect entre partenaires. Même si la loi n'a pas explicitement énoncé qu'il existe entre les partenaires un devoir de respect, ce qui est pour le moins regrettable, il faut considérer que les partenaires y sont tenus. Plusieurs raisons plaident en ce sens.

784 — Arguments en faveur de l'application du devoir de respect entre partenaires. Le devoir de respect - qui s'impose légalement aux époux depuis la loi du 4 avril 2006 relative aux violences au sein du couple (C. civ., art. 212) - peut, en effet, être conçu comme le prolongement naturel de l'obligation d'assistance qui existe entre les partenaires. En outre, le devoir de respect entre partenaires résulte incontestablement de l'obligation de bonne foi qui préside l'exécution de tout contrat (C. civ., art. 1104 ; art. 1134, al. 3 ancien).

785 — Contenu du devoir de respect entre partenaires. Le devoir de respect doit, de manière générale, être interprété largement. Les partenaires doivent donc se respecter mutuellement sur les plans physique, moral, religieux, politique, intellectuel, etc.

> Au titre du devoir de respect physique, il est à noter que la loi du 9 juillet 2010 a étendu aux partenaires, un dispositif applicable au plan civil en cas de violences au sein du couple ou de la famille, qui était réservé jusqu'alors aux couples mariés. V. C. civ., art. 515-9 à 515-13.
>
> Certaines dispositions de cette loi ont été modifiées par la loi du 4 août 2014 - pour l'égalité réelle entre les femmes et les hommes - de manière à renforcer la lutte contre ce fléau.

786 — Sanction en cas de violation du devoir de respect entre partenaires. Le non-respect de ce devoir peut être sanctionné par une résolution judiciaire du pacs sur le fondement de l'article 1217 du Code civil (C. civ., art. 1184 ancien) et le versement de dommages et intérêts.

D Le devoir de fidélité entre partenaires

787 — Fidélité entre partenaires non inscrite dans la loi. Ni la loi du 15 novembre 1999, ni celle de la loi du 23 juin 2006 n'ont imposé de devoir de fidélité entre les partenaires. Elles ont donc maintenu, sur ce terrain, une différence entre les partenaires et les époux puisque seuls les seconds sont légalement tenus à une obligation de fidélité l'un à l'égard de l'autre (C. civ., art. 212).

788 — Fidélité entre partenaires consacrée en jurisprudence. Dans une décision remarquée rendue le 5 juin 2002, le TGI de Lille a jugé qu'il existe entre partenaires, une obligation de fidélité. Pour ce faire, il s'est fondé sur l'article 1134, alinéa 3 du Code civil (actuel C. civ., art. 1104) qui impose aux contractants d'exécuter leur obligation « de bonne foi ». Le tribunal de grande instance a ainsi jugé que « l'obligation de vie commune entre partenaires d'un pacs, qui doit être exécutée loyalement, commande de sanctionner toute forme d'infidélité entre partenaires ».

TGI Lille, 5 juin 2002 : D. 2003, 515, note Labbée X. ; RTD civ. 2003, 270, obs. Hauser J.
Selon l'article 1104 du Code civil, « les contrats doivent être négociés, formés et exécutés de bonne foi ».

789 — Fidélité entre partenaires diversement accueillie en doctrine. Des auteurs minoritaires y souscrivent au motif que l'obligation de communauté de vie qui existe entre les partenaires leur impose naturellement la fidélité. D'autres, plus nombreux, font valoir qu'il n'existe pas entre partenaires de devoir de fidélité, d'une part parce que le législateur ne l'a pas explicitement consacré et, d'autre part, parce que le pacs est avant tout un contrat de liberté.

790 — Fidélité entre partenaires discutée en jurisprudence. Même si le tribunal de grande instance de Lille a consacré en 2002 une obligation de fidélité entre partenaires, celle-ci n'est pas unanimement reconnue en jurisprudence. Ainsi, la cour d'appel de Montpellier a refusé en 2011 de sanctionner les infidélités répétées d'un partenaire au motif « que les parties n'étaient pas engagées dans les liens du mariage et qu'il n'était pas établi qu'il (le partenaire) aurait fait une promesse en ce sens ». C'est également la solution retenue par la cour d'appel de Rennes qui, en 2015, a jugé que « la situation de concubinage, même formalisée par la conclusion d'un pacs, ne génère aucune obligation de fidélité propre au mariage ».

CA Montpellier, 4 janv. 2011 : Dr. famille 2011, Comm. n° 89, note Larribau-Terneyre V.
CA Rennes, 5 mai 2015 : Dr. famille 2015, Comm. n° 140, note Binet J.-R.

II Les effets patrimoniaux du pacs

791 — Règles du pacs obligatoires et supplétives de volonté. Certaines conséquences d'ordre patrimonial du pacs s'imposent aux partenaires. Elles forment une sorte de régime patrimonial primaire (A), à l'instar du régime matrimonial impératif qui existe en mariage. À l'inverse, les règles relatives au sort des biens des partenaires (B) ne sont, elles, que supplétives de volonté.

A Le régime primaire impératif

792 — Consistance du régime primaire dans le pacs. L'aide matérielle qui s'impose aux partenaires, leur solidarité aux dettes ménagères et la présomption de pouvoir existant en matière mobilière sont autant de règles qui ont contribué à faire émerger un régime primaire dans le pacs.

1 L'aide matérielle

793 — Aide matérielle découlant du pacs évoquée dans la loi de 1999. Dans sa rédaction issue de la loi du 15 novembre 1999, l'article 515-4 du Code civil prévoyait que les partenaires devaient s'apporter « une aide matérielle et une assistance réciproques ».

794 — Aide matérielle découlant du pacs précisée par la loi de 2006. La loi du 23 juin 2006 a apporté deux précisions essentielles au sujet de l'aide matérielle entre partenaires. Elle a tout d'abord insisté sur son caractère obligatoire puisque la nouvelle version du texte énonce que les partenaires « s'engagent (...) à une aide matérielle ». Ensuite, elle est venue ajouter que « si les partenaires n'en disposent autrement, l'aide matérielle est proportionnelle à leurs facultés respectives » (C. civ., art. 515-4, al. 1er *in fine*).

795 — Aide matérielle : rapprochement pacs et mariage. L'aide matérielle à laquelle les partenaires sont tenus, peut indéniablement être rapprochée de l'obligation qu'ont les époux de contribuer aux charges du mariage (C. civ., art. 214). En effet, ce texte énonce que les époux sont tenus de contribuer aux charges du mariage et qu'à défaut de stipulation insérée dans leur contrat de mariage, ils y contribuent à proportion de leurs facultés respectives.

796 — Aide matérielle impérative entre partenaires. L'obligation des partenaires de s'aider mutuellement et matériellement est d'ordre public, ainsi que l'a énoncé le Conseil constitutionnel dans sa décision du 9 novembre 1999. Dès lors, toute clause – notamment insérée dans la convention de pacs – par laquelle les partenaires dispenseraient l'un d'eux de son obligation d'entraide, serait frappée de nullité.

Cons. const., 9 nov. 1999, n° 99-419 DC : JO 16 nov. 1999, p. 16962.

797 — Stipulation conventionnelle des partenaires : répartitions inégalitaires. En revanche, les partenaires, peuvent dans leur convention de pacs, fixer les participations respectives de chacun à l'aide matérielle en prévoyant des répartitions inégalitaires. Dès lors que les revenus des partenaires sont disparates, il est cohérent de prévoir, par exemple, que l'un contribuera à hauteur de 70 % à l'aide matérielle et l'autre pour 30 %.

798 — Stipulation conventionnelle des partenaires : modalités de contribution. Les partenaires peuvent aussi, dans leur convention de pacs, préciser selon quelles modalités l'obligation d'entraide sera exécutée. Classiquement, la contribution est assurée en argent, mais rien n'empêche, comme en mariage, une contribution en nature (activité au foyer, participation à l'activité professionnelle du partenaire notamment).

2 La solidarité pour les dettes de la vie courante

a Le principe de la solidarité

799 — Solidarité ménagère en pacs et en mariage. Comme le sont les époux pour les dettes ménagères (C. civ., art. 220, al. 1er), les partenaires sont tenus solidairement aux dettes de la vie courante. En effet, l'article 515-4, alinéa 2 du Code civil énonce que « les partenaires sont tenus solidairement à l'égard des tiers des dettes contractées par l'un d'eux pour les besoins de la vie courante ».

800 — Portée de la solidarité entre les partenaires. La solidarité signifie qu'en présence d'une dette contractée pour les besoins de la vie courante, l'autre partenaire y est tenu à l'égard des tiers. Dès lors, le créancier resté impayé par le partenaire ayant contracté la dette peut se retourner contre l'autre partenaire pour se faire régler.

801 — Dépenses du pacs donnant lieu à la solidarité des partenaires. Certaines dépenses entrent incontestablement dans la catégorie des « dettes contractées pour les besoins de la vie courante » (C. civ., art. 515-4, al. 2). C'est notamment le cas des dépenses alimentaires, d'habillement, de chauffage, des frais de maladie courants...

802 — Dépenses du pacs liées au logement : dettes solidaires des partenaires ? Des discussions existent sur le point de savoir si certaines dettes sont contractées « pour les besoins de la vie courante ». La loi du 23 juin 2006 ayant supprimé la référence que faisait la loi antérieure « aux dépenses relatives au logement familial », il existe par exemple des incertitudes s'agissant des dettes qui y sont afférentes. Selon nous, les règles diffèrent selon que le logement commun des partenaires est un bien loué ou acheté.

803 — Logement loué par les partenaires. En cas de logement commun locatif, il faut considérer que le loyer est une dépense contractée pour les besoins de la vie courante et donc de nature à entraîner la solidarité des partenaires.

Bénabent A., *Droit de la famille*, 3e éd., 2014, LGDJ, Domat, Précis, n° 665.

804 — Logement acquis par les partenaires. Lorsque le logement occupé ensemble a été acquis par l'un des deux partenaires pendant le pacs, il convient alors de transposer la solution rendue par la Cour de cassation au sujet d'une difficulté similaire qui s'était élevée entre des époux. Celle-ci a jugé, dès 1984, que « les opérations d'investissement d'un ménage, et notamment celles qui ont pour objet de lui permettre de se constituer un patrimoine immobilier, n'entrent pas dans la catégorie des actes ménagers (...) auxquels l'article 220 attache la solidarité de plein droit ». En raisonnant par analogie, on peut donc conclure que la dette contractée par un partenaire pour l'acquisition du logement n'engage pas l'autre.

Cass. 1re civ., 11 janv. 1984 : Bull. civ. I, n° 13.

805 — Avantage et inconvénient de la solidarité entre les partenaires. Si le principe de la solidarité apparaît comme un véritable gage de protection pour les créanciers, il faut néanmoins avoir conscience que la solidarité peut aussi receler des dangers, notamment pour le partenaire qui subit les dépenses inconsidérées de l'autre. Au départ, la loi du 15 novembre 1999 n'avait prévu aucune exception à la solidarité ménagère des partenaires. Dès lors, pour les dettes à finalité ménagère, les partenaires étaient plus tenus envers les tiers que ne l'étaient les époux, ce qui n'était guère logique. Néanmoins, trois exceptions ont été admises ultérieurement.

b ▮ Les exceptions à la solidarité

806 — Introduction après 1999 de trois exceptions au principe de solidarité entre partenaires. Le législateur a introduit, à l'occasion de deux lois (en 2006 et 2010), trois exceptions au principe de la solidarité entre partenaires, lesquelles sont d'ailleurs identiques à celles qui existent en mariage (C. civ., art. 220). Ainsi, la solidarité entre les partenaires est écartée pour les dettes de la vie courante qui constituent des dépenses excessives, des achats à tempérament ou des emprunts non modestes.

807 — Première exception au principe de solidarité entre partenaires : les dépenses excessives. La première exception, introduite par la loi du 23 juin 2006, prévoit que la solidarité entre partenaires « n'a pas lieu pour les dépenses manifestement excessives » (C. civ., art. 515-4, al. 2). La doctrine s'accorde à dire que le caractère excessif de la dépense doit être apprécié par le juge, au regard des critères posés par le législateur relativement à la solidarité des époux dans l'article 220, alinéa 2, du Code civil. Selon ce texte, le caractère excessif de la dépense dépend du train de vie du ménage, de l'utilité ou de l'inutilité de l'opération ainsi que de la bonne ou mauvaise foi du tiers contractant.

808 — Deuxième exception au principe de solidarité entre partenaires : les achats à tempérament. La loi du 1er juillet 2010 portant réforme du crédit à la consommation, entrée en vigueur le 1er mai 2011, a introduit une deuxième exception à la solidarité entre partenaires en complétant l'article 515-4, alinéa 2 du Code civil. Celui-ci énonce notamment que la solidarité « n'a pas lieu non plus, s'ils n'ont été conclus du consentement des deux partenaires, pour les achats à tempérament ». Ainsi, tout achat à tempérament réalisé par un partenaire seul exclut le mécanisme de la solidarité, et ce quel que soit le montant de celui-ci. La même exception existe aussi en mariage (C. civ., art. 220, al. 3).

Un achat à tempérament est un achat dont le prix est stipulé payable par fractions échelonnées.

809 — Troisième exception au principe de la solidarité entre partenaires : les emprunts non modestes. La loi du 1er juillet 2010 portant réforme du crédit à la consommation, entrée en vigueur le 1er mai 2011, a introduit une troisième exception à la solidarité entre partenaires en prévoyant, dans l'article 515-4 du Code civil, l'exclusion de celle-ci pour les emprunts « à moins que ces derniers ne portent sur des sommes modestes nécessaires aux besoins de la vie courante ». Ainsi, l'emprunt que contracte un partenaire seul ne peut donner lieu à la solidarité même s'il porte sur des besoins de la vie courante, sauf s'il est modeste. L'idée est là encore d'étendre aux partenaires une disposition légale existant pour les époux depuis la loi du 13 juillet 1965 (C. civ., art. 220, al. 3). Cette troisième exception à la solidarité a d'ailleurs été précisée à l'occasion de la loi du 17 mars 2014 relative à la consommation, dite loi Hamon.

810 — Incidence de la loi Hamon de 2014 sur la solidarité des partenaires. La loi Hamon du 17 mars 2014 a complété le deuxième alinéa de l'article 515-4 du Code civil en faisant obligation d'examiner la situation du couple pacsé au regard des différents emprunts qui ont été contractés. En effet, le nouveau texte précise que la solidarité entre les partenaires n'a pas lieu « pour les emprunts à moins que ces derniers ne portent sur des sommes modestes nécessaires au besoin de la vie courante et que le montant cumulé de ces sommes, en cas de pluralité d'emprunts, ne soit pas manifestement excessif eu égard au train de vie du ménage ». La nouvelle disposition légale vise donc à durcir le retour à la solidarité légale des partenaires puisque le juge a pour nouvelle mission de vérifier aussi, avant d'engager celle-ci, que le cumul des différents emprunts contractés n'est pas manifestement excessif eu égard au train de vie du couple.

Loi n° 2014-344 du 17 mars 2014 relative à la consommation : JO 18 mars 2014, p. 5400.

811 — Dettes antérieures au pacs et dettes non courantes. Chaque partenaire reste seul tenu des dettes personnelles nées avant le pacs. De la même façon, chaque partenaire est seul tenu des dettes qu'il fait naître pendant le pacs dès lors qu'elles ne sont pas contractées pour les besoins de la vie courante. Néanmoins, ces règles légales peuvent être écartées par les partenaires dans leur convention de pacs (C. civ., art. 515-5, al. 1er).

3 La présomption mobilière

812 — Présomption identique en pacs et mariage. À l'occasion de la loi du 23 juin 2006 a été introduite une nouvelle disposition qui prévoit que « le partenaire qui détient individuellement un bien meuble est réputé, à l'égard des tiers de bonne foi, avoir le pouvoir de faire seul sur ce bien tout acte d'administration, de jouissance ou de disposition » (C. civ., art. 515-5, al. 3). Le pacs a ainsi été rapproché du mariage puisque le législateur avait posé, dès la loi du 13 juillet 1965 portant réforme du droit des régimes matrimoniaux, une présomption de pouvoir entre époux s'agissant des biens meubles (C. civ., art. 222).

B Les règles relatives au régime des biens des partenaires

813 — Biens acquis avant le pacs. Les biens acquis par chaque partenaire avant le pacs – appelés « biens personnels » – suivent les règles prévues dans l'article 515-5, alinéa 1er du Code civil : chacun d'eux en conserve l'administration, la jouissance et la libre disposition. Néanmoins, les partenaires peuvent prévoir des dispositions contraires dans leur convention de pacs.

814 — Biens acquis après le pacs : règles contenues dans la loi de 1999. Initialement, cette loi avait prévu que les biens acquis par les partenaires après le pacs étaient présumés indivis par moitié. Les partenaires exerçaient donc, en principe, de manière concurrente les mêmes droits sur le bien sans qu'il y ait de division matérielle de leur part. Néanmoins, ils s'étaient vus reconnaître la possibilité d'écarter cette présomption légale d'indivision, soit dans leur convention de pacs, soit dans l'acte d'acquisition du bien.

815 — Biens acquis après le pacs : inconvénients des règles issues de la loi de 1999. Les auteurs et les praticiens avaient rapidement mis en évidence que la présomption légale d'indivision contenue dans la loi de 1999 était anormalement compliquée et surtout qu'elle présentait le risque de multiplier le contentieux entre les partenaires. Les règles ont donc été modifiées par la loi du 23 juin 2006.

816 — Biens acquis après le pacs : règles posées dans la loi de 2006. Les nouvelles règles, issues de la loi du 23 juin 2006, prévoient qu'à défaut de disposition conventionnelle contraire des partenaires, ceux-ci sont automatiquement soumis à un régime assimilable à une séparation de biens (1). Néanmoins, les partenaires ont la possibilité d'écarter conventionnellement ce régime prévu par la loi (2).

1 Le régime légal applicable aux partenaires

817 — Régime applicable aux partenaires en l'absence de convention contraire. Si les partenaires ne prévoient aucune disposition conventionnelle spécifique, s'appliquent alors les dispositions de l'article 515-5 du Code civil dans sa rédaction issue de la loi du 23 juin 2006. Il en résulte que, dans le silence des partenaires, chacun d'eux est le propriétaire exclusif des biens qu'il acquiert après le pacs. Un parallèle peut être fait à cet égard avec le régime matrimonial de la séparation de biens, lequel est ouvert aux époux, soit par le biais d'un contrat de mariage passé préalablement à la célébration de leur union (C. civ., art. 1536), soit par le biais d'un changement de régime matrimonial (C. civ., art. 1397).

818 — Comparaison des régimes des partenaires et des époux. Comme les conjoints, les partenaires disposent d'un régime légal, c'est-à-dire d'un régime qui régit de manière automatique le sort de leurs biens. Mais à la différence des époux pour qui le régime légal est celui de la communauté réduite aux acquêts (C. civ., art. 1400), les partenaires se voient appliquer, dans leur silence, un régime de séparation de biens. Dans ce cas, apparaissent deux masses composées des biens personnels de chacun des partenaires. À côté de ces deux masses, il peut exister en plus une masse de biens indivis, laquelle peut notamment résulter de l'application de la présomption d'indivision (C. civ., art. 515-5, al. 2).

819 — Présomption légale d'indivision dans le pacs. Selon l'article 515-5, alinéa 2 du Code civil, chaque partenaire peut rapporter la preuve de sa propriété exclusive sur les biens, et ce, par tous moyens. À défaut de pouvoir rapporter cette preuve, le bien est alors réputé appartenir indivisément aux partenaires, à chacun pour moitié. La présomption légale d'indivision a donc pour effet d'insérer dans la masse indivise, des biens dont il n'a pu être rapporté la preuve de la propriété exclusive de l'un ou l'autre des partenaires.

2 Les dispositions conventionnelles contraires des partenaires

820 — Régime conventionnel de l'indivision choisi par les partenaires. L'article 515-5-1 du Code civil donne la possibilité aux partenaires de déroger au régime légal assimilable à une séparation de biens, en prévoyant conventionnellement de soumettre leur(s) bien(s) au régime de l'indivision. À part l'indivision, les partenaires ne peuvent choisir aucun autre régime pour leurs biens.

821 — Les choix offerts aux partenaires s'agissant de l'indivision. Ceux-ci peuvent prévoir, soit dans leur convention initiale de pacs, soit dans une convention modificative ultérieure, de soumettre au régime de l'indivision, tous les biens acquis ensemble ou séparément à partir du pacs. C'est ce que les auteurs appellent le régime conventionnel d'indivision d'acquêts. Néanmoins, les biens énumérés dans l'article 515-5-2 du Code civil sont exclus de l'indivision : ils demeurent la propriété exclusive de chaque partenaire.

822 — Régime conventionnel d'indivision d'acquêts. Dans ce cas, tous les biens acquis par les partenaires ensemble ou séparément après le pacs sont réputés être des biens indivis pour moitié. En effet, les partenaires ne peuvent, lorsqu'ils ont fait le choix de l'indivision dans leur convention initiale ou modificative de pacs, choisir des proportions autres (C. civ., art. 515-5-1).

823 — Choix conventionnel, par les partenaires du régime de l'indivision dans l'acte d'acquisition du bien. Les partenaires ont la possibilité de prévoir dans l'acte d'acquisition du bien, une indivision dite « ordinaire ». Dans ce cas, les partenaires peuvent acquérir le bien en indivision, chacun pour moitié, mais aussi dans des proportions autres (par exemple 30 % pour l'un, 70 % pour l'autre).

824 — Biens exclus du régime conventionnel de l'indivision des partenaires. Que l'indivision ait été choisie par les partenaires dans leur convention de pacs ou à l'occasion de l'acquisition d'un bien, il résulte de la loi que certains biens ne peuvent être soumis au régime conventionnel de l'indivision. Leur liste est dressée dans l'article 515-5-2 du Code civil. Ainsi, demeurent la propriété exclusive de chaque partenaire :

« 1° Les deniers perçus par chacun des partenaires, à quelque titre que ce soit, postérieurement à la conclusion du pacte et non employés à l'acquisition d'un bien ;

2° Les biens créés et leurs accessoires ;
3° Les biens à caractère personnel ;
4° Les biens ou portions de biens acquis au moyen de derniers appartenant à un partenaire antérieurement à l'enregistrement de la convention initiale ou modificative aux termes de laquelle ce régime a été choisi ;
5° Les biens ou portions de biens acquis au moyen de deniers reçus par donation ou succession ;
6° Les portions de biens acquises à titre de licitation de tout ou partie d'un bien dont l'un des partenaires était propriétaire au sein d'une indivision successorale ou par suite d'une donation. »

SECTION 4 La dissolution du pacs

825 — Plan de section. Pour traiter de manière complète de la dissolution du pacs, il est nécessaire d'en envisager les causes (I) et les effets (II).

I Les causes de dissolution du pacs

826 — Cinq causes de dissolution du pacs. La loi du 15 novembre 1999 a prévu, dans l'article 515-7 du Code civil, quatre causes de dissolution du pacs. Il s'agit du décès (A) ou du mariage (B) de l'un des partenaires, de la volonté commune (C) ou unilatérale (D) de mettre fin au pacs. À ces quatre causes légales de dissolution, il convient d'en ajouter une cinquième, issue du droit commun des obligations, laquelle permet la résolution judiciaire du pacs lorsqu'un des partenaires n'a pas respecté les obligations qui y étaient attachées (E).

A Le décès

827 — Incidence du décès sur le pacs. Le décès d'un partenaire, et *a fortiori* des deux, met fin au pacs. Dans ce cas, la dissolution du pacs prend effet à la date du décès (C. civ., art. 515-7, al. 1er).

828 — Formalités en cas de dissolution du pacs par décès. L'officier de l'état civil qui établit l'acte de décès du partenaire doit en informer le greffier du tribunal d'instance dans le ressort duquel le pacs avait été enregistré ou, depuis la loi du 28 mars 2011, le notaire qui avait procédé à l'enregistrement du pacs. Le greffier, ou le notaire selon les cas, est alors tenu d'enregistrer la dissolution du pacs et de faire procéder aux formalités de publicité (C. civ., art. 515-7, al. 2 ; D. nº 2006-1806, 23 déc. 2006, art. 3).

Cette obligation est issue de la loi du 23 juin 2006. Sous l'empire de la loi antérieure, la publicité de la dissolution du pacs devait être faite par le partenaire survivant, ce qui suscitait des difficultés en cas d'inaction de sa part et aussi lorsque les deux partenaires décédaient simultanément.

Rappelons que la compétence du greffier est transférée à l'officier d'état civil à partir du 1er novembre 2017 lorsque la convention de pacs est établie par acte sous seing privé.

B Le mariage

829 — Incidence du mariage sur le pacs. Le mariage, qu'il s'agisse du mariage des deux partenaires ensemble ou de l'un d'eux avec un tiers, provoque la dissolution du pacs. Dans ce cas, la dissolution du pacs prend fin à la date du mariage (C. civ., art. 515-7, al. 1er).

830 — Procédure de dissolution du pacs en cas de mariage. L'officier de l'état civil qui a célébré le mariage doit en informer le greffier du tribunal d'instance (ou l'officier d'état civil à partir du 1er novembre 2017) ou, depuis la loi du 28 mars 2011, le notaire qui avait enregistré le pacs. Le greffier, ou le notaire selon les cas, est alors tenu d'enregistrer la dissolution du pacs et de faire procéder aux formalités de publicité (C. civ., art. 515-7, al. 2).

Cette obligation mise à la charge de l'officier de l'état civil résulte de la loi du 23 juin 2006. Sous l'empire de la loi antérieure, c'est le partenaire qui s'était marié avec un tiers qui devait signifier, à l'autre partenaire, son mariage par voie d'huissier !

C La déclaration conjointe de dissolution du pacs

831 — Cause contractuelle de dissolution du pacs. À l'instar de tout contrat, le pacs peut être dissous par déclaration conjointe des contractants (C. civ., art. 515-7, al. 3).

832 — Procédure applicable en cas de déclaration conjointe de dissolution du pacs. Les partenaires qui décident de rompre conjointement doivent remettre ou adresser une déclaration conjointe de dissolution au greffier (ou l'officier d'état civil compétent à partir du 1er novembre 2017) ou au notaire qui avait enregistré leur pacs (C. civ., art. 515-7, al. 4). Cette déclaration conjointe de dissolution doit revêtir la forme écrite. Néanmoins, aucune forme particulière n'est requise à ce titre. Le greffier ou le notaire, selon les cas, est ensuite tenu d'enregistrer la dissolution du pacs et de faire procéder aux formalités de publicité (C. civ., art. 515-7, al. 6).

833 — Effets de la déclaration conjointe de dissolution du pacs. En ce cas, la dissolution ne produit pas ses effets au même moment entre les parties et à l'égard des tiers. Entre les partenaires, la dissolution du pacs prend effet à la date d'enregistrement de la dissolution. En revanche, la dissolution n'est opposable aux tiers qu'à partir du jour où les formalités de publicité ont été accomplies (C. civ., art. 515-7, al. 7 et 8).

D La décision unilatérale de dissolution du pacs

834 — Rupture unilatérale du pacs : répudiation du partenaire ? Dès la loi du 15 novembre 1999, il a été admis que le pacs peut être rompu à l'initiative de l'un des deux partenaires. Certains auteurs, tels les Professeurs Terré et Fenouillet, ont d'ailleurs critiqué cette possibilité au motif qu'elle s'apparente à une véritable faculté de répudiation. Dans sa décision du 9 novembre 1999, le Conseil constitutionnel a considéré que la rupture unilatérale du pacs ne peut être qualifiée de répudiation.

Fenouillet D. et Terré F., *La famille*, 8e éd., 2011, Dalloz, Précis, n° 358.
Cons. const., 9 nov. 1999, n° 99-419 DC : JO 16 nov. 1999, p. 16962.

835 — Principe de la liberté de rompre unilatéralement le pacs. Comme en matière de concubinage, chaque partenaire est libre de rompre le pacs à tout moment. Il n'est juridiquement pas tenu de motiver sa décision.

836 — Limite de la rupture unilatérale : rupture abusive du pacs. La rupture étant libre, la décision unilatérale de rompre le pacs ne peut, en principe, donner lieu au versement de dommages et intérêts au partenaire délaissé. Néanmoins, il en va différemment lorsque les circonstances de la rupture sont de nature à établir une faute de son auteur, permettant ainsi d'engager sa responsabilité délictuelle sur le fondement de l'article 1240 du Code civil (C. civ., art. 1382 ancien). C'est par exemple le cas lorsque la rupture du pacs a été brutale.

CA Montpellier, 4 janv. 2011 : Dr. famille 2011, Comm. n° 89, Larribau-Terneyre V. : dans cette espèce, la rupture abusive n'a pas été retenue.

837 — Procédure applicable en cas de rupture unilatérale du pacs. Le partenaire qui décide de rompre le pacs doit signifier, par voie d'huissier, sa volonté à l'autre partenaire (C. civ., art. 7, D. 23 déc. 2006). Il doit adresser une copie de la signification au greffe du tribunal d'instance (ou l'officier d'état civil à partir du 1er novembre 2017) ou au notaire qui avait enregistré le pacs. Le greffier ou le notaire est ensuite tenu d'enregistrer la dissolution du pacs et de faire procéder aux formalités de publicité (art. 515-7, al. 5 et 6).

838 — Date des effets de la dissolution du pacs. Entre les partenaires, la dissolution prend effet à la date d'enregistrement de la dissolution. En revanche, la dissolution n'est opposable aux tiers qu'à partir du jour où les formalités de publicité ont été accomplies (C. civ., art. 515-7, al. 7 et 8).

E La résolution judiciaire du pacs

839 — Argument en défaveur de la résolution judiciaire du pacs. Des auteurs, comme Monsieur Vincent Bonnet, considèrent que la liste des causes légales de dissolution du pacs fixée dans l'article 515-7 du Code civil est limitative. Dès lors, il n'est pas possible d'y ajouter une autre cause issue du droit commun des contrats telle la résolution judiciaire (C. civ., art. 1217 ; art. 1184 ancien).

Bonnet V., *Droit de la famille*, 5e éd., 2015-2016, Larcier.

840 — Argument en faveur de la résolution judiciaire du pacs. Des auteurs, comme Monsieur Alain Bénabent – que nous rejoignons –, estiment que le pacs étant un contrat, rien ne permet d'écarter le jeu de sa résolution judiciaire sur le fondement de l'article 1217 du Code civil. Ce texte permet à un juge de prononcer la résolution d'un contrat lorsqu'une des parties n'a pas rempli ses obligations contractuelles.

Bénabent A., *Droit de la famille*, 3e éd., 2014, LGDJ, Domat, Précis.

841 — Conséquences de l'admission de la résolution judiciaire du pacs. Il serait donc possible, pensons-nous, qu'un partenaire demande, sur le fondement de l'article 1217 du Code civil, la résolution judiciaire du pacs dans l'hypothèse où son partenaire aurait manqué aux obligations issues de celui-ci (obligation de communauté de vie, devoir d'aide matérielle et d'assistance réciproque notamment). Pour l'instant, cette difficulté n'a pas été tranchée en jurisprudence.

II Les effets de la dissolution du pacs

842 — Distinction des effets de la dissolution du pacs. Les effets diffèrent selon que la dissolution résulte d'une rupture provoquée du pacs (A) ou du décès de l'un des deux partenaires (B).

A ▌ La rupture provoquée du pacs

843 — Principe de la liberté de rompre le pacs. Comme en matière de concubinage, le principe est celui de la liberté de la rupture. Autrement dit, le seul fait de rompre le pacs n'est pas en lui-même constitutif d'une faute de nature à engager la responsabilité de son auteur. Ce n'est donc qu'à titre d'exception que le préjudice résultant de la rupture du pacs peut être éventuellement réparé.

1 ▌ L'éventuelle réparation du préjudice subi

844 — Limite de la liberté : rupture abusive du pacs. Par exception, le partenaire abandonné peut obtenir réparation sur le fondement de l'article 1240 du Code civil (C. civ., art. 1382 ancien) lorsque les circonstances de la rupture sont fautives et qu'il a subi un préjudice, soit matériel, soit moral.

845 — Actualité jurisprudentielle relative à la rupture du pacs. Les décisions judiciaires rendues en matière de pacs sont pour l'instant peu nombreuses. Celle rendue par la cour d'appel de Montpellier en 2011 a donc été remarquée, d'autant qu'elle fait une place importante à la liberté de rompre le pacs. La Cour a, en effet, rejeté la demande de dommages-intérêts formée par la partenaire délaissée au motif que la rupture fautive du pacs implique « nécessairement une rupture brutale ».

> « Le pacte civil de solidarité étant une convention à laquelle il peut être mis fin à tout moment, la rupture ne peut donner lieu à l'octroi de dommages-intérêts sauf si les circonstances de cette rupture sont de nature à établir une faute de son auteur, la rupture fautive impliquant nécessairement une rupture brutale », CA Montpellier, 4 janv. 2011 : Dr. famille 2011, Comm. n° 89, obs. Larribau-Terneyre V.

2 ▌ La liquidation des intérêts pécuniaires

846 — Accord des partenaires recherché. S'agissant des modalités de la rupture, l'article 515-7 du Code civil recherche en priorité l'accord des partenaires puisqu'il prévoit que « les partenaires procèdent eux-mêmes à la liquidation des droits et obligations résultant pour eux du pacte civil de solidarité » (al. 10).

847 — Opérations de liquidation dans le pacs. Les ex-partenaires reprennent leurs biens personnels. Ils partagent également leurs biens indivis, sauf s'ils choisissent de rester dans l'indivision comme ils en ont le droit. Ils procèdent aussi au règlement des créances qui ont pu naître entre eux pendant la durée du pacs. C'est notamment le cas lorsqu'un partenaire a payé avec ses propres deniers, une dette personnelle de son partenaire.

848 — Intervention subsidiaire du juge en cas de mésentente des partenaires pour liquider leurs intérêts pécuniaires. Depuis la loi du 12 mai 2009 relative à la simplification et à la clarification du droit et portant allégement des procédures, c'est le juge aux affaires familiales qui est compétent (COJ, art. L. 213-3). L'idée est, comme en matière de divorce, de rechercher en priorité l'accord des partenaires du pacs, avant de faire intervenir le juge.

849 — Outils judiciaires concernant la liquidation des intérêts pécuniaires des partenaires. Le juge aux affaires familiales peut, aux fins de liquider les intérêts pécuniaires des partenaires, mettre en place les mêmes mécanismes issus du droit commun que ceux qui sont actionnés en cas de rupture d'un concubinage (société créée de fait, enrichissement sans cause...).

850 — Absence de prestation compensatoire. Contrairement à un époux divorcé qui, dans certains cas, a le droit à une prestation compensatoire (C. civ., art. 270), la dissolution du pacs ne donne droit à aucune prestation équivalente.

B ▌ Le décès d'un partenaire

851 — Droit du partenaire survivant d'agir en responsabilité. À l'instar du concubin survivant, le partenaire survivant peut engager, sur le fondement de l'article 1240 du Code civil (art. 1382 ancien), la responsabilité délictuelle de la personne qui a provoqué le décès de son partenaire.

852 — Absence de droits successoraux légaux entre partenaires. Comme le concubin survivant, et à la différence du conjoint survivant, le partenaire survivant n'a pas la qualité d'héritier légal dans la succession de son partenaire prédécédé. Pour se protéger, les partenaires ont donc intérêt - comme les concubins - à se consentir, de leur vivant, des libéralités (donations de biens présents, legs).

853 — Droit temporaire du partenaire du pacs survivant au logement familial. Le partenaire survivant n'est pas pour autant dénué de tout droit successoral légal. À l'instar du conjoint survivant (C. civ., art. 763), il a le droit de jouir gratuitement pendant l'année qui suit le décès de son partenaire, du logement appartenant au défunt ou aux deux partenaires. Ce droit lui appartient aussi lorsque le logement faisait l'objet d'un bail ou qu'il appartenait pour part indivise au défunt (C. civ., art. 515-6, al. 3). Néanmoins, ce droit n'est pas d'ordre public.

854 — Conditions du droit temporaire du partenaire survivant au logement familial. Le partenaire survivant peut bénéficier de ce droit temporaire au logement dès lors, qu'à l'époque du décès, il occupait ledit logement de manière effective et à titre d'habitation principale (C. civ., art. 515-6, al. 3). Si cette condition légale est remplie, le droit temporaire au logement est alors automatique.

CHAPITRE 3

Les fiançailles et le courtage matrimonial

855 — Plan du chapitre. Le mariage peut être précédé de fiançailles (section 1) ou encore d'un contrat de courtage matrimonial (section 2). Eu égard aux questions qu'elles suscitent, ces deux étapes intéressent le juriste.

SECTION 1 L'étape facultative des fiançailles

856 — Appréhension juridique des fiançailles. Les fiançailles ne sont, à aucun moment, évoquées dans le Code civil. Ce sont donc les auteurs et les juges qui ont apporté des réponses aux questions juridiques que celles-ci ont pu provoquer.

857 — Définition doctrinale des fiançailles. La doctrine définit les fiançailles comme la promesse réciproque de se prendre plus tard comme époux.

858 — Objet du contentieux des fiançailles. Les fiançailles posent d'abord la question de savoir quelle est leur nature juridique (I). Elles suscitent ensuite diverses interrogations en cas de rupture (II).

I La nature juridique des fiançailles

859 — Nature juridique des fiançailles dans l'ancien droit. À cette époque, les fiançailles étaient analysées comme étant un véritable contrat, générateur d'effets juridiques. Il en résultait notamment qu'en cas de rupture des fiançailles, l'auteur de la rupture engageait automatiquement sa responsabilité contractuelle. Le seul fait d'avoir rompu le contrat était constitutif d'une faute de nature à engager la responsabilité de son auteur.

860 — Nature juridique des fiançailles après 1804. Après l'élaboration du Code civil en 1804, s'est posée la question de savoir si les fiançailles devaient toujours être analysées comme un contrat. La Cour de cassation a rapidement fait connaître sa position sur le sujet (A), laquelle est diversement appréciée par la doctrine moderne (B).

A | La position de la Cour de cassation

861 — Les fiançailles : un fait juridique. Analyse et conséquences. La Cour de cassation a tranché la question de la nature juridique des fiançailles dès 1838. Dans l'arrêt *Bouvier*, elle a jugé que « toute promesse de mariage est nulle en soi comme portant atteinte à la liberté illimitée qui doit exister dans les mariages et subsister jusqu'à la célébration d'un acte aussi solennel ». Les fiancés peuvent donc, en principe, rompre librement leur engagement jusqu'au dernier moment, et ce, sans commettre de faute, précisément parce que leur promesse n'a pas de valeur juridique.

Civ., 30 mai 1838 : S. 1838, 1, 492 ; *Grands arrêts de la jurisprudence civile*, Dalloz, 13e éd., 2015, t. 1, n° 32.

862 — Analyse jurisprudentielle de l'absence de valeur juridique des fiançailles, maintenue au XXe siècle. La liberté de rompre les fiançailles, inaugurée en 1838 par la Cour de cassation, n'a jamais été démentie depuis. Elle a été réaffirmée plusieurs fois au vingtième siècle.

« Attendu que la rupture d'une promesse de mariage, si préjudiciable à l'un des fiancés, n'est pas, par elle seule, génératrice de dommages et intérêts », Civ., 16 mars 1955 : D. 1955, JP, 324.

B | La position de la doctrine moderne

863 — Absence de valeur juridique des fiançailles majoritairement approuvée. À l'heure actuelle, la majorité des auteurs adhère à la thèse qui dénie toute valeur juridique aux fiançailles. Selon eux, la liberté du mariage étant d'ordre public, la promesse de mariage est toujours susceptible de rétractation.

864 — Critiques doctrinales minoritaires sur l'absence de valeur juridique des fiançailles. Quelques auteurs, comme Monsieur Laurent Leveneur, ont néanmoins affirmé leur préférence pour la thèse qui analyse les fiançailles comme un contrat, au motif que les fiancés doivent être considérés comme étant engagés, dans une certaine mesure, l'un à l'égard de l'autre. Ils se rapprochent de Josserand qui, en 1927, avait proposé d'assimiler les fiançailles à un contrat de travail à durée indéterminée.

> « Il est contraire au simple bon sens d'affirmer que la promesse de mariage n'est pas un engagement valable, qu'elle ne lie pas, au moins dans une certaine mesure, les fiancés (...). Il semble (...) que la promesse de mariage constitue un acte juridique » (Leveneur L., *La famille*, 7e éd., 1995, Montchrestien).

Josserand L., « Le problème de la rupture des fiançailles », DH 1927, chron. 24.

865 — Enjeux de l'analyse relative de la valeur juridique des fiançailles. Tout l'enjeu de la discussion doctrinale apparaît à l'occasion de la rupture des fiançailles. Affirmer que les fiançailles sont dénuées de valeur juridique rend incontestablement plus difficile l'indemnisation du fiancé délaissé. Pour autant, l'indemnisation n'est pas pour autant impossible, comme le met en évidence le contentieux occasionné par la rupture de fiançailles.

II La rupture des fiançailles

866 — Objet du contentieux : l'attribution de dommages-intérêts et le sort des cadeaux en cas de rupture des fiançailles. Classiquement, la rupture des fiançailles fait naître deux types de questions : le fiancé abandonné peut-il obtenir des dommages et intérêts de la part de l'auteur de la rupture (A) ? Qu'advient-il des cadeaux faits à l'occasion des fiançailles (B) ?

A L'allocation de dommages et intérêts

867 — Attente des fiancées délaissées. Au XIXe siècle, il arrivait fréquemment que les fiancées délaissées saisissent les tribunaux pour voir engager la responsabilité de leur fiancé, auteur de la rupture, et ainsi percevoir des dommages et intérêts pour le préjudice moral subi.

868 — Impossibilité d'engager la responsabilité contractuelle de l'auteur de la rupture des fiançailles. Dans l'arrêt *Bouvier* rendu en 1838, la Cour de cassation a refusé d'analyser les fiançailles comme un contrat. Dès lors, il n'était pas possible, en cas de rupture des fiançailles, d'engager la responsabilité contractuelle de l'auteur de celle-ci.

Civ., 30 mai 1838 : S. 1838, 1, 492 ; *Grands arrêts de la jurisprudence civile*, 13e éd., 2015, Dalloz, t. 1, no 32.

869 — Engagement de la responsabilité délictuelle de l'auteur de la rupture des fiançailles sous conditions. Toujours dans l'arrêt Bouvier, la Cour de cassation a énoncé que « l'inexécution de promesses de mariage pouvait, dans certaines circonstances, donner lieu à des dommages-intérêts lorsque cette inexécution avait causé un préjudice réel, parce que, dans ce cas, l'action en dommages-intérêts ne prend pas sa source dans la validité de la promesse de mariage, mais dans le fait du préjudice causé et de l'obligation imposée par la loi, à celui qui en est l'auteur, de le réparer ». Elle admet ainsi qu'il est possible d'engager la responsabilité délictuelle de l'auteur de la rupture des fiançailles dès lors que les conditions d'application de l'article 1382 (C. civ., art. 1240 actuel), à savoir une faute, un préjudice et un lien de causalité entre la faute et le préjudice, sont établies.

Civ., 30 mai 1838 : S. 1838, 1, 492 ; *Grands arrêts de la jurisprudence civile*, 13e éd., 2015, Dalloz, t. 1, n° 32.

870 — Preuves à rapporter pour être indemnisé en cas de rupture des fiançailles. Le fiancé délaissé doit, après avoir établi la réalité des fiançailles, prouver l'existence d'une faute et d'un préjudice à l'occasion de la rupture.

1 La preuve des fiançailles

871 — Exigence initiale d'une preuve écrite des fiançailles. Au départ, la jurisprudence dominante jugeait que le fiancé délaissé ne pouvait rapporter la preuve des fiançailles que par un écrit ou un commencement de preuve par écrit, ce qui rendait la preuve difficile à produire.

Civ., 2 déc. 1907 : DP 1908, I, n° 201.

872 — Tolérance ultérieure de tout moyen de preuve des fiançailles. En 1980, la Cour de cassation a assoupli sa position : elle a approuvé des juges du fond qui s'étaient contentés, s'agissant de la preuve des fiançailles, de la justification d'achats en vue d'une installation et de l'annonce d'un mariage prochain. Depuis cette date, on enseigne que la preuve des fiançailles peut être librement rapportée, c'est-à-dire par tous moyens (écrits, témoignages, présomptions, etc.). La preuve des fiançailles a ainsi connu une évolution favorable au fiancé délaissé.

Cass. 1re civ., 3 janv. 1980 : Bull. civ. I, n° 5.

2 La preuve d'une faute

873 — Rupture abusive des fiançailles. La rupture des fiançailles n'étant pas en elle-même une faute, cette dernière doit alors nécessairement être recherchée dans les circonstances de la rupture. La rupture, licite en elle-même, peut ainsi dégénérer en faute en certaines circonstances.

874 — Faute dans la manière de rompre les fiançailles. L'analyse de la jurisprudence met en évidence que la faute est retenue lorsque la manière de rompre a été incorrecte ou brutale. C'est le cas lorsque la lettre de rupture ne contenait pas de formule de politesse. C'est aussi le cas lorsque la lettre de rupture a été adressée 6 jours après la date initialement prévue pour le mariage.

Absence de formule de politesse, CA Colmar, 12 juin 1970 : D. 1970, 406.
Retard de l'envoi de la lettre de rupture, CA Paris, 3 déc. 1976 : D. 1976, 339.

875 — Faute dans la rupture tardive des fiançailles. L'analyse de la jurisprudence révèle que la faute est aussi caractérisée lorsque la rupture des fiançailles intervient tardivement, c'est-à-dire peu de temps avant le mariage.

Rupture 4 jours avant la célébration du mariage, CA Paris, 1er juill. 1999 : D. 2000, somm., p. 411, obs. Lemouland J.-J.

876 — Faute déduite de l'absence de motif légitime de rupture des fiançailles. Quelques décisions ont déduit la faute de l'absence de motif légitime de rupture. Cette conception est contestable dans la mesure où elle altère indéniablement la liberté matrimoniale. La Cour de cassation n'a pas échappé à ce mouvement, comme en témoigne un arrêt qu'elle a rendu en 1981.

Rejet de la Cour de cassation d'un pourvoi formé contre un arrêt d'appel qui avait condamné un jeune homme à verser à son ex-fiancée des dommages et intérêts au motif qu'il avait rompu « sans motif légitime », Cass. 1re civ., 29 avril 1981 : Bull. civ. I, 1981, n° 144.

3 La preuve du préjudice

877 — Nature du préjudice des fiançailles. Il s'agit pour le fiancé délaissé de prouver qu'il a subi un préjudice en raison de la rupture des fiançailles. La jurisprudence admet l'indemnisation tant du préjudice moral que matériel.

878 — Préjudice moral des fiançailles. Le préjudice subi est moral lorsque la rupture des fiançailles a provoqué, par exemple, une dépression ou des troubles affectifs importants chez le fiancé esseulé ou qu'elle a entraîné sa déconsidération auprès de son entourage familial, social ou encore professionnel.

879 — Préjudice matériel des fiançailles. Le fiancé délaissé peut également être indemnisé pour le préjudice matériel qu'il subit, en raison des frais occasionnés par la rupture des fiançailles (frais de toilette effectués, frais engagés pour réserver un traiteur ou un voyage de noces, etc.).

B Le sort des cadeaux

880 — Sort variable des cadeaux des fiançailles. Au moment de la rupture, il n'est pas rare que les ex-fiancés tentent de récupérer les cadeaux qu'ils s'étaient mutuellement consentis en vue du mariage. Actuellement, le sort des cadeaux dépend principalement de la nature du bien. Les circonstances de la rupture peuvent également avoir, dans certains cas, une incidence.

1 Les cadeaux importants

881 — Restitution des cadeaux importants en cas de rupture des fiançailles. Les cadeaux importants suivent les dispositions de l'article 1088 du Code civil selon lesquelles « toute donation faite en faveur du mariage sera caduque, si le mariage ne s'ensuit pas ». Dès lors, ils doivent être restitués au donateur, qu'ils proviennent de tiers (parents notamment) ou de l'un des fiancés.

2 Les présents d'usage

882 — Conservation des cadeaux d'usage en cas de rupture des fiançailles. Selon une règle coutumière, les présents d'usage échappent, eux, aux dispositions de l'article 1088 du Code civil. Ils peuvent donc être conservés par le fiancé gratifié, et ce, quelles que soient les circonstances de la rupture. Le présent d'usage se caractérise par sa valeur modique, laquelle est appréciée au cas par cas par les juges, en considération de la situation sociale et financière du fiancé donateur.

3 Les bijoux de famille

883 — Restitution des bijoux de famille en cas de rupture des fiançailles. Ceux-ci suivent un régime spécifique. En effet, la jurisprudence considère que les bijoux de famille n'ont été remis qu'à titre de prêts. En conséquence, ils doivent, en toutes circonstances, être restitués.

4 La bague de fiançailles

884 — Sort variable de la bague de fiançailles. La jurisprudence réserve un sort particulier à la bague de fiançailles, laquelle a, outre sa valeur symbolique, parfois une forte valeur monétaire. Les règles applicables varient : lorsque la bague est un bijou de famille, elle doit être restituée à la famille de laquelle elle provient. Si ce n'est pas le cas, elle doit, en principe, être restituée au fiancé donateur.

885 — Conservation exceptionnelle de la bague de fiançailles. La bague, autre qu'un bijou de famille, peut exceptionnellement être gardée par la fiancée délaissée dans trois cas : décès du fiancé, faute du fiancé, valeur modeste de la bague. Seules les deux dernières circonstances appellent des précisions.

886 — Conservation de la bague de fiançailles si faute du fiancé. La bague de fiançailles peut être gardée par la fiancée lorsque le fiancé a commis une faute lors de la rupture. En effet, certains juges du fond ont considéré que la fiancée délaissée avait droit de conserver, à titre de réparation, la bague en cas de rupture abusive des fiançailles.

CA Paris, 3 déc. 1976 : D. 1978, 339, note Foulon-Piganiol I.
CA Amiens, 2 mars 1979 : Gaz. Pal. 1980, 1, somm. 182.

887 — Conservation de la bague de fiançailles si valeur modeste. Selon la jurisprudence, la bague peut être gardée par la fiancée lorsqu'elle avait une valeur modique eu égard à la situation pécuniaire et au train de vie du donateur.

CA Amiens, 28 févr. 1986 : Gaz. Pal. 1986, 2, somm. 458.
CA Paris, 17 juin 1986 : RTD civ. 1989, 280, obs. Rubellin-Devichi J.

888 — Illustration jurisprudentielle du régime de la bague de fiançailles. Il y a quelques années, la cour d'appel de Versailles a eu l'occasion de juger qu'une bague de fiançailles, spécialement façonnée à l'intention de la fiancée et dont la valeur était supérieure à 14 000 euros, ne constituait pas un présent d'usage. Elle présentait les caractéristiques d'une donation faite en vue du mariage, soumise aux dispositions de l'article 1088 du Code civil et donnait ainsi lieu à restitution après la rupture.

CA Versailles, 22 nov. 2002 : BICC, 1er août 2003, n° 1013.

SECTION 2 L'éventuel contrat de courtage matrimonial

889 — Définition du contrat de courtage matrimonial. C'est un contrat par lequel un courtier s'engage, moyennant une rémunération, à mettre en relation des personnes afin de faciliter leur mariage. Plus précisément, c'est « l'offre de rencontres en vue de la réalisation d'un mariage ou d'une union stable ».

Loi n° 89-421 du 23 juin 1989 relative à l'information et à la protection des consommateurs ainsi qu'à diverses pratiques commerciales (article 6) : JO 29 juin 1989, p. 8047.

890 — Appréhension jurisprudentielle du contrat de courtage matrimonial. Au départ, le contrat de courtage matrimonial était condamné par la jurisprudence, sa cause étant jugée contraire à l'ordre public et aux bonnes mœurs par application de l'article 1133 du Code civil applicable à l'époque. Puis, à partir de 1944, il a été déclaré licite par la Cour de cassation.

Req., 27 déc. 1944 : DP 1945, I, p. 121 ; S. 1945, 1, p. 32.

La théorie de la cause a été supprimée par l'ordonnance n° 2016-131 du 10 février 2016 portant réforme du droit des contrats, du régime général et de la preuve des obligations entrée en vigueur le 1er octobre 2016. L'article 1133 du Code civil a donc été abrogé.

891 — Contrat de courtage matrimonial saisi par la loi. La validité du contrat de courtage matrimonial a été confirmée par le législateur dans une loi du 23 juin 1989, lequel a qualifié le courtage matrimonial de contrat de consommation. Pour protéger celui qui est considéré comme la partie faible au contrat (c'est-à-dire ici le cocontractant du professionnel), cette loi a subordonné la validité du contrat de courtage matrimonial à des conditions strictes (I). En revanche, la jurisprudence, qui a dû se prononcer sur la validité de ce contrat lorsqu'il est souscrit par un époux, a fait, elle, preuve de souplesse (II).

Loi n° 89-421 du 23 juin 1989 relative à l'information et à la protection des consommateurs ainsi qu'à diverses pratiques commerciales : JO 29 juin 1989, p. 8047.

I Les conditions générales de validité du contrat de courtage matrimonial

892 — Nécessité d'un contrat écrit de courtage matrimonial. Selon la loi du 23 juin 1989, le contrat de courtage matrimonial doit nécessairement faire l'objet d'un écrit, lequel doit être « rédigé en caractères lisibles ». L'écrit permet aux cocontractants de connaître précisément l'étendue de leurs obligations et de s'engager ainsi en toute connaissance de cause. Au moment de la conclusion du contrat, le cocontractant du professionnel doit se voir remettre un exemplaire du contrat (L. 23 juin 1989, art. 6, I).

893 — Mentions obligatoires figurant sur le contrat de courtage matrimonial. L'écrit doit, à peine de nullité, comporter un certain nombre de mentions obligatoires : nom du professionnel, adresse du professionnel ou du siège social, nature des prestations fournies, montant et modalités de paiement du prix (L. 23 juin 1989, art. 6, I).

894 — Droit pour le souscripteur de rétracter le contrat de courtage matrimonial. À l'instar du consommateur, le cocontractant du professionnel dispose d'un droit de rétractation. Il peut, en effet, dans un délai de 7 jours à compter de la signature du contrat, revenir sur son engagement sans être tenu au paiement d'une indemnité (L. 23 juin 1989, art. 6, II).

895 — Clause de résiliation du contrat de courtage matrimonial. Ce contrat doit prévoir « une faculté de résiliation pour motif légitime au profit des deux parties » (L. 23 juin 1989, art. 6, I).

896 — Durée et conditions de renouvellement du contrat de courtage matrimonial. Ce contrat est établi pour une durée qui ne peut être supérieure à un an. Il ne peut être renouvelé par tacite reconduction (L. 23 juin 1989, art. 6, I).

II L'hypothèse particulière du contrat de courtage matrimonial souscrit par un homme marié

897 — Validité du contrat de courtage matrimonial souscrit par un homme marié ? En 2011, la Cour de cassation a été saisie d'une affaire intéressante. Une instance en divorce avait été engagée entre deux époux. Une ordonnance de non-conciliation avait été rendue et 15 jours plus tard, le mari avait souscrit un contrat de courtage matrimonial. Le contrat avait donc été signé par un homme marié puisqu'une ordonnance de non-conciliation ne provoque pas, par définition, la dissolution d'un mariage.

898 — Nullité du contrat de courtage matrimonial pour cause illicite retenue en appel. Restée impayée, la société de courtage matrimonial a assigné l'homme en paiement, arguant que le contrat est, en l'espèce, nul. Plus précisément, elle a fait valoir que le contrat de courtage matrimonial conclu par un homme marié, a, par application de l'article 1133 du Code civil applicable à l'époque, une cause illicite, car contraire à l'ordre public et aux bonnes mœurs. L'argument a été accueilli par la cour d'appel saisie du litige.

899 — Validité du contrat de courtage matrimonial souscrit par un homme marié, selon la Cour de cassation. Dans un arrêt rendu le 4 novembre 2011 par la première chambre civile, la Cour de cassation a jugé, au visa de l'article 1133 du Code civil qu'« un contrat proposé par un professionnel, relatif à l'offre de rencontres en vue de la réalisation d'un mariage ou d'une union stable, qui ne se confond pas avec une telle réalisation, n'est pas nul comme ayant une cause contraire à l'ordre public et aux bonnes mœurs, du fait qu'il est conclu par une personne mariée ».

Cass. 1re civ., 4 nov. 2011 : D. 2012, 59, note Libchaber R.

La théorie de la cause a été supprimée par l'ordonnance n° 2016-131 du 10 février 2016 portant réforme du droit des contrats, du régime général et de la preuve des obligations entrée en vigueur le 1er octobre 2016. L'article 1133 du Code civil a donc été abrogé.

900 — Validité du contrat de courtage matrimonial par un homme marié, critiquée en doctrine. Sans doute parce qu'elle se situe aux confins du droit des obligations, du droit de la consommation et du droit du mariage, l'arrêt du 4 novembre 2011 a été abondamment commenté, donnant lieu à de vives critiques doctrinales. Les auteurs ont principalement reproché à la Cour de cassation de contribuer ainsi au démantèlement de l'institution du mariage. Ils regrettent aussi que celle-ci n'ait pas mentionné dans son attendu que les époux étaient en instance de divorce à la date de souscription du contrat de courtage matrimonial.

Chénedé F., AJ fam. 2011, p. 613 ; Bakouche D., « La cause du contrat, instrument de démantèlement de l'institution du mariage », JCP G 2012, n° 1, 9.

901 — Validité du contrat de courtage matrimonial souscrit par un homme marié, critiquable. Dans cette lignée des auteurs critiques (Messieurs Bakouche et Chénedé notamment), nous considérons que si la solution de la Cour de cassation se justifie au regard du droit des obligations, elle n'en demeure pas moins critiquable dans la mesure où elle ébranle sérieusement deux devoirs fondamentaux du mariage qui s'imposent aux conjoints, à savoir le devoir de fidélité (envisagé ici sous un angle spirituel) et le devoir de respect.

Bernard-Xémard C., « Quand le droit des obligations ébranle les obligations du mariage », RLDC 2012/4703, 35-37.

CHAPITRE 4

Le mariage

902 — **Absence de définition du mariage dans le Code civil.** Le Code civil s'est toujours refusé à définir le mariage, se contentant d'en préciser les caractères. Le doyen Carbonnier disait d'ailleurs que c'est mieux ainsi, car « chacun sait ce qu'il faut entendre par là ; c'est la plus vieille coutume de l'humanité, et l'état de la plupart des individus adultes ».

Carbonnier J., *La famille, l'enfant, le couple*, 21e éd., 2002, PUF.

903 — **Caractères du mariage précisés dans le Code civil.** Selon l'article 144 du Code civil, le mariage est une union des sexes (sexes différents mais aussi identiques depuis la loi du 17 mai 2013 ouvrant le mariage aux couples homosexuels), et plus précisément de deux personnes (ce qui exclut la bigamie). C'est un accord de volontés (C. civ., art. 146). Enfin, le mariage comporte un rite scellé par l'État puisqu'il est célébré publiquement par l'officier de l'état civil (C. civ., art. 165), ce qui n'a pas toujours été le cas en France.

904 — **Mariage profondément modifié par la loi du 17 mai 2013.** En ouvrant le mariage (et par là même l'adoption) aux couples de personnes de même sexe, la loi du 17 mai 2013 a ébranlé la définition classique du mariage. En effet, celui-ci était traditionnellement conçu comme l'union d'un homme et d'une femme ayant pour finalité la procréation. Ce bouleversement a provoqué de nombreuses réactions, tant dans la société française que parmi les juristes.

Loi n° 2013-04 du 17 mai 2013 ouvrant le mariage aux couples de personnes de même sexe : JO 18 mai 2013, n° 0114, p. 8253.

905 — **Plan du chapitre.** Le mariage sera envisagé sous l'angle de sa formation (section 2) et de ses effets (section 3). Dans une section introductive, l'histoire du droit du mariage sera brièvement présentée (section 1).

SECTION 1 Introduction au droit du mariage

906 — Importance de la volonté des époux dans le mariage en droit romain. À cette époque, le mariage présentait la caractéristique principale d'être un acte fondé sur l'accord de volonté des époux. Dès lors, si la volonté de l'un d'eux de rester en mariage cessait, celui-ci disparaissait. Il était donc très facile de sortir des liens du mariage.

907 — Émergence du caractère religieux du mariage dès le Xᵉ siècle. À cette date, le mariage a peu à peu été saisi par le droit canon (droit de l'Église catholique), ce qui a eu pour effet de faire émerger trois caractéristiques. Le mariage était, à l'époque, un acte célébré par les autorités religieuses. L'Église était compétente pour statuer sur les litiges intéressant le mariage. Et surtout, le consentement initialement donné par les époux établissait définitivement le mariage. Le concile de Trente avait d'ailleurs proclamé l'indissolubilité du mariage en 1563.

908 — Affirmation du caractère civil du mariage à partir du XVIᵉ siècle. C'est à cette époque que le pouvoir civil a cherché à ébranler le pouvoir que l'Église catholique s'était arrogé en matière de mariage. Des ordonnances royales ont ainsi été prises pour réglementer des questions relatives au mariage. Les juridictions religieuses ont peu à peu perdu leurs compétences en la matière. En 1791, la Constitution a affirmé que « la loi ne considère le mariage que comme un contrat civil ». Un décret de 1792 en a tiré les conséquences : le mariage est devenu un acte célébré par l'officier municipal.

909 — Réaffirmation du mariage civil dans le Code Napoléon. Celui-ci a réaffirmé, en 1804, le caractère laïc du mariage. Le mariage est un acte célébré par l'officier de l'état civil, régi par la loi civile et donnant lieu à la compétence des juridictions civiles.

910 — Mariage indirectement traité dans les lois modernes. Les lois adoptées en droit de la famille sous l'ère Carbonnier ont envisagé le mariage, principalement sous l'angle de ses effets (essentiellement lois du 13 juillet 1965 et du 23 décembre 1985) et de sa dissolution par divorce (loi du 11 juillet 1975). Il en a été de même avec les lois postérieures, exception faite de la loi du 17 mai 2013 qui a autorisé le mariage (et par là même l'adoption) aux couples de personnes de même sexe.

911 — Mariage directement saisi par la loi du 17 mai 2013. Pour honorer son engagement de campagne en faveur du mariage homosexuel, François Hollande, une fois devenu président de la République, a demandé à la ministre de la Justice (C. Taubira) et à la ministre déléguée à la Famille

(D. Bertinotti) de coécrire un projet de loi, visant à ouvrir le mariage et l'adoption aux couples homosexuels. Présenté en Conseil des ministres le 7 novembre 2012, le projet (finalement porté uniquement par Mme Taubira) a été discuté rapidement puisqu'il a été définitivement adopté en avril 2013. Déclarée constitutionnelle par le Conseil constitutionnel le 17 mai, la loi ouvrant le mariage aux couples homosexuels a été promulguée le jour même par le président de la République.

Cons. const., 17 mai 2013, n° 2013-669 DC : JO 18 mai 2013, n° 0114, p. 8281.

Loi n° 2013-04 du 17 mai 2013 ouvrant le mariage aux couples de personnes de même sexe : JO 18 mai 2013, n° 0114, p. 8253.

912 — Réactions dans la société française liées à l'adoption du mariage homosexuel. Rarement, un projet de loi a suscité autant de réactions politiques et populaires lors de sa discussion parlementaire. Celui relatif à l'ouverture du mariage homosexuel a, en effet, provoqué de nombreuses et massives manifestations dans la rue, lesquelles ont parfois donné lieu à des débordements et actions violentes.

913 — Réactions au sein de la doctrine juridique liées à l'adoption du mariage homosexuel. La communauté universitaire était, dans son ensemble, hostile aux orientations prises dans la loi du 17 mai 2013. Certains universitaires juristes, tels F. Dekeuwer-Defossez, J. Hauser, A. Mirkovic, ont d'ailleurs signé et adressé aux sénateurs, au cours de la discussion parlementaire, une pétition visant à leur faire savoir que le projet de loi du gouvernement « implique un bouleversement profond du droit, du mariage, et, surtout de la parenté ». Les écrits doctrinaux défavorables à la nouvelle loi abondent.

Dekeuwer-Defossez F., « L'extension du mariage et de la filiation aux couples de même sexe : tsunami annoncé en droit de la famille », RLDC 2012/4872.

Mirkovic A., « Les dommages pour tous du mariage de quelques-uns », Dr. famille 2013, Repère 1, p. 18.

Hauser J., « Le projet de loi sur le mariage des personnes de même sexe – Le paradoxe de la tortue d'Achille », JCP G 2012, doct. 1185.

914 — Une institution en perte de vitesse. Alors que le mariage avait attiré 416 000 candidats en 1972, ils n'étaient plus que 305 000 à passer devant le maire en 2000. Depuis, le nombre de mariages célébrés ne cesse, globalement, de diminuer, comme le mettent en évidence les statistiques depuis 2009 (256 000 mariages). 241 000 couples se sont mariés en 2014, et 239 000 en 2015. Le mariage est aujourd'hui largement concurrencé par le pacs (source Insee).

Année	Nombre de mariages célébrés
2000	305 234
2003	282 756
2006	273 924
2008	265 404
2012	245 930
2013	238 592 (dont 7 367 mariages homosexuels)
2014	240 825 mariages (dont 10 500 mariages homosexuels)
2015	241 292 mariages (dont 8 000 mariages homosexuels)

Insee.

915 — Âge lors du premier mariage. Les Français se marient de plus en plus tard, en moyenne à 30 ans pour les femmes et 31,8 ans pour les hommes (2010). Cet âge a reculé : en 2001, il était de 28,1 ans pour les femmes et 30,2 ans pour les hommes.

SECTION 2 La formation du mariage

916 — Plan de section. Le droit au mariage sera évoqué à titre liminaire (I). Seront ensuite présentées les conditions de formation du mariage (II) dont le non-respect entraîne une sanction particulièrement grave : la nullité de celui-ci (III).

I Le droit au mariage

917 — Proclamation de la liberté nuptiale. Différents textes nationaux et internationaux proclament qu'à partir de l'âge nubile, l'homme et la femme ont le droit de se marier et de fonder une famille. Ils consacrent ainsi un principe fondamental, celui de la liberté nuptiale.

Pour les textes internationaux : DUDH, art. 16 ; Conv. EDH, art. 12.

918 — Valeur constitutionnelle de la liberté nuptiale. Dans plusieurs décisions (1993 et 1999), le Conseil constitutionnel a considéré que la liberté nuptiale est un principe à valeur constitutionnelle. La liberté nuptiale renferme trois composantes : la liberté de se marier (A), de ne pas se marier (B) et de choisir librement son conjoint (C).

Cons. const., 13 août 1993, n° 93-325 DC et Cons. const., 9 nov. 1999, n° 99-419 DC.

A ▌ La liberté de se marier

919 — Signification de la liberté de se marier. Toute personne jouit d'une prérogative d'ordre public de se marier, dès lors qu'elle remplit les conditions imposées par la loi.

920 — Liberté de se marier préservée par le Conseil d'État. En se fondant sur la liberté de se marier, le Conseil d'État a annulé des dispositions statutaires qui interdisaient à certains agents de l'État de se marier. Selon lui, seules les « nécessités particulières » de la fonction peuvent justifier une telle prohibition (arrêt de 1960). Dans une décision de 2014, le Conseil d'État a jugé que la liberté de se marier est une liberté fondamentale au sens de l'article L. 521-2 du Code de justice administrative.

CE, 11 mars 1960 : Dr. soc. 1960, 416, concl. Bernard.
CE, 9 juill. 2014 : RLDC 5583.

921 — Liberté de se marier préservée par la jurisprudence judiciaire : interdiction des clauses de célibat. En se fondant sur la liberté de se marier, la Cour de cassation a annulé les clauses de célibat qui étaient, au départ, insérées dans certains contrats de travail des hôtesses de l'air. Elle a analysé la clause de célibat comme « restrictive du droit au mariage et de la liberté du travail ».

CA Paris, 30 avr. 1963 : D. 1963, 428, note Rouast A.
Cass. soc., 7 févr. 1968 : D. 1968, 428.

922 — Liberté de se marier préservée par la jurisprudence judiciaire : interdiction en matière de licenciement. Invoquant la liberté de se marier, la Cour de cassation a jugé en 1971 que le licenciement fondé sur le mariage du salarié est abusif, et donc nul. Elle a ainsi considéré qu'« est légalement justifiée la décision qui alloue à une employée en période d'essai des dommages-intérêts pour rupture abusive de son contrat de travail, dès lors que l'employeur l'a licenciée au seul motif qu'elle allait prochainement contracter mariage, circonstance sans rapport avec l'exécution du contrat de travail ».

Cass. soc., 17 mars 1971 : Bull. civ. V, n° 216.

923 — Exception à la liberté du mariage découlant de l'arrêt *Cours Sainte Marthe*. Selon la Cour de cassation, il ne peut être porté atteinte sans abus, à la liberté du mariage par un employeur « que dans des cas très exceptionnels où les nécessités de la fonction l'exigent impérieusement ». Ainsi, dans cet arrêt *Cours Sainte-Marthe* rendu en 1978, la Cour de cassation a admis la validité d'une clause interdisant à une personne divorcée et remariée d'enseigner dans un établissement catholique, et ce, parce que la violation de l'indissolubilité du mariage est contraire à la foi catholique.

Cass. ass. plén., 19 mai 1978, Cours Sainte-Marthe : D. 1978, 541, concl. contr. Schmelck, note Ph. Ardant.

B | La liberté de ne pas se marier

924 — Liberté de ne pas se marier préservée en droit français. La liberté nuptiale englobe aussi la liberté de ne pas se marier. C'est pour cela que les fiançailles n'ont pas de force obligatoire en droit français. C'est aussi pour cette raison que les mariages forcés sont susceptibles d'être annulés (C. civ., art. 184). Pour renforcer la lutte contre les mariages forcés, la loi du 4 août 2014 a d'ailleurs modifié la rédaction de l'article 202-1, alinéa 1er du Code civil qui précise désormais *in fine* que « quelle que soit la loi personnelle applicable, le mariage requiert le consentement des époux, au sens de l'article 146 et du premier alinéa de l'article 180 ».

925 — Liberté de ne pas se marier au regard des clauses de célibat. La jurisprudence a eu à se prononcer sur la validité des clauses de célibat, parfois insérées dans des actes juridiques à titre gratuit (donations, testament). Ces clauses accordent à une personne le droit à une donation ou à un legs, à la condition qu'elle reste célibataire.

926 — Position de la jurisprudence sur les clauses de célibat. La jurisprudence considère que la clause de célibat est en principe valable, sauf si l'auteur de la libéralité a été animé par un mobile répréhensible (jalousie posthume, intention de nuire notamment). Dans ce cas, la libéralité est alors annulée sur le fondement de l'article 1133 du Code civil (applicable à l'époque) pour cause illicite.

Civ., 22 déc. 1896 : DP 1898, 1, 537, concl. Desjardins – Cass. 1re civ., 13 déc. 2005 : Bull. civ. I, n° 491.

Selon l'ancien article 1133 du Code civil, « la cause est illicite, quand elle est prohibée par la loi, quand elle est contraire aux bonnes mœurs ou à l'ordre public ». Ce texte a été abrogé par l'ordonnance n° 2016-131 du 10 février 2016 portant réforme du droit des contrats, du régime général et de la preuve des obligations entrée en vigueur le 1er octobre 2016.

927 — Jurisprudence attentatoire à la liberté de ne pas se marier. Selon certains auteurs, notamment Mme Annick Batteur, juger que la clause de célibat insérée dans les libéralités est en principe licite, porte atteinte à la liberté de ne pas se marier. Ceux-ci proposent donc de renverser le principe et de considérer que de telles clauses de célibat sont, d'une manière générale, nulles.

Batteur A., Droit des personnes, des familles et des majeurs protégés, 8e éd., 2015, LGDJ.

928 — Jurisprudence non attentatoire à la liberté de ne pas se marier. Pour d'autres auteurs, la clause de célibat ne porte pas véritablement atteinte à la liberté de ne pas se marier puisque l'individu conserve de toute façon la prérogative de se marier ou non. S'il fait le choix de se marier, il renonce simplement aux avantages résultant de la libéralité.

Bénabent A., *Droit de la famille*, 3e éd., 2014, LDGJ, Domat, Précis.

C La liberté de choisir librement son conjoint

929 — Liberté de choisir librement son conjoint préservée par la jurisprudence rendue en matière de libéralité. Chaque personne ayant la liberté de choisir son conjoint dans les limites imposées par la loi, la jurisprudence annule les clauses insérées dans les libéralités qui interdisent le mariage avec une personne désignée ou appartenant à une catégorie sociale, religion ou ethnie précise.

Cass. 1re civ., 8 nov. 1965 : Gaz. Pal. 1966, I, 55.

930 — Liberté de choisir librement son conjoint préservée par la jurisprudence rendue en matière de licenciement. La jurisprudence considère que le fait de licencier un salarié au motif que celui-ci a épousé l'employé d'une entreprise concurrente est abusif. Selon la Cour de cassation, le licenciement pour une cause inhérente à la personne du salarié doit être fondé sur des éléments objectifs imputables à ce salarié.

Encourt donc la cassation, l'arrêt qui décide que le licenciement d'un salarié avait une cause réelle et sérieuse dès lors qu'il n'avait pas spontanément avisé sa hiérarchie d'un risque de conflit d'intérêts né de son mariage avec une personne détenant la moitié du capital d'une société affiliée au réseau de son employeur, Cass. soc., 21 sept. 2006 : Bull. civ. V, n° 285.

II Les conditions de formation du mariage

931 — Acte réglementé. Parce que le mariage est un acte grave, sa formation est subordonnée à des conditions de fond (A) et de forme (B). Si ces différentes conditions ne sont pas respectées, il est possible de s'opposer à sa célébration (C).

A Les conditions de fond du mariage

932 — Plan. Même si les conditions de fond du mariage ont été allégées à l'époque contemporaine, il n'empêche qu'elles sont encore nombreuses. On recense, en effet, une condition d'ordre physiologique (1), des conditions relatives au consentement (2) et à la capacité des époux (3) ainsi que des conditions dites sociologiques (4).

1 La condition physiologique

a L'atténuation des conditions physiologiques par le droit moderne

933 — Suppression du délai de viduité en 2004. Sous l'empire de la loi antérieure, il existait un délai dit de viduité, selon lequel la femme ne pouvait contracter un nouveau mariage que 300 jours révolus après la dissolution de son précédent mariage (C. civ., art. 228 ancien). Celui-ci visait principalement à éviter les potentiels conflits de paternités entre le premier et le deuxième mari de la femme. Le délai de viduité a été supprimé par la loi du 26 mai 2004 relative au divorce.

Loi n° 2004-439 du 26 mai 2004 relative au divorce : JO 27 mai 2004, n° 122, p. 9319.

934 — Suppression du certificat prénuptial en 2007. Avant 2007, chaque époux devait présenter à l'officier de l'état civil un certificat médical datant de moins de 2 mois, attestant, « à l'exclusion de toute autre indication, qu'il avait été examiné en vue du mariage » (C. civ., art. 63, al. 3 ancien). Ce certificat prénuptial avait été rendu obligatoire sous le régime de Vichy (L. 16 déc. 1942 et 29 juill. 1943 ; Ord. 2 nov. 1945). Il a été supprimé par la loi du 20 décembre 2007, au motif qu'il était inutile.

Loi n° 2007-1787 du 20 décembre 2007 relative à la simplification du droit : JO 21 déc. 2007, n° 0296, p. 20639.

935 — Suppression de la différence des sexes des époux en 2013. La loi du 17 mai 2013 s'inscrit dans ce courant du droit moderne tendant à atténuer les exigences physiologiques requises pour se marier. Elle a, en effet, supprimé la condition liée à la différence de sexe des époux qui existait sous l'empire de la loi antérieure.

Loi n° 2013-04 du 17 mai 2013 ouvrant le mariage aux couples de personnes de même sexe : JO 18 mai 2013, n° 0114, p. 8253.

b La différence de sexes entre les époux : une condition récemment supprimée

α L'interdiction antérieure du mariage homosexuel

936 — Exigence traditionnelle de la différence de sexes des époux. Jusqu'à la loi du 17 mai 2013, le mariage était subordonné à la condition que les époux soient de sexes différents. Cette exigence n'était pas explicitement inscrite dans le Code civil, tant elle avait semblé évidente aux rédacteurs du Code Napoléon qui faisaient du mariage l'acte fondateur de la famille. Néanmoins, elle découlait implicitement de plusieurs dispositions qui, traitant du mariage, se référaient soit à « l'homme et la femme », soit au « mari et à la femme ».

L'officier de l'état civil « recevra de chaque partie, l'une après l'autre, la déclaration qu'ils veulent se prendre pour mari et femme » (C. civ., art. 75, al. 6 ancien). « L'homme et la femme ne peuvent contracter mariage avant dix-huit ans » (C. civ., art. 144 ancien).

937 — Désobéissance civile de certains maires en faveur du mariage homosexuel. Exploitant le silence de la loi, certaines personnes avaient fait valoir que le mariage homosexuel était valable. Le 5 juin 2004, Noël Mamère avait, pour la première fois en France, accepté, en sa qualité de maire de Bègles, de célébrer un mariage homosexuel, et ce, au mépris de l'opposition formée à cet égard par le procureur de la République.

Cet acte de désobéissance civique avait été suivi d'autres comportements similaires. Ainsi, en Île-de-France, le premier mariage homosexuel a été célébré le 4 février 2012 à Villejuif (www.lemonde.fr, 8 févr. 2012).

938 — Condamnation du mariage homosexuel par la Cour de cassation. Le mariage de Bègles a donné à la justice l'occasion de se prononcer sur la validité du mariage homosexuel en droit français. Sans surprise, la Cour de cassation avait sobrement énoncé le 13 mars 2007 que « selon la loi française, le mariage est l'union d'un homme et d'une femme ».

Cass. 1re civ., 13 mars 2007 : Bull. civ. I, n° 113.

939 — Désengagement de la Cour européenne des droits de l'homme au sujet du mariage homosexuel. Les couples homosexuels ont cru, pendant un temps, que l'évolution du droit en leur faveur serait provoquée par la CEDH, sur le fondement des articles 8 et 14 de la Conv. EDH. Finalement, il n'en a rien été puisque celle-ci a jugé, dans l'arrêt *Shalk et Kopf c/Autriche* rendu le 24 juin 2010, qu'« aucun consensus ne se dégageant parmi les États membres du Conseil de l'Europe sur la question du mariage homosexuel, il appartient à chaque État membre de choisir d'autoriser ou non un couple homosexuel à se marier ». Cette même solution a été réaffirmée par la CEDH en juillet 2014.

CEDH, 24 juin 2010 : D. 2011. pan. 1040, obs. Lemouland J.-J. et Vigneau D.
CEDH, 16 juill. 2014 : Dr. famille 2015, Comm. n° 1, note Binet J.-R.

940 — Statu quo du Conseil constitutionnel sur le mariage homosexuel. Le salut pour les couples homosexuels n'est pas venu non plus du Conseil constitutionnel. En effet, saisi d'une QPC relative au mariage homosexuel, celui-ci a considéré que « les dispositions des articles 75 et 144 du Code civil, qui imposent aux futurs époux d'être de sexes différents ne sont contraires à aucun droit et aucune liberté que la Constitution garantit ».

Cons. const., 28 janv. 2011, n° 2010-92 QPC : D. 2011, 1040, obs. Lemouland J.-J. et Vigneau D.

941 — Engagement de François Hollande en faveur du mariage homosexuel. C'est le changement de présidence à la République française en mai 2012 qui a permis une évolution en la matière. L'admission du mariage homosexuel en droit français figurait dans le projet de François Hollande en vue de son élection à la présidence de la République. La loi autorisant le mariage aux couples de personnes de même sexe a été promulguée le 17 mai 2013, soit un an tout juste après sa prise de fonctions.

Loi n° 2013-404 du 17 mai 2013 ouvrant le mariage aux couples de personnes de même sexe : JO 18 mai 2013, p. 8252.

β L'interdiction du mariage homosexuel levée par la loi du 17 mai 2013

942 — Dispositions générales importantes issues de la loi du 17 mai 2013. Cette loi insère dans le Code civil un nouvel article qui énonce que « le mariage est contracté par deux personnes de sexes différents ou de même sexe » (C. civ., art. 143). Autorisés à se marier, les homosexuels sont, par voie de conséquence, autorisés à adopter conjointement un enfant (C. civ., art. 343) et à adopter l'enfant de leur conjoint (C. civ., art. 345-1). La loi de 2013 en tire les conséquences en réécrivant des dispositions du Code civil relatives au mariage, à la filiation adoptive, au nom de famille et en insérant des dispositions de coordination. Elle proclame de manière générale au début du Code civil (C. civ., art. 6-1, nouveau) que « le mariage et la filiation adoptive emportent les mêmes effets, droits et obligations reconnus par les lois, à l'exclusion de ceux prévus au titre VII du livre Ier du présent Code, que les époux ou les parents soient de sexe différent ou de même sexe ».

Le titre VII du livre Ier du Code civil est relatif à la filiation biologique.

943 — Mariage homosexuel et droit international privé dans la loi du 17 mai 2013. Deux personnes de même sexe peuvent valablement contracter mariage « lorsque, pour au moins l'une d'elles, soit sa loi personnelle, soit la loi de l'État sur le territoire duquel elle a son domicile ou sa résidence le permet » (C. civ., art. 202-1, al. 2). Le mariage est valablement célébré « s'il l'a été conformément aux formalités prévues par la loi de l'État sur le territoire duquel la célébration a eu lieu » (C. civ., art. 202-2). Le mariage homosexuel célébré en France entre un Français et un étranger dont la loi nationale ne l'admet pas, est donc valable. Néanmoins, une difficulté particulière s'est posée en présence de dispositions contraires prévues dans une convention internationale.

944 — Mariage homosexuel entre loi française, loi étrangère et convention internationale. Peu de temps après l'entrée en vigueur de la loi du 17 mai 2013, un couple homosexuel franco-marocain a souhaité se marier. Le problème est qu'une convention franco-marocaine du 18 août 1981 interdit le mariage homosexuel des ressortissants marocains. Le procureur de la République avait donc formé une opposition au mariage et la justice française a été saisie de la question de savoir si le mariage pouvait être célébré. En première et seconde instances, les juridictions avaient autorisé la célébration du mariage en écartant, au nom du « nouvel ordre public international », l'application de la convention franco-marocaine. Saisie d'un pourvoi formé par le procureur de la République, la Cour de cassation a, dans un arrêt rendu en janvier 2015, elle aussi autorisé la célébration du mariage au motif suivant :

> « Si, selon l'article 5 de la Convention franco-marocaine du 10 août 1981 (...), les conditions de fond du mariage (...) sont régies pour chacun des futurs époux par la loi de celui des deux États dont il a la nationalité, son article 4 précise que la loi de l'un des deux États désignés par la Convention peut être écartée par les juridictions de l'autre État si elle est manifestement incompatible avec l'ordre public ; que tel est le cas de la loi marocaine compétente qui s'oppose au mariage des personnes de même sexe dès lors que, pour au moins l'une d'elles, soit la loi personnelle, soit la loi de l'État sur le territoire duquel elle a son domicile ou sa résidence le permet. »
>
> Cass. 1re civ., 28 janv. 2015 : D. 2015, p. 264, note Gallmeister I. ; Dr. famille 2015, Comm., n° 63, note Devers A. et Farge M.

945 — Mariage homosexuel en Europe. En autorisant le mariage homosexuel, la France rejoint en 2013 les 6 pays (sur 28) de l'Union européenne qui avaient déjà légiféré en ce sens : les Pays-Bas (L. déc. 2000, entrée en vigueur avr. 2001), la Belgique (L. févr. 2003), l'Espagne (L. juill. 2005), la Suède (L. avr. 2009), le Portugal (L. mai 2010) et le Danemark (L. juin 2012). Après nous, la Grande-Bretagne s'est également engagée dans cette voie en 2013 (loi du 17 juillet). En 2015, c'était au tour du

Luxembourg, de la Slovénie et de la Finlande d'admettre le mariage homosexuel. C'est aussi le cas de l'Allemagne en 2017

> « Le mariage homosexuel », *Les documents de travail du Sénat*, Série de législation comparée, n° LC 134, juin 2004 ; « Mariage de personnes de même sexe et homoparentalité », *Les documents de travail du Sénat*, Série de législation comparée, n° LC 229, nov. 2012.

946 — Premier mariage homosexuel légalement célébré en France. Il a été célébré entre deux hommes, le 29 mai 2013, soit quelques jours seulement après l'entrée en vigueur de la nouvelle loi. En présence de 200 invités et 200 journalistes, la maire de Montpellier s'est adressée aux mariés en leur disant : « votre histoire rencontre en ce jour celle de tout un pays, celle d'une société qui progresse, qui lutte contre toutes les discriminations ».

947 — Subsistance d'une seule condition physiologique au mariage. Après la levée de l'interdiction du mariage aux personnes de même sexe, la seule condition physiologique qui subsiste aujourd'hui s'agissant de la formation du mariage, est celle relative à l'âge des époux. Elle s'est d'ailleurs renforcée à l'époque moderne, afin d'empêcher les mariages forcés.

c L'âge des époux : une condition renforcée

948 — Âge des époux. Le législateur impose à ceux qui veulent se marier d'avoir atteint un âge minimum. C'est l'âge nuptial ou nubile. En revanche, la loi n'impose aucune condition d'âge maximum : toute personne peut, dès lors qu'elle a atteint l'âge nubile, se marier. Le mariage des personnes des troisième et quatrième âges n'est pas interdit, ce qui met en évidence que la procréation n'est pas la seule finalité du mariage.

949 — Âge nuptial en 1804. À cette époque, l'âge nuptial n'était pas le même pour les hommes et les femmes. En effet, les femmes ne pouvaient pas se marier avant 15 ans et les hommes avant 18 ans. Ces âges respectifs correspondaient à la maturité requise sur les plans physiologique et psychologique pour poursuivre la fin traditionnelle du mariage, à savoir la procréation.

950 — Évolution de l'âge nuptial en 2006. À l'époque moderne, le législateur a décidé, à l'occasion de la loi du 4 avril 2006, d'aligner l'âge nuptial des femmes sur celui des hommes. Dans sa rédaction issue de cette loi, l'article 144 du Code civil disposait que « l'homme et la femme ne peuvent contracter mariage avant 18 ans révolus ». Depuis la loi du

17 mai 2013, le texte énonce que « le mariage ne peut être contracté avant dix-huit ans révolus ».

Loi n° 2006-399 du 4 avril 2006 renforçant la prévention et la répression des violences au sein du couple ou commises contre les mineurs : JO 5 avr. 2006, p. 5097.

951 — Raisons de l'évolution légale de l'âge nuptial en 2006. Deux raisons sont à l'origine de la modification de l'article 144 du Code civil par la loi du 4 avril 2006. En alignant l'âge nubile de la femme sur celui de l'homme, le législateur a d'abord voulu gommer l'une des dernières traces d'inégalité des sexes existant encore en droit de la famille. Mais surtout, cet alignement a été conçu comme un moyen de lutter contre les mariages forcés des jeunes filles, lesquels se pratiquent dans certaines communautés religieuses.

Larribau-Terneyre V., « La loi contre la tradition : la lutte contre les mariages forcés par le relèvement de l'âge légal du mariage des femmes », Dr. famille 2005, p. 3.

952 — Dispense d'âge pour le mineur voulant se marier. La loi du 4 avril 2006 n'a pas supprimé une possibilité existant sous l'empire de la loi antérieure : la personne mineure (qui n'a donc pas l'âge nuptial) peut, si elle veut se marier, solliciter une dispense d'âge. Délivrée jusqu'en 1970 par le président de la République, la dispense d'âge est, depuis, cette date, accordée par le procureur de la République du lieu de célébration du mariage, à la condition qu'il existe des « motifs graves » (C. civ., art. 145).

Pour pouvoir se marier, une personne mineure doit, en outre, obtenir une autorisation parentale (C. civ., art. 148).

953 — Pratique des dispenses d'âge des mineurs voulant se marier. Dans les faits, environ 400 demandes de dispense d'âge sont formulées chaque année. En pratique, la dispense d'âge est sollicitée lorsque la mineure est enceinte.

2 Les conditions relatives au consentement

954 — Consentement des époux, condition indispensable du mariage. Cette idée est exprimée avec force dans l'article 146 du Code civil qui précise qu'« il n'y a pas de mariage lorsqu'il n'y a point de consentement ». En donnant leur consentement au mariage, les époux matérialisent leur volonté de s'engager juridiquement l'un à l'égard de l'autre.

955 — Consentement des époux, condition rapprochant le mariage d'un contrat. S'agissant du consentement des époux, le mariage est, en droit français, assimilé à un contrat. Leur consentement au mariage doit donc exister et être exempt de tout vice.

a L'existence d'un consentement au mariage

956 — Matérialisation du consentement au mariage. Dans la plupart des cas, le consentement au mariage se matérialise par le « oui » que formulent les conjoints, lorsque l'officier de l'état civil leur demande au cours de la cérémonie s'ils veulent se prendre pour époux. Si l'un des époux ne peut pas parler, le consentement au mariage peut être exprimé d'une autre façon, que le juge interprétera en cas de litige.

Râle d'un époux assimilé à un « oui », Cass. 1re civ., 31 mai 2006 : Bull. civ. I, n° 47 ; D. 2006, pan. 1416, obs. Lemouland J.-J. et Vigneau D. ; RTD civ. 2006, 283, obs. Hauser J.

α Le consentement des époux : révélateur de la portée de leur engagement

957 — Intégrité du consentement des époux. Celui-ci doit refléter que chacun des époux a véritablement conscience de la portée de son engagement. La personne qui donne son consentement au mariage doit donc disposer de toutes ses facultés mentales. À défaut, le mariage peut être annulé. Selon la jurisprudence, c'est à celui qui conteste la validité du mariage de rapporter la preuve qu'au jour de la célébration, l'un des époux n'était pas pleinement lucide.

958 — Exemples jurisprudentiels d'altération des facultés mentales au jour du mariage. Selon la jurisprudence, lorsqu'un époux est au jour de la célébration du mariage, dément, schizophrène, déficient mentalement ou sous l'emprise de stupéfiants ou de l'alcool, il ne dispose pas de toutes ses facultés mentales. Le mariage peut alors être annulé.

Pour l'exemple d'un époux qui était atteint « de lourdes déficiences mentales qui lui interdisaient d'apprécier la portée de son engagement le jour de la célébration de l'union », Cass. 1re civ., 4 mai 2011 : Bull. civ. I, n° 82 ; D. 2012, 971, obs. Lemouland J.-J. et Vigneau D.

959 — Intervalle de lucidité le jour du mariage. La jurisprudence juge que le mariage conclu par une personne dont les facultés mentales sont altérées, est valable dès lors qu'il a été conclu dans un intervalle de lucidité.

Cass. 1re civ., 24 mars 1998 : D. 1999, p. 19, note Lemouland J.-J.

β Le consentement des époux : révélateur de leur intention conjugale

960 — Mariages de complaisance. Il arrive que des personnes ne se marient pas dans le but de créer une union conjugale avec toutes les conséquences qui en découlent, mais uniquement pour obtenir un avantage lié au mariage (mariage pour échapper à des obligations militaires à une certaine époque ou pour obtenir des avantages fiscaux, sociaux, etc.). Ce sont des mariages simulés, appelés aussi mariages fictifs. Instrumentalisant l'institution du mariage, ils sont sanctionnés par les juridictions.

961 — Sanctions appliquées en cas de mariage de complaisance. Au début du xxe siècle, deux grandes tendances s'opposaient : l'une consistait à déclarer la nullité du mariage simulé, faute de consentement, l'autre consistait à maintenir le mariage ainsi contracté, à titre de sanction en quelque sorte. Les deux courants étaient d'ailleurs consacrés en jurisprudence.

962 — Position de la Cour de cassation sur le mariage de complaisance : arrêt *Appietto*. Le 20 novembre 1963, la Cour de cassation a jugé dans l'arrêt *Appietto* rendu par la première chambre civile que « le mariage est nul faute de consentement lorsque les époux ne se sont prêtés à la cérémonie qu'en vue d'atteindre un résultat étranger à l'union matrimoniale et il est, au contraire, valable lorsque les époux ont cru pouvoir limiter ses effets légaux et notamment n'ont donné leur consentement que dans le but de conférer à l'enfant commun la situation d'enfant légitime ».

> Cass. 1re civ., 20 nov. 1963 : D. 1964, 465, note Raynaud P. ; JCP 1964, II, 13498, note Mazeaud J.

963 — Distinction faite dans l'arrêt *Appietto*. Dans cet arrêt rendu en 1963, la Cour de cassation a distingué deux situations :
- celle des époux qui ont recherché un résultat étranger à l'union matrimoniale. Dans ce cas, la sanction est celle de la nullité du mariage. Il s'agit d'une nullité absolue, qui peut être sollicitée par toute personne ayant un intérêt à agir, et ce, pendant un délai de 30 ans à partir de la célébration du mariage ;
- celle des époux qui ont seulement voulu écarter tel(s) effet(s) du mariage pour n'en retenir que d'autres (comme dans l'espèce, dans laquelle les époux n'avaient voulu se marier que pour légitimer leur enfant commun). Dans ce cas, le mariage est pleinement maintenu à titre de sanction.

> Cass. 1re civ., 20 nov. 1963 : D. 1964, 465, note Raynaud P. ; JCP 1964, II, 13498, note Mazeaud J.

964 — Distinction jurisprudentielle faite dans l'arrêt *Appietto*, difficile à appliquer. La doctrine a souligné que le critère de distinction posé en 1963 par la Cour de cassation est indéniablement difficile à mettre en œuvre. Celui-ci implique, en effet, de pouvoir définir ce qu'est notamment un « résultat étranger » à l'union matrimoniale. Plusieurs définitions ont, à cet égard, été proposées et aucune d'elles ne s'est révélée pleinement satisfaisante.

Foulon-Piganiol I., « Mariage simulé ou mariage à effets limités ? », D. 1965, chron. 9. Du même auteur, « Le mariage simulé », RTD civ. 1960, 217.

965 — Distinction jurisprudentielle faite dans l'arrêt *Appietto*, artificielle. Une autre critique doctrinale a eu pour objet de souligner le caractère artificiel de la distinction opérée en 1963 par la Cour de cassation. En effet, que les époux aient voulu obtenir un résultat étranger à l'union matrimoniale ou qu'ils aient voulu en limiter les effets légaux, ils n'avaient pas, de toutes les façons, de véritable intention conjugale.

966 — Distinction jurisprudentielle faite dans l'arrêt *Appietto*, délaissée en 2003. Les critiques doctrinales expliquent peut-être pourquoi la Cour de cassation n'a ensuite plus repris la distinction qu'elle avait opérée en 1963. En effet, dans un arrêt ultérieur rendu en 2003, elle s'est contentée d'affirmer que « le mariage est nul lorsque les époux ne se sont prêtés à la cérémonie qu'en vue d'atteindre un résultat étranger à l'union matrimoniale ».

Cass. 1re civ., 28 oct. 2003 : D. 2004, 21, note Gridel J.-P. ; Dr. famille 2004, Comm. n° 15, note Larribau-Terneyre V. ; Defrénois 2004, p. 143, obs. Massip J. ; RTD civ. 2004, 66, obs. Hauser J.

967 — Distinction jurisprudentielle faite dans l'arrêt *Appietto*, abandonnée en 2012. L'abandon de la distinction faite dans l'arrêt *Appietto* (1963) a été confirmé dans un arrêt rendu par la Cour de cassation le 19 décembre 2012. Celle-ci a annulé un mariage sur le fondement de l'article 146 du Code civil (absence de consentement), au motif que l'épouse s'était mariée « dans le but exclusif d'appréhender le patrimoine du mari afin d'assurer son avenir et celui du fils qu'elle avait eu avec un tiers, et sans intention de se soumettre à toutes les obligations nées du mariage ».

Cass. 1re civ., 19 déc. 2012 : Dr. famille 2013, Comm. n° 24, note Larribau-Terneyre V.

968 — Régime de la nullité applicable au mariage d'époux ayant recherché un résultat étranger à l'union matrimoniale. Dans ce cas, le mariage est, selon la jurisprudence actuelle, susceptible d'être annulé pour absence de consentement (C. civ., art. 146). Il est donc frappé de nullité absolue. L'action en nullité du mariage peut donc être introduite par toute personne ayant un intérêt à agir. Elle peut être exercée dans un délai de 30 ans à compter de la célébration du mariage (C. civ., art. 184). Aucune confirmation du mariage irrégulier n'est possible.

b Le cas du mariage blanc

969 — Contexte des mariages blancs. C'est la doctrine qui a inventé cette expression. Le mariage blanc est celui qui est contracté avec une personne française dans le but exclusif d'acquérir la nationalité française. Il est aujourd'hui plus difficile qu'autrefois d'acquérir la nationalité française par le mariage. En effet, depuis une loi du 24 juillet 2006, un étranger ne peut prendre la nationalité française qu'après 4 ans de communauté effective et matérielle avec son conjoint français (C. civ., art. 21-2, al. 1er).

Loi n° 2006-911 du 24 juillet 2006 relative à l'immigration et à l'intégration : JO 25 juill. 2006, p. 11047.

970 — Lutte contre les mariages blancs. Le législateur moderne s'est efforcé de mettre en œuvre des moyens pour lutter contre les mariages blancs. La lutte s'opère tantôt *a priori* (c'est-à-dire avant la célébration de l'union matrimoniale), tantôt *a posteriori* (après la célébration du mariage).

971 — Saisine du procureur de la République par l'officier de l'état civil en cas de mariage supputé blanc. La lutte *a priori* s'exerce par le biais des dispositions de l'article 175-2 du Code civil, issu de la loi du 31 décembre 1993. Ce texte permet à l'officier de l'état civil qui suppute, au travers d'« indices sérieux », que le mariage projeté est un mariage blanc de saisir sans délai le procureur de la République (al. 1er). Ce dernier est tenu dans les 15 jours, soit de faire procéder au mariage, soit de faire opposition au mariage, soit de surseoir à la célébration du mariage pour faire procéder à une enquête (al. 2).

972 — Acte d'opposition du procureur à la célébration à un mariage supputé blanc. Si le procureur de la République s'oppose à la célébration du mariage, l'opposition produit ses effets pendant un an, étant précisé qu'elle peut être renouvelée. Si les intéressés persistent dans leur projet d'union, ils peuvent demander la mainlevée judiciaire de l'opposition en saisissant le tribunal de grande instance.

973 — Annulation du mariage blanc. Pour lutter *a posteriori* contre les mariages blancs, le législateur permet au procureur de la République de demander l'annulation dudit mariage (C. civ., art. 190). Selon ce texte, celui-ci « peut et doit demander la nullité du mariage, du vivant des deux époux, et les faire condamner à se séparer ». Son action doit être exercée dans un délai de 30 ans, à compter de la célébration du mariage (C. civ., art. 184). La nullité d'un tel mariage peut aussi être demandée pendant le même délai par les époux ou toute personne ayant un intérêt à agir (même texte).

Pour un exemple récent, Cass. 1re civ., 14 janv. 2015 jugeant que l'annulation du mariage blanc entraîne l'annulation de la déclaration de nationalité française : Dr. famille 2015, Comm. n° 45, note Binet J.-R.

c Un consentement au mariage non vicié

974 — Vices du consentement invocables en mariage. Le consentement au mariage doit être exempt de tout vice. En droit français, trois vices du consentement peuvent affecter la validité d'un contrat : l'erreur, le dol et la violence (C. civ., art. 1130, al. 1er ; C. civ., art. 1109 ancien). En matière de mariage, le législateur n'en a retenu que deux : l'erreur et la violence.

975 — Exclusion du dol comme vice de consentement au mariage. Le dol consiste à employer des moyens de tromperie pour amener une personne à passer un acte juridique. Il ne peut être invoqué comme vice du consentement au mariage parce que l'on considère qu'en la matière, les artifices et les manœuvres font naturellement partie du jeu de la séduction. Comme l'écrivait Loysel, « en mariage, trompe qui peut » !

Auteur de la doctrine du XVIIe siècle, Loysel s'était imposé en écrivant notamment un ouvrage resté célèbre, *Maximes et institutes coutumières*. Dans celui-ci, les règles juridiques étaient exprimées sous forme d'adages.

α Le consentement au mariage vicié par la violence

976 — Invocation de la violence en mariage. La violence est évoquée au travers de l'absence de liberté du consentement, dans l'article 180, alinéa 1er du Code civil. Elle doit ici être envisagée, tant sous l'angle physique que moral.

977 — Mariage et violence physique. Si la violence physique est admise en tant que vice du consentement en droit des contrats, elle est difficilement concevable en matière de mariage, en raison de la présence de l'officier de l'état civil qui célèbre l'union et des témoins des époux (C. civ., art. 75).

978 — Mariage et violence morale. Il est possible, pour diverses raisons, qu'une personne exerce des pressions sur une autre pour l'amener à consentir au mariage. Pour être qualifiée de vice du consentement, la violence morale doit avoir eu un caractère déterminant, ce qui s'apprécie eu égard aux personnes et aux circonstances dans lesquelles le consentement a été donné (C. civ., art. 1130, al. 2 nouveau).

Le mariage forcé peut notamment être sanctionné sur le terrain de la violence morale.

979 — Mariage, violence morale et crainte révérencielle. Cette dernière est définie comme un sentiment d'obéissance, de respect et de crainte ressentie par un descendant en présence de ses ascendants, particulièrement de ses parents. Elle suscite une question importante : la crainte révérencielle peut-elle être assimilée à une forme de violence morale de nature à provoquer la nullité du mariage ? La réponse n'a pas toujours été la même en droit français.

980 — Code de 1804 : crainte révérencielle non constitutive de violence. De 1804 à 2006, le droit français considérait que la crainte révérencielle n'était pas, en principe, une cause d'annulation du mariage (C. civ., art. 1114 ancien). Il n'en était autrement que dans des cas exceptionnels.

V. à titre d'exemple : Profération de menaces de mort par le père de la mariée à l'encontre de sa fille si le mariage n'était pas célébré. Le consentement des époux avait été ici obtenu, revolver au poing. Le mariage avait été annulé : Bastia, 27 juin 1949 : JCP 1949, II, 5083, note J.-S.

981 — Loi de 2006 : crainte révérencielle constitutive de violence. Le phénomène des mariages forcés, observé dans les familles issues de l'immigration, a incité le législateur moderne à modifier la solution traditionnelle. À l'occasion de la loi du 4 avril 2006, l'article 180, alinéa 1er a été complété. Il précise depuis que « l'exercice d'une contrainte sur les époux ou l'un d'eux, y compris par crainte révérencielle envers un ascendant, constitue un cas de nullité du mariage. »

Loi n° 2006-399 du 4 avril 2006 renforçant la prévention et la répression des violences au sein du couple ou commises contre les mineurs : JO 5 avr. 2006, n° 81, p. 5097.

β Le consentement au mariage vicié par une erreur

982 — Erreur dans le mariage. D'une manière générale, l'erreur est une fausse représentation de la réalité. En mariage, elle peut porter sur la personne du conjoint (erreur sur son identité physique ou civile) ainsi que sur ses qualités essentielles (C. civ., art. 180, al. 2).

983 — Erreur dans la personne : erreur sur l'identité physique du conjoint. Cette erreur est une hypothèse d'école en pratique, puisque la loi exige que les époux soient physiquement présents lors de la célébration du mariage (C. civ., art. 75).

984 — Erreur dans la personne : erreur sur l'identité civile du conjoint. Elle est concevable dans les faits. Si l'un des époux a, par exemple, usurpé son identité pour faire croire à son conjoint qu'il appartenait à telle famille, celui-ci peut alors demander l'annulation de l'union pour erreur dans la personne.

985 — Débat sur l'admission de l'erreur sur les qualités essentielles du conjoint. Au départ, le Code civil de 1804 n'envisageait pas, comme cause de nullité du mariage, l'erreur sur les qualités essentielles du conjoint. La Cour de cassation avait, en 1862, refusé de l'admettre, ce qui avait provoqué une résistance des juges du fond. Cette dernière a incité le législateur à évoluer lors de la réforme du 11 juillet 1975. Depuis, une erreur sur les qualités essentielles du conjoint peut donner lieu à l'annulation du mariage (C. civ., art. 180, al. 2).

Loi n° 75-617 du 11 juillet 1975 portant réforme du divorce : JO 12 juill. 1975, p. 7171.

986 — Refus de la Cour de cassation de prendre en compte l'erreur sur les qualités essentielles du conjoint (arrêt *Berton*, 1862). En 1862, s'était posée devant la Cour de cassation la question de savoir si une erreur commise par une épouse sur les qualités essentielles de son conjoint est une cause d'annulation du mariage. En l'espèce, une jeune fille de très bonne famille avait découvert, après la célébration de son mariage, que l'homme qu'elle avait épousé était, en réalité, un ancien forçat. Dans le célèbre arrêt *Berton* rendu le 24 avril 1862, la Cour de cassation a jugé qu'une erreur commise sur les qualités essentielles de son époux n'est pas une erreur de nature à permettre l'annulation du mariage.

Ch. réunies, 24 avr. 1862 : D. 1862, I, 153.

987 — Résistance des juges du fond à l'arrêt *Berton*. À partir de 1950, des juridictions du fond ont résisté à la jurisprudence inaugurée par la Cour de cassation dans l'arrêt *Berton* de 1862. Elles ont donc accepté d'annuler des mariages pour erreur sur les qualités essentielles du conjoint.

988 — Consécration de l'erreur sur les qualités essentielles du conjoint dans la loi de 1975. La loi du 11 juillet 1975 a modifié l'article 180, alinéa 2 du Code civil, de manière à faire de « l'erreur sur les qualités essentielles » du conjoint une cause d'annulation du mariage. La notion d'erreur sur les qualités essentielles du conjoint est interprétée par les juges du fond. Elle est analysée à la fois objectivement et subjectivement.

989 — Analyse objective et subjective de la notion de « qualités essentielles » du conjoint. L'analyse objective consiste à rechercher *in* *abstracto* (autrement dit dans l'abstrait) quelles sont les qualités essentielles, c'est-à-dire celles dont l'absence est de nature à perturber gravement la vie normale d'un couple. L'analyse subjective consiste à rechercher si la qualité sur laquelle un époux s'est trompé était, pour lui, essentielle.

990 — Erreurs sur les qualités essentielles du conjoint retenues en jurisprudence. Ont, par exemple, été qualifiées d'erreurs sur les qualités essentielles du conjoint provoquant l'annulation du mariage, les erreurs commises sur l'honorabilité du conjoint, sur les aptitudes de son époux à avoir des relations sexuelles normales, sur son intégrité mentale ou encore sur sa pleine santé.

Honorabilité du conjoint, TGI Paris, 23 mars 1982 : Defrénois 1983, 313, obs. Massip J.

Aptitudes du conjoint à avoir des relations sexuelles normales, CA Paris, 26 mars 1982 : Gaz. Pal. 1982, 2, 519, note Massip J.

Intégrité mentale de son époux, CA Paris, 1er déc. 1988 : D. 1989, IR, 6.

Pleine santé de son conjoint, TGI Dinan, 4 avr. 2006 : RTD civ. 2007, 550, obs. Hauser J. En l'espèce, le mari avait appris plusieurs mois après la célébration du mariage que son épouse était séropositive.

991 — Erreur sur la virginité de son épouse, non retenue. Une affaire assez récente, très médiatisée, a permis à la cour d'appel de Douai de considérer en 2008, à l'inverse des premiers juges, qu'une erreur commise sur la virginité de l'épouse ne peut donner lieu à l'annulation du mariage sur le fondement de l'article 180, alinéa 2 du Code civil.

CA Douai, 17 nov. 2008 : Dr. famille 2008, Comm. n° 167, obs. Larribau-Terneyre V.

3 Les conditions relatives à la capacité

a Le mariage du mineur

992 — Possibilité exceptionnelle pour le mineur de se marier. Le mineur ne peut, en principe, se marier puisque l'âge nuptial est, depuis la loi du 4 avril 2006, fixé à 18 ans pour les hommes et les femmes. Néanmoins, le procureur de la République peut, en cas de « motifs graves » (par exemple dans l'hypothèse d'une grossesse de la mineure), accorder une dispense d'âge, et par là même autoriser le mariage d'un mineur (C. civ., art. 145).

993 — Formalités requises pour le mineur souhaitant se marier. Outre la dispense d'âge délivrée par le procureur de la République, le mineur désirant se marier doit obtenir une autorisation parentale ou, à défaut, familiale. Cette dernière est requise même si le mineur est émancipé (C. civ., art. 413-6, al. 2).

994 — Autorisation parentale requise pour le mineur souhaitant se marier. Selon l'article 148 du Code civil, le mineur ne peut contracter mariage sans le consentement de ses parents. Si l'un des parents s'oppose au projet de mariage ou est dans l'impossibilité de manifester sa volonté, le consentement de l'autre parent est alors suffisant (C. civ., art. 148 *in fine* et art. 149).

995 — Autorisation familiale : alternative à l'autorisation parentale. Quand les deux parents du mineur sont décédés ou dans l'impossibilité de manifester leur volonté, ce sont les aïeuls qui les remplacent. En cas de dissentiment, soit entre aïeuls de la même ligne (opposition, par exemple, entre les grands-parents paternels du mineur), soit entre aïeuls des deux lignes (opposition, par exemple, entre le grand-père paternel et la grand-mère maternelle du mineur), le partage « emporte consentement » (C. civ., art. 150, al. 1er). Cela signifie que le consentement de l'un suffit.

996 — Autorisation du conseil de famille : alternative à l'autorisation familiale et parentale. Lorsque le mineur n'a plus ni parents ni aïeux, il doit alors obtenir l'autorisation du conseil de famille pour pouvoir se marier (C. civ., art. 159).

> Le conseil de famille intervient en cas de tutelle du mineur, c'est-à-dire lorsque l'enfant est sans parents pour l'élever (absence de parents légaux, parents décédés, etc.). Il est composé des parents et alliés des père et mère de l'enfant. Il donne son avis sur l'orientation de la vie personnelle de l'enfant.

b ▌ Le mariage du majeur protégé

997 — Conditions générales requises pour le mariage du majeur protégé. Pour pouvoir se marier, le majeur protégé (c'est-à-dire celui qui fait l'objet d'une sauvegarde de justice, curatelle ou tutelle) doit donner son consentement au mariage, ce qui suppose qu'il soit lucide au moment de la célébration de l'union. En outre, il doit parfois, selon la mesure de protection judiciaire dont il est l'objet, obtenir des autorisations spéciales pour pouvoir se marier.

998 — Mariage du majeur en tutelle. Depuis le 1er janvier 2009, le majeur en tutelle peut se marier, à la condition d'avoir obtenu « l'autorisation du juge (juge des tutelles en l'occurrence) ou du conseil de famille s'il a été constitué et après audition des futurs conjoints et recueil, le cas échéant, de l'avis des parents et de l'entourage » (C. civ., art. 460, al. 2).

> Le 1er janvier 2009 correspond à la date d'entrée en vigueur de la loi n° 2007-308 du 5 mars 2007 portant réforme de la protection juridique des majeurs. Sous l'empire de la loi antérieure, l'avis du médecin traitant du majeur sous tutelle était exigé. En outre, devait être recueilli le consentement, soit des père et mère, soit du conseil de famille spécialement convoqué (C. civ., art. 506 ancien).

999 — Mariage du majeur en curatelle. Le mariage du majeur en curatelle doit, quant à lui, être autorisé par son curateur ou à défaut par le juge des tutelles (C. civ., art. 460, al. 1er non modifié par la loi du 5 mars 2007). Le Conseil constitutionnel a considéré, dans une décision QPC rendue en 2012, que l'exigence par la loi française de cette autorisation ne porte pas atteinte à la liberté du mariage.

Cons. const., 29 juin 2012, nº 2012-260 QPC.

1000 — Mariage du majeur placé sous sauvegarde de justice. Celui-ci peut se marier, sans avoir à solliciter d'autorisation particulière liée à son régime de protection. Il est soumis au « droit commun » du mariage.

4 Les conditions sociologiques du mariage

1001 — Dimension institutionnelle du mariage. Le mariage n'intéresse pas seulement les époux, mais aussi la société. Sa dimension institutionnelle explique que le Code civil édicte des empêchements à mariage, fondés sur des considérations de moralité sociale. Ceux-ci découlent de l'interdiction de la bigamie et de l'inceste.

a Les conditions relatives à l'interdiction de la bigamie

1002 — Deux règles liées à l'interdiction de la bigamie. L'article 147 du Code civil énonce qu'« on ne peut contracter un deuxième mariage avant la dissolution du premier ». Il contient ainsi deux règles. La première tient à l'interdiction de la bigamie, la seconde à la licéité du remariage.

α Les empêchements à mariage liés à l'interdiction de la bigamie

1003 — Spécificités de l'empêchement à mariage pour cause de bigamie. La bigamie et donc *a fortiori* la polygamie sont interdites en droit français. Cet empêchement à mariage présente deux caractéristiques principales. Il est bilatéral, c'est-à-dire qu'il s'applique aussi bien à l'homme qu'à la femme. Il est absolu, en ce sens qu'il ne supporte ni exception ni dispense.

1004 — Sanction civile de la bigamie. Le non-respect de l'interdiction de la bigamie est sanctionné sur le plan civil par la nullité absolue du deuxième mariage. La Cour de cassation a même jugé qu'est nul le second mariage contracté entre deux mêmes conjoints, sans que leur première union ait été dissoute.

Cass. 1re civ., 3 févr. 2004 : Bull. civ. I, nº 33.

1005 — Sanctions pénales de la bigamie. La bigamie est un délit punissable d'un an d'emprisonnement et de 45 000 euros d'amende (C. pén., art. 433-20). Le délai de prescription des délits est de 3 ans, lequel court ici à compter du jour de la célébration du second mariage.

1006 — Bigamie admise dans certains systèmes juridiques. Clé de voûte de la civilisation européenne, l'interdiction de la bigamie n'est pas reprise par tous les systèmes juridiques. Par exemple, le droit musulman admet la polygamie limitée à quatre épouses tandis que la polygamie illimitée est reconnue dans certaines coutumes d'Afrique noire.

Malaurie P. et Fulchiron H., *La famille*, 5e éd., 2016, Defrénois.

1007 — Réception des mariages polygames par le droit français. La confrontation de systèmes juridiques admettant et refusant la bigamie pose, de manière générale, la question de savoir comment les mariages polygames sont reçus en droit français.

1008 — Validité d'un mariage polygame célébré en France et autorisé par la loi nationale d'un époux ? Se pose la question de savoir s'il est possible de célébrer en France un mariage polygame entre deux époux dont la loi nationale l'autorise. C'est une réponse négative qui s'impose : l'ordre public français en matière internationale s'oppose à la célébration de ce type d'union.

1009 — Effets produits en France par un mariage polygame valablement célébré à l'étranger ? Une autre question importante interroge : un mariage polygame valablement célébré à l'étranger peut-il produire des effets en France ? Par application de l'effet atténué de l'ordre public, c'est une réponse nuancée qui s'impose. Selon la jurisprudence, ledit mariage produira certains effets dès lors qu'ils ne heurtent pas l'ordre public français. C'est, par exemple, le cas des droits alimentaires, des droits successoraux ou encore des droits à réversion de retraite. En revanche, le bénéfice du regroupement familial pour plusieurs conjoints n'est pas admis dans cette hypothèse.

β La licéité du remariage

1010 — Évolution du droit au remariage. Le remariage est licite en droit français, ce qui n'a pas toujours été le cas. En 1804, le Code Napoléon prohibait à deux ex-conjoints de se remarier ensemble. Il interdisait aussi à l'ex-époux de se marier avec le complice de son adultère, prohibition qui a été levée par une loi du 4 janvier 1930. Il imposait aussi à la femme divorcée qui voulait se remarier avec un tiers de respecter un délai dit de viduité. Au fil des années, le remariage a été libéré de ces différentes contraintes.

b Les empêchements à mariage liés à la prohibition de l'inceste

1011 — Raisons invoquées à l'appui de l'interdiction de l'inceste dans le mariage. Le mariage est interdit, entre certaines personnes qui sont parentes ou alliées, principalement pour deux raisons. La raison eugénique, selon laquelle il existe un risque pour l'enfant né d'une union consanguine d'être mal formé n'est, au fond, pas la principale. Le véritable argument est, en réalité, lié à la morale. En effet, autoriser de tels mariages serait de nature à créer de vrais désordres au sein des familles.

1012 — Caractéristiques des empêchements à mariage liés à la prohibition de l'inceste. À l'heure actuelle, ces empêchements sont moins nombreux que par le passé. Parmi les empêchements qui subsistent, certains sont absolus en ce sens qu'ils ne souffrent d'aucune exception et sont insusceptibles de dispense. D'autres sont relatifs dans la mesure où ils peuvent être levés par le biais d'une dispense accordée par le président de la République.

α Les empêchements absolus dans la famille par le sang

1013 — Deux empêchements absolus dans la famille par le sang. Dans la famille par le sang, il existe deux empêchements absolus liés à la prohibition de l'inceste :

- le mariage est toujours prohibé entre ascendants et descendants sans limitation de degrés (C. civ., art. 161). Il en résulte, notamment, qu'un père ne peut épouser sa fille, qu'une grand-mère ne peut se marier avec son petit-fils, etc. La simple possibilité de parenté entre un enfant et l'amant de sa mère condamné à lui verser des subsides crée le même empêchement (C. civ., art. 342-7) ;
- le mariage est toujours prohibé en ligne collatérale « entre le frère et la sœur » (C. civ., art. 162), et qu'il s'agisse de frères et/ou sœurs germains, utérins ou consanguins. La simple possibilité de parenté mise en évidence par une condamnation à subsides produit la même conséquence. En effet, les enfants ayant obtenu des subsides d'un même individu ne peuvent se marier parce qu'ils sont probablement frère(s) et sœur(s) (C. civ., art. 342-7).

1014 — Incidences de la loi du 17 mai 2013 sur les empêchements à mariage en ligne collatérale. Tirant les conséquences de l'ouverture du mariage aux couples de personnes de même sexe, la loi du 17 mai 2013 est venue préciser que le mariage est aussi interdit « entre frères et entre sœurs » (C. civ., art. 162).

β Les empêchements relatifs dans la famille par le sang

1015 — Empêchements relatifs à mariage dans la famille par le sang. L'empêchement est relatif lorsqu'il peut être levé par le président de la République pour des « causes graves » (C. civ., art. 164). Les empêchements relatifs sont de deux ordres :

- premièrement : il existe un empêchement relatif en ligne collatérale « entre l'oncle et la nièce, la tante et le neveu » (C. civ., art. 163). Ceux-ci ne peuvent donc, en principe, se marier sauf dispense accordée par le président de la République pour des « causes graves » (généralement, une grossesse). Tirant les conséquences de l'ouverture du mariage aux couples de personnes de même sexe, la loi du 17 mai 2013 a modifié l'article 163 pour préciser que le mariage est aussi prohibé entre l'oncle et le neveu, ainsi qu'entre la tante et la nièce ;
- deuxièmement : il existe un empêchement relatif entre « alliés dans la même ligne ». Il en résulte notamment qu'une belle-mère ne peut, en principe, se marier avec son ex-gendre. Néanmoins, le président de la République peut accorder une dispense, toujours pour « des causes graves », lorsque la personne qui a créé l'alliance est décédée (C. civ., art. 164). En revanche, l'empêchement à mariage est absolu entre alliés dans la même ligne lorsque le mariage créant l'alliance a été dissous par un divorce des époux.

1016 — Empêchement à mariage ayant entraîné la condamnation du Royaume-Uni par la CEDH. En 2005, le Royaume-Uni a été condamné par la CEDH au motif que l'empêchement à mariage qui existe entre alliés en ligne directe dans le droit anglais, porte atteinte à la liberté du mariage telle qu'elle est consacrée dans l'article 12 de la Conv. EDH. Dans cette espèce, un beau-père et son ex-belle fille voulaient se marier, mais ne le pouvaient pas dans la mesure où la personne ayant créé l'alliance entre eux n'était pas décédée.

> CEDH, 13 sept. 2005, B. et L. c/ Royaume-Uni : D. 2006, pan. 1418, obs. Lemouland J.-J. et Vigneau D.

1017 — Condamnation prochaine de la France pour empêchement à mariage ? La législation du Royaume-Uni étant similaire à celle de la France sur ce point, il n'est donc pas à exclure que la France soit à son tour condamnée par la CEDH si sa législation – à savoir l'article 164 du Code civil (interdiction du mariage entre alliés en ligne directe, sauf en cas de « causes graves » et de décès de la personne ayant créé l'alliance) – n'est pas modifiée. C'est sans doute ce risque de condamnation qui explique la position surprenante prise par la Cour de cassation dans un arrêt rendu le 4 décembre 2013.

1018 — Question de la validité d'un mariage entre alliés soumise à la Cour de cassation en 2013. Récemment, la Cour de cassation a eu à se prononcer sur la validité d'un mariage célébré vingt ans plus tôt, entre une femme qui, après son divorce, avait épousé en secondes noces le père de son premier mari. La cour d'appel saisie du litige avait annulé ladite union en faisant – logiquement – application de l'article 161 du Code civil. Or, cette décision a été censurée par la Cour de cassation le 4 décembre 2013.

1019 — Validité d'un mariage incestueux entre alliés, selon la Cour de cassation en 2013. Dans un arrêt rendu le 4 décembre 2013, la Cour de cassation a validé le mariage célébré entre une femme divorcée et le père de son premier époux au motif que « le prononcé de la nullité du mariage revêtait, à l'égard de l'épouse, le caractère d'une ingérence injustifiée dans l'exercice de son droit au respect de sa vie privée et familiale dès lors que cette union, célébrée sans opposition, avait duré plus de vingt ans ». Les circonstances particulières de l'espèce (à savoir la durée du mariage incestueux) et la volonté d'éviter une condamnation du droit français par la Cour européenne des droits de l'homme expliquent cette décision pour le moins *contra legem*.

Cass. 1re civ., 4 déc. 2013, n° 12-26.066.

V. notamment sur cet arrêt, Binet J.-R., « Maman a épousé papy avec la bénédiction de la Cour de cassation », Dr. famille 2014, Comm. n° 1.

1020 — Nullité d'un mariage incestueux entre alliés, selon la Cour de cassation en 2016. Récemment, la Cour de cassation a été saisie d'un pourvoi ayant pour objet la cassation d'un arrêt ayant prononcé l'annulation d'un mariage entre un homme et la fille de sa première épouse, lequel avait été célébré après la dissolution par divorce de la première union. Dans un arrêt du 8 décembre 2016, la Cour de cassation a, en premier lieu, considéré, après avoir rappelé la jurisprudence de la Cour européenne des droits de l'homme relative au droit de se marier, qu'en l'espèce, ce droit n'avait pas été atteint dès lors que le mariage des intéressés « a été célébré sans opposition et qu'ils ont vécu maritalement jusqu'au décès de l'époux ». Elle a, en second lieu, précisé que « l'ingérence dans l'exercice du droit au respect de la vie privée et familiale que constitue l'annulation d'un mariage entre alliés en ligne directe est prévue par les articles 161 et 184 du Code civil poursuit un but légitime en ce qu'elle vise à sauvegarder l'intégrité de la famille et à préserver les enfants des conséquences résultant d'une modification de la structure familiale ». Elle a ensuite affirmé qu'« il appartient toutefois au juge d'apprécier si, concrètement, dans l'affaire qui lui est soumise, la mise en œuvre de ces dispositions ne porte pas au droit au respect de la vie privée et familiale garanti par la Convention une atteinte disproportionnée au regard du but légitime poursuivi ». En l'espèce, elle a conclu que la cour d'appel, après avoir relevé que l'union n'avait duré « que » 8 ans et « qu'aucun enfant n'était issu de cette union prohibée », « a pu déduire que l'annulation du mariage ne constituait pas une atteinte disproportionnée au droit au respect de la vie privée et familiale de l'épouse, au regard du but légitime poursuivi ».

Civ. 1re, 8 déc. 2016 : Dr. famille 2017, Comm. n° 24, note J.-R. Binet.

γ Les empêchements à mariage dans la famille adoptive

1021 — Empêchement à mariage en cas d'adoption plénière. Dans ce cas, s'appliquent entre l'adopté et sa famille adoptive les mêmes empêchements à mariage que ceux existant dans la famille par le sang. En outre, les empêchements à mariage posés dans les articles 161 à 164 sont exceptionnellement maintenus entre l'adopté et sa famille par le sang, alors qu'en principe le lien de filiation biologique disparaît (C. civ., art. 356, al. 1er).

1022 — Empêchements à mariage en cas d'adoption simple. Dans ce cas, deux séries d'empêchements s'appliquent :

- comme le lien de filiation est maintenu à l'égard de la famille d'origine de l'adopté, s'appliquent entre l'adopté et sa famille par le sang, les traditionnels empêchements à mariage évoqués dans les articles 161 à 164 du Code civil ;
- l'adoption simple créant un lien de filiation entre l'adopté et l'adoptant, s'appliquent donc les empêchements évoqués dans l'article 366 du Code civil. Le mariage est ainsi prohibé :
  - entre l'adoptant, l'adopté et ses descendants (empêchement absolu),
  - entre l'adopté et le conjoint de l'adoptant et réciproquement entre l'adoptant et le conjoint de l'adopté (empêchement relatif),
  - entre les enfants adoptifs du même individu (empêchement relatif),
  - entre l'adopté et les enfants biologiques de l'adoptant (empêchement relatif).

1023 — Empêchement à mariage entre l'adopté et ses frères et sœurs. L'empêchement à mariage entre l'adopté et les enfants (adoptifs ou biologiques) de l'adoptant est relatif, puisqu'il est susceptible d'être levé par une dispense accordée par le président de la République s'il existe « des causes graves » (C. civ., art. 366, al. 3).

1024 — Empêchement à mariage lié à l'alliance. L'empêchement à mariage entre l'adopté et le conjoint de l'adoptant (et réciproquement) est relatif. En effet, il peut être levé par le président de la République

« lorsque la personne qui a créé l'alliance est décédée » et « s'il y a des causes graves » (C. civ., art. 366, al. 3 et 4 *in fine*).

B Les conditions de forme du mariage

1025 — Plan. Il est nécessaire d'accomplir, avant la célébration du mariage, un certain nombre de formalités (1). Une fois celui-ci célébré (2), se posera la question de sa preuve (3).

1 Les formalités antérieures au mariage

1026 — Objectifs des formalités antérieures au mariage. Celles-ci visent à renseigner l'officier de l'état civil sur la situation des deux futurs époux, afin de vérifier que les conditions au mariage sont remplies. Elles tendent aussi à informer les futurs conjoints des conséquences juridiques qui découlent du mariage.

a Les pièces et indications obligatoires

1027 — Pièces à remettre avant la célébration du mariage. Chacun des futurs époux doit nécessairement remettre à l'officier de l'état civil, des pièces qui visent à établir qu'il remplit bien les conditions légales requises pour contracter mariage, à savoir l'extrait de son acte de naissance avec indication de filiation, datant de moins de 3 mois si celui-ci est délivré en France (et de moins de 6 mois si celui-ci est délivré outre-mer ou dans un consulat) (C. civ., art. 70 nouveau) et une justification officielle de son identité au moyen d'une pièce délivrée par une autorité publique (C. civ., art. 63).

> C. civ., art. 70 nouveau, dans sa rédaction issue de la loi du 18 novembre 2016 de modernisation de la justice du XXIe siècle. Sous l'empire de la loi antérieure, le futur époux devait fournir une copie intégrale de son acte de naissance. L'idée de la loi nouvelle est de simplifier la pièce à fournir. Néanmoins, il est a priori plus facile pour un officier de l'état civil de délivrer une copie qu'un extrait avec indication de la filiation ! Voir à ce sujet Hilt P., « Les dispositions de la loi de modernisation de la justice du XXIe siècle relatives au mariage et au pacs », AJ fam. 2016, p. 572.

1028 — Formalités relatives aux témoins des mariés. Chacun des futurs époux doit indiquer les prénoms, nom, date et lieu de naissance, profession et domicile de son ou de ses témoins, sauf lorsque le mariage est célébré par une autorité étrangère (C. civ., art. 63).

1029 — Pièces supplémentaires à fournir avant la célébration du mariage. Des pièces supplémentaires sont exigées lorsqu'un des futurs époux est dans une situation particulière sur le plan juridique. Par exemple, lorsque le futur conjoint est mineur, la dispense d'âge accordée par le procureur de la République et l'autorisation parentale ou familiale doivent être aussi produites.

b L'audition éventuelle des futurs époux

1030 — Formalité de l'audition issue de la loi de 2003. Dans le but de lutter contre les mariages blancs et les mariages forcés, la loi du 26 novembre 2003 a instauré une nouvelle formalité, évoquée dans l'article 63 du Code civil, qui consiste, dans certains cas, à auditionner les futurs époux avant le mariage.

Loi n° 2003-1119 du 26 novembre 2003 relative à la maîtrise de l'immigration, au séjour des étrangers en France et à la nationalité : JO 27 nov. 2003, p. 20136.

1031 — Circonstances d'une audition obligatoire. Selon l'article 63 du Code civil, l'officier de l'état civil procède, en principe, à une audition des futurs époux « sauf en cas d'impossibilité ou s'il apparaît, au vu des pièces fournies, que cette audition n'est pas nécessaire au regard des articles 146 et 180 » (al. 2). L'officier de l'état civil doit donc auditionner les futurs époux, lorsqu'il suspecte que le mariage à venir risque d'être dénué de véritable intention matrimoniale ou contracté sous l'emprise de la violence.

1032 — Objectif législatif louable s'agissant de l'audition des futurs époux. Le législateur est ainsi parti du postulat qu'une audition des futurs conjoints peut permettre à l'officier de l'état civil de détecter *a priori* les mariages blancs et forcés, en écoutant les intéressés. L'objectif poursuivi est, sur le fond, pertinent.

1033 — Réserves doctrinales s'agissant l'audition des futurs époux. L'instauration d'une audition commune des futurs époux par l'officier de l'état civil a néanmoins suscité des réserves et critiques doctrinales. Des auteurs, comme Messieurs Philippe Malaurie et Hugues Fulchiron, ont, en effet, fait valoir que des pratiques très disparates risquent de se développer sur le territoire, au détriment bien évidemment des couples mixtes et des couples étrangers.

Malaurie P. et Fulchiron H., *La famille*, 5e éd., 2016, Defrénois.

1034 — Audition d'un futur époux seul. Conscient qu'un futur époux peut subir des pressions pour le forcer à contracter mariage, le législateur a jugé opportun que l'officier de l'état civil puisse, en certaines circonstances, l'auditionner seul (C. civ., art. 63, al. 3). Les circonstances doivent en être précisées.

1035 — Circonstances de l'audition d'un futur époux seul. La vulnérabilité d'un sujet étant en général fonction de son âge, il est prévu que « l'audition du futur conjoint mineur se fait hors la présence de ses père et mère ou de son représentant légal et de son futur conjoint » (C. civ., art. 63, al. 4). De manière plus générale, l'officier de l'état civil peut demander à s'entretenir séparément avec l'un ou l'autre des futurs époux « s'il l'estime nécessaire » (C. civ., art. 63, al. 3).

c ▮ La publication des bans

1036 — Objet de la publication des bans. La publication du projet de mariage (des « bans du mariage », dit-on) a pour objet de prévenir les tiers du mariage à venir, et ainsi de les inciter à faire connaître d'éventuels empêchements à la célébration de celui-ci. Ceci étant, les bans ne remplissent plus ce rôle à l'heure actuelle dans la mesure où ils sont, en pratique, peu lus par les tiers.

Bénabent A., *Droit de la famille*, 3e éd., 2014, LGDJ, Domat, Précis.

1037 — Modalités de la publication des bans. Il s'agit de faire apposer, par l'officier de l'état civil, une affiche « à la porte de la maison commune » (c'est-à-dire à la mairie du lieu du mariage et à la mairie du lieu où chacun des futurs époux a son domicile ou sa résidence), et ce, pendant 10 jours. Sur cette affiche, figurent obligatoirement les noms, prénoms, professions, domicile ou résidence des futurs époux. Est également indiqué le lieu de célébration du mariage à venir (C. civ., art. 63, al. 1er et art. 166).

1038 — Dispenses possibles de la publication des bans. Le procureur de la République peut « pour des causes graves » accorder des dispenses portant, soit sur la publication et le délai de 10 jours, soit sur la publication seulement (C. civ., art. 169). Il a, par exemple, la possibilité de dispenser de la publication des bans et du délai lorsque l'un des époux est moribond (c'est-à-dire sur le point de mourir). Il peut aussi dispenser de la publicité lorsque les futurs époux sont des personnalités connues du grand public, voulant se marier en toute discrétion.

On peut penser que les dispenses seront fréquentes en cas de mariage homosexuel afin que les intéressés soient préservés des débordements de ceux qui agissent sur le terrain pour montrer leur hostilité à la loi du 17 mai 2013.

d ▮ La sanction applicable en cas de non-respect

1039 — Validité du mariage. Lorsque l'officier de l'état civil procède à la célébration du mariage sans avoir respecté les formalités de l'article 63 du Code civil (publication des bans, audition des futurs époux), le mariage célébré n'en demeure pas moins valable. L'officier de l'état civil risque seulement une sanction, laquelle est très légère... En effet, il peut être poursuivi devant le TGI et être puni d'une amende comprise entre 3 et 30 euros ! (C. civ., art. 63, dernier al.).

2 La célébration du mariage

a Le contexte de la cérémonie du mariage

1040 — Mariage célébré, en principe, à la mairie. La cérémonie du mariage a lieu, en principe, à la mairie de la commune où l'un des époux, ou l'un de leurs parents, a son domicile ou sa résidence établie depuis au moins un mois (C. civ., art. 74, issu de L. 17 mai 2013), laquelle doit être ouverte au public. À titre exceptionnel, la cérémonie peut ne pas se dérouler à la mairie.

1041 — Transport exceptionnel au domicile d'un époux. En cas d'empêchement grave, l'officier de l'état civil peut se transporter au domicile de l'un des époux pour célébrer le mariage, soit à la demande du procureur de la République, soit lorsqu'il existe un péril imminent de mort de l'un des conjoints, à sa propre initiative (C. civ., art. 75, al. 2). Le péril imminent de mort vise l'hypothèse particulière du mariage dit *in extremis* (c'est-à-dire avec un mourant), mariage dont la validité a été reconnue par la jurisprudence en 1968.

Cass. 1re civ., 22 janv. 1968 : JCP 1968, II, 15442.

Pour un exemple assez récent : Cass. 1re civ., 31 janv. 2006 : AJ fam. 2006, 112, obs. Chénedé F. ; RTD civ. 2006, 283, obs. Hauser J.

1042 — Autre bâtiment communal. Mis à part le cas exceptionnel où l'officier de l'état civil est autorisé à se transporter au domicile d'un époux pour célébrer le mariage (C. civ., art. 75, al. 2), s'est posée la question de savoir si le mariage peut être célébré en dehors du bâtiment de la mairie, par exemple lorsque celui-ci est en travaux. Cette possibilité a été admise d'abord par la pratique administrative, puis plus officiellement par la loi du 18 novembre 2016 de modernisation de la justice du XXIe siècle. De cette loi, est en effet issue une disposition qui précise que « pour l'application de l'article 75 du Code civil, le maire peut, sauf opposition du procureur de la République, affecter à la célébration de mariage tout bâtiment communal, autre que celui de la maison commune, situé sur le territoire de la commune » (CGCT, art. L. 2121-30, al. 1er).

1043 — Personnes présentes à la cérémonie du mariage. Selon l'article 75, alinéa 1er du Code civil, doivent être au moins présents pendant la cérémonie l'officier de l'état civil célébrant l'union, les futurs époux et leurs témoins (un témoin au minimum par intéressé, deux témoins au maximum).

1044 — Possibilité exceptionnelle d'un mariage posthume. Il est possible, à titre exceptionnel, que l'officier de l'état civil célèbre le mariage en présence seulement de l'un des deux futurs époux. En effet, le droit français admet le mariage dit posthume, et ce, depuis la loi du 31 décembre 1959. Cette dernière a été adoptée à la suite de la rupture du barrage de Malpasset dans le Var. Elle a consacré, dans l'article 171 du Code civil, le mariage posthume, par pitié pour une jeune fille enceinte dont le fiancé avait été emporté par les eaux et avec lequel elle devait se marier 2 semaines plus tard.

1045 — Conditions légales du mariage posthume. Introduit par la loi du 31 décembre 1959, l'article 171 du Code civil dispose, dans sa rédaction actuelle, que « le président de la République peut, pour des motifs graves, autoriser la célébration du mariage en cas de décès de l'un des futurs époux, dès lors qu'une réunion suffisante de faits établit sans équivoque son consentement » (al. 1er). Le mariage posthume est donc subordonné à une autorisation du président de la République, lequel vérifie si les conditions légales (« motifs graves » et consentement au mariage du défunt) sont remplies.

1046 — Répartition des compétences en cas de mariage posthume. Selon la jurisprudence, l'appréciation de l'existence et de la gravité des motifs qui justifient le mariage posthume, relève du pouvoir discrétionnaire du président de la République, lequel l'autorise par décret. La Cour de cassation juge également que seul le TGI a compétence pour apprécier la requête en nullité du décret. Elle ajoute – ce qui est quelque peu contradictoire – que ce tribunal doit apprécier si le consentement au mariage a persisté jusqu'au décès.

1047 — Effets du mariage posthume. L'époux survivant peut porter à titre d'usage le nom du défunt. Les conséquences patrimoniales du mariage posthume sont, elles, limitées. En effet, celui-ci « n'entraîne aucun droit de succession ab intestat au profit de l'époux survivant et aucun régime matrimonial n'est réputé avoir existé entre les époux » (C. civ., art. 171, al. 3).

1048 — Attraits du mariage posthume ? Depuis l'ordonnance du 4 juillet 2005 portant réforme de la filiation, le mariage posthume présente un intérêt limité. Cette ordonnance a, en effet, fait disparaître le concept de légitimité en consacrant l'égalité des filiations. Néanmoins, le mariage posthume n'a pas pour autant disparu dans les faits.

Corpart I., « Mariage à titre posthume : une prérogative présidentielle dépassée ? », JCP N 2004, 1328.

b Le déroulement de la cérémonie du mariage

1049 — Lecture du Code civil aux époux. L'officier de l'état civil commence par faire la lecture aux futurs époux, des articles 212 à 215 du Code civil (lesquels précisent les droits et obligations s'imposant aux époux du fait du mariage) puis de l'article 371-1 (qui définit l'autorité parentale) (C. civ., art. 75, al. 1er).

1050 — Questions relatives à un éventuel contrat de mariage. L'officier de l'état civil demande aux futurs époux s'ils ont fait un contrat de mariage et dans l'affirmative, le nom et la résidence du notaire qui l'a reçu et la date à laquelle il a été fait (C. civ., art. 75, al. 4).

1051 — « Voulez-vous vous prendre pour époux ? » L'officier de l'état civil demande aux futurs époux s'ils veulent se prendre pour époux. La loi n'exigeant pas de réponse verbale, les conjoints qui sont dans l'incapacité de parler peuvent donc répondre par un signe.

1052 — Formalités accomplies par l'officier de l'état civil. L'officier de l'état civil prononce la formule d'union, à savoir « au nom de la loi, je vous déclare unis par les liens du mariage ». Il dresse « sur-le-champ » l'acte de mariage (C. civ., art. 75, dernier al.) et il remet aux époux un livret de famille avec extrait de l'acte de mariage. Le mariage est ultérieurement mentionné sur l'acte de naissance de chaque époux.

1053 — Conditions de forme de l'acte de mariage. L'acte de mariage, que dresse l'officier de l'état civil sur le registre des mariages aussitôt après la célébration du mariage, comporte les mentions obligatoires énumérées dans l'article 76 du Code civil (prénoms, noms, professions, âges, dates et lieux de naissance, domiciles et résidences des époux). Il doit être signé par l'officier de l'état civil qui a célébré le mariage, les époux, leurs témoins ainsi que par les ascendants, aïeuls ou conseil de famille, devant éventuellement consentir au mariage.

1054 — Force probante de l'acte de mariage. L'acte de mariage est un acte authentique. Il est donc doté d'une très grande force probante. Il constitue le mode de preuve qui est, en principe, exigé pour prouver le mariage.

L'acte authentique fait foi jusqu'à inscription de faux, de sa réalité et des constatations de l'officier public (c'est-à-dire de l'officier de l'état civil s'agissant de l'acte de mariage).

3 La preuve du mariage

1055 — Personnes ayant intérêt à prouver le mariage. Les époux peuvent être amenés à prouver le mariage, notamment lorsqu'ils se prévalent de ses effets. Les enfants peuvent aussi avoir intérêt à prouver le mariage de leurs parents en certaines circonstances (par exemple pour faire jouer la présomption de paternité). Enfin, les créanciers des époux sont également régulièrement obligés de prouver le mariage. En droit français, la preuve du mariage diffère selon qu'elle est rapportée par l'une de ces trois catégories de personnes.

1056 — Preuve par l'acte de mariage, en principe, imposée aux époux. Celui qui prétend avoir la qualité d'époux doit, en principe, en faire la preuve par l'acte de mariage. En effet, l'article 194 du Code civil énonce que « nul ne peut réclamer le titre d'époux et les effets civils du mariage, s'il ne représente pas un acte de célébration inscrit sur les registres de l'état civil ».

1057 — Acte de mariage éventuellement conforté par la possession d'état d'époux. La possession d'état (c'est-à-dire l'apparence d'un état donné) n'est pas un mode de preuve du mariage ouvert aux époux. Elle leur permet seulement de conforter l'irrégularité éventuelle, soit de l'acte de mariage lui-même (C. civ., art. 196), soit du mariage lui-même. Par exemple, la jurisprudence a admis le jeu de la possession d'état d'époux dans une hypothèse où le mariage avait été célébré par un officier de l'état civil incompétent.

1058 — Élargissement exceptionnel des modes de preuve. À titre exceptionnel, les époux peuvent, lorsque les registres de l'état civil n'ont pas été tenus ou s'ils sont perdus, prouver le mariage « tant par les registres et papiers émanés des pères et mères décédés, que par témoins » (C. civ., art. 46), c'est-à-dire concrètement par tous moyens.

1059 — Règles de preuve applicables à l'enfant issu du mariage. Lorsqu'il est amené à établir le mariage de ses parents, l'enfant doit, en principe, le prouver par l'acte de mariage. Néanmoins, quand ses parents sont décédés, il peut prouver leur mariage par le biais de la possession d'état (C. civ., art. 197). Il doit alors prouver, d'une part, que ses père et mère décédés avaient, de leur vivant, la possession d'état d'époux et d'autre part, qu'il a lui-même la possession d'état d'enfant commun à l'égard du couple.

1060 — Administration de la preuve du mariage par les tiers. Pour les tiers, la preuve du mariage est largement facilitée. En effet, comme les tiers ne sont pas visés par l'article 194 du Code civil (qui impose de rapporter la preuve du mariage par l'acte de mariage), la jurisprudence a admis qu'ils peuvent rapporter la preuve du mariage par tous moyens.

Civ., 8 mars 1904 : D. 1904, 1, 246.

C Les oppositions à mariage

1061 — Définition de l'opposition à mariage. C'est un acte juridique qui oblige l'officier de l'état civil averti d'un empêchement à mariage, à surseoir à la célébration dudit mariage. L'officier de l'état civil ne peut, dans ce cas, procéder à la célébration du mariage sous peine de sanction civile.

1062 — Sanction encourue pour une opposition à mariage. L'officier de l'état civil qui procède à la célébration d'un mariage malgré une opposition – tel Noël Mamère qui a marié, en 2004, un couple homosexuel en France en violation de la loi applicable à l'époque – encourt une amende civile de 3 000 euros (L. 24 juill. 2006, art. 68).

1 Les titulaires du droit d'opposition à mariage

1063 — Invocation d'un empêchement légal à mariage par les ascendants. Les parents de l'un des futurs époux, et à défaut leurs ascendants, peuvent s'opposer au mariage en invoquant tout empêchement légal à la célébration de celui-ci (ex. : le futur conjoint est mineur et la dispense d'âge et l'autorisation parentale n'ont pas été accordées ; le futur conjoint est dépourvu de véritable intention matrimoniale, est déjà marié ou est dément, etc.).

1064 — Irrecevabilité d'un motif fondé sur l'opportunité du mariage. Les parents de l'un des futurs époux ne peuvent fonder leur opposition à mariage sur des raisons d'intérêt ou d'opportunité. Une mère ne peut pas, par exemple, s'opposer au mariage de sa fille au motif qu'elle n'apprécie pas son futur gendre !

1065 — Opposition à mariage formée par un ascendant. Lorsqu'un ascendant a formé une opposition au mariage et que celle-ci a été finalement rejetée, toute nouvelle opposition formée par un ascendant est alors irrecevable (C. civ., art. 173, al. 2).

1066 — Opposition à mariage formée par le conjoint de l'époux. Si l'un des futurs époux est déjà engagé dans les liens du mariage, son époux peut aussi s'opposer au mariage en invoquant l'empêchement de bigamie (C. civ., art. 172).

1067 — Opposition à mariage formée par des collatéraux. Certains collatéraux du futur conjoint disposent aussi, dans certaines conditions, du droit de s'opposer à son mariage. En effet, le frère ou la sœur, l'oncle ou la tante, le cousin ou la cousine germains majeurs, peuvent, lorsque le futur époux n'a plus aucun ascendant, s'opposer à son mariage quand le consentement du conseil de famille, qui était requis en raison de la minorité du futur marié, n'a pas été obtenu. Ils peuvent aussi s'y opposer lorsque l'opposition est fondée sur l'état de démence du futur époux (C. civ., art. 174).

1068 — Opposition à mariage formée par le tuteur ou le curateur. Le tuteur ou le curateur du futur époux peuvent former opposition lorsqu'ils n'ont pas donné leur consentement au mariage. Leur opposition peut aussi se fonder sur l'état de démence du futur époux. Néanmoins, le conseil de famille du majeur protégé doit les autoriser à faire opposition (C. civ., art. 175).

1069 — Opposition à mariage formée par le ministère public. Depuis la loi du 24 août 1993, il est prévu dans le Code civil que le ministère public peut former opposition « pour les cas où il pourrait demander la nullité du mariage » (C. civ., art. 175-1). Il peut donc s'y opposer en cas de défaut d'âge, d'absence de consentement, d'absence de l'un des époux lors de la cérémonie du mariage, de bigamie, d'inceste, d'incompétence de l'officier de l'état civil et de clandestinité (C. civ., art. 184).

> Loi n° 93-1027 du 24 août 1993 relative à la maîtrise de l'immigration et aux conditions d'entrée, d'accueil et de séjour des étrangers en France : JO 29 août 1993, p. 12196.

1070 — Supputation de mariage fictif : les innovations de la loi de 2003. La loi du 26 novembre 2003 a donné la possibilité à l'officier de l'état civil, « lorsqu'il existe des indices sérieux » laissant présumer que le mariage envisagé est un mariage fictif ou forcé, de saisir sans délai le procureur de la République. Dans cette hypothèse, le procureur de la République peut notamment choisir de faire opposition à la célébration du mariage. Quel que soit son choix, il doit faire connaître sa décision motivée à l'officier de l'état civil et aux personnes qui envisageaient de se marier (C. civ., art. 175-2).

2 Les formes de l'opposition à mariage

1071 — Exploit d'huissier avec mentions obligatoires pour une opposition à mariage. L'opposition à mariage doit être faite par exploit d'huissier et comporter des mentions obligatoires. Elle doit ainsi énoncer la qualité de l'opposant, contenir l'élection de domicile dans le lieu où le mariage doit être célébré, mentionner les motifs de l'opposition et reproduire le texte de loi qui la fonde (C. civ., art. 176, al. 1er).

1072 — Signature et signification de l'opposition à mariage. L'opposition à mariage doit être signée par l'huissier et l'opposant. Elle doit ensuite être signifiée à la fois aux futurs époux et à l'officier de l'état civil, lequel visera l'original (C. civ., art. 66).

1073 — Sanction en cas de non-respect des règles de forme pour une opposition à mariage. Si celles-ci ne sont pas respectées, l'opposition est alors nulle et ne peut donc produire ses effets. Le mariage peut alors être célébré.

3 Les effets de l'opposition à mariage

a Les effets réalisés

1074 — Effets énergiques de l'opposition à mariage. Celle-ci produit des effets radicaux puisqu'elle interdit la célébration du mariage. Elle produit ses effets pendant un an, délai au terme duquel elle peut être renouvelée (C. civ., art. 176, al. 3).

b Les effets paralysés : la mainlevée de l'opposition

1075 — Mainlevée de l'opposition au mariage. La mainlevée consiste à lever l'opposition au mariage. En théorie, l'auteur de l'opposition peut se désister, ce qui est rare en pratique. Ce sont, en général, les futurs époux qui, considérant que l'opposition formée à la célébration de leur mariage est irrégulière, vont prendre l'initiative de saisir la justice pour obtenir sa mainlevée. Cette possibilité est ouverte au futur conjoint, même s'il est mineur (C. civ., art. 177).

1076 — Mainlevée de l'opposition : tribunal compétent. Le TGI est seul compétent pour en connaître. Le juge des référés n'a aucune compétence en la matière.

CA Paris, 23 avr. 2003 : D. 2003, 2716, note Lemouland J.-J.

1077 — Décision du TGI. Celui-ci doit se prononcer dans les 10 jours. Il peut décider, soit de maintenir l'opposition, soit d'ordonner sa mainlevée en condamnant éventuellement son auteur à des dommages et intérêts, sauf lorsqu'il s'agit d'un ascendant (C. civ., art. 179, al. 1er).

1078 — Recours contre la décision du tribunal rendue en matière de mainlevée de l'opposition. La décision rendue par le tribunal à ce titre est susceptible d'appel devant une cour d'appel. Cette dernière doit aussi se prononcer dans un délai de 10 jours (C. civ., art. 178).

1079 — Effets de la mainlevée de l'opposition à mariage. Si la justice décide d'ordonner la mainlevée de l'opposition faite au mariage, ce dernier peut alors être célébré.

III La sanction en cas de non-respect : la nullité du mariage

1080 — Sanction du non-respect des conditions de formation du mariage. Il n'est pas impossible que malgré les précautions prises par l'officier de l'état civil, le mariage soit célébré, alors même que l'une des conditions légales imposées pour sa formation n'était pas remplie. Dans ce cas, il peut alors être annulé. À la différence de l'opposition qui est formée avant la célébration du mariage, l'annulation est une sanction qui intervient *a posteriori*, c'est-à-dire une fois le mariage célébré. La nullité du mariage sera ici évoquée sous l'angle de l'action en justice (A) et de ses effets (B).

A L'action en nullité

1081 — Plan. Il est ici nécessaire de distinguer entre l'action en nullité relative et l'action en nullité absolue. En effet, il existe entre l'une et l'autre des différences, lesquelles se manifestent au sujet des personnes autorisées à demander la nullité du mariage et du délai d'exercice de l'action.

1 L'action en nullité relative

1082 — Cas de nullité relative du mariage. Il n'existe que deux causes de nullité relative du mariage. La première concerne l'hypothèse dans laquelle le consentement au mariage de l'un des époux a été vicié par la violence ou une erreur. La seconde vise le mineur ou le majeur protégé qui s'est marié sans avoir obtenu l'autorisation requise.

a Le consentement au mariage vicié

α Les personnes titulaires de l'action en nullité

1083 — Action ouverte à l'époux dont le consentement a été vicié. En cas de vice du consentement, la nullité du mariage a pour objet de protéger l'époux dont le consentement a été vicié par violence ou erreur. Aussi, l'action en nullité ne peut, en principe, être intentée que par l'époux dont le consentement a été vicié (C. civ., art. 180, al. 1er et 2).

1084 — Action ouverte au ministère public en cas de mariage forcé. La loi du 4 avril 2006 a aussi autorisé le procureur de la République à demander l'annulation d'un mariage lorsque le consentement de l'un des époux a été extorqué par violence. En effet, le législateur est parti du principe qu'en cas de mariage forcé, l'époux qui a été contraint de se marier risque d'être empêché par son entourage d'agir en nullité du mariage.

C. civ., Art. 180, al. 1er, dans sa rédaction issue de la loi n° 2006-399 du 4 avril 2006, renforçant la prévention et la répression des violences au sein du couple ou commises contre les mineurs.

β Le délai de prescription de l'action en nullité

1085 — Durée du délai de prescription de l'action en nullité. Lorsque le consentement au mariage a été vicié, les personnes autorisées à agir peuvent demander l'annulation du mariage pendant un délai de 5 ans (C. civ., art. 181). Ce délai de prescription de 5 ans est issu de la loi du 4 avril 2006 et vise à lutter plus efficacement contre les mariages forcés. Sous l'empire de la loi antérieure, le délai était de 1 an.

Loi du 4 avril 2006 renforçant la prévention et la répression des violences au sein du couple ou commises contre les mineurs : JO 5 juin 2006, p. 5097.

1086 — Point de départ du délai de 5 ans pour agir en nullité. La loi du 17 juin 2008 a simplifié les règles s'agissant du point de départ de la prescription quinquennale. En effet, elle prévoit que le délai de prescription de 5 ans court à compter de la célébration du mariage, quel que soit le vice du consentement invoqué et quelle que soit la personne agissant en nullité.

C. civ., Art. 181, dans sa rédaction issue de la loi n° 2008-561 du 17 juin 2008 portant réforme de la prescription en matière civile : JO 18 juin 2008, p. 9856.

b Le défaut d'autorisation au mariage

α Les personnes titulaires de l'action en nullité

1087 — Personnes autorisées à agir en nullité du mariage en cas de défaut d'autorisation. Lorsque l'autorisation nécessaire au mariage n'a pas été donnée, deux catégories de personnes peuvent demander l'annulation du mariage ainsi célébré. Il s'agit, en premier lieu, de l'époux qui avait besoin de cette autorisation pour se marier : époux mineur, sous tutelle ou curatelle selon les cas. Il s'agit, en second lieu, des personnes dont le consentement était nécessaire pour le mariage : ascendants de l'époux, curateur, juge des tutelles ou conseil de famille en fonction des circonstances.

β ▌Le délai de prescription de l'action en nullité

1088 — Modification du délai pour agir par la loi de 2006. De 1 an sous l'empire de la loi antérieure, le délai de prescription a été porté à 5 ans par la loi du 4 avril 2006.

Loi n° 2006-399 du 4 avril 2006 renforçant la prévention et la répression des violences au sein du couple ou commises contre les mineurs : JO 5 juin 2006, p. 5097.

1089 — Point de départ du délai en cas d'action intentée par un époux mineur. Lorsque l'action en nullité est intentée par un époux qui était mineur au jour de la célébration de son mariage, le délai de prescription de 5 ans court à partir du jour où il a atteint l'âge légal pour se marier, c'est-à-dire 18 ans (C. civ., art. 183 *in fine*).

1090 — Point de départ du délai en cas d'action intentée par une personne n'ayant pas autorisé le mariage. Lorsque l'action en nullité est intentée par la personne qui n'a pas donné son autorisation au mariage, le délai de prescription de 5 ans court à compter du jour où celle-ci a eu connaissance dudit mariage (C. civ., art. 183).

γ ▌La possible confirmation du mariage

1091 — Hypothèse d'une confirmation du mariage. Le mariage célébré sans les autorisations légales requises peut être confirmé. En effet, il résulte de l'article 183 du Code civil que l'action en nullité ne peut plus être intentée ni par les époux, ni par ceux qui auraient dû consentir au mariage, chaque fois que ces derniers ont approuvé l'union, soit tacitement, soit expressément.

2 ▌L'action en nullité absolue

a ▌Les cas de nullité absolue du mariage

1092 — Énumération légale des cas de nullité absolue. Le Code civil prévoit, dans l'article 184, sept cas de nullité absolue du mariage. Il s'agit :
- du défaut d'âge nuptial ;

- de l'absence de consentement au mariage ;
- de l'absence de l'un des époux lors de la cérémonie du mariage ;
- de la bigamie de l'un des époux ;
- d'une situation d'inceste ;
- de l'incompétence de l'officier de l'état civil ;
- de la clandestinité.

1093 — Notion d'incompétence de l'officier de l'état civil pour célébrer un mariage. Cette notion recouvre différentes situations. Il peut s'agir d'une incompétence territoriale de l'officier de l'état civil (un officier de l'état civil célèbre un mariage en dehors du territoire de sa commune). Il peut aussi s'agir d'une incompétence territoriale des époux (un des époux ou ses parents n'avaient pas son domicile ou sa résidence dans la commune où le mariage a été célébré). Il peut s'agir enfin de l'absence de qualité d'officier de l'état civil de la personne ayant célébré le mariage (le conseiller municipal n'avait pas reçu délégation pour célébrer le mariage).

1094 — Notion de mariage clandestin. On définit la clandestinité comme la célébration d'un mariage en l'absence de toute forme de publicité, c'est-à-dire en l'absence de publication du projet, en l'absence de témoins des mariés, dans une mairie dont les portes sont restées fermées.

1095 — Liste légale des cas de nullité absolue, complétée par la doctrine. Des auteurs ajoutent, aux sept cas de nullité absolue prévus par le Code civil, deux autres cas. Le premier est l'absence de toute cérémonie de mariage. Le second était uniquement invocable avant la loi du 17 mai 2013, puisqu'il concernait l'hypothèse d'une identité de sexe entre les époux. Dans le sens des auteurs, la Cour de cassation avait jugé, dans un arrêt du 13 mars 2007, que le mariage célébré entre deux personnes de même sexe est nul.

> « Selon la loi française, le mariage est l'union d'un homme et d'une femme », Cass. 1re civ., 13 mars 2007 : Bull. civ. I, n° 113. Cette jurisprudence a été brisée par la loi du 17 mai 2013.

b ▮ Les personnes titulaires de l'action en nullité

1096 — Personnes autorisées à demander la nullité du mariage. L'action en nullité absolue tend, de manière générale, à protéger l'ordre public. Dès lors, elle peut être invoquée par un large cercle de personnes. Il ressort, en effet, de l'article 184 du Code civil qu'en présence d'un cas de nullité absolue, peuvent agir en nullité du mariage :
- les époux eux-mêmes ;
- tous ceux qui ont un intérêt à agir ;
- le ministère public.

1097 — Action en nullité du mariage exercée par le ministère public. Le ministère public qui invoque un cas de nullité absolue du mariage doit nécessairement agir « du vivant des deux époux » (C. civ., art. 184 et 190). Le législateur a effectivement considéré que si le mariage irrégulier est dissous par le décès de l'un des époux, le ministère public n'a alors plus véritablement d'intérêt à en demander l'annulation.

α ▌ Le délai de prescription de l'action en nullité

1098 — Délai et point de départ de l'action en nullité. L'action en nullité absolue du mariage se prescrit par 30 ans. Depuis la loi du 17 juin 2008, ce délai court, dans tous les cas, à compter de la célébration du mariage (C. civ., art. 184 et 191).

β ▌ La possible confirmation du mariage

1099 — Question de la confirmation du mariage irrégulier. En droit des contrats, les cas de nullité absolue sont insusceptibles de confirmation. Il en résulte qu'il est impossible de régulariser un contrat irrégulier, par exemple. Ce principe s'applique en matière de mariage, mais il souffre néanmoins d'une exception.

1100 — Confirmation du mariage irrégulier exceptionnellement admise. Il existe effectivement un cas dans lequel le mariage, frappé d'une cause de nullité absolue, peut être régularisé. Selon l'article 196 du Code civil, la nullité pour vice de forme du mariage ne peut plus être invoquée par les époux s'ils vivent notoirement comme conjoints. Autrement dit, la possession d'état d'époux constitue une fin de non-recevoir à l'action en nullité lorsque celle-ci est intentée par un époux. En revanche, elle n'empêche pas une autre personne de demander la nullité du mariage pour vice de forme.

B ▌ Les effets de la nullité

1101 — Effets de la nullité du mariage : principe et tempérament. Que le juge retienne un cas de nullité relative ou absolue, les effets résultant de sa décision sont de toute façon les mêmes : la nullité du mariage engendre, en principe, sa disparition rétroactive. Ce principe connaît néanmoins un tempérament avec le mariage putatif.

1 ▌ Le principe : la disparition rétroactive du mariage

1102 — Signification du principe. La règle – à savoir la disparition rétroactive du mariage – signifie que le mariage frappé de nullité est censé, sur le plan juridique, n'avoir jamais existé.

1103 — Comparaison annulation du mariage et divorce. En cas de divorce des époux, le mariage ne produit plus d'effet pour l'avenir. En revanche, ses effets passés - c'est-à-dire ceux qui se sont produits avant le prononcé du divorce - sont maintenus. En cas d'annulation, le mariage disparaît pour l'avenir, mais aussi pour le passé.

1104 — Application, aux époux, du principe de la disparition rétroactive du mariage. Entre les conjoints, tout se passe comme si le mariage annulé n'avait jamais eu lieu. Tous les effets personnels du mariage annulé sont rétroactivement effacés. Le régime matrimonial est censé, lui, n'avoir jamais existé entre les époux.

1105 — Non-application du principe de la disparition rétroactive du mariage aux enfants. Le principe de la disparition rétroactive du mariage ne s'applique pas aux enfants issus du mariage frappé de nullité. En effet, l'article 202 du Code civil, dans sa rédaction issue de la loi du 3 janvier 1972, dispose, dans son alinéa 1er, que le mariage déclaré nul, continue à produire ses effets à l'égard des enfants du couple et ce, que les époux aient été de bonne ou de mauvaise foi.

1106 — Conséquences pour les enfants de la disparition rétroactive du mariage. L'annulation du mariage ne produisant pas d'effet à l'égard des enfants, ceux-ci gardent ainsi leur statut d'enfant né en mariage. La conservation de ce statut avait surtout un intérêt avant l'ordonnance du 4 juillet 2005 puisqu'à cette époque, les enfants légitimes avaient plus de droits que les enfants naturels.

> Ordonnance n° 2005-759 du 4 juillet 2005 portant réforme de la filiation : JO 6 juill. 2005, p. 11159.

1107 — Autorité parentale sur les enfants issus du mariage annulé. En cas d'annulation du mariage, le juge statue sur les modalités de l'exercice de l'autorité parentale, comme en matière de divorce (C. civ., art. 202, al. 2).

2 Le tempérament : le mariage putatif

1108 — Présentation du mariage putatif. Les conséquences de l'annulation du mariage étant très graves pour les époux (puisque le mariage disparaît, non seulement pour l'avenir, mais aussi pour le passé), le droit canonique a inventé l'institution du mariage putatif. Ce dernier consiste à dire que le mariage annulé conserve le bénéfice des effets produits antérieurement au prononcé de son annulation, dès lors qu'il a été contracté de bonne foi.

1109 — Condition du mariage putatif. Le prononcé du mariage putatif est soumis à une condition posée dans l'article 201 du Code civil. Selon ce texte, le mariage putatif est possible si l'un des époux au moins a été, au moment de la célébration du mariage, dans l'ignorance de l'existence d'une cause d'annulation de ladite union. Autrement dit, il faut et il suffit que l'un des époux ait été de bonne foi au moment de la célébration du mariage.

1110 — Preuve à rapporter pour bénéficier du mariage putatif. En droit français, la bonne foi est présumée (C. civ., art. 2274). Il appartient donc à celui qui prétend que l'un des époux, au moins, était de mauvaise foi lors de la célébration du mariage d'en rapporter la preuve. La preuve de la mauvaise foi est libre : elle peut donc être rapportée par tous moyens (écrits, témoignages, présomptions, etc.).

1111 — Effets du mariage putatif. Lorsque le mariage putatif est admis par le tribunal de grande instance (TGI), le mariage déclaré nul conserve alors ses effets pour le passé. Sur le plan juridique, la situation qui en découle peut être comparée à celle qui résulte du divorce des époux.

SECTION 3 Les effets du mariage

1112 — État matrimonial. Le mariage crée, pour les époux, un nouvel état : l'état matrimonial. Celui-ci est composé de diverses règles dont la plupart sont impératives. Cela signifie que les époux ne peuvent y déroger. Ces règles intéressent les rapports personnels (I) et pécuniaires (II) des conjoints.

I Les effets personnels

1113 — Faculté légale, devoirs réciproques et missions conjointes des époux. La loi du 17 mai 2013 qui ouvre le mariage aux couples de personnes de même sexe a expressément consacré la possibilité pour un conjoint, de porter, à titre d'usage, le nom de l'autre. En effet, il résulte de l'article 225-1 nouveau du Code civil qu'un époux peut porter le nom de l'autre par substitution au sien ou adjonction dans l'ordre qu'il choisit. Outre cette faculté, le mariage impose aux époux des devoirs réciproques (A) et l'accomplissement conjoint de certaines missions (B).

A Les devoirs mutuels des époux

1114 — Énumération légale des devoirs conjugaux. Les devoirs réciproques des conjoints sont principalement énoncés dans l'article 212 du Code civil, selon lequel « les époux se doivent mutuellement respect, fidélité, secours et assistance ». Trois d'entre eux sont d'ordre personnel : le respect, la fidélité et l'assistance. Cette trilogie est complétée par l'obligation de communauté de vie, laquelle est imposée aux conjoints par l'article 215, alinéa 1er du Code civil.

1 Le devoir de communauté de vie

1115 — Principal devoir conjugal. La communauté de vie entre époux est le devoir le plus essentiel du mariage. Loysel l'avait d'ailleurs très bien illustré dans l'un de ses adages ainsi rédigé : « Boire, manger, coucher ensemble, c'est mariage me semble-t-il ». La communauté de vie impose aux époux de partager le même toit (c'est la « communauté de toit ») et de partager le même lit (c'est « la communauté de lit »).

Auteur de la doctrine du XVIe siècle, Loysel s'était imposé en écrivant notamment un ouvrage resté célèbre, *Maximes et institutes coutumières*, dans lequel les règles juridiques étaient exprimées sous forme d'adages.

a La communauté de toit

α La signification de la communauté de toit

1116 — Possibilité de domiciles distincts. Bien que tenus à une obligation de communauté de vie, les époux sont autorisés, depuis la loi du 11 juillet 1975 portant réforme du divorce, à avoir des domiciles distincts. Il n'est d'ailleurs pas rare aujourd'hui, dans les faits, que des époux aient, pour des raisons professionnelles, deux domiciles.

« Il résulte des articles 21-2, 108 et 215 du Code civil que, pour des motifs d'ordre professionnel, les époux peuvent avoir un domicile distinct, sans qu'il soit pour autant porté atteinte à la communauté de vie », Cass. 1re civ., 12 févr. 2014 : Dr. famille 2014, Comm. n° 72, note Binet J.-R.

1117 — Nécessaire existence d'une vie commune. Si les époux peuvent avoir temporairement des domiciles distincts, l'intention matrimoniale implique néanmoins qu'il existe de leur part une « volonté de communauté de vie ». Telle est l'exigence imposée par la Cour de cassation dans un arrêt du 8 juin 1999.

Cass. 1re civ., 8 juin 1999 : Dr. famille 1999, Comm. n° 110, obs. Lécuyer H.

β La portée de la communauté de toit

1118 — Portée de l'obligation de la communauté de toit. L'obligation de communauté de toit n'est pas absolue puisqu'elle cesse, de manière licite, en deux circonstances : séparation légale des époux et violences conjugales.

1119 — Cessation de la communauté de toit en cas de séparation légale. L'obligation de communauté de toit cesse en cas de séparation légale, c'est-à-dire lorsque l'un des époux ou les deux conjoints entament une procédure en divorce ou en séparation de corps.

1120 — Cessation de la communauté de toit en cas de violences conjugales. Le juge aux affaires familiales peut ordonner la résidence séparée des époux en cas de violences conjugales ou familiales. Sauf circonstances particulières, la jouissance du logement familial est attribuée à l'époux victime des violences (C. civ., art. 515-11).

b La communauté de lit

1121 — Obligations sexuelles entre époux. Même si la loi ne mentionne pas explicitement la communauté de lit, il est admis tant en doctrine qu'en jurisprudence que les époux s'obligent mutuellement à avoir des relations sexuelles ensemble. En 2011, une cour d'appel a condamné, sur le fondement de l'article 1382 du Code civil (actuel art. 1240), un mari qui s'était refusé, pendant plusieurs années, à avoir des relations sexuelles avec son épouse. Selon la cour, « les attentes de l'épouse étaient légitimes dans la mesure où les rapports sexuels entre époux sont notamment l'expression de l'affection qu'ils se portent mutuellement, tandis qu'ils s'inscrivent dans la continuité des devoirs découlant du mariage ».

Condamnation du mari à verser 10 000 euros de dommages et intérêts à sa femme : Aix-en-Provence, 6e ch. B, 3 mai 2011, nº 2011/292, rôle nº 09/05752.

1122 — Contrainte sexuelle exercée par un époux. Au départ, la jurisprudence considérait qu'un époux pouvait forcer l'autre à exercer, par la contrainte, « le devoir conjugal ». Le viol entre époux n'était donc pas sanctionné. La jurisprudence a ensuite procédé, en deux temps, à un revirement de jurisprudence en admettant le viol entre époux.

1123 — Condamnation jurisprudentielle du viol entre époux. C'est en 1990 que la Cour de cassation a condamné pour la première fois un viol entre époux. Pendant un temps, les auteurs ont pensé que cette solution était justifiée par les circonstances particulières de l'espèce, puisque le viol était ici accompagné d'actes barbares commis par le mari sur sa femme. Mais deux ans plus tard, la Cour de cassation a confirmé sa position, en sanctionnant un viol entre époux, lequel n'était pas accompagné de barbarie.

Cass. crim., 5 sept. 1990 : D. 1991, p. 13, note Angevin.

Cass. crim., 11 juin 1992 : D. 1993, p. 117, note Rassat M.-L.

1124 — Condamnation légale du viol entre époux. La jurisprudence de la Cour de cassation reconnaissant le viol entre époux a été consacrée dans le Code pénal, à l'occasion de la loi du 4 avril 2006. En effet, l'article 222-22, alinéa 2 du Code pénal qui en est issu, dispose que « le viol et les autres agressions sexuelles sont constitués (...), quelle que soit la nature des relations existant entre l'agresseur et sa victime, y compris s'ils sont unis par les liens du mariage ».

Loi n° 2006-399 du 4 avril 2006 renforçant la prévention et la répression des violences au sein du couple ou commises contre les mineurs : JO 5 avr. 2006, p. 5097.

2 Le devoir de fidélité

1125 — Fidélité physique pendant le mariage. Le devoir de fidélité entre époux n'est pas précisément défini dans la loi. Il consiste à ce que les deux époux n'aient pas de relations sexuelles avec de tierces personnes, autrement dit qu'ils ne commettent pas d'adultère. C'est le devoir de fidélité envisagée dans sa dimension physique.

1126 — Fidélité affective pendant le mariage ? C'est la question qui s'est posée : la fidélité prévue dans l'article 212 du Code civil, impose-t-elle à un époux de « garder son esprit fidèle » à son conjoint, c'est-à-dire de ne pas entretenir de relations affectives ambiguës avec un tiers ?

On doit l'expression « garder son esprit fidèle » à son conjoint, au Doyen Cornu. Cornu V. G., *La famille*, 9e éd., 2006, Montchrestien.

1127 — Fidélité affective pendant le mariage, retenue en jurisprudence. Pendant un temps, la jurisprudence a retenu ce que les auteurs appellent « l'adultère blanc ». Par exemple, la Cour de cassation a prononcé en 1962 le divorce aux torts exclusifs d'une épouse en se fondant sur la correspondance « suspecte » qu'elle avait entretenue avec un tiers.

Cass. 2e civ., 31 oct. 1962 : Bull. civ. II, n° 4.

En 1986, la cour d'appel de Paris a également retenu, dans un divorce pour faute, une infidélité intellectuelle entre une épouse et un évêque, CA Paris, 13 févr. 1986 : Gaz. Pal. 1986, 216.

1128 — Fidélité entre époux ébranlée par la Cour de cassation. La fidélité conjugale a été récemment mise à mal dans un arrêt rendu par la Cour de cassation le 17 décembre 2015, relatif à la caractérisation de la diffamation par allégation publique. Il a été l'occasion, pour la Cour de cassation, d'affirmer que « l'évolution des mœurs comme celle des conceptions morales ne permettent plus de considérer que l'imputation d'une infidélité conjugale serait à elle seule de nature à porter atteinte à l'honneur ou à la considération ». Les auteurs ont massivement critiqué le tournant pris par la Cour de cassation.

Cass. 1re civ., 17 déc. 2015 : Dr. famille, 2015, Repère 3 – Fulchiron H., « La fidélité en option ? », Dr. famille, Comm. n° 42, note Binet J.-R. Selon ce dernier, « sans exagérer la portée de cette décision, il est tout à fait possible d'y percevoir le risque d'une remise en cause de la conception juridique et du mariage dont elle est un pilier, sous l'argument erroné de l'évolution des mœurs ».

3 Le devoir d'assistance

1129 — Définition du devoir d'assistance. Évoqué dans l'article 212 du Code civil, il signifie que chaque époux doit aider et soutenir son conjoint dans les difficultés, petites ou grandes, que ce dernier rencontre dans la vie quotidienne : maladie, problèmes professionnels, décès d'un proche, etc.

1130 — Modalités d'exécution du devoir d'assistance. Concrètement, le devoir d'assistance se manifeste au travers du soutien qu'un époux apporte à l'autre. Il peut aussi prendre la forme d'une aide ponctuelle à l'activité professionnelle de son époux.

1131 — Inexécution du devoir d'assistance. Le non-respect du devoir d'assistance peut être invoqué à l'appui d'une demande en divorce pour faute (C. civ., art. 242). Il peut aussi donner lieu au versement de dommages-intérêts à l'époux privé d'assistance, sur le fondement de l'article 1240 du Code civil (ancien art. 1382).

4 Le devoir de respect

1132 — Socle légal du devoir de respect depuis 2006. Au départ reconnu par la jurisprudence, le devoir de respect entre époux a été consacré dans le Code civil à l'occasion de la loi du 4 avril 2006 destinée à lutter contre les violences conjugales et familiales (C. civ., art. 212).

1133 — Devoir de respect : devoir premier du mariage. Dans l'énumération des devoirs conjugaux faite dans l'article 212 du Code civil, le devoir de respect est évoqué en premier parce qu'il est, pour le législateur, une valeur qui « est la base d'une vie de couple harmonieuse ».

Selon le rapport déposé à l'Assemblée nationale à l'occasion de l'élaboration de la loi du 4 avril 2006.

1134 — Imprécision du devoir de respect entre époux. Il est difficile de cerner avec précision le contenu du devoir de respect entre conjoints. Selon la doctrine, ce devoir doit être entendu largement. Au départ consacré pour lutter contre les violences physiques faites au conjoint, le respect s'entend aussi au plan moral, intellectuel et religieux.

B Les missions conjointes des époux

1 La direction conjointe de la famille

1135 — Famille à deux chefs. L'article 213 du Code civil dispose que « les époux assurent ensemble la direction morale et matérielle de la famille. Ils pourvoient à l'éducation des enfants et préparent leur avenir ». Issu de la loi du 4 juin 1970, ce texte met en évidence que depuis cette date, la famille a deux chefs : le mari et la femme (ou parfois deux hommes ou deux femmes depuis la loi du 17 mai 2013 ouvrant le mariage aux couples de personnes de même sexe). Il en résulte que toutes les décisions relatives à la direction de la famille et à l'éducation des enfants doivent, en principe, être prises par les deux époux ensemble.

Loi n° 70-459 du 4 juin 1970 relative à l'autorité parentale : JO 5 juin 1970, p. 5227.

2 Le choix de la résidence de la famille

1136 — Prédominance anciennement maritale. Jusqu'à la loi du 4 juin 1970, c'est le mari qui choisissait seul la résidence de la famille. Dans la loi du 4 juin 1970, il a été pour la première fois énoncé que les époux choisissaient ensemble la résidence familiale. Néanmoins, en cas de désaccord entre eux, c'était le mari qui décidait en dernier ressort.

Loi n° 70-459 du 4 juin 1970 relative à l'autorité parentale : JO 5 juin 1970, p. 5227.

1137 — Législateur moderne : égalité entre époux. C'est la loi du 11 juillet 1975 qui a instauré entre les époux une véritable égalité s'agissant du choix de la résidence familiale. En effet, l'article 215, alinéa 2 du Code civil qui en est issu dispose que les époux choisissent la résidence de la famille d'un accord commun.

Loi n° 75-617 du 11 juillet 1975 portant réforme du divorce : JO 12 juill. 1975, p. 7171.

1138 — Législateur optimiste sur l'entente des époux. Le législateur est parti du postulat que les époux allaient nécessairement s'entendre sur le choix de la résidence de la famille. En effet, aucune solution n'a été prévue dans l'hypothèse où ceux-ci seraient en désaccord sur ce point.

1139 — Désaccord des époux sur le lieu de la résidence familiale. En dépit du silence de la loi, les époux peuvent, sans doute, saisir le juge aux affaires familiales pour qu'il règle leur différend au sujet du choix de la résidence familiale, notamment sur le fondement de l'article 220-1 du Code civil. Ceci étant, des conjoints qui ne peuvent s'accorder sur cette question sont, en pratique, voués à se séparer soit de fait, soit de droit.

II Les effets patrimoniaux du mariage

1140 — Régime primaire et régime matrimonial des époux. Les effets patrimoniaux découlent de deux types de règles : les dispositions constituant le régime matrimonial primaire, lequel s'impose aux époux (A) et celles formant le régime matrimonial, ce dernier ayant été choisi par les conjoints (B).

A Le régime primaire impératif

1141 — Notion de régime primaire impératif. À compter de leur mariage, les époux sont obligatoirement soumis à des règles impératives qu'ils ne peuvent, en aucun cas, écarter. Ces règles forment ce que les auteurs appellent le « régime primaire impératif ».

1142 — Dispositions légales formant le régime primaire impératif. Les dispositions du régime primaire impératif sont contenues dans les articles 214 à 226 du Code civil. Elles consistent en des mesures de coopération, d'autonomie et de crise.

1 Les mesures de coopération des époux

1143 — Domaines concernés par la coopération entre époux. La coopération des époux se manifeste sur trois terrains : l'assistance matérielle qu'ils se doivent réciproquement, leur solidarité à l'égard des tiers pour les dettes ménagères et leur cogestion pour les décisions relatives au logement familial.

a L'assistance matérielle réciproque des époux

1144 — Devoir de secours et contribution aux charges du mariage. Deux textes du Code civil traitent de l'assistance matérielle que se doivent réciproquement les époux durant le mariage. L'article 212 énonce que « les époux se doivent mutuellement (...) secours ». L'article 214 fait référence à l'obligation qu'ont les conjoints « de contribuer ensemble aux charges du ménage ».

1145 — Définitions du devoir de secours et de la contribution aux charges du mariage. Le devoir de secours entre époux est un devoir de nature alimentaire. Il permet au conjoint qui est dans le besoin de réclamer à son époux ce dont il a besoin pour vivre (logement, nourriture, vêtements...). La contribution aux charges du mariage permet, elle, à un époux de demander à l'autre de participer financièrement aux dépenses contractées par le ménage.

1146 — Devoir de secours masqué par la contribution aux charges du mariage. Lorsque les époux vivent ensemble, le devoir de secours est masqué par la contribution aux charges du mariage, laquelle a un objet plus large.

1147 — Interprétation doctrinale de la notion de charges du mariage. Selon les auteurs, la notion de charges du mariage évoquée dans l'article 214 du Code civil doit être interprétée largement. Elle englobe, d'une part, les dépenses liées à l'entretien du ménage et à l'éducation des enfants (certaines dépenses liées au logement, dépenses de nourriture, de vêtements, de scolarité notamment). Elle inclut, d'autre part, toutes les dépenses qui sont suscitées par le train de vie du ménage (dépenses liées aux vacances, aux loisirs, ainsi que celles qui ont pour objet l'agrément de la vie). La jurisprudence est en ce sens.

> « La contribution aux charges du mariage, distincte, par son fondement et par son but, de l'obligation alimentaire, peut inclure des dépenses d'investissement ayant pour objet l'agrément et les loisirs du ménage », Cass. 1re civ., 18 déc. 2013 : Dr. famille 2014, Comm. n° 61, note Beignier B.

1148 — Assistance matérielle en cas de séparation de fait des époux. Pendant longtemps, il a été soutenu que l'obligation de contribuer aux charges du mariage cède la place au devoir de secours, lorsque les époux se séparent de fait.

> La séparation de fait est la situation dans laquelle des époux se séparent, mais sans engager de procédure officielle en divorce ou séparation de corps.

1149 — Contribution aux charges du mariage en cas de séparation de fait : les précisions jurisprudentielles. La Cour de cassation a jugé, dès 1973, que la séparation de fait des époux ne met pas fin à l'obligation qu'ils ont de contribuer aux charges du mariage. Néanmoins, comme en témoigne un arrêt ultérieur de 1983, elle invite les juges du fond à tenir compte « des circonstances de la cause ». Cela leur permet de décharger l'époux qui subit la séparation de fait, de son obligation de contribuer aux charges du mariage.

Cass. 1re civ., 14 mars 1973 : D. 1974, 453, note Rémy Ph.
Cass. 1re civ., 16 févr. 1983 : D. 1984, 39, note Revel J.

1150 — Contributions respectives des époux aux charges du mariage. L'article 214 du Code civil donne, dans son alinéa 1er, la possibilité aux époux de prévoir dans leur contrat de mariage quelles seront leurs contributions respectives aux charges du mariage. En pratique, il est rare que des époux consacrent une clause de leur contrat de mariage à cette question. À défaut de convention matrimoniale, il est prévu que les époux doivent contribuer aux charges du mariage « à proportion de leurs facultés respectives » (C. civ., art. 214, al. 1er *in fine*).

1151 — Modalités d'exécution des charges du mariage en cas d'entente conjugale. Lorsque les époux s'entendent, ils règlent librement entre eux les modalités de leur obligation de contribuer aux charges du mariage. Par exemple, ils peuvent décider que l'un prendra en charge tel type de dépenses tandis que l'autre assumera une autre catégorie de dettes.

1152 — Intervention judiciaire en cas de mésentente conjugale. Lorsque les époux ne s'entendent plus sur leurs contributions respectives aux charges du mariage (qu'il s'agisse de leurs montants ou de leurs modalités d'exécution), le juge peut alors intervenir pour trancher le litige qui les oppose. Depuis l'entrée en vigueur de la loi du 12 mai 2009, c'est le juge aux affaires familiales qui est compétent en la matière (COJ, art. L. 213-3).

Loi n° 2009-526 du 12 mai 2009 de simplification et de clarification du droit et d'allégement des procédures : JO 13 mai 2009, p. 7920.

1153 — Réapparition du devoir de secours. Le devoir de secours ressurgit lorsque les époux se séparent en droit. En effet, lorsque la séparation des époux résulte d'une décision de justice (jugement de séparation de corps ou ordonnance autorisant les époux à résider séparément pendant l'instance en divorce), on parle plus volontiers de devoir de secours.

Bénabent A., *Droit de la famille*, 3e éd., 2014, LGDJ, Domat, Précis.

1154 — Pension alimentaire en cas de séparation conjugale. En cas de séparation de droit des époux, le devoir de secours prend alors la forme d'une pension alimentaire, dont le montant est déterminé par le juge aux affaires familiales. Ce dernier prend en considération l'ensemble des ressources et des charges des époux. Si l'un des époux n'exécute pas son obligation, son exécution forcée peut être obtenue par les moyens assurant le recouvrement des pensions alimentaires.

b ▮ L'obligation solidaire des époux aux dettes ménagères

1155 — Notion de solidarité conjugale. Dans sa rédaction issue de la loi du 13 juillet 1965 portant réforme du droit des régimes matrimoniaux, l'article 220 du Code civil énonce que toute dette contractée par un époux pour « l'entretien du ménage ou l'éducation des enfants », oblige l'autre solidairement (al. 1er *in fine*). Dès lors, une dette ménagère engage tous les biens du ménage. Dans le régime légal (communauté réduite aux acquêts), le créancier impayé est ainsi en droit de faire saisir les biens communs du couple et les biens propres de chacun des époux.

1156 — Notion de dettes ménagères. Pour que la solidarité conjugale puisse jouer, encore faut-il que la dette ait une finalité ménagère : elle doit avoir « pour objet l'entretien du ménage ou l'éducation des enfants » (C. civ., art. 220, al. 1er). Cette formule légale englobe notamment les dépenses alimentaires, d'habillement, de chauffage, de scolarité, de transports ou encore les frais de maladie courante.

1157 — Difficulté suscitée par les dépenses d'acquisition immobilière pendant le mariage. Les dépenses d'acquisition immobilière réalisées par un époux pendant le mariage donnent-elles lieu à la solidarité conjugale ? C'est une réponse négative qui s'impose puisque la Cour de cassation a jugé, dès 1984, que « les opérations d'investissement d'un ménage, et notamment celles qui ont pour objet de lui permettre de se constituer un patrimoine immobilier, n'entrent pas dans la catégorie des actes ménagers ».

Cass. 1re civ., 11 janv. 1984 : Bull. civ. I, n° 13 ; Defrénois 1984, 933, obs. Champenois G.

La même solution a été réaffirmée en 2006, Cass. 1re civ., 4 juill. 2006 : Bull. civ. I, n° 351 ; D. 2007, pan. 1567, obs. Lemouland J.-J. et Vigneau D.

1158 — Indifférence de l'origine de la dette ménagère. Si la finalité – ménagère – de la dette est décisive, peu importe, en revanche, l'origine de celle-ci. Alors même que l'article 220, alinéa 1er du Code civil se réfère aux « contrats (...) qui ont pour objet l'entretien du ménage ou l'éducation des enfants », la Cour de cassation considère de manière constante que le principe de la solidarité conjugale a vocation à s'appliquer à toute dette contractuelle ou légale, dès lors que celle-ci a pour objet l'entretien du ménage ou l'éducation des enfants. Les cotisations d'assurance vieillesse ou maladie, qui sont des dettes légales, entrent donc, par exemple, dans le champ d'application de la solidarité conjugale.

Cass. 1re civ., 9 oct. 1991 : Bull. civ. I, n° 255.

1159 — Admission d'exceptions à la solidarité conjugale. Toute dépense ayant pour objet l'entretien du ménage ou l'éducation des enfants ne donne pas lieu, pour autant, à la solidarité des époux. En effet, la solidarité peut être dangereuse pour l'époux dont le conjoint a agi de manière inconsidérée. C'est pour cela que la solidarité conjugale est exclue pour trois types de dépenses pourtant ménagères : les dépenses manifestement excessives, les achats à tempérament conclus par un époux et les emprunts non modiques.

1160 — Exception à la solidarité conjugale : les dépenses excessives. Cette exception est posée dans l'article 220, alinéa 2 du Code civil qui énonce que « la solidarité n'a pas lieu (...) pour les dépenses excessives, eu égard au train de vie du ménage, à l'utilité ou à l'inutilité de l'opération, à la bonne ou mauvaise foi du tiers contractant ». Ces critères font l'objet d'une appréciation souveraine des juges du fond. La jurisprudence rendue à cet égard est abondante et est, bien évidemment, casuistique.

1161 — Exception à la solidarité conjugale : les achats à tempérament. Cette exception est posée dans l'article 220, alinéa 3 du Code civil qui précise que la solidarité ménagère n'a pas lieu pour les achats à tempérament, sauf « s'ils ont été conclus du consentement des deux époux ». Un achat à tempérament est un achat dont le prix est stipulé payable par fractions échelonnées. Si la solidarité conjugale est ici exclue, c'est parce que les achats à tempérament conclus par un époux s'avèrent particulièrement dangereux, en particulier pour les ménages modestes.

1162 — Exception à la solidarité du mariage : les emprunts non modestes. Cette exception est évoquée dans l'alinéa 3 de l'article 220 du Code civil. Selon celui-ci, la solidarité ménagère n'a pas lieu, « s'ils n'ont été conclus du consentement des deux époux, pour les achats à tempérament ni pour les emprunts à moins que ces derniers ne portent sur des sommes modestes nécessaires aux besoins de la vie courante ». Cette disposition légale a été complétée il y a peu, à l'occasion de la loi du 17 mars 2014 relative à la consommation, dite loi Hamon.

1163 — Incidence de la loi Hamon de 2014 sur la solidarité des époux. La loi Hamon du 17 mars 2014 a complété le troisième alinéa de l'article 220 du Code civil. En effet, le nouveau texte précise que la solidarité ménagère des époux n'a pas lieu « pour les emprunts à moins que ces derniers ne portent sur des sommes modestes nécessaires aux besoins de la vie courante et que le montant cumulé de ces sommes, en cas de pluralité d'emprunts, ne soit pas manifestement excessif eu égard au train de vie du ménage ». L'idée du législateur est, comme pour les partenaires, de durcir le retour à la solidarité en obligeant le juge à vérifier aussi, avant d'engager celle-ci, que la pluralité des emprunts contractés n'est pas manifestement excessive eu égard au train de vie du couple.

Loi n° 2014-344 du 17 mars 2014 relative à la consommation : JO 18 mars 2014, p. 5400.

c Les décisions relatives au logement familial

1164 — Disposition conjointe du logement familial et des meubles meublants. La coopération des époux se manifeste au travers de l'article 215, alinéa 3 du Code civil, selon lequel « les époux ne peuvent l'un sans l'autre disposer des droits par lesquels est assuré le logement de la famille ni des meubles meublants dont il est garni ». Les actes de disposition relatifs au logement de la famille et aux meubles le garnissant sont donc des actes qui requièrent, pour être valablement passés, le consentement des deux époux. C'est la règle dite de la cogestion (ou gestion conjointe).

1165 — Sanction en cas de non-respect de la cogestion en matière de logement familial. Si un acte de disposition relatif au logement de la famille et aux meubles le garnissant est passé par un époux seul, l'autre conjoint peut alors en demander la nullité, et ce, dans un délai d'un an à compter de la connaissance de l'acte (C. civ., art. 215, al. 3).

2 Les mesures d'autonomie des époux

a L'autonomie ménagère des époux

1166 — Pouvoir de chaque époux de contracter une dette ménagère. Chaque époux « a pouvoir pour passer seul les contrats qui ont pour objet l'entretien du ménage ou l'éducation des enfants » (C. civ., art. 220, al. 1er). Cela n'a pas toujours été le cas. En 1804, la femme mariée était juridiquement incapable et ne pouvait contracter sans l'autorisation de son mari. Pour pallier les inconvénients pratiques en résultant, un mandat domestique a été consacré, d'abord par la jurisprudence puis par une loi du 22 septembre 1942 : la femme mariée a ainsi eu le pouvoir de représenter son mari dans le domaine ménager. Puis la loi du 13 juillet 1965 lui a donné le pouvoir d'agir seule en la matière. La réforme opérée en droit des régimes matrimoniaux le 13 juillet 1965 a conféré à la femme mariée le pouvoir légal d'agir seule en la matière.

b L'autonomie bancaire des époux

1167 — Autonomie des époux lors de l'ouverture et du fonctionnement du compte. L'article 221, alinéa 1er du Code civil, issu de la loi du

13 juillet 1965 portant réforme des régimes matrimoniaux, dispose que chacun des époux peut ouvrir librement tout compte de dépôt et tout compte de titre, et le faire fonctionner librement. Lors de l'ouverture du compte et de son fonctionnement, le banquier n'a donc aucune justification à demander à son client en ce qui concerne, d'une part, son régime matrimonial et, d'autre part, l'origine des fonds transitant sur le compte.

c L'autonomie professionnelle des époux

1168 — Libre exercice d'une profession par les époux. L'article 223 du Code civil énonce que chaque époux peut librement exercer une profession. Il en résulte que l'époux qui veut travailler n'a pas besoin, pour ce faire, d'obtenir l'autorisation de l'autre. Et son conjoint ne peut s'opposer à ce qu'il exerce une profession.

1169 — Libre perception et disposition des gains et salaires entre époux. L'article 223 du Code civil dispose que chacun des époux perçoit librement ses gains et salaires et peut librement en disposer après s'être acquitté des charges du mariage. Dès lors qu'il s'en est acquitté, un époux peut donc seul (c'est-à-dire sans le consentement de l'autre conjoint) consommer ses gains et salaires, s'en servir pour acquérir un bien, les donner, etc.

> Dans le régime légal (communauté réduite aux acquêts), la donation ayant pour objet des biens communs nécessite le consentement de deux époux (C. civ., art. 1422). Pour autant, la Cour de cassation considère qu'une donation de gains et salaires (lesquels sont assimilés à des biens communs) est un acte qui relève, en principe, du pouvoir de disposition de chaque époux. V. en ce sens Cass. 1re civ., 29 févr. 1984 : D. 1984, 601, note Martin D.

d L'autonomie mobilière des époux

1170 — Pouvoir d'un époux d'agir seul en matière mobilière. L'autonomie des époux en cette matière est assurée par le jeu d'une présomption de pouvoir, posée dans l'article 222, alinéa 1er du Code civil. Ce texte énonce qu'un époux qui détient individuellement un meuble est réputé, à l'égard des tiers de bonne foi, avoir le pouvoir de faire sur celui-ci des actes d'administration, de jouissance ou de disposition. Il en résulte que même si l'époux en question n'avait, en réalité, pas le pouvoir de faire l'acte (parce que le bien ne lui appartenait juridiquement pas), celui-ci ne peut être remis en cause dès lors que le tiers cocontractant était de bonne foi.

3 Les mesures de crise entre époux

1171 — Présentation des mesures de crises entre époux. Au cours du mariage, un époux peut être confronté à des événements (éloignement, absence, incarcération, altération des facultés mentales, etc.) qui vont l'empêcher de gérer, pendant un laps de temps plus ou moins long, soit ses biens propres ou personnels, soit les biens communs. Le législateur a donc prévu la possibilité pour l'autre époux de saisir le juge, afin de dénouer les blocages susceptibles de se produire. La saisine du juge en la matière peut se faire sur différents fondements, notamment les articles 219, 217 ou 220-1 du Code civil.

L'époux peut aussi agir sur le fondement de l'article 494-1 du Code civil (habilitation familiale). V. partie 1, chapitre 3, section 4.

a La saisine du juge sur le fondement de l'article 219 du Code civil

1172 — Circonstances de l'habilitation judiciaire entre époux. En vertu de l'article 219 du Code civil, un époux peut demander au juge des tutelles, une habilitation à représenter son conjoint lorsque celui-ci « se trouve hors d'état de manifester sa volonté » (hypothèses de maladie, d'emprisonnement, d'éloignement, d'absence...). En pratique, l'altération des facultés mentales du conjoint est une cause fréquente d'application de l'article 219 du Code civil.

1173 — Pouvoirs concernés par l'habilitation judiciaire entre époux. L'habilitation judiciaire délivrée sur le fondement de l'article 219 du Code civil permet au conjoint de l'époux empêché de le représenter dans « l'exercice des pouvoirs résultant du régime matrimonial ». En 1981, la Cour de cassation a jugé que le texte est applicable quel que soit le régime matrimonial des époux, et même s'il s'agit d'un régime de séparation de biens. Un époux peut, par exemple, être autorisé sur le fondement de ce texte à gérer les biens propres ou les biens personnels de son conjoint empêché.

Cass. 1re civ., 18 févr. 1981 : Bull. civ. I, n° 60.

1174 — Effets de l'habilitation judiciaire entre époux. Comme il s'agit d'un système de représentation, l'époux judiciairement habilité sur le fondement de l'article 219 du Code civil, agit au nom et pour le compte de son conjoint empêché. C'est donc ce dernier qui est engagé par l'acte à l'égard des tiers.

b La saisine du juge sur le fondement de l'article 217 du Code civil

1175 — Circonstances de l'autorisation judiciaire entre époux. En vertu de l'article 217 du Code civil, un époux peut demander au juge l'autorisation de « passer seul un acte pour lequel le concours ou le consentement de son conjoint serait nécessaire », et ce, dans deux cas : lorsque son conjoint est hors d'état de manifester sa volonté (altération des facultés mentales, emprisonnement, etc.) ou lorsque son refus de consentir à l'acte n'est pas justifié par l'intérêt de la famille.

1176 — Effets de l'autorisation judiciaire. À la différence de l'habilitation judiciaire de l'article 219 du Code civil, l'époux autorisé à passer seul l'acte sur le fondement de l'article 217, l'accomplit en son nom personnel. L'acte ainsi réalisé n'engage donc pas son conjoint.

c La saisine du juge sur le fondement de l'article 220-1 du Code civil

1177 — Conditions d'application de l'article 220-1. Le juge aux affaires familiales peut être saisi par un époux sur le fondement de ce texte lorsque deux conditions sont réunies. Il faut que l'autre conjoint manque gravement à ses devoirs conjugaux (manquement à l'obligation de communauté de vie, à la contribution aux charges du mariage, etc.). Il faut également que ce comportement mette en péril les intérêts de la famille. Ces conditions légales sont appréciées souverainement par les juges du fond.

1178 — Mesures judiciaires visées dans l'article 220-1. Si les conditions d'application du texte sont réunies, le juge aux affaires familiales peut ordonner certaines mesures. La loi en donne deux exemples : le juge peut interdire à l'époux fautif de faire, sans le consentement de son conjoint, des actes de disposition sur ses biens propres ou sur les biens de la communauté. Il peut aussi interdire le déplacement de meubles (C. civ., art. 220-1, al. 2).

1179 — Autres mesures judiciaires prescrites sur le fondement de l'article 220-1. Le juge peut prescrire d'autres mesures que celles explicitement prévues dans le texte. Il peut, par exemple, prendre des mesures à caractère patrimonial, telles que mettre sous scellés des biens communs, ordonner le blocage d'un compte bancaire, désigner un administrateur provisoire pour gérer la communauté, etc. Des juridictions du fond ont admis qu'il peut aussi ordonner, sur le fondement de l'article 220-1 du Code civil, des mesures à caractère extrapatrimonial.

Dans un jugement du 1er juin 1967, le tribunal de grande instance de Saint-Brieuc avait fait interdiction au mari, qui était un ivrogne invétéré, de conduire la voiture du ménage : D. 1967, somm. 89.

B Le régime matrimonial choisi par les époux

1180 — Régime matrimonial légal ou conventionnel. En faisant un contrat de mariage devant notaire avant leur union, les futurs époux peuvent choisir un régime matrimonial conventionnel (comme la séparation de biens, la participation aux acquêts ou un régime communauté aménagée). À défaut, ils sont automatiquement et obligatoirement soumis au régime matrimonial légal.

1 Le régime matrimonial légal

1181 — Régime matrimonial légal actuel. Depuis la loi du 13 juillet 1965 qui est entrée en vigueur le 1er février 1966, le régime matrimonial légal en droit français est le régime de la communauté réduite aux acquêts (C. civ., art. 1400 et s.). Dans ce régime, trois masses de biens coexistent : les biens propres de chacun des deux époux et les biens communs.

1182 — Masses de biens propres dans le régime légal. Selon l'article 1405, alinéa 1er du Code civil, ces masses comprennent principalement :
- les biens dont l'époux avait la propriété ou la possession avant le mariage, lesquels sont appelés « biens présents » ;
- les biens que l'époux recueille pendant le mariage à titre gratuit (c'est-à-dire par succession, donation ou legs), lesquels sont appelés les « biens futurs ».

1183 — Composition de la masse commune dans le régime légal. La masse de biens communs comprend les acquêts, c'est-à-dire les acquisitions réalisées à titre onéreux pendant le mariage, par un époux ou les deux époux ensemble (C. civ., art. 1401). Elle englobe aussi, selon la jurisprudence, les gains et salaires d'un époux ainsi que les revenus produits par les biens propres de chaque époux.

Pour les gains et salaires, Cass. 1re civ., 8 févr. 1978 : Bull. civ. I, n° 5.

Pour les revenus des biens propres : Cass. 1re civ., 31 mars 1992 : Defrénois 1992, 1121, note Champenois G.

2 Les régimes matrimoniaux conventionnels

1184 — Notion de régime matrimonial conventionnel. Si les époux ne veulent pas être soumis au régime légal de la communauté réduite aux acquêts, ils peuvent alors choisir un régime matrimonial autre, en faisant, avant la célébration de leur union, un contrat de mariage. Ce dernier doit être rédigé par acte devant notaire (C. civ., art. 1394). Il prend effet au jour de la célébration du mariage (C. civ., art. 1395).

1185 — Régimes conventionnels prévus dans la loi. Le Code civil réglemente, au titre des régimes conventionnels, trois régimes matrimoniaux : la communauté conventionnelle (C. civ., art. 1497 et s.), la séparation de biens (C. civ., art. 1536 et s.) et la participation aux acquêts (C. civ., art. 1569 et s.).

a Le choix de la communauté conventionnelle

1186 — Objet de la communauté conventionnelle. Elle vise à modifier le régime de la communauté légale sur certains points :
- modification des règles relatives à la propriété des biens (avec l'adoption, par exemple, d'un régime de communauté de meubles et d'acquêts ou une communauté universelle) ;
- modification des règles relatives à la gestion des biens (avec l'insertion, par exemple, d'une clause dite d'administration conjointe) ;
- modification des règles de la liquidation et du partage de la communauté (avec l'insertion, par exemple, d'une clause commerciale).

b Le choix de la séparation de biens

1187 — Séparation de biens fondée sur l'idée d'indépendance entre époux. Ce régime se caractérise par une indépendance totale des époux. En effet, dans ce régime, chaque époux conserve l'administration, la jouissance et la libre disposition de ses biens personnels (C. civ., art. 1536). Corrélativement, chaque époux répond seul des dettes qu'il contracte (sauf s'il s'agit de dettes ménagères pour lesquelles joue le principe de la solidarité conjugale de l'article 220 du Code civil).

1188 — Deux masses de biens personnels dans la séparation de biens. Dans ce régime, chaque époux demeure l'unique propriétaire des biens qu'il acquiert, et ce, quels que soient la date et le mode d'acquisition. Il n'y a donc pas de masse de biens communs, mais seulement deux masses de biens personnels, auquel peut éventuellement s'ajouter une masse de biens indivis aux époux.

c Le choix de la participation aux acquêts

1189 — Régime hybride : la participation aux acquêts. C'est un régime conventionnel qui emprunte à la fois à la communauté et à la séparation de biens.

1190 — Fonctionnement de la participation des acquêts. Pendant le mariage, les époux sont indépendants : ils conservent la propriété de leurs biens, les gèrent librement et sont chacun tenus de leurs dettes personnelles. Au moment de la dissolution du régime, l'aspect communautaire se manifeste : l'époux qui s'est enrichi pendant le fonctionnement du régime est tenu de faire participer son conjoint à la valeur des acquêts nets réalisés.

CHAPITRE 5

Le divorce

1191 — Définition du divorce. La dissolution du mariage peut être provoquée par deux événements : le décès de l'un des époux (et *a fortiori* celui des deux), ou leur divorce (C. civ., art. 227). Le divorce est la dissolution d'un mariage valable, consenti conventionnellement ou prononcé par une décision judiciaire du vivant des époux, pour l'une des causes prévues par la loi (C. civ., art. 227).

1192 — Distinction divorce et séparation de corps. Le divorce se distingue de la séparation de corps, laquelle n'est qu'un relâchement du lien conjugal. En cas de divorce, le mariage est maintenu pour le passé, mais il cesse de produire ses effets pour l'avenir.

1193 — Plan du chapitre. Le divorce sera envisagé sous l'angle de ses causes (section 2), de sa procédure (section 3) et de ses effets (section 4). Dans une section introductive, il sera dressé un historique de la matière (section 1).

SECTION 1 Introduction au droit du divorce

1194 — Le divorce : une vieille institution. Il s'agit d'une très ancienne institution. Voltaire disait ironiquement à ce sujet : « Le divorce est presque aussi ancien que le mariage. Je crois seulement que le mariage est plus vieux de quelques semaines ».

1195 — Admission du divorce par le droit romain. À cette époque, le divorce était couramment admis et pratiqué. Dans les sociétés de l'Antiquité, le mari avait le pouvoir unilatéral de répudier sa femme. C'était le divorce-répudiation. Les époux pouvaient aussi divorcer par consentement mutuel.

1196 — Interdiction du divorce dans l'ancien droit. La doctrine de l'Église – qui prônait l'indissolubilité du mariage – s'est imposée, d'abord dans les faits dès le IXe siècle, puis officiellement en 1563 avec le concile de Trente. Ce dernier affirma l'indissolubilité du mariage, prohibant ainsi en principe le divorce. Le droit canonique n'admettait que la séparation de corps lorsque la vie commune des époux était devenue insupportable.

1197 — Libéralisation du divorce par le droit révolutionnaire. Pendant le droit intermédiaire, le divorce a été largement admis. En effet, la loi du 20 septembre 1792 a autorisé le prononcé du divorce, notamment par consentement mutuel ou même pour incompatibilité d'humeur entre les conjoints.

1198 — Autorisation restrictive du divorce par le Code Napoléon. En 1804, le Code civil a autorisé le divorce, mais de manière restrictive. Le divorce pouvait être prononcé lorsqu'un époux avait commis une faute grave. Le divorce par consentement mutuel n'était admis qu'à des conditions très strictes. Le divorce pour incompatibilité d'humeur a été supprimé. Au début du XIXe siècle, on comptait environ 50 divorces par an à Paris.

1199 — Suppression du divorce sous la Restauration. Quelques années après la promulgation du Code Napoléon, le divorce a été purement et simplement supprimé à l'occasion de la réintroduction du catholicisme comme religion d'État, avec la loi Bonald du 8 mai 1816.

1200 — Réintroduction du divorce en 1884. Le divorce a été réintroduit en France sous la IIIe République, avec la loi Naquet du 27 juillet 1884. Mais il n'était autorisé que pour certaines fautes déterminées (comme l'adultère, ou encore les excès, sévices ou injures graves). Le divorce par consentement mutuel n'était pas admis, ce qui engendrait dans les faits des situations burlesques : les époux qui étaient d'accord pour rompre leur mariage s'échangeaient de fausses lettres d'insultes pour pouvoir divorcer pour faute ! Peu à peu, on s'est accordé à dire que la loi Naquet devait être réformée.

1201 — Réforme du 11 juillet 1975 sur le divorce. La volonté de réformer le droit du divorce a été concrétisée en 1975, grâce à la volonté du doyen Carbonnier. Précédée d'enquêtes d'opinion et d'études de droit comparé sur le divorce, la réforme a été réalisée par la loi du 11 juillet 1975. Elle a eu pour objectif de libéraliser le divorce et aussi de le dédramatiser.

> Loi n° 75-617 du 11 juillet 1975 portant réforme du divorce : JO 12 juill. 1975, p. 7171.

1202 — Libéralisation du divorce en 1975. Cette libéralisation s'est traduite par l'admission de quatre causes de divorces par la loi du 11 juillet 1975 :

- le divorce sur requête conjointe dans lequel les époux sont d'accord sur le principe même du divorce et aussi sur tous ses effets ;
- le divorce demandé par un conjoint et accepté par l'autre dans lequel les époux sont d'accord pour divorcer, mais ne parviennent pas à s'entendre sur toutes ses conséquences ;
- le divorce pour faute, c'est-à-dire pour des faits constituant une violation grave ou renouvelée des devoirs et obligations du mariage, imputables au conjoint et rendant intolérable le maintien de la vie commune ;
- le divorce pour rupture de la vie commune qui pouvait être prononcé en cas de séparation de fait des époux pendant 6 ans ou d'altération grave des facultés mentales du conjoint pendant la même durée.

1203 — Dédramatisation du divorce en 1975. La réforme de 1975 s'est attachée à dédramatiser le divorce. Elle a donc encouragé les accords entre époux. Elle s'est efforcée de concentrer les effets du divorce, en faisant en sorte de solder définitivement, lors du prononcé du divorce, tout contentieux entre les époux. Elle a aussi instauré un nouveau magistrat doté de larges compétences en matière de divorce : le juge aux affaires matrimoniales, lequel est devenu le juge aux affaires familiales dans la loi du 8 janvier 1993. Cette loi a été bien accueillie en doctrine et par les praticiens.

> Selon Malaurie P. et Fulchiron H., « la loi du 11 juillet 1975 était une loi d'équilibre, faite d'avances et de retours, de poids et de contrepoids, de principe et de tempéraments » (*La famille*, 5e éd., 2016, Defrénois).

1204 — Nécessité d'une nouvelle réforme sur le divorce à la fin du XXe siècle. À l'aube de l'an 2000, il a été question, en raison de l'évolution des mœurs notamment, de réformer à nouveau le divorce. Il a ainsi été constaté que les procédures de divorce étaient souvent trop longues et restaient conflictuelles. On s'est accordé à dire qu'il était nécessaire de faciliter le divorce lorsque les époux étaient d'accord pour rompre leur mariage. Le divorce pour faute a, lui, été décrié au motif qu'il correspondait, selon certains, à une vision archaïque de la société. Une nouvelle loi a donc été adoptée en la matière le 26 mai 2004.

1205 — Réforme du 26 mai 2004 sur le divorce. La loi du 26 mai 2004 portant réforme du divorce est entrée en vigueur le 1er janvier 2005. Celle-ci poursuit, sur le fond, les mêmes objectifs que la réforme de 1975 :

libéraliser et dédramatiser le divorce. Son décret d'application a été pris le 29 octobre 2004.

Loi n° 2004-439 du 26 mai 2004 relative au divorce : JO 27 mai 2004, n° 122, p. 9319. D. n° 2004-1158 du 29 octobre 2004 portant réforme de la procédure en matière familiale : JO 31 oct. 2004, n° 255, p. 18492.

1206 — Libéralisation du divorce en 2004. La loi du 26 mai 2004 a accentué le mouvement de libéralisation du divorce initié par la réforme de 1975. Ainsi, le divorce sur requête conjointe, renommé divorce par consentement mutuel, a été simplifié et valorisé par la mise en place d'un système de passerelles ; le divorce sur demande acceptée a été revu pour être plus attractif ; le divorce pour faute a été maintenu, malgré les critiques dont il était l'objet ; quant au divorce pour rupture de la vie commune, il a été rebaptisé « divorce pour altération définitive du lien conjugal » et est devenu possible uniquement en cas de séparation de fait des époux pendant 2 ans (contre 6 ans auparavant).

1207 — Dédramatisation du divorce en 2004. La réforme du 26 mai 2004 a mis en place de nouveaux moyens pour dédramatiser encore un peu plus le divorce. Elle a instauré des passerelles qui permettent de passer d'un divorce contentieux à un divorce par consentement mutuel. Elle a encouragé les époux à s'entendre pour régler ensemble et rapidement les conséquences de leur divorce. Elle a aussi simplifié le régime de la prestation compensatoire.

1208 — Incidences de la loi du 17 mai 2013 sur le divorce. Cette loi ayant autorisé les couples de personnes de même sexe à se marier, le divorce peut, par voie de conséquence, être utilisé par des couples homosexuels désirant sortir des liens du mariage. Il en est de même de la séparation de corps.

Loi n° 2013-404 du 17 mai 2013 ouvrant le mariage aux couples de personnes de même sexe : JO 18 mai 2013, n° 0114, p. 8253.

1209 — Consécration d'un divorce sans juge par la loi Justice du XXIe siècle de 2016. La loi du 18 novembre 2016 de modernisation de la justice du XXIe siècle a innové en consacrant dans notre droit une nouvelle cause de divorce : un divorce par consentement mutuel sans juge, lequel est entré en vigueur le 1er janvier 2017 (v. C. civ., art. 229 et s. nouveaux). L'idée est ainsi de désengorger les tribunaux, en confiant les dossiers de divorce les plus simples, non plus aux juges, mais à d'autres professionnels du droit, en l'occurrence les avocats et les notaires. Cette nouvelle cause de divorce fera l'objet d'une étude approfondie.

Loi n° 2016-1547 du 18 novembre 2016 de modernisation de la justice du XXIe siècle : JO 19 nov. 2016.

1210 — Les statistiques sur le divorce. Selon les statistiques officielles, les divorces ont globalement progressé ces dernières années, mais on observe une diminution depuis 2010. En 2005 (année d'entrée en vigueur de la loi du 26 mai 2004), les divorces ont atteint un pic puisque 155 000 divorces ont été prononcés cette année-là (pour comparer, on en dénombrait 120 000 en 1996). Entre 2007 et 2011, le nombre de divorces est à peu près resté constant : entre 130 000 et 134 000 divorces ont été prononcés chaque année. Depuis 2012, et pour la deuxième année consécutive, le nombre de divorces prononcés en France est inférieur à 130 000 par an. En 2013, il a diminué de manière assez significative. Cette tendance à la baisse s'est confirmée en 2014.

Année	Nombre de divorces prononcés
2000	116 723
2003	127 966
2005	155 253
2006 2007	139 147 134 477
2009	130 601
2010	133 909
2011	132 977
2012	128 371
2013	124 948
2014	123 547

En 2015, le chiffre était stable, puisque 123 668 divorces ont été prononcés.

Source : Insee

1211 — Redistribution des cas de divorce. Depuis la réforme du 26 mai 2004, on observe une redistribution des types de divorces prononcés :
- le divorce par consentement mutuel reste la première cause de divorce : 47 % des cas de divorce avant 2005, 54 % en 2010, 52 % en 2013 et presque 54 % en 2014 ;
- il distance assez largement le divorce accepté, qui représentait 25 % des divorces en 2013 et 2014 ;
- le divorce pour faute a diminué de manière significative : 37 % des divorces en 2004, 10 % en 2010, seulement 6 % en 2013 et 7,5 % en 2014 ;
- alors que le divorce pour rupture de la vie commune était très marginal (moins de 5 % des cas de divorce avant 2004), le divorce pour altération

définitive du lien conjugal est plus utilisé puisqu'il représentait environ 13 % des divorces prononcés en 2013 et 2014.

Source : ministère de la Justice/SG/SDSE.

SECTION 2 Les causes et procédures de divorce

1212 — Plan de section. Il existe en droit français quatre causes de divorce : le divorce par consentement mutuel, le divorce pour acceptation du principe de la rupture du mariage, le divorce pour faute et le divorce pour altération définitive du lien conjugal. Depuis le 1er janvier 2017, le divorce par consentement mutuel se dédouble sous deux formes possibles. En effet, à côté du classique divorce par consentement mutuel prononcé par le juge (C. civ., art. 230 et s.), le divorce par consentement mutuel sans juge, issu de la loi du 18 novembre 2016 de modernisation de la justice du XXIe siècle, a fait son entrée sur la scène juridique le 1er janvier 2017 (C. civ., art. 229-1 à 229-4 nouveaux). Qu'il soit ou non prononcé par le juge, le divorce par consentement mutuel est ouvert aux époux qui « s'entendent sur la rupture du mariage et ses effets » (v. C. civ., art. 229-1 nouveau pour le divorce par consentement mutuel sans juge et C. civ., art. 230 nouveau pour le divorce par consentement mutuel judiciaire). Sa spécificité implique donc de lui faire une place à part dans l'étude.

I Le divorce par consentement mutuel

1213 — Présentation générale. Le divorce par consentement mutuel se caractérise par le fait que les époux sont d'accord non seulement pour divorcer, mais aussi pour régler ensemble toutes les conséquences de leur divorce. Il a été admis en droit français par la loi du 11 juillet 1975 pour permettre aux époux qui s'entendent de sortir facilement des liens du mariage, après qu'un juge ait homologué leur accord et prononcé le divorce. À l'occasion de la loi du 18 novembre 2016 de modernisation de la justice du XXIe siècle, le législateur a été plus loin en permettant aussi à des époux de divorcer par consentement mutuel, mais sans passer devant le juge. Depuis le 1er janvier 2017, coexistent donc dans notre droit deux formes de divorce par consentement mutuel : le nouveau divorce par consentement mutuel sans juge, appelé dans le Code civil « divorce par consentement mutuel par acte sous signature privée contresigné par avocats, déposé au rang des minutes d'un notaire » (A) et le traditionnel divorce par consentement mutuel avec juge (B), chacun étant soumis à des conditions et un processus spécifiques. Le premier fait désormais figure de principe, tandis que le second n'est envisagé qu'à titre d'exception. En effet, le chapitre du Code civil consacré aux différents cas de divorce commence par la présentation du divorce par consentement mutuel sans juge (v. C. civ., art. 229-1 et s. nouveaux), le divorce par consentement mutuel judiciaire n'étant, lui, évoqué qu'en seconde position dans les articles 230 et suivants du Code civil. En outre, l'article 247 du Code civil relatif au mécanisme de la passerelle a été réécrit par la loi du 18 novembre 2016 de manière à placer au premier rang le divorce par consentement mutuel sans juge. En effet, il indique que « les époux peuvent, à tout moment de la procédure » divorcer « par consentement mutuel par acte sous signature privée contresigné par avocats, déposé au rang des minutes d'un notaire » (C. civ., art. 247, 1°), le passage au divorce par consentement mutuel judiciaire n'étant, lui, prévu qu'ensuite (C. civ., art. 247, 2°).

Loi n° 2016-1547 du 18 novembre 2016 de modernisation de la justice du XXIe siècle : JO 19 nov. 2016 ; décret n° 2016-1907 du 28 décembre 2016 relatif au divorce prévu à l'article 229-1 du Code civil et à diverses dispositions en matière successorale : JO 29 déc. 2016.

A Le nouveau divorce par consentement mutuel sans juge

1214 — Plan. Sont ici présentés les conditions (1) et le processus (2) du nouveau divorce par consentement mutuel sans juge, lequel a fait couler beaucoup d'encre.

Lectures conseillées : sur le nouveau divorce par consentement mutuel extrajudiciaire, v. notamment : Dossier spécial, Dr. famille 2016, Dossier n° 23 et s. ; Dossier spécial, Dr. famille 2017, Dossier p. 10 et s. consacré à la loi de novembre 2016.

1 Les conditions du divorce

1215 — Présentation. À la condition dite positive (a), s'ajoutent deux conditions négatives (b).

a La condition positive

1216 — Présentation. La condition positive s'exprime dans le double accord des époux. En effet, le nouveau divorce par consentement mutuel sans juge implique que « les époux s'entendent sur la rupture du mariage et ses effets » (v. C. civ., art. 229-1, al. 1er nouveau dans sa rédaction issue de la loi du 18 novembre 2016). À cet égard, le nouveau divorce par consentement mutuel sans juge ne se distingue pas du divorce par consentement mutuel judiciaire, lequel repose sur le même double accord des conjoints (v. C. civ., art. 230). L'accord des époux est constaté dans une convention. Or, s'agissant du divorce par consentement mutuel sans juge, cette convention prend la forme d'un acte sous signature privée contresignée par les avocats de chacun des époux et déposée au rang des minutes d'un notaire. En revanche, dans le divorce par consentement mutuel judiciaire, la convention des époux doit être homologuée par un juge aux affaires familiales (C. civ., art. 232).

b Les conditions négatives

1217 — Première condition négative. Lorsqu'un époux se trouve placé sous l'un des régimes de protection prévus au chapitre II du titre XI du livre premier du Code civil (tutelle, curatelle, sauvegarde de justice, mandat de protection future ou habilitation familiale), le divorce par consentement mutuel sans juge est exclu (v. C. civ., art. 229-2, 2° nouveau). Les divorces par consentement mutuel judiciaire et le divorce pour acceptation du principe de la rupture du mariage sont également interdits (v. C. civ., art. 249-4).

1218 — Seconde condition négative. Les époux ne peuvent consentir à un divorce par consentement mutuel sans juge lorsque « le mineur, informé par ses parents de son droit à être entendu par le juge dans les conditions prévues à l'article 388-1, demande son audition par le juge » (v. C. civ., art. 229-2, 1° nouveau). Ainsi, cette nouvelle forme de divorce implique qu'aucun enfant mineur des conjoints n'ait demandé à être auditionné par le juge. Quand le mineur capable de discernement demande à être auditionné par le juge, ses parents qui s'accordent sur la rupture du mariage et de ses effets ne peuvent emprunter que la voie du divorce par consentement mutuel judiciaire puisque la demande d'audition formulée par l'enfant déclenche la saisine du juge.

1219 — Information des enfants mineurs. L'arrêté du 28 décembre 2016 fixe le modèle de l'information délivrée aux enfants mineurs capables de discernement dans le cadre d'une procédure de divorce par consentement mutuel sans juge. À ce titre, il prévoit dans son article 1er que l'information est délivrée aux enfants mineurs au moyen d'un formulaire rédigé comme suit :

Modèle de formulaire

« Je m'appelle (prénoms et nom).

Je suis né(e) le (date de naissance).

Je suis informée que j'ai le droit d'être entendu(e), par le juge ou par une personne désignée par lui, pour que mes sentiments soient pris en compte pour l'organisation de mes relations avec les parents qui souhaitent divorcer.

Je suis informé(e) que j'ai le droit d'être assisté(e) d'un avocat.

Je suis informé(e) que je peux être entendu(e) seul(e), avec un avocat ou une personne de mon choix et qu'il sera rendu compte de cette audition à mes parents.

J'ai compris que, suite à ma demande, un juge sera saisi du divorce de mes parents.

Je souhaite être entendu(e) : OUI NON

Date

Signature de l'enfant »

Arrêté du 28 octobre 2016 fixant le modèle de l'information délivrée aux enfants mineurs capables de discernement dans le cadre d'une procédure de divorce par consentement mutuel par acte sous signature privée contresigné par avocats, déposé au rang des minutes d'un notaire : JO n° 0302, 29 déc. 2016, texte n° 64.

1220 — Critique. Cette nouvelle disposition légale, qui donne ainsi à l'enfant capable de discernement le pouvoir de placer le divorce par consentement mutuel de ses parents entre les mains du juge en demandant son audition, est critiquable, car elle laisse entrevoir un risque réel : que l'enfant soit instrumentalisé par ses parents à l'occasion de leur divorce par consentement mutuel. Il aurait été plus raisonnable de le laisser en dehors du processus – lequel, par définition, ne concerne que les adultes.

2 ▮ Le processus du divorce

1221 — Recours à deux avocats. En l'absence d'enfant mineur ou si aucun des enfants mineurs communs des époux ne souhaite être auditionné, la voie du divorce par consentement mutuel sans juge est empruntée. Elle implique la réalisation de plusieurs étapes avant d'aboutir au constat du divorce. Les époux doivent commencer par prendre chacun un avocat. Alors qu'ils peuvent dans le divorce par consentement mutuel judiciaire choisir un avocat commun, ils sont obligés de choisir un avocat distinct dans le divorce par consentement mutuel sans juge. En effet, à l'argument tiré de l'article 229-1 nouveau du Code civil qui fait référence à deux avocats, s'ajoute celui des débats parlementaires qui mettent clairement en évidence que le législateur a eu la volonté d'exclure le recours à un avocat commun en cas de divorce par consentement mutuel sans juge.

1222 — Élaboration de la convention de divorce. Les deux avocats des époux élaborent ensemble un projet de convention de divorce qui doit prendre la forme d'un acte sous signature privée. La convention a pour objet de constater l'accord des époux pour divorcer et aussi de régler tous les effets de leur divorce (résidence des enfants mineurs du couple, sort du logement familial, versement éventuel d'une prestation

compensatoire, etc.). Elle doit, à peine de nullité, comporter les mentions énumérées dans l'article 229-3 nouveau du Code civil, à savoir :
« 1° Les nom, prénoms, profession, résidence, nationalité, date et lieu de naissance de chacun des époux, la date et le lieu de mariage, ainsi que les mêmes indications, le cas échéant, pour chacun de leurs enfants ;
2° Le nom, l'adresse professionnelle et la structure d'exercice professionnel des avocats chargés d'assister les époux ainsi que le barreau auquel ils sont inscrits ;
3° La mention de l'accord des époux sur la rupture du mariage et sur ses effets dans les termes énoncés par la convention ;
4° Les modalités du règlement complet des effets du divorce conformément au chapitre III du présent titre, notamment s'il y a lieu au versement d'une prestation compensatoire ;
5° L'état liquidatif du régime matrimonial, le cas échéant en la forme authentique devant notaire lorsque la liquidation porte sur des biens soumis à publicité foncière, ou la déclaration qu'il n'y a pas lieu à liquidation ;
6° La mention que le mineur a été informé par ses parents de son droit à être entendu par le juge dans les conditions prévues à l'article 388-1 et qu'il ne souhaite pas faire usage de cette faculté. »

1223 — Transmission du projet de convention de divorce. Chaque avocat adresse par lettre recommandée avec accusé réception le projet de la convention de divorce à son client. À compter de sa réception, court un délai de 15 jours pendant lequel il n'est pas possible de la signer (v. C. civ., art. 229-4 nouveau). Ce délai a vocation à permettre à chacun des deux époux de réfléchir aux conséquences juridiques résultant de leur volonté de divorcer avant de s'engager.

1224 — Signature et transmission de la convention de divorce. À l'expiration du délai de 15 jours visé dans l'article 229-4 du Code civil, la convention peut alors être signée par les deux avocats et les deux époux réunis pour l'occasion. Elle est signée en trois exemplaires, chacun des époux en conservant un. Le troisième original est destiné à son dépôt au rang des minutes d'un notaire (CPC, art. 1145 nouveau, dans sa rédaction issue du décret n° 2016-1907 du 28 décembre 2016). La convention de divorce et ses annexes sont ensuite « transmises au notaire, à la requête des parties, par l'avocat le plus diligent, aux fins de dépôt au rang des minutes du notaire, dans un délai de sept jours suivant la date de la signature de la convention » (CPC, art. 1146, al. 1er nouveau).

Décret n° 2016-1907 du 28 décembre 2016 relatif au divorce prévu à l'article 229-1 du Code civil et à diverses dispositions en matière successorale : JO 29 déc. 2016.

1225 — Convention de divorce transmise au notaire. Une fois la convention de divorce et ses annexes transmises au notaire, celui-ci doit contrôler, d'une part, qu'elle comporte bien les exigences de forme visées dans l'article 229-3 du Code civil et, d'autre part, que le délai de réflexion de 15 jours imposé dans l'article 229-4 a bien été respecté (C. civ., art. 229-1, al. 2 nouveau). Une fois ce double contrôle effectué, le notaire dépose la convention au rang de ses minutes « dans un délai de quinze jours suivant la date de la réception de la convention... » (CPC, art. 1146, al. 3 nouveau).

1226 — Effets et suites du dépôt de la convention au rang des minutes. Le dépôt de la convention de divorce par le notaire au rang de ses minutes lui confère date certaine et force obligatoire (C. civ., art. 229-1, al. 3 nouveau). Et au jour où elle acquiert date certaine, la convention a force exécutoire (C. civ., art. 229-4, al. 2 nouveau). Le mariage est dissous à cette date (C. civ., art. 229-1 nouveau et C. civ., art. 267 nouveau). Ensuite, mention du divorce est portée en marge de l'acte de mariage, ainsi que de l'acte de naissance de chacun des époux, à la requête de l'intéressé ou de son avocat (CPC, art. 1147, al. 1er nouveau).

1227 — Pour conclure sur le nouveau divorce par consentement mutuel sans juge. Cette nouvelle forme de divorce appelle incontestablement quelques réserves. La première tient à la transformation profonde de la nature du mariage (qui se voit ainsi contractualisé) et à la mise à mal de ses effets. Ainsi, quel est le poids des devoirs de respect, fidélité, assistance et secours imposés aux époux (C. civ., art. 212) lorsque l'on peut divorcer en quelques semaines ? En outre, en évinçant le juge du divorce par consentement mutuel, la protection des époux se trouve amoindrie à une période de leur existence où ceux-ci sont nécessairement fragilisés. Or, dans le traditionnel divorce par consentement mutuel, le juge assure cette protection puisqu'il vérifie que les deux époux ont bien la volonté de divorcer et que la convention de divorce préserve suffisamment les intérêts des conjoints et des enfants (C. civ., art. 232). Le juge présente l'avantage de n'avoir aucun lien, notamment financier, avec les époux, ce qui n'est pas le cas des avocats et des notaires. La distribution des rôles dans le nouveau divorce par consentement mutuel entre les avocats et le notaire a d'ailleurs engendré de nombreuses tensions entre les deux professions, faisant même craindre à certains une fracture. Ajoutons que la convention des époux résultant d'un divorce par consentement mutuel sans juge est un simple contrat, lequel peut donc être remis en cause dans les conditions du droit commun (notamment pour absence, insuffisance, vices du consentement) dans un délai de 5 ans. La sécurité juridique est ainsi mise à mal. Enfin, rappelons pour finir le risque d'instrumentalisation des enfants mineurs par les parents souhaitant divorcer par consentement mutuel. Les demandes d'audition en justice des enfants, jusqu'à présent très rares dans les divorces par consentement mutuel, risquent de se multiplier les prochaines années.

B Le traditionnel divorce par consentement mutuel avec juge

1228 — Spécificités. Le divorce par consentement mutuel judiciaire a été admis en droit français par la loi du 11 juillet 1975. Il était appelé à l'époque « divorce sur requête conjointe », avant d'être renommé « divorce par consentement mutuel » par la loi du 26 mai 2004. Les époux qui divorcent par consentement mutuel n'ont pas à faire connaître les raisons de leur divorce. Comme le disait le doyen Carbonnier, au sujet de son ancêtre le divorce sur requête conjointe, c'est un divorce secret quant à sa cause. Il s'agit d'un divorce amiable (en ce qu'il se fonde sur un accord des époux), de nature gracieuse (C. civ., art. 1088, CPC). Néanmoins, ce divorce ne se résume pas à un simple contrat passé entre époux, puisqu'il est soumis à l'homologation du juge. C'est le juge qui *prononce* le divorce (C. civ., art. 229 nouveau issu de la loi du 18 novembre 2016 et C. civ., art. 232).

1229 — Incidences de la loi de 2004 sur le divorce par consentement mutuel judiciaire. Dans le but de le rendre plus attractif, la réforme du 26 mai 2004 a simplifié et raccourci sa procédure. Elle s'est également efforcée d'orienter les époux qui veulent divorcer vers cette forme de divorce, en instituant dans l'article 247 du Code civil une « passerelle ». Cette passerelle permet, tant que le divorce n'a pas été prononcé et alors même qu'il a été engagé sur un autre fondement, de passer par un divorce par consentement mutuel. En outre, la réforme de 2004 a supprimé un délai qui s'imposait aux époux sous l'empire de la loi antérieure, selon lequel ceux-ci devaient avoir été mariés pendant au moins 6 mois avant d'être autorisés à divorcer sur ce fondement.

> Loi n° 2004-439 du 26 mai 2004 relative au divorce : JO 27 mai 2004, n° 122, p. 9319.
>
> Depuis cette réforme, la durée de la procédure du divorce par consentement mutuel prend trois fois moins de temps. Elle dure en moyenne 2,5 mois.

1230 — Incidences de la loi du 18 novembre 2016 sur le divorce par consentement mutuel judiciaire. Cette loi ayant consacré un divorce par consentement mutuel sans juge, il est nécessaire d'analyser comment le divorce par consentement mutuel judiciaire s'en distingue, tant dans ses conditions (1) que sa procédure (2).

1 Les conditions du divorce

1231 — Condition négative. Le divorce par consentement mutuel judiciaire est fermé lorsque l'un des deux époux (et donc *a fortiori* les deux) est placé sous l'un des régimes de protection prévus au chapitre II du titre XI du livre Ier du Code civil, c'est-à-dire lorsqu'il fait l'objet d'une tutelle, curatelle, sauvegarde de justice, d'un mandat de protection future ou encore d'une habilitation familiale. Cette interdiction est posée dans l'article 249-4 du Code civil, dont la rédaction n'a pas été modifiée par la loi du 18 novembre 2016 de modernisation de la justice du XXIe siècle.

1232 — Conditions positives. Le divorce par consentement mutuel judiciaire s'impose aux époux qui sont d'accord sur le principe du divorce et des effets (a) dans l'hypothèse particulière où l'un des enfants mineurs du couple demande à être auditionné par le juge (b).

a L'existence d'un double accord des époux

1233 — Double accord des époux dans le divorce par consentement mutuel. Les conjoints doivent être d'accord sur le principe du divorce, mais aussi sur tous ses effets. En effet, il résulte de l'article 230 du Code civil que ce divorce « peut être demandé conjointement par les époux lorsqu'ils s'entendent sur la rupture du mariage et ses effets en soumettant à l'approbation du juge une convention réglant les conséquences du divorce ».

1234 — Convention obligatoire des époux dans le divorce par consentement mutuel. L'accord des époux sur le principe et les effets du divorce se matérialise dans une convention qu'ils élaborent ensemble, avec l'aide de leur(s) avocat(s), laquelle doit ensuite être homologuée par le juge.

> Avant la loi du 26 mai 2004, les époux qui divorçaient sur requête conjointe devaient élaborer deux conventions : une convention temporaire (contenant les mesures provisoires applicables pendant l'instance en divorce) et une convention contenant les mesures définitives (applicables à partir du prononcé du divorce).

1235 — Contenu de la convention des époux dans un divorce par consentement mutuel. Selon l'article 1091 du Code de procédure civile, celle-ci doit porter « règlement complet des effets du divorce » (résidence des enfants, contribution à leur entretien et éducation, sort du logement familial, versement éventuel d'une prestation compensatoire, liquidation du régime matrimonial...). En pratique, la préparation de la convention peut s'échelonner sur plusieurs mois.

1236 — Liquidation du régime matrimonial des époux dans un divorce par consentement mutuel. Le « règlement complet des effets du divorce » (CPC, art. 1091) impose notamment de liquider le régime matrimonial des époux. La convention des époux doit donc comporter un état liquidatif du régime matrimonial (ou à défaut une déclaration selon laquelle il n'a pas lieu à liquidation du régime matrimonial). Lorsque la liquidation du régime matrimonial inclut des droits immobiliers, la liquidation doit alors obligatoirement être faite dans un acte authentique passé devant notaire (CPC, art. 1091).

b Demande d'audition judiciaire formulée par l'enfant mineur du couple

1237 — Faculté légale de l'enfant. Le nouvel article 229-2 du Code civil, dans sa rédaction issue de la loi du 18 novembre 2016, précise que les époux ne peuvent consentir mutuellement à leur divorce par acte sous signature privée contresigné par avocats lorsque « le mineur informé par ses parents de son droit à être entendu par le juge dans les conditions prévues à l'article 388-1, demande son audition par le juge ». Ce sont donc les parents qui sont tenus d'informer l'enfant de cette faculté légale dès lors qu'ils l'estiment « capable de discernement ». Lorsque l'enfant en fait la demande, un juge est alors saisi du divorce par consentement mutuel des époux.

1238 — Interrogations. Cette nouvelle faculté légale offerte à l'enfant mineur dont les parents divorcent par consentement mutuel suscite un certain nombre de questions sur le plan pratique. Ainsi, à partir de quel âge un enfant est-il capable de discernement ? Qui apprécie ce critère : s'agit-il des parents de l'enfant exclusivement, ou les avocats des époux ont-ils aussi leur mot à dire ? Qu'en est-il si les parents ne sont pas d'accord sur la faculté de discernement de leur enfant ? Et que se passe-t-il si, au final, le juge en a une appréciation différente ?

2 La procédure du divorce

1239 — Plan. La procédure du divorce par consentement mutuel commence par le dépôt d'une requête (a). Elle se poursuit avec l'audition des parties (b). Elle s'achève lorsque le juge rend sa décision (c), dès lors qu'aucun recours n'est formé (d).

a La requête

1240 — Requête en divorce par consentement mutuel. La procédure de ce divorce amiable débute par une requête en divorce émanant des deux époux, laquelle est adressée au juge aux affaires familiales (JAF). La demande est présentée par voie d'avocat. Les époux peuvent choisir leur propre avocat ou un avocat commun.

1241 — Requête en divorce par consentement mutuel accompagnée de la convention des époux. La requête en divorce doit, à peine d'irrecevabilité, être accompagnée de la convention portant règlement complet des conséquences du divorce et incluant un état liquidatif du régime matrimonial ou une déclaration s'il n'y a pas lieu à liquidation (CPC, art. 1091).

b ▮ L'audition des parties

1242 — Déroulement de l'audition des parties. Une fois saisi, le juge aux affaires familiales (JAF) convoque les époux pour une audition unique. Au cours de cette audition, le juge reçoit d'abord chacun des époux séparément, il les réunit ensuite et appelle enfin leur(s) avocat(s).

> Sous l'empire de la loi antérieure, les époux comparaissaient à deux reprises devant le juge. Chacune des comparutions était séparée d'un délai de réflexion pour les époux d'une durée de 3 mois minimum.

1243 — Contrôle de légalité exercé par le JAF. Lors de l'audition, le JAF commence par vérifier la recevabilité de la requête en divorce des époux. Il s'assure notamment que la requête en divorce comporte les mentions obligatoires et les annexes exigées par la loi (CPC, art. 1099, al. 1er).

1244 — Vérifications complémentaires du JAF dans le divorce par consentement mutuel. Le juge s'assure aussi du caractère réel, libre et éclairé des consentements au divorce de chacun des époux. Puis il vérifie que la convention établie par les époux préserve suffisamment les intérêts de chacun d'eux et des enfants s'il y en a (C. civ., art. 232). Une fois ces vérifications effectuées, il est en mesure de rendre sa décision.

c ▮ La décision du juge

α ▮ L'homologation de la convention et le prononcé du divorce

1245 — Décision du JAF en matière de divorce par consentement mutuel. À l'issue du contrôle qu'il exerce, le JAF peut décider que les consentements au divorce des époux sont de qualité et que leur convention préserve suffisamment les intérêts des conjoints et des enfants s'il y en a. Dans ce cas, il homologue la convention et prononce le divorce.

1246 — Publication de la décision du JAF en cas de divorce par consentement mutuel. La décision du juge prononçant le divorce et homologuant la convention est publiée en marge de l'acte de mariage des époux et en marge de l'acte de naissance de chacun d'eux.

β Le refus judiciaire d'homologuer la convention et de prononcer le divorce

1247 — Refus judiciaire du divorce par consentement mutuel. À l'issue du contrôle qu'il exerce, le juge aux affaires familiales peut décider que le consentement au divorce de l'un et/ou l'autre des époux est incertain ou que la convention préserve insuffisamment les intérêts en présence. Dans ce cas, il refuse d'homologuer la convention, et donc de prononcer le divorce (CPC, art. 1100, al. 1er).

1248 — Mesures provisoires pendant l'instance du divorce par consentement mutuel. Lorsqu'il refuse d'homologuer la convention et de prononcer le divorce, le JAF prend des mesures provisoires nécessaires à la vie des époux et des enfants pendant l'instance en divorce. Il peut, par exemple, autoriser les époux à résider séparément.

1249 — Suites consécutives au refus judiciaire de prononcer le divorce par consentement mutuel. Le JAF informe les époux qu'ils devront présenter une nouvelle convention avant l'expiration d'un délai de 6 mois. L'ordonnance du juge doit préciser les conditions ou garanties auxquelles seront subordonnés l'homologation de la nouvelle convention et, donc, le prononcé du divorce (CPC, art. 1100). Si les époux ne déposent pas de nouvelle convention dans le délai imparti de 6 mois, la demande en divorce devient alors caduque (C. civ., art. 250-3 et CPC, art. 1101, al. 2).

d Les recours

1250 — Distinction entre convention homologuée et jugement. La convention homologuée ne peut être attaquée pour une cause qui lui est propre. En revanche, la décision du juge (jugement) est, elle, susceptible de recours.

α L'exclusion des actions en nullité contre la convention homologuée

1251 — Interrogations autour de l'annulation de la convention définitive homologuée dans le divorce par consentement mutuel. S'est posée la question de savoir si la convention des époux homologuée par le juge peut faire l'objet d'une action en annulation pour des causes qui lui sont propres. Un époux peut-il, par exemple, demander l'annulation de la convention homologuée au motif que son consentement a été vicié lors de l'élaboration de celle-ci ? Peut-il solliciter l'annulation de la convention homologuée en invoquant une fraude de son conjoint ?

1252 — Arguments juridiques en faveur et défaveur de la recevabilité de l'action en nullité contre la convention homologuée. Cette question a été difficile à trancher, dans la mesure où la décision que rend le juge dans un divorce par consentement mutuel est, en réalité, hybride. En effet, d'un côté le juge homologue la convention des époux, laquelle est un contrat, et de l'autre il prononce le divorce, ce qui confère un caractère juridictionnel à sa décision.

1253 — Exclusion jurisprudentielle de l'action en annulation contre la convention homologuée. Dès 1987, la Cour de cassation a exclu la recevabilité des actions en annulation contre la convention homologuée en jugeant que « le prononcé du divorce et l'homologation de la convention définitive ont un caractère indissociable et ne peuvent plus être remis en cause hors des cas limitativement prévus par la loi ». Les époux sont donc obligés d'attaquer la convention homologuée en même temps que le prononcé du divorce, et ce, en exerçant les voies de recours classiques contre le jugement.

Cass. 2e civ., 6 mai 1987, in *Grands arrêts de la jurisprudence civile,* 13e éd., 2015, Dalloz, t. 1, n° 42.

Le jugement prononçant le divorce est insusceptible d'appel. Il ne peut être frappé que d'un pourvoi en cassation ou d'un recours en révision.

1254 — Évolution du fondement de l'irrecevabilité de l'action en nullité contre la convention homologuée. L'irrecevabilité des actions en annulation contre la convention homologuée est une solution désormais constante de la Cour de cassation. Dans une décision de 2011, la Cour a néanmoins fait évoluer son fondement. En effet, elle fait valoir, depuis cette date, qu'une convention homologuée a la même force exécutoire qu'une décision de justice.

« Après son homologation par le jugement prononçant le divorce, la convention définitive revêt la même force exécutoire que celle d'une décision de justice et ne peut plus être remise en cause hors des cas limitativement prévus par la loi », Cass. 1re civ., 23 nov. 2011 : RTD civ. 2012, 98, obs. Hauser J.

1255 — Conséquences pratiques inchangées. Même si le fondement de l'irrecevabilité a évolué en 2011, les conséquences concrètes de la jurisprudence de la Cour de cassation restent les mêmes : la convention homologuée ne peut être attaquée pour des causes qui lui sont propres. Elle ne peut donc être l'objet d'une action en annulation pour vice du consentement, ni d'une action en inopposabilité fondée sur la fraude, ni être remise en cause par la voie de l'action paulienne exercée par le créancier d'un époux.

Irrecevabilité des vices du consentement, Cass. 2e civ., 13 nov. 1991 : Bull. civ. II, n° 303.

Irrecevabilité de la fraude, Cass. 2e civ., 23 nov. 2011 : Bull. civ. II, n° 303.

Irrecevabilité de l'action paulienne du créancier d'un époux, Cass. 2e civ., 25 nov. 1999 : Bull. civ. II, n° 177.

β ▪ L'admission de certaines voies de recours contre le jugement

1256 — Appel exclu contre le jugement prononçant le divorce par consentement mutuel. Les décisions du juge aux affaires familiales qui prononce le divorce par consentement mutuel ne peuvent faire l'objet d'un appel (CPC, art. 1102, al. 1er). Cette voie de recours est purement et simplement exclue en la matière, puisque la décision du juge a pour base la volonté des époux.

1257 — Appel possible contre le jugement ne prononçant pas le divorce par consentement mutuel. Selon l'article 1102, alinéa 1er du Code de procédure civile, les décisions du juge aux affaires familiales sont susceptibles d'appel, à l'exception de celles qui prononcent le divorce. Dès lors, un jugement qui ne prononce pas le divorce par consentement mutuel peut être frappé d'appel. Ce dernier doit être formé dans les 15 jours à compter de la date de la décision (CPC, art. 1102).

1258 — Pourvoi en cassation contre le jugement prononçant le divorce par consentement mutuel. En théorie, il est concevable pour les parties de former un pourvoi en cassation contre une telle décision (CPC, art. 1103). Mais en pratique, on voit mal pourquoi des époux iraient contester une décision judiciaire favorable à leur demande initiale.

1259 — Pourvoi en cassation contre le jugement ne prononçant pas le divorce par consentement mutuel. Cette décision est susceptible d'un pourvoi en cassation par les parties. Celui-ci doit être formé dans les 15 jours de la décision (CPC, art. 1103). L'effet suspensif du pourvoi en cassation s'applique aux dispositions prévues dans la convention homologuée.

1260 — Conditions de la tierce opposition contre le jugement prononçant le divorce par consentement mutuel. Les créanciers de l'un ou l'autre des époux peuvent former tierce opposition à l'encontre de la décision du juge aux affaires familiales prononçant le divorce. Ils doivent le faire dans le délai d'un an, à compter du jour où la décision du juge prononçant le divorce a été mentionnée en marge de l'acte de naissance de chacun des ex-époux et de leur acte de mariage (CPC, art. 1104).

La tierce opposition est une voie de recours extraordinaire qui permet à une personne non partie au jugement d'attaquer celui-ci.

1261 — Conditions du recours en révision contre le jugement rendu en matière de divorce par consentement mutuel. Que la décision judiciaire prononce ou non le divorce, elle peut faire l'objet d'un recours en révision dès lors qu'il existe l'un des cas d'ouverture prévus à l'article 595 du Code de procédure civile. Parmi ceux-ci, le cas de fraude d'un époux est concevable en pratique.

Le recours en révision est une voie de recours extraordinaire qui permet de faire rejuger une affaire en fait et en droit.

II Les autres divorces

A Les autres causes de divorce

1 Le divorce pour acceptation du principe de la rupture du mariage

1262 — Définition du divorce pour acceptation du principe de la rupture du mariage. Il s'agit d'un divorce dans lequel les époux sont d'accord pour divorcer, sans parvenir à s'entendre sur toutes les conséquences de leur divorce. Créé par la loi du 11 juillet 1975, il s'appelait alors « divorce demandé par un époux et accepté par l'autre » (ou encore « divorce sur double aveu »). La loi du 26 mai 2004 l'a assez profondément modifié, en le renommant « divorce pour acceptation du principe de la rupture du mariage » ou « divorce accepté ». Le terme « divorce accepté » sera celui généralement employé ici par commodité.

1263 — Nature du divorce accepté. Dans la loi du 11 juillet 1975, le divorce sur double aveu était, au même titre que le divorce sur requête conjointe, qualifié de divorce par consentement mutuel. En revanche, depuis la loi du 26 mai 2004, le divorce accepté ne fait plus partie des divorces par consentement mutuel. Il est évoqué au titre des divorces contentieux, avec le divorce pour faute et le divorce pour altération définitive du lien conjugal. Néanmoins, le fait que le divorce accepté soit rangé, depuis la loi du 26 mai 2004, dans la catégorie des divorces contentieux, ne doit pas pour autant masquer le fait que l'accord des époux y joue un rôle important. En effet, comme sous l'empire de la loi antérieure, cette forme de divorce concerne les époux qui sont d'accord pour divorcer, mais qui ne s'entendent pas sur toutes les conséquences de celui-ci. Le juge intervient donc uniquement pour statuer sur les effets du divorce.

1264 — Sociologie du divorce accepté. En pratique, le divorce accepté séduit les époux qui ne sont pas sûrs de se mettre d'accord sur toutes les conséquences du divorce. Il peut aussi attirer les conjoints qui n'adhèrent pas à la rapidité procédurale du divorce par consentement mutuel.

1265 — Plan. Le divorce pour acceptation du principe de la rupture du mariage sera ici présenté sous l'angle de ses conditions (a) et de ses spécificités (b).

a Les conditions du divorce accepté

1266 — Cause objective de divorce accepté. Selon l'article 233, alinéa 1er du Code civil, le divorce accepté peut « être demandé par l'un ou l'autre des époux ou par les deux lorsqu'ils acceptent le principe de la rupture du mariage sans considération des faits à l'origine de celle-ci ». C'est un divorce qui tend à constater de manière objective l'échec d'un mariage sans en imputer les torts à l'un ou l'autre des époux.

1267 — Demande individuelle ou conjointe en divorce accepté. Depuis la loi du 26 mai 2004, cette demande peut émaner d'un époux ou des deux conjoints. Sous l'empire de la loi antérieure, le divorce sur double aveu devait nécessairement être demandé par un époux.

1268 — Divorce accepté, incompatible avec un régime de protection des majeurs. Les époux ne peuvent s'engager dans un divorce accepté lorsque l'un d'eux est placé sous un régime de protection prévu au chapitre II du titre XI du livre premier du Code civil : tutelle, curatelle, sauvegarde de justice, mandat de protection future ou habilitation familiale (C. civ., art. 249-4).

b Les spécificités du divorce accepté

α La constatation judiciaire d'un accord des époux sur le principe même du divorce

1269 — Nécessité d'un accord des époux dans un divorce accepté. Le juge doit constater que les époux sont d'accord sur le principe même du divorce. Il ne peut le faire qu'après « avoir acquis la conviction que chacun des époux a donné librement son accord » (C. civ., art. 234), ce qui implique que le consentement au divorce ne doit être vicié ni par une erreur, ni par un dol, ni par une violence.

1270 — Manifestation de l'accord des époux dans un divorce accepté. Celui-ci se manifeste parfois au tout début de la procédure, lorsque les époux saisissent ensemble le juge. Il peut se manifester plus tard, au stade de la tentative de conciliation. Enfin, l'article 247-1 du Code civil, issu de la réforme de 2004, institue une passerelle qui permet aux époux de passer, à tout moment de la procédure, d'un divorce pour faute ou d'un divorce pour altération définitive du lien conjugal, vers un divorce accepté et ce, en faisant constater leur accord par le juge.

La tentative de conciliation est une audience dans laquelle le juge doit tenter de concilier les époux tant sur le principe du divorce que ses conséquences (C. civ., art. 252). Elle précède l'instance judiciaire.

β Le règlement judiciaire des effets du divorce

1271 — Rôle du juge dans le divorce accepté. Après avoir constaté l'accord des époux sur le principe même du divorce, le juge statue, lors d'une phase contentieuse, sur les effets du divorce.

1272 — Possibilité de passer à un divorce par consentement mutuel si les époux s'accordent sur tous les effets du divorce. Si au cours de la procédure, un accord émerge entre les époux en ce qui concerne toutes les conséquences du divorce, ceux-ci peuvent alors utiliser la passerelle de l'article 247 du Code civil qui leur permet de passer à un divorce par consentement mutuel en établissent une convention réglant les effets de leur divorce (convention qu'ils présentent alors au juge pour homologation ou qui est contresignée par avocats et déposée au rang des minutes d'un notaire).

γ La force de l'accord constatant le principe du divorce

1273 — Consentement de l'époux rétractable ? Sous l'empire de la loi du 11 juillet 1975, s'était posée la question de savoir si l'époux qui avait donné son accord sur le principe même du divorce dans le cadre d'un divorce sur double aveu, pouvait ensuite rétracter son consentement.

1274 — Solution posée par la jurisprudence en 1987 sur le consentement au divorce. La Cour de cassation avait jugé, à partir de 1987, que l'acceptation donnée au divorce ne pouvait plus être rétractée une fois passé le délai pendant lequel il était possible de faire appel de l'ordonnance du juge constatant le double aveu des époux.

Cass. 2e civ., 16 juill. 1987 : D. 1987, 582, note Groslière J.-Cl.

1275 — Nouvelle solution issue de la loi de 2004 sur le consentement au divorce. Si la rétractation de l'accord constatant le divorce était encore possible pendant le délai d'appel selon la jurisprudence de la Cour de cassation de 1987, tel n'est plus le cas depuis l'entrée en vigueur de la loi du 26 mai 2004. En effet, cette dernière a prévu une solution plus radicale selon laquelle l'acceptation du principe de la rupture du mariage « n'est pas susceptible de rétractation, même par la voie de l'appel » (C. civ., art. 233, al. 2).

2 Le divorce pour faute

1276 — Présentation du divorce pour faute. Ce divorce vise à sanctionner le comportement de l'un des époux, en prononçant la dissolution judiciaire du mariage. Il a été question de le supprimer en 2004 au motif que cette cause de divorce exacerbe les conflits entre époux. Le législateur a finalement décidé de le maintenir - sans modification substantielle -, considérant que les comportements de certains conjoints devaient continuer à être sanctionnés sur le terrain de la faute. Il représente à l'heure actuelle environ 7,5 % des cas de divorce (chiffre pour l'année 2014).

1277 — Plan. Cette cause de divorce implique d'apporter des précisions sur la notion de faute (a) et sur le sort de la demande (b).

a La notion de faute

1278 — Suppression de la distinction entre causes péremptoires et causes facultatives de divorce pour faute. La loi de 1884 distinguait entre les causes péremptoires et facultatives de divorce. En présence de causes péremptoires (adultère ; condamnation d'un époux à une peine afflictive et infamante ; excès, sévices et injures graves), le juge était privé de son pouvoir d'appréciation et devait nécessairement prononcer le divorce pour faute. En présence de causes facultatives, il avait un pouvoir d'appréciation. D'abord réduite par la loi du 11 juillet 1975, la distinction entre les causes péremptoires et facultatives de divorce a été définitivement supprimée par la loi du 26 mai 2004.

1279 — Définition légale de la faute permettant le prononcé du divorce. Depuis la loi du 11 juillet 1975, la faute est définie de manière générale et abstraite dans l'article 242 du Code civil, lequel a été maintenu par la loi du 26 mai 2004. Ce texte énonce que « le divorce peut être demandé par l'un des époux lorsque des faits constitutifs d'une violation grave ou renouvelée des devoirs et obligations du mariage sont imputables à son conjoint et rendent intolérable le maintien de la vie commune ». Trois éléments sont donc nécessaires à la caractérisation de la faute : l'existence d'une violation grave ou renouvelée des devoirs et obligations du mariage, imputable à un époux, rendant intolérable le maintien de la vie commune. Il est nécessaire de détailler chacune de ces trois conditions.

1280 — Première condition : comportements susceptibles de constituer une faute permettant le prononcé du divorce. Le divorce pour faute requiert la violation des devoirs et obligations du mariage. Il peut s'agir du non-respect des devoirs de fidélité (adultère), de communauté de vie (abandon du domicile conjugal), de respect, de la contribution aux charges du mariage, du refus des relations charnelles, etc. En pratique, les comportements susceptibles de donner lieu à la qualification de faute au sens de l'article 242 du Code civil sont très divers.

1281 — Comportements graves ou renouvelés, susceptibles de provoquer un divorce pour faute. La violation des devoirs et obligations du mariage doit être grave ou renouvelée (C. civ., art. 242). Il s'agit de critères alternatifs. La gravité du manquement dépend des circonstances de la cause. Sur ce point, les juges du fond disposent d'un pouvoir souverain d'appréciation. Par exemple, il a été jugé en 2014 que « les échanges de mails équivoques et de photos intimes sur un site de rencontres constituent un manquement grave et renouvelé aux devoirs du mariage » de nature à permettre le prononcé du divorce pour faute.

Cass. 1re civ., 30 avr. 2014 : Dr. famille 2014, Comm. n° 95, note Binet J.-R.

1282 — Deuxième condition : comportement intentionnel de la faute pouvant amener au divorce. L'époux qui a violé de manière grave ou renouvelée des devoirs et obligations du mariage, doit l'avoir fait sciemment (C. civ., art. 242, posant l'exigence de l'imputabilité). La faute requiert donc un élément intentionnel de sa part. À défaut, la faute n'est pas constituée.

1283 — Non-imputabilité de la faute pouvant amener au divorce, en cas de maladie mentale. Selon la jurisprudence, la condition relative à l'imputabilité n'est pas remplie lorsque l'un des époux a adopté une attitude injurieuse à l'égard de l'autre en raison de la maladie mentale dont il souffre.

CA Pau, 30 avr. 2001 : Dr. famille 2002, Comm. n° 86, note Lécuyer H.

1284 — Non-imputabilité de la faute pouvant amener au divorce, en cas de viol. Selon la jurisprudence, la violation de l'obligation de fidélité ne peut être qualifiée de faute quand l'épouse a été victime d'un viol par un tiers.

TGI Niort, 21 nov. 1960 : D. 1961, 247.

1285 — Troisième condition : caractère intolérable de la faute pouvant amener au divorce. La violation grave ou renouvelée des devoirs et obligations du mariage doit rendre intolérable le maintien de la vie commune. Ce caractère est essentiel : c'est lui qui justifie le prononcé du divorce. Il est apprécié souverainement par les juges du fond.

b ▌ Le sort de la demande fondée sur la faute

1286 — Sorts possibles de la demande en divorce fondée sur la faute. Cette dernière peut être soit rejetée (le divorce n'est alors pas prononcé), soit accueillie (auquel cas le juge prononce le divorce).

α ▌ La faute rejetée

• ▌ La faute neutralisée par le pardon des époux

1287 — Rejet du divorce pour faute : réconciliation des époux. La demande en divorce peut être rejetée lorsque la faute qui aurait pu servir de fondement au divorce a été pardonnée par l'époux qui l'a subie. En effet, l'article 244, alinéa 1er du Code civil énonce que « la réconciliation des époux intervenue depuis les faits allégués empêche de les invoquer comme cause de divorce ».

1288 — Rejet du divorce pour faute : conditions de la réconciliation des époux. Pour que la réconciliation des époux puisse jouer et ainsi neutraliser la demande en divorce pour faute, deux conditions doivent être remplies : les époux doivent avoir maintenu ou repris leur vie commune (condition objective) et il doit exister une volonté de l'un de pardonner à l'autre (condition subjective). Cette volonté peut se manifester, soit de manière expresse, soit tacitement.

1289 — Absence de réconciliation dans un divorce pour faute. Certaines situations ne peuvent être assimilées à une réconciliation des époux. Ainsi, « le maintien ou la reprise temporaire de la vie commune ne sont pas considérés comme une réconciliation s'ils ne résultent que de la nécessité ou d'un effort de conciliation ou des besoins de l'éducation des enfants » (C. civ., art. 244, al. 3). Selon la jurisprudence, le fait de reprendre les relations intimes ne suffit pas à caractériser la volonté de pardonner.

1290 — Faute commise après la réconciliation. Une nouvelle demande en divorce peut être formée en raison de faits survenus ou découverts depuis la réconciliation des époux, les faits anciens pouvant alors être rappelés à l'appui de la nouvelle demande en divorce (C. civ., art. 244, al. 2).

• ▌ La faute du défendeur paralysée par la faute du demandeur

1291 — Incidence des fautes commises par l'époux demandeur en divorce. Selon l'article 245 du Code civil, les fautes de l'époux demandeur peuvent « enlever aux faits qu'ils reprochent à son conjoint le caractère de gravité qui en aurait fait une cause de divorce » (al. 1er *in fine*). Le juge peut donc, sur le fondement de ce texte, rejeter la demande en divorce pour faute, en estimant que la faute commise par un époux neutralise en quelque sorte la faute de l'autre.

β La faute retenue

1292 — Divorce aux torts exclusifs du défendeur en divorce. Lorsque le juge estime que la faute invoquée à l'encontre de l'époux assigné est établie, il prononce alors le divorce pour faute aux torts exclusifs de l'époux défendeur.

1293 — Fautes commises par le demandeur en divorce. L'époux qui demande le divorce pour faute peut avoir commis, lui aussi, des fautes. Selon l'article 245 du Code civil, « les fautes de l'époux qui a pris l'initiative du divorce n'empêchent pas d'examiner sa demande » (al. 1er). Elles peuvent être invoquées dans une demande reconventionnelle ou soulevées d'office.

1294 — Fautes du demandeur invoquées dans une demande reconventionnelle de divorce. Les fautes du conjoint demandeur peuvent être invoquées par le conjoint défendeur à l'appui d'une demande reconventionnelle. Dans ce cas, le juge peut prononcer le divorce aux torts exclusifs de l'époux demandeur. Il peut aussi accueillir les deux demandes et prononcer alors un divorce aux torts partagés.

La demande reconventionnelle est formulée par le défendeur qui veut ainsi obtenir autre chose que le simple rejet de la demande de son adversaire (par exemple un divorce aux torts partagés des époux).

1295 — Fautes du demandeur en divorce soulevées d'office par le juge. En l'absence de demande reconventionnelle faite par l'époux défendeur, les fautes du conjoint demandeur peuvent être soulevées d'office par le juge. Dans ce cas, le divorce sera nécessairement prononcé aux torts partagés des deux conjoints (C. civ., art. 245, al. 3).

3 Le divorce pour altération définitive du lien conjugal

1296 — Définition du divorce pour altération définitive du lien conjugal. Ce divorce peut être prononcé lorsque les époux vivent séparés de fait depuis au moins 2 ans au jour de l'assignation en divorce (C. civ., art. 238, al. 1er). Il est l'héritier du divorce pour rupture de la vie commune (instauré par la loi du 11 juillet 1975), lequel pouvait être demandé par un conjoint lorsqu'au moment de l'assignation en divorce, il était séparé de fait avec son époux depuis au moins 6 ans ou lorsque les facultés mentales de celui-ci étaient gravement altérées depuis 6 ans également.

1297 — Critiques sur le divorce pour rupture de la vie commune. Celui-ci avait été très décrié lors des débats parlementaires de la loi de 1975. En effet, des personnes avaient fait valoir que ce divorce permettait à un époux de répudier son conjoint, ce qui est contraire à notre tradition juridique. Elles avaient aussi mis en évidence que ce divorce était injuste pour le conjoint défendeur, dans la mesure où celui-ci se retrouve divorcé contre son gré alors qu'il n'a commis aucune faute pendant le mariage.

1298 — Garanties entourant le divorce pour rupture de la vie commune. La loi de 1975 a finalement fait le choix de consacrer le divorce pour rupture de la vie commune, mais en l'entourant de trois garanties pour le conjoint défendeur : ce dernier s'était vu reconnaître le droit de former une demande reconventionnelle en invoquant la faute du conjoint demandeur. Il pouvait aussi s'opposer au prononcé du divorce en se prévalant de la clause dite d'exceptionnelle dureté. En outre, le devoir de secours survivait exceptionnellement lorsque le divorce était prononcé pour rupture de la vie commune et donnait ainsi lieu au versement d'une pension alimentaire à l'époux défendeur.

1299 — Transformation du divorce pour rupture de la vie commune en divorce pour altération de la vie commune. Même si le divorce pour rupture de la vie commune était très peu utilisé dans les faits (environ 1,5 % des cas de divorce), la loi du 26 mai 2004 a pris le parti de le maintenir en le renommant et en le modifiant de manière substantielle. Il résulte de l'article 238, alinéa 1er du Code civil qui en est issu, que le divorce pour altération définitive du lien conjugal peut uniquement être demandé lorsque les époux « vivent séparés depuis 2 ans lors de l'assignation en divorce ».

Loi n° 2004-439 du 26 mai 2004 relative au divorce : JO 27 mai 2004, n° 122, p. 9319.

1300 — Plan. Cette cause de divorce a été profondément repensée par la loi du 26 mai 2004. Il convient donc d'en préciser les nouvelles conditions (a) et d'évoquer la disparition des anciennes garanties (b).

a Les conditions du divorce

1301 — Séparation de fait des époux : seul événement invocable. Il résulte de la loi du 26 mai 2004 que cette cause de divorce ne peut pas être invoquée dans l'hypothèse d'une altération des facultés mentales du conjoint, alors que sous l'empire de la loi antérieure cette circonstance permettait, à condition d'avoir duré 6 ans, le prononcé d'un divorce pour rupture de la vie commune. En revanche, le divorce peut être demandé sur ce fondement lorsque l'altération des facultés mentales du conjoint engendre une séparation de fait des époux qui dure au moins depuis 2 ans au moment de l'assignation en divorce.

α ▌L'existence d'une séparation de fait entre les époux

1302 — Imprécision légale sur la notion de la séparation de fait. La loi de 2004 conditionne le prononcé du divorce pour altération définitive du lien conjugal à l'existence d'une séparation de fait de 2 ans des époux, sans toutefois définir cette dernière notion. Les précisions apportées à cet égard par la jurisprudence antérieure restent donc utiles.

1303 — Apports jurisprudentiels sur la notion de séparation de fait. Selon la jurisprudence, la séparation de fait des époux requiert un élément matériel et un élément intentionnel. L'élément matériel consiste en une cessation de la communauté de vie matérielle entre les époux. Il se double d'un élément intentionnel, c'est-à-dire d'une cessation de la communauté de vie affective des époux.

> Cass. 2e civ., 30 janv. 1980 : Bull. civ. II, nº 17.
>
> Ce sont les juges du fond qui apprécient souverainement si les conditions de la séparation de fait sont remplies.

β ▌La durée de la séparation de fait des époux

1304 — Durée de la séparation de fait permettant le divorce des époux, diminuée en 2004. La loi du 26 mai 2004 a diminué la durée de la séparation de fait des époux qui est exigée par la loi à l'appui de la demande en divorce. De 6 ans sous l'empire de la loi antérieure, celle-ci a, en effet, été portée à 2 ans, et ce, pour se rapprocher de la durée prévue à cet égard par un certain nombre de pays européens.

1305 — Délai de 2 ans de séparation de fait susceptible d'interruption mais non de suspension. Ce délai de 2 ans de séparation de fait entre les époux au jour de l'assignation en divorce est un délai préfix. Il ne peut être suspendu. En revanche, il peut être interrompu.

> La suspension a « pour effet de paralyser le temps au moment de la survenance d'un événement, tout en conservant pour la computation du délai le temps antérieurement écoulé » (Douchy-Oudot M., *Droit civil 1re année, Introduction – Personnes – Famille*, 8e éd., 2015, Dalloz, HyperCours, nº 523).
>
> En revanche, l'interruption du délai met un terme à celui-ci et en ouvre un nouveau de même durée.

1306 — Délai de 2 ans de séparation de fait entre époux, exceptionnellement assoupli. L'exigence d'une séparation de fait des époux depuis 2 ans lors de l'assignation en divorce n'est plus requise, lorsque la demande en divorce pour altération définitive du lien conjugal est présentée à titre reconventionnel (C. civ., art. 238, al. 2). La demande reconventionnelle émane de l'époux défendeur et traduit une offensive de sa part en demandant un divorce fondé sur la faute.

1307 — Divorce pour altération définitive du lien conjugal en réponse au divorce pour faute. L'article 238, alinéa 2 du Code civil vise l'hypothèse suivante : un époux forme une demande en divorce pour faute. Son conjoint « rétorque » en demandant un divorce pour altération définitive du lien conjugal alors même que les époux ne sont séparés que depuis quelques mois. Si le juge rejette la demande en divorce pour faute (qu'il doit examiner en premier lieu), il examine ensuite la demande pour altération définitive du lien conjugal. Dans ce cas, le délai de 2 ans requis au titre de la séparation de fait des époux doit être rempli au jour où le juge statue.

b La suppression des garanties initiales par la loi du 26 mai 2004

α La suppression de la clause d'exceptionnelle dureté

1308 — Définition de la clause d'exceptionnelle dureté. Présentée en 1975 comme une garantie pour le défendeur, la clause dite de dureté permettait au juge de rejeter la demande en divorce pour rupture de la vie commune lorsque l'autre époux avait établi « que le divorce aurait, soit pour lui, compte tenu notamment de son âge et de la durée du mariage, soit pour les enfants, des conséquences matérielles ou morales d'une exceptionnelle dureté » (C. civ., art. 240 ancien).

1309 — Clause d'exceptionnelle dureté rarement admise en jurisprudence. Souvent invoquée en pratique (essentiellement par les femmes puisqu'elles étaient, d'un point de vue sociologique, très majoritairement les défenderesses au divorce pour rupture de la vie commune), la clause de dureté était en fin de compte rarement retenue par les juges. Pour qu'elle soit retenue, il fallait que des circonstances particulières révèlent que le prononcé du divorce aurait eu pour le défendeur des conséquences d'une exceptionnelle gravité.

Cela avait été par exemple le cas dans une espèce où il avait été établi que le divorce aurait pour l'épouse « en raison de ses profondes convictions religieuses, de son âge (56 ans), de la durée du mariage (35 ans) et de sa santé fragile, de graves répercussions sur son équilibre moral et physique », CA Colmar, 23 nov. 1990 : JCP 1991, II, 21764.

1310 — Suppression de la clause d'exceptionnelle dureté. Devenue symbolique au fil des ans, la clause de dureté n'avait plus d'utilité en pratique. Elle a donc été supprimée, sans résistance particulière, par la loi du 26 mai 2004.

β ▌La suppression des charges pesant sur le demandeur

1311 — Demandeur au divorce pour rupture de la vie commune, implicitement sanctionné en 1975. Pour empêcher un développement important du divorce pour rupture de la vie commune, la loi du 11 juillet 1975 avait prévu que l'époux qui retrouvait ainsi sa liberté supportait alors toutes les charges du divorce (C. civ., art. 239 ancien). Le demandeur restait notamment tenu, après le prononcé du divorce, d'un devoir de secours envers le défendeur.

1312 — Demandeur au divorce pour altération de la vie commune, libéré des charges depuis 2004. Depuis la loi du 26 mai 2004, aucun effet particulier n'est attaché au prononcé du divorce pour altération définitive du lien conjugal. Les conséquences de ce divorce sont purement et simplement celles du droit commun. Le législateur ne fait donc plus payer au demandeur le prix de sa liberté retrouvée.

B ▌La procédure de divorce

1 ▌La compétence judiciaire

a ▌Compétence d'attribution

1313 — Évolutions légales. Dans la loi du 11 juillet 1975, le TGI était seul compétent pour prononcer le divorce et statuer sur ses conséquences. À l'occasion de la loi du 8 janvier 1993 instituant le juge aux affaires familiales (JAF), ce dernier avait reçu de nombreuses compétences en matière familiale, dont celle d'être le juge du divorce. Néanmoins, l'affaire pouvait être, en certaines circonstances, renvoyée à une audience collégiale. Dans ce cas, le TGI était compétent. La loi du 12 mai 2009 a renforcé la compétence du juge aux affaires familiales, lequel connaît du divorce, de ses conséquences et de la liquidation et du partage des intérêts patrimoniaux des époux (COJ, art. L. 213-3 nouveau issu de cette loi). Le JAF est donc, en principe, compétent pour prononcer le divorce, et ce, quelle qu'en soit la cause. Dans certains cas, le JAF peut renvoyer l'affaire à une formation collégiale du TGI. Ce renvoi est de droit pour le divorce et la séparation de corps lorsqu'il émane d'une partie.

Loi n° 75-617 du 11 juillet 1975 portant réforme du divorce : JO 12 juill. 1975, n° 0161, p. 7171.

Loi n° 93-22 du 8 janvier 1993 modifiant le Code civil, relative à l'état civil, à la famille et aux droits de l'enfant et instituant le juge aux affaires familiales : JO 9 janv. 1993, n° 7, p. 495.

Loi n° 2009-526 du 12 mai 2009 de simplification et de clarification du droit et d'allégement des procédures : JO 13 mai 2009, n° 0110, p. 7920.

b Compétence territoriale

1314 — Principe et exceptions. En principe, le juge territorialement compétent est le juge dans le ressort duquel se trouve la résidence de la famille. Si les époux sont séparés, la compétence territoriale est attribuée au juge du lieu de résidence de l'époux chez qui le ou les enfants résident habituellement. Dans les autres cas, la compétence revient au juge du lieu où réside l'époux qui n'a pas pris l'initiative du divorce.

2 Le déroulement de la procédure

1315 — Plan. La procédure des divorces contentieux (divorce accepté, divorce pour faute, divorce pour altération définitive du lien conjugal) commence par une requête initiale (a). Elle se poursuit avec l'audience de conciliation (b), laquelle précède l'introduction de l'instance en divorce (c). À l'issue de cette dernière, un jugement est rendu (d).

1316 — Maintien des devoirs et obligations du mariage pendant la procédure. Les devoirs et obligations du mariage subsistent pendant toute la durée de la procédure de divorce. Pendant celle-ci, les époux restent notamment tenus au devoir de fidélité. La jurisprudence le rappelle régulièrement.

Civ. 1re, 9 nov. 2016 : Dr. famille, 2017, Comm. n° 1, note Binet J.-R. : juge que l'introduction de la demande en divorce ne confère pas aux époux, encore dans les liens du mariage, une immunité faisant perdre leurs effets normaux aux torts invoqués.

a La requête initiale

1317 — Ouverture de la procédure des divorces contentieux. La procédure commence par une requête initiale qui est adressée au juge aux affaires familiales par l'intermédiaire d'un avocat. Cette requête ne doit contenir aucune indication quant au cas de divorce choisi (C. civ., art. 251 et CPC, art. 1106, al. 1er).

1318 — Mesures d'urgence en cas de divorce contentieux. Dans la requête initiale, un époux peut demander au juge aux affaires familiales de prendre immédiatement des mesures d'urgence (C. civ., art. 257). Par exemple, il peut lui demander l'autorisation de résider séparément de son conjoint. Il peut aussi, pour éviter le détournement de certains biens, lui demander de prendre des mesures conservatoires, telles que l'apposition de scellés sur les biens communs.

1319 — But de la requête initiale dans un divorce contentieux. La requête initiale permet au greffe de convoquer l'autre conjoint à une audience de conciliation par lettre recommandée avec accusé réception. Dans la lettre, sont reproduits les articles 252 et 255 du Code civil qui sont relatifs à l'audience de conciliation et aux mesures provisoires.

b ▮ L'audience de conciliation

1320 — Objet de l'audience de conciliation dans un divorce contentieux. Le juge doit, avant l'instance judiciaire, tenter de concilier les époux tant sur le principe du divorce que sur ses conséquences (C. civ., art. 252, al. 2). Il s'agit ici que les époux s'accordent, soit pour ne pas divorcer, soit pour divorcer. Dans cette dernière hypothèse, le juge amorce à ce stade une discussion entre les époux sur les effets du divorce.

> Avant la réforme de 2004, il était indiqué dans la loi que le juge devait tenter de réconcilier les parties, ce qui était très illusoire dans les faits.

1321 — Déroulement de l'audience de conciliation. Le jour de l'audience de conciliation, le juge s'entretient d'abord personnellement avec chaque époux, puis il les réunit pour s'entretenir avec eux. Il fait ensuite intervenir les avocats des parties.

1322 — Assistance des époux lors de l'audience de conciliation. Le demandeur est assisté de l'avocat qu'il a choisi pour présenter la requête en divorce. L'assistance de l'autre époux n'est pas rendue obligatoire par la loi, mais dans les faits, elle s'impose.

1323 — Réconciliation des époux à l'issue de l'audience de conciliation. Les époux peuvent se réconcilier, ce qui arrive rarement dans les faits. Dans ce cas, la procédure en divorce devient caduque.

1324 — Ordonnance éventuelle de renvoi rendue par le juge à l'issue de l'audience de conciliation. Le juge peut estimer que les époux ont besoin d'un temps de réflexion supplémentaire. Il rend alors une ordonnance de renvoi, dans laquelle il les renvoie à une nouvelle tentative de conciliation (C. civ., art. 252-2, al. 2 et CPC, art. 1111).

1325 — Ordonnance de non-conciliation rendue par le juge. À l'issue de l'audience de conciliation, le juge peut estimer que les époux n'ont pas besoin de temps de réflexion supplémentaire. Dans ce cas, il rend une ordonnance de non-conciliation, dans laquelle il autorise le requérant initial à introduire l'instance en divorce dans les 3 mois qui suivent (CPC, art. 1113, al. 1er).

1326 — Maintien des devoirs du mariage après l'ordonnance de non-conciliation. Une fois l'ordonnance de non-conciliation rendue, les époux restent tenus des devoirs et obligations du mariage. Le non-respect de ceux-ci, postérieurement à l'ordonnance de non-conciliation, peut être constitutif d'une faute au sens de l'article 242 du Code civil.

Prise en compte, au titre de la faute, des agissements déplacés du mari commis après l'ordonnance de non-conciliation : Cass. 1re civ., 14 avr. 2010, n° 09-14006.

1327 — Mesures provisoires judiciaires dans un divorce contentieux. Qu'il rende une ordonnance de renvoi ou de non-conciliation, le juge peut ordonner des mesures provisoires prévues dans les articles 254 à 257 du Code civil. Lors de l'audience de conciliation, il « prescrit, en considération des accords éventuels des époux, les mesures nécessaires pour assurer leur existence et celle des enfants jusqu'à la date à laquelle le jugement passe en force de chose jugée » (C. civ., art. 254). Ces mesures provisoires peuvent notamment porter sur le logement de la famille, la fixation de la pension alimentaire que l'un des époux devra verser à l'autre, la désignation d'un notaire, mais surtout sur le sort des enfants.

c L'instance en divorce

α L'assignation en divorce

1328 — Auteur de l'assignation en divorce. Dans les 3 mois qui suivent l'ordonnance de non-conciliation, seul l'époux qui a présenté la requête initiale (nommé ici époux demandeur) peut assigner son conjoint en divorce (CPC, art. 1113). Au-delà de 3 mois, c'est à l'époux le plus diligent d'agir.

1329 — Contenu de l'assignation en divorce. L'époux demandeur doit préciser la cause de divorce qu'il entend invoquer : divorce accepté (lequel suppose un accord de l'autre conjoint), divorce pour faute ou divorce pour altération définitive du lien conjugal. C'est donc à ce stade de la procédure que le fondement du divorce est, pour la première fois, officialisé.

1330 — Règlement des intérêts pécuniaires des conjoints en instance de divorce. L'assignation doit, à peine d'irrecevabilité, être accompagnée d'« une proposition de règlement des intérêts pécuniaires et patrimoniaux des époux » (C. civ., art. 257-2). Ce document est destiné à accélérer le règlement des conséquences pécuniaires du divorce.

1331 — Existence de passerelles entre les différentes causes de divorce. Le fondement du divorce, qui est indiqué dans l'acte

d'assignation, n'est pas figé en ce sens qu'il peut être modifié pendant la procédure. En effet, la loi du 26 mai 2004 a instauré trois passerelles permettant aux époux :
- soit de divorcer par consentement mutuel ;
- soit de s'orienter vers un divorce accepté ;
- soit de former une demande reconventionnelle.

1332 — Passerelle de l'article 247 du Code civil permettant aux époux de divorcer par consentement mutuel. Les conjoints ont la faculté, à tout moment de la procédure, de revenir à un divorce par consentement mutuel. Après avoir introduit une demande en divorce contentieux, ils peuvent, s'ils parviennent à se mettre d'accord en cours de procédure tant sur le principe du divorce que sur ses effets, « demander au juge de constater leur accord pour voir prononcer leur divorce par consentement mutuel en présentant une convention réglant les conséquences de celui-ci ». Depuis la loi du 18 novembre 2016, ils sont orientés en priorité vers un divorce par acte sous signature privée contresigné par avocats et déposé au rang des minutes d'un notaire, dès lors que les conditions légales en sont remplies (C. civ., art. 229-1 et 229-2).

1333 — Passerelle de l'article 247-1 du Code civil permettant aux époux de s'orienter vers un divorce accepté. Lorsque la demande en divorce a été fondée sur la faute ou l'altération définitive du lien conjugal, les époux peuvent, « à tout moment de la procédure », demander au juge de constater leur accord sur le principe même du divorce, afin que soit prononcé un divorce pour acceptation du principe de la rupture du mariage.

1334 — Passerelle de l'article 247-2 du Code civil permettant à un conjoint de former une demande reconventionnelle fondée sur la faute. Elle vise l'hypothèse dans laquelle un époux fonde sa demande initiale en divorce sur l'altération définitive du lien conjugal (séparation de fait des conjoints depuis 2 ans). Son conjoint réagit, en introduisant une demande reconventionnelle en invoquant la faute (au sens de C. civ., art. 242) de son époux. Dans ce cas, le demandeur initial peut alors modifier le fondement de sa demande en divorce, en alléguant à son tour les fautes de l'autre.

β ▪ La preuve de la cause du divorce

1335 — Preuves de la cause du divorce à produire lors de l'instance de divorce. L'existence d'une séparation de fait d'au moins 2 ans entre les conjoints doit être rapportée lorsque le divorce est demandé pour altération définitive du lien conjugal (C. civ., art. 238, al. 1er). Quand le divorce est invoqué sur le fondement de l'article 242 du Code civil, la preuve de la faute doit être faite. Il importe donc de présenter les règles qui gouvernent l'administration de la preuve. En la matière, c'est le principe de la liberté de la preuve qui est consacré. Celui-ci connaît néanmoins des limites.

1336 — Principe : liberté de la preuve à rapporter lors de l'instance de divorce. L'article 259 du Code civil consacre le principe de la liberté de la preuve. La preuve requise peut donc être, en principe, rapportée par tous moyens : témoignages, présomptions, aveu, expertise, lettre missive, etc.

1337 — Écrits prouvant la faute. En jurisprudence, il a été admis que la preuve de la faute du conjoint peut être faite par la production des lettres missives que celui-ci a échangées avec un tiers ou de son journal d'intime, ainsi que par un rapport d'enquête privée.

> Pour le journal intime, Cass. 2e civ., 6 mai 1999 : Bull. civ. II, n° 85.
>
> Pour le rapport d'enquête, Cass. 1re civ., 18 mai 2005 : Bull. civ. I, n° 213 qui met fin à une jurisprudence divergente.

1338 — Preuve de la faute et nouvelles technologies. S'adaptant aux nouvelles technologies (d'ailleurs de plus en plus utilisées dans les contentieux relatifs au divorce), la Cour de cassation considère que la preuve de la faute peut être rapportée par courriel ou encore par SMS.

> Pour l'admission du courriel, Cass. 1re civ., 18 mai 2005 : Dr. famille 2005, Comm. n° 85, obs. Larribau-Terneyre V.
>
> Pour l'admission du SMS, Cass. 1re civ., 17 juin 2009 : D. 2009, 1758, Egéa V.

1339 — Preuve de la faute faite par constats. En matière de divorce, les constats sont fréquemment invoqués à titre de preuve (constats d'adultère, constats d'abandon de la résidence de la famille, etc.). Ils sont réalisés par un huissier de justice, après autorisation donnée par le tribunal de grande instance.

1340 — Première limite à la liberté de la preuve : interdiction des témoignages des descendants des époux. Pour éviter de trop impliquer les proches des époux dans leur divorce, l'article 259 *in fine* du Code civil exclut que leurs descendants puissent témoigner « sur les griefs invoqués par les époux à l'appui d'une demande en divorce ou en séparation de corps ». La Cour de cassation a étendu cette interdiction légale au conjoint du descendant des époux en 1987 et même à son concubin en 2001. La solution vaut donc aussi pour le partenaire du descendant.

1341 — Deuxième limite à la liberté de la preuve : irrecevabilité des éléments obtenus par violence ou fraude. En matière de divorce, l'article 259-1 du Code civil énonce qu'« un époux ne peut verser aux débats un élément de preuve qu'il aurait obtenu par violence ou fraude ». C'est à l'époux qui invoque la violence ou la fraude d'en rapporter la preuve. Les juges du fond apprécient souverainement si la violence ou la fraude est caractérisée.

1342 — Troisième limite à la liberté de la preuve : irrecevabilité de certains constats. Selon l'article 259-2 du Code civil, « les constats dressés à la demande d'un époux sont écartés des débats s'il y a eu violation de domicile ou atteinte illicite à l'intimité de la vie privée ». En réalité, le champ d'application de cette disposition légale est restreint puisque la jurisprudence considère que, dès lors que le constat d'adultère a été judiciairement autorisé, il ne saurait constituer une atteinte illicite à l'intimité de la vie privée.

Cass. 1re civ., 6 févr. 1979 : Bull. civ. I, n° 47.

d ▌ Le jugement

α ▌ La décision du juge

1343 — Latitude du juge au cours d'une procédure de divorce. Lorsqu'au cours de la procédure, les époux se sont entendus sur le principe de la rupture du mariage, le juge est obligé de prononcer le divorce. Ce cas mis à part, il peut refuser de prononcer le divorce lorsqu'il estime que la preuve de la cause de divorce n'est pas rapportée (par exemple, la preuve de la faute dans un divorce fondé sur C. civ., art. 242).

1344 — Refus judiciaire de prononcer le divorce. Si le juge décide de ne pas prononcer le divorce, il peut alors statuer sur la contribution aux charges du mariage, la résidence de la famille et les modalités de l'exercice de l'autorité parentale (C. civ., art. 258). Il organise ainsi la séparation de fait des époux.

1345 — Jugement de divorce pour faute. Les époux peuvent demander au juge prononçant le divorce pour faute de constater seulement dans le jugement qu'il existe des faits constituant une cause de divorce, « sans avoir à énoncer les torts et les griefs des parties » (C. civ., art. 245-1). De la sorte, il n'existe aucune trace des torts que les époux ont pu réciproquement s'adresser.

En pratique, cette faculté légale est souvent utilisée. Batteur A., *Droit des personnes, des familles et des majeurs protégés*, 8e éd., 2015, LGDJ.

1346 — Publication du jugement de divorce. Le dispositif de la décision du juge prononçant le divorce est publié : il est ainsi mentionné en marge de l'acte de mariage des époux et en marge de l'acte de naissance de chacun d'eux (CPC, art. 1082, al. 1er).

Le dispositif est la partie du jugement qui contient la solution proprement dite.

β Les voies de recours ouvertes contre la décision du juge

1347 — Appel dans le divorce contentieux. Que le jugement rejette ou accueille la demande en divorce, il est susceptible d'appel. Les époux peuvent ainsi faire appel dans les 15 jours suivant la date à laquelle le jugement a été rendu. L'appel produit, en principe, un effet suspensif.

L'effet suspensif signifie que l'application de la décision, objet du recours, est suspendue tant que ce dernier n'a pas été examiné.

1348 — Pourvoi en cassation dans le divorce contentieux. La décision rendue en appel en matière de divorce peut être frappée d'un pourvoi en cassation. Le pourvoi est, en principe, suspensif lorsqu'il frappe une décision rejetant la demande en divorce.

1349 — Recours en révision dans le divorce contentieux. Dans le silence des lois de 1975 et de 2004, la doctrine considère qu'un recours en révision peut être formé contre la décision du juge si les conditions de droit commun sont remplies. On pourrait effectivement le concevoir en matière de divorce en cas de fraude d'un époux.

1350 — Tierce opposition dans le divorce contentieux. Il s'agit d'une voie de recours extraordinaire permettant à un tiers de faire rétracter ou réformer un jugement. Désavouant sa jurisprudence antérieure, la Cour de cassation a jugé en 2008 qu'une tierce opposition peut être formée contre les dispositions du jugement qui sont relatives aux conséquences patrimoniales du divorce. Cette jurisprudence est critiquée par certains auteurs qui font valoir que le prononcé du divorce a un caractère éminemment personnel.

Cass. 1re civ., 5 nov. 2008 : Bull. civ. I, n° 252.

SECTION 3 Les effets du divorce

1351 — Nombreuses conséquences du divorce. Le divorce des époux implique de dissocier les nombreux intérêts qu'ils avaient en commun pendant leur mariage. Il faut ainsi liquider leur passé commun et aussi préparer leur avenir.

1352 — Rôle actif des époux dans le divorce par consentement mutuel. Dans ce cas, les conjoints règlent eux-mêmes les conséquences de leur divorce dans leur convention. S'il s'agit d'un divorce sur le fondement du nouvel article 229-1 du Code civil, ils agissent sous le contrôle de leurs avocats et du notaire. S'il s'agit d'un divorce par consentement mutuel judiciaire, ils agissent sous le contrôle du juge chargé d'homologuer la convention des époux et de prononcer le divorce. Dans ce contexte, les époux règlent donc ensemble, dans le respect de la loi et sous le contrôle de différents professionnels du droit, des questions diverses : le nom qu'ils porteront après le divorce, le sort des donations et avantages matrimoniaux qu'ils s'étaient consentis pendant le mariage, la liquidation et le partage de leur régime matrimonial, le sort du logement familial, l'éventuel versement d'une prestation compensatoire par un époux à l'autre, les modalités d'exercice de l'autorité parentale, la détermination de la résidence de leurs(s) enfant(s), etc.

Le sort des enfants après un divorce ne sera pas étudié dans le cadre de ce chapitre mais dans le chapitre 11 (« L'enfant après la séparation de ses parents »), puisque c'est un droit commun à tous les enfants confrontés à une séparation parentale, et ce quel que soit le lien unissant leurs parents, qui s'applique.

1353 — Rôle des époux dans les divorces contentieux. Le législateur encourage de plus en plus les époux qui s'orientent dans un divorce contentieux, à s'entendre malgré tout pour en régler ensemble les conséquences. Cette tendance, inaugurée à l'occasion de la réforme de 1975, a été renforcée par la loi du 26 mai 2004.

« Les époux peuvent, pendant l'instance, soumettre à l'homologation du juge des conventions réglant tout ou partie des conséquences du divorce. Le juge, après avoir vérifié que les intérêts de chacun des époux et des enfants sont préservés, homologue les conventions en prononçant le divorce » (C. civ., art. 268).

1354 — Conventions entre époux passées dans le cadre des divorces contentieux. En cas de divorce dit contentieux, le législateur invite les époux, à tous les stades de la procédure, à s'accorder sur les conséquences de leur désunion : le nom porté après le divorce (C. civ., art. 264), la liquidation et le partage de leur régime matrimonial (C. civ., art. 265-2), le versement d'une prestation compensatoire à l'ex-conjoint (C. civ., art. 279-1) ou d'une pension alimentaire aux enfants (C. civ., art. 373-2-2), les modalités d'exercice de l'autorité parentale (C. civ., art. 373-2-7), etc. Les conséquences des divorces contentieux ne sont tranchées par le juge qu'à défaut de conventions entre époux.

1355 — Importance de la date des effets du divorce. Avant d'analyser les effets personnels (II) et patrimoniaux (II) du divorce, il convient de préciser au préalable à quelle date ceux-ci commencent à se produire (I). En effet, cette date est importante, pour les époux eux-mêmes, mais aussi pour les tiers, notamment leurs créanciers.

I La date des effets du divorce

1356 — Jugement de divorce définitif. Selon l'article 260, alinéa, 1 du Code civil, « la décision qui prononce le divorce dissout le mariage à la date à laquelle elle prend force de chose jugée ». Une décision prend force de chose jugée lorsque les voies de recours ont été épuisées ou que les délais pour les exercer sont expirés. La dissolution du mariage intervient donc au jour où la décision qui prononce le divorce devient définitive. Ce principe (A) ne s'applique néanmoins pas aux biens des époux (B).

A La date d'opposabilité du divorce

1357 — Principe posé dans l'article 260 du Code civil. Selon ce texte, le divorce commence en principe à produire ses effets à partir du jour où la décision le prononçant est devenue définitive. Cette règle joue tant entre les époux qu'à l'égard des tiers. Elle s'applique pour toutes les conséquences du divorce sauf « en ce qui concerne les biens des époux » (C. civ., art. 262).

B Les règles particulières relatives aux biens des époux

1 Les règles applicables entre époux

1358 — Règles différentes selon la cause du divorce. S'agissant des biens des époux (notamment le logement), la date des effets du divorce diffère selon les cas de divorce. Il convient à cet égard de distinguer le divorce par consentement mutuel des autres cas de divorce.

1359 — Règle applicable en cas de divorce par consentement mutuel. Lorsque les époux ont divorcé par consentement mutuel, leur divorce produit ses effets à leur égard, s'agissant de leurs biens, à partir du jour où le juge a homologué leur convention. Néanmoins, les époux peuvent, dans leur convention de divorce, choisir une autre date (C. civ., art. 262-1).

1360 — Règle applicable aux divorces contentieux. Lorsque le divorce a été prononcé pour acceptation du principe de la rupture du mariage, pour faute ou pour altération définitive du lien conjugal, c'est en principe à la date de l'ordonnance de non-conciliation que le divorce commence à produire, à l'égard des époux, ses effets s'agissant de leurs biens (C. civ., art. 262-1).

1361 — Exception applicable aux divorces contentieux : report de la date. Les époux peuvent, dans certaines hypothèses, avoir intérêt à ce que leur divorce produise ses effets avant l'ordonnance de non-conciliation. C'est par exemple le cas lorsqu'ils vivaient déjà séparément avant celle-ci. Il est donc admis que le juge peut, à la demande de l'un des époux, fixer les effets du jugement de divorce à la date à laquelle ils ont cessé de cohabiter ou de collaborer. Cette demande doit nécessairement être formée à l'occasion de l'action en divorce (C. civ., art. 262-1, al. 2).

2 Les règles applicables aux tiers

1362 — Accomplissement des formalités à l'état civil. Selon l'article 262 du Code civil, le jugement de divorce est opposable aux tiers, en ce qui concerne les biens des époux, « à partir du jour où les formalités de mention en marge prescrites par les règles de l'état civil ont été accomplies ». Pour que le jugement de divorce soit opposable aux tiers, il faut donc attendre que celui-ci ait été mentionné en marge de l'acte de naissance de chacun des deux ex-époux et en marge de leur acte de mariage.

II Les effets personnels du divorce

1363 — Cessation pour l'avenir de tous les effets personnels du mariage. Dès que le jugement prononçant le divorce est devenu définitif, tous les devoirs personnels liés au mariage cessent. Les ex-époux ne sont donc plus tenus, l'un à l'égard de l'autre, des devoirs de communauté de vie, de fidélité, d'assistance et de secours. Le divorce met aussi fin aux liens d'alliance. Analyser les effets du divorce implique de s'intéresser en particulier à l'éventuel remariage des époux (A) et à leur nom (B).

1364 — Sort des enfants lors d'un divorce. Avant la loi du 4 mars 2002, les dispositions du Code civil relatives au divorce traitaient du sort des enfants des époux. Depuis la réforme de 2002, le sort des enfants après le divorce de leurs parents est évoqué dans le cadre plus large d'un paragraphe intitulé « De l'exercice de l'autorité parentale par les parents séparés » (C. civ., art. 373-2 et s.). De la sorte, les nouvelles règles légales s'appliquent à tous les enfants qui sont confrontés à la séparation de leurs parents, et ce, qu'ils soient nés en mariage ou hors mariage (v. chapitre 11).

A Le remariage des époux

1365 — Remariage sans délai des ex-époux. Dès que la décision judiciaire prononçant le divorce acquiert force de chose jugée, les ex-époux peuvent se remarier sans délai. En effet, la loi du 26 mai 2004 a supprimé le délai de viduité que devait respecter, sous l'empire de la loi antérieure, la femme divorcée avant de se remarier.

Le délai de viduité était un délai imposé à la femme avant de pouvoir contracter un nouveau mariage. Il visait principalement à éviter les conflits de paternités entre son ancien mari et son nouveau conjoint.

1366 — Remariage des ex-époux entre eux. Les ex-époux peuvent, s'ils le souhaitent, se remarier l'un avec l'autre. Dans ce cas, une nouvelle cérémonie du mariage est alors nécessaire (C. civ., art. 263).

B Le nom des époux

1 Le principe : la perte de l'usage du nom du conjoint après le divorce

1367 — Perte du nom d'usage à la suite du divorce. « Chacun des époux perd l'usage du nom de son conjoint » (C. civ., art. 264, al. 1er). Ainsi, le droit qui existait en mariage de porter à titre d'usage le nom de son époux disparaît, en principe, en cas de divorce.

2 L'exception : la conservation de l'usage du nom du conjoint après le divorce

1368 — Substitution au nom de l'épouse, du nom marital pendant le mariage. Dans les faits, il n'est pas rare, même encore à l'époque actuelle, que l'épouse substitue le nom de son mari au sien pendant son mariage. Il en résulte que bien souvent, l'épouse n'est connue, dans sa vie personnelle et professionnelle, que sous le nom marital.

1369 — Noms de la mère et de ses enfants souvent différents après le divorce. Lorsque la femme perd l'usage du nom de son mari, elle ne porte plus, une fois divorcée, le même nom que ses enfants issus du mariage, si ceux-ci se sont vus attribuer le nom paternel. Cette situation peut être psychologiquement difficile à vivre pour les intéressés. Elle sera sans doute de moins en moins fréquente puisque depuis l'entrée en vigueur de la loi du 4 mars 2002 relative au nom de famille, les enfants peuvent, en principe, se voir attribuer, au choix de leurs parents, le nom paternel ou le nom maternel, ou leurs deux noms (C. civ., art. 311-21, al. 1er).

En outre, si le nom maternel ou le nom des deux parents n'a pas été initialement attribué à l'enfant, toute mère a de toute façon la possibilité de demander, sur le fondement de l'article 43 de la loi du 23 décembre 1985, que son enfant porte son nom à titre d'usage. Une mère peut donc user de cette faculté légale après son divorce.

Selon la jurisprudence, l'adjonction à titre d'usage du nom de l'autre parent est un acte subordonné au consentement des deux parents titulaires de l'autorité parentale. Cass. 1re civ., 3 mars 2009, nº 05-17.163 : RLDC 2009/3539, note Bernard-Xémard C.

1370 — Nom maternel rarement transmis à l'enfant. Pour l'instant, l'attribution à l'enfant du nom maternel n'est pas encore véritablement entrée dans les mœurs. La femme divorcée qui perd l'usage du nom de son conjoint ne porte plus, dans les faits, le même nom que son enfant, ce qui peut être de nature à compliquer leur vie quotidienne.

1371 — Difficultés professionnelles en cas de divorce. Lorsqu'à l'issue d'un mariage qui a parfois duré de longues années, la femme perd l'usage du nom marital, elle réapparaît alors sous son nom de jeune fille, lequel est souvent ignoré pour beaucoup. Cette situation peut générer des difficultés particulières sur le plan professionnel, notamment lorsque la femme s'était fait connaître pendant son mariage sous son nom marital.

1372 — Possibilité accordée à un époux de conserver l'usage du nom de l'autre après le divorce. La loi a admis, dès 1975, que la femme peut être exceptionnellement autorisée à conserver l'usage du nom de son mari après le divorce. Cette possibilité a été bilatéralisée à l'occasion de la réforme du 26 mai 2004, puisque l'article 264, alinéa 2 qui en est issu, énonce que « l'un des époux peut néanmoins conserver l'usage du nom de l'autre, soit avec l'accord de celui-ci, soit avec l'autorisation du juge, s'il justifie d'un intérêt particulier pour lui ou pour les enfants ». À titre d'exception, un conjoint peut donc conserver après le divorce l'usage du nom de l'autre, soit avec son accord, soit avec une autorisation judiciaire.

a L'accord du conjoint

1373 — Autorisation de conserver le nom de son conjoint après le divorce. Un époux peut conserver l'usage du nom de son conjoint, avec l'accord de ce dernier. S'il fait un usage abusif de l'autorisation donnée, le conjoint est alors en droit de révoquer son consentement.

CA Saint-Denis-de-La-Réunion, 7 juin 2011 : Dr. famille 2011, Comm. nº 166, note Larribau-Terneyre V.

b L'autorisation du juge

1374 — Conditions de l'autorisation judiciaire relative à l'usage du nom de l'ex-époux. Le juge peut autoriser un époux à conserver l'usage du nom de l'autre, s'il est justifié « d'un intérêt particulier pour lui ou pour les enfants » (C. civ., art. 264, al. 2). Cette condition légale est soumise à l'appréciation souveraine des juges du fond.

1375 — Autorisation judiciaire relative à l'usage du nom de l'ex-époux et intérêt professionnel. Les juges accordent assez facilement l'autorisation requise, lorsque l'épouse fait valoir qu'il y a pour elle un intérêt professionnel à conserver le nom de son mari après le divorce. On en trouve plusieurs illustrations en jurisprudence.

> Femme violoniste, TGI Paris, 3 sept. 1996 : BICC, 15 déc. 1996, n° 1334.
>
> Femme artiste, CA Reims, 27 févr. 2009 : D. 2010, pan. 728, obs. Lemouland J.-J. et Vigneau D.

1376 — Divergences judiciaires sur l'usage du nom de l'ex-époux, en cas d'intérêt lié aux enfants. Lorsque l'épouse invoque qu'il y a un intérêt à ce que ses enfants mineurs et elle continuent à porter le même nom après le divorce, les juges sont partagés. Certains magistrats accordent l'autorisation, jugeant que l'intérêt découle, en l'espèce, de la simple cohabitation entre la mère et les enfants. D'autres exigent, à l'inverse, une situation particulière pour donner l'autorisation.

1377 — Introduction de la demande tendant à conserver le nom de l'autre. L'autorisation demandée au juge par un époux de conserver l'usage du nom de l'autre conjoint ne doit pas nécessairement être introduite au moment de l'instance en divorce. En effet, la jurisprudence juge que la demande formée postérieurement au prononcé du divorce est recevable.

> CA Rennes, 6 mars 2007 : Dr. famille 2008, Comm. n° 8, note Larribau-Terneyre V.

1378 — Remariage de la femme. Selon la jurisprudence actuelle, la femme conserve le droit d'user du nom de son ex-conjoint même lorsqu'elle se remarie.

> CA Paris, 4 mars 2004 : RTD civ. 2004, 271, obs. Hauser J.
>
> CA Reims, 27 févr. 2009 : D. 2010, pan. 728, obs. Lemouland J.-J. et Vigneau D.

III Les effets patrimoniaux du divorce

1379 — Objet des effets patrimoniaux du divorce. Ceux-ci tendent à apurer le passé (A), à préparer l'avenir (B) et, de manière exceptionnelle, à réparer les préjudices éventuellement subis du fait de la dissolution du mariage (C).

A L'apurement du passé

1 La liquidation et le partage du régime matrimonial des époux

1380 — Objet de la liquidation et du partage du régime matrimonial. Pendant le mariage, les intérêts pécuniaires des époux ont été nécessairement entremêlés. Quand vient le divorce, il est impératif de les dissocier. Il est donc nécessaire de procéder à la liquidation et au partage du régime matrimonial des époux.

1381 — Opérations de liquidation et de partage du régime matrimonial. Ces opérations consistent notamment à fixer le contenu des différentes masses de biens (variables selon le régime matrimonial adopté par les époux), à régler le passif et à partager entre les conjoints les biens communs s'il y en a. Ces différentes opérations relèvent, en principe, de la compétence du notaire.

a La liquidation et le partage dans le divorce par consentement mutuel

1382 — Rapidité des opérations de liquidation et de partage du régime matrimonial en cas de divorce par consentement mutuel. La loi prévoit que la convention que les époux présentent au juge doit comporter, à peine d'irrecevabilité, un état liquidatif notarié complet du régime matrimonial des époux. Lorsque le juge homologue la convention et prononce le divorce des époux, le régime matrimonial des époux est de la sorte déjà liquidé. Les biens n'ont plus qu'à être partagés entre les ex-conjoints. Il en est de même en cas de divorce par consentement mutuel sans juge (C. civ., nouvel art. 229-3, 5°).

b La liquidation et le partage dans les divorces contentieux

1383 — Règlement conventionnel ou judiciaire en cas de divorces contentieux. Dans les divorces pour acceptation du principe de la rupture du mariage, pour altération définitive du lien conjugal et pour faute, la liquidation et le partage du régime matrimonial peuvent être, soit réglés conventionnellement par les époux, soit ordonnés par le juge lorsqu'il prononce le divorce.

1384 — Conventions liquidatives pendant l'instance en divorce. Selon l'article 265-2 du Code civil, les époux peuvent, pendant l'instance en divorce, passer toutes conventions ayant pour objet la liquidation et le partage de leur régime matrimonial. Les conventions liquidatives ne sont pas soumises à l'homologation du juge. Lorsque la liquidation porte sur des biens soumis à la publicité foncière (principalement les biens immobiliers), leur convention doit être passée en la forme notariée.

1385 — Décision judiciaire relative à la liquidation et au partage du régime matrimonial. Lorsque les époux ne parviennent pas à s'accorder pendant l'instance sur la liquidation et le partage de leur régime matrimonial, le juge prononce néanmoins leur divorce en ordonnant la liquidation et le partage de leurs intérêts patrimoniaux (C. civ., art. 267, al. 1er). Le divorce est donc prononcé sans que le régime matrimonial des époux soit, à cette date, liquidé.

1386 — Règlement postérieurement au divorce contentieux, de la liquidation et du partage du régime matrimonial. Si la liquidation et le partage du régime matrimonial des époux n'ont pas été réglés au moment du prononcé du divorce, les opérations se déroulent alors « suivant les règles fixées par le Code de procédure civile ». C'est ce que prévoyait l'article 267-1 du Code civil dans sa rédaction issue de la loi du 12 mai 2009 dite de simplification du droit. Ce texte a suscité une question importante : le juge aux affaires familiales peut-il, lorsqu'il prononce le divorce, éventuellement désigner un notaire lorsque les époux ne s'entendent pas ?

1387 — Réponses divergentes sur la désignation possible d'un notaire. La question soulevée par la loi du 12 mai 2009 a suscité des réponses divergentes. Ainsi, une circulaire de la Chancellerie du 16 juin 2010 enjoignait au juge de ne pas désigner de notaire après le divorce. À l'inverse, la Cour de cassation avait, quant à elle, jugé à plusieurs reprises à partir de 2012, que le juge du divorce peut désigner un notaire lorsqu'il ordonne les opérations de liquidations et de partage. La récente ordonnance du 15 octobre 2015 s'est efforcée de mettre fin à cette divergence.

Circ. n° CIV/10/10, 16 juin 2010.

Cass. 1re civ., 12 avr. 2012 : D. 2012, 2011, note Cl. Brenner.

1388 — Incidence de l'ordonnance du 15 octobre 2015. L'ordonnance du 15 octobre 2015 a, entre autres mesures, procédé à la réécriture de l'article 267 du Code civil et à l'abrogation de l'article 267-1 relatif aux pouvoirs du juge du divorce en matière de liquidation et de partage des intérêts patrimoniaux des époux. Dans sa nouvelle rédaction, l'article 267 précise notamment que le juge « statue sur les demandes de liquidation et de partage des intérêts patrimoniaux, dans les conditions fixées aux articles 1361 à 1378 du Code civil, s'il est justifié par tous moyens de désaccords subsistant entre les parties ». Il est applicable aux procédures de divorce introduites à partir du 1er janvier 2016.

Ordonnance nº 2015-1288 du 15 octobre 2015 portant simplification et modernisation du droit de la famille (article 2) : JO 16 oct. 2015, nº 0240, p. 19304.

1389 — Règles issues de l'ordonnance du 15 octobre 2015. Cette ordonnance consacre ainsi le principe d'une séparation entre le prononcé du divorce et le partage des biens des ex-époux. Néanmoins, elle autorise le juge du divorce (le JAF) à statuer sur l'ensemble de la liquidation des intérêts patrimoniaux des époux qui divorcent « s'il apparaît dès la phase de divorce qu'une solution amiable n'est pas envisageable » (rapport au président de la République). En outre, le juge du divorce peut, comme sous l'empire du droit antérieur, trancher les demandes de maintien en indivision, d'attribution préférentielle et d'avance sur part de communauté et d'indivision, demandes dont les époux l'ont saisies. Dans ces différentes hypothèses, le juge du divorce a donc la faculté de désigner un notaire.

Rapport au président de la République relatif à l'ordonnance nº 2015-1288 du 15 octobre 2015 portant simplification et modernisation du droit de la famille.

1390 — Choix des époux de rester dans l'indivision après leur divorce. Par application des règles du Code de procédure civile, les ex-époux ont la possibilité, s'ils le souhaitent, de ne pas procéder à la liquidation et au partage de leurs intérêts patrimoniaux. Ils peuvent effectivement faire le choix de rester dans l'indivision.

1391 — Choix des époux de provoquer le partage des biens après leur divorce. S'ils décident de ne pas rester dans l'indivision, les ex-époux doivent alors recourir à une procédure de liquidation et de partage amiable, avec l'aide de leur notaire (CPC, art. 1360). À défaut d'entente, ils doivent entamer une procédure de partage judiciaire (CPC, art. 1359 et s.).

Baillon-Wirtz N., Combret J. et Gazeau O., « Liquidation et partage après divorce », Dr. famille 2011, Étude nº 13.

2 Le sort des donations et des avantages matrimoniaux consentis pendant le mariage

1392 — Définition donations et avantages matrimoniaux. Il est fréquent que les époux se consentent pendant le mariage des donations ou des avantages matrimoniaux. En cas de divorce des époux, se pose logiquement la question de savoir ce que deviennent ces donations et avantages matrimoniaux.

> « La donation est un contrat par lequel une personne (le donateur) transfère, sans contrepartie et avec intention libérale, la propriété d'un bien à une autre (le donataire) qui l'accepte ».
>
> « L'avantage matrimonial est un enrichissement procuré à l'un des époux par le jeu des règles du régime matrimonial ».
>
> Définitions données par Guinchard S. et Debard T. (dir.), *Lexique des termes juridiques*, 24e éd., 2016-2017, Dalloz.

1393 — Simplification des règles applicables aux donations et des avantages matrimoniaux. Dans la loi du 11 juillet 1975, leur sort dépendait de la volonté des époux et de la répartition de leurs torts dans le divorce. Au fil des ans, le système s'est révélé inadapté et inadéquat. La loi du 26 mai 2004 a donc modifié les règles applicables en les simplifiant (C. civ., art. 265 nouveau), introduisant à ce titre une nouvelle distinction, laquelle est reprise ici.

a Le sort des donations de biens présents et des avantages matrimoniaux prenant effet au cours du mariage

1394 — Maintien des libéralités à la suite d'un divorce. Selon l'alinéa 1er de l'article 265 du Code civil dans sa rédaction issue de la loi de 2004, le divorce des époux est, quelle que soit sa cause, « sans incidence sur les avantages matrimoniaux qui prennent effet au cours du mariage et sur les donations de biens présents quelle que soit leur forme ». Les donations de biens présents et les avantages matrimoniaux prenant effet au cours du mariage ne sont donc pas révoqués en cas de divorce. Autrement dit, chaque époux donataire en conserve, quelle que soit la cause du divorce, le bénéfice.

b Le sort des donations de biens futurs et des avantages matrimoniaux prenant effet à la dissolution du mariage

1395 — Principe de révocation en cas de divorce. Selon l'alinéa 2 de l'article 265 du Code civil dans sa rédaction issue de la loi du 26 mai 2004, « le divorce emporte révocation de plein droit » des avantages matrimoniaux prenant effet à la dissolution du mariage et des donations de biens futurs, « sauf volonté contraire de l'époux qui les a consentis ».

1396 — Révocation automatique des libéralités à la suite d'un divorce. Le principe posé est donc que les donations de biens futurs et les avantages matrimoniaux sont révoqués de plein droit par le divorce des époux. La révocation n'a pas à être demandée : elle est automatiquement attachée à la décision judiciaire prononçant le divorce.

1397 — Maintien exceptionnel des libéralités à la suite d'un divorce. À titre exceptionnel, les donations de biens futurs et les avantages matrimoniaux prenant effet à la dissolution du mariage peuvent être maintenus malgré le divorce, si l'époux qui les a consentis en manifeste la volonté. Cette volonté est nécessairement « constatée par le juge au moment du prononcé du divorce » (C. civ., art. 265, al. 2 *in fine*).

3 Le logement familial

a Le logement en location

1398 — Cotitularité du droit au bail à la suite d'un divorce. Si le logement de la famille était assuré par un bail, les deux époux étaient alors cotitulaires du droit au bail pendant leur union, et ce, même si le bail avait été conclu avant le mariage (C. civ., art. 1751, al. 1er).

1399 — Attribution préférentielle du droit au bail à la suite d'un divorce. La loi prévoit qu'en cas de divorce, le droit au bail du logement familial « pourra être attribué en considération des intérêts sociaux et familiaux en cause, par la juridiction saisie de la demande en divorce (...), à l'un des époux, sous réserve des droits à récompense ou à indemnité au profit de l'autre époux » (C. civ., art. 1751, al. 2). En pratique, le juge saisi de la demande en divorce décide souvent d'attribuer le droit au bail au conjoint chez lequel est fixée la résidence habituelle des enfants.

b Le logement en propriété

1400 — Sort du logement commun après le divorce. Si le logement de la famille appartenait aux deux époux, deux possibilités s'offrent concrètement à eux en cas de divorce. Ils peuvent, premièrement, décider ensemble de le vendre, le prix résultant de la vente étant ensuite partagé entre eux. Les époux peuvent, deuxièmement, faire le choix de ne pas le vendre et l'un d'entre eux pourra alors en solliciter l'attribution préférentielle.

1401 — Sort, après le divorce, du logement appartenant à un époux. Si le logement de la famille appartenait à l'un des deux époux, peut alors jouer le bail forcé (institution créée par la loi du 11 juillet 1975) qui permet au juge de déclarer qu'un des ex-époux sera désormais le locataire du logement appartenant à l'autre.

1402 — Conditions du bail forcé à la suite d'un divorce. Depuis la loi du 26 mai 2004, le bail forcé est soumis à trois conditions : il ne peut être concédé qu'à un conjoint qui exerce l'autorité parentale sur les enfants (seul ou conjointement). Lesdits enfants doivent résider habituellement dans ce logement, et le bail forcé doit être commandé par leur intérêt (C. civ., art. 285-1, al. 1er).

1403 — Demande de bail forcé à la suite d'un divorce. Selon la jurisprudence, la demande de bail forcé introduite sur le fondement de l'article 285-1 du Code civil ne peut être formée après le prononcé du divorce. Le bail forcé doit donc nécessairement être décidé lors du prononcé du divorce.

Cass. 2e civ., 28 mars 2002 : Bull. civ. II, n° 59 ; Defrénois 2002, 1161, obs. Massip J.

B | La préparation de l'avenir : la prestation compensatoire

1404 — Mariage : atténuation des disparités matérielles entre époux. Pendant le mariage, la vie commune des époux permet de masquer l'éventuelle disparité de leurs revenus. En effet, leur train de vie commun efface les différences qui peuvent effectivement résulter de leurs rémunérations dissemblantes.

1405 — Divorce : résurgence des disparités matérielles entre époux. Le conjoint qui, par exemple, avait fait le choix d'arrêter de travailler pendant le mariage pour se consacrer à l'éducation des enfants du couple va, au moment du divorce, être confronté à une précarité financière qu'il ne connaissait pas, d'autant que le divorce met fin au devoir de secours entre les époux (C. civ., art. 270, al. 1er). Il est donc nécessaire de prévoir que lui soit octroyée une compensation financière.

1406 — Double fondement de la pension alimentaire initiale. Avant la loi du 11 juillet 1975, le législateur avait instauré une pension alimentaire qui avait, à l'époque, pour objet non seulement d'assurer la subsistance de l'époux nécessiteux après le divorce, mais également de réparer le préjudice causé par l'époux fautif. Il en résultait que la pension alimentaire était uniquement versée au conjoint « innocent » dans le divorce. Dès lors, son fondement n'était pas seulement alimentaire mais aussi indemnitaire.

1407 — Consécration en 1975 de la prestation compensatoire. La pension alimentaire telle qu'elle était conçue avant la loi du 11 juillet 1975, avait suscité un important contentieux, notamment parce qu'elle était révisable. La réforme de 1975 s'est donc efforcée de repenser le dispositif en remplaçant la pension alimentaire par une prestation compensatoire. Au-delà du changement de vocable, l'institution a été profondément transformée.

1408 — Différences entre l'ancienne pension alimentaire et la prestation compensatoire issue de la loi de 1975. Le fondement de l'institution a évolué puisque la prestation compensatoire n'a pas seulement pour objet de fournir des aliments à l'époux dans le besoin après le divorce : elle vise aussi à atténuer la différence de train de vie que le divorce peut faire naître entre les conjoints. En outre, alors que la pension alimentaire était tournée vers le passé, la prestation compensatoire est, elle, tournée vers l'avenir puisqu'elle vise à donner à l'époux créancier des moyens financiers suffisants pour recommencer sa vie.

1409 — Caractères de la prestation compensatoire dans la loi de 1975. Alors que l'ancienne pension alimentaire était versée sous forme de rente et pouvait être révisée en certaines circonstances, la loi du 11 juillet 1975 a posé comme principe que la prestation compensatoire est forfaitaire et non révisable.

1410 — Failles de la prestation compensatoire révélées par le contentieux. Dans les faits, les magistrats n'ont quasiment jamais mis en œuvre le système du forfait issu de la loi de 1975. La prestation compensatoire était le plus souvent versée sous forme de rente. Cette dernière ne pouvait être révisée, alors même que la situation des parties évoluait. Au fil des ans, la rente est apparue comme étant inadaptée. En outre, elle restait très souvent impayée. Devant un contentieux qui ne tarissait pas, il était devenu impératif de réformer l'institution.

1411 — Réforme de la prestation compensatoire après 2000. Une profonde réforme de la prestation compensatoire a été opérée par la loi du 30 juin 2000. La loi du 26 mai 2004 portant réforme du divorce a ensuite apporté quelques améliorations techniques au dispositif, mais sans le transformer. Plus récemment, des modifications ont eu lieu par le biais de la jurisprudence et aussi de la loi du 16 février 2015.

Loi n° 2000-596 du 30 juin 2000 relative à la prestation compensatoire : JO 1er juill. 2000, n° 151, p. 9946.

Loi n° 2015-177 du 16 février 2015 relative à la modernisation et à la simplification du droit et des procédures dans les domaines de la justice et des affaires intérieures : JO n° 0040, 17 févr. 2015, p. 2961, v. art. 3 et 7.

1 Le droit à prestation compensatoire

a La généralisation du droit

1412 — Généralisation de la prestation compensatoire à tous les cas de divorce. Depuis la loi du 26 mai 2004, celle-ci peut être octroyée dans tous les cas de divorce : divorce par consentement mutuel, divorce pour acceptation du principe de la rupture du mariage, divorce pour faute ou divorce pour altération définitive du lien conjugal. La réforme de 2004 a innové puisque sous l'empire de la loi antérieure, le défendeur à un divorce pour rupture de la vie commune n'avait pas le droit à une prestation compensatoire, mais à une pension alimentaire (laquelle traduisait la survie du devoir de secours dans ce type de divorce).

1413 — Attribution de la prestation compensatoire : indifférence des torts dans le divorce. Depuis la loi du 26 mai 2004, tout époux peut, quels que soient ses torts dans le divorce, bénéficier d'une prestation compensatoire. Ce n'était pas le cas sous l'empire de la loi antérieure puisque l'époux fautif dans le divorce, c'est-à-dire celui aux torts exclusifs duquel le divorce pour faute était prononcé, en était privé.

1414 — Refus exceptionnel de la prestation compensatoire sur le fondement de l'équité. Selon l'article 270, alinéa 3 du Code civil, le juge peut refuser d'accorder une prestation compensatoire « si l'équité le commande, soit en considération des critères prévus à l'article 271, soit lorsque le divorce est prononcé aux torts exclusifs de l'époux qui demande le bénéfice de cette prestation, au regard des circonstances particulières de la rupture ». Cette exception a notamment été appliquée dans une hypothèse de violences conjugales.

CA Toulouse, 2 déc. 2008 : JCP 2009, IV, 1524.

b Les conditions à remplir

1415 — Exigence légale pour bénéficier d'une prestation compensatoire. Selon l'article 270, alinéa 2 du Code civil, une prestation compensatoire peut être attribuée pour « compenser, autant qu'il est possible, la disparité que la rupture du mariage crée dans les conditions de vie respectives ». La Cour de cassation veille au respect de cette exigence légale et aussi à ce qu'aucune autre condition ne soit imposée.

1416 — Introduction de la demande tendant à l'attribution d'une prestation compensatoire. Selon la jurisprudence, la demande doit nécessairement être formée au cours de la procédure de divorce. Elle peut être introduite pour la première fois en cause d'appel. En revanche, il n'est plus possible, une fois que le jugement prononçant le divorce est devenu définitif, d'introduire une demande de prestation compensatoire.

Cass. 2e civ., 28 janv. 1987 : Gaz. Pal. 1988, 1, 113, note J. M.

2 La fixation de la prestation compensatoire

a L'accord des époux

1417 — Fixation de la prestation compensatoire dans un divorce par consentement mutuel. Dans ce type de divorce, ce sont les époux qui fixent ensemble s'il y a lieu à versement d'une prestation compensatoire et, dans l'affirmative, décident conjointement de son montant et de ses modalités d'exécution. Ces éléments sont indiqués dans la convention de divorce des époux (C. civ., art. 232, al. 1er pour le divorce avec juge ; C. civ., nouvel art. 229-3, 4° pour le divorce sans juge).

1418 — Fixation de la prestation compensatoire dans les divorces contentieux : homologation judiciaire de la convention des époux. En cas de divorce pour acceptation du principe de la rupture du mariage, faute ou altération définitive du lien conjugal, les époux peuvent, pendant l'instance, se mettre d'accord sur l'existence et le montant d'une éventuelle prestation compensatoire. Leur accord est matérialisé dans une convention qu'ils soumettent au juge pour homologation (C. civ., art. 268 et 279-1).

1419 — Fixation de la prestation compensatoire dans les divorces contentieux : décision judiciaire. Lorsque les époux ne parviennent pas à s'entendre sur le montant et les modalités de versement de la prestation compensatoire, c'est le juge aux affaires familiales chargé de prononcer le divorce, qui statue sur ces points.

b La fixation par le juge

1420 — Date d'appréciation de la situation pour fixer le montant de la prestation compensatoire. Selon la loi, le juge doit prendre en considération « les besoins de l'époux à qui elle est versée et les ressources de l'autre » (C. civ., art. 271, al. 1er). Mais à quel moment doit-il se placer pour apprécier la situation ? La loi enjoint de fixer la prestation compensatoire « en tenant compte de la situation au moment du divorce et de l'évolution de celle-ci dans un avenir prévisible » (C. civ., art. 271, al. 1er). La Cour de cassation en a déduit que l'existence d'un droit à prestation compensatoire doit être appréciée au moment du divorce et non à une date postérieure à celle du prononcé du divorce.

Cass. 2e civ., 11 déc. 2001 : Bull. civ. II, n° 338.

1421 — Tâche délicate du magistrat chargé de fixer la prestation compensatoire. Le juge doit apprécier la situation au moment du divorce, mais en se projetant dans l'avenir grâce à des prévisions. Pour aider le magistrat dans cette tâche difficile, le législateur a dressé dans l'article 271 du Code civil, une liste (non exhaustive) de critères d'évaluation.

1422 — Critères légaux d'évaluation de la prestation compensatoire. Selon l'article 271 du Code civil, le juge « prend en considération notamment :

- la durée du mariage ;
- l'âge et l'état de santé des époux ;
- leur qualification et leur situation professionnelles ;
- les conséquences des choix professionnels faits par l'un des époux pendant la vie commune pour l'éducation des enfants et du temps qu'il faudra encore y consacrer ou pour favoriser la carrière de son conjoint au détriment de la sienne ;
- le patrimoine estimé ou prévisible des époux, tant en capital qu'en revenu, après la liquidation du régime matrimonial ;
- leurs droits existants et prévisibles ;
- leur situation respective en matière de pensions de retraite ».

1423 — Critères jurisprudentiels d'évaluation de la prestation compensatoire. L'article 271 du Code civil autorise le juge à prendre en compte d'autres critères que ceux prévus par le texte (ce qui ressort de l'emploi de l'adverbe « notamment »). Il résulte de la jurisprudence qu'entrent aussi en ligne de compte dans la fixation de la prestation compensatoire :

- la collaboration d'un époux à la profession de l'autre ;
- la situation de concubinage du créancier.

Pour la collaboration, Cass. 1re civ., 28 févr. 2006 : Bull. civ. I, n° 117.

Pour le concubinage, Cass. 1re civ., 25 avr. 2006 : Dr. famille 2006, Comm. n° 130, obs. Larribau-Terneyre V.

1424 — Critères exclus par la jurisprudence pour évaluer la prestation compensatoire. Selon celle-ci, n'ont pas à être pris en considération les éléments suivants :

- la vocation successorale d'un époux (c'est-à-dire son aptitude à recueillir une succession), laquelle n'est pas un droit prévisible ;
- les perspectives de versement d'une pension de réversion en cas de prédécès du mari.

Pour la vocation successorale, Cass. 1re civ., 25 sept. 2005 : Bull. civ. I, n° 339.

Pour le versement d'une pension de réversion, Cass. 1re civ., 6 oct. 2010 : Bull. civ. I, n° 187.

1425 — Incidence, en matière de prestation compensatoire, du défaut de déclaration sur l'honneur des époux. Que la prestation compensatoire résulte d'un accord commun des époux ou d'une décision du juge, la loi du 30 juin 2000 est venue préciser que « les parties fournissent au juge une déclaration certifiant sur l'honneur l'exactitude de leurs ressources, revenus, patrimoine et conditions de vie » (C. civ., art. 272). S'est notamment posée la question de savoir si le défaut de déclaration avait pour effet de rendre irrecevable la demande de prestation compensatoire.

1426 — Évolution de la jurisprudence sur l'incidence, en matière de prestation compensatoire, du défaut de déclaration sur l'honneur des époux. Au départ, celle-ci considérait que si la déclaration sur l'honneur n'était pas produite au juge, alors la demande de prestation compensatoire n'était pas recevable. La Cour de cassation a ensuite procédé à un revirement de jurisprudence en 2005. Depuis cette date, elle juge que la fourniture de la déclaration sur l'honneur évoquée dans l'article 272, alinéa 1er du Code civil n'est pas une condition de recevabilité de la demande de la prestation compensatoire.

Cass. 1re civ., 11 janv. 2005 : RTD civ. 2005, 375, obs. Hauser J.

1427 — Évolution s'agissant des sommes versées au titre de la réparation des accidents du travail et du droit à compensation d'un handicap. Dans sa rédaction issue de la loi du 30 juin 2000, l'alinéa 2 de l'article 272 du Code civil disposait que « dans la détermination des besoins et des ressources, le juge ne prend pas en considération les sommes versées au titre de la réparation des accidents du travail et les sommes versées au titre du droit à compensation d'un handicap ». Cette disposition a été annulée par le Conseil constitutionnel en juin 2014 au motif qu'elle porte atteinte à l'égalité des époux devant la loi, avec effet à compter de la publication de la décision. Dans une décision ultérieure rendue en octobre 2014, la Cour de cassation a tiré les conséquences de cette décision d'inconstitutionnalité en jugeant que la prestation compensatoire (en l'espèce due par le mari) « devait être fixée (...) en prenant en considération l'ensemble de ses ressources », y compris « les sommes versées au titre de la réparation des accidents du travail et les sommes versées au titre du droit à compensation d'un handicap ».

Cons. const., 2 juin 2014, n° 2014-3918 QPC : RTD civ. 2014, p. 629, obs. Hauser J.

Cass. 1re civ., 22 oct. 2014 : Dr. famille 2014, Comm. n° 175, note Binet J.-R.

1428 — Difficultés relatives à la fixation de la prestation compensatoire. Que la prestation compensatoire soit fixée d'un commun accord des époux ou résulte d'une décision du juge, elle est exigible en droit à partir du moment où le jugement de divorce devient définitif. Néanmoins, lorsqu'il prononce le divorce, le juge n'a pas toujours en main les éléments concrets lui permettant de fixer la prestation compensatoire. Pourtant, il doit, selon la jurisprudence, se prononcer dans une même décision tant sur le divorce que la disparité que ce dernier peut créer dans les conditions de vie respectives des époux.

Cass. 1re civ., 23 juin 2010 : Bull. civ. I, n° 142.

1429 — Option du juge pour fixer la prestation compensatoire. Lorsque le juge ne dispose pas d'éléments suffisants pour fixer la prestation compensatoire au jour où il prononce le divorce (parce qu'il est, par exemple, dans l'attente de la réalisation des opérations de liquidation du régime matrimonial des époux), il peut, soit décider d'une prestation provisoire, soit fixer une prestation définitive en anticipant sur les résultats des opérations de liquidation.

3 Les modalités de versement de la prestation compensatoire

1430 — Prestation compensatoire sous forme de capital. Dès la réforme du 11 juillet 1975, le versement de la prestation sous forme de capital a été préféré, au système de la rente. Le versement sous forme de forfait présente un avantage indéniable : si, au moment du divorce, le débiteur verse une seule et même somme au titre de la prestation compensatoire, les comptes sont ainsi définitivement clos entre les ex-conjoints et chacun peut alors mieux commencer une nouvelle vie.

1431 — Prestation compensatoire sous forme de rente, exceptionnelle. Si le système du forfait est, dans l'absolu, idéal, il se heurte néanmoins dans les faits à des contingences matérielles. Dans certains cas, le versement sous forme de capital n'est effectivement pas possible, le débiteur ne disposant pas des fonds suffisants. Il est donc nécessaire de prévoir que la prestation compensatoire peut, à titre exceptionnel, être versée sous forme de rente.

a Le principe : le versement d'un capital

1432 — Modalités de versement de la prestation compensatoire sous forme de capital. Selon l'article 270, alinéa 2 du Code civil, la prestation compensatoire prend en principe « la forme d'un capital dont le montant est fixé par le juge ». Le capital peut être versé selon deux modalités : un capital monétaire ou l'attribution de biens ou de droits (C. civ., art. 274).

1433 — Prestation compensatoire sous forme de capital monétaire. L'article 274 du Code civil prévoit que le débiteur peut, pour payer le capital dû au titre de la prestation compensatoire, verser une somme d'argent au créancier. Le paiement de cette somme d'argent peut se faire, soit de manière immédiate si le patrimoine du débiteur le permet, soit de manière échelonnée (C. civ., art. 275), soit en combinant un versement immédiat avec un versement échelonné.

1434 — Possibilité d'un versement échelonné de la prestation compensatoire sous forme de capital. Lorsque le débiteur n'est pas en mesure de verser le capital en une seule fois, il peut effectuer, depuis la loi du 30 juin 2000, un versement en plusieurs fois. Le juge peut alors fixer les modalités de paiement du capital, dans la limite de huit années, sous la forme de versements périodiques, indexés selon les règles applicables aux pensions alimentaires (C. civ., art. 275, al. 1er).

1435 — Attribution de biens ou de droits. L'article 274 du Code civil prévoit que le débiteur peut, pour payer le capital dû au titre de la prestation compensatoire, être contraint d'abandonner à l'époux créancier des biens meubles ou immeubles, en propriété, en usufruit ou en droit d'usage et d'habitation. Dans ce cas, le capital est versé sous la forme d'une cession forcée de biens ou de droits, au profit de l'époux créancier. Cette possibilité de cession forcée porte atteinte au droit de propriété du débiteur. Elle a donc été limitée par les juges.

1436 — La cession forcée limitée par les juges. Dès 2011, le Conseil constitutionnel, dans une décision QPC, avait émis une réserve d'interprétation et précisé que la cession forcée d'un bien ne pouvait être qu'une modalité subsidiaire d'exécution de la prestation compensatoire. En juillet 2014, la même solution a été adoptée par la Cour européenne des droits de l'homme qui a condamné la France en la matière pour atteinte à l'article 1er du premier protocole additionnel (lequel garantit le droit au respect des biens). La Cour de cassation considère, elle aussi, que la cession forcée d'un bien en exécution de la prestation compensatoire a un caractère subsidiaire (arrêts de 2014). Dès lors, la cession forcée ne peut être mise en œuvre que si le débiteur ne peut verser une somme d'argent pour s'acquitter de la prestation compensatoire.

Cons. const., 13 juillet 2011, n° 2011-151 QPC : Dr. famille 2011, Comm. n° 148, note Larribau-Terneyre V.

CEDH, 10 juill. 2014, aff. 4944/11, Milhau c/ France : RLDC 2014/5585.

V. par exemple Cass. 1re civ., 28 mai 2014 : Dr. famille 2014, Comm. n° 107, note Binet J.-R.

b ▮ L'exception : le versement d'une rente viagère

1437 — Admission exceptionnelle de la rente viagère au titre de la prestation compensatoire. Dans ce cas, le débiteur verse de manière périodique (généralement tous les mois) une somme d'argent au créancier durant toute la vie de ce dernier. Le versement de la prestation compensatoire sous forme de rente viagère, est subordonné aux conditions légales de l'article 276 du Code civil, lequel insiste sur le fait que cette modalité est retenue « à titre exceptionnel ».

1438 — Condition de fond de la rente viagère. Le juge ne peut retenir la rente viagère que « lorsque l'âge ou l'état de santé du créancier ne lui permet pas de subvenir à ses besoins » (C. civ., art. 276, al. 1er). Ainsi, la rente viagère ne peut être retenue qu'en seule considération de la situation du créancier de la prestation compensatoire.

1439 — Condition de forme de la viagère. Le juge qui opte pour un versement de la prestation compensatoire sous forme de rente viagère doit spécialement motiver sa décision sur ce point. Cette motivation permet notamment à la Cour de cassation d'exercer son contrôle.

1440 — Rente viagère subordonnée à des termes ou conditions. Le juge ne peut assortir le versement de la rente à un terme ou une condition. Par exemple, il n'est pas possible de prévoir que le versement de la rente viagère cessera en cas de remariage du créancier ou en cas de retraite du débiteur. En revanche, lorsque la rente fait l'objet d'une convention passée entre époux puis homologuée par le juge, ceux-ci peuvent l'assortir d'un terme ou d'une condition ou encore prévoir une rente temporaire.

1441 — Prestation compensatoire mixte. Depuis la loi du 26 mai 2004, le juge peut décider que la prestation compensatoire sera en partie versée sous forme d'un capital et en partie sous forme d'une rente viagère. C'est une prestation compensatoire dite mixte. La jurisprudence antérieure ne l'admettait pas toujours.

> Refus de la 2e chambre civile de la prestation compensatoire mixte, Cass. 2e civ., 10 mai 2001 : Bull. civ. II, n° 95.
>
> Admission de la 1re chambre civile de la prestation compensatoire mixte, à partir de 2004, Cass. 1re civ., 16 mars 2004 : Bull. civ. I, n° 87.

1442 — Quelques chiffres sur la prestation compensatoire. Au terme d'une étude menée en 2012 par le centre de droit de la famille de l'université de Lyon III, il apparaît que :
- les demandes de prestation compensatoire ne sont présentées que dans 1 procédure de divorce sur 5 ;
- dans 80 % des cas, les demandes de prestation compensatoire aboutissent ;

- dans plus de 98 % des cas, c'est la femme qui est créancière de la prestation ;
- lorsque la prestation est versée sous forme de capital, le montant varie entre 750 euros et 2 millions d'euros, pour un montant médian de 30 000 euros ;
- lorsque la prestation compensatoire est versée sous forme de rente ou sous forme de rente associée à un capital, le montant médian de la mensualité est de 715 euros.

4 La révision de la prestation compensatoire

a La prestation compensatoire fixée judiciairement

1443 — Pas de révision de la prestation compensatoire versée sous forme de capital. Dans ce cas, la révision n'est pas possible. Le débiteur de la prestation peut seulement demander au juge de changer les modalités du versement échelonné du capital s'il survient un « changement important de sa situation ». Le juge peut alors « à titre exceptionnel » et « par décision spéciale et motivée » autoriser le versement du capital pour une durée totale supérieure à 8 ans (C. civ., art. 275, al. 2).

1444 — Possibilité de révision de la prestation compensatoire versée sous forme de rente viagère. Dans ce cas, la prestation peut être « révisée, suspendue ou supprimée en cas de changement important dans les ressources ou les besoins de l'une ou l'autre des parties » (C. civ., art. 276-3, al. 1er). Cette disposition légale permet d'adapter la rente viagère à l'évolution de la situation de l'une ou l'autre des parties.

1445 — Révision de la rente viagère soumise au juge. La notion légale de « changement important dans les ressources ou les besoins de l'une ou l'autre des parties » (C. civ., art. 276-3, al. 1er) qui permet la révision de la rente est appréciée par les juges. Selon la jurisprudence, le « changement important » est notamment caractérisé lorsque le débiteur a été mis à la retraite de manière anticipée, qu'il vit en concubinage ou qu'il s'est remarié et a eu un autre enfant.

Mise à la retraite anticipée du débiteur, Cass. 1re civ., 19 juin 2007 : Bull. civ. I, n° 242. Concubinage du débiteur, Cass. 1re civ., 25 avr. 2006 : Bull. civ. I, n° 198.

Nouveau mariage du débiteur suivi de la naissance d'un autre enfant, Cass. 1re civ., 28 juin 2005 : Dr. famille 2005, Comm. n° 184, note Larribau-Terneyre V.

1446 — Révision de la rente viagère favorable au débiteur. S'il y a révision de la rente viagère, celle-ci « ne peut avoir pour effet de porter la rente à un montant supérieur à celui fixé initialement par le juge » (C. civ., art. 276-3, al. 2). La révision ne peut donc intervenir qu'à la baisse, ce qui est bien évidemment une disposition favorable au débiteur de la prestation compensatoire.

b La prestation compensatoire fixée conventionnellement

1447 — Clause de révision de la rente viagère, prévue entre les époux. Lorsque la prestation compensatoire a été fixée dans une convention passée par les époux puis homologuée par le juge, ceux-ci peuvent s'affranchir des règles légales posées dans l'article 276-3 du Code civil, en incluant dans la convention une clause de révision. Cette dernière leur permet notamment de prévoir une révision à la baisse, mais aussi à la hausse de la rente viagère. La clause de révision peut aussi être insérée dans une convention de divorce établie par acte sous signature privée contresigné par avocats et déposé au rang des minutes d'un notaire (C. civ., nouvel art. 279).

Cass. 1re civ., 5 juill. 2001 : Dr. famille 2002, Comm. n° 30, note Lécuyer H. : juge qu'une clause de révision du montant de la prestation n'autorise pas la modification de ses modalités de paiement, notamment la substitution d'un capital à une rente.

1448 — Révision de la rente viagère en l'absence de clause de révision prévue entre les époux. À défaut de clause de révision incluse dans la convention, s'est posée la question de savoir si les époux ont la possibilité de demander une révision de la rente sur le fondement de l'article 276-3, alinéa 1er du Code civil, en invoquant « un changement important dans les ressources ou les besoins de l'une ou l'autre des parties ». Au départ, la loi du 30 juin 2000 ne l'envisageait pas. La loi du 26 mai 2004 l'a, elle, explicitement prévu (C. civ., art. 279, al. 3 *in fine*).

1449 — Nouvelle convention des époux ayant pour objet la révision de la prestation compensatoire. Les ex-époux peuvent modifier l'accord qu'ils avaient initialement passé sur la prestation compensatoire (et contenu dans leur convention homologuée par le juge), en faisant une nouvelle convention, laquelle est également soumise à homologation judiciaire (C. civ., art. 279, al. 2).

5 La transmission de la prestation compensatoire aux héritiers du débiteur

1450 — Sort de la prestation compensatoire en cas de décès des créancier et débiteur. Celle-ci s'éteint à la mort du créancier. En revanche, ce n'est pas le cas à la mort du débiteur : le créancier conserve le droit de percevoir la prestation qui lui est due, et ce, jusqu'à son propre décès.

Ce sont donc les héritiers du débiteur qui vont devoir s'acquitter de cette dette. La règle peut paraître injuste, particulièrement dans le cas où le créancier de la prestation compensatoire a un niveau de vie satisfaisant. Il n'empêche qu'elle est celle retenue par les réformes de 2000 et de 2004.

1451 — Prestation compensatoire totalement acquittée. Lorsque la prestation a été en totalité versée avant le décès du débiteur, le créancier n'a, logiquement, plus droit à rien après son décès.

1452 — Prestation compensatoire partiellement acquittée. Le créancier a des droits à faire valoir, lorsqu'au jour du décès du débiteur, la prestation compensatoire ne lui a pas été payée dans son intégralité. Dans cette hypothèse, il est alors prévu que « le paiement de la prestation compensatoire, quelle que soit sa forme, est prélevé sur la succession » (C. civ., art. 280, al. 1er).

1453 — Engagement des héritiers du débiteur pour le paiement de la prestation compensatoire. Le paiement est supporté par tous les héritiers du débiteur. Ceux-ci y sont tenus, non personnellement, mais « dans la limite de l'actif successoral » (C. civ., art. 280, al. 1er). Concrètement, cela signifie que, si l'actif successoral recueilli ne suffit pas à payer la prestation compensatoire, les héritiers du débiteur n'auront pas à en assurer le règlement sur leurs biens personnels.

1454 — Engagement éventuel des légataires du débiteur pour le paiement de la prestation compensatoire. Si l'actif successoral recueilli par les héritiers du débiteur ne suffit pas à régler la prestation compensatoire, son paiement est alors pris en charge « par tous les légataires particuliers, proportionnellement à leur émolument » (C. civ., art. 280, al. 1er). Les légataires doivent ainsi supporter le poids de cette dette, en fonction de ce qui leur a été légué par le défunt.

1455 — Solde définitif des comptes liés à la prestation compensatoire. Pour compenser les désagréments subis par les héritiers du débiteur de la prestation compensatoire, il est prévu que lorsque celle-ci a été fixée sous forme de rente, « il lui est substitué un capital immédiatement exigible » (C. civ., art. 280, al. 3). La transformation de la rente viagère en capital permet ensuite de déduire celui-ci de la succession. Une fois cette déduction opérée, les héritiers du débiteur de la prestation compensatoire sont alors définitivement clos de tout compte à l'égard du créancier.

C La réparation des préjudices subis : l'allocation de dommages et intérêts

1 Les dommages et intérêts sollicités sur le fondement de l'article 266 du Code civil

1456 — Préjudice résultant de la dissolution du mariage. Il est admis, depuis une loi du 2 avril 1941, qu'un époux peut demander des dommages et intérêts en réparation du préjudice résultant pour lui de la dissolution du mariage. Cette faculté est aujourd'hui évoquée dans l'article 266 du Code civil, dont la rédaction a été modifiée à l'occasion de la loi du 26 mai 2004.

1457 — Possibilité restreinte de demander les dommages et intérêts de l'article 266. Selon ce texte, des dommages et intérêts peuvent être demandés en réparation du préjudice résultant du divorce lui-même, par l'époux qui a été défendeur dans un divorce pour altération définitive du lien conjugal, ou par le conjoint qui a vu le divorce prononcé aux torts exclusifs de son époux (al. 1er). Ces dommages et intérêts ne peuvent être demandés qu'à l'occasion de l'action en divorce (al. 2).

1458 — Dommages et intérêts de l'article 266 subordonnés à la preuve du préjudice subi. Pour pouvoir obtenir réparation sur le fondement de l'article 266 du Code civil, l'époux doit prouver qu'il subit, en raison de la dissolution du mariage, des conséquences « d'une particulière gravité ». C'est par exemple le cas lorsque la dissolution du mariage est intervenue après une longue période de vie commune.

Cass. 2e civ., 27 janv. 2000 : Bull. civ. II, n° 17.

1459 — Montant des dommages et intérêts de l'article 266. Les dommages et intérêts accordés par ce texte sont évalués exclusivement en considération du préjudice subi. Dès lors, ils sont, selon la jurisprudence, indépendants des ressources des époux.

Cass. 2e civ., 6 janv. 1993 : Bull. civ. II, n° 2.

2 Les dommages et intérêts sollicités sur le fondement de l'article 1240 du Code civil

1460 — Invocation possible de l'article 1240 dans le cadre du divorce. Indépendamment des dommages et intérêts de l'article 266, rien n'empêche un époux de demander, au moment du divorce, réparation des préjudices subis sur le fondement du droit commun, en invoquant l'article 1240 du Code civil (C. civ., art. 1382 ancien). La mise en œuvre de ce texte permet l'indemnisation d'un préjudice qui ne résulte pas de la dissolution du mariage. Un conjoint peut, par exemple, demander sur le fondement de ce texte, réparation du préjudice subi en raison des violences conjugales dont il a été l'objet pendant le mariage.

1461 — Date de la demande tendant à l'octroi de dommages et intérêts sur le fondement de l'article 1240. Alors que les dommages et intérêts de l'article 266 du Code civil ne peuvent être demandés qu'à l'occasion de l'action en divorce, la demande de dommages et intérêts introduite sur le fondement de l'article 1240 n'est, elle, pas enfermée dans les mêmes contraintes procédurales. En effet, elle peut être introduite avant le divorce, à l'occasion du divorce ou après le prononcé de celui-ci. L'essentiel est que les délais de prescription prévus dans la loi soient respectés par le demandeur.

Le demandeur doit agir dans les 5 ans qui suivent la réalisation du dommage. En présence d'un événement ayant entraîné un dommage corporel, le délai de prescription est porté à 10 ans (C. civ., art. 2224).

CHAPITRE 6

La séparation de corps

1462 — Définition de la séparation de corps. Il s'agit d'un relâchement du lien matrimonial résultant d'un jugement : les époux sont judiciairement dispensés de vivre ensemble mais ils demeurent mariés. On l'appelait autrefois « le divorce des catholiques ». Cette institution est essentiellement utilisée par des conjoints qui ne veulent pas divorcer pour des raisons religieuses ou par ceux qui souhaitent réfléchir, un temps, pour savoir quelle suite donner à leur mariage.

1463 — Plan du chapitre. Seront ici envisagées les causes et la procédure de la séparation de corps (section 2), ses effets (section 3) et sa fin (section 4). Au préalable, il sera dressé un historique de la matière (section 1).

SECTION 1 Introduction au droit de la séparation de corps

1464 — Invention de la séparation de corps par le droit canonique. L'histoire de la séparation de corps est, en droit français, intimement liée à celle du divorce. En effet, la séparation de corps est une institution qui a été créée par le droit canonique pour concilier le principe de l'indissolubilité du mariage avec le besoin de séparation de conjoints qui ne s'entendent plus.

1465 — Abolition de la séparation de corps par le droit intermédiaire. La séparation de corps a été supprimée par les révolutionnaires lorsqu'ils ont réinstauré le divorce (L. 20-25 sept. 1792).

1466 — Admission de la séparation de corps par le Code Napoléon. En 1804, les rédacteurs du Code civil ont fait le choix d'admettre le divorce et la séparation de corps, afin de laisser les époux libres de choisir la voie leur convenant le mieux.

1467 — Utilité de la séparation de corps de 1816 à 1884. Supprimant le divorce, la loi Bonald du 8 mai 1816 a maintenu la séparation de corps. De 1816 à 1884, celle-ci était donc la seule voie que pouvaient emprunter les époux qui ne s'entendaient plus.

1468 — Évolution de la séparation de corps entre 1884 et 2004. En rétablissant le divorce, la loi Naquet du 27 juillet 1884 n'a pas remis en cause l'existence de la séparation de corps. En 1908, la physionomie de cette institution a été transformée puisqu'une loi a, pour la première fois, admis que la séparation de corps puisse être, à l'issue d'un certain délai, transformée en divorce à la demande de l'un des deux époux. Cette possibilité de conversion unilatérale a été maintenue lors des réformes du 11 juillet 1975 et du 26 mai 2004.

1469 — Statistiques sur la séparation de corps. Celle-ci est aujourd'hui une institution marginale qui est de moins en moins utilisée. Ainsi, en 2004, 5 686 séparations de corps ont été prononcées. En 2010, selon l'Annuaire statistique de la justice (AJS), seulement 3 387 demandes de séparation de corps avaient été introduites devant la justice. Et en 2015, 977 séparations de corps ont été prononcées (v. www.justice.gouv.fr, onglets « Publications » puis « Statistiques »).

SECTION 2 Les causes et la procédure de la séparation de corps

I Les causes de la séparation de corps

1470 — Causes de la séparation de corps quasi similaires à celles du divorce. Selon l'article 296 du Code civil, dans sa rédaction issue de la loi du 18 novembre 2016 portant réforme de la justice du XXIe siècle (qui a admis le divorce par consentement mutuel sans juge, v. C. civ., art. 229-1), « la séparation de corps peut être prononcée à la demande de l'un des époux dans les mêmes cas et dans les mêmes conditions que le divorce judiciaire ». En faisant référence au divorce « judiciaire », le nouveau texte met en évidence que la séparation de corps conventionnelle, c'est-à-dire sans juge, n'est pas possible. Ainsi, contrairement au divorce, toute demande de séparation de corps doit nécessairement être portée devant un juge aux affaires familiales. Il peut ainsi s'agir d'une séparation de corps par consentement mutuel judiciaire, pour acceptation du principe de la rupture du lien conjugal, pour faute ou encore pour altération définitive du lien conjugal. Selon les circonstances, il est donc fait application des dispositions légales relatives à l'une de ces quatre causes de divorce.

Loi n° 2016-1547 du 18 novembre 2016 de réforme de la justice du XXIe siècle : JO 19 nov. 2016.

1471 — Passerelle après la loi du 18 novembre 2016. Cette loi a instauré, en droit français, un divorce par consentement mutuel sans juge appelé « divorce par consentement mutuel par acte sous signature privée contresigné par avocats, déposé au rang des minutes d'un notaire » (v. C. civ., art. 229-1 et s. nouveaux). Parmi les passerelles nouvelles qui ont été admises, l'une d'elles permet aux époux de quitter un processus de divorce par consentement mutuel sans juge pour saisir le juge d'une demande de séparation de corps. En effet, le nouvel article 1148-2 du Code de procédure civile, créé par le décret n° 2016-1907 du 28 décembre 2016, précise dans son alinéa 2 que les époux peuvent « jusqu'au dépôt de la convention de divorce au rang des minutes d'un notaire, saisir la juridiction d'une demande de séparation de corps ou de divorce judiciaire dans les conditions prévues aux articles 1106 et 1107 ». La demande en divorce aura alors pour fondement l'acceptation du principe de la rupture du mariage, la faute ou l'altération définitive du lien conjugal.

Lecture conseillée : Cadiou M., « Une passerelle à l'endroit... une passerelle à l'envers », AJ fam. 2017, p. 45.

II La procédure de la séparation de corps

1472 — Procédure de la séparation de corps similaire à celle du divorce. L'article 298 du Code civil précise que les dispositions légales relatives à la procédure du divorce sont applicables à la procédure de la séparation de corps. Le juge compétent est, en principe, le juge aux affaires familiales (JAF).

1473 — Particularités procédurales de la séparation de corps. L'identité des règles applicables au divorce n'empêche pas l'existence de trois particularités procédurales, qui nécessitent d'être ici brièvement présentées. Elles manquent quelque peu de cohérence puisqu'elles traduisent une faveur du législateur, tantôt pour le divorce, tantôt pour la séparation de corps.

1474 — Concurrence entre séparation de corps et divorce : préférence du législateur pour le divorce. Si l'un des époux demande le divorce et que l'autre époux demande la séparation de corps, le juge doit alors examiner en premier lieu la demande en divorce. Il prononce le divorce dès lors que les conditions en sont réunies. Ce n'est qu'à défaut que le juge prononce la séparation de corps (C. civ., art. 297-1, al. 1er).

1475 — Concurrence entre séparation de corps pour faute et divorce pour faute : préférence du législateur pour le divorce. Quand l'un des époux demande le divorce pour faute et que l'autre demande la séparation de corps également pour faute, le juge doit alors examiner les demandes de manière simultanée. S'il considère que les deux demandes sont fondées, il prononce alors le divorce pour faute aux torts partagés des deux conjoints (C. civ., art. 297-1, al. 2).

1476 — Préférence générale du législateur pour la séparation de corps. Le législateur autorise l'époux qui présente une demande en divorce à lui substituer une demande en séparation de corps, en tout état de cause, et même en appel. En revanche, il interdit purement et simplement la substitution inverse (CPC, art. 1076).

> Pour une application récente de la règle légale selon laquelle l'époux qui a formé une demande en divorce peut lui substituer, même en appel, une demande en séparation de corps, v. Cass. 1re civ., 25 sept. 2013 : Dr. famille 2013, Comm. nº 150, note Binet J.-R.

SECTION 3 Les effets de la séparation de corps

1477 — Plan de section. Seront évoqués ici les effets personnels (I) et patrimoniaux (II) de la séparation de corps.

I Les effets personnels

1478 — Maintien ou disparition des effets personnels du mariage. La séparation de corps est une institution particulière : elle fait disparaître certains effets personnels du mariage (A) et en maintient d'autres (B).

A Les obligations du mariage écartées

1 La fin du devoir de cohabitation entre époux

1479 — Relations entre époux dans la séparation de corps. Le principal effet de la séparation, sur le plan personnel, est de mettre fin au devoir de cohabitation des époux (C. civ., art. 299). Dès que le jugement de séparation de corps est devenu définitif, l'obligation de communauté de vie des époux - incluant une communauté de toit et une communauté de lit - cesse entre eux. Le jugement prononçant la séparation de corps peut donc contenir des dispositions relatives à l'attribution du logement familial.

1480 — Incidences de la séparation de corps sur les enfants des époux. Comme les époux séparés de corps ne résident plus ensemble, le jugement doit préciser les modalités d'exercice de l'autorité parentale et comporter des dispositions relatives à la résidence des enfants des conjoints.

2 ▌ L'exclusion de la présomption de paternité

1481 — Non-paternité du mari dans la séparation de corps. La présomption de paternité qui s'applique en cas de mariage (C. civ., art. 312), est exclue pendant la séparation de corps (C. civ., art. 313). Les époux séparés de corps étant judiciairement dispensés de leur devoir de cohabitation, il est en effet peu probable que l'enfant mis au monde par l'épouse pendant la séparation de corps soit issu des œuvres de son mari.

> La présomption de paternité est écartée « en cas de demande en divorce ou en séparation de corps, lorsque l'enfant est né plus de 300 jours après la date soit de l'homologation de la convention réglant l'ensemble des conséquences du divorce ou des mesures provisoires prises en application de l'article 250-2, soit de l'ordonnance de non-conciliation, et moins de 180 jours depuis le rejet définitif de la demande » (C. civ., art. 313).

B ▌ Les obligations du mariage maintenues

1482 — Fidélité, assistance et respect dans la séparation de corps. La loi s'attachant à évoquer la seule disparition du devoir de cohabitation, la doctrine majoritaire en conclut que la séparation de corps laisse subsister, entre les époux, les autres effets personnels du mariage. Ceux-ci restent donc tenus, l'un à l'égard de l'autre, du devoir de fidélité, du devoir d'assistance et du devoir de respect.

1483 — Devoir d'assistance dans la séparation de corps. Des auteurs considèrent que, même si la loi n'en dit rien, la suppression du devoir de cohabitation engendre, par voie de conséquence, celle du devoir d'assistance entre conjoints. En pratique, il est vrai que l'on voit mal comment le devoir d'assistance (qui consiste notamment à soutenir son conjoint face aux épreuves de l'existence) peut concrètement perdurer entre deux époux autorisés judiciairement à vivre séparément.

> Jault-Seseke F., *Les personnes, La famille, Les incapacités*, 9e éd., 2015, Dalloz, Mémentos, p. 132.

1484 — Non-respect des devoirs conjugaux dans la séparation de corps. Les devoirs de fidélité et de respect étant maintenus entre époux séparés de corps, il en résulte que leur non-respect peut être ultérieurement invoqué à l'appui d'une demande en divorce pour faute fondée sur l'article 242 du Code civil.

C Le nom d'usage des époux séparés de corps

1485 — Règles légales dans la séparation de corps. En principe, chacun des époux séparés de corps peut conserver l'usage du nom de l'autre. Néanmoins, le jugement de séparation de corps ou un jugement postérieur peut, « compte tenu des intérêts respectifs des époux », le leur interdire (C. civ., art. 300).

II Les effets patrimoniaux

1486 — Conséquences particulières de la séparation de corps. La situation patrimoniale des époux séparés de corps appelle des développements particuliers en ce qui concerne le devoir de secours (A), leur régime matrimonial (B), la situation successorale du survivant (C) et les dommages et intérêts de l'article 266 (D).

A Le maintien du devoir de secours

1487 — Manifestation du devoir de secours dans la séparation de corps : la pension alimentaire. Les époux séparés de corps étant toujours mariés, le devoir de secours subsiste entre eux. Il en résulte que l'époux qui est « dans le besoin » se voit verser par l'autre, une pension alimentaire, laquelle est fixée dans le jugement prononçant la séparation de corps ou dans un jugement postérieur (C. civ., art. 303, al. 1er).

1488 — Règles de détermination de la pension alimentaire dans la séparation de corps : indifférence des torts. L'article 303, alinéa 2 du Code civil précise que la pension alimentaire est, en principe, attribuée sans considération des torts des époux dans la séparation de corps. En d'autres termes, son existence et son montant dépendent exclusivement de l'état de besoin de l'époux créancier. L'époux aux torts exclusifs duquel la séparation de corps pour faute a été prononcée, peut ainsi se voir, en principe, attribuer une pension alimentaire dès lors qu'il est dans le besoin.

1489 — Prise en compte exceptionnelle des torts dans la pension alimentaire. Si la considération des torts est en principe indifférente dans l'allocation de la pension alimentaire, la loi autorise néanmoins l'époux débiteur à invoquer « s'il y a lieu, les dispositions de l'article 207, alinéa 2 » (C. civ., art. 303, al. 2). Selon ce texte, le juge peut décharger le débiteur de tout ou partie de la dette alimentaire lorsque le créancier aura lui-même gravement manqué à ses obligations envers lui.

Cass. 2e civ., 11 févr. 1981, n° 79-16767 : Bull. civ. II, n° 34, p. 23.

1490 — Formes de la pension alimentaire dans la séparation de corps. La pension alimentaire prend la forme d'une rente. Néanmoins, si la consistance des biens de l'époux débiteur le permet, elle est remplacée, en totalité ou partie, par la constitution d'un capital (C. civ., art. 303, al. 4).

1491 — Absence de prestation compensatoire dans la séparation de corps. En cas de séparation de corps et contrairement à ce qui se produit en cas de divorce, aucune prestation compensatoire n'est due. En effet, la pension alimentaire, qui matérialise le maintien du devoir de secours pendant la séparation de corps, est exclusive de tout autre versement.

B | Le changement éventuel de régime matrimonial

1492 — Nécessaire adaptation du régime matrimonial des époux séparés de corps. Dans la mesure où les époux séparés de corps ne cohabitent plus, il est nécessaire d'adapter leur régime matrimonial à cette nouvelle situation. En effet, il serait contradictoire que les époux qui résident séparément restent liés par une communauté d'intérêts. Aussi, l'article 302 énonce que « la séparation de corps entraîne toujours la séparation de biens » (al. 1er).

1493 — Substitution d'une séparation de biens à un régime de communauté dans la séparation de corps. Si les époux étaient mariés sous un régime de communauté, cette dernière est liquidée au moment de la séparation de corps et remplacée par une séparation de biens. S'agissant des biens des époux, la date à laquelle la séparation de corps produit ses effets est déterminée conformément aux dispositions des articles 262 à 262-2 du Code civil (C. civ., art. 302, al. 2).

C | La situation successorale du conjoint survivant séparé de corps

1494 — Conservation de droits successoraux légaux dans la séparation de corps. Comme les époux séparés de corps sont toujours mariés, ils conservent chacun leurs droits légaux dans la succession de l'autre, et ce, quels que soient les torts dans la séparation de corps (C. civ., art. 301). Un époux aux torts exclusifs duquel la séparation de corps pour faute a été prononcée, a donc des droits successoraux légaux dans la succession de son conjoint prédécédé.

1495 — Notion de droits successoraux légaux dans la séparation de corps. Les droits successoraux légaux du conjoint survivant séparé de corps varient selon la configuration familiale. Ils sont, comme pour tout conjoint survivant, déterminés dans les articles 756 à 757-3 du Code civil.

1496 — Droits temporaire et viager au logement familial du conjoint survivant séparé de corps. Le conjoint survivant a la qualité de conjoint successible (C. civ., art. 732) : il a donc, à ce titre, un droit temporaire (C. civ., art. 763) et un droit viager (C. civ., art. 764) au logement familial. Encore faut-il qu'il remplisse la condition légale imposée pour ce faire : avoir occupé, à l'époque du décès, de manière effective et à titre d'habitation principale, le logement en question.

1497 — Cas particulier des époux séparés de corps par consentement mutuel. Les époux qui se séparent de corps par consentement mutuel judiciaire ont la possibilité d'inclure dans leur convention une renonciation aux droits successoraux légaux (C. civ., art. 301). Ils peuvent ainsi prévoir que le survivant d'entre eux n'aura aucun droit successoral légal dans la succession du prédécédé, ou encore qu'il ne pourra solliciter un droit viager sur le logement familial. En revanche, il ne leur est pas possible de déroger conventionnellement à l'article 763 : le droit temporaire du conjoint survivant au logement familial est d'ordre public.

D Les dommages et intérêts de l'article 266

1498 — Disposition légale applicable en cas de divorce et étendue à la séparation de corps. Inséré dans une section intitulée « les conséquences du divorce pour les époux », l'article 266 du Code civil prévoit que « des dommages et intérêts peuvent être accordés à un époux en réparation des conséquences d'une particulière gravité qu'il subit du fait de la dissolution du mariage soit lorsqu'il était défendeur à un divorce pour altération définitive du lien conjugal et qu'il n'avait lui-même formé aucune demande en divorce, soit lorsque le divorce est prononcé aux torts exclusifs de son conjoint ». Selon une jurisprudence constante, ce texte est applicable à la séparation de corps.

Cass. 1re civ., 9 déc. 2003 : Defrénois 2004, 5888, obs. Massip J.

SECTION 4 La fin de la séparation de corps

1499 — Caractère provisoire de la séparation de corps. Pour le législateur, la séparation de corps est une situation provisoire. C'est en quelque sorte un état intermédiaire entre le célibat et le mariage, état qui n'a pas vocation à durer.

1500 — Décès de l'un des époux séparés de corps. La séparation de corps prend naturellement fin lorsque l'un des deux époux (au moins) décède. Dans ce cas, le conjoint survivant séparé de corps a, en principe, des droits légaux sur le plan successoral.

1501 — Fin de la séparation des corps due à une réconciliation ou un divorce des époux. Mise à part l'hypothèse particulière du décès, deux autres circonstances mettent fin à la séparation de corps : une réconciliation des époux qui décident de reprendre volontairement leur vie commune (I) ou leur divorce. Ce dernier peut résulter, soit d'une demande ayant pour objet de convertir la séparation de corps en divorce (II), soit d'une demande autonome en divorce (III).

I La reprise volontaire de la vie commune

1502 — Notion de réconciliation des époux. Selon l'article 305, alinéa 1er du Code civil, « la reprise volontaire de la vie commune met fin à la séparation de corps ». La réconciliation des époux implique tant un élément matériel (la reprise de la vie commune) qu'un élément intentionnel (la volonté de l'un et l'autre des époux de reprendre la vie commune).

1503 — Constatation et publicité de la réconciliation des époux séparés de corps. Pour être opposable aux tiers, la reprise volontaire de la vie commune par les époux doit nécessairement être constatée selon les formes imposées par la loi. Elle doit ainsi « soit être constatée par acte notarié, soit faire l'objet d'une déclaration à l'officier de l'état civil ». Mention doit être faite en marge de l'acte de mariage des époux et en marge de l'acte de naissance de chacun d'eux (C. civ., art. 305, al. 2).

1504 — Conséquences de la réconciliation des époux séparés de corps. En cas de reprise volontaire de la vie commune, la séparation de corps prend fin. Les époux sont donc à nouveau tenus de cohabiter l'un avec l'autre. La présomption de paternité retrouve son champ d'application classique (C. civ., art. 312). La contribution aux charges du mariage reprend son emprise sur le devoir de secours entre époux.

1505 — Maintien du régime de la séparation de biens en cas de réconciliation. Lorsque les époux reprennent leur vie commune mettant ainsi fin à la séparation de corps, ils restent soumis au régime de la séparation de biens. Ils ont néanmoins la possibilité de changer de régime matrimonial en suivant les règles imposées dans l'article 1397 (C. civ., art. 305, al. 3).

II La conversion de la séparation de corps en divorce

1506 — Notion de conversion de la séparation de corps. Le législateur ayant conçu la séparation de corps comme une situation provisoire, il a donné aux conjoints la possibilité d'en sortir par le biais d'une demande tendant, après un certain temps, à transformer en divorce la séparation de corps initialement prononcée. Il faut distinguer selon que la demande de conversion est bilatérale (A) ou unilatérale (B).

En 2015, 566 séparations de corps ont ainsi été converties en divorce (source : ministère de la Justice/SG/SDSE).

A La demande de conversion en divorce par consentement mutuel

1 L'admission de la conversion de toute séparation de corps en divorce par consentement mutuel

1507 — Conversion d'une séparation de corps en divorce par consentement mutuel. L'article 307, alinéa 1er du Code civil énonce que « dans tous les cas de séparation de corps, celle-ci peut être convertie en divorce par consentement mutuel ». Ainsi, quelle que soit la cause de la séparation de corps, la conversion en divorce par consentement mutuel est possible, dès lors que les époux sont d'accord sur le principe même du divorce et tous ses effets. Aucun délai légal – entre le prononcé de la séparation de corps et l'introduction d'une demande en divorce par consentement mutuel – n'est à respecter dans ce cas.

2 Le cas particulier de la conversion de la séparation de corps prononcée par consentement mutuel

1508 — Parallélisme entre la séparation de corps et le divorce. Selon l'article 307, alinéa 2 du Code civil, « quand la séparation de corps a été prononcée par consentement mutuel, elle ne peut être convertie en divorce que par une nouvelle demande conjointe ». La séparation de corps prononcée par consentement mutuel ne peut donc être transformée qu'en divorce par consentement mutuel.

1509 — Piège de la séparation de corps prononcée par consentement mutuel. Celle-ci peut avoir pour effet pervers d'enfermer dans le mariage – du moins pendant un temps – le conjoint dont l'époux se refuse finalement à demander la conversion de la séparation de corps en divorce. Dans ce cas, celui-ci n'a d'autre choix que d'attendre : attendre deux ans pour pouvoir ensuite demander le divorce pour altération définitive du lien conjugal (C. civ., art. 238, al. 1er). Il peut aussi introduire une demande en divorce fondée sur l'article 242, dès lors que son conjoint commet une faute postérieurement au jugement de séparation de corps.

1510 — Contenu de la requête en conversion de la séparation de corps par consentement mutuel. La requête tendant à la conversion en divorce par consentement mutuel est soumise à un certain formalisme légal qui s'impose à peine d'irrecevabilité (CPC, art. 1132) :
- elle doit contenir les mentions imposées par l'article 1090 du Code de procédure civile ;
- elle doit indiquer la décision qui a prononcé la séparation de corps ;
- elle doit être accompagnée d'une convention sur les conséquences du divorce.

1511 — Faculté du juge saisi d'une demande de conversion de la séparation de corps en divorce par consentement mutuel. Lorsque les époux demandent la conversion en divorce par consentement mutuel, d'une séparation de corps prononcée par consentement mutuel, le juge peut ne pas les entendre et se contenter d'examiner leur convention avec leur avocat (CPC, art. 1133, al. 1er).

1512 — Décision du juge saisi d'une demande de conversion de la séparation de corps en divorce par consentement mutuel. En l'absence de difficulté, le juge homologue la convention et prononce le divorce par consentement mutuel (CPC, art. 1133, al. 2). Il peut aussi demander aux époux de présenter à nouveau leur requête en conversion dans le mois, après avoir modifié leur convention. Si les époux ne répondent pas à cette demande, le juge rend alors une ordonnance par laquelle il refuse d'homologuer la convention en question (CPC, art. 1133, al. 3).

1513 — Appel contre l'ordonnance du juge refusant une demande de conversion de la séparation de corps en divorce par consentement mutuel. Celle-ci est susceptible d'appel dans les 15 jours de la décision. L'appel est formé, instruit et jugé selon les règles applicables à la matière gracieuse (CPC, art. 1134).

B La demande unilatérale de conversion

1514 — Possibilité de conversion unilatérale de la séparation de corps en divorce. Dès 1908, le législateur a admis la possibilité pour un époux de demander de manière unilatérale, après l'écoulement d'un certain délai, la conversion de la séparation de corps en divorce. De la sorte, celui-ci peut sortir des liens du mariage et ainsi échapper au célibat forcé définitif que voudrait lui imposer son conjoint. Cette possibilité est aujourd'hui évoquée dans l'article 306 du Code civil. Elle ne peut néanmoins pas être utilisée lorsque la séparation de corps des époux a été prononcée par consentement mutuel.

« À la demande de l'un des époux, le jugement de séparation de corps est converti de plein droit en jugement de divorce quand la séparation de corps a duré 2 ans » (C. civ., art. 306).

1515 — Délai nécessaire à la conversion unilatérale d'une séparation de corps en divorce. Le délai à l'issue duquel la séparation de corps est convertie de plein droit en divorce à la demande de l'un des époux est, depuis la loi du 26 mai 2004, de 2 ans (C. civ., art. 306). Il court à partir du jour où la décision de séparation de corps a pris force de chose jugée.

Sous l'empire de la loi antérieure, la conversion de la séparation de corps en divorce n'était automatique qu'à l'issue d'un délai de 3 ans.

1516 — Conversion automatique de la séparation de corps en divorce. La conversion de la séparation de corps en divorce, demandée sur le fondement de l'article 306 du Code civil, est de droit. Cela signifie que dès lors que la conversion est demandée et que le délai légal imposé est rempli, le juge est tenu de la prononcer. Il ne dispose d'aucun pouvoir souverain d'appréciation.

1517 — Cause et torts dans la séparation de corps et le divorce. La cause de la séparation de corps devient, en cas de conversion unilatérale, la cause du divorce et l'attribution des torts n'est pas modifiée (C. civ., art. 308, al. 1er). Dès lors, une séparation de corps pour faute, prononcée par exemple aux torts partagés des époux, devient, lorsque la conversion est demandée, un divorce pour faute prononcé aux torts partagés.

III Le divorce autonome

1518 — Possibilité pour les époux séparés de corps d'introduire une demande autonome en divorce. Rien n'empêche le ou les époux séparés de corps, d'introduire en justice, indépendamment d'une demande de conversion, une demande autonome en divorce, dès lors que les conditions légales propres à la cause de divorce invoquée sont remplies.

1519 — Demande autonome en divorce fondée sur la faute. Lorsque l'un des époux séparés de corps introduit une demande autonome en divorce fondée sur la faute (C. civ., art. 242), celle-ci ne peut, selon la Cour de cassation, être fondée que « sur des faits postérieurs au jugement de séparation de corps ».

Cass. 2e civ., 26 juin 1996 : Bull. civ. II, no 190.

CHAPITRE 7

La filiation biologique

1520 — Définition de la filiation biologique. Elle peut être définie comme le lien juridique qui unit un enfant à son père (filiation paternelle) ou à sa mère (filiation maternelle). Derrière une définition simple, se cache en réalité une notion complexe dans laquelle interfèrent les liens du sang, mais aussi les liens affectifs et parfois également des considérations sociales.

1521 — Liens du sang, affection et considérations sociales dans la filiation biologique. La filiation ne peut être réduite au lien du sang qui lie deux personnes, c'est-à-dire à la vérité biologique. L'affection et l'amour (la vérité du cœur) doivent aussi irriguer la notion. En outre, peuvent aussi interférer des considérations sociales. Par exemple, le droit de la filiation a longtemps été construit sur l'idée que seule la famille fondée sur le mariage méritait une véritable reconnaissance juridique.

1522 — Enjeux fondamentaux attachés à l'établissement de la filiation. Dès lors que le lien de filiation est juridiquement établi entre l'enfant et son auteur, celui-ci peut se voir attribuer son nom. Le parent devient titulaire de l'autorité parentale. Il est tenu d'un devoir d'entretien envers l'enfant. En outre, des droits successoraux réciproques se créent entre l'enfant et son parent.

1523 — Plan du chapitre. Généralement, la filiation de l'enfant ne fait l'objet d'aucun contentieux (section 2). Quelquefois, elle soulève en justice un litige tendant soit à son établissement, soit à sa contestation (section 3). Avant d'exposer les règles applicables dans chacune des situations, il est nécessaire de présenter, d'un point de vue historique, le droit de la filiation (section 1).

SECTION 1 Introduction au droit de la filiation biologique

1524 — Filiation biologique dans le Code Napoléon. La volonté de protéger la famille légitime expliquait certains des choix effectués par les rédacteurs du Code civil en 1804. Ceux-ci avaient, par exemple, opté pour une application large de la présomption de paternité légitime, de manière à ce qu'un grand nombre d'enfants puissent être juridiquement rattachés au mari de leur mère. La vérité biologique était ainsi parfois étouffée pour promouvoir la famille construite sur le mariage.

1525 — Défense de la filiation biologique dans la réforme de 1972. La loi du 3 janvier 1972 portant réforme de la filiation, adoptée sous l'égide du doyen Carbonnier, s'est employée à défendre deux objectifs : faire une plus grande place au principe d'égalité (entre la filiation légitime et la filiation naturelle) et accorder une plus grande place à la vérité biologique.

Loi nº 72-3 du 3 janvier 1972 sur la filiation : JO 5 janv. 1972, p. 145.

1526 — Égalité dans le droit de la filiation après 1972. Après la grande réforme de 1972, le législateur a continué d'œuvrer en faveur de l'égalité des filiations légitime et naturelle (L. 3 déc. 2001 relative aux droits successoraux du conjoint survivant et des enfants adultérins, L. 4 mars 2002 relative au nom de famille et à la réforme de l'autorité parentale). L'évolution a été parachevée par l'ordonnance du 4 juillet 2005 qui a supprimé les vocables « filiation légitime » et « filiation naturelle » dans le Code civil.

1527 — Vérité biologique dans le droit de la filiation après 1972. Depuis cette réforme, la place de la vérité biologique n'a cessé de s'accroître dans le droit français de la filiation tant sous l'influence du législateur (L. 8 janv. 1993 notamment) que de la jurisprudence. En effet, cette dernière a, dans des arrêts importants rendus en 1976 et 1987, élargi l'accès à la vérité biologique, en créant deux nouvelles actions en contestation de paternité légitime. En outre, dès 2000, elle a ouvert largement la porte aux progrès scientifiques en jugeant qu'« en matière de filiation, l'expertise biologique est de droit sauf s'il existe un motif légitime de ne pas y procéder ».

Cass. 1re civ., 28 mars 2000 : D. 2000, 731, note Garé Th.

1528 — Lois adoptées sur la filiation après 1972 et avant 2005. Les lois adoptées pendant cette période avaient un champ d'application ciblé. La loi du 8 janvier 1993 était relative à l'état civil, à la famille et aux droits de l'enfant, et instituait le juge aux affaires familiales. Celle du 3 décembre

2001 envisageait la question de la filiation sous l'angle de la succession des enfants adultérins. Quant aux deux lois du 4 mars 2002, elles traitaient, pour l'une de l'autorité parentale, pour l'autre du nom de famille. Ces différentes lois ne constituaient néanmoins pas la réforme globale du droit de la filiation qui était assez massivement réclamée.

1529 — Réforme de la filiation par l'ordonnance de 2005. Le droit français de la filiation a finalement été réformé, non par une loi, mais par une ordonnance en date du 4 juillet 2005. Celle-ci poursuivait trois objectifs : simplifier le droit de la filiation, assurer la sécurité et la stabilité du lien de filiation, consacrer pleinement l'égalité dans le droit de la filiation.

Ordonnance n° 2005-759 du 4 juillet 2005 portant réforme de la filiation : JO 6 juill. 2005, n° 156, p. 11159.

1530 — Filiations en et hors mariage. Les vocables « filiation légitime » et « filiation naturelle » ayant été supprimés par l'ordonnance de 2005, on parle désormais de filiation en mariage et hors mariage. Malgré ce rapprochement, des différences subsistent entre l'une et l'autre. Par exemple, la présomption de paternité est un mode d'établissement propre à la paternité en mariage. Lorsque la paternité est ainsi établie, la filiation en mariage est alors indivisible. En revanche, la filiation hors mariage est, elle, toujours divisible.

La divisibilité signifie que la filiation peut être établie à l'égard de la mère indépendamment du père (et inversement).

1531 — Dispositions transitoires de l'ordonnance de 2005 sur la filiation. L'ordonnance du 4 juillet 2005 est entrée en vigueur le 6 juillet 2005 (art. 21). Son article 20-1 précise que « sous réserve des décisions de justice passées en force de chose jugée » l'ordonnance est, en principe, « applicable aux enfants nés avant comme après son entrée en vigueur ».

1532 — Ratification de l'ordonnance de 2005 sur la filiation. La ratification de l'ordonnance de 2005 – qui a pour effet de lui donner valeur législative – est intervenue tardivement puisqu'elle a été réalisée par la loi du 16 janvier 2009 sur la filiation. Bien qu'il ne s'agisse que d'une loi de ratification, celle-ci a modifié, sur le fond, quelques dispositions de l'ordonnance du 4 juillet 2005. Par exemple, elle autorise un enfant né sous X à intenter une action en recherche de maternité à l'égard de celle qu'il prétend être sa génitrice (v. C. civ., art. 325 nouveau), alors que celui-ci ne pouvait le faire sous l'empire de la loi antérieure.

Loi n° 2009-61 du 16 janvier 2009 portant ratification de l'ordonnance n° 2005-759 du 4 juillet 2005 portant réforme de la filiation et modifiant ou abrogeant diverses dispositions relatives à la filiation : JO 18 janv. 2009, n° 0015, p. 1062.

1533 — Filiation biologique dans la loi du 17 mai 2013. Les règles juridiques relatives à la filiation biologique ne sont pas applicables aux époux homosexuels. En effet, il est précisé dans l'article 6-1 du Code civil issu de la loi du 17 mai 2013 ouvrant le mariage aux couples de personnes de même sexe que, « le mariage et la filiation adoptive emportent les mêmes effets, droits et obligations reconnus par les lois (...) que les époux ou les parents soient de sexe différent ou de même sexe », « à l'exclusion de ceux prévus au titre VII du livre Ier du présent Code ». Or, cette exclusion vise précisément la filiation biologique.

SECTION 2 La filiation hors contentieux : l'établissement pacifique de la filiation

1534 — Modes d'établissement pacifique de la filiation biologique. Classiquement, la filiation d'un enfant est instaurée sans emprunter la voie d'un tribunal. En effet, elle est établie, soit par l'effet de la loi (I), soit par le biais d'une reconnaissance (II), soit par la constatation de la possession d'état (III).

1535 — Principe chronologique. Une fois que la filiation est établie, elle empêche l'établissement d'une autre filiation – du même côté – la contredisant. Il faut donc nécessairement détruire la première filiation en la contestant en justice avant d'être admis à en établir une nouvelle. C'est ce qui résulte du principe chronologique posé dans l'article 320 du Code civil.

> « Tant qu'elle n'a pas été contestée en justice, la filiation légalement établie fait obstacle à l'établissement d'une autre filiation qui la contredirait » (C. civ., art. 320).

I L'établissement de la filiation par l'effet de la loi

1536 — Plan. Il est nécessaire de distinguer ici entre l'établissement de la maternité (A) et de la paternité (B).

A L'établissement de la maternité

1 L'accouchement classique

1537 — Indication du nom de l'accouchée dans l'acte de naissance. Dans sa rédaction issue de l'ordonnance du 4 juillet 2005, l'article 311-25 du Code civil énonce que « la filiation est établie à l'égard de la mère, par la désignation de celle-ci dans l'acte de naissance de l'enfant ». Ainsi, dès lors que l'identité de la femme qui a accouché est portée dans l'acte de naissance de l'enfant, la filiation maternelle est alors automatiquement établie.

1538 — Égalité maternités en mariage et hors mariage. En rédigeant ainsi l'article 311-25 du Code civil, l'ordonnance de 2005 a placé sur un pied d'égalité les femmes mariées et non mariées en ce qui concerne l'établissement de leur maternité. En effet, sous l'empire du droit antérieur, l'acte de naissance indiquant le nom de la femme accouchée, établissait seulement la maternité en mariage (dite à l'époque « maternité légitime »). La femme non mariée ne voyait pas sa maternité établie par l'indication de son nom dans l'acte de naissance de son enfant. Elle devait donc reconnaître l'enfant pour avoir un lien de droit à son égard.

1539 — Rôle de l'officier de l'état civil dans l'élaboration de l'acte de naissance. En pratique, c'est l'officier de l'état civil qui porte le nom de la femme qui a accouché sur l'acte de naissance de l'enfant lorsque le père ou un tiers vient déclarer sa naissance (C. civ., art. 55 à 57).

1540 — Rôle de l'accouchement dans l'établissement de la maternité par effet de la loi. Celui-ci joue un rôle évident puisqu'il désigne la mère légale de l'enfant. L'adage selon lequel « *mater semper certa est* » (la mère est toujours certaine) traduit d'ailleurs cette idée.

2 ▌ L'accouchement sous X

1541 — Rôle de la volonté de la femme : possibilité d'accoucher anonymement. L'accouchement ne suffit néanmoins pas à désigner la mère, dans la mesure où toute femme a la possibilité de refuser que son nom soit indiqué dans l'acte de naissance de l'enfant en accouchant anonymement (accouchement sous X). En effet, il est admis dans la loi française que toute femme peut demander lors de son accouchement que le secret de son admission et de son identité soit préservé. Dans ce cas, aucune pièce d'identité n'est exigée et il n'est procédé à aucune enquête.

C. civ., art. 326 et CASF, art. L. 222-6.

Chaque année, 600 à 700 femmes font le choix d'accoucher anonymement.

1542 — Lien entre l'enfant et la femme ayant accouché sous X. Lorsque la femme accouche anonymement, son nom n'est alors pas indiqué dans l'acte de naissance de l'enfant et sa maternité n'est pas, par voie de conséquence, établie. L'enfant peut néanmoins, depuis la loi du 16 janvier 2009, intenter sur le fondement de l'article 325 du Code civil, une action en recherche de maternité contre la femme qui a accouché anonymement, pour voir sa maternité judiciairement établie.

1543 — Accès aux origines de l'enfant né sous X. Droit subjectif de la femme, l'accouchement anonyme prive *a priori* l'enfant du droit d'accéder à ses origines. La loi du 22 janvier 2002 s'est efforcée de concilier les intérêts contradictoires en présence, en invitant la génitrice lors de son accouchement, à laisser à l'enfant des renseignements non identifiants et en l'informant de la possibilité de lever, à tout moment, le secret de son identité. Elle a, à cette fin, créé le CNAOP (Conseil national pour l'accès aux origines personnelles).

> CASF, art. L. 147-1 et s., issus de la loi nº 2002-93 du 22 janvier 2002 relative à l'accès aux origines des personnes adoptées et pupilles de l'État : JO 23 janv. 2002, p. 1519.

1544 — Accouchement sous X, accès aux origines devant la CEDH. Au début des années 2000, une requérante française, Mme Odièvre, a fait valoir devant la CEDH que le secret de sa naissance et l'impossibilité pour elle d'accéder à ses origines, constituaient une violation des droits garantis par l'article 8 de la Convention européenne des droits de l'homme (droit au respect de la vie privée et familiale) et une discrimination contraire à l'article 14.

1545 — Accouchement sous X, accès aux origines : non-condamnation de la France par la CEDH. Dans l'arrêt *Odièvre c/France* rendu le 13 février 2003, la CEDH a rejeté l'argument d'inconventionnalité du droit français. Elle a considéré que « la législation française tente d'atteindre un équilibre et une proportionnalité suffisante entre les intérêts en cause ». Selon elle, « la France n'a pas excédé la marge d'appréciation qui doit lui être reconnue en raison du caractère complexe et délicat que soulève le secret des origines au regard du droit de chacun à son histoire, du droit des parents biologiques, du lien familial existant et des parents adoptifs ».

> CEDH, 13 févr. 2003, aff. Odièvre c/ France : JCP 2003, I, 120, note Malaurie P.

1546 — Accouchement sous X, accès aux origines et Constitution française. Dans une décision QPC rendue le 16 mai 2012, le Conseil constitutionnel a considéré que la façon dont la loi française concilie accouchement sous X de la mère de naissance et accès aux origines personnelles de l'enfant est conforme à la Constitution. Ainsi, les articles L. 147-6 et L. 222-6 du Code de l'action sociale et des familles ne sont contraires à aucun droit et liberté que la Constitution garantit.

> Cons. const., 16 mai 2012, nº 2012-248 QPC : JO 17 mai 2012, nº 0115, p. 9154.

B L'établissement de la paternité

1547 — Existence en mariage d'une présomption de paternité. En mariage – et uniquement en mariage –, la paternité peut être établie par le biais d'une présomption légale, à savoir la présomption de paternité (laquelle était appelée, avant l'ordonnance de 2005, présomption de paternité légitime). Par application de la présomption de paternité, le mari de la femme qui accouche est présumé, par la loi, être le père de son enfant.

1548 — Origines de la présomption de paternité. Historiquement, la présomption de paternité a été inventée par le jurisconsulte romain Paul pour contourner les difficultés qu'il y avait à prouver une paternité. En effet, jusqu'à l'avènement des expertises (sanguines et génétiques), la paternité est restée un fait incertain. Aussi, en partant de deux faits connus – la maternité d'une femme et son mariage (lequel fait naître des obligations de communauté de vie et de fidélité entre les époux) –, il en a été déduit que « les noces font présumer le père » (« *pater is est quem nuptiae demonstrant* »).

1549 — Présomption de paternité légitime dans le Code Napoléon. En 1804, les rédacteurs du Code civil avaient, par faveur à la légitimité, appliqué la présomption de paternité légitime de manière extensive. Cela avait eu pour conséquence d'engendrer parfois l'établissement de paternités légitimes manifestement contraires à la réalité biologique.

1550 — Présomption de paternité dans la loi de 1972. La loi du 3 janvier 1972 a eu notamment pour objectif de faire triompher la vérité biologique dans le droit de la filiation. Aussi, à partir de cette date, l'application de la présomption de paternité légitime a été commandée, non par l'opportunité de conférer la qualité d'enfant légitime à l'enfant, mais par le souci de faire coïncider la filiation avec la vérité biologique.

1551 — Portée de la présomption de paternité. Celle-ci est une présomption simple. Elle est, en effet, susceptible d'être renversée par la preuve contraire dans les conditions prévues par la loi (v. notamment C. civ., art. 332, al. 2). Néanmoins, elle devient quasiment irréfragable lorsque le titre (acte de naissance de l'enfant ou sa reconnaissance) est conforté par une possession d'état ayant duré 5 ans (C. civ., art. 333, al. 2).

Une présomption est irréfragable lorsqu'elle ne peut pas être renversée par la preuve contraire.

1 Le champ d'application de la présomption de paternité

1552 — Article 312 du Code civil sur la présomption de paternité. Dans sa rédaction issue de l'ordonnance du 4 juillet 2005, l'article 312 du Code civil dispose que « l'enfant conçu ou né pendant le mariage a pour père le mari ». La présomption de paternité couvre ainsi tant l'enfant conçu en mariage que celui qui naît dans les 179 premiers jours du mariage.

1553 — Application de la présomption de paternité à l'enfant conçu pendant le mariage. En droit français, l'enfant est présumé avoir été conçu pendant la période qui s'étend du 300e au 180e jour inclus avant la date de sa naissance (C. civ., art. 311, al. 1er). Comme la présomption de paternité s'applique à l'enfant conçu pendant le mariage (C. civ., art. 312), elle couvre donc tous les enfants nés à partir du 180e jour suivant la célébration du mariage et jusqu'au 300e jour suivant la dissolution de l'union.

1554 — Application de la présomption de paternité à l'enfant des « fiancés ». La présomption de paternité s'applique aussi à l'enfant qui est né pendant le mariage, mais qui a été conçu avant. Plus précisément, elle couvre l'enfant qui naît dans les 179 jours suivant la célébration du mariage. La solution n'est pas nouvelle. Elle avait été affirmée par la Cour de cassation dès 1930, dans le célèbre arrêt Degas. C'est à l'occasion de l'ordonnance du 4 juillet 2005 qu'elle a été explicitement inscrite dans le Code civil.

Civ., 8 janv. 1930, Degas : DP 1930, I, 51.

2 L'exclusion et le rétablissement de la présomption de paternité

a L'exclusion de la présomption de paternité

1555 — Fondement de l'exclusion de la présomption de paternité. Depuis la loi du 3 janvier 1972, l'application de la présomption de paternité du mari est écartée, dans des cas où sa paternité paraît biologiquement incertaine. Tel est le cas lorsque l'enfant est conçu pendant une période de séparation légale ou de fait des époux.

α L'enfant conçu pendant une période de séparation légale

1556 — Exclusion de la présomption de paternité en cas d'enfant issu d'une épouse légalement séparée. La présomption de paternité ne s'applique pas à l'enfant conçu pendant une période de séparation légale des époux, laquelle se matérialise par une demande, soit en divorce, soit en séparation de corps. C'est ce qui résulte de l'article 313 *in fine* du Code civil, lequel envisage plusieurs situations décrites ci-après.

1557 — Exclusion de la présomption de paternité en cas de divorce ou séparation de corps par consentement mutuel. La présomption de paternité ne s'applique pas à l'enfant qui naît plus de 300 jours après l'homologation de la convention réglant les conséquences du divorce. En effet, l'enfant qui naît dans ce contexte n'a pu, *a priori*, eu égard à la durée légale de la grossesse (C. civ., art. 311, al. 1er), être conçu par le mari.

On observe que, curieusement, l'article 313 du Code civil n'a pas été modifié par la loi du 18 novembre 2016 de modernisation de la justice du XXIe siècle, qui a consacré en droit français le divorce par consentement mutuel sans juge (C. civ., art. 229-1 et s. nouveaux). Cet oubli pose la question de savoir quel est, dans cette hypothèse, le point de départ du délai de 300 jours à l'expiration duquel la présomption de paternité est écartée. Est-ce la date de signature de la convention par les époux et leurs avocats ou la date de son dépôt au rang des minutes du notaire ? La seconde solution semble devoir être retenue au regard du nouvel article 229-1 du Code civil. V. sur cette question Houssier J., « L'oubli de la présomption de paternité par la loi du 18 novembre 2016 : un acte manqué ? », AJ fam. 2017, p. 215.

1558 — Exclusion de la présomption de paternité en cas de séparation de corps ou divorce contentieux. L'article 313 *in fine* vise l'hypothèse dans laquelle les époux ont entrepris une procédure en divorce ou en séparation de corps contentieuse, c'est-à-dire une procédure fondée sur l'acceptation du principe de la rupture du mariage, sur la faute ou sur l'altération définitive du lien conjugal. Il prévoit que la présomption de paternité est écartée lorsque l'enfant naît plus de 300 jours après l'ordonnance de non-conciliation rendue par le juge. En effet, l'enfant en question ne peut, *a priori*, être issu des œuvres du mari.

1559 — Présomption de paternité en cas de rejet de la demande ou de réconciliation des époux. La demande en divorce ou séparation de corps des époux peut ne pas aboutir en raison, soit du rejet de leur demande, soit de leur réconciliation. Dans ce cas, la présomption de paternité est écartée à l'égard de l'enfant qui naît moins de 180 jours après le rejet définitif de la demande ou la réconciliation. L'enfant qui naît à cette date n'a pu effectivement, eu égard à la durée légale de la grossesse (C. civ., art. 311, al. 1er), être conçu par le mari.

β ▪ L'enfant conçu pendant une séparation de fait

1560 — Exclusion de la paternité légitime en cas d'enfant issu d'une épouse séparée de fait. La présomption de paternité ne s'applique pas à l'enfant conçu pendant une période de séparation de fait des époux. Cette situation est implicitement visée dans le début de l'article 313 du Code civil qui, dans sa rédaction issue de la loi du 16 janvier 2009, énonce que « la présomption de paternité est écartée lorsque l'acte de naissance de l'enfant ne désigne pas le mari en qualité de père ».

1561 — Fondement de l'exclusion de la présomption de paternité en cas de séparation de fait. Si l'acte de naissance de l'enfant ne mentionne pas le mari en qualité de père, il est alors plus que vraisemblable que le mari n'en soit pas l'auteur. Il est donc logique que la présomption de paternité soit écartée dans cette hypothèse.

1562 — Conditions de l'exclusion de la présomption de paternité en cas de séparation de fait. C'est la loi du 3 janvier 1972 qui a, la première, écarté la présomption de paternité lorsqu'un enfant est conçu pendant une période de séparation de fait des époux. Deux conditions étaient alors requises : l'acte de naissance de l'enfant ne devait pas désigner le mari en qualité de père. L'enfant ne devait pas avoir de possession d'état à l'égard du mari de sa mère. Cette seconde condition a été supprimée à l'occasion de la loi du 16 janvier 2009 portant ratification de l'ordonnance du 4 juillet 2005. Seule la première condition subsiste.

b Le rétablissement de la présomption de paternité

1563 — Raison d'être du rétablissement de la présomption de paternité. Même si la paternité biologique du mari semble peu vraisemblable lorsque l'enfant naît pendant une période de séparation de fait ou séparation légale des époux, elle n'est pour autant pas impossible. C'est pourquoi la présomption de paternité, qui est écartée en ces deux circonstances, peut être rétablie lorsque des faits mettent en évidence que le mari peut être le père biologique de l'enfant. Selon les circonstances, le rétablissement est automatique ou nécessite une action en justice.

α Le rétablissement automatique de la présomption de paternité

1564 — Rétablissement de la présomption de paternité sur le fondement de la vérité affective. Selon l'article 314 du Code civil, « la présomption de paternité se trouve rétablie de plein droit si l'enfant a la possession d'état à l'égard du mari et s'il n'a pas de filiation paternelle déjà établie à l'égard d'un tiers ». Elle est ainsi rétablie automatiquement, c'est-à-dire sans qu'il soit nécessaire d'intenter une action en justice, à la seule condition que le mari puisse prouver que l'enfant – qui n'a pas de filiation paternelle établie – a la possession d'état à son égard.

β Le rétablissement judiciaire de la présomption de paternité

1565 — Rétablissement de la présomption de paternité sur le fondement de la vérité biologique. L'article 315 du Code civil dispose que « lorsque la présomption de paternité est écartée dans les conditions prévues à l'article 313 (hypothèse de l'enfant conçu pendant une période de séparation légale ou de fait des époux), ses effets peuvent être rétablis en justice dans les conditions prévues à l'article 329 ». Ce dernier texte vise l'action en rétablissement de la présomption de paternité, laquelle est de la compétence du tribunal de grande instance.

1566 — Régime juridique de l'action en rétablissement de la présomption de paternité. Pendant la minorité de l'enfant, chacun des époux peut demander en justice que les effets de la présomption de paternité soient rétablis, en prouvant que le mari en est le père. L'action est ouverte à l'enfant dans les dix années qui suivent sa majorité (C. civ., art. 329).

1567 — Preuve à rapporter lors de l'action en rétablissement de la présomption de paternité. Le demandeur à l'action doit prouver que le mari est le père biologique de l'enfant. La preuve de la paternité peut être librement rapportée. Elle peut notamment être faite par le biais d'écrits, de témoignages et aussi d'expertises. En effet, selon la jurisprudence de la Cour de cassation, l'expertise est de droit en matière de filiation, sauf s'il existe un motif légitime de ne pas y procéder.

Cette solution, constante en jurisprudence, a été affirmée pour la première fois en 2000 : Cass. 1re civ., 28 mars 2000 : Bull. civ. I, n° 103.

1568 — Possible reconnaissance de l'enfant par le mari. Le mari n'a, en réalité, aucun intérêt à intenter une action en rétablissement de la présomption de paternité. En effet, la loi du 16 janvier 2009 est venue compléter l'article 315 du Code civil, en précisant que lorsque la présomption de paternité est écartée pour cause de séparation légale ou de fait des époux, le mari a aussi la possibilité d'établir sa paternité tout simplement en reconnaissant l'enfant.

II L'établissement de la filiation par reconnaissance

1569 — Définition de la reconnaissance. Il s'agit d'un acte juridique unilatéral par lequel une personne avoue que tel enfant est le sien, et s'engage ainsi à assumer les conséquences juridiques qui en découlent (devoir d'entretien, devoirs liés à l'autorité parentale...). C'est un mode subsidiaire d'établissement de la filiation. La reconnaissance n'est, en effet, nécessaire que lorsque la filiation n'a pas été établie par la loi (C. civ., art. 316, al. 1er).

1570 — Caractère irrévocable de la reconnaissance. L'irrévocabilité signifie que l'auteur d'une reconnaissance ne peut rétracter, par sa seule volonté, la reconnaissance qu'il a souscrite. En revanche, il peut, dans certains cas, demander en justice l'annulation de l'acte de reconnaissance. Il peut aussi, contester la filiation établie par reconnaissance lorsque les conditions légales de l'article 333 ou 334 du Code civil sont remplies.

1571 — Extension de la reconnaissance. Jusqu'à l'ordonnance du 4 juillet 2005, la reconnaissance était un mode d'établissement de la filiation réservée à la filiation naturelle (c'est-à-dire hors mariage). L'ordonnance de 2005 ayant supprimé la distinction entre filiation légitime et naturelle, la reconnaissance est ainsi devenue un mode d'établissement commun à la filiation en mariage et hors mariage. La loi du 16 janvier 2009 a d'ailleurs explicitement confirmé que le mari a la possibilité de reconnaître l'enfant né en mariage (C. civ., art. 315 *in fine*).

1572 — Recul du caractère indivisible de la filiation en mariage. En admettant que le mari puisse aussi établir sa paternité en reconnaissant l'enfant, la loi du 16 janvier 2009 a, du même coup, fait reculer le caractère indivisible de la filiation en mariage. Sous l'empire de la loi antérieure, la filiation légitime était nécessairement indivisible, puisque l'application de la présomption de paternité légitime entraînait le rattachement de l'enfant à son père et également à sa mère. Depuis 2009, la paternité en mariage peut être établie par reconnaissance. Dans ce cas, la filiation est divisible.

1573 — Plan. Comme la reconnaissance produit des effets graves (C), sa validité est subordonnée à des conditions de fond et de forme (A) dont le non-respect est sanctionné (B).

A Les conditions de validité de la reconnaissance

1 Les conditions de fond de la reconnaissance

a Les conditions relatives à l'auteur de la reconnaissance

1574 — Caractère personnel de la reconnaissance. La reconnaissance ayant un caractère personnel, elle ne peut émaner que de la mère de l'enfant si elle a pour objet d'établir la maternité. À l'inverse, elle ne peut être souscrite que par le père de l'enfant, si elle tend à établir le lien de filiation paternelle (C. civ., art. 316, al. 2).

1575 — Auteur de la reconnaissance et autre parent. Un parent n'a pas à obtenir l'autorisation de l'autre parent pour reconnaître l'enfant. Cet autre parent doit seulement être informé de la reconnaissance souscrite. En effet, l'officier de l'état civil qui porte mention de la reconnaissance de l'enfant en marge de son acte de naissance, doit en aviser l'autre parent par lettre recommandée avec accusé de réception (C. civ., art. 57-1, al. 1er).

1576 — Reconnaissance souscrite par un mineur. La reconnaissance ne nécessite aucune condition de capacité. Un mineur peut reconnaître seul son enfant. Il n'a besoin d'obtenir aucune autorisation pour ce faire.

1577 — Reconnaissance souscrite par un majeur protégé. Une personne majeure placée sous un régime de protection légale (tutelle, curatelle ou sauvegarde de justice) peut reconnaître seule son enfant. Elle n'a besoin ni d'être autorisée, ni d'être assistée pour souscrire une reconnaissance.

> C. civ., Art. 458, dans sa rédaction issue de la loi n° 2007-308 du 5 mars 2007 portant réforme de la protection juridique des majeurs : JO 7 mars 2007, n° 56, p. 4325.

1578 — Reconnaissance souscrite par une personne mentalement aliénée. Une personne dont les facultés mentales sont altérées peut reconnaître son enfant, à la condition néanmoins de le faire pendant un intervalle de lucidité.

b ▮ Les conditions relatives à l'enfant reconnu

1579 — Enfant pouvant et ne pouvant pas être reconnu. Tout enfant, qu'il soit né en mariage ou hors mariage, peut en principe être reconnu. Ce principe connaît néanmoins deux limites. La première concerne l'enfant incestueux, la seconde l'enfant dont la filiation a déjà été établie.

α ▮ L'impossible reconnaissance de l'enfant incestueux

1580 — Notion d'enfant incestueux. Il s'agit de l'enfant issu de deux personnes concernées par l'un des empêchements à mariage prévus par les articles 161 et 162 du Code civil.

> « En ligne directe, le mariage est prohibé entre tous les ascendants et descendants et les alliés dans la même ligne » (C. civ., art. 161).
>
> « En ligne collatérale, le mariage est prohibé entre le frère et la sœur (...) » (C. civ., art. 162).

1581 — Filiation de l'enfant incestueux. Un enfant incestueux ne peut voir son lien de filiation établi à la fois dans la branche paternelle et dans la branche maternelle. Consacrée en 1804, cette interdiction a été maintenue à l'époque moderne. En effet, l'article 310-2 du Code civil dans sa rédaction issue de l'ordonnance du 4 juillet 2005 dispose que « s'il existe entre les père et mère de l'enfant un des empêchements à mariage prévus dans les articles 161 et 162 pour cause de parenté, la filiation étant déjà établie à l'égard de l'un, il est interdit d'établir la filiation à l'égard de l'autre par quelque moyen que ce soit ».

La Cour de cassation a eu l'occasion de préciser que la filiation à l'égard de l'autre ne peut résulter du prononcé d'une adoption simple. V. en ce sens Cass. 1re civ., 6 janv. 2004, in *Grands arrêts de la jurisprudence civile,* 13e éd., 2015, Dalloz, t. 1, nº 53.

β L'impossible reconnaissance de l'enfant dont la filiation est déjà établie

1582 — Impossibilité de reconnaissance résultant du principe chronologique. Ce principe est un principe général du droit de la filiation. Il est consacré dans l'article 320 du Code civil qui énonce que « tant qu'elle n'a pas été contestée en justice, la filiation légalement établie fait obstacle à l'établissement d'une autre filiation qui la contredirait ».

Il en résulte notamment que si un enfant a été reconnu par M. Dupond, il ne peut être ultérieurement reconnu par M. Durand. Ce dernier devra d'abord attaquer en justice la reconnaissance souscrite par M. Dupond en intentant une action en contestation de filiation paternelle sur le fondement des articles 333 ou 334, C. civ.

c Les conditions relatives à la date de la reconnaissance

1583 — Validité de la reconnaissance prénatale. La reconnaissance peut, bien évidemment, être souscrite une fois l'enfant né. S'est posée la question de savoir si elle peut aussi valablement être faite avant sa naissance. La validité de la reconnaissance prénatale (ou anténatale) a été admise d'abord par la jurisprudence, puis par l'ordonnance du 4 juillet 2005 (C. civ., art. 316, al. 1er). La reconnaissance prénatale ne produit ses effets qu'à partir du moment où l'enfant naît vivant et viable.

1584 — Intérêt de la reconnaissance prénatale. Il est conseillé à l'homme qui apprend que sa compagne ou partenaire est enceinte, de reconnaître au plus vite l'enfant *in utero*. De la sorte, sa paternité est établie, ce qui peut présenter un véritable intérêt s'il venait à décéder avant la naissance de l'enfant.

2 Les conditions de forme de la reconnaissance

1585 — Forme authentique obligatoire de la reconnaissance. La reconnaissance doit, à peine de nullité, être passée en la forme authentique. Elle est faite « dans l'acte de naissance, par acte reçu par l'officiel de l'état civil ou par tout autre acte authentique » (C. civ., art. 316, al. 3). Elle peut donc notamment être souscrite dans un testament authentique ou dans un contrat de mariage, puisqu'il s'agit d'actes authentiques. Elle peut aussi être faite en justice, lors d'une instance, notamment au cours d'un interrogatoire sur comparution personnelle.

L'acte authentique est celui qui est établi par un officier public. Ses affirmations font foi jusqu'à inscription de faux et sont revêtues de la force exécutoire.

1586 — Actes ne valant pas reconnaissance. Selon la jurisprudence, ne vaut pas reconnaissance :
- la simple indication de la filiation du défunt dans un acte de décès dressé sur les déclarations d'un tiers ;
- l'indication de la filiation dans un testament olographe déposé chez un notaire. Le testament olographe est celui qui est écrit en entier de la main du testateur, daté et signé par lui (C. civ., art. 970).

Indication de la filiation dans un acte de décès, Cass. 1re civ., 14 janv. 2009 : Bull. civ. I, n° 5.

Indication de la filiation dans un testament olographe, Cass. 1re civ., 2 févr. 1977 : Bull. civ. I, n° 63.

1587 — Mentions obligatoires de la reconnaissance. L'acte doit contenir les mentions obligatoires énumérées dans l'article 62 du Code civil. Celles-ci concernent tant l'auteur de la reconnaissance (prénoms, nom, date de naissance, lieu de naissance et domicile) que l'enfant reconnu (date et lieu de naissance, sexe et prénoms ou, à défaut, « tous renseignements utiles sur la naissance »).

1588 — Information de l'auteur de la reconnaissance. Depuis la loi du 4 mars 2002, il est précisé dans le Code civil que lors de l'établissement de l'acte de reconnaissance, il est fait lecture à son auteur des articles 371-1 et 371-2, lesquels définissent l'autorité parentale et le devoir d'entretien (C. civ., art. 62, dernier al.).

1589 — Publicité de la reconnaissance. L'acte de reconnaissance est inscrit, à sa date, sur les registres de l'état civil. Les mentions contenues dans la reconnaissance qui sont relatives aux prénoms, nom, date de naissance et domicile de l'auteur de la reconnaissance, sont aussi portées en marge de l'acte de naissance de l'enfant (C. civ., art. 62, al. 3 et 4).

B La sanction applicable en cas de non-respect : la nullité de la reconnaissance

1590 — Non-respect des conditions de la reconnaissance : cas de nullité relative. Il y a nullité relative en présence d'un vice du consentement. Il en résulte que si le consentement de l'auteur de la reconnaissance a été vicié par une erreur, un dol ou la violence, celui-ci peut alors demander en justice l'annulation de la reconnaissance.

1591 — Non-respect des conditions de la reconnaissance : cas de nullité absolue. Il existe deux cas de nullité absolue : le premier est constitué par le défaut d'authenticité de l'acte de reconnaissance (par exemple, lorsqu'une reconnaissance a été faite par acte sous seing privé). Le second cas est ouvert lorsque la reconnaissance a porté sur un enfant qui ne pouvait, en réalité, être reconnu (hypothèse de l'enfant incestueux dont la filiation est déjà établie d'un côté). Dans ces cas, toute personne, dès lors qu'elle a un intérêt à agir, peut demander en justice l'annulation de la reconnaissance.

1592 — Distinction à faire entre la nullité de la reconnaissance et l'action en contestation de filiation. L'action en nullité de la reconnaissance tend à remettre en cause la validité de la reconnaissance en tant qu'acte juridique. L'action en contestation a, elle, pour objet de mettre en évidence que l'auteur de la reconnaissance n'est pas, en réalité, le parent biologique de l'enfant reconnu.

C Les effets de la reconnaissance

1593 — Effet déclaratif de la reconnaissance et conséquences. La reconnaissance a un effet déclaratif, ce qui signifie que celle-ci ne fait que constater la filiation. Autrement dit, elle la reconnaît officiellement. Comme tous les actes déclaratifs, la reconnaissance produit un effet rétroactif. Elle rétroagit au jour de la naissance de l'enfant. Il en résulte notamment que même si un enfant est reconnu tardivement par l'un de ses parents, il est réputé lui être juridiquement rattaché depuis la naissance. Dès lors, le parent est tenu à l'entretien de l'enfant depuis cette date.

Cass. 1re civ., 29 juin 1977 : D. 1977, IR, 436, note Huet-Weiller D.

1594 — Effet absolu de la reconnaissance. La reconnaissance produit ses effets à l'égard de tous. L'enfant peut ainsi se prévaloir, à l'égard de toute personne, de sa filiation établie par reconnaissance.

III L'établissement de la filiation par possession d'état

1595 — Présentation générale de la possession d'état. Le doyen Cornu écrivait à son sujet : « Posséder un état, c'est vivre conformément à cet état, l'ayant ou non. » La possession d'état est l'apparence d'un état. En droit de la famille, la possession d'état se rencontre dans le mariage (possession d'état d'époux), mais aussi – et surtout – en matière de filiation (possession d'état d'enfant). Elle reflète la vérité affective, la vérité du cœur.

Cornu G., *La famille*, 9e éd., 2006, Montchrestien.

1596 — Notion de possession d'état d'enfant. Elle est visée à l'article 311-1, alinéa 1er du Code civil, qui précise que « la possession d'état s'établit par une réunion suffisante de faits qui révèlent le lien de filiation et de parenté entre une personne et la famille à laquelle elle est dite appartenir ». À la suite, la loi énumère « les principaux de ces faits ». Ceux-ci sont traditionnellement regroupés dans une trilogie latine. Il s'agit du *tractatus*, de la *fama* et du *nomen* : le traitement, la réputation et le nom.

1597 — Rôle de la possession d'état en droit de la filiation biologique. La possession d'état est un mode autonome d'établissement de la filiation, c'est-à-dire qu'elle permet à elle seule d'établir la filiation. Cette solution, admise dès 1804 pour la filiation en mariage, a mis plus de temps à s'imposer pour la filiation hors mariage.

1598 — Possession d'état, mode autonome d'établissement de la filiation hors mariage ? La réforme du 3 janvier 1972 a indéniablement fait une place plus grande à la possession d'état dans le droit de la filiation, en étendant son domaine et en renforçant ses effets. Quelques années plus tard, s'est posée la question de savoir si la possession d'état pouvait constituer un mode autonome de la filiation naturelle, c'est-à-dire une preuve directe de celle-ci.

1599 — Refus initial de la Cour de cassation d'admettre la possession d'état comme mode autonome de la filiation hors mariage. Dans le célèbre arrêt Law King rendu par la première chambre civile, la Cour de cassation a jugé en 1979 que la filiation naturelle ne pouvait se voir établie par la seule preuve de la possession d'état. La juridiction de renvoi ayant résisté, le législateur a ensuite préféré se saisir de la question en 1982.

Cass. 1re civ., 8 mai 1979, in *Grands arrêts de la jurisprudence civile*, 13e éd., 2015, Dalloz, t. 1, no 46-47.

1600 — Acceptation ultérieure du législateur de la possession d'état comme mode autonome de la filiation hors mariage. La loi du 25 juin 1982 a consacré une nouvelle solution : la preuve de la possession d'état peut permettre, à elle seule, d'établir la filiation naturelle (C. civ., art. 334-8 ancien). La solution a été reprise par l'ordonnance du 4 juillet 2005 qui cite, parmi les modes d'établissement de la filiation, la possession d'état (C. civ., art. 310-1).

1601 — Synthèse sur le rôle de la possession d'état comme preuve de la filiation biologique. En l'état actuel du droit, la possession d'état est un mode d'établissement de la filiation maternelle ou de la filiation paternelle, que celle-ci soit en mariage ou hors mariage. Depuis l'ordonnance du 4 juillet 2005, une possession d'état prénatale peut même permettre de prouver la filiation (C. civ., art. 317, al. 3).

1602 — Exigences relatives à la possession d'état, mode de preuve de la filiation biologique. Admise en tant que preuve directe de la filiation, la possession d'état n'en a pas moins un caractère subsidiaire, par rapport aux autres modes d'établissement de la filiation, n'étant citée qu'en dernier lieu par la loi (v. rédaction de C. civ., art. 310-1). En outre, pour permettre l'établissement de la filiation, la possession d'état doit comprendre certains éléments et répondre à des caractéristiques spécifiques (A). Elle doit aussi pouvoir être constatée (B).

A | Les éléments et caractères de la possession d'état

1 | Les éléments de la possession d'état

1603 — Éléments de la possession d'état d'enfant. Il ressort de l'article 311-1, alinéa 2 du Code civil que les principaux éléments de la possession d'état d'enfant sont le traitement (*tractatus*), la réputation (*fama*) et le nom (*nomen*). Selon une jurisprudence constante, la réunion de ces trois éléments énumérés par la loi n'est pas nécessaire pour que la possession d'état puisse être considérée comme établie. Il suffit qu'il y ait une réunion suffisante de faits qui indiquent le rapport de filiation et de parenté.

Cass. 1re civ., 16 mars 1999 : Bull. civ. I, n° 98.

1604 — Notion de *tractatus* dans la possession d'état. Le *tractatus* (c'est-à-dire le traitement) est le fait que la « personne a été traitée par celui ou ceux dont on la dit issue comme leur enfant et qu'elle-même les a traités comme son ou ses parents » (C. civ., art. 311-1, al. 2, 1°). Il met en évidence que les personnes se comportent dans les faits comme étant enfant et parent, l'une de l'autre. Le *tractatus* est l'élément central de la possession d'état. La loi impose qu'il soit réciproque : il doit exister tant du côté de l'enfant que de son prétendu parent.

1605 — Expression du *tractatus* dans la possession d'état. Selon l'article 311-1, alinéa 2, 2°, le *tractatus* peut notamment s'exprimer au travers de la participation à l'éducation, à l'entretien et à l'installation de l'enfant en qualité de parent.

1606 — Notion de *fama* dans la possession d'état. La *fama* (c'est-à-dire la réputation) est le fait que la personne soit reconnue comme l'enfant de l'autre « dans la société et par la famille » et qu'elle soit « considérée comme telle par l'autorité publique » (C. civ., art. 311-1, 3° et 4°, al. 2). La *fama* est l'image sociale, la face extérieure de la possession d'état.

1607 — Notion de *nomen* dans la possession d'état. Le *nomen* (c'est-à-dire le nom) est le fait que la personne « porte le nom de celui ou de ceux dont on la dit issue » (C. civ., art. 311-1, al. 2, 5°).

1608 — Déclin du *nomen* dans la possession d'état. Si le *nomen* était traditionnellement le fait premier de la possession d'état, on s'accorde à dire que tel n'est plus le cas aujourd'hui, notamment parce que le nom est parfois détaché de la filiation. C'est pour cette raison que l'ordonnance du 4 juillet 2005 a, dans l'énumération de l'article 311-1 du Code civil, relégué le nom à la dernière place, alors que sous l'empire du droit antérieur, il était le premier élément à être cité dans la loi.

2 Les caractères de la possession d'état

1609 — Caractères légaux requis pour établir la possession d'état. Pour produire des effets juridiques, la possession d'état doit nécessairement revêtir quatre caractères. Ces derniers sont, depuis l'ordonnance du 4 juillet 2005, énumérés dans l'article 311-2 du Code civil. Selon ce texte, la possession d'état « doit être continue, paisible, publique et non équivoque ». Appréciés souverainement par les juges du fond, ces caractères font néanmoins l'objet d'un contrôle de la Cour de cassation.

a Une possession d'état continue

1610 — Appréciation de la continuité de la possession d'état. La possession d'état ne peut permettre l'établissement d'un lien de filiation, qu'à la condition qu'elle ait duré un certain temps. À ce titre, aucune durée précise n'est requise par la loi. L'appréciation est faite par les juges, au cas par cas. Plus la possession d'état dure, plus elle est crédible bien évidemment.

1611 — Solutions relatives au point de départ de la possession d'état. Selon la jurisprudence majoritaire, il n'est pas nécessaire que la possession d'état existe depuis la naissance de l'enfant pour être prise en considération. Une possession d'état anténatale peut permettre l'établissement du lien de filiation (C. civ., art. 317, al. 3). En revanche, la question de savoir si la possession d'état doit nécessairement exister au moment où l'intéressé s'en prévaut n'est pas tranchée de manière certaine en jurisprudence.

1612 — Possession d'état intermittente. Selon la jurisprudence de la Cour de cassation, la continuité de la possession d'état imposée dans l'article 311-2 du Code civil « n'implique pas nécessairement une communauté de vie ou des relations constantes ». Mais des « relations épisodiques » ne suffisent pas à caractériser la possession d'état.

Cass. 1re civ., 3 mars 1992 : D. 1993, 133, note Massip J.

Exigence de la continuité non remplie en présence de deux personnes n'ayant entretenu que des « relations épisodiques », Cass. 1re civ., 24 mars 1993 : D. 1994, 346, note Massip J.

b Une possession d'état publique

1613 — Exigence de la notoriété de la possession d'état. La loi impose que la possession d'état soit publique, c'est-à-dire connue des autres. L'existence de la *fama*, évoquée dans l'article 311-1 du Code civil, traduit cette même exigence.

c L'absence de vices : une possession d'état paisible et non équivoque

1614 — Conflit de possessions d'état. Il n'est pas rare que, dans les faits, deux hommes (le mari et l'amant de la mère) veuillent se rattacher un même enfant, en lui conférant chacun une possession d'état. Dans ce contexte particulier de conflit de filiations, la jurisprudence a tendance à considérer que la première possession d'état en date est rendue équivoque par la seconde.

Cass. 1re civ., 5 nov. 1991 : Bull. civ. I, n° 298.

Cass. 1re civ., 18 nov. 1997 : Defrénois 1998, 1022, obs. Massip J.

B La constatation de la possession d'état

1615 — Deux façons de constater la possession d'état. Lorsque le contexte est pacifique, la possession d'état est constatée dans un acte de notoriété (1). Les situations plus conflictuelles impliquent d'intenter en justice une action en constatation de la possession d'état (2).

De manière générale, l'acte de notoriété est un document par lequel une autorité de l'État recueille des témoignages en vue d'établir un fait matériel constaté par un certain nombre de personnes.

1 La constatation de la possession d'état dans un acte de notoriété

1616 — Juge compétent, avant 2011, pour délivrer l'acte de notoriété. Avant la loi du 28 mars 2011, les auteurs s'accordaient à dire que le juge compétent pour délivrer l'acte de notoriété était le juge du tribunal d'instance (dans la mesure où l'article 317 du Code civil faisait un renvoi aux articles 71 et 72, lesquels évoquaient ce magistrat).

1617 — Discussion, après 2011, sur le juge compétent pour délivrer l'acte de notoriété. La loi du 28 mars 2011 a supprimé le renvoi aux textes faisant référence au juge d'instance. Aussi, s'est posée la question de savoir quel est aujourd'hui le magistrat compétent pour délivrer cet acte de notoriété. Les auteurs étaient partagés. Certains considéraient que le juge du tribunal de grande instance était désormais compétent. D'autres estimaient que le juge du tribunal d'instance restait compétent. C'est finalement cette dernière solution qui a été retenue par la loi n° 2011-1862 du 13 décembre 2011.

Loi n° 2011-331 du 28 mars 2011 de modernisation des professions judiciaires ou juridiques et certaines professions réglementées : JO 29 mars 2011, p. 5447.

Loi n° 2011-1862 du 13 décembre 2011 relative à la répartition des contentieux et à l'allégement de certaines procédures juridictionnelles : JO 14 déc. 2011, p. 21105.

1618 — Personnes pouvant solliciter la délivrance de l'acte de notoriété. Celle-ci peut être demandée « par chacun des parents ou l'enfant » (C. civ., art. 317, al. 1er). Les personnes non visées par ce texte doivent donc, elles, si elles ont un intérêt à voir la filiation de l'enfant établie, nécessairement recourir à un jugement, en intentant une action en constatation de la possession d'état devant le tribunal de grande instance (C. civ., art. 330).

1619 — Délai pendant lequel doit être demandée la délivrance de l'acte de notoriété. Celle-ci doit être sollicitée dans un délai de 5 ans, à compter de la cessation de la possession d'état ou du décès du parent prétendu (même si celui-ci est décédé avant la déclaration de naissance de l'enfant) (C. civ., art. 317, al. 3). Cette disposition légale vise à ce que la délivrance de l'acte ne soit pas demandée trop tardivement. À défaut, la possession d'état pourrait, en effet, être difficile à constater ou pourrait permettre à un enfant d'intervenir dans une succession déjà liquidée et partagée.

1620 — Établissement de l'acte de notoriété. Depuis la loi du 28 mars 2011, l'article 317 du Code civil précise, dans son alinéa 2, que l'acte de notoriété est établi sur la foi des déclarations d'au moins trois témoins qui attestent une réunion suffisante de faits, au sens de l'article 311-1. S'il l'estime nécessaire, le juge peut aussi exiger tout autre document (C. civ., art. 317, al. 2). Il dispose ici d'un pouvoir souverain d'appréciation. Il peut ainsi refuser de délivrer l'acte de notoriété s'il estime que la possession d'état n'existe pas.

1621 — Effets et publicité de l'acte de notoriété. Lorsque le juge accepte de délivrer un acte de notoriété, celui-ci établit, à lui seul, la filiation de l'intéressé. Le lien de filiation établi par la possession d'état constatée dans l'acte de notoriété doit être mentionné en marge de l'acte de naissance de l'intéressé (C. civ., art. 317, al. 4 et CPC, art. 1157-1).

1622 — Nature de la décision du juge relative à l'acte de notoriété. Le juge qui accepte ou refuse de délivrer un acte de notoriété rend une décision gracieuse. Celle-ci n'est pas susceptible de recours (C. civ., art. 317, al. 5).

1623 — Force probante de l'acte de notoriété. Selon l'article 317, alinéa 1er du Code civil, l'acte de notoriété fait foi de la possession d'état « jusqu'à preuve contraire ». Que vise l'expression légale « preuve contraire » ? La doctrine majoritaire considère que la filiation établie par une possession d'état constatée dans un acte de notoriété peut être renversée, en démontrant que la possession d'état n'existe pas en réalité, ou en prouvant que ladite filiation n'est pas conforme à la vérité biologique.

2 La constatation de la possession d'état dans un jugement

1624 — Existence d'une action en justice pour faire constater une possession d'état. C'est la jurisprudence qui, la première, a admis qu'il est possible d'intenter une action en justice ayant pour objet de constater l'existence d'une possession d'état d'enfant. À l'occasion de l'ordonnance du 4 juillet 2005, la solution a été consacrée dans le Code civil (C. civ., art. 330). Le texte a aussi précisé le régime juridique de l'action. L'action en constatation de la possession d'état relève de la compétence du tribunal de grande instance.

1625 — Titulaires de l'action en justice tendant à constater une possession d'état. Cette action peut être intentée par toute personne ayant un intérêt à agir (C. civ., art. 330). Il peut s'agir, par exemple, de personnes qui avaient sollicité, mais sans succès, la délivrance d'un acte de notoriété. Il peut s'agir également de personnes qui n'avaient pas qualité pour le demander.

1626 — Délai pour agir en constatation judiciaire de la possession d'état. L'action est enfermée dans un délai de 10 ans, lequel court à compter de la cessation de la possession d'état ou du décès du parent prétendu (C. civ., art. 330 dans sa rédaction issue de la L. n° 2009-61, 16 janv. 2009).

1627 — Preuve à rapporter lors de l'action en constatation de la possession d'état. Le demandeur à l'action doit prouver les éléments constitutifs et les caractères de la possession d'état qu'il invoque. Cette preuve peut être librement rapportée : témoignages, présomptions, écrits...

1628 — Preuve de la possession d'état par expertise biologique ? Outre les procédés de preuve classiques, s'est posée la question de savoir si le demandeur à une action en constatation de la possession d'état peut rapporter la preuve requise dans ce cadre, par le biais d'une expertise biologique. C'est une réponse négative qui s'est imposée, de manière fort logique, en jurisprudence.

1629 — Refus de la Cour de cassation d'utiliser l'expertise pour constater la possession d'état. En 2006, la Cour de cassation a commencé par juger que l'expertise biologique n'est pas de droit en matière de constatation de la possession d'état. En 2011, elle s'est montrée plus catégorique en affirmant qu'« en matière de constatation de la possession d'état, il ne peut y avoir lieu à la prescription d'une expertise biologique ».

Cass. 1re civ., 6 déc. 2006 : Bull. civ. I, n° 476.
Cass. 1re civ., 16 juin 2011 : Dr. famille 2011, Comm. n° 150, note Neirinck Cl.

SECTION 3 La filiation en contentieux

1630 — Objet du contentieux de la filiation. Celui-ci peut tendre à l'établissement judiciaire d'une filiation qui n'a pas été instaurée pacifiquement (II). Il peut aussi avoir pour objet de contester une filiation légalement établie (III). Plus exceptionnellement, il peut viser à l'obtention de subsides de la part de l'homme avec qui la mère de l'enfant a eu des relations sexuelles pendant la période légale de conception (IV). Quel que soit l'objet du contentieux de la filiation, celui-ci est soumis à un certain nombre de dispositions communes (I).

I Les dispositions communes

1631 — Règles communes dans le contentieux de la filiation. Toutes les actions relatives à la filiation ont des caractères communs (A) et se voient appliquer des règles procédurales identiques (B).

A Les caractères des actions relatives à la filiation

1 Des actions indisponibles

1632 — Indisponibilité des actions relatives à la filiation. Conséquence directe du principe de l'indisponibilité de l'état de la personne, les actions relatives à la filiation sont, en droit français, indisponibles. La règle, d'origine jurisprudentielle, figure, depuis la loi du 3 janvier 1972, dans le Code civil (C. civ., art. 323). Il en résulte notamment que les actions relatives à la filiation ne peuvent être l'objet de transactions. Il en découle aussi que la convention par laquelle une mère s'engage envers le père de l'enfant à ne jamais faire déclarer sa paternité en justice est nulle.

> « Les actions relatives à la filiation ne peuvent faire l'objet de renonciation » (C. civ., art. 323).

2 Des actions personnelles

1633 — Actions relatives à la filiation transmissibles aux héritiers, malgré leur caractère personnel. Ces actions sont, en principe, des actions personnelles. Néanmoins, elles sont transmissibles aux héritiers dans les conditions de l'article 322 du Code civil. Selon ce texte, l'action relative à la filiation « peut être exercée par les héritiers d'une personne décédée avant l'expiration du délai qui était imparti à celle-ci pour agir » (al. 1er).

1634 — Poursuite d'une action relative à la filiation par les héritiers de l'intéressé. Les héritiers sont autorisés à poursuivre une action déjà engagée, « à moins qu'il n'y ait eu désistement ou péremption d'instance » (C. civ., art. 322, al. 2).

3 Des actions prescriptibles

1635 — Évolution de la prescriptibilité des actions relatives à la filiation. Avant la loi du 3 janvier 1972, la jurisprudence jugeait que les actions relatives à la filiation étaient imprescriptibles. La réforme du 3 janvier 1972 a inversé le principe en soumettant celles-ci à la prescription trentenaire. Plus récemment, l'ordonnance du 4 juillet 2005 a réduit le délai de prescription en le ramenant, en principe, à 10 ans (C. civ., art. 321).

1636 — Délai de prescription actuel des actions relatives à la filiation. En principe, « les actions relatives à la filiation se prescrivent par 10 ans à compter du jour où la personne a été privée de l'état qu'elle réclame, ou a commencé à jouir de l'état qui lui est contesté » (C. civ., art. 321). Concrètement, la prescription de 10 ans (dite prescription décennale) court à partir de la naissance lorsque l'action tend à établir la filiation. Lorsqu'il s'agit d'une action en contestation de filiation, le point de départ est la naissance ou la date de la reconnaissance de l'enfant.

1637 — Suspension de la prescription décennale en faveur de l'enfant mineur. Par application du droit commun, la prescription de 10 ans, en principe applicable en matière de filiation, est suspendue pendant la minorité de l'enfant. La règle est explicitement énoncée dans l'article 321 *in fine* du Code civil. Le délai de 10 ans commençant à courir à partir de la majorité de l'enfant, celui-ci peut donc, en principe, exercer les actions relatives à sa filiation jusqu'à ses 28 ans.

1638 — Exceptions à la prescription décennale pour les actions relatives à la filiation. La loi précise que, par exception, les actions relatives à la filiation peuvent être enfermées dans un autre délai (C. civ., art. 321). Aujourd'hui, il s'agit souvent de délais plus courts que la prescription de 10 ans de droit commun. C'est par exemple le cas de l'action visant à contester une filiation établie par un titre de naissance et une possession d'état conformes (C. civ., art. 333).

4 Des actions relatives à un enfant né viable

1639 — Nécessaire viabilité de l'enfant. La règle, selon laquelle aucune action ne peut être reçue quant à la filiation d'un enfant qui n'est pas né viable, date de la réforme du 3 janvier 1972 qui l'avait formulée pour l'action en désaveu de paternité légitime. Depuis l'ordonnance du 4 juillet 2005, la règle est énoncée de manière générale dans l'article 318 du Code civil.

B Les règles procédurales

1 La compétence du TGI

1640 — Compétence exclusive du TGI pour les actions relatives à la filiation. Celles-ci relèvent de la compétence exclusive du tribunal de grande instance (C. civ., art. 318-1). Cette règle, inscrite dans le Code civil à l'occasion de la réforme du 3 janvier 1972, est issue de la jurisprudence. Le tribunal de grande instance statue en chambre du conseil (CPC, art. 1149).

1641 — Hypothèse d'un délit portant atteinte à la filiation d'un individu. Dans ce cas, il ne peut être statué sur l'action pénale, qu'après jugement passé en force de chose jugée sur la question de la filiation (C. civ., art. 319). Cette disposition concerne, par exemple, un enfant victime d'enlèvement, de substitution ou de supposition. Selon le texte, le tribunal civil doit d'abord trancher la question de la filiation de l'enfant. Alors seulement, la juridiction répressive statue sur la question de l'infraction pénale.

2 Les effets des jugements rendus en matière de filiation

a Un jugement opposable aux tiers

1642 — Opposabilité du jugement aux tiers en droit de la filiation. S'est posée la question de savoir si le jugement rendu en la matière est nécessairement opposable aux personnes étrangères à l'instance. C'est une réponse affirmative qui a finalement été apportée (C. civ., art. 324).

1643 — Tierce opposition en droit de la filiation. Dans la logique du droit commun, les tiers se sont vus reconnaître le droit de former tierce opposition au jugement rendu en matière de filiation. Néanmoins, ils ne peuvent la former que « si l'action leur était ouverte » (C. civ., art. 324, al. 1er). Si la tierce opposition formée est accueillie, elle n'aura pour effet que de rendre la décision attaquée inopposable au tiers opposant.

> La tierce opposition est une voie de recours permettant aux personnes qui n'ont pas été parties au jugement, d'attaquer celui-ci.

b Un jugement déclaratif

1644 — Effet déclaratif du jugement en droit de la filiation et conséquences. Malgré le silence de la loi, la doctrine et la jurisprudence s'accordent à dire que le jugement rendu en matière de filiation est déclaratif, en ce sens qu'il ne fait que constater une situation qui existait antérieurement. Il en résulte que celui-ci rétroagit au jour de la naissance de l'enfant.

3 Les règles de preuve

1645 — Objet du contentieux en matière de filiation maternelle ou paternelle. L'action intentée en justice peut tendre, soit à établir judiciairement une filiation, soit à contester une filiation établie pacifiquement. Il est donc nécessaire pour le demandeur de produire la preuve en justice que le défendeur est ou n'est pas (selon le type d'action intentée) l'auteur biologique de l'enfant. Il s'agit donc pour lui de prouver un fait juridique, lequel est soumis au principe de la liberté de la preuve.

1646 — Preuves de la maternité et de la paternité en droit de la filiation. Si la grossesse et l'accouchement font de la maternité un fait visible, la paternité est, elle, un fait invisible puisque la nature l'a entourée d'un secret d'alcôve. Pendant longtemps, il était donc difficile d'en rapporter la preuve en justice. La situation a évolué sous l'impulsion des progrès scientifiques, lesquels ont rendu possible tant les expertises sanguines que génétiques.

1647 — Place des expertises en droit de la filiation ? L'avènement des expertises sanguines et génétiques a notamment posé la question de savoir quelle place doit leur être réservée en droit français. Le législateur et la jurisprudence ont posé des solutions précieuses à cet égard, détaillées ci-dessous.

a L'interdiction de toute expertise en dehors d'un procès

1648 — Expertise judiciairement ordonnée en droit de la filiation. L'expertise ne peut être autorisée en dehors d'un procès. Plus précisément, l'identification d'une personne par ses empreintes génétiques « ne peut être recherchée qu'en exécution d'une mesure d'instruction ordonnée par le juge saisi d'une action tendant soit à l'établissement ou à la contestation d'un lien de filiation, soit à l'obtention ou à la suppression de subsides » (C. civ., art. 16-11, al. 2). La solution légale, énoncée pour les expertises génétiques, vaut aussi incontestablement pour les expertises sanguines.

b L'expertise et le procès

α Droit à l'expertise

1649 — Droit à l'expertise ? Quelle attitude doit tenir le juge face à une partie qui, dans le cadre d'une action relative à la filiation, lui demande d'ordonner une expertise (sanguine ou génétique) de manière à produire la preuve demandée ? A-t-il l'obligation de l'ordonner ? Autrement dit, existe-t-il un droit à l'expertise ?

1650 — Droit à l'expertise consacré par la jurisprudence. Dans un arrêt retentissant rendu le 28 mars 2000, la Cour de cassation a jugé, pour la première fois, que « l'expertise est de droit en matière de filiation, sauf s'il existe un motif légitime de ne pas y procéder ». Le juge a donc, en principe, l'obligation de prescrire l'expertise sollicitée par l'une des parties. Depuis, la solution a été réaffirmée à plusieurs reprises par la Cour de cassation à l'occasion de différentes actions.

> Expertise de droit, Cass. 1re civ., 28 mars 2000 : D. 2000, 731, note Garé Th.
>
> Solution approuvée dans le cadre d'une action en contestation de reconnaissance, Cass. 1re civ., 30 mai 2000 : JCP 2000, II, 10410, note Garé Th.
>
> Solution énoncée à l'occasion de l'action en contestation de paternité légitime, Cass. 1re civ., 9 déc. 2003 : Dr. famille, Comm. n° 96, note Larribau-Terneyre V.
>
> Solution affirmée dans le cadre d'une action en recherche de paternité naturelle, Cass. 1re civ., 7 juin 2006 : Bull. civ. I, n° 291.

1651 — Limite à l'expertise : action en constatation de la possession d'état. En matière de constatation de la possession d'état, il ne peut y avoir lieu à la prescription d'une expertise biologique. C'est ce qu'a jugé la Cour de cassation en 2011.

> Cass. 1re civ., 16 juin 2011 : Dr. famille 2011, Comm. n° 150, note Neirinck Cl.

1652 — Exception à l'expertise : « motifs légitimes ». Selon la Cour de cassation, le juge n'est pas dans l'obligation de prescrire l'expertise demandée en matière de filiation « s'il existe un motif légitime de ne pas y procéder ». Se pose donc la question de savoir ce que recouvre la notion de « motifs légitimes ». La doctrine et la jurisprudence ont apporté des précisions à ce sujet.

1653 — « Motifs légitimes » de ne pas procéder à l'expertise : demande à des fins dilatoires ou vexatoires. La doctrine considère que lorsque la demande d'expertise est faite par une partie à des fins dilatoires ou vexatoires, il existe pour le juge un motif légitime de ne pas y procéder. Cette préconisation doctrinale n'a pas été confirmée en jurisprudence pour l'instant.

1654 — « Motifs légitimes » de ne pas procéder à l'expertise : mesure superfétatoire. Selon la jurisprudence, le juge n'est pas tenu de prescrire l'expertise lorsque la paternité est déjà établie par d'autres indices. Ainsi, les « motifs légitimes » autorisant le juge à ne pas prescrire l'expertise demandée sont constitués lorsque celle-ci est superfétatoire.

> Cass. 1re civ., 12 juin 2001 : RTD civ. 574, obs. Hauser J.

1655 — « Motifs légitimes » de ne pas procéder à l'expertise : intérêt uniquement financier de l'action. Dans un arrêt du 30 septembre 2009, la Cour de cassation a jugé qu'une cour d'appel, relevant que l'action en contestation de reconnaissance n'était en l'espèce causée que par un intérêt strictement financier, caractérise l'existence d'un motif légitime de ne pas procéder à l'expertise sollicitée.

Cass. 1re civ., 30 sept. 2009 : Bull. civ. I, n° 197.

1656 — Motifs non légitimes selon la Cour de cassation. Dans un arrêt du 14 janvier 2015, la Cour de cassation a visé plusieurs motifs insusceptibles de justifier un refus judiciaire de l'expertise biologique en matière de filiation. Elle a, en effet, jugé que « ni l'intérêt de l'enfant quand il n'est pas caractérisé, ni le caractère tardif de l'action engagée par le prétendu père, ni l'absence de preuve de relations intimes de ce dernier avec la mère ne constituent un motif légitime de refuser l'expertise biologique ».

Cass. 1re civ., 14 janv. 2015 : Dr. famille 2015, Comm. n° 51, note Neirinck Cl.

1657 — La conformité de la possession d'état avec le titre constitue-t-elle des « motifs légitimes » ? Des juges du fond ont admis, à plusieurs reprises, que l'existence d'une possession d'état conforme au titre, peut constituer un motif légitime de ne pas recourir à l'expertise. Néanmoins, cette jurisprudence semble avoir été désavouée par la Cour de cassation en 2008.

Cass. 1re civ., 28 mai 2008 : Defrénois 2008, art. 38871-7, obs. Massip J.

β ▌ L'expertise sur un cadavre

1658 — Est-il possible de faire procéder à une expertise génétique sur un cadavre ? La question se pose en droit, car techniquement une expertise *post mortem* permet, dès lors que l'ADN a été bien conservé, d'aboutir à des résultats scientifiquement fiables. Les premières lois de bioéthique du 29 juillet 1994 ne s'étaient pas préoccupées de cette difficulté.

1659 — Expertise génétique *post mortem* d'Yves Montand en 1997. Dans l'affaire très médiatisée dite « Montand », la cour d'appel de Paris a ordonné en 1997 une expertise génétique *post mortem*. Après avoir relevé qu'il était de l'intérêt essentiel des parties d'aboutir à une certitude biologique, elle a jugé que le corps d'Yves Montand devait être exhumé pour que soient relevées ses empreintes génétiques.

Finalement, l'expertise *post mortem* a mis en évidence qu'Yves Montand n'était pas le père biologique de la jeune fille qui avait intenté à son encontre une action en recherche de paternité naturelle. L'action a donc été rejetée par la cour ; CA Paris, 6 nov. 1997 : D. 1998, 122, note Malaurie P.

1660 — Réaction massive de la doctrine à l'affaire *Montand*. La doctrine française a massivement critiqué la décision par laquelle la cour d'appel de Paris avait ordonné l'exhumation du corps d'Yves Montand à des fins d'identification génétique. Elle a fait valoir que cette solution portait atteinte au respect dû au cadavre et à la sépulture, et plus généralement à la dignité humaine.

1661 — Réaction du législateur en 2004 après l'affaire *Montand*. L'émoi suscité par cette affaire explique que le législateur se soit saisi de la question, à l'occasion de la révision des lois de bioéthique de 1994. La loi du 6 août 2004 a ainsi complété le deuxième alinéa de l'article 16-11 du Code civil en précisant que « sauf accord exprès de la personne manifesté de son vivant, aucune identification par empreintes génétiques ne peut être réalisée après sa mort ». L'expertise génétique *post mortem* est donc interdite, sauf consentement express donné par l'intéressé de son vivant.

1662 — Interdiction légale de l'expertise *post mortem* conforme à la Constitution. Il a été soutenu devant le Conseil constitutionnel que la disposition légale qui interdit l'identification d'une personne par empreintes génétiques après sa mort, sauf accord exprès de celle-ci manifesté de son vivant, porte atteinte au principe du droit à la vie privée et familiale garanti par la Constitution. Dans une décision QPC de 2011, le Conseil constitutionnel a rejeté l'argument et considéré que la disposition légale en cause est conforme à la constitution.

Cons. const., 30 sept. 2011, n° 2011-173 QPC : JO 1er oct. 2011, n° 0228, p. 16528.

1663 — Conventionnalité de l'interdiction légale de l'expertise *post mortem* ? La modification de la loi française qui interdit, en principe, l'identification d'une personne par ses empreintes génétiques après sa mort sauf accord exprès de celle-ci pourrait, à défaut d'être imposée par le Conseil constitutionnel, l'être par la CEDH. C'est en tout cas ce que déduisent des auteurs de l'arrêt Jäggi dans lequel la Cour européenne a condamné la Suisse en 2006.

CEDH, 13 juill. 2006, Jäggi c/ Suisse : RTD civ. 2006, 727, obs. Marguénaud J.-P.

1664 — Condamnation en 2006 de la Suisse par la CEDH pour son refus d'expertise *post mortem*. Dans l'arrêt *Jäggi contre la Suisse*, la CEDH a jugé que « la protection de la sécurité juridique ne saurait à elle seule suffire comme argument pour priver le requérant du droit de connaître son ascendance ». Elle a condamné les autorités suisses pour avoir refusé d'ordonner une expertise génétique *post mortem*.

CEDH, 13 juill. 2006, Jäggi c/ Suisse : RTD civ. 2006, 727, obs. Marguénaud J.-P.

γ Le refus de se soumettre à l'expertise

1665 — Nécessité du consentement de l'intéressé pour une expertise. À la différence de la loi allemande, le droit français donne à chacun la possibilité de refuser de se soumettre à une expertise en matière de filiation. En effet, selon l'article 16-11, alinéa 2 du Code civil relatif à l'identification d'une personne par ses empreintes génétiques, « le consentement de l'intéressé doit être préalablement et expressément recueilli ».

1666 — Interprétation par les juges du refus de se soumettre à une expertise biologique. Lorsqu'une personne refuse de se soumettre à une expertise (sanguine ou génétique) ordonnée par le juge, ce dernier peut alors tirer toutes les conséquences de ce refus. Conformément à l'article 11 du Code de procédure civile, il peut interpréter ce refus, sauf si celui-ci est justifié.

> « Les parties sont tenues d'apporter leur concours aux mesures d'instruction sauf au juge à tirer toute conséquence d'une abstention ou d'un refus » (CPC, art. 11, al. 1er).

1667 — Refus de se soumettre à l'expertise, corroboré par d'autres indices. Celui qui refuse de se soumettre à l'expertise peut adopter ce comportement par crainte de voir révélée sa paternité biologique. À l'inverse, il peut refuser l'examen, redoutant que celui-ci mette en évidence sa non-paternité. Les juges du fond apprécient souverainement, en fonction des circonstances de chaque espèce, la valeur de la présomption pouvant résulter du refus de se soumettre à l'expertise. Ils peuvent voir dans le refus un aveu implicite de paternité ou de non-paternité, lequel ne peut être retenu qu'à la condition d'être corroboré par d'autres éléments.

> Refus corroboré à d'autres indices, interprété comme aveu de non-paternité, Cass. 1re civ., 6 mars 1996 : D. 1996, p. 529, note Lemouland J.-J.
>
> Refus, confirmé par d'autres indices, interprété comme aveu de paternité, Cass. 1re civ., 9 févr. 2011 : Dr. famille 2011, Comm. n° 4, obs. Neirinck Cl.

II L'établissement contentieux de la filiation

1668 — Panorama des actions relatives à la filiation. Depuis l'ordonnance du 4 juillet 2005, le Code civil envisage différentes actions aux fins d'établissement de la filiation :

- l'action en rétablissement de la présomption de paternité consacrée à l'article 315 du Code civil (évoquée précédemment, *supra*, n° 1565 et s.) ;
- l'action en constatation de la possession d'état admise dans l'article 330 du Code civil (également présentée précédemment, *supra*, n° 1624 et s.) ;

- l'action en recherche de maternité (A) et l'action en recherche de paternité (B), lesquelles restent à décrire.

A L'action en recherche de maternité

1669 — Définition de l'action en recherche de maternité. Il s'agit d'une action en justice intentée par un enfant dénué de filiation maternelle, visant à faire établir la maternité de la défenderesse au motif qu'elle l'a mis au monde.

1670 — Historique de l'action en recherche de maternité. Sous l'empire de la loi du 3 janvier 1972, l'action en recherche de maternité était strictement encadrée : l'enfant n'était autorisé à rapporter la preuve de la maternité biologique de la défenderesse qu'après avoir démontré qu'il existait des présomptions ou indices graves rendant vraisemblable la filiation alléguée. Depuis l'ordonnance du 4 juillet 2005, la tendance est à l'assouplissement de l'exercice de l'action, ce qu'a confirmé la loi du 16 janvier 2009.

1 L'exercice de l'action

a La condition imposée : l'absence de titre et de possession d'état à l'égard de la mère prétendue

1671 — Condition légale pour la recherche de maternité. Selon l'article 325, alinéa 1er du Code civil, l'action en recherche de maternité est admise « à défaut de titre et de possession d'état ». Cette condition est logique. Si l'enfant dispose d'un titre (acte de naissance ou reconnaissance) établissant sa filiation maternelle, il n'a alors pas besoin d'intenter une telle action à l'égard de la femme qu'il prétend être sa mère. De la même façon, si l'enfant a la possession d'état à l'égard de sa prétendue mère, celle-ci permet à l'enfant d'établir sa filiation, en demandant la délivrance d'un acte de notoriété.

b La condition indifférente : l'accouchement anonyme

1672 — Action en recherche de maternité irrecevable avant 2009. Avant la loi du 16 janvier 2009, l'accouchement anonyme de la femme constituait une fin de non-recevoir à toute action en recherche de maternité intentée à son encontre. Autrement dit, même si l'enfant parvenait à retrouver la trace de celle qui l'avait mise au monde, le fait que cette dernière ait fait le choix d'accoucher anonymement avait pour effet de rendre irrecevable l'action visant à établir judiciairement sa maternité (C. civ., art. 326 ancien).

1673 — Action en recherche de maternité recevable depuis 2009. Depuis la loi du 16 janvier 2009, l'accouchement anonyme d'une femme ne constitue plus une fin de non-recevoir à l'action en recherche de maternité intentée à son encontre. Lorsque la femme a fait le choix d'accoucher anonymement et que l'enfant parvient à retrouver sa trace, il peut donc l'assigner en justice sur le fondement de l'article 325 du Code civil pour faire établir le lien de filiation maternelle à son égard.

Loi n° 2009-61 du 16 janvier 2009 ratifiant l'ordonnance n° 2005-759 du 4 juillet 2005 portant réforme de la filiation et modifiant ou abrogeant certaines dispositions relatives à la filiation : JO 18 janv. 2009, p. 1062.

2 Le régime de l'action

1674 — Titulaires de l'action en recherche de maternité. Cette action est réservée à l'enfant. Pendant la minorité de l'enfant, son père – si la paternité a été établie – a « seul qualité » pour l'exercer. À défaut d'établissement de la paternité ou si le père est décédé ou dans l'impossibilité d'agir, l'action est alors exercée par le tuteur de l'enfant, lequel doit agir avec l'autorisation du conseil de famille (C. civ., art. 328).

1675 — Délai pour agir en recherche de maternité. L'action peut être intentée dans les dix années qui suivent la naissance de l'enfant. Néanmoins, comme la prescription est suspendue au profit de l'enfant pendant toute sa minorité, celui-ci peut exercer l'action pendant les dix années qui suivent sa majorité. Il peut donc l'intenter jusqu'à l'âge de 28 ans (C. civ., art. 321).

1676 — Preuve à rapporter dans une action en recherche de maternité. Le demandeur doit rapporter la preuve de la maternité de la défenderesse. Traditionnellement comme aujourd'hui encore, la preuve de la maternité implique de prouver deux éléments : l'accouchement de la mère et l'identité de l'enfant dont elle a accouché.

« L'action est réservée à l'enfant qui est tenu de prouver qu'il est celui dont la mère prétendue a accouché » (C. civ., art. 325, al. 2).

3 Les effets de l'action

1677 — Jugement déclaratif de maternité. Si la preuve de la maternité de la défenderesse est rapportée, la filiation maternelle est alors judiciairement établie. Le jugement établissant la maternité forcée est, à l'instar de la reconnaissance volontaire, déclaratif.

1678 — Conséquence de l'effet déclaratif du jugement établissant la maternité : rétroactivité de la filiation. Comme tous les actes déclaratifs, ce jugement produit un effet rétroactif. La filiation maternelle est donc censée être établie depuis la naissance de l'enfant. Dès lors, l'enfant peut, au titre de l'obligation d'entretien, réclamer à sa mère des sommes pour la période précédant l'action en recherche de maternité.

1679 — Incidences de la déclaration de maternité sur la paternité ? Si la preuve de la maternité de la défenderesse est rapportée et que cette dernière est mariée, se pose alors la question de savoir si l'enfant est automatiquement rattaché au mari de celle-ci, par le jeu de la présomption de paternité. La doctrine est partagée. Certains auteurs considèrent que la présomption de paternité s'applique ici automatiquement à l'enfant, sous réserve des deux cas d'exclusion évoqués dans l'article 313 (séparation légale ou de fait des époux). Pour d'autres auteurs, la présomption ne s'applique pas : la paternité du mari doit alors être établie séparément.

1680 — Rôle du tribunal accueillant l'action en recherche de maternité. Celui-ci statue, s'il y a lieu, sur l'exercice de l'autorité parentale, la contribution à l'entretien et à l'éducation de l'enfant et l'attribution du nom (C. civ., art. 331).

B ▌ L'action en recherche de paternité

1681 — Définition de l'action en recherche de paternité. Il s'agit d'une action en justice intentée par un enfant dénué de filiation paternelle, visant à faire établir la paternité du défendeur au motif qu'il est son père biologique.

1682 — Verrouillage de l'action en recherche de paternité jusqu'en 1993. En 1804, cette recherche était, en principe, interdite. On craignait, en effet, les scandales et les chantages contre les hommes mariés. La jurisprudence autorisait néanmoins la mère de l'enfant à exercer une action alimentaire contre le prétendu père. C'est la loi du 16 novembre 1912 qui a, la première, autorisé l'action en recherche de paternité, mais elle l'avait enfermée dans des conditions légales tellement strictes (cas d'ouverture, fin de non-recevoir, délai très court pour agir) qu'il était très difficile, en pratique, de l'exercer. La loi du 3 janvier 1972 avait, quant à elle, repris cette même physionomie.

1683 — Libéralisation de l'action en recherche de paternité à partir de 1993. La loi du 8 janvier 1993 a libéralisé l'action en recherche de paternité naturelle, en supprimant ses cas d'ouverture et ses fins de non-recevoir. Néanmoins, la preuve de la paternité du défendeur ne pouvait être rapportée qu'à la condition de prouver un adminicule préalable. Ce verrou à l'action n'a sauté qu'avec l'ordonnance du 4 juillet 2005.

L'adminicule préalable est un commencement de preuve qui, une fois démontré, permet au demandeur de rapporter la preuve requise. En l'occurrence, le demandeur à l'action devait commencer par établir qu'il existait des présomptions ou indices graves de paternité.

1 L'exercice de l'action

1684 — Absence de filiation paternelle : condition à l'action de recherche en paternité. Même si la loi ne le rappelle pas explicitement, l'action n'est recevable qu'à la condition que l'enfant demandeur n'ait pas de filiation paternelle légalement établie. Cette condition découle implicitement de l'article 320 du Code civil.

« Tant qu'elle n'a pas été contestée en justice, la filiation légalement établie fait obstacle à l'établissement d'une filiation qui la contredirait » (C. civ., art. 320).

a La preuve de la paternité libérée de tout obstacle

1685 — Cas d'ouverture à l'action en recherche de paternité de 1916 à 1993 autorisée. Autorisée à partir de 1916, l'action en recherche de paternité a été soumise à des cas d'ouverture. Avant d'être admis à rapporter la preuve de la paternité du défendeur, le demandeur devait prouver l'existence d'un cas d'ouverture à l'action. Dans la loi du 3 janvier 1972, il existait cinq cas d'ouverture qui étaient :
1° L'enlèvement ou viol de la mère par le défendeur pendant la période légale de conception.
2° La séduction de celle-ci par le défendeur, accomplie à l'aide de manœuvres dolosives, abus d'autorité, promesse de mariage ou fiançailles.
3° L'existence de lettre ou quelque autre écrit émanant du père prétendu propre à établir sa paternité d'une manière non équivoque.
4° L'existence entre le père prétendu et la mère d'un concubinage pendant la période légale de conception de l'enfant.
5° La participation, par le père prétendu, à l'entretien, l'éducation ou l'établissement de l'enfant en qualité de père.

1686 — Adminicule préalable à l'action de la recherche en paternité de 1993 à 2005. Les cinq cas d'ouverture à l'action en recherche de paternité ont été supprimés par la loi du 8 janvier 1993 qui n'a pas, pour autant, libéralisé totalement la preuve de la paternité du défendeur. Celle-ci avait, en effet, maintenu un adminicule préalable à l'action puisque l'enfant devait, avant d'être autorisé à rapporter la preuve de la paternité du défendeur, démontrer qu'il existait des « présomptions ou indices graves » de paternité.

1687 — Libéralisation de la preuve en 2005. L'ordonnance du 4 juillet 2005 a supprimé l'adminicule préalable à l'action en recherche de paternité. Depuis, il est affirmé que « la paternité hors mariage peut être judiciairement déclarée » (C. civ., art. 327, al. 1er). Il en résulte que le succès de l'action est subordonné à la seule preuve de la paternité biologique du défendeur. Toute autre considération, liée notamment au fait que le défendeur n'a pas désiré et voulu avoir d'enfant, est indifférente.

b ▮ Le défendeur à l'action

1688 — Paternité hors mariage. Dans sa rédaction issue de l'ordonnance du 4 juillet 2005, l'article 327 du Code civil énonce que « la paternité hors mariage peut être judiciairement déclarée ». Il signifie que l'action en recherche de paternité vise à établir judiciairement la paternité d'un homme qui a conçu un enfant hors mariage. Le défendeur peut donc être un homme non marié qui a conçu un enfant, mais aussi un homme marié ayant conçu un enfant en dehors du cadre du mariage, c'est-à-dire avec une autre personne que son épouse.

2 ▮ Le régime de l'action

1689 — Titulaires de l'action en recherche de paternité. Cette action est réservée à l'enfant. Pendant la minorité de l'enfant, sa mère – si la maternité a été établie – a « seule qualité » pour l'exercer. À défaut d'établissement de la maternité, ou si la mère est décédée ou dans l'impossibilité d'agir, l'action est alors exercée par le tuteur de l'enfant, lequel doit agir avec l'autorisation du conseil de famille (C. civ., art. 328).

1690 — Délai pour agir en recherche de paternité. Les règles applicables sont strictement les mêmes que pour l'action en recherche de maternité. Ainsi, l'action en recherche de paternité peut être intentée dans les dix années qui suivent la naissance de l'enfant. Néanmoins, comme la prescription est suspendue au profit de l'enfant mineur, celui-ci peut exercer l'action pendant les dix années qui suivent sa majorité. L'enfant peut donc intenter une action en recherche de paternité jusqu'à l'âge de 28 ans (C. civ., art. 321).

1691 — Preuve à rapporter dans une action en recherche de paternité. Le demandeur doit prouver que le défendeur est le père biologique de l'enfant. La paternité étant un fait juridique, sa preuve peut être librement rapportée. Elle peut notamment être faite par le biais d'une expertise sanguine ou génétique.

3 Les effets de l'action

1692 — Jugement déclaratif de paternité. Si la preuve de la paternité est rapportée, la filiation paternelle est alors judiciairement établie. Le jugement établissant la paternité forcée est, à l'instar de la reconnaissance volontaire, déclaratif.

1693 — Conséquence de l'effet déclaratif du jugement établissant la paternité : rétroactivité de la filiation. Comme tous les actes déclaratifs, le jugement établissant la paternité produit un effet rétroactif. La filiation paternelle est donc censée être établie depuis la naissance de l'enfant. La jurisprudence en déduit logiquement que la mère peut réclamer, au nom de son enfant, des aliments à celui dont la paternité a été judiciairement établie, et ce, à partir de sa naissance.

Cass. 1re civ., 11 juill. 2006 : Bull. civ. I, n° 388.

1694 — Absence d'incidence sur la maternité. Si la paternité du défendeur est judiciairement déclarée et que celui-ci est marié, l'établissement de sa paternité n'a aucune répercussion à l'égard de son épouse. En effet, cette dernière ne peut, en raison du seul succès de l'action en recherche de paternité, être déclarée mère de l'enfant.

1695 — Rôle du tribunal accueillant l'action en recherche de paternité. Le tribunal accueillant l'action statue, s'il y a lieu, sur l'exercice de l'autorité parentale, la contribution à l'entretien et à l'éducation de l'enfant et l'attribution du nom (C. civ., art. 331). Ces décisions relèvent de l'appréciation souveraine des juges du fond. Aussi, des divergences d'appréciation peuvent exister. Ainsi, en 2015, la Cour de cassation a considéré que les juges du fond avaient pu décider d'attribuer à l'enfant le nom de celui dont la paternité avait été judiciairement déclarée, cette substitution de nom étant « de nature à rattacher de manière apparente et symbolique l'enfant à un père qui refusait toute relation avec lui ». En revanche, en 2016, elle a considéré que « la cour d'appel a souverainement estimé qu'au regard du contexte familial, il n'était pas dans l'intérêt de l'enfant de porter le nom de son père » alors que celui-ci s'en désintéresse.

Cass. 1re civ., 8 juill. 2015 : Dr. famille 2015, Comm. n° 185, note Réglier A.-C.
Civ. 1re, 11 mai 2016 : Dr. famille 2016, Comm. n° 139, note Panet A.

III La contestation de la filiation biologique

1696 — Simplification des règles de contestation de la filiation biologique en 2005. L'ordonnance du 4 juillet 2005 a considérablement simplifié les règles relatives aux actions en contestation de filiation. En effet, sous l'empire du droit antérieur, il existait une dizaine d'actions, d'origine légale ou jurisprudentielle, qui permettaient de contester la filiation légitime ou naturelle. Chacune était soumise à un régime juridique propre. L'ordonnance de 2005 a mis fin à cette diversité en instituant deux actions en contestation, lesquelles visent à contester soit la maternité, soit la paternité (C. civ., art. 332).

Loi n° 2009-61 du 16 janvier 2009 portant ratification de l'ordonnance n° 2005-759 du 4 juillet 2005 portant réforme de la filiation et modifiant ou abrogeant diverses dispositions relatives à la filiation : JO 18 janv. 2009, n° 0015, p. 1062.

1697 — Rapprochement des actions en contestation de filiation biologique. L'action en contestation de maternité et l'action en contestation de paternité issues de l'ordonnance de 2005 présentent des similitudes, dans leur régime juridique d'une part (A) et dans les effets qu'elles produisent d'autre part (B). Il est donc cohérent de les évoquer ensemble.

A Le régime des actions en contestation de filiation

1698 — Distinction faite par la loi. Le régime des actions en contestation de paternité et de maternité diffère selon que l'enfant dont il est question a un titre et une possession d'état concordants ou que sa filiation n'est établie que par un titre ou une possession d'état.

1 La conformité du titre et de la possession d'état

1699 — Possession d'état de plus ou de moins de 5 ans. L'article 333 du Code civil, qui a été quelque peu modifié sur le fond par la loi du 16 janvier 2009, consacre des règles différentes selon que l'enfant doté d'un titre, a ou n'a pas une possession d'état conforme depuis 5 ans.

a Le titre associé à une possession d'état de plus de 5 ans

1700 — Caractère exceptionnel de l'action en contestation de filiation. Selon l'article 333, alinéa 2 du Code civil, « nul à l'exception du ministère public, ne peut contester la filiation lorsque la possession d'état conforme au titre a duré au moins 5 ans depuis la naissance ou la reconnaissance, si elle a été faite ultérieurement ». Le législateur a ainsi voulu donner un caractère exceptionnel à l'action en contestation de filiation lorsque cette dernière résulte d'un titre associé à une possession d'état de 5 ans. Une telle filiation, qui paraît conforme tant à la vérité du sang que du cœur, doit, en effet, être sécurisée.

1701 — Possibilité pour le seul ministère public de contester la filiation. La loi du 16 janvier 2009 a ouvert au ministère public la possibilité de contester la filiation lorsque l'enfant a un titre conforme à la possession d'état et que celle-ci a duré au moins 5 ans. Sous l'empire de la loi antérieure, nul ne pouvait contester la filiation dans ce cas.

1702 — Conditions d'exercice de l'action en contestation de filiation exercée par le ministère public. Pour que le ministère public puisse contester la filiation sur le fondement de l'article 333, alinéa 2 du Code civil, il est nécessaire que les conditions de l'article 336 soient remplies. Ce texte précise dans quels cas le ministère public est autorisé à contester une filiation. Ainsi, le ministère public ne peut agir en contestation de filiation qu'en cas de fraude ou lorsque des indices tirés des actes eux-mêmes rendent invraisemblable la filiation (*infra*, n° 1712 à 1714).

b Le titre associé à une possession d'état de moins de 5 ans

1703 — Action en contestation de filiation réservée à quelques personnes. Lorsque la possession d'état est conforme au titre, mais qu'elle a duré moins de 5 ans depuis la naissance ou la reconnaissance, l'action en contestation de filiation peut être exercée par (C. civ., art. 333, al. 1er) :
- l'enfant ;
- son père ou sa mère ;
- celui qui se prétend être le véritable parent de l'enfant.

1704 — Délai d'exercice de l'action en contestation de filiation. L'action doit être exercée pendant un délai de 5 ans, lequel court « à compter du jour où la possession d'état a cessé » ou à compter « du décès du parent dont le lien de filiation est contesté » (C. civ., art. 333, al. 1er *in fine*). La Cour de cassation considère que le délai de 5 ans prévu dans l'article 333, alinéa 2, qui constitue, depuis l'ordonnance du 4 juillet 2005, une fin de non-recevoir à l'action de contestation de filiation, court à partir de la date d'entrée en vigueur du texte, soit le 1er juillet 2006.

Cass. 1re civ., 14 janv. 2015 : Dr. famille 2015, Comm. n° 49, note Neirinck Cl.

Une auteur fait valoir que l'article 333 n'est pas rédigé de manière cohérente, notamment en ce qui concerne les points de départ de la prescription quinquennale. Elle suggère donc une réécriture du texte. V. Baudin-Maurin M.-P., « Délais quinquennaux de l'article 333 du Code civil prolongés par des points de départ incohérents » : Dr. famille 2014, Étude 9 ; « Réforme urgente et simple de l'article 333 du Code civil : cavalier utile au projet de réforme de droit de la famille », Dr. famille 2016, Étude 17.

2 L'absence de conformité du titre et de la possession d'état

a La filiation établie seulement par un titre

1705 — Action en contestation de filiation largement ouverte. Lorsque l'enfant n'a pas de possession d'état conforme à son titre, la filiation inscrite dans son titre (acte de naissance ou reconnaissance) paraît alors suspecte. S'il n'existe pas de possession d'état entre l'enfant et son parent légal, il est peu probable que celui-ci en soit l'auteur biologique. L'action en contestation de filiation doit donc être largement ouverte en ce cas. C'est l'idée que traduit l'article 334 du Code civil.

1706 — Titulaires de l'action en contestation de filiation. Lorsque la filiation de l'enfant est établie seulement par son titre, celle-ci peut être contestée par toute personne ayant un intérêt à agir : l'enfant lui-même, sa mère, son père, leurs héritiers, celui qui prétend être le véritable parent, le ministère public, etc.

1707 — Délai d'exercice de l'action en contestation de filiation. Lorsque l'action vise à contester une filiation établie uniquement par un titre, elle se prescrit selon le délai de droit commun, lequel est de 10 ans. Ce délai court à compter du jour où l'enfant a commencé à jouir de l'état, objet de la contestation. À l'égard de l'enfant, le délai est suspendu pendant sa minorité. Celui-ci peut donc dans ce cas contester sa filiation jusqu'à l'âge de 28 ans.

b La filiation établie seulement par la possession d'état

1708 — Action en contestation de filiation largement ouverte. Il peut arriver que la filiation de l'enfant ne soit établie que par une possession d'état. Néanmoins, l'absence de titre (acte de naissance ou reconnaissance) rend la filiation suspecte. L'action en contestation de filiation doit donc être largement ouverte. C'est ce qui ressort de l'article 335 du Code civil.

1709 — Titulaires de l'action en contestation de filiation. L'action visant à contester la filiation d'un enfant seulement établie par possession d'état est ouverte à « toute personne qui y a intérêt » (C. civ., art. 335).

1710 — Délai d'exercice de l'action en contestation de filiation. Depuis la loi du 16 janvier 2009, l'action en contestation de filiation intentée sur le fondement de l'article 335 est soumise au délai de prescription de droit commun (délai de 10 ans donc), lequel court à compter de la délivrance de l'acte de notoriété, et est suspendu pendant la minorité de l'enfant. Sous l'empire de la loi antérieure, c'est un délai de prescription de 5 ans qui s'appliquait.

1711 — Preuve à rapporter lors de l'action en contestation de filiation. L'action tendant à contester une filiation établie par la possession d'état constatée dans un acte de notoriété est soumise, selon l'article 335, à « la preuve contraire ». Cette expression légale suscite des difficultés : elle pose la question de savoir ce que doit ici prouver le demandeur à l'action. Doit-il établir que la filiation établie par la possession d'état n'est, en réalité, pas conforme à la vérité biologique ou doit-il prouver que la possession d'état établissant la filiation n'existe pas en réalité ? La question est discutée en doctrine et elle n'a pas été tranchée en jurisprudence.

c L'action du ministère public

1712 — Condition imposée à l'exercice d'une action en contestation de filiation par le ministère public. Ce dernier peut être amené à contester une filiation sur le fondement des articles 333, 334 ou 335 du Code civil. L'article 336 subordonne l'action du ministère public à une condition de recevabilité. En effet, il précise que « la filiation légalement établie peut être contestée par le ministère public si des indices tirés des actes eux-mêmes la rendent invraisemblable ou en cas de fraude à la loi ».

1713 — Indices rendant invraisemblable la filiation : condition imposée à l'action en contestation exercée par le ministère public. L'invraisemblance de filiation est caractérisée lorsqu'il existe, par exemple, une faible différence d'âge entre l'auteur de la reconnaissance et l'enfant reconnu.

1714 — Fraude à la loi : condition imposée à l'action en contestation exercée par le ministère public. La fraude à la loi vise principalement l'hypothèse dans laquelle la filiation d'un enfant a été obtenue grâce au recours à une mère porteuse ou à une mère de substitution. Ces pratiques sont interdites en droit français (C. civ., art. 16-7).

B Les effets des actions en contestation de filiation

1 La destruction du lien de filiation

1715 — Anéantissement rétroactif de la filiation. Lorsque l'action en contestation de filiation est accueillie par le tribunal, elle a pour effet de détruire la filiation attaquée (maternelle ou paternelle, selon les cas). Le jugement produit un effet rétroactif. Ainsi, l'enfant en question est censé n'avoir jamais été celui de la personne dont la parenté a été judiciairement anéantie.

1716 — Conséquences juridiques de l'anéantissement de la filiation. Si le nom de la personne dont la parenté a été judiciairement anéantie avait été attribué initialement à l'enfant, ce dernier en change et prend le nom de son autre parent. Les droits et les obligations découlant de l'autorité parentale disparaissent. Les droits successoraux sont anéantis. L'obligation d'entretien disparaît également, et ce, depuis la naissance de l'enfant.

La personne dont la parenté a été judiciairement anéantie peut, en raison de l'effet rétroactif du jugement, obtenir la restitution des sommes qu'elle avait versées à ce titre, Cass. 1re civ., 13 févr. 1985 : D. 1985, 462, note J. M.

1717 — Organisation des relations entre l'enfant et son ancien parent. La destruction du lien de filiation peut être difficile à vivre dans certaines circonstances : l'enfant et son parent peuvent avoir été très proches l'un de l'autre avant de découvrir, à l'occasion du procès, qu'il n'existe entre eux aucun lien de sang. Pour tenir compte de ces circonstances particulières, l'ordonnance de 2005 a introduit une nouvelle disposition selon laquelle « lorsqu'il accueille l'action en contestation, le tribunal peut, dans l'intérêt de l'enfant, fixer les modalités des relations de celui-ci avec la personne qui l'élevait » (C. civ., art. 337).

2 | Le possible établissement d'un autre lien de filiation

1718 — Place à une autre filiation biologique. Une fois que la première filiation en date a été anéantie en justice, il est alors possible d'en établir une autre, censée être la vraie filiation sur le plan biologique. Selon les circonstances, celle-ci sera établie, soit pacifiquement, soit par le biais d'une action en justice (action en recherche de maternité ou de paternité).

IV | L'action à fins de subsides

1719 — Objet de l'action à fins de subsides. L'action en recherche de paternité a été pendant longtemps, soit interdite (de 1804 à 1912), soit autorisée mais très canalisée (de 1912 à 1993). L'impossibilité ou la difficulté d'imposer une paternité à celui qui n'en a pas la volonté n'était pas sans inconvénient pour l'enfant concerné, lequel ne pouvait pas recevoir d'aliments de son géniteur. C'est précisément pour pallier cet inconvénient qu'a été créée l'action dite à fins de subsides.

1720 — Instauration d'une action alimentaire en 1955. La loi du 15 juillet 1955 a créé une action alimentaire en faveur des enfants adultérins ou incestueux. En étendant l'action en 1969 aux enfants dits naturels simples, la Cour de cassation leur a ouvert une option. Ceux-ci avaient, en effet, le choix soit d'imposer à leur géniteur une totale paternité en intentant une action en recherche de paternité naturelle, soit de lui réclamer des aliments en exerçant l'action alimentaire.

1721 — Création de l'action à fins de subsides en 1972. À l'occasion de la réforme de la filiation le 3 janvier 1972, l'action alimentaire a été remplacée par l'action dite à fins de subsides. Cette action permet à un enfant dont la filiation paternelle n'est pas établie de demander des subsides à celui qui a eu des relations sexuelles avec sa mère pendant la période légale de conception, c'est-à-dire à son « possible père ». L'action à fins de subsides coexiste donc avec l'action en recherche de paternité naturelle.

1722 — Maintien de l'action à fins de subsides en 2005. Même si l'action à fins de subsides est peu exercée, l'ordonnance du 4 juillet 2005 a fait le choix de ne pas la supprimer au motif qu'elle conserve notamment un intérêt pour les enfants incestueux. En effet, dès lors que leur filiation maternelle est établie, les enfants incestueux ne peuvent voir leur filiation consacrée dans la branche paternelle (C. civ., art. 310).

> Ardeeff I., « Plaidoyer pour le maintien de l'action à fins de subsides », AJ fam., 2012, 39.

1723 — Régime juridique de l'action à fins de subsides. Le régime de l'action à fins de subsides, peu modifié depuis 1972 (sauf en ce qui concerne le délai pour agir), est décrit aux articles 342 à 342-8 du Code civil. Son étude implique de préciser les conditions d'exercice de l'action (A) et les effets du jugement accordant des subsides (B).

A Les conditions d'exercice de l'action

1 Les conditions de fond

1724 — Absence de filiation paternelle pour exercer l'action à fins de subsides. Selon l'article 342 du Code civil, alinéa 1er, cette action est ouverte à « tout enfant dont la filiation paternelle n'est pas légalement établie ». Elle peut donc être intentée par tout enfant, dès lors qu'il n'a pas de père légal. Il peut s'agir d'un enfant né hors mariage, d'un enfant né en mariage mais non rattaché au mari de sa mère par la présomption de paternité, ou encore d'un enfant issu d'un inceste (c'est-à-dire d'un homme et d'une femme visés par les empêchements à mariage des C. civ., art. 161 à 164).

L'enfant incestueux est explicitement évoqué dans le 3e alinéa de l'article 342 du Code civil.

1725 — Filiation maternelle nécessaire pour exercer l'action à fins de subsides. L'enfant désirant intenter cette action doit nécessairement avoir un lien de filiation maternelle établi. Cette condition ressort implicitement de l'alinéa 1 de l'article 342 qui fait allusion à la « mère » de l'enfant.

2 Les conditions de procédure

1726 — Demandeur à l'action à fins de subsides : l'enfant. L'action n'appartient effectivement qu'à l'enfant. Pendant sa minorité, celui-ci est représenté par sa mère. Si la mère est mineure, elle a seule qualité pour exercer l'action à fins de subsides pendant la minorité de son enfant (C. civ., art. 342-6, renvoyant à C. civ., art. 328).

1727 — Délai d'exercice de l'action à fins de subsides. Celle-ci peut être intentée pendant toute la minorité de l'enfant. Ce dernier peut l'exercer pendant les 10 ans qui suivent sa majorité. Ce délai de 10 ans (qui est celui du droit commun de la filiation) est issu de la loi du 16 janvier 2009 et vient ainsi remplacer le délai de 2 ans prévu par l'ordonnance de 2005 (C. civ., art. 342, al. 2).

1728 — Défendeur à l'action à fins de subsides. L'action est exercée contre celui qui a eu des relations sexuelles avec la mère pendant la période légale de conception de l'enfant (C. civ., art. 342, al. 1er).

3 Les conditions liées à la preuve

a La preuve incombant au demandeur

1729 — Objet de la preuve dans l'action à fins de subsides. L'enfant demandeur doit rapporter la preuve que le défendeur a eu des relations intimes avec sa mère pendant la période légale de conception. Il doit donc démontrer que le défendeur est son « possible père ».

1730 — Administration de la preuve dans l'action à fins de subsides. La preuve selon laquelle le défendeur aux subsides a eu des relations sexuelles avec la mère de l'enfant pendant la période légale de conception est libre, puisqu'il s'agit ici de démontrer un fait juridique. Elle peut donc être rapportée par tous moyens, notamment par des témoignages et présomptions.

1731 — Preuve par expertise dans l'action à fin de subsides. Selon la Cour de cassation, la preuve que le défendeur à l'action à fins de subsides a eu des relations sexuelles avec la mère de l'enfant pendant la période légale de conception peut être rapportée par une expertise révélant sa paternité. Depuis 2005, la Cour de cassation juge que l'expertise biologique « est de droit en matière d'action à fins de subsides, sauf s'il existe un motif légitime de ne pas y procéder ».

Cass. 1re civ., 6 déc. 2005 : Bull. civ. I, n° 478.

1732 — Preuve déduite du refus du défendeur de se soumettre à l'expertise. Au visa de l'article 1382 du Code civil, la Cour de cassation considère de manière constante que les juges du fond peuvent déduire la preuve de l'existence de relations intimes pendant la période légale de conception de l'enfant entre sa mère et le défendeur à l'action, du seul refus de celui-ci de se soumettre à l'expertise.

Cass. 1re civ., 5 févr. 1991 : Defrénois 1991, 673, obs. Massip J.

b ▮ La preuve incombant au défendeur

1733 — Preuve de l'absence de relations sexuelles avec la mère pendant la période légale de conception. Pour ne pas être condamné à verser des subsides à l'enfant, le défendeur peut établir qu'il n'a pas eu de relations intimes avec la mère de celui-ci pendant la période légale de conception. S'agissant de prouver un fait juridique, cette preuve peut être faite par tout moyen.

1734 — Preuve de la non-paternité du défendeur dans l'action à fins de subsides. Le défendeur peut avoir eu des relations sexuelles avec la mère de l'enfant pendant la période légale de conception, sans l'avoir pour autant conçu. Aussi, il « peut écarter la demande en faisant la preuve par tous moyens qu'il ne peut être le père de l'enfant » (C. civ., art. 342-4). Si celui qui était un possible père avant l'instance apparaît comme un impossible père durant celle-ci, l'action à fins de subsides – qui est fondée sur la probabilité de paternité du défendeur – doit alors être rejetée.

1735 — Administration de la preuve de la non-paternité du défendeur dans l'action à fins de subsides. Cette preuve peut être faite par tous moyens, y compris par une expertise.

B Les effets du jugement accordant des subsides

1 L'absence de lien de filiation paternelle entre l'enfant et le défendeur

1736 — Pas de paternité résultant du jugement accordant les subsides. L'action à fins de subsides n'a pas pour objet de déclarer judiciairement la paternité du défendeur. Si elle est accueillie par le tribunal, elle n'aura donc pas pour effet d'établir la paternité du défendeur avec toutes les conséquences qui en découlent (en matière d'autorité parentale, de droits successoraux, etc.). Le jugement accordant des subsides n'empêche d'ailleurs pas l'enfant d'agir ultérieurement en recherche de paternité, contre le défendeur ou un autre homme (C. civ., art. 342-8).

1737 — Empêchements à mariage résultant du jugement accordant des subsides. Ce jugement crée un empêchement à mariage entre le débiteur et le bénéficiaire, ainsi qu'entre chacun d'eux et les parents ou le conjoint de l'autre (C. civ., art. 342-7).

2 Le versement de subsides à l'enfant

1738 — Notion de subsides. Le tribunal, s'il accueille l'action, condamne alors le défendeur à verser des subsides à l'enfant. Concrètement, il s'agit de sommes versées pour son entretien et son éducation. Selon la loi, les subsides se règlent « en forme de pension d'après les besoins de l'enfant, les ressources du débiteur, la situation familiale de celui-ci » (C. civ., art. 342-2, al. 1er).

1739 — Début des subsides. Selon la jurisprudence, la décision qui accorde des subsides sur le fondement de l'article 342 du Code civil est, à la différence d'un jugement statuant sur un lien de filiation, constitutive et non déclarative de droits. Il en résulte que le défendeur ne peut être condamné à verser des subsides à l'enfant pour une période antérieure à la date de l'assignation.

Cass. 1re civ., 19 mars 1985 : Bull. civ. I, n° 100.

1740 — Cessation des subsides. Si l'action est accueillie, le défendeur doit verser des subsides à l'enfant jusqu'à sa majorité et même au-delà « s'il est encore dans le besoin, à moins que cet état ne soit imputable à faute » (C. civ., art. 342-2, al. 2). L'enfant est, par exemple, dans le besoin s'il poursuit des études supérieures et ne s'assume pas financièrement. Les subsides cessent d'être dus « si la filiation paternelle de l'enfant vient à être établie par la suite à l'endroit d'un autre que le débiteur » (C. civ., art. 342-8, al. 2).

1741 — Transmission des subsides. En cas de décès du débiteur des subsides, ceux-ci sont transmis à ses héritiers.

CHAPITRE 8

La filiation adoptive

1742 — Définition de l'adoption. L'adoption est une filiation prononcée par un juge entre deux personnes n'ayant aucun lien de sang. Dénuée de fondement biologique, la filiation adoptive est construite sur la volonté (celle de l'adoptant et de l'adopté selon son âge) et sur l'acte de l'autorité publique (celui du juge).

1743 — Deux formes d'adoption. Depuis la réforme du 11 juillet 1966, il existe deux formes d'adoption en droit français : l'adoption plénière (envisagée en premier lieu dans le Code civil, ce qui traduit la préférence du législateur pour ce modèle) et l'adoption simple.

1744 — Distinction entre adoption simple et adoption plénière. Si leurs conditions sont, au fond, assez similaires, leurs effets diffèrent. En effet, l'adoption plénière rompt totalement les liens entre l'adopté et sa famille d'origine, pour l'intégrer pleinement dans sa famille adoptive. À l'inverse, l'adoption simple, tout un créant un nouveau lien avec la famille adoptive, n'efface pas le lien unissant l'adopté à sa famille par le sang.

1745 — Plan du chapitre. Même si l'adoption simple est aujourd'hui la plus fréquente, il est nécessaire d'étudier les deux formes d'adoption dans l'ordre prévu par le Code civil. L'adoption plénière sera donc d'abord évoquée (section 2), l'adoption simple ensuite (section 3). Au préalable, le droit de l'adoption sera présenté à l'occasion d'une section introductive (section 1).

> En 2008, 7 167 requêtes en adoption simple ont été déposées, pour 3 203 requêtes en adoption plénière.

SECTION 1 Introduction au droit de l'adoption

1746 — Rôle important de l'adoption en droit romain. L'adoption a joué un rôle très important dans le droit romain, lequel distinguait deux procédures : l'adrogation (dans laquelle l'homme adopté se plaçait volontairement sous la puissance d'une autre personne) et l'adoption (qui avait pour objet de placer un enfant mineur sous l'autorité d'un *pater familias*, avec l'accord de son père biologique).

1747 — **L'adoption dans l'ancien droit.** Pendant cette longue période, l'adoption existait, mais sous des formes très particulières. En effet, l'ancien droit connaissait les pratiques de l'affiliation et de l'affrèrement.

1748 — **Défense de l'adoption dans le Code civil.** En 1804, l'adoption a été défendue par Napoléon qui voulait ainsi trouver l'héritier que sa femme ne pouvait lui donner. En fin de compte, l'adoption a été conçue dans le Code comme un moyen de transmettre son patrimoine et son nom. Il n'était d'ailleurs pas possible, à l'époque, d'adopter des mineurs.

1749 — **Transformation de l'adoption au début du xxe siècle.** Peu à peu, notamment sous l'influence de la Première Guerre mondiale qui a multiplié le nombre d'orphelins, l'adoption s'est transformée : elle est devenue une institution ayant pour objet de donner une famille à un enfant qui n'en a pas ou plus. La loi du 19 juin 1923 a ainsi autorisé l'adoption des enfants mineurs. Le décret-loi du 29 juillet 1939 a, lui, créé, à côté de l'adoption ordinaire, la légitimation adoptive qui faisait entièrement entrer l'adopté dans la famille de l'adoptant.

1750 — **Réforme fondamentale de l'adoption en 1966.** La loi du 11 juillet 1966 est capitale en matière d'adoption. Reprenant la dichotomie entre adoption ordinaire et légitimation adoptive en les rebaptisant respectivement adoption simple et adoption plénière, elle a ainsi posé les bases fondamentales inchangées depuis. Elle a révélé, en outre, combien le législateur doit, en la matière, faire œuvre de prudence en ne négligeant pas, face aux attentes des familles adoptives, les droits des familles par le sang.

> Loi n° 66-500 du 11 juillet 1966 portant réforme de l'adoption : JO 12 juill. 1966, p. 5956.

1751 — **Assouplissement de l'adoption entre 1976 et 1996.** Après la réforme de 1966, deux lois importantes ont été prises en matière d'adoption : la loi du 22 décembre 1976 et celle du 5 juillet 1996 (dite loi *Mattéi*), lesquelles ont assoupli l'institution (raccourcissement des délais, valeur nationale de l'agrément, etc.).

> Loi n° 76-1179 du 22 décembre 1976 modifiant certaines dispositions concernant l'adoption (simplification) : JO 23 déc. 1976, p. 7364.
> Loi n° 96-604 du 5 juillet 1996 relative à l'adoption : JO 6 juill. 1996, p. 10208.

1752 — **Adoption internationale : loi de 2001.** Selon la doctrine et les professionnels, la loi du 5 juillet 1996 n'est pas parvenue à régler les difficultés suscitées par l'adoption d'enfants étrangers. Or, l'adoption à l'international représente aujourd'hui dans les faits environ 70 % à 80 % des adoptions prononcées en France (chiffres variant selon les sources). La question de l'adoption internationale a donc été saisie par la loi du 6 février 2001.

Loi n° 2001-111 du 6 février 2001 relative à l'adoption internationale : JO 8 févr. 2001, p. 2136.

1753 — Réforme réclamée de l'adoption. Malgré les lois successives intervenues en matière d'adoption à l'époque contemporaine, il est aujourd'hui régulièrement question de réformer celle-ci, pour remédier à certaines difficultés. Parmi celles-ci, on connaît celle liée à la « pénurie » d'enfants français adoptables par rapport au nombre de candidats à l'adoption. Ces derniers se tournant alors de plus en plus vers l'étranger, il est aussi nécessaire de prévenir les risques évidents de trafic d'enfants.

1754 — Incidence de la loi du 17 mai 2013 sur l'adoption. En ouvrant le mariage aux couples de personnes de même sexe, cette loi autorise, par voie de conséquence, les conjoints homosexuels à adopter. Leur sont ouvertes tant l'adoption de l'enfant du conjoint que l'adoption conjointe d'un enfant. La loi de 2013 proclame à ce titre que « le mariage et la filiation adoptive emportent les mêmes effets, droits et obligations reconnus par les lois (...), que les époux ou les parents soient de sexe différent ou de même sexe » (C. civ., art. 6-1 nouveau). L'accès à la filiation était, de toute façon, l'enjeu premier de la revendication du droit au mariage des couples homosexuels.

Loi n° 2013-404 du 17 mai 2013 ouvrant le mariage aux couples de personnes de même sexe : JO 18 mai 2013, p. 8253.

Dekeuwer-Défossez F., « Le mariage des couples de même sexe est le cheval de Troie de leur accès à la parenté », RLDC 2013/5126.

1755 — Incidence de la loi du 14 mars 2016 sur l'adoption. La loi du 14 mars 2006 relative à la protection de l'enfant modifie, entre autres, quelques dispositions relatives à l'adoption. Ainsi, elle réforme la procédure de la déclaration judiciaire d'abandon de l'article 350 du Code civil. En outre, elle remanie quelque peu l'adoption simple afin de la consolider dans l'intérêt de l'enfant, puisqu'elle limite sa révocabilité.

Loi n° 2016-297 du 14 mars 2016 relative à la protection de l'enfant : JO 15 mars 2016.

Lire la note d'actualité publiée à ce sujet par l'Observatoire national de la protection de l'enfance (ONPE).

SECTION 2 L'adoption plénière

1756 — Définition de l'adoption plénière. L'enfant adopté en la forme plénière entre pleinement dans sa famille adoptive, tandis que ses liens juridiques avec sa famille d'origine sont, eux, rompus. Soumise à certaines conditions (I), cette institution est originale tant en raison des effets qu'elle produit (II) que de son caractère irrévocable (III).

I Les conditions de l'adoption plénière

1757 — Conditions de fond et de forme de l'adoption plénière. Parmi les conditions de fond de l'adoption plénière, certaines visent à déterminer qui peut être adopté. À cet égard, il est nécessaire de distinguer, comme l'a fait le législateur, deux situations : celle qui consiste à adopter un enfant et celle qui vise à adopter l'enfant de son conjoint. En effet, lorsqu'il s'agit pour une personne d'adopter, en la forme plénière, l'enfant de son conjoint avec lequel elle vit au quotidien, il est logique d'assouplir les conditions de l'adoption.

A Les conditions de fond relatives à l'adoption plénière d'un enfant

1 Les conditions relatives à l'adoptant

1758 — Cas particulier de l'adoptant décédé. La loi française autorise l'adoption dite posthume dans le contexte suivant : « si l'adoptant décède, après avoir régulièrement accueilli l'enfant en vue de son adoption, la requête peut être présentée en son nom par son conjoint survivant ou l'un des héritiers de l'adoptant » (C. civ., art. 353, al. 3). L'adoption produit, dans ce cas spécifique, des effets limités puisque l'adopté ne peut recueillir la succession de l'adoptant décédé.

1759 — Un ou deux adoptants vivant(s). La requête en adoption peut, en droit français, être formée soit conjointement (c'est-à-dire par deux personnes), soit individuellement (par une seule personne).

a L'adoption conjointe

1760 — Adoption conjointe réservée aux couples mariés. La requête en adoption conjointe ne peut être formée que par des époux (C. civ., art. 346, al. 1er). Selon l'article 343 du Code civil, les époux ne doivent pas être séparés de corps. Ils doivent, en outre, être mariés depuis plus de 2 ans ou âgés l'un et l'autre de plus de 28 ans.

1761 — Adoption conjointe ouverte en 2013 aux couples mariés de même sexe. Avant l'entrée en vigueur de la loi du 17 mai 2013, deux personnes de même sexe vivant en couple ne pouvaient adopter conjointement un enfant, puisque le mariage leur était interdit. En ouvrant le mariage aux couples de personnes de même sexe (C. civ., art. 143 nouveau), cette loi les autorise, par voie de conséquence, à adopter conjointement un enfant. S'il s'agit d'une adoption à l'international, encore faut-il que le pays concerné accepte l'adoption de ses ressortissants par des couples homosexuels étrangers. Or, ce n'est pas toujours le cas.

Par exemple, la Russie a interdit en juin 2013 l'adoption des enfants russes par les couples étrangers de même sexe.

Loi n° 2013-404 du 17 mai 2013 ouvrant le mariage aux couples de personnes de même sexe : JO 18 mai 2013, p. 8253.

b ▌ L'adoption individuelle

1762 — Consécration de l'adoption individuelle. Depuis la réforme du 11 juillet 1966, l'adoption est ouverte aux personnes seules. Cette faculté a été critiquée par certaines personnes, au motif qu'elle prive l'enfant de l'altérité sexuelle dont il aurait besoin pour se construire. D'autres font valoir qu'il est préférable pour un enfant d'avoir un seul parent plutôt qu'aucun. Dans les faits, l'adoption individuelle représente environ une adoption sur dix.

1763 — Conditions requises en cas d'adoption individuelle. Celui qui adopte seul un enfant doit être âgé de plus de 28 ans. Lorsqu'une personne mariée et non séparée de corps fait le choix d'adopter individuellement un enfant, son conjoint doit alors consentir à l'adoption, sauf s'il est dans l'impossibilité de le faire (C. civ., art. 343-1).

1764 — Adoption individuelle par une personne homosexuelle. L'orientation sexuelle du candidat à l'adoption individuelle n'est évoquée à aucun moment dans la loi française. En théorie, l'hétérosexualité n'est donc pas une condition requise pour pouvoir adopter individuellement un enfant. Pourtant, pendant plusieurs années, les candidats célibataires homosexuels n'ont pas été traités de la même façon que les candidats hétérosexuels, s'agissant de la délivrance de l'agrément.

1765 — Nécessité d'obtenir un agrément pour le candidat homosexuel à l'adoption. Comme celui-ci souhaite adopter dans les faits soit un pupille de l'État, soit un enfant étranger, il doit, à l'instar des autres candidats à l'adoption dans la même situation, obtenir un agrément. Ce dernier, délivré par le président du conseil départemental, tend à vérifier que « les conditions d'accueil offertes par le demandeur sur les plans familial, éducatif et psychologique correspondent aux besoins et à l'intérêt de l'enfant adopté » (CASF, art. R. 225-4).

1766 — Réticences administratives à la délivrance de l'agrément au candidat homosexuel. Jusqu'en 2008, les services sociaux refusaient de délivrer l'agrément au candidat homosexuel à l'adoption qui faisait le choix de révéler son homosexualité au cours de la procédure. L'agrément était refusé au motif que l'homosexualité du candidat à l'adoption priverait l'enfant d'un modèle d'altérité sexuelle.

1767 — Réticences administratives à la délivrance de l'agrément au candidat homosexuel, non condamnées par le Conseil d'État. Dans plusieurs décisions, le Conseil d'État avait approuvé les pratiques administratives françaises refusant la délivrance de l'agrément à une personne homosexuelle, au motif qu'eu égard à ses conditions de vie, celle-ci ne présente pas de garanties suffisantes pour pouvoir accueillir un enfant.

CE, 9 oct. 1996 : Rec. CE 1996, p. 391.
CE, 12 févr. 1997 : RFDA 1997, 441, concl. Maugüé.
CE, 5 juin 2002 : Dr. famille 2003, Comm. n° 24, note Murat P.

1768 — Réticences administratives dénoncées devant la CEDH. Un Français, M. Fretté, qui s'était vu refuser l'agrément en vue de l'adoption en raison de son homosexualité, a saisi la Cour européenne des droits de l'homme en faisant valoir que ce refus était notamment contraire aux articles 12 et 14 de la Convention européenne des droits de l'homme qui garantissent, selon lui, un droit égal à l'adoption en vue de la constitution d'une famille, sans distinction fondée sur l'orientation sexuelle.

1769 — Réticences administratives non condamnées par la CEDH en 2002. Dans un arrêt rendu le 26 février 2002, la CEDH a rejeté l'argumentation de M. Fretté, refusant ainsi de condamner la France (4 voix contre 3). Elle s'est retranchée derrière la marge d'appréciation nationale de l'État en jugeant que « les autorités françaises (...) ont légitimement et raisonnablement pu considérer que le droit d'adopter dont le requérant se prévalait selon l'article 343-1 du Code civil trouvait sa limite dans l'intérêt des enfants susceptibles d'être adoptés, nonobstant les aspirations légitimes du requérant et sans que soient remis en cause ses choix personnels. Si l'on tient compte de la grande marge d'appréciation à laisser ici aux États et à la nécessité de protéger les intérêts supérieurs des enfants pour atteindre l'équilibre voulu, le refus d'agrément n'a pas transgressé le principe de proportionnalité ».

CEDH, 26 févr. 2002, aff. 36515/97, Fretté c/ France : JCP G 2002, II, nº 10074, obs. Gouttenoire-Cornut A. et Sudre F.

La marge d'appréciation nationale de l'État est la marge de manœuvre que la CEDH est disposée à reconnaître aux États membres, pour mettre en œuvre les obligations qu'ils ont au titre de la Conv. EDH.

1770 — Réticences administratives condamnées par la CEDH en 2008. Mademoiselle B., qui s'était vue refuser elle aussi un agrément à l'adoption en raison de son homosexualité, a saisi en 2007 la CEDH. Le 22 janvier 2008, la Cour a procédé à un revirement de jurisprudence puisqu'elle a condamné la France, au motif qu'elle avait violé l'article 14 de la Convention combiné avec l'article 8 (10 voix contre 7). Elle a jugé que « lorsque l'orientation sexuelle est en jeu, il faut des raisons particulièrement graves et convaincantes pour justifier une différence de traitement s'agissant des droits tombant sous l'empire de l'article 8 » (§ 91). « En l'espèce, (...) la requérante présentait (...) des qualités humaines et éducatives certaines, ce qui servait assurément l'intérêt supérieur de l'enfant, notion clé des instruments internationaux pertinents » (§ 95).

CEDH, 22 janv. 2008, aff. 43546/02, EB c/ France : AJ fam. 2008, p. 118, note Chénedé F.

1771 — Évolution des pratiques administratives relatives à la délivrance d'un agrément au candidat homosexuel depuis 2008. Depuis la condamnation de la France en 2008 par la Cour européenne des droits de l'homme, des agréments en vue de l'adoption sont, semble-t-il, délivrés sans difficulté aux candidats homosexuels qui souhaitent adopter individuellement un enfant sur le fondement de l'article 343-1 du Code civil. C'est du moins ce que l'on peut déduire de l'absence de contentieux en la matière.

2 Les conditions relatives à l'adopté

1772 — Cas particulier de l'adopté décédé. Autorisée lorsque l'adoptant est décédé, l'adoption est également permise en cas de décès de l'adopté. En effet, depuis la loi du 5 juillet 1996, il est possible d'adopter un enfant qui, avant son décès, avait été régulièrement accueilli en vue de son adoption. Si l'adoption est prononcée par le juge dans ce contexte, elle emporte alors uniquement modification de l'état civil de l'enfant (C. civ., art. 353, al. 4).

1773 — Nationalité de l'enfant adopté. L'un des problèmes récurrents de l'adoption est la pénurie du nombre d'enfants adoptables. En France, les enfants adoptables ne répondent pas toujours aux attentes des candidats qui souhaitent, très souvent, un enfant en bas âge, sans handicap notamment. Les candidats à l'adoption se tournent alors de plus en plus vers l'adoption internationale. Que l'enfant adopté soit français ou de nationalité étrangère, les conditions imposées dans le Code civil doivent nécessairement être respectées, dès lors que l'adoption est prononcée en France.

a ▮ L'âge de l'adopté

1774 — Âge de l'adopté en principe exigé. L'adopté doit avoir, en principe, moins de 15 ans. Cette condition légale met en évidence que l'adoption est une institution qui s'efforce de copier la nature (C. civ., art. 345, al. 1er).

1775 — Assouplissement exceptionnel de la condition légale relative à l'âge de l'adopté. Par dérogation, l'adoption plénière est néanmoins possible « pendant la minorité de l'enfant et dans les 2 ans suivant sa majorité » dans deux cas (C. civ., art. 345, al. 2) :
- si avant d'avoir 15 ans, l'enfant a été accueilli au foyer de personnes ne remplissant pas, à ce moment-là, les conditions pour adopter ;
- si l'enfant a fait l'objet d'une adoption simple avant d'avoir atteint l'âge de 15 ans.

b ▮ Le consentement de l'adopté

1776 — Consentement de l'adopté de plus de 13 ans. Lorsque l'enfant a plus de 13 ans, il doit personnellement consentir à son adoption. Son consentement doit être donné, soit devant un notaire français ou étranger, soit devant un agent diplomatique ou consulaire français. L'enfant peut se rétracter à tout moment, et ce, jusqu'au prononcé de l'adoption (C. civ., art. 345, al. 3).

c ▮ Un enfant dans une situation d'abandon

1777 — Trois catégories d'enfant adoptables. Sont adoptables les enfants placés en situation d'abandon. Il s'agit, selon l'article 347 du Code civil, des enfants pour lesquels il a valablement été consenti à l'adoption, des pupilles de l'État et des enfants déclarés judiciairement délaissés. Ces 3 catégories sont présentées ici succinctement.

α ▮ Les enfants valablement donnés à l'adoption

1778 — Possibilité de consentir à l'adoption plénière de son enfant. Même si la filiation est indisponible en droit français, la loi permet de déroger à cette règle puisqu'elle reconnaît aux parents biologiques le droit de consentir, dans certaines conditions, à l'adoption de leur enfant.

1779 — Titulaires du droit de consentir à l'adoption. Les personnes autorisées à consentir à l'adoption de l'enfant ne sont pas les mêmes, selon que celui-ci a une filiation établie à l'égard de ses deux parents, à l'égard d'un seul, ou que sa filiation n'est pas établie.

1780 — Consentement à l'adoption d'un enfant dont la filiation est établie à l'égard de ses deux auteurs. Dans ce cas, le père et la mère de l'enfant doivent, en principe, l'un et l'autre consentir à son adoption. Si l'un des deux auteurs de l'enfant est mort ou dans l'impossibilité de manifester sa volonté ou a perdu ses droits d'autorité parentale, le consentement de l'autre suffit (C. civ., art. 348).

1781 — Consentement à l'adoption d'un enfant dont la filiation est établie à l'égard de l'un de ses parents. Dans ce cas, seul le parent à l'égard duquel la filiation est établie donne son consentement à l'adoption de son enfant (C. civ., art. 348-1).

1782 — Consentement de l'adoption pour un enfant sans parents. Lorsque les parents légaux sont décédés, ou sont dans l'impossibilité de manifester leur volonté, ou ont perdu leurs droits d'autorité parentale, c'est alors le conseil de famille qui consent à l'adoption de l'enfant. Celui-ci se prononce « après avis de la personne qui en fait prend soin de l'enfant » (C. civ., art. 348-2).

1783 — Formes du consentement à l'adoption de l'enfant. Le consentement à l'adoption de l'enfant doit être donné devant un notaire français ou étranger ou devant les agents diplomatiques ou consulaires français. Il peut aussi être reçu par le service de l'Aide sociale à l'enfance (ASE) lorsque l'enfant lui a été remis (C. civ., art. 348-3, al. 1er).

1784 — Possible rétractation du consentement à l'adoption. Si le principe même d'une rétractation du consentement à l'adoption ne suscite guère de discussion, la question de savoir pendant combien de temps celle-ci peut être faite est plus difficile à trancher. Elle implique, en effet, de concilier le droit de repentir des auteurs biologiques de l'enfant, avec l'intérêt de celui-ci de se voir donner des parents adoptifs.

1785 — Délai de rétractation du consentement à l'adoption. De 3 mois sous l'empire de la loi antérieure, le délai pendant lequel le consentement à l'adoption peut être rétracté par son auteur, a été fixé à 2 mois par la loi du 5 juillet 1996 (C. civ., art. 348-3, al. 2).

1786 — Formes de la rétractation du consentement à l'adoption. La rétractation du consentement à l'adoption doit être faite par lettre recommandée avec accusé de réception, adressée à la personne ou au service qui avait reçu ledit consentement. La remise de l'enfant à ses parents qui en ont exprimé la demande (même verbale) prouve aussi la rétractation du consentement à l'adoption (C. civ., art. 348-2, al. 2 *in fine*).

1787 — Revirement des parents biologiques après le délai légal de rétractation. Que faire si les parents légaux reviennent sur leur volonté de donner leur enfant à l'adoption, mais après le délai légal de rétractation ? La réponse n'est pas la même selon que l'enfant a été placé ou non en vue de son adoption. Le placement consiste à remettre de manière effective l'enfant aux futurs adoptants.

1788 — Faveur à l'adoption en cas de placement de l'enfant. Si l'enfant a été placé en vue de son adoption et que ses parents biologiques manifestent, après le délai légal de rétractation de 2 mois, leur volonté de le reprendre, le placement fait alors obstacle à toute rétractation et donc à toute restitution à ses parents biologiques (C. civ., art. 348-3, al. 3 et art. 352, al. 1er).

1789 — Faveur aux parents biologiques à défaut de placement de l'enfant. Après l'expiration du délai légal de rétractation de 2 mois, les parents biologiques ont la faculté de demander la restitution de leur enfant, à la condition néanmoins que celui-ci n'ait pas été placé en vue de son adoption. Si la personne qui a recueilli l'enfant refuse de le rendre, ils peuvent alors saisir le tribunal de grande instance qui sera chargé de trancher le conflit en fonction de l'intérêt de l'enfant (C. civ., art. 348-3, al. 3).

β Les enfants déclarés judiciairement délaissés

1790 — Ancienne procédure de déclaration judiciaire d'abandon. Avant l'entrée en vigueur de la loi du 14 mars 2016 relative à la protection de l'enfant, les enfants déclarés judiciairement abandonnés dans les conditions de l'article 350 du Code civil pouvaient être légalement adoptés. Ce texte visait les enfants qui avaient été recueillis par un particulier, un établissement ou un service de l'aide sociale à l'enfance, et dont les parents s'étaient « manifestement désintéressés » pendant l'année précédant l'introduction de la demande en déclaration d'abandon. Dans ce cas, il était possible d'engager une procédure de déclaration judiciaire d'abandon (relevant de la compétence du tribunal de grande instance), laquelle concernait environ 200 enfants chaque année. La loi du 14 mars 2016 a abrogé l'article 350 et consacré, dans les articles 381-1 et 381-2 du Code civil, une nouvelle procédure – applicable elle aussi aux enfants recueillis par un particulier, un établissement ou ASE. Cette nouvelle procédure est appelée « déclaration judiciaire de délaissement parental ».

Loi n° 297-2016 du 14 mars 2016 relative à la protection de l'enfant : JO 15 mars 2016, n° 0063.

Étaient considérés comme s'étant manifestement désintéressés de leur enfant « les parents qui n'ont pas entretenu avec lui des relations nécessaires au maintien du lien affectif » (C. civ., art. 350, al. 2 ancien).

1791 — Déclaration judiciaire de délaissement parental issue de la loi du 14 mars 2016. Le nouvel article 381-1 du Code civil dispose qu'« un enfant est considéré comme délaissé lorsque ses parents n'ont pas entretenu avec lui les relations nécessaires à son éducation ou à son développement pendant l'année qui précède l'introduction de la requête, sans que ces derniers en aient été empêchés par quelque cause que ce soit ». Ainsi, l'ancienne notion de « désintérêt manifeste » – qui, selon la jurisprudence, devait être volontaire de la part des parents – est remplacée par le « délaissement » vécu par l'enfant. Le nouvel article 381-2 du Code civil précise à cet égard que « la simple rétractation du consentement à l'adoption, la demande de nouvelles ou l'intention exprimée mais non suivie d'effet de reprendre l'enfant » ne constituent pas des actes suffisants pour rejeter de plein droit la demande et n'interrompent pas le délai d'un an.

Sur les marques d'intérêt insuffisantes, la loi nouvelle n'a fait que reprendre les anciennes dispositions légales (v. C. civ., art. 350, al. 3 ancien).

1792 — Procédure de déclaration judiciaire de délaissement parental. L'examen de la demande relève de la compétence du tribunal de grande instance. La demande est transmise par la personne, l'établissement ou le service départemental de l'aide sociale à l'enfance qui a recueilli l'enfant « après que des mesures appropriées de soutien aux parents leur ont été proposées ». Elle peut aussi être transmise par le ministère public agissant d'office ou, le cas échéant, sur proposition du juge des enfants. Il est aussi précisé que le délaissement parental peut être déclaré à l'encontre des deux parents ou d'un seul (C. civ., art. 381-2 nouveau, dans sa rédaction issue de la loi n° 2016-297 du 14 mars 2016 relative à la protection de l'enfant : JO 15 mars 2016, n° 0063).

1793 — Effets de la déclaration judiciaire de délaissement parental. Lorsque le tribunal de grande instance accueille la demande en délaissement parental, il délègue, par la même décision, les droits d'autorité parentale sur l'enfant au service de l'aide sociale à l'enfance, à l'établissement ou au particulier qui a recueilli l'enfant ou à qui ce dernier a été confié (C. civ., art. 381-2, al. 5). L'enfant peut être adopté. Qu'il soit adopté ou non, il acquiert le statut de pupille de l'État.

γ Les enfants, pupilles de l'État

1794 — Notion de pupilles de l'État. Ce sont des enfants abandonnés admis en qualité de pupilles de l'État par le préfet, à l'issue d'une procédure administrative organisée par le Code de l'action sociale et des familles (CASF).

1795 — Liste légale des pupilles de l'État. Selon l'article L. 224-4 du Code de l'action sociale et des familles, sont admis en qualité de pupilles de l'État :

« 1° Les enfants dont la filiation n'est pas établie ou est inconnue, qui ont été recueillis par le service de l'aide sociale à l'enfance depuis plus de 2 mois.

2° Les enfants dont la filiation est établie et connue, qui ont expressément été remis au service de l'aide sociale à l'enfance en vue de leur admission comme pupilles de l'État par les personnes qui ont qualité pour consentir à leur adoption, depuis plus de 2 mois.

3° Les enfants dont la filiation est établie et connue, qui ont expressément été remis au service de l'aide sociale à l'enfance depuis plus de 6 mois par leur père ou leur mère en vue de leur admission comme pupilles de l'État et dont l'autre parent n'a pas fait connaître au service, pendant ce délai, son intention d'en assumer la charge ; avant l'expiration de ce délai de six mois, le service s'emploie à connaître les intentions de l'autre parent.

4° Les enfants orphelins de père et de mère pour lesquels la tutelle n'est pas organisée (...) et qui ont été recueillis par le service de l'aide sociale à l'enfance depuis plus de 2 mois.

5° Les enfants dont les parents ont fait l'objet d'un retrait total de l'autorité parentale (...) et qui ont été recueillis par le service de l'aide sociale à l'enfance (...).

6° Les enfants recueillis par le service de l'aide sociale à l'enfance en application de l'article 350 du Code civil. »

1796 — Nécessaire consentement à l'adoption des pupilles de l'État. Une fois que l'enfant a été admis en qualité de pupille de l'État, il devient adoptable. Là encore, un consentement à l'adoption doit être donné. L'article 349 du Code civil précise à cet égard que « pour les pupilles de l'État dont les parents n'ont pas consenti à l'adoption, le consentement est donné par le conseil de famille de ces pupilles ».

> Le conseil de famille des pupilles de l'État est composé de représentants du Conseil général, de membres d'associations à caractère familial et de personnalités qualifiées nommées par le préfet.

1797 — Recours contre arrêté d'admission en qualité de pupille de l'État. L'admission en qualité de pupille de l'État peut faire l'objet d'un recours dans les conditions de l'article L. 224-8 du Code de l'action sociale et des familles. Dans un arrêt rendu en 2012, la cour d'appel de Metz a jugé que le seul constat qu'un lien affectif existe entre la grand-mère de fait et son petit-fils né d'un accouchement secret et anonyme, rend recevable son recours en annulation du procès-verbal définitif constatant l'adoptabilité de l'enfant.

CA Metz, 22 janv. 2013 : Dr. famille 2013, Comm. n° 54, obs. Neirinck Cl.

L'article L. 224-8 du Code de l'action sociale et des familles a été modifié par la loi n° 2013-673 du 26 juillet 2013 relative à l'arrêté d'admission en qualité de pupille de l'État.

1798 — Nombre de pupilles de l'État. Selon un rapport de l'Observatoire national de l'enfance en danger (Oned), au 31 décembre 2012, 2 323 enfants avaient le statut de pupille de l'État en France, soit un peu plus de 16 pour 100 000 mineurs. Plus du tiers d'entre eux vivaient dans une famille ayant pour projet de les adopter.

d L'accueil de l'adopté au sein du foyer adoptif

1799 — Exigence légale relative à l'accueil de l'enfant. Selon l'article 345, alinéa 1er du Code civil, l'adoption plénière n'est possible que si l'enfant a été accueilli au foyer du ou des adoptants depuis au moins 6 mois. Cette période d'accueil préalable tend à s'assurer qu'adoptant(s) et adopté s'entendent bien.

3 Les conditions relatives au lien entre adoptant(s) et adopté

1800 — Différence d'âge imposée entre adopté et adoptant(s) pour l'adoption plénière. Il doit, en principe, exister une différence d'âge de 15 ans au minimum entre l'adopté et le ou les adoptants (C. civ., art. 344, al. 1er). L'idée, au travers de cette exigence légale, est de calquer la filiation adoptive sur la filiation biologique.

1801 — Différence d'âge entre adopté et adoptant parfois assouplie. Par exception, l'article 345, alinéa 2 du Code civil autorise le tribunal, s'il existe de « justes motifs », à prononcer l'adoption lorsque moins de 15 années séparent l'adopté et le ou les adoptants. Des juges ont, par exemple, fait application de ce texte en autorisant l'adoption d'un frère par sa sœur de 13 ans son aînée, dans un contexte difficile (famille nombreuse, parents décédés, prise en charge dans les faits de l'éducation du frère par la sœur aînée).

CA Paris, 10 févr. 1998 : JCP 1998, II, 10130, note Philippe C.

B Les conditions de fond spécifiques à l'adoption plénière de l'enfant du conjoint

1802 — Autorisation de l'adoption plénière de l'enfant du conjoint. Selon l'article 345-1 du Code civil, il est possible d'adopter l'enfant de son conjoint dans trois cas :
- lorsque l'enfant n'a de filiation établie qu'à l'égard de ce conjoint ;
- lorsque l'autre parent (que le conjoint) s'est vu retirer totalement l'autorité parentale ;
- lorsque l'autre parent (que le conjoint), est décédé et n'a pas laissé d'ascendants au premier degré ou lorsque ceux-ci se sont manifestement désintéressés de l'enfant.

La loi du 17 mai 2013 ouvrant le mariage aux couples de personnes de même sexe a permis l'adoption plénière de l'enfant du conjoint dans un quatrième cas, à savoir lorsque l'enfant a fait l'objet d'une adoption plénière par ce seul conjoint et n'a de filiation établie qu'à son égard.

1803 — Encouragement à l'adoption de l'enfant du conjoint. Certaines des conditions légales de l'adoption sont assouplies lorsqu'il s'agit d'adopter l'enfant du conjoint. Ainsi, il n'est pas imposé que l'adoptant ait au moins 28 ans (C. civ., art. 343-2). En outre, la différence d'âge qui doit exister entre adopté et adoptant(s) n'est ici que de 10 ans (C. civ., art. 344, al. 1er *in fine*). Le conjoint parent légal de l'enfant doit bien évidemment consentir à l'adoption de celui-ci par son époux (C. civ., art. 348-1).

1804 — Adoption plénière de l'enfant du conjoint homosexuel dans la loi. Depuis la loi du 17 mai 2013, les couples homosexuels sont autorisés à se marier et, par voie de conséquence, à adopter. À l'instar d'un conjoint hétérosexuel, un époux homosexuel est donc, en théorie, autorisé notamment à adopter l'enfant de son conjoint en la forme plénière dès lors que les conditions posées dans l'article 345-1 du Code civil sont remplies. Les premières décisions de justice commencent à être rendues en la matière.

1805 — Adoption plénière de l'enfant du conjoint homosexuel en jurisprudence. Les premiers jugements rendus sur cette question ont mis en évidence une divergence de jurisprudence lorsque l'enfant à adopter est né à la suite d'une insémination artificielle avec donneur (IAD) réalisée par le couple de lesbiennes à l'étranger en violation de la loi française.

> En l'état actuel du droit, les couples homosexuels, qu'ils soient mariés ou pas, ne peuvent pas bénéficier en France d'une technique d'assistance médicale à la procréation (CSP, art. L. 2141-2). V. chapitre 9.

1806 — Adoption plénière de l'enfant du conjoint homosexuel judiciairement prononcée. Certaines juridictions avaient accepté de prononcer l'adoption plénière par l'épouse de la mère biologique de l'enfant, en faisant fi des circonstances dans lesquelles celui-ci a été conçu. C'est le cas du TGI de Lille qui a prononcé la première adoption plénière de ce type en France le 14 octobre 2013.

TGI Lille, 14 oct. 2013 : Dr. famille 2014, Comm. n° 4, note Neirinck Cl.

1807 — Adoption plénière de l'enfant du conjoint homosexuel judiciairement refusée. Dans trois jugements remarqués rendus le 29 avril 2014, le tribunal de grande instance de Versailles avait, lui, refusé de faire droit à la requête en adoption plénière qu'une femme avait déposée à l'égard de l'enfant biologique de son épouse, en raison du mode de conception de celui-ci. Il avait, en effet, considéré que « le procédé qui consiste à bénéficier à l'étranger d'une assistance médicale à la procréation interdite en France, puis à demander l'adoption de l'enfant, conçu conformément à la loi étrangère mais en violation de la loi française, constitue une fraude (...) et interdit donc l'adoption de l'enfant illégalement conçu ».

TGI Versailles, 29 avr. 2014, 3 espèces : AJ fam. 2014, p. 368, note Mécary C.

1808 — Adoption plénière de l'enfant du conjoint homosexuel saisie par la Cour de cassation. En septembre 2014, la Cour de cassation a rendu deux avis destinés à mettre fin à la jurisprudence des juges du fond. Selon elle, « le recours à la procréation médicalement assistée, sous forme d'un recours à une insémination artificielle avec donneur anonyme à l'étranger, ne fait pas obstacle au prononcé de l'adoption, par l'épouse de la mère, de l'enfant né de cette procréation, dès lors que les conditions légales de l'adoption sont réunies et qu'elle est conforme à l'intérêt de l'enfant ».

Cass., avis, 22 sept. 2014 : D. 2014, p. 2031, note Dionisi-Peyrusse A.

Dans un arrêt rendu le 5 juillet 2017, la Cour de cassation a jugé, au sujet d'une requête en adoption simple déposée par le conjoint du père biologique d'un enfant conçu en exécution d'un contrat de gestation pour autrui aux Etats-Unis, que celle-ci peut être accueillie « si les conditions légales de l'adoption sont réunies et si elle est conforme à l'intérêt de l'enfant ». Autrement dit, le recours à la gestation pour autrui à l'étranger, en violation de l'article 16-7 du Code civil, ne fait pas en lui-même obstacle au prononcé de ce type d'adoption. Cass. 1re civ., 5 juill. 2017, n° 16-16455.

C Les conditions de forme et de procédure de l'adoption plénière

1 L'agrément

1809 — Agrément administratif : exigence légale et assouplissement. L'agrément est nécessaire lorsque le ou les adoptants veulent adopter un enfant pupille de l'État ou de nationalité étrangère. Dans les faits, il s'impose donc dans la très grande majorité des cas. Néanmoins, le tribunal peut, par exception, passer outre le défaut d'agrément. En effet, la loi admet que « si l'agrément a été refusé ou s'il n'a pas été délivré dans le délai légal, le tribunal peut prononcer l'adoption, s'il estime que les requérants sont aptes à accueillir l'enfant et que celle-ci est conforme à son intérêt » (C. civ., art. 353-1, al. 2).

a La demande d'agrément

1810 — Autorité compétente pour délivrer l'agrément. L'agrément en vue de l'adoption est délivré par le président du conseil départemental, qui dispose de 9 mois pour prendre sa décision l'accordant ou le refusant (CASF, art. L. 225-2).

1811 — Commission d'agrément. La décision du président du conseil départemental est prise après avis motivé de la commission d'agrément (prévue à CASF, art. R. 225-9). Le ou les demandeurs doivent être préalablement informés de la possibilité d'être entendu(s) par cette commission (CASF, art. R. 225-4).

1812 — Instruction de la demande d'agrément. La procédure d'agrément vise à vérifier que les conditions d'accueil offertes par le ou les demandeurs sur les plans familial, éducatif et psychologique correspondent aux besoins et à l'intérêt de l'enfant adopté (CASF, art. R. 225-4). À cet effet, il est procédé à des investigations sociale et psychologique.

b La délivrance de l'agrément

1813 — Validité nationale de l'agrément. Depuis la loi du 5 juillet 1996 (CASF, art. L. 225-6 et R. 225-8), lorsqu'une personne change de département de résidence durant la période de validité de l'agrément, celui-ci continue de produire ses effets dans son nouveau département à condition que l'intéressé informe le président du conseil départemental de son nouveau département de résidence, dans le mois de son installation.

L'agrément est valable 5 ans depuis la loi du 5 juillet 1996.

c La décision de refus de l'agrément

1814 — Motifs de refus de délivrance de l'agrément. Les motifs retenus par le président du conseil départemental pour refuser un agrément doivent être objectifs et étayés par des circonstances précises et circonstanciées (CASF, art. L. 225-4). C'est, par exemple, le cas lorsque les demandeurs, adhérant à une doctrine refusant la transfusion sanguine, ont révélé, à l'occasion de l'enquête sociale, qu'ils sont opposés à l'usage de cette méthode thérapeutique.

CE, 24 avr. 1992, n° 110178, Département du Doubs.

1815 — Recours en cas de refus de délivrance d'agrément. En cas de refus d'agrément, toute nouvelle demande ne peut être déposée avant l'expiration d'un délai de 30 mois (CASF, art. L. 225-5). Le demandeur qui s'est vu opposer un refus d'agrément peut demander l'annulation de la décision devant le juge administratif.

2 La recherche et l'arrivée de l'enfant

a Le placement et ses effets

1816 — Placement de l'enfant en vue de son adoption plénière. L'enfant doit, en principe, être placé au foyer du ou des adoptants pendant au moins 6 mois avant le prononcé de l'adoption (C. civ., art. 345, al. 1er). Le placement consiste à remettre de manière effective l'enfant aux futurs adoptants. Il produit des effets radicaux puisqu'il fait obstacle à toute restitution de l'enfant à sa famille d'origine et fait échec à toute déclaration de filiation et de reconnaissance (C. civ., art. 352, al. 1er).

b La demande de restitution de l'enfant placé en vue de son adoption

1817 — Affaire *Benjamin* : conflit entre un père biologique et le couple adoptant. Les demandes de restitution de l'enfant interviennent parfois dans des contextes difficiles. En témoigne l'affaire *Benjamin*, un enfant né sous X, tiraillé entre son père par le sang (qui l'avait reconnu 2 mois avant sa naissance, mais qui n'avait pu l'identifier en raison de l'accouchement anonyme de la génitrice) et le couple qui avait entamé une procédure d'adoption à son égard.

1818 — Décision de la cour d'appel dans l'affaire *Benjamin*. En 2004, la cour d'appel de Nancy avait déclaré irrecevable la demande de restitution formée par le géniteur de l'enfant. Elle avait donc donné effet au consentement du conseil de famille et avait prononcé l'adoption plénière de l'enfant. Elle avait jugé qu'en raison de la décision de la génitrice d'accoucher anonymement, la reconnaissance paternelle s'était trouvée privée de toute efficacité.

1819 — Censure de la Cour de cassation dans l'affaire *Benjamin*. Au terme de cinq années de procédure, la haute juridiction a rendu le 7 avril 2006, un arrêt de cassation dans lequel elle a ordonné que l'enfant soit restitué à son père par le sang. Selon elle, l'enfant ayant été identifié par son géniteur à une date antérieure au consentement à l'adoption, la reconnaissance prénatale avait donc établi la filiation paternelle de l'enfant avec effet au jour de sa naissance. Dès lors, le droit de consentir valablement à l'adoption de l'enfant appartenait, non au conseil de famille des pupilles de l'État, mais à son père par le sang.

Cass. 1re civ., 7 avr. 2006 : Bull. civ. I, nº 195 ; Dr. famille 2006, Comm. nº 124, note Murat P.

1820 — Affaire *Célestin*. Plus récemment, la justice française a été saisie d'un litige assez identique à l'affaire dite *Benjamin*. Un homme avait reconnu un enfant avant sa naissance. Mais au moment de celle-ci, la génitrice avait décidé d'accoucher anonymement. Dès lors, la mention de la reconnaissance paternelle n'avait pas été portée sur l'acte de naissance de l'enfant. Malgré les démarches entreprises par le géniteur, la procédure d'admission à titre définitif de l'enfant en qualité de pupille de l'État avait été mise en œuvre et celui-ci avait été placé en vue de son adoption. Le géniteur a alors demandé la restitution de l'enfant qui, ordonnée en première instance, lui a été refusée en appel (Rennes, 25 nov. 2014).

CA Rennes, 25 nov. 2014 : Dr. famille 2015, Comm., nº 8, note Neirinck Cl.

3 La phase judiciaire

a La requête en adoption

1821 — Requête en adoption. La procédure commence par le dépôt d'une requête en adoption, laquelle est adressée par le ou les adoptants au tribunal de grande instance. La requête doit nécessairement préciser si la demande tend à une adoption plénière ou à une adoption simple. L'action relève de la matière gracieuse (CPC, art. 1166, 1167, 1168 et 1169).

b Le rôle du tribunal

1822 — Contrôle exercé par le tribunal saisi d'une requête en adoption. Dans le cadre de l'adoption, le tribunal est chargé d'opérer un double contrôle : un contrôle de légalité par lequel il vérifie que les conditions légales de l'adoption sont, en l'espèce, remplies et un contrôle d'opportunité, par lequel il contrôle que le prononcé de l'adoption envisagée « est conforme à l'intérêt de l'enfant » (C. civ., art. 353, al. 1er).

1823 — Contrôle judiciaire supplémentaire parfois imposé. Si l'adoptant a des descendants (biologiques ou adoptés), le tribunal doit également vérifier que l'adoption envisagée « n'est pas de nature à compromettre la vie familiale » (C. civ., art. 353, al. 2).

1824 — Contrôle d'opportunité au service de la lutte contre les détournements de l'adoption. L'exercice du contrôle d'opportunité, par lequel les juges vérifient que l'adoption envisagée « est conforme à l'intérêt de l'enfant » comme l'impose l'article 353 du Code civil, leur permet de censurer les tentatives qui sont parfois faites pour détourner l'institution de l'adoption. En 1991, la Cour de cassation réunie en assemblée plénière avait jugé que l'adoption plénière ne peut être utilisée par une épouse, pour être juridiquement rattachée à l'enfant qu'elle et son mari ont fait venir au monde en exécution d'un contrat de maternité de substitution. Elle avait considéré, au visa des articles 6 et 1128 du Code civil, que cette adoption n'était que l'ultime phase d'un processus d'ensemble destiné à permettre à un couple d'accueillir un enfant, conçu en exécution d'un contrat tendant à l'abandon à sa naissance par sa mère, et que, portant atteinte aux principes de l'indisponibilité du corps humain et de l'état des personnes, ce processus constituait un détournement de l'institution de l'adoption. En 2017, elle a fait évoluer sa position dans une affaire intéressant un enfant né en exécution d'un contrat de gestation pour autrui conclu entre son père biologique (ressortissant français) et une mère porteuse américaine (déclarée sur l'acte de naissance américain). Le père biologique de l'enfant s'était, après la naissance, marié avec celui qui était son partenaire depuis plusieurs années. Et le conjoint avait déposé une requête en adoption simple à l'égard de l'enfant. Dans un arrêt rendu le 5 juillet 2017, la première chambre civile de la Cour de cassation a jugé que « le recours à la gestation pour autrui ne fait pas, en lui-même, obstacle au prononcé de l'adoption par l'époux du père de l'enfant né de cette procréation, si les conditions légales de l'adoption sont réunies et si elle est conforme à l'intérêt de l'enfant ».

> Cass. ass. plén., 31 mai 1991, in *Grands arrêts de la jurisprudence civile*, 13e éd., 2015, Dalloz, t. 1, no 51.
>
> Cass. 1re civ., 5 juill. 2017, no 16-16455.

1825 — Options ouvertes au tribunal saisi d'une requête en adoption plénière. Dans ce cas, le tribunal a le choix entre rejeter la requête en adoption ou prononcer l'adoption. Il peut aussi prononcer une adoption simple à la place de l'adoption plénière demandée, dès lors que le ou les adoptants sont d'accord (CPC, art. 1173).

c Le jugement du tribunal

1826 — Motivation du jugement rendu. Le jugement prononçant l'adoption n'a pas à être motivé. En revanche, le jugement refusant de prononcer l'adoption doit l'être.

1827 — Voies de recours ordinaires : appel et pourvoi en cassation. La décision rendue par le tribunal en matière d'adoption est susceptible d'appel, lequel doit être formé dans les 15 jours du jugement (CPC, art. 538). Même en l'absence d'adversaire, le pourvoi en cassation est recevable (CPC, art. 610). Il l'est dans les conditions du droit commun (violation de la loi, manque de base légale, etc.) (CPC, art. 1178 et 1178-1).

1828 — Voie de recours extraordinaire : tierce opposition. La décision rendue par le tribunal en matière d'adoption peut faire l'objet d'une tierce opposition. Mais en matière d'adoption, celle-ci est conçue plus restrictivement qu'en droit commun. Elle n'est, en effet, recevable « qu'en cas de dol ou de fraude imputable aux adoptants » (C. civ., art. 353-2).

1829 — Événements justifiant une tierce opposition. Comme en témoigne un arrêt rendu par la Cour de cassation le 4 mai 2011, la fraude est, par exemple, constituée en cas de dissimulation d'une relation homosexuelle entre l'adoptante et l'adoptée. La loi du 17 mai 2013 est aussi venue préciser que « constitue un dol (...) la dissimulation au tribunal du maintien des liens entre l'enfant adopté et un tiers, décidé par le juge aux affaires familiales sur le fondement de l'article 371-4 » (C. civ., art. 353-2, al. 2). Cette nouvelle disposition légale vise l'hypothèse dans laquelle la filiation (paternelle par exemple) d'un enfant a été contestée avec succès en justice. En raison des relations personnelles entretenues entre l'enfant et son ancien père légal, le JAF peut les autoriser, sur le fondement de l'article 371-4 du Code civil, à entretenir des relations en en fixant les modalités d'exercice. Plus tard, la mère de l'enfant se (re)marie avec un homme qui décide d'adopter celui-ci en la forme plénière. Si le couple cache au tribunal chargé d'examiner la requête en adoption les relations entretenues entre l'enfant et son ancien père légal, ce dernier peut alors invoquer l'existence d'un dol et attaquer l'adoption par la voie de la tierce opposition.

Cass. 1re civ., 4 mai 2011 : Bull. civ. I, n° 81.

1830 — Publicité du jugement d'adoption plénière. Le jugement prononçant l'adoption plénière est transcrit dans les 15 jours suivant la date à laquelle il est devenu définitif, sur les registres de l'état civil du lieu de naissance de l'enfant. Lorsque celui-ci est né à l'étranger, le jugement est transcrit sur les registres du service central d'état civil du ministère des Affaires étrangères (C. civ., art. 354, al. 1er et 2).

1831 — Contenu et valeur de la transcription du jugement d'adoption plénière. Selon l'article 354 du Code civil, la transcription du jugement d'adoption « tient lieu d'acte de naissance à l'adopté » (al. 4). Elle « énonce le jour, l'heure et le lieu de naissance, le sexe de l'enfant ainsi que ses noms de famille et prénoms, tels qu'ils résultent du jugement d'adoption » ainsi qu'un certain nombre d'informations sur le ou les adoptants (« prénoms, noms, date et lieu de naissance, profession et domicile ») (al. 3). La transcription « ne contient aucune indication relative à la filiation réelle de l'enfant » (al. 3 *in fine*).

1832 — Acte de naissance originaire de l'enfant adopté en la forme plénière. Son acte de naissance est revêtu de la mention « adoption ». Selon la loi, il est considéré comme nul (C. civ., art. 354, al. 5).

II Les effets de l'adoption plénière

1833 — Originalité de l'adoption plénière. Celle-ci présente la particularité de conférer à l'enfant une filiation adoptive « qui se substitue à sa filiation d'origine » (A), sauf dans l'hypothèse particulière de l'adoption de l'enfant du conjoint (B) (C. civ., art. 356). Dès lors, le jugement prononçant l'adoption plénière est un jugement constitutif de droits : il ne rétroagit pas au jour de la naissance de l'enfant mais produit ses effets à partir du jour où la requête en adoption a été déposée (C. civ., art. 355).

A Les effets classiques de l'adoption plénière d'un enfant

1 L'anéantissement du lien de filiation d'origine

1834 — Rupture avec la famille d'origine dans une adoption plénière. L'article 356 du Code civil pose la règle selon laquelle l'adopté en la forme plénière « cesse d'appartenir à sa famille par le sang » (al. 1er). Cette rupture avec la famille biologique engendre des conséquences juridiques : le nom attribué à l'enfant n'est plus celui de son ou de ses auteurs. Toute obligation alimentaire et toute vocation successorale disparaissent entre l'enfant et les membres de sa famille d'origine.

1835 — Maintien des empêchements à mariage dans une adoption plénière. Tous les liens juridiques ne sont pas, pour autant, rompus entre l'enfant et sa famille d'origine. En effet, les empêchements à mariage des articles 161 à 164 du Code civil sont maintenus (C. civ., art. 356, al. 1er).

2 La création du lien de filiation adoptive

1836 — Statut de l'enfant adopté en la forme plénière. L'enfant entre pleinement dans sa famille adoptive. L'adoption lui confère un statut identique à celui de l'enfant biologique. Cela a des répercussions en ce qui concerne les empêchements à mariage, ses noms et prénoms, l'autorité parentale, l'obligation alimentaire et les droits successoraux notamment.

1837 — Empêchements à mariage dans la famille adoptive. L'adoption plénière crée, entre l'adopté et sa famille adoptive, les mêmes empêchements à mariage que dans la famille par le sang, lesquels sont évoqués dans les articles 161 à 164 du Code civil (C. civ., art. 356, al. 1er).

1838 — Prénoms de l'enfant adopté en la forme plénière. Si le ou les adoptants en font la demande, le tribunal peut modifier les prénoms de l'enfant (C. civ., art. 357, dernier al., issu de L. 17 mai 2013).

1839 — Nom de l'enfant adopté en la forme plénière par un adoptant. En cas d'adoption plénière sollicitée par une seule personne (adoption individuelle), l'enfant se voit conférer le nom de l'adoptant (C. civ., art. 357, al. 1er, issu de L. 17 mai 2013).

1840 — Nom de l'enfant adopté en la forme plénière par des époux. Les règles légales applicables à ce titre ont été modifiées par la loi du 17 mai 2013 pour prendre en considération le fait que les époux adoptants peuvent désormais être de même sexe. La nouvelle loi prévoit que les adoptants choisissent, par déclaration conjointe, le nom de famille dévolu à l'enfant : soit le nom de l'un d'eux, soit leurs deux noms accolés dans l'ordre choisi par eux, mais dans la limite d'un nom de famille pour chacun d'eux (C. civ., art. 357, al. 2 nouveau).

1841 — Autorité parentale en cas d'adoption plénière. Le ou les adoptants deviennent titulaires de l'autorité parentale sur l'enfant adopté. En cas d'adoption conjointe, les époux exercent en commun l'autorité parentale. Si les adoptants viennent à divorcer, l'enfant adopté sera juridiquement traité comme l'enfant de parents séparés (v. Chapitre 11).

1842 — Obligation alimentaire en cas d'adoption plénière. L'adoption plénière crée une obligation alimentaire réciproque entre l'adopté et le ou les adoptants, ainsi que leurs ascendants.

1843 — Droits successoraux en cas d'adoption plénière. L'adopté acquiert des droits successoraux identiques à ceux d'un enfant biologique, non seulement à l'égard de ses parents adoptifs, mais aussi à l'égard des autres membres de la famille. Réciproquement, les membres de la famille adoptive se voient conférés, dans les mêmes conditions que s'ils étaient parents par le sang, la qualité d'héritiers dans la succession de l'adopté.

B Les effets particuliers de l'adoption plénière de l'enfant du conjoint

1844 — Dispositions particulières en cas d'adoption plénière de l'enfant du conjoint. Dans ce cas, des règles spécifiques s'appliquent. En effet, il ne serait pas logique que l'enfant adopté en la forme plénière par le conjoint de son parent n'ait plus de lien juridique avec ce dernier. Aussi, cet enfant conserve sa filiation d'origine à l'égard de ce conjoint et de sa famille. Pour le reste (nom, autorité parentale, obligation alimentaire...), cette adoption produit les effets d'une adoption par deux époux (C. civ., art. 356, al. 2).

III Le caractère irrévocable de l'adoption plénière

1845 — Notion d'irrévocabilité. Selon l'article 359 du Code civil, l'adoption plénière est irrévocable. Dès lors que le jugement prononçant l'adoption plénière a acquis force de chose jugée, les adoptants ne peuvent plus revenir sur leur volonté d'adopter en demandant au tribunal d'anéantir la filiation adoptive.

1846 — Conséquence de l'irrévocabilité de l'adoption plénière. Les auteurs déduisent de la règle de l'irrévocabilité que les personnes qui ont adopté un enfant en la forme plénière n'ont pas, contrairement aux autres parents, le droit de le donner en adoption.

1847 — Critique de l'irrévocabilité de l'adoption plénière. La perspective qu'un parent adoptif donne son consentement afin de permettre l'adoption de son enfant adoptif par un nouvel adoptant, est difficilement concevable sur le plan humain. Pourtant, il faut bien avoir conscience que l'adoption est une aventure difficile qui se solde parfois par un échec. Dans ce cas, il est nécessaire de donner une nouvelle chance à l'enfant. La règle de l'irrévocabilité de l'adoption plénière y fait obstacle. C'est pour cela qu'une atténuation a été admise.

1848 — Atténuation de l'irrévocabilité de l'adoption plénière. L'atténuation résulte de l'article 360, alinéa 2 du Code civil, selon lequel « s'il est justifié de motifs graves, l'adoption simple d'un enfant ayant fait l'objet d'une adoption plénière est permise ». Dans ce cas, l'enfant conserve son lien de filiation avec le ou les premiers adoptants – qui l'avai(ent) adopté en la forme plénière –, auquel vient s'ajouter un nouveau lien de filiation, découlant de l'adoption simple. Ce cumul de filiations adoptives, compliqué, n'a guère de sens...

1849 — Interprétation de la notion de « motifs graves » de l'article 360, alinéa 2 du Code civil. Ceux-ci relèvent de l'appréciation souveraine des juges du fond. Ils sont, par exemple, constitués lorsque l'adoptant a cessé de s'occuper de l'enfant adopté, lequel est alors pris en charge par son ex-concubine. Dans ce contexte, la cour d'appel de Versailles a, en 2004, accepté de faire droit à la requête en adoption simple présentée par l'ex-concubine de l'homme qui avait, au départ, adopté individuellement, l'enfant en la forme plénière.

CA Versailles, 25 mars 2004 : Dr. famille 2004, Comm. n° 219, note Murat P.

SECTION 3 L'adoption simple

1850 — Définition de l'adoption simple. C'est une institution originale qui permet de cumuler deux liens de filiation : un avec la famille par le sang et un avec la famille adoptive. En effet, à la différence de l'adoption plénière, l'adoption simple, tout un créant un nouveau lien avec la famille adoptive, n'efface pas le lien unissant l'adopté à sa famille par le sang. Soumise à certaines conditions (I), elle se distingue donc de l'adoption plénière par ses effets (II) et son caractère révocable, lequel a néanmoins tendance à s'atténuer (III).

I Les conditions de l'adoption simple

1851 — Adoption simple régie par la loi et la jurisprudence. La loi subordonne l'adoption simple à des conditions, tant de fond que de forme, dont la plupart sont identiques à celles qui régissent l'adoption plénière (A). En outre, la jurisprudence exerce un contrôle puisqu'elle refuse que le procédé de l'adoption simple soit utilisé dans certaines circonstances (B).

A Les conditions légales de l'adoption simple

1 Le renvoi général aux dispositions relatives à l'adoption plénière

1852 — Adoption simple : renvoi global à l'adoption plénière. Inséré dans un chapitre traitant « De l'adoption simple » et dans une section intitulée « Des conditions requises et du jugement », l'article 361 du Code civil opère, en ce qui concerne l'adoption simple, un renvoi général à la plupart des dispositions légales applicables en cas d'adoption plénière.

a Les règles de fond identiques

1853 — Adoptant(s) en la forme simple : renvoi à l'adoption plénière. Les conditions légales relatives à l'adoptant ou aux adoptants s'imposant en cas d'adoption plénière (adoption conjointe ou individuelle, âge, durée du mariage des adoptants) s'appliquent aussi en cas d'adoption simple.

1854 — Adopté en la forme simple : renvoi à l'adoption plénière. Comme pour l'adoption plénière, l'enfant faisant l'objet d'une requête en adoption simple doit être un enfant légalement adoptable et doit consentir personnellement à son adoption s'il a plus de 13 ans (renvoi aux C. civ., art. 347 à 350).

b Les règles de forme et de procédure identiques

1855 — Identité des règles de procédure applicables aux adoptions simples et plénières. Les conditions relatives au prononcé de l'adoption plénière (compétence du TGI, contrôle du tribunal, appréciation de la conformité de l'adoption à l'intérêt de l'enfant notamment, défaut d'agrément...) s'appliquent aussi en cas d'adoption simple.

1856 — Identité des règles relatives à la tierce opposition, applicables aux adoptions simples et plénières. L'article 361 du Code civil renvoyant à l'article 353-2, une tierce opposition à l'encontre d'un jugement d'adoption simple peut être formée dans les mêmes conditions que celle exercée contre un jugement d'adoption plénière, c'est-à-dire en cas de dol ou de fraude imputable aux adoptants.

2 Les dispositions légales spécifiques à l'adoption simple

1857 — Énumération des particularités de l'adoption simple. On trouve dans le Code civil plusieurs séries de dispositions spécifiques à l'adoption simple. La première est relative à l'âge de l'adopté, lequel est indifférent dans ce type d'adoption. La deuxième concerne l'accueil de l'adopté au foyer de l'adoptant, qui n'est pas imposé en cas d'adoption simple. La troisième concerne uniquement l'adoption simple de l'enfant du conjoint.

a L'âge de l'adopté en la forme simple

1858 — Possibilité d'adopter en la forme simple un enfant mineur ou un majeur. Selon l'article 360 du Code civil, l'adoption simple « est permise quel que soit l'âge de l'adopté » (al. 1er). Autrement dit, à la différence de l'adoption plénière, l'adopté peut avoir ici plus de 15 ans, et même être majeur. Si l'enfant est âgé de plus de 13 ans, il doit personnellement consentir à l'adoption (al. 3).

b L'indifférence de l'accueil de l'adopté

1859 — Accueil non imposé en cas d'adoption simple. L'accueil de l'enfant au foyer des adoptants, qui est imposé préalablement à une adoption plénière, n'est pas exigé en cas d'adoption simple (non-renvoi de l'article 361 à l'article 345, alinéa 1er du Code civil).

c L'adoption simple de l'enfant du conjoint

1860 — Adoption simple de l'enfant du conjoint selon la loi. Autorisée par la loi, l'adoption plénière de l'enfant du conjoint n'est néanmoins admise que dans les quatre cas évoqués à l'article 345-1 du Code civil. Or, ce dernier texte n'est pas repris au sujet de l'adoption simple. Il en résulte que l'adoption simple de l'enfant est possible, même si le parent autre que le conjoint est vivant. La loi est donc relativement souple en la matière.

Selon l'article 345-1, « L'adoption plénière de l'enfant du conjoint est permise :

1° Lorsque l'enfant n'a de filiation établie qu'à l'égard de ce conjoint ;

1° bis Lorsque l'enfant a fait l'objet d'une adoption plénière par ce seul conjoint et n'a de filiation établie qu'à son égard ;

2° Lorsque l'autre parent que le conjoint s'est vu retirer totalement l'autorité parentale ;

3° Lorsque l'autre parent que le conjoint est décédé et n'a pas laissé d'ascendants au premier degré ou lorsque ceux-ci se sont manifestement désintéressés de l'enfant ».

1861 — Adoption simple de l'enfant du conjoint selon la jurisprudence. La jurisprudence prononce très fréquemment des adoptions simples d'enfants du conjoint dans le cadre de familles recomposées. Néanmoins, l'adoption simple de l'enfant du conjoint rencontre des limites, comme en témoigne un arrêt rendu par la Cour de cassation le 12 janvier 2012, qui interdit des adoptions simples « croisées » des beaux-parents.

Cass. 1re civ., 12 janv. 2012 : JCP G 2012, 415, note Bosse-Platière H. et Gouttenoire A.

B Les adoptions simples condamnées par la jurisprudence

1862 — Condamnation jurisprudentielle des détournements de l'adoption simple. Il ressort de la jurisprudence que les magistrats refusent de prononcer l'adoption simple lorsque celle-ci tend à contourner la prohibition de certaines règles légales.

1 L'interdiction des adoptions simples croisées

1863 — Interdiction des adoptions simples croisées par les beaux-parents. C'est l'enseignement qu'il faut tirer d'un arrêt rendu le 12 janvier 2012 par la Cour de cassation. Il s'agissait ici d'un enfant majeur. Ses parents avaient divorcé et refait leur vie chacun de leur côté. L'enfant avait d'abord été adopté en la forme simple par le nouveau mari de sa mère. Puis la deuxième épouse de son père avait à son tour déposé une requête tendant à son adoption simple. La cour d'appel avait accueilli la demande au motif que « le refus de cette deuxième adoption aboutirait à une discrimination entre les deux beaux-parents ». La Cour de cassation a censuré l'arrêt de la cour d'appel pour violation de l'article 346 du Code civil.

« Nul ne peut être adopté si ce n'est par deux époux » (C. civ., art. 346).

Cass. 1re civ., 12 janv. 2012 : JCP G 2012, 415, note Bosse-Platière H. et Gouttenoire A.

2 L'encadrement des adoptions simples de majeurs

1864 — Risque de détournement de l'adoption simple en cas d'adoption d'un majeur. Quand la requête tend à l'adoption simple d'une personne majeure, il y a un risque patent de détournement de l'institution de l'adoption. En effet, l'adoption peut être envisagée, non pour créer un lien de filiation, mais pour des raisons fiscales, successorales, etc. La Cour de cassation sanctionne ces comportements : elle refuse de prononcer l'adoption simple au motif que celle-ci a pour objet de consacrer un rapport filial.

> Détournement de l'adoption simple par deux personnes vivant en concubinage homosexuel : adoption refusée, Cass. 1re civ., 4 mai 2011 : Bull. civ. I, n° 81.

3 L'impossible adoption de l'enfant incestueux

1865 — Filiation de l'enfant issu d'un inceste absolu. L'enfant issu d'un inceste absolu ne peut, dès lors que sa filiation biologique est établie à l'égard de l'un de ses parents, voir sa filiation par le sang instituée à l'égard de l'autre. Cette interdiction est posée dans l'article 310-2 du Code civil. Certains pères par le sang confrontés à l'impossibilité d'établir leur paternité ont tenté de contourner cette prohibition légale en déposant une requête en adoption simple à l'égard de leur enfant.

> Un père et sa fille ont ensemble un enfant. Ce dernier voit sa filiation maternelle établie par indication du nom de sa mère dans l'acte de naissance (C. civ., art. 311-25). L'établissement de la paternité par reconnaissance, possession d'état ou jugement est interdit (C. civ., art. 310-2). Peut-elle l'être par le procédé de l'adoption simple ?

1866 — Adoption simple refusée en cas d'inceste. Dans un arrêt du 6 janvier 2004, la Cour de cassation a jugé que l'adoption simple ne peut être prononcée lorsque la requête contrevient aux dispositions d'ordre public édictées par la loi, interdisant l'établissement du double lien de filiation en cas d'inceste absolu.

> Cass. 1re civ., 6 janv. 2004, in *Grands arrêts de la jurisprudence civile,* 13e éd., 2015, Dalloz, t. 1, n° 53.

4 L'interdiction de l'adoption simple de l'enfant biologique de sa compagne homosexuelle

1867 — Désirs d'enfant des couples homosexuels. De plus en plus de couples homosexuels manifestent leur désir d'être parents. Pour concrétiser ce projet, des couples de femmes lesbiennes décident parfois d'avoir recours, à l'étranger, à une insémination artificielle avec donneur (IAD). Une fois l'enfant né se pose la question de son rattachement juridique avec les deux femmes formant le couple homosexuel.

1868 — Établissement de la maternité à l'égard de la femme qui accouche. La femme inséminée qui porte et donc accouche de l'enfant, en est la mère légale. La seule indication de son nom dans l'acte de naissance suffit, depuis l'ordonnance du 4 juillet 2005, à établir sa maternité (C. civ., art. 311-25).

1869 — Problème lié à l'établissement de la maternité de la compagne de la mère biologique. C'est l'établissement de la maternité de la compagne de la mère biologique de l'enfant qui a suscité des difficultés au plan juridique. Certaines personnes ont tenté d'utiliser le procédé de l'adoption simple pour permettre le rattachement de l'enfant à la compagne de sa mère biologique.

1870 — Refus de la Cour de cassation d'admettre le procédé de l'adoption simple dans la famille homosexuelle. Prenant position pour la première fois sur la question à l'occasion de deux arrêts rendus le 20 février 2007, la Cour de cassation a jugé qu'une personne homosexuelle ne peut adopter en la forme simple l'enfant biologique mis au monde par sa compagne. La même solution a été réaffirmée ensuite, à plusieurs reprises.

Cass. 1re civ., 20 févr. 2007 : D. 2007, p. 1047, note Vigneau D.

1871 — Justification officielle du refus de la Cour de cassation de prononcer l'adoption simple dans la famille homosexuelle. Depuis 2007, la Cour de cassation justifie son refus de prononcer l'adoption simple de l'enfant par la compagne de sa mère biologique, par les dispositions de l'article 365, alinéa 1er du Code civil. En cas d'adoption simple, l'adoptant est « seul investi à l'égard de l'adopté de tous les droits d'autorité parentale ». Dès lors, si le tribunal accepte de prononcer l'adoption simple, la mère biologique de l'enfant se trouve privée de son autorité parentale sur son enfant, laquelle est transférée à sa compagne, l'adoptante. La Cour de cassation considère que dans ce contexte, le prononcé de l'adoption simple n'est pas conforme à l'intérêt de l'enfant.

Cass. 1re civ., 20 févr. 2007 : D. 2007, p. 1047, note Vigneau D.

1872 — Raison officieuse du refus de la Cour de cassation d'admettre l'adoption simple dans la famille homosexuelle. Par la jurisprudence de 2007, la Cour de cassation rappelle aussi, de manière implicite, que l'adoption ne doit pas être utilisée pour détourner des interdits légaux. Dans les espèces dont a eu à connaître la Cour, les enfants avaient été conçus par le biais d'une insémination artificielle avec donneur réalisée à l'étranger en violation de la loi française.

Cass. 1re civ., 20 févr. 2007 : D. 2007, p. 1047, note Vigneau D.

Selon l'article L. 2141-2 du Code de la santé publique, l'assistance médicale à la procréation « a pour objet de remédier à l'infertilité d'un couple ou d'éviter la transmission (...) d'une maladie d'une particulière gravité » (al. 1er), « le couple étant nécessairement composé d'un homme et d'une femme » (al. 2).

1873 — Admission par la Cour de cassation du prononcé d'une délégation-partage de l'autorité parentale dans la famille homosexuelle. Si la Cour de cassation a constamment refusé, à partir de 2007, que la compagne de la mère biologique de l'enfant adopte celui-ci en la forme simple, elle a admis le prononcé d'une délégation-partage de l'exercice de l'autorité parentale au sein du couple homosexuel. Elle a inauguré cette jurisprudence dans un arrêt rendu le 24 février 2006 dans lequel elle a jugé que « l'article 377, alinéa 1er du Code civil ne s'oppose pas à ce qu'une mère seule titulaire de l'autorité parentale en délègue tout ou partie de l'exercice à la femme avec laquelle elle vit en union stable et continue ».

Cass. 1re civ., 24 févr. 2006 : D. 2006, p. 897, note Vigneau D.

1874 — Adoption de l'enfant biologique du conjoint homosexuel : incidences de la loi du 17 mai 2013 et position de la Cour de cassation. Cette loi donne le droit aux couples homosexuels de se marier (C. civ., art. 143) et, par là même, d'adopter. Dès lors, si une femme veut adopter l'enfant de l'autre, il leur suffit de se marier puisque depuis la loi du 17 mai 2013, une épouse homosexuelle peut adopter - en la forme simple ou plénière selon les cas - l'enfant biologique de son épouse. Tranchant une divergence des juges du fond, la Cour de cassation a, dans deux avis du 22 septembre 2014, considéré que « le recours à la procréation médicalement assistée, sous la forme d'un recours à une insémination artificielle avec donneur anonyme à l'étranger, ne fait pas obstacle au prononcé de l'adoption, par l'épouse de la mère, de l'enfant né de cette procréation, dès lors que les conditions légales de l'adoption sont réunies et qu'elle est conforme à l'intérêt de l'enfant ». En cas d'adoption simple, l'épouse adoptante a l'autorité parentale sur l'enfant, concurremment avec sa femme, mère biologique de celui-ci (C. civ., art. 365, al. 1er).

La Cour de cassation a récemment adopté la même position s'agissant de la requête en adoption simple déposée par le conjoint du père biologique d'un enfant, lequel avait été conçu en exécution d'un contrat de gestation pour autrui conclu aux Etats-Unis entre une mère porteuse américaine et un ressortissant français. En effet, dans un arrêt rendu le 5 juillet 2017, elle a jugé que « le recours à la gestation pour autrui à l'étranger ne fait pas, en lui-même, obstacle au prononcé de l'adoption par l'époux du père de l'enfant né de cette procréation, si les conditions légales de l'adoption sont réunies et que l'adoption est conforme à l'intérêt de l'enfant ».

Loi n° 2013-404 du 17 mai 2013 ouvrant le mariage aux couples de personnes de même sexe : JO 18 mai 2013, p. 8253.

Cass., avis, 22 sept. 2014 : D. 2014, p. 2031, note Dionisi-Peyrusse A.

Cass. 1re civ., 5 juill. 2017, n° 16-16455.

II Les effets de l'adoption simple

1875 — Plan. L'adoption simple organisant un cumul de filiations (A), il est nécessaire de préciser comment s'organisent les rapports juridiques dans les familles biologique et adoptive (B).

A Le cumul des filiations biologique et adoptive

1876 — Coexistence de deux types de filiations dans l'adoption simple. L'adopté en la forme simple « reste dans sa famille par le sang et y conserve tous ses droits, notamment ses droits héréditaires » (C. civ., art. 364, al. 1er). S'ajoute le lien de filiation créé par l'adoption simple à l'égard du ou des adoptants, lequel « s'étend aux enfants de l'adopté » (C. civ., art. 366, al. 1er).

1877 — Empêchements à mariage maintenus dans la famille par le sang en cas d'adoption simple. Entre l'adopté et sa famille d'origine, s'appliquent les empêchements à mariage prévus dans les articles 161 à 164 du Code civil (C. civ., art. 364, al. 2).

1878 — Empêchements à mariage dans la famille adoptive en cas d'adoption simple. L'article 366 du Code civil instaure des empêchements à mariage entre l'adopté en la forme simple et certains membres de sa famille adoptive. Certains sont absolus, d'autres sont relatifs.

1879 — Empêchements à mariage absolus dans la famille adoptive en cas d'adoption simple. Le mariage est prohibé entre l'adoptant, l'adopté et ses descendants. Aucune dispense n'est ici possible (C. civ., art. 366, al. 2, 1°).

1880 — Empêchements à mariage relatifs dans la famille adoptive en cas d'adoption simple. Le mariage est prohibé dans trois cas :
- entre l'adopté et le conjoint de l'adoptant et réciproquement entre l'adoptant et le conjoint de l'adopté (C. civ., art. 366, al. 2, 2°) ;
- entre les enfants adoptifs du même individu (C. civ., art. 366, al. 2, 3°) ;
- entre l'adopté et les enfants de l'adoptant (C. civ., art. 366, al. 2, 4°).

Ces empêchements à mariage peuvent être levés par dispense du président de la République s'il existe « des causes graves ». S'agissant de l'empêchement à mariage entre l'adopté et le conjoint de l'adoptant (et réciproquement), il faut, en outre, que la personne qui a créé l'alliance soit décédée (C. civ., art. 366, al. 3 et 4).

B L'organisation des rapports de droit dans les familles biologique et adoptive

1881 — Interrogations suscitées par le cumul de filiations dans l'adoption simple. L'adoption simple engendrant un cumul de filiations, il est nécessaire de voir comment les règles se distribuent entre les familles d'origine et adoptive, s'agissant du nom de l'enfant adopté, de l'autorité parentale, de l'obligation alimentaire et des droits de succession.

1 Le nom de l'enfant adopté en la forme simple

a Le principe : le nom de l'adoptant ajouté au nom de l'adopté

α Le nom de l'enfant en cas d'adoption individuelle

1882 — Attribution des deux noms en cas d'adoption simple. Selon l'article 363, alinéa 1er du Code civil, l'adoption simple confère le nom de l'adoptant à l'adopté, en l'ajoutant au nom de celui-ci. L'adopté se voit attribuer deux noms : son nom d'origine (qu'il conserve), auquel s'ajoute le nom de celui qui l'a adopté. La loi du 17 mai 2003 est venue préciser que si l'adopté est majeur, il doit consentir à cette adjonction (C. civ., art. 363, al. 1er *in fine*).

1883 — Hypothèse de nom double. Si l'adoptant et/ou l'adopté ont un nom double, l'adjonction se fait dans la limite d'un nom chacun. Le choix du nom ainsi que l'ordre des deux noms appartiennent à l'adoptant qui doit recueillir le consentement personnel de l'adopté s'il est âgé de plus de 13 ans. En cas de désaccord ou à défaut de choix, il est adjoint en seconde position le premier nom de l'adoptant, au premier nom de l'adopté (C. civ., art. 363, al. 2, issu de L. 17 mai 2013).

β Le nom de l'enfant en cas d'adoption simple par deux époux

1884 — Nom de l'adopté et un nom choisi par les adoptants. L'enfant adopté en la forme simple par deux époux a deux noms : son nom d'origine auquel s'ajoute un nom transmis par l'adoptant. À ce titre, les adoptants choisissent le nom « de l'un d'eux, dans la limite d'un nom » (C. civ., art. 363, al. 3).

1885 — Désaccord des adoptants sur le nom adjoint au nom de l'adopté. Il est possible que les adoptants ne s'entendent pas sur ce nom. Avant la loi du 17 mai 2013, c'est le nom du mari qui était transmis à l'enfant en cas de désaccord entre les époux adoptants. La loi du 17 mai 2013 a supprimé cette règle. Elle prévoit qu'« en cas de désaccord ou à défaut de choix, le nom conféré à l'adopté résulte de l'adjonction en seconde position du premier nom des adoptants selon l'ordre alphabétique, au premier nom de l'adopté » (C. civ., art. 363, al. 3 *in fine*).

b L'exception : le nom de l'adopté remplacé par celui de l'adoptant

1886 — Possibilité de remplacer le nom de l'adopté par celui de l'adoptant. La loi donne la possibilité au tribunal de décider, à la demande de l'adoptant, que « l'adopté ne portera que le nom de l'adoptant ». Si l'enfant a été adopté par deux époux (hétérosexuels ou homosexuels), le tribunal peut, à ce titre, lui conférer le nom de l'un d'eux ou leurs noms « accolés dans l'ordre choisi par eux et dans la limite d'un seul nom pour chacun d'eux ». Cette demande peut aussi être faite postérieurement à l'adoption (C. civ., art. 363, al. 4, issu de L. 17 mai 2013).

1887 — Consentement de l'adopté à la substitution du nom de famille. Si l'adopté a plus de 13 ans, il doit consentir personnellement à cette substitution du nom de famille (C. civ., art. 363, al. 4 *in fine*).

2 L'autorité parentale

a L'adoption simple d'un enfant

1888 — Titularité de l'autorité parentale en cas d'adoption simple d'un enfant. Selon l'article 365, alinéa 1er du Code civil, « l'adoptant est seul investi à l'égard de l'adopté de tous les droits d'autorité parentale, inclus celui de consentir au mariage ». Il en résulte que le ou les parents adoptifs deviennent titulaires de l'autorité parentale à la place des parents par le sang.

1889 — Exercice de l'autorité parentale en cas d'adoption simple d'un enfant. L'article 365 du Code civil précise, dans son alinéa 2, que les droits d'autorité parentale sont exercés par le ou les adoptants selon les règles du droit commun. En cas d'adoption individuelle, l'autorité parentale est exercée par l'adoptant. En cas d'adoption conjointe, elle est exercée en commun par les deux parents adoptifs.

b L'adoption simple de l'enfant du conjoint

1890 — Titularité de l'autorité parentale en cas d'adoption simple de l'enfant du conjoint. Dans cette hypothèse s'applique une règle particulière : les deux époux (l'un est parent adoptif, l'autre parent par le sang) sont titulaires de l'autorité parentale (C. civ., art. 365, al. 1er). La titularité de l'autorité parentale se distingue de son exercice.

1891 — Exercice de l'autorité parentale en cas d'adoption simple de l'enfant du conjoint. Dans ce cas, l'autorité parentale est, en principe, exercée par le seul époux parent par le sang de l'enfant. Néanmoins, celui-ci et son conjoint peuvent l'exercer en commun, en faisant une déclaration conjointe devant directeur des services de greffe judiciaires du tribunal de grande instance (C. civ., art. 365, al. 1er *in fine*). À défaut, le juge aux affaires familiales peut être saisi par l'un des époux d'une demande tendant à l'exercice commun de l'autorité parentale (application du droit commun, C. civ., art. 372, al. 2).

1892 — Règles relatives à l'autorité parentale en cas d'adoption simple de l'enfant du conjoint, conformes à la Constitution ? En 2010, le Conseil constitutionnel a été saisi de la question de savoir si l'article 365, alinéa 1er du Code civil est conforme aux droits et libertés que la Constitution garantit. La question faisait suite à la jurisprudence de la Cour de cassation qui refuse d'autoriser une femme homosexuelle à adopter en la forme simple l'enfant biologique de sa compagne, au motif que, par application de l'article 365, alinéa 1er, la mère biologique de l'enfant serait alors privée de son autorité parentale sur lui. Le grief d'inconstitutionnalité a finalement été rejeté dans une décision QPC du 6 octobre 2010.

> Cons. const., 6 oct. 2010, n° 2010-39 QPC : D. 2010, 2744, note Chénedé F.
> Cette question est dénuée d'enjeu depuis que la loi du 17 mai 2013 a autorisé les couples de personnes de même sexe à se marier et, par là même, à adopter.

3 L'obligation alimentaire

1893 — Parents adoptifs, principaux débiteurs des aliments. Du fait de l'adoption, adopté et adoptant(s) se doivent réciproquement des aliments en cas de besoin. Il en est de même entre l'enfant adopté et ses parents par le sang. Néanmoins, « les père et mère de l'adopté ne sont tenus de lui fournir des aliments que s'il ne peut les obtenir de l'adoptant » (C. civ., art. 367). L'obligation alimentaire pèse donc principalement sur le ou les parents adoptifs.

4 Les règles successorales

a Les droits successoraux de l'adopté en la forme simple

1894 — Cumul des droits successoraux en cas d'adoption simple. Dans cette hypothèse, l'adopté conserve ses droits successoraux dans sa famille par le sang (C. civ., art. 364, al. 1er). Lui et ses descendants acquièrent, dans la famille adoptive, des droits successoraux. Ces droits successoraux sont ceux du droit commun à une exception près : l'adopté en la forme simple n'a pas la qualité d'héritier réservataire dans les successions des ascendants du ou des adoptants (C. civ., art. 368, al. 2).

b La succession de l'adopté en la forme simple

1895 — Application du droit commun des successions. La dévolution de la succession de l'adopté simple suit les règles classiques du droit des successions, sous réserve des deux particularités suivantes.

1896 — Particularité de la succession de l'adopté en la forme simple : existence d'un droit de retour. L'article 368-1 du Code civil institue un droit de retour légal sur certains biens, au profit de la famille par le sang et de la famille adoptive lorsque l'adopté décède en ne laissant ni descendants, ni conjoint survivant. Dans ce cas, les biens que l'adopté avait reçus par libéralité ou succession de ses parents d'origine retournent à ses père et mère ou à leurs descendants. Les biens qu'il avait reçus par libéralité ou succession des adoptants retournent aux adoptants ou à leurs descendants.

1897 — Particularité de la succession de l'adopté en la forme simple : existence d'une fente successorale. Les biens qui ne font pas l'objet du droit de retour légal de l'article 368-1 du Code civil font l'objet d'une fente : ils sont divisés en deux et chaque famille (par le sang et adoptive) en reçoit une moitié (C. civ., art. 368-1, al. 2).

III Le caractère révocable de l'adoption simple

1898 — Caractère révocable de l'adoption simple. À la différence de l'adoption plénière, l'adoption simple est révocable. Régie par l'article 370 du Code civil, l'action en révocation relève de la compétence du tribunal de grande instance. Ses conditions, qui ont été revues à l'occasion de la loi du 14 mars 2016 relative à la protection de l'enfant (A), et ses effets (B) doivent être précisés.

Loi n° 2016-297 du 14 mars 2016 relative à la protection de l'enfant : JO 15 mars 2016.

A Les conditions de l'action en révocation

1899 — Double condition. L'action en révocation de l'adoption simple n'est ouverte qu'à certaines personnes (moins nombreuses depuis la loi du 14 mars 2006), lesquelles doivent, selon l'article 370 du Code civil, justifier de « motifs graves ».

1 Les titulaires de l'action en révocation

1900 — Distinction. Les personnes autorisées à demander la révocation de l'adoption simple diffèrent selon que l'adopté est mineur ou majeur. La loi du 14 mars 2016 a modifié les règles en cas de minorité de l'adopté.

1901 — Anciennes règles applicables à la demande de révocation de l'adoption simple d'un mineur. Avant la loi du 14 mars 2016, la révocation de l'adoption simple pouvait être demandée, lorsque l'adopté était mineur, par les personnes suivantes :
- le ministère public ;
- l'adoptant si l'adopté est âgé de plus de 15 ans ;
- les père et mère par le sang ou, à leur défaut, un membre de la famille d'origine jusqu'au degré de cousin germain inclus.

Ainsi, le cercle des personnes autorisées à demander la révocation de l'adoption simple était assez large, ce qui avait pour conséquence de fragiliser le lien de filiation adoptive. La loi du 14 mars 2016 a modifié les règles.

1902 — Nouvelles règles applicables à la demande de révocation de l'adoption simple d'un mineur. La loi du 14 mars 2006 relative à la protection de l'enfant a verrouillé l'action en révocation de l'adoption simple lorsque l'adopté est mineur. En effet, depuis son entrée en vigueur, la révocation ne peut être demandée que par le ministère public (C. civ., art. 370, al. 2 nouveau).

1903 — Demande de révocation de l'adoption simple d'un majeur. Lorsque l'adopté est majeur, la révocation de l'adoption simple peut être demandée par l'adoptant ou l'adopté (C. civ., art. 370, al. 1er).

2 L'existence de motifs graves

1904 — Subordination de la révocation de l'adoption simple à des « motifs graves ». Cette condition est imposée dans l'article 370, alinéa 1er du Code civil. Souverainement appréciés par les juges du fond, les

« motifs graves » visent, par exemple, à mettre en évidence que l'adoptant s'est mal comporté vis-à-vis de l'adopté, ou inversement.

CA Dijon, 28 janv. 1997 : JCP 1997, IV, 1978 ; dans cette espèce, l'existence de motifs graves a été retenue, eu égard au comportement de l'adopté mêlant refus d'autorité, violence et actes de délinquance.

1905 — Absence de « motifs graves » de révocation. Selon la jurisprudence, ne constituent pas des motifs graves susceptibles de provoquer la révocation de l'adoption simple :
- le fait que l'adoptant ne paie pas de pension alimentaire à l'adopté pour parfaire ses études ;
- le fait que les liens entre adoptant et adopté se soient distendus, en raison du rapprochement de ce dernier avec son père biologique.

B Les effets de la révocation

1906 — Absence de rétroactivité d'une révocation d'adoption simple. Le jugement de révocation, qui doit être motivé, produit des effets graves. En effet, il fait cesser pour l'avenir (sans rétroactivité donc) tous les effets de l'adoption, à l'exception de la modification des prénoms (C. civ., art. 370-2).

1907 — Date des effets de la révocation d'une adoption simple. Selon la jurisprudence, la révocation de l'adoption simple produit ses effets, non à partir du jour du jugement la prononçant, mais à compter du jour de la demande.

Cass. 1re civ., 21 janv. 1989 : Bull. civ. I, n° 249.

CHAPITRE 9

La filiation après une assistance médicale à la procréation (AMP)

1908 — Désir d'enfant contrarié. Le fait qu'un couple ne parvienne pas à donner la vie a toujours été vécu comme un grand malheur. Loin de nous en témoigne la Bible : Sarah, femme d'Abram, ne pouvant lui donner d'enfant, elle le pria d'en faire avec Agar, sa servante. Plus près de nous, les couples homosexuels clament leur désir d'être autorisés à accéder à l'assistance médicale à la procréation (AMP).

1909 — Progrès scientifiques pour répondre au désir d'enfant. Dès le XIXe siècle, les médecins ont cherché à lutter contre la stérilité humaine. Peu à peu, ils ont découvert et exploité des procédés permettant de donner naissance au sein de couples dont l'un des deux membres est infertile ou stérile. Ces procédés sont regroupés sous le terme d'assistance médicale à la procréation (AMP), laquelle peut être homologue ou hétérologue.

1910 — Définition de l'AMP homologue. Elle est dite homologue (ou endogène) lorsqu'elle est réalisée à partir des gamètes du couple recourant à l'assistance médicale à la procréation. L'enfant dont la conception est médicalement assistée est donc l'enfant biologique du couple.

1911 — Définition de l'AMP hétérologue. Elle est dite hétérologue (ou exogène) lorsque le matériel génétique du couple sollicitant l'assistance médicale à la procréation ne permet pas de concevoir un enfant et implique alors de faire appel aux gamètes d'une tierce personne (donneur de sperme, d'ovocytes ou même d'embryons).

1912 — Plan du chapitre. Avant d'évoquer les règles juridiques qui régissent la filiation de l'enfant issu d'une assistance médicale à la procréation (section 3), il est nécessaire de présenter le cadre légal de cette dernière (section 2). L'ensemble sera précédé d'une introduction au droit de l'assistance médicale à la procréation (section 1).

SECTION 1 Introduction au droit de l'assistance médicale à la procréation

1913 — Appréhension par le législateur de l'AMP à partir de 1994. En France, l'assistance médicale à la procréation a été appréhendée pour la première fois par le législateur à l'occasion des deux lois de bioéthique du 29 juillet 1994. Les lois de bioéthique présentant la caractéristique de faire l'objet d'un nouvel examen d'ensemble par le parlement dans un délai de 5 ou 7 ans selon les cas, celles de 1994 ont été modifiées (avec retard...) par la loi du 6 août 2004, elle-même modifiée par la loi du 7 juillet 2011.

> Loi nº 94-653 du 29 juillet 1994 relative au respect du corps humain : JO 30 juill. 1994, p. 11056.
>
> Loi nº 94-654 du 29 juillet 1994 relative au don et à l'utilisation des éléments et produits du corps humain, à l'assistance médicale à la procréation et au diagnostic prénatal : JO 30 juill. 1994, p. 11060.
>
> Loi nº 2004-800 du 6 août 2004 relative à la bioéthique : JO 7 août 2004, p. 14040.
>
> Loi nº 2011-814 du 7 juillet 2011 relative à la bioéthique : JO 8 juill. 2011, p. 11826.

1914 — Polémiques autour de l'assistance médicale à la procréation. Source de vie, l'AMP fait rêver, non seulement les personnes infécondes ou stériles, mais aussi celles qui, en raison de leur situation personnelle, ne peuvent donner naturellement la vie : les femmes âgées, les femmes célibataires, les couples homosexuels... Parce qu'elle est source de vie, elle est source d'incessants débats.

1915 — Finalité de l'assistance médicale à la procréation. Depuis les premières lois de bioéthique de 1994, le législateur français tient le même cap : l'assistance médicale à la procréation a une finalité exclusivement médicale. Elle n'est pas admise dans notre pays pour des raisons de convenance personnelle.

> « L'assistance médicale à la procréation a pour objet de remédier à l'infertilité d'un couple ou d'éviter la transmission à l'enfant ou à un membre du couple d'une maladie d'une particulière gravité. Le caractère pathologique de l'infertilité doit être médicalement diagnostiqué » (CSP, art. L. 2141-2, al. 1er).

SECTION 2 L'encadrement légal de l'assistance médicale à la procréation

1916 — Plan. L'encadrement légal de l'assistance médicale à la procréation se manifeste au niveau des techniques (I), des personnes qui peuvent bénéficier de celles-ci (II) et du formalisme qui l'entoure (III).

I L'encadrement des techniques

1917 — Plan. Il est essentiel de commencer par dresser un panorama des principales techniques d'assistance médicale à la procréation autorisées (A) et interdites (B) en France.

A Les techniques autorisées

1918 — Techniques de l'assistance médicale à la procréation. Selon l'article L. 2141-1 du Code de la santé publique, l'assistance médicale à la procréation « s'entend des pratiques cliniques et biologiques permettant la conception *in vitro*, la conservation des gamètes, des tissus germinaux et des embryons, le transfert d'embryons et l'insémination artificielle » (al. 1er). De nombreuses techniques d'assistance médicale à la procréation, tant homologues qu'hétérologues, entrent dans le champ d'application de cette disposition légale.

1 L'AMP homologue

1919 — Encadrement juridique des inséminations artificielles. Par application de l'article L. 2141-1 du Code de la santé publique, sont autorisées les techniques d'insémination artificielle (IA), lesquelles visent initialement à pallier les problèmes d'infertilité ou de stérilité masculine. Lorsque l'insémination artificielle est réalisée avec le sperme du couple sollicitant l'assistance médicale à la procréation, elle est appelée insémination artificielle avec sperme du conjoint (IAC).

1920 — Encadrement juridique des fécondations *in vitro*. Par application de l'article L. 2141-1 du Code de la santé publique, peuvent être mises en œuvre des fécondations *in vitro* avec transfert d'embryons (Fivete). Cette technique consiste à prélever un gamète chez une femme, à le féconder *in vitro* avec du sperme pour ensuite réimplanter l'embryon ainsi obtenu dans la cavité utérine.

Louise Brown est la première enfant née de cette technique, le 26 juillet 1978, en Grande-Bretagne. En France, celle que l'on a appelée « le premier bébé-éprouvette », Amandine, est née le 24 février 1982.

1921 — Procédés dérivés de la Fivete. Après la Fivete, des médecins ont mis au point d'autres techniques dérivées de ce même procédé. Parmi celles-ci, il y a notamment le Gift (*gamete intrafallopian transfer*), le Zift (*zygote intrafallopian transfer*), la Suzi (*subzonal insemination*), l'Icsi (*intracytoplasmic sperm injection*), lesquels peuvent, en vertu de l'article L. 2141-1 du Code de la santé publique, être réalisés en toute légalité en France.

Par exemple, l'Icsi consiste à injecter un spermatozoïde dans l'ovule. Il permet ainsi de pallier une stérilité masculine sévère dans la mesure où un seul spermatozoïde suffit.

1922 — Encadrement juridique de la congélation d'ovocytes. Celle-ci est autorisée, pour raison médicale, depuis la loi du 7 juillet 2011 (CSP, art. L. 2141-1, al. 4). Cette autoconservation permet notamment à une femme atteinte d'un cancer, dont la fertilité risque d'être menacée par un traitement stérilisant, de différer son projet de maternité.

1923 — Stimulation ovarienne. Elle est permise en droit français. Selon la loi, elle est soumise à des « règles de bonnes pratiques » fixées par arrêté du ministre chargé de la santé (CSP, art. L. 2141, al. 6).

2 L'AMP hétérologue

1924 — Caractère subsidiaire de l'AMP hétérologue. Il ressort de l'article L. 2141-7 du Code de la santé publique que l'assistance médicale à la procréation avec tiers donneur ne peut être mise en œuvre que dans les trois cas suivants :
- lorsqu'il existe un risque de transmission d'une maladie d'une particulière gravité à l'enfant ou à un membre du couple ;
- lorsque les techniques d'assistance médicale à la procréation au sein du couple ne peuvent aboutir ;
- lorsque le couple, dûment informé (...), renonce à une assistance médicale à la procréation au sein du couple.

a Les techniques autorisées

1925 — Insémination artificielle avec donneur. Au départ réalisée au sein du couple, l'insémination artificielle a ensuite été mise en œuvre avec le sperme de tiers. L'IAD (insémination artificielle avec donneur), qui, dans les faits, a commencé à se développer en France après l'apparition des premières banques de sperme (notamment les Cecos en 1973), est légalement possible en France depuis les premières lois de bioéthique de 1994.

Cecos : centre d'étude et de conservation des œufs et du sperme humain. Il y a actuellement 23 Cecos en France.

1926 — Fécondations *in vitro* et transfert d'embryons (Fivete) hétérologues. Au départ, les médecins pratiquaient les Fivete uniquement à partir des gamètes du couple confronté au problème de stérilité (Fivete homologue). Par la suite, ils ont eu l'idée de les combiner avec des dons (don de sperme en cas de stérilité masculine, don d'ovocyte dans l'hypothèse d'une stérilité féminine). C'est ainsi que sont nées les Fivete dites hétérologues. Ces différentes pratiques ont été légalisées dans notre pays à l'occasion des lois du 29 juillet 1994.

1927 — Technique de la congélation appliquée à l'assistance médicale à la procréation. La congélation du sperme a été organisée en France dès 1973. La technique de la congélation a ensuite été appliquée aux ovocytes avant de l'être aux embryons humains.

Le premier bébé issu d'une congélation d'embryons, Zoé, est né en Australie en 1984.

1928 — Dons d'embryons. En congelant les embryons humains, les médecins ont ouvert la porte à une nouvelle technique : le don d'embryons. Lorsqu'un couple est parvenu à concevoir un enfant à partir de ses gamètes en recourant à une assistance médicale à la procréation, il lui reste souvent « en stock » des embryons. La loi française permet que ces embryons, dits surnuméraires, soient, à certaines conditions, « donnés » à un couple stérile. Hypocritement ou pudiquement, elle nomme cette pratique « accueil d'embryon » (CSP, art. L. 2141-5).

Il y a actuellement environ 150 000 embryons surnuméraires « en stock » en France.

b Les dons pratiqués

α Les conditions entourant les dons de gamètes

1929 — Définition du don de gamètes. Le don de gamètes est l'apport par un tiers de spermatozoïdes ou d'ovocytes en vue d'une assistance médicale à la procréation (CSP, art. L. 1244-1). Les dons de sperme et d'ovocytes sont soumis à des règles communes par la loi française.

1930 — Exigences relatives au donneur de gamètes. Celui qui donne ses gamètes doit, en principe, avoir déjà procréé (CSP, art. L. 1244-2, al. 1er). Pour limiter les risques de consanguinité, la loi prévoit que le recours aux gamètes d'un même donneur ne doit pas délibérément conduire à la naissance de plus de dix enfants (CSP, art. L. 1244-4). Avant la loi du 6 août 2004, ce nombre était de cinq enfants.

1931 — Gratuité du don de gamètes. La gratuité découle du principe général de non-patrimonialité du corps humain et de ses éléments. Elle est inscrite à la fois dans le Code civil (art. 16-1, al. 3 et art. 16-5) et dans le Code de la santé publique (art. L. 1211-4).

1932 — Anonymat du don de gamètes. Énoncé de manière générale, le principe de l'anonymat est rappelé spécifiquement en ce qui concerne le don de sperme, d'ovocytes et d'embryons (C. civ., art. 16-8 et CSP, art. L. 1211-5 et L. 2141-6). Donneur et receveurs ne peuvent jamais connaître leurs identités respectives. Selon le Conseil d'État, l'anonymat du donneur de gamètes respecte les différents intérêts en présence et n'est pas contraire à la Convention européenne des droits de l'homme.

CE, avis, 13 juin 2013, n° 362981.

L'anonymat n'empêche pourtant pas certains enfants issus d'un don d'agir en justice pour avoir accès à des informations relatives à l'auteur de celui-ci. Sans succès pour l'instant... Pour un exemple, TA Montreuil, 14 juin 2012 : AJ fam. 2012, 408, note Bernard-Xémard C.

1933 — Levée exceptionnelle de l'anonymat du don de gamètes. La levée de l'anonymat est possible, mais de manière très restrictive. En effet, en cas de « nécessité thérapeutique », un médecin peut accéder aux informations médicales non identifiantes concernant le donneur ou l'enfant.

Don de gamètes : CSP, art. L. 1244-6.
Accueil d'embryon : CSP, art. L. 2141-6.

β ■ Les conditions entourant les dons d'embryons

1934 — Gratuité, anonymat et expression du consentement du couple donneur. Outre les exigences de gratuité et d'anonymat qui s'appliquent aussi au don d'embryons, celui-ci est subordonné, du côté des donneurs, à des conditions légales supplémentaires tenant à l'expression de leur consentement.

1935 — Conditions relatives à l'expression du consentement du couple donneur. Les embryons surnuméraires peuvent être donnés par le couple qui les a conçus, à un couple recourant à une assistance médicale à la procréation. Après avoir été informé de cette possibilité, le couple donneur dispose d'un délai de réflexion obligatoire de 3 mois, à l'issue duquel il peut donner son consentement par écrit (CSP, art. L. 2141-5 et L. 2141-6). Il est invité ultérieurement à exprimer son consentement devant le juge (CSP, art. L. 2141-6).

1936 — Nombre d'enfants issus d'une AMP. Selon l'Inserm, près de 3 % des enfants naissent aujourd'hui grâce à une AMP. Les deux techniques les plus couramment utilisées sont l'Icsi intraconjugale et l'IAC. Les recours aux dons restent peu fréquents. Ainsi, sur les 22 401 enfants issus d'une AMP en 2010, 5 % étaient issus d'une AMP avec don de sperme, 0,8 % d'une AMP avec don d'ovocytes et seulement 0,1 % d'un accueil d'embryon.

B Les techniques interdites

1 La prohibition des procédés de maternité pour autrui

1937 — Définition de la maternité pour autrui. Ce terme désigne la pratique par laquelle une femme assure la gestation d'un embryon au bénéfice d'une autre femme, destinée à devenir la mère légale de l'enfant (appelée « mère d'intention »). Scientifiquement, la pratique de la maternité pour autrui peut être déclinée selon deux modalités : avec une mère de substitution ou avec une mère porteuse.

1938 — Mère de substitution. Dans ce cas, une femme accepte, pour remédier à la stérilité d'un couple, d'être inséminée avec le sperme de l'époux ou du compagnon, de porter l'enfant et de le remettre à sa naissance audit couple. La maternité est dite de substitution : la mère gestatrice de l'enfant est aussi sa mère génitrice, puisque c'est elle qui a fourni l'ovocyte permettant sa conception.

1939 — Mère porteuse. Ici, une femme accepte uniquement de porter un enfant conçu par une autre, c'est-à-dire soit avec l'ovocyte de la mère dite d'intention, soit avec celle d'une tierce femme ayant fait un don d'ovocytes.

1940 — Condamnation jurisprudentielle de la maternité pour autrui. Celle-ci est officiellement condamnée en France depuis 1991. Dans un célèbre arrêt rendu par l'Assemblée plénière le 31 mai, la Cour de cassation a jugé que « la convention par laquelle une femme s'engage, fut-ce à titre gratuit, à concevoir et à porter un enfant pour l'abandonner à sa naissance, contrevient tant au principe d'ordre public de l'indisponibilité du corps humain qu'à celui de l'indisponibilité de l'état des personnes ». Elle est donc frappée de nullité.

Cass. ass. plén., 31 mai 1991, in *Grands arrêts de la jurisprudence civile*, 13e éd., 2015, Dalloz, t. 1, n° 51.

Après 1991, la condamnation a été réitérée à plusieurs reprises (en 2003, 2011, 2013 et 2014).

V. par exemple, Cass. 1re civ., 19 mars 2014 : Dr. famille 2014, Comm. n° 74, note Neirinck Cl.

1941 — Condamnation légale de la maternité pour autrui. Dans les premières lois de bioéthique du 29 juillet 1994, le législateur a condamné à son tour la maternité pour autrui. En effet, à cette occasion, a été inséré dans le Code civil un article 16-7 qui énonce que « toute convention portant sur la procréation ou la gestation pour le compte d'autrui est nulle ».

1942 — Article 16-7 du Code civil condamnant la maternité pour autrui. Étant généraux, les termes de l'article 16-7 du Code civil permettent de frapper de nullité tant les conventions de maternité de substitution que les conventions de mère porteuse. La nullité est ici absolue, ce qui a notamment pour conséquence que toute personne ayant un intérêt à agir peut la demander en justice. Il s'agit d'une nullité de droit : le juge est tenu de la prononcer.

1943 — Sanctions pénales contre la maternité pour autrui. Les sanctions pénales mises en place en droit français frappent, non le couple qui recourt à ce type de procédé, mais les personnes servant d'intermédiaires.

Le fait de s'entremettre entre une personne ou un couple désireux d'accueillir un enfant et une femme acceptant de porter en elle cet enfant en vue de leur remettre est puni d'un an d'emprisonnement et de 15 000 euros d'amende (C. pén., art. 227-12, al. 3). Ces peines sont doublées lorsque ces faits sont commis à titre habituel ou dans un but lucratif (al. 2 *in fine*).

1944 — Sanction civile contre la maternité pour autrui. Outre la nullité de la convention, s'appliquait une sanction supplémentaire sur le plan civil. En effet, la Cour de cassation avait considéré dès 1991 que la convention de maternité de substitution étant illicite, elle ne pouvait produire d'effets au regard de la filiation. Elle interdisait donc – jusqu'à une date récente – le rattachement juridique de l'enfant à sa mère d'intention, et ce, quel que soit le procédé (adoption, possession d'état, transcription d'un acte de naissance régulièrement dressé à l'étranger sur les registres de l'état civil français). Dans un arrêt rendu le 13 septembre 2013, elle avait même été plus loin puisqu'elle avait jugé que la reconnaissance de l'enfant effectuée par le père d'intention (qui en était le père biologique en l'occurrence) devait être annulée pour fraude à la loi. Le refus de transcrire l'acte de naissance sur les registres français de l'état civil avait été réaffirmé par la Cour de cassation dans un arrêt ultérieur du 19 mars 2014.

Pour l'interdiction d'établir le lien de filiation maternelle, par exemple Cass. 1re civ., 6 avr. 2011 (3 arrêts) : Bull. civ. I, n° 72 et s. ; D. 2011, 1064, obs. Labbée X.

Pour l'annulation de la reconnaissance paternelle, Cass. 1re civ., 13 sept. 2013 : D. 2013, 2170, obs. Gallmeister ; D. 2013, 2377, avis Petit ; D. 2013, 2384, note Fabre-Magnan.

Cass. 1re civ., 19 mars 2014 : RLDC 2014/5542, note Gratadour H.

1945 — Condamnation de la France par la CEDH en 2014. Après que la Cour de cassation leur ait refusé la transcription demandée à l'état civil français dans ses arrêts du 6 avril 2011, les époux Menesson et Labassée ont saisi la CEDH pour faire juger que la France violait ainsi le droit au respect de la vie privée des enfants et des parents, droit dont l'article 8 de la Conv. EDH assure la protection. Dans deux arrêts rendus le 26 juin 2014, la CEDH a jugé que la France avait violé le droit au respect de la vie privée des enfants, mais non celui des parents.

CEDH, 26 juin 2014, n° 65192/11, Menesson c/ France et n° 65941/11, Labassée c/ France : D. 2014, 1376 ; Dr. famille 2014, Comm. n° 128, note Neirinck Cl.

1946 — Motivation de la CEDH. Dans l'arrêt du 26 juin 2014, la CEDH a notamment estimé qu'en raison du refus de la transcription, le droit au respect de la vie privée des enfants « qui implique que chacun puisse établir la substance de son identité, y compris sa filiation, se trouve significativement affecté ». Selon elle, « compte tenu des conséquences de cette grave restriction sur l'identité et le droit au respect de la vie privée (...), en faisant ainsi obstacle tant à la reconnaissance qu'à l'établissement en droit interne de leur lien de filiation à l'égard de leur père biologique, l'État défendeur est allé au-delà de ce que lui permettait sa marge d'appréciation ». Restait à savoir si cet arrêt allait avoir des incidences sur le droit français. C'est une réponse affirmative qui s'impose depuis 2015.

CEDH, 26 juin 2014, n° 65192/11, Menesson c/ France et n° 65941/11, Labassée c/ France : D. 2014, 1376 ; Dr. famille 2014, Comm. n° 128, note Neirinck Cl.

1947 — Position de la Cour de cassation en 2015 et 2017. Dans deux arrêts rendus le 3 juillet 2015, l'assemblée plénière de la Cour de cassation a fait évoluer sa position traditionnelle. Elle a, en effet, accepté, sur le fondement de l'article 47 du Code civil, la transcription à l'état civil français d'un acte de naissance établi en exécution d'une décision étrangère au motif que « l'acte de naissance n'était ni irrégulier, ni falsifié et que les faits déclarés correspondaient à la réalité ». Dans chacune des deux espèces, il s'agissait d'enfant né à la suite d'une convention de gestation pour autrui passée entre un homme français et une ressortissante russe.

La transcription a été, en l'occurrence, admise parce que l'acte de naissance de l'enfant dressé à l'étranger correspondait bien à la vérité biologique dans la mesure où celui qui y était indiqué comme « père » était effectivement le géniteur de l'enfant. En revanche, dans une décision du 5 juillet 2017, la Cour de cassation a refusé d'admettre la transcription à l'égard de la mère d'intention d'un enfant au motif que celle-ci n'ayant pas accouché des enfants, les actes de naissance étrangers n'étaient pas conformes à la réalité en ce qu'ils la désignaient comme mère. Selon elle, « le refus de transcription de la filiation maternelle d'intention, lorsque l'enfant est né à l'étranger à l'issue d'une convention de gestation pour autrui, résulte de la loi et poursuit un but légitime en ce qu'il tend à la protection de l'enfant et de la mère porteuse et vise à décourager cette pratique, prohibée par les articles 16-7 et 16-9 du Code civil. »

Cass. ass. plén., 3 juill. 2015 : D. 2015, p. 1819, note Fulchiron H. et Bidaud-Garon C. – V. aussi Binet J.-R., « GPA : si le père est certain... », Dr. famille 2015, Repère 8.

Dans un autre arrêt rendu le même jour (Cass. 1re civ., 5 juill. 2017, n° 16-16455), la Cour de cassation s'est prononcée sur une autre question : la requête en adoption simple déposée par le mari du père biologique d'un enfant né d'une convention de gestation pour autrui passée à l'étranger en violation de la loi française. Elle a, à ce titre considéré, que « le recours à la gestation pour autrui à l'étranger ne fait pas, en lui-même, obstacle au prononcé de l'adoption, par l'époux du père, de l'enfant né de cette procréation, si les conditions légales de l'adoption sont remplies et si elle est conforme à l'intérêt de l'enfant ».

2 La prohibition des procédés tendant au clonage

1948 — Prohibition légale du clonage humain. En accord avec la communauté internationale, la loi française prohibe, de manière explicite depuis la réforme du 6 août 2004, le clonage humain, qu'il soit reproductif ou thérapeutique (C. civ., art. 16-4, al. 3 et CSP, art. L. 2151-3).

1949 — Sanctions pénales contre le clonage humain. Pour empêcher toute naissance humaine par clonage, la loi de 2004 a qualifié le clonage reproductif de crime contre l'espèce humaine, et l'a assorti de sanctions pénales particulièrement lourdes : 30 ans de réclusion criminelle et 7 500 000 euros d'amende. Lorsque le crime est commis en bande organisée, c'est la réclusion criminelle à perpétuité qui est encourue (C. pén., art. 214-2 et 215-4).

II L'encadrement des bénéficiaires

1950 — Débats autour de l'accès à l'AMP. Depuis des années, est régulièrement débattue la question de savoir quelles personnes doivent être autorisées à bénéficier d'une assistance médicale à la procréation.

Faut-il en réserver l'accès aux seuls couples souffrant d'une infertilité ou d'une stérilité ou faut-il l'autoriser plus largement pour des raisons de convenance personnelle, notamment aux femmes célibataires et aux femmes homosexuelles ?

1951 — Position du droit français s'agissant de l'accès à l'AMP. Pour l'instant, et malgré les pressions de certaines personnes, l'assistance médicale à la procréation reste réservée aux couples hétérosexuels (A), dont les deux membres sont vivants (B), en âge de procréer (C), et unis (D) (CSP, art. L. 2141-2). Le gouvernement conduit par Jean-Marc Ayrault avait, en effet, renoncé en février 2014 à présenter la loi « Famille » qui, au départ, devait contenir un volet visant à élargir l'accès à l'assistance médicale à la procréation.

1952 — Exclusion des femmes célibataires de l'accès à l'AMP. L'assistance médicale à la procréation étant réservée aux couples (CSP, art. L. 2141-2), les femmes célibataires ne peuvent en théorie y recourir et bénéficier d'inséminations artificielles avec donneur, contrairement à certains pays européens (la Belgique, par exemple).

A | Un couple hétérosexuel

1953 — Exclusion des couples homosexuels de l'assistance médicale à la procréation. En l'état actuel du droit, seul un couple hétérosexuel peut bénéficier, s'il justifie de raisons médicales répondant aux exigences de l'article L. 2141-2 du Code de la santé publique, d'une assistance médicale à la procréation. Les praticiens ne sont donc pas autorisés à accéder aux demandes d'insémination artificielle avec donneur émanant des couples de lesbiennes.

> En pratique, ces femmes réalisent des IAD dans les pays qui les autorisent. De retour en France, se pose la question du rattachement juridique de l'enfant à la femme qui ne l'a pas mis au monde, notamment par la voie de l'adoption (*supra*, chapitre 8).

1954 — Forme du couple indifférente pour obtenir une assistance médicale à la procréation. Le couple hétérosexuel qui recourt à l'AMP peut être marié ou non. Si le couple n'est pas marié, il n'a pas besoin d'être pacsé pour bénéficier d'une assistance médicale à la procréation. Il peut donc d'agir d'un couple vivant en concubinage. Depuis la réforme du 7 juillet 2011, aucune condition n'est plus imposée s'agissant de la durée du concubinage.

B Un couple vivant

1955 — Débat relatif à la paternité *post mortem*. Les progrès scientifiques rendent possible, depuis quelques années déjà, la paternité *post mortem*. Ils posent au juriste la question de savoir s'il faut admettre en droit, tant l'insémination artificielle *post mortem* que le transfert *post mortem* d'embryons. L'une et l'autre de ces pratiques conduisent à la conception délibérée d'un enfant orphelin de père. C'est essentiellement pour cette raison que ces deux techniques sont interdites en droit français.

1 L'interdiction de l'insémination artificielle post mortem

1956 — Procédé d'insémination artificielle *post mortem*. L'hypothèse est la suivante. Venant d'apprendre qu'il est malade et qu'il doit suivre un traitement risquant de le rendre stérile, un homme, marié ou vivant en couple, décide de faire congeler son sperme dans un Cecos. Il décède ensuite, sans avoir eu le temps de réaliser son projet de paternité. À son décès, sa veuve ou sa compagne décide de demander la restitution du sperme congelé dans le but de se faire inséminer artificiellement.

1957 — Avant 1994 : jurisprudence contradictoire sur la question de l'insémination artificielle *post mortem*. Avant 1994, cette question n'était pas réglée dans la loi. Elle avait donc été appréhendée en jurisprudence et avait donné lieu à deux décisions contradictoires. Ainsi, le tribunal de grande instance de Créteil avait autorisé, en 1984, la restitution du sperme congelé du mari à sa veuve de 23 ans, tandis que le tribunal de grande instance de Toulouse l'avait, lui, refusée en 1991.

TGI Créteil, 1er août 1984 : JCP 1984, II, 22321, note Corone S.
TGI Toulouse, 26 mars 1991 : D. 1992, somm. p. 61, note Labbée X.

1958 — Interdiction légale de l'insémination artificielle *post mortem*. En précisant explicitement dans l'article L. 2141-2, alinéa 2 du Code de la santé publique que l'homme et la femme doivent être vivants au moment de l'insémination artificielle, la loi française condamne fermement, depuis les lois de bioéthique de 1994, l'insémination artificielle *post mortem*.

1959 — Autorisation jurisprudentielle de l'« exportation » *post mortem* de sperme congelé. Dans un arrêt du 31 mai 2016, le Conseil d'État, suivant l'avis de son rapporteur public, a autorisé l'exportation vers l'Espagne du sperme congelé d'un mari (décédé d'un cancer) en vue de l'insémination artificielle de sa veuve dans ce pays en invoquant des « circonstances particulières ». Après avoir rappelé les dispositions de la loi française – qui prohibe l'insémination artificielle *post mortem* –, il a commencé par considérer que « cette interdiction relève de la marge d'appréciation dont chaque État dispose, dans sa juridiction, pour l'application de la Convention européenne des droits de l'homme et elle ne porte pas, par elle-même, une atteinte disproportionnée au droit au respect de la vie privée et familiale, tel qu'il est garanti par les stipulations de l'article 8 de cette convention » (§ 8). Néanmoins, il a ensuite jugé que « la compatibilité de la loi avec les stipulations de la Convention européenne des droits de l'homme ne fait pas obstacle à ce que, dans certaines situations particulières, l'application des dispositions législatives puisse constituer une ingérence disproportionnée dans les droits garantis par cette convention » (§ 9). Après avoir relevé les circonstances particulières de l'espèce (existence d'un projet parental – dépôt de sperme en France puis détérioration rapide de l'état de santé du mari l'ayant empêché d'en faire un en Espagne –, veuve résidant en Espagne, pays autorisant l'insémination artificielle *post mortem*) et « l'absence de toute intention frauduleuse de la requérante, dont l'installation en Espagne ne résulte pas de la recherche, par elle, de dispositions plus favorables à la réalisation de son projet que la loi française (...) », le Conseil d'État a conclu que le refus de restituer le sperme congelé à la requérante porte « une atteinte manifestement excessive à son droit au respect de la vie privée et familiale protégé par les stipulations de l'article 8 de la Convention ».

CE, 31 mai 2016, n° 396848, Mme C. A.

2 L'interdiction du transfert post mortem d'embryons

1960 — Procédé de transfert *post mortem* d'embryons. Le contexte est le suivant : un couple recourt, pour raisons médicales, à une assistance médicale à la procréation. Du vivant du couple, plusieurs embryons sont conçus *in vitro* puis congelés, afin d'être implantés dans la cavité utérine au moment le plus opportun. Si l'homme décède avant la réimplantation, que répondre alors à sa femme ou sa compagne qui sollicite la restitution des embryons congelés ?

1961 — Interdiction du transfert *post mortem* d'embryons. Tant la loi (CSP, art. L. 2141-2) que la jurisprudence s'opposent, pour l'heure, au transfert *post mortem* d'embryons.

L'assistance médicale à la procréation « ne peut avoir pour but légitime que de donner naissance à un enfant dans une famille constituée, ce qui exclut le recours à un procédé de FIV ou sa poursuite lorsque le couple qui devait accueillir l'enfant a été dissous par la mort du mari avant que l'implantation des embryons, dernière étape du processus, n'ait été réalisée », Cass. 1re civ., 9 janv. 1996, Pires : D. 1996, jur. 376, note Dreiffus-Netter F.

C Un couple en âge de procréer

1962 — Refus des maternités tardives. Dans certains pays, des médecins acceptent de pratiquer l'assistance médicale à la procréation sur des femmes ménopausées. En Espagne, en 2006, une femme est ainsi devenue mère à 67 ans. Plus récemment, une Indienne de 70 ans a donné la vie. La loi française refuse catégoriquement ces pratiques jugées dangereuses (risque pour la santé de la mère, risque pour l'enfant de se retrouver orphelin très rapidement, difficultés à vivre l'important décalage entre les deux générations).

1963 — Âge de la femme souhaitant une AMP. Selon la loi française, l'homme et la femme sollicitant une AMP doivent « être en âge de procréer » (CSP, art. L. 2141-1). Ce sont les médecins qui apprécient, en l'occurrence, cette condition légale. En France, les actes d'assistance médicale à la procréation pour les femmes sont remboursés jusqu'à l'âge de 43 ans.

1964 — Âge de l'homme souhaitant une AMP. Même si un homme peut donner la vie jusqu'à un âge très avancé, il faut savoir qu'en France, la plupart des équipes médicales pratiquant des assistances médicales à la procréation refusent de prendre en charge les couples lorsque l'homme a plus de 60 ans.

D Un couple uni et consentant

1965 — Nécessité d'être un couple uni pour bénéficier d'une assistance médicale à la procréation. La loi précise que « le dépôt d'une requête en divorce ou en séparation de corps » ainsi que « la cessation de la communauté de vie » font obstacle à l'insémination ou au transfert des embryons (CSP, art. L. 2141-2, al. 2).

1966 — Nécessité d'être un couple consentant pour obtenir une assistance médicale à la procréation. Le couple bénéficiant d'une assistance médicale à la procréation doit, au préalable, donner son consentement par écrit. Chacun des membres du couple a le droit de révoquer son consentement avant la mise en œuvre de l'AMP. Cette révocation doit nécessairement être faite par écrit (CSP, art. L. 2141-2, al. 2).

1967 — Recueil du consentement du couple bénéficiant d'une assistance médicale à la procréation. Ce consentement est, dans tous les cas, donné à l'équipe médicale. Lorsque le couple recourt à une assistance nécessitant l'intervention d'un tiers donneur (don de sperme ou d'ovocytes), il doit, en outre, exprimer son consentement au juge ou au notaire (CSP, art. L. 2141-10 et C. civ., art. 311-20, al. 1er). Quand le couple a besoin de bénéficier d'un don d'embryon, le consentement doit être donné devant une autorité judiciaire, laquelle statue aussi sur l'opportunité de cette demande (CSP, art. L. 2141-6).

III Le formalisme imposé

1968 — Autorisations et agréments nécessaires dans le cadre de l'assistance médicale à la procréation. Celle-ci ne peut être réalisée que dans les établissements ou laboratoires autorisés. Dans chacun d'eux, les actes relevant de l'assistance médicale à la procréation sont effectués sous la responsabilité d'un praticien, nommément agréé à cet effet. En outre, le législateur a prévu pour toute assistance médicale à la procréation un formalisme spécifique (A), qui est renforcé lorsque le couple demandeur recourt à un don (B).

A Le formalisme applicable à toute AMP

1969 — Entretiens préalables avec l'équipe médicale. Avant la mise en œuvre de toute assistance médicale à la procréation (homologue ou hétérologue), le couple demandeur doit s'entretenir à plusieurs reprises avec les membres de l'équipe médicale (CSP, art. L. 2141-10). Ces entretiens particuliers tendent à assurer l'information du couple et aussi à procéder à des vérifications.

1970 — Objet des entretiens préalables à l'AMP : informer le couple demandeur. À l'occasion des entretiens, le couple demandeur doit être informé des possibilités d'échec et de réussite de l'assistance médicale à la procréation et de la pénibilité des techniques. Il reçoit un guide comprenant notamment un descriptif des techniques et une information sur les dispositions juridiques relatives à l'assistance médicale à la procréation. Le couple reçoit aussi une information sur l'adoption.

1971 — Objet des entretiens préalables à l'AMP : procéder à des vérifications. Ces entretiens permettent de vérifier que le couple remplit bien les conditions légales requises pour accéder à l'assistance médicale à la procréation. Ils tendent aussi à s'assurer de la motivation du couple, laquelle est particulièrement importante en cas d'intervention d'un tiers donneur.

1972 — Délai de réflexion imposé dans le cadre d'une AMP. À l'issue du dernier entretien avec l'équipe médicale, un délai de réflexion d'un mois est imposé au couple demandeur, lequel peut être prolongé par le médecin s'il estime que cela est nécessaire « dans l'intérêt de l'enfant à naître » (CSP, art. 2141-10). Après l'expiration du délai, le couple demandeur doit confirmer, par écrit, sa demande d'assistance médicale à la procréation auprès du médecin (CSP, art. L. 2141-10).

B Le formalisme supplémentaire en cas d'AMP hétérologue

1 L'AMP nécessitant un don de sperme ou d'ovocytes

1973 — Expression du consentement des bénéficiaires d'une AMP hétérologue. Les époux ou les concubins qui recourent à une assistance médicale à la procréation avec tiers donneur doivent préalablement à celle-ci, donner, dans les conditions prévues par le Code civil, leur consentement au juge (président du tribunal de grande instance de leur choix, ou son délégué) ou au notaire (C. civ., art. 311-20, al. 1er). Leur consentement est recueilli par acte authentique (CPC, art. 1157-2).

1974 — Consentement à l'AMP hétérologue donné dans le secret. Le consentement des époux ou des concubins est donné dans des conditions garantissant le secret (C. civ., art. 311-20, al. 1er). À ce titre, il est prévu dans le Code de procédure civile qu'il est recueilli hors la présence de tiers, et qu'expédition ou copie de l'acte ne peut être délivrée qu'à ceux dont le consentement est recueilli (CPC, art. 1157-2).

1975 — Information préalable au recueil du consentement à une AMP hétérologue. Avant de recueillir leur consentement à l'assistance médicale à la procréation avec tiers donneur, le juge ou le notaire doit informer les époux ou les concubins des conséquences de leur acte au regard de la filiation de l'enfant à naître (C. civ., art. 311-20, al. 1er). En effet, le consentement ainsi donné à l'assistance médicale à la procréation produit des effets très forts s'agissant de la filiation de l'enfant à naître (C. civ., art. 311-20, al. 2, 3 et 5) : la filiation est établie à leur égard et ne peut, en principe, être contestée. Il est donc essentiel que le couple s'engage en toute connaissance de cause.

2 L'AMP nécessitant un don d'embryon

1976 — Compétence obligatoire de l'autorité judiciaire. Lorsque l'assistance médicale à la procréation mise en œuvre nécessite un accueil d'embryon, le juge, à savoir le président du tribunal de grande instance ou son délégué, intervient de manière systématique.

1977 — Rôle du juge en cas d'AMP nécessitant un don d'embryon. Le juge doit d'abord recueillir le consentement du couple à l'origine de la conception de l'embryon. Il doit aussi se prononcer sur la demande d'accueil d'embryon formulée par le couple demandeur. À ce titre, il est chargé de vérifier que ce couple « remplit les conditions prévues à l'article L. 2141-2 » (contrôle de légalité) et « fait procéder à toutes les investigations permettant d'apprécier les conditions d'accueil que ce couple est susceptible d'offrir à l'enfant à naître sur les plans familial, éducatif et psychologique » (contrôle d'opportunité) (CSP, art. L. 2141-6, al. 2).

1978 — Notification de la décision judiciaire sur l'accueil d'embryon. La décision du juge, qu'elle autorise ou non l'accueil d'embryons, doit être notifiée au couple demandeur par lettre recommandée avec accusé de réception.

SECTION 3 La filiation de l'enfant issu d'une AMP autorisée

1979 — Absence de difficultés juridiques en cas d'AMP homologue. Lorsqu'une assistance médicale à la procréation homologue est réalisée, l'enfant est biologiquement issu du couple ayant eu recours à celle-ci. Dès lors, l'établissement de sa filiation légale et l'éventuelle contestation de celle-ci n'impliquent aucune particularité par rapport à un enfant biologique conçu naturellement. Ce sont donc les règles du droit commun de la filiation qui s'appliquent, ce qu'a confirmé la Cour de cassation dans un arrêt du 16 mars 2016.

> Pour ces règles, v. *supra*, chapitre 7.
>
> Cass. 1re civ., 16 mars 2016 : Dr. famille 2016, Comm. n° 104, note Fulchiron H. Selon la Cour, « l'établissement judiciaire de la filiation à la suite d'une procréation médicalement assistée sans tiers donneur obéit aux règles générales édictées par les articles 327 et suivants du Code civil ; en application des dispositions du second alinéa de l'article 310-3 du même Code, la preuve de la paternité peut être rapportée par tous moyens ».

1980 — Particularités en cas d'AMP hétérologue. Dans ce cas, l'enfant n'est pas biologiquement issu des deux membres du couple ayant eu recours à l'assistance médicale à la procréation. Par exemple, en cas de don de sperme, il n'est pas l'enfant biologique de l'homme qui a voulu et a organisé sa conception en recourant à une AMP. Cet homme est son « père d'intention ». Le droit commun de la filiation – qui repose *a priori* sur un lien biologique – n'est donc pas toujours adapté à ces situations originales qui appellent des règles particulières.

1981 — Règles juridiques spécifiques en cas d'AMP hétérologue. Conscient que ce type d'AMP engendre des particularités en matière de filiation, le législateur français a, dès les premières lois de bioéthique de 1994, prévu des règles particulières. L'idée directrice est qu'il faut empêcher l'établissement de tout lien juridique entre l'enfant et le donneur (I) et, à l'inverse, créer le lien entre l'enfant et son « parent d'intention » (II).

I L'absence de relation entre l'enfant et le donneur

1982 — Plan. Le donneur de gamètes est, en droit français, tenu à l'écart de l'enfant : il ne peut lui être rattaché (A) et sa responsabilité ne peut en aucun cas être engagée (B).

A L'interdiction légale d'établir un lien de filiation entre l'enfant et le donneur

1983 — Exclusion de toute filiation entre le donneur et l'enfant issu du don. En donnant ses gamètes, le donneur (ou la donneuse) n'a fait que mettre sa substance reproductrice au service d'une personne. Il n'a pas eu la volonté d'être le parent de l'enfant ainsi conçu. Fort de ce constat, le droit français a, de manière explicite, exclu toute possibilité de filiation entre le donneur et l'enfant. En effet, l'article 311-19, alinéa 1er du Code civil, issu de la loi du 29 juillet 1994 relative au respect du corps humain, énonce qu'« en cas de procréation médicalement assistée avec tiers donneur, aucun lien de filiation ne peut être établi entre l'auteur du don et l'enfant issu de la procréation ».

1984 — Conséquences de l'absence de filiation entre l'enfant et le donneur. La disposition contenue dans l'article 311-19, alinéa 1er du Code civil emporte les deux conséquences suivantes : même s'il changeait d'avis par rapport à ses intentions altruistes initiales, le donneur de gamètes ne pourrait pas établir sa parenté à l'égard de l'enfant issu de ses œuvres, par exemple en le reconnaissant. De la même façon, même si l'enfant parvenait à identifier le donneur en dépit de l'anonymat du don, il ne pourrait revendiquer aucune filiation à son égard.

B L'interdiction légale d'engager une action en responsabilité contre le donneur

1985 — Donneur légalement protégé des actions en responsabilité. L'article 311-19, alinéa 2 du Code civil énonce de manière très ferme qu'« aucune action en responsabilité ne peut être exercée à l'encontre du donneur ». Il protège ainsi le donneur d'éventuelles actions en responsabilité que les parents légaux pourraient être tentés d'engager contre lui en certaines circonstances (naissance d'un enfant handicapé, par exemple).

II L'existence d'un lien de filiation entre l'enfant et son parent d'intention

1986 — Fondement volontariste de la filiation. La naissance de l'enfant a été voulue par le couple ayant eu recours à l'assistance médicale à la procréation avec donneur. Dans le couple, l'un des deux membres (au moins) n'est pas le parent biologique de l'enfant. La filiation n'est donc pas fondée ici sur le lien biologique, mais sur la volonté du parent d'intention.

1987 — Filiation après une assistance médicale à la procréation : inadaptation du droit commun de la filiation. Parce qu'elle est fondée, non sur la biologie, mais sur la volonté humaine, la filiation entre l'enfant issu du don et son parent d'intention ne peut être calquée sur le droit commun. Si tel était le cas, le parent d'intention pourrait, par exemple, détruire très facilement sa parenté, puisqu'il lui suffirait de prouver qu'il n'est pas l'auteur biologique de l'enfant. Or, peut-on admettre cela de la part de celui qui a délibérément organisé la conception et la venue au monde dudit enfant ?

1988 — Filiation après une assistance médicale à la procréation : droit dérogatoire. Pour protéger l'enfant d'éventuels revirements de volonté du parent d'intention (qui pourrait arguer qu'il n'est pas son auteur biologique pour échapper à sa parenté et ainsi à ses obligations), l'une des lois du 29 juillet 1994 a édicté des règles dérogatoires au droit commun de la filiation, lesquelles encadrent l'établissement de la filiation (A) et canalisent sa contestation (B).

A Les règles encadrant l'établissement de la filiation

1 L'établissement de la filiation en cas de don de gamètes

1989 — Règles à distinguer selon l'objet du don. Comme l'assistance médicale à la procréation implique soit un don de sperme, soit un don d'ovocytes, les règles relatives à l'établissement de la filiation, tant maternelle que paternelle, doivent donc être précisées dans chacune de ces deux hypothèses.

a L'établissement de la filiation en cas de don de sperme

1990 — Établissement de la filiation maternelle de l'enfant. Si l'enfant est issu d'un don de sperme, la femme – qui a eu recours avec son mari ou son compagnon à l'AMP – en est la mère biologique. Il n'y a pas de raison de déroger, en ce qui la concerne, au droit commun de la filiation. Par application de celui-ci, la filiation maternelle résulte classiquement de la désignation de la femme qui a accouché dans l'acte de naissance de l'enfant (C. civ., art. 311-25).

1991 — Établissement pacifique de la filiation paternelle de l'enfant. La paternité du père d'intention de l'enfant est, en principe, établie selon les procédés de droit commun (application de la présomption de paternité si celui-ci est marié ou, à défaut, établissement par reconnaissance ou possession d'état). Le législateur a, en effet, préféré recourir aux règles classiques d'établissement de la filiation tout simplement pour ne pas stigmatiser l'enfant ainsi conçu. En revanche, le droit commun de la filiation cesse de s'appliquer si le père d'intention refuse d'établir spontanément sa paternité.

1992 — Refus d'établissement volontaire de la filiation paternelle : règles dérogatoires. Si le père d'intention refuse pour une raison ou une autre (naissance d'un enfant handicapé, séparation avec la mère de celui-ci, etc.) de reconnaître l'enfant issu du don de sperme, le législateur a prévu l'application de deux règles particulières, lesquelles sont contenues dans les alinéas 4 et 5 de l'article 311-20 du Code civil.

1993 — Engagement de la responsabilité de l'homme ayant consenti au don de sperme. Selon l'article 311-20, aliéna 4 du Code civil, « celui qui, après avoir consenti à l'assistance médicale à la procréation, ne reconnaît pas l'enfant qui en est issu engage sa responsabilité envers la mère et envers l'enfant ». Ainsi, l'homme qui se soustrait à ses responsabilités parentales peut être condamné à verser des dommages et intérêts à l'enfant et sa mère, en réparation du préjudice résultant de son refus de reconnaître l'enfant. Il peut s'agir ici d'un préjudice matériel, mais aussi moral.

1994 — Paternité imposée à l'homme ayant consenti au don de sperme. Outre la condamnation à des dommages et intérêts, celui qui, après avoir consenti à l'assistance médicale à la procréation ne reconnaît pas l'enfant qui en est issu, voit sa paternité « judiciairement déclarée » (C. civ., art. 311-20, al. 5). Le législateur renvoie ensuite au droit commun de la filiation, en précisant que ladite action « obéit aux dispositions des articles 328 et 331 » (C. civ., art. 311-20, al. 5 *in fine*).

1995 — Action en recherche de paternité intentée contre l'homme ayant consenti au don de sperme : preuve à rapporter. Contrairement à l'action en recherche de paternité classique dans laquelle il est nécessaire de prouver que le défendeur est le père biologique de l'enfant (C. civ., art. 327), il n'en est rien ici puisque l'action est engagée contre un homme qui n'est pas, par définition, l'auteur de l'enfant. Le demandeur à l'action doit, pour que soit judiciairement déclarée la paternité du père d'intention, simplement établir que celui-ci avait consenti à l'assistance médicale à la procréation avec don de sperme.

b L'établissement de la filiation en cas de don d'ovocytes

1996 — Établissement de la filiation paternelle de l'enfant en cas de don d'ovocytes. Dans ce cas, l'homme – qui a eu recours avec sa femme ou sa concubine à l'AMP – en est le père biologique. Sa paternité est alors établie par application des règles du droit commun de la filiation (présomption de paternité, reconnaissance, possession d'état).

1997 — Établissement de la filiation maternelle en cas de don d'ovocytes. Même si la mère d'intention n'est pas la génitrice de l'enfant, son accouchement en fait la mère légale. L'article 311-25 du Code civil s'applique en effet, aux termes duquel « la filiation est établie, à l'égard de la mère, par désignation de celle-ci dans l'acte de naissance de l'enfant ».

2 L'établissement de la filiation en cas de don d'embryon

1998 — Fondement de la filiation en cas de don d'embryon. L'enfant est issu de gamètes qui ne sont pas ceux de l'homme et de la femme qui ont eu recours à l'assistance médicale à la procréation. Il est, au fond, dans la même situation qu'un enfant adopté. Des auteurs avaient d'ailleurs proposé, de manière pertinente, de donner à cet enfant un statut calqué sur celui de l'enfant adopté. Finalement, ce n'est pas cette option qu'a retenue la loi de 1994.

1999 — Règles gouvernant l'établissement de la filiation en cas de don d'embryons. S'appliquent de manière bilatérale les règles légales qui régissent la filiation en présence d'un don de gamètes. Par application de l'article 311-19, alinéa 1er du Code civil, aucun lien de filiation ne peut être établi entre l'enfant et les auteurs du don. L'enfant est juridiquement rattaché aux deux membres du couple ayant demandé à bénéficier du don d'embryon. Si, contrairement à ses engagements initiaux, l'homme se soustrait à ses responsabilités parentales, alors les dispositions des alinéas 4 et 5 de l'article 311-20 trouvent à s'appliquer.

B Les règles empêchant la contestation de la filiation

2000 — Contestation des paternités d'intention avant 1994. Avant l'entrée en vigueur des lois de bioéthique du 29 juillet 1994, la justice avait été saisie d'actions dans lesquelles des maris – qui avaient pourtant consenti à une assistance médicale à la procréation hétérologue – contestaient leur paternité à l'égard de l'enfant né d'un don de sperme.

2001 — Paternités d'intention tantôt détruites, tantôt maintenues avant 1994. En faisant application du droit commun de la filiation, certaines juridictions avaient accueilli les actions en contestation dans la mesure où le mari rapportait bien la preuve qu'il n'était pas l'auteur biologique de l'enfant. À l'inverse, d'autres s'y étaient refusées, au motif que le consentement que le mari avait donné à l'assistance médicale à la procréation l'empêchait de remettre en cause sa paternité.

2002 — Règles spéciales posées en 1994, s'agissant de la contestation de la paternité d'intention. L'une des deux lois de bioéthique du 29 juillet 1994 a mis fin aux divergences des juges du fond, en introduisant dans le Code civil des dispositions spéciales contenues dans l'alinéa 2 de l'article 311-20 du Code civil, lesquelles interdisent de contester la filiation, sauf dans deux cas.

1 Le principe posé : la filiation insusceptible de contestation

2003 — Contestation interdite de la paternité d'intention. Selon l'article 311-20, alinéa 2 du Code civil, « le consentement donné à une procréation médicalement assistée interdit toute action aux fins (...) de contestation de la filiation ». Ainsi, le consentement donné par le mari ou le concubin à une procréation médicalement assistée hétérogène – devant le juge ou le notaire selon les cas – produit donc un effet radical : il fait, en principe, obstacle à la contestation de la filiation. Celle-ci ne peut être remise en cause, par quiconque, au motif qu'elle n'est pas conforme à la vérité biologique.

2 Les exceptions admises : la contestation exceptionnelle de la filiation

2004 — Contestation de la paternité d'intention exceptionnellement admise. *In fine*, alinéa 2 de l'article 311-20 du Code civil vise deux cas dans lesquels il est possible, à titre d'exception, de contester la filiation de l'enfant à l'égard de son parent d'intention : lorsqu'il est soutenu que l'enfant n'est pas issu de l'assistance médicale à la procréation ou quand le consentement à celle-ci a été privé d'effet.

2005 — Enfant non issu de l'assistance médicale à la procréation. L'action en contestation de filiation vise ici à démontrer que l'enfant est issu, non de l'assistance médicale à la procréation comme initialement prévu, mais des relations sexuelles que sa mère a eues avec un tiers. Cette preuve peut être difficile à rapporter. Aussi, une juridiction du fond a considéré qu'une simple vraisemblance suffit : il n'est pas nécessaire d'apporter la démonstration absolue de cette situation.

TGI Paris, 2 sept. 1997 : LPA 16 nov. 1998, note Hénaff.

2006 — Consentement à l'assistance médicale à la procréation privé d'effet. Il est possible de contester la filiation de l'enfant à l'égard de son parent d'intention, en démontrant que le consentement qu'il a donné à la procréation médicalement assistée hétérologue a été privé d'effet par des événements survenus avant la réalisation de celle-ci.

2007 — Événements privant d'effet le consentement à l'assistance médicale à la procréation. Selon la loi, le consentement est privé d'effet « en cas de décès, de dépôt d'une requête en divorce ou en séparation de corps ou de cessation de la communauté de vie, survenant avant la réalisation de la procréation médicalement assistée ». Il est aussi privé d'effet « lorsque l'homme et la femme le révoquent, par écrit et avant la réalisation de la procréation médicalement assistée, auprès du médecin chargé de mettre en œuvre cette assistance » (C. civ., art. 311-20, al. 3).

CHAPITRE 10

L'autorité parentale et le devoir d'entretien

2008 — Situation juridique du mineur. Bien que titulaire de la personnalité juridique, le mineur est frappé d'une incapacité d'exercice qui lui interdit, en principe, d'accomplir des actes juridiques pendant sa minorité. Il est, en effet, en raison de son âge, particulièrement faible et vulnérable. Pour l'aider à grandir et à devenir un adulte respectable tout en le protégeant, il est donc nécessaire de le soumettre juridiquement durant cette période au « gouvernement » de ses parents.

2009 — Mineur soumis au gouvernement de ses parents. Étudier le gouvernement parental implique d'analyser successivement l'autorité parentale et le devoir d'entretien. La première consiste en « un ensemble de droits et de devoirs ayant pour finalité l'intérêt de l'enfant » (C. civ., art. 371-1, al. 1er). Le second a pour objet l'entretien de l'enfant au sens matériel du terme.

2010 — Plan du Code civil sur l'autorité parentale. Lorsqu'il évoque l'autorité parentale (dans le titre IX du livre premier consacré aux personnes), le Code civil distingue l'autorité parentale se rapportant à la personne de l'enfant et celle relative à ses biens. Cette même distinction sera ici reprise.

2011 — Plan du chapitre. Seront ici successivement étudiées l'autorité parentale sur la personne (section 1) et sur les biens (section 2) de l'enfant ainsi que l'obligation d'entretien (section 3).

SECTION 1 L'autorité parentale sur la personne de l'enfant

2012 — Distinction entre titularité et exercice de l'autorité parentale. L'article 371-1 du Code civil dispose que l'autorité parentale « appartient aux parents jusqu'à la majorité ou l'émancipation de l'enfant » (al. 2).

Les parents sont donc titulaires de l'autorité parentale. En revanche, les deux parents n'exercent pas toujours ensemble l'autorité parentale. Il peut effectivement arriver – de manière exceptionnelle aujourd'hui – que l'autorité parentale soit exercée par seulement l'un des deux parents ou même par un tiers.

Le terme « parents » a été introduit par la loi du 17 mai 2013 ouvrant le mariage aux couples de personnes de même sexe, remplaçant ainsi la notion de « père et mère » employée jusqu'alors.

2013 — De la puissance paternelle à l'autorité parentale. Dans le Code civil de 1804, c'est le père légitime qui exerçait la puissance paternelle sur les enfants. Il avait à cet égard des pouvoirs forts sur eux. La loi du 4 juin 1970 a substitué l'autorité parentale à la puissance paternelle. La notion de « pouvoirs » s'est ainsi effacée pour laisser la place aux droits et devoirs des parents.

2014 — Loi du 4 juin 1970 sur l'autorité parentale. Cette loi a posé les bases du droit moderne de l'autorité parentale. Elle a innové en s'efforçant de construire la matière autour de la notion d'égalité entre les parents. Ainsi, la mère légitime, dont le rôle était très effacé sous l'empire de la loi antérieure, a fait son apparition et inversement, dans la famille naturelle, c'est au père de l'enfant que le législateur a fait une place nouvelle.

Loi n° 70-459 du 4 juin 1970 relative à l'autorité parentale : JO 5 juin 1970, p. 5227.

2015 — Réformes sur l'autorité parentale depuis 1970. Après la réforme du 4 juin 1970, ont suivi les lois du 22 juillet 1987 et du 8 janvier 1993 qui ont étendu l'exercice conjoint de l'autorité parentale. L'égalité des parents en la matière a été finalement consacrée par la loi du 4 mars 2002, laquelle a fait émerger le concept de coparentalité.

Loi n° 2002-305 du 4 mars 2002 relative à l'autorité parentale : JO 5 mars 2002, p. 4161.

2016 — Incidences de la loi du 17 mai 2013 sur l'autorité parentale. Comme cette loi autorise les couples homosexuels à se marier à et adopter, des conséquences en ont été tirées par le législateur. Ainsi, l'autorité parentale, qui sous l'empire de la loi antérieure était confiée aux père et mère, appartient désormais « aux parents » (C. civ., art. 371-1, al. 2). En outre, les couples homosexuels autorisés désormais à se marier peuvent être, de ce fait, autorisés à adopter un enfant conjointement ou adopter l'enfant de leur conjoint. Dans ces cas, l'autorité parentale est exercée en principe, conjointement par les parents homosexuels.

En revanche, la loi du 17 mai 2013 n'a pas modifié, ce qui est surprenant, l'article 371 du Code civil qui continue d'affirmer que « l'enfant, à tout âge, doit honneur et respect à ses père et mère ».

2017 — Caractère d'ordre public de l'autorité parentale. L'autorité parentale est d'ordre public en ce sens qu'elle est instituée par la loi, sans pouvoir être modifiée par les parties. En conséquence, une convention par laquelle un parent se dépouillerait définitivement et totalement de l'un des attributs de l'autorité parentale serait frappée de nullité. En revanche, les parents peuvent, depuis la loi du 11 juillet 1975, passer entre eux des conventions dans lesquelles ils organisent les modalités d'exercice de l'autorité parentale (C. civ., art. 373-2-7).

2018 — Convention parentale ayant pour objet l'autorité parentale. Les parents de l'enfant peuvent, sur le fondement de l'article 373-2-7 du Code civil, s'accorder conventionnellement sur un certain nombre de points (résidence de l'enfant après leur séparation, choix et pratique de la religion de l'enfant, organisation des relations de l'enfant avec des tierces personnes...). Cette convention parentale doit être homologuée par le juge au regard de l'intérêt de l'enfant.

2019 — Plan. Seront ici successivement évoqués le contenu de l'autorité parentale (I), son exercice (II), les événements pouvant l'affecter (III) ainsi que sa cessation (IV).

I Le contenu de l'autorité parentale

2020 — Obligations réciproques de l'autorité parentale. Pour protéger l'enfant « dans sa sécurité, sa santé et sa moralité, pour assurer son éducation et permettre son développement, dans le respect dû à sa personne » (C. civ., art. 371-1, al. 2), les parents sont titulaires de l'autorité parentale, c'est-à-dire d'un ensemble de droits et de devoirs. En contrepartie, l'enfant doit, à tout âge, honneur et respect à ses parents (C. civ., art. 371). Protéger l'enfant (A) et assurer son éducation (B), telles sont les missions fondamentales de l'autorité parentale.

A La protection de l'enfant dans sa sécurité, sa santé et sa moralité

1 La protection de l'enfant dans sa sécurité : la résidence de l'enfant

2021 — Droit des parents de garder l'enfant à leur domicile. L'enfant ne peut, sans permission de ses parents, quitter la maison familiale (C. civ., art. 371-3). Le droit des parents de garder leur enfant au domicile familial est protégé. Ceux-ci peuvent obtenir le concours de la force publique pour que leur enfant fugueur réintègre la résidence familiale. En outre, le Code pénal punit de 5 ans d'emprisonnement et 75 000 euros d'amende, le fait pour des tiers « de soustraire, sans fraude ni violence, un enfant mineur des mains de ceux qui exercent l'autorité parentale » (C. pén., art. 227-8).

2022 — Devoir des parents de garder l'enfant à leur résidence. Si les parents ont le droit de garder l'enfant à leur domicile, c'est aussi un devoir qui s'impose à eux. En effet, le parent qui n'assure pas l'hébergement de son enfant commet le délit de délaissement, lequel est sanctionné par le Code pénal. Il s'expose aussi au retrait de l'autorité parentale.

> « Le délaissement d'un mineur de 15 ans en un lieu quelconque est puni de 7 ans d'emprisonnement de 100 000 euros d'amende, sauf si les circonstances du délaissement ont permis d'assurer la santé et la sécurité de celui-ci » (C. pén., art. 227-1).

2 La protection de l'enfant dans sa santé

2023 — Prérogatives parentales en matière de santé. Les parents ont le droit et le devoir de protéger la santé de leur enfant, c'est-à-dire de le faire soigner, de le faire hospitaliser en cas de besoin, de consentir aux interventions chirurgicales, etc. La loi précise que pour « les décisions concernant sa santé », le « consentement du mineur (...) doit être systématiquement recherché s'il est apte à exprimer sa volonté et à participer à la décision » (CSP, art. L. 1111-4). En outre, les prérogatives parentales en matière de santé rencontrent un certain nombre de limites.

2024 — Limite générale aux prérogatives parentales en matière de santé. L'article 1111-5 du Code de la santé publique autorise le médecin à se dispenser du consentement des parents « lorsque l'action de prévention, le dépistage, le diagnostic, le traitement ou l'intervention s'impose pour sauvegarder la santé d'une personne mineure, dans le cas où cette dernière s'oppose expressément à la consultation du ou des titulaires de l'autorité parentale afin de garder le secret sur son état de santé » (al. 1er, dans sa rédaction issue de la L. n° 2016-41, 26 janv. 2016). Dans ce cas, le mineur doit se faire accompagner d'une personne majeure de son choix.

2025 — Limite aux prérogatives parentales en matière de contraception. Il résulte de l'article L. 5134-1, I du Code de la santé publique que le consentement des titulaires de l'autorité parentale « n'est pas requis pour la prescription, la délivrance ou l'administration de contraceptifs aux personnes mineures ».

2026 — Limite aux prérogatives parentales en matière d'IVG. Une jeune fille mineure enceinte qui souhaite subir une interruption volontaire de grossesse (IVG) peut, depuis une loi du 4 juillet 2001, garder le secret à l'égard de ses parents. Certes, le médecin doit l'inciter à informer ses parents. Mais si elle ne le veut pas, l'IVG peut être pratiquée sans le consentement de ses parents dès lors que « la mineure se fait accompagner dans sa démarche par la personne majeure de son choix » (CSP, art. L. 2212-7).

Loi n° 2001-588 du 4 juillet 2001 relative à l'interruption volontaire de grossesse et à la contraception : JO 7 juill. 2001, n° 156, p. 10823.

3 La protection de l'enfant dans sa moralité : la surveillance de l'enfant

2027 — Prérogatives parentales en matière de moralité. Tenus de protéger l'enfant dans sa moralité, les parents ont le droit et le devoir de le surveiller, notamment en contrôlant ses relations et fréquentations, sa correspondance postale et électronique, ses tenues vestimentaires, etc.

2028 — Limites aux prérogatives parentales en matière de moralité. Si les parents peuvent, au titre de leur mission de surveillance, empêcher leur enfant de fréquenter certains individus, le législateur a néanmoins consacré le droit de l'enfant d'entretenir des relations avec des personnes déterminées (ascendant, tiers, frères et sœurs).

a Le droit de l'enfant à avoir des relations personnelles avec ses ascendants

2029 — Consécration du droit de l'enfant aux relations personnelles avec ses ascendants. Dans le silence de la loi, la jurisprudence avait admis, dès le XIXe siècle, que les parents ne pouvaient s'opposer à ce qu'enfants et grands-parents entretiennent des relations. Lors de la réforme de l'autorité parentale le 4 juin 1970, cette jurisprudence a été consacrée dans l'article 371-4 du Code civil. Ce dernier a été réécrit par la loi du 4 mars 2002 et proclame depuis, de manière plus solennelle, que « l'enfant a le droit d'entretenir des relations personnelles avec ses ascendants » (al. 1er).

2030 — Limite aux relations de l'enfant avec ses ascendants : motifs graves. Initialement, seuls des « motifs graves » pouvaient faire obstacle à ce que l'enfant entretienne des relations personnelles avec ses ascendants (C. civ., art. 371-4 ancien). Selon la jurisprudence, les motifs graves étaient notamment caractérisés lorsque l'entourage des grands-parents était néfaste pour l'enfant ou lorsqu'il existait un violent conflit entre les parents et grands-parents de l'enfant.

2031 — Limite aux relations de l'enfant avec ses ascendants : intérêt de l'enfant. Depuis la loi du 5 mars 2007 réformant la protection de l'enfance, la notion de « motifs graves » a disparu de l'article 371-4 du Code civil, lequel énonce que « seul l'intérêt de l'enfant peut faire obstacle » à l'exercice du droit que celui-ci a d'entretenir des relations personnelles avec ses ascendants (al. 1er *in fine*). La réécriture du texte est, avant tout, symbolique.

Loi n° 2007-293 du 5 mars 2007 réformant la protection de l'enfance : JO 6 mars 2007, n° 55, p. 4215.

b Le droit de l'enfant à avoir des relations avec les tiers

2032 — Consécration du droit de l'enfant aux relations avec les tiers. Les parents ne peuvent s'opposer à ce que leur enfant entretienne des relations avec des personnes qui lui sont chères. En effet, « si tel est l'intérêt de l'enfant, le juge aux affaires familiales fixe les modalités des relations entre l'enfant et un tiers, parent ou non » (C. civ., art. 371-4, al. 2). Le juge peut, sur le fondement de ce texte, autoriser l'enfant à conserver des relations avec son ex-beau-parent, par exemple.

2033 — Apport de la loi du 17 mai 2013 s'agissant du droit de l'enfant à avoir des relations avec les tiers. Si tel est l'intérêt de l'enfant, le juge aux affaires familiales fixe les modalités des relations entre l'enfant et un tiers, parent ou non (C. civ., art. 371-4, al. 2), « en particulier lorsque ce tiers a résidé de manière stable avec lui et l'un de ses parents, a pourvu à son éducation, à son entretien ou à son installation, et a noué avec lui des liens affectifs durables ». Cette précision est issue de la loi du 17 mai 2013 et permet notamment de maintenir des relations entre l'enfant et l'ex-compagne de sa mère biologique, après la rupture du couple homosexuel.

Loi n° 2013-404 du 17 mai 2013 ouvrant le mariage aux couples de personnes de même sexe : JO 18 mai 2013, n° 0114, p. 8253.

c Le droit de l'enfant à ne pas être séparé de ses frères et sœurs

2034 — Consécration du droit de l'enfant au maintien de sa fratrie. Depuis une loi du 30 décembre 1996, il est inscrit dans le Code civil que « l'enfant ne doit pas être séparé de ses frères et sœurs, sauf si cela n'est pas possible ou si son intérêt commande une autre solution » (C. civ., art. 371-5). Le droit de l'enfant au maintien de la fratrie, issue d'une préconisation du parlement des enfants, s'applique, selon la jurisprudence, à ceux que l'on appelle communément les demi-frères et sœurs.

Loi n° 96-1238 du 30 décembre 1996 relative au maintien des liens entre frères et sœurs : JO 1er janv. 1997, n° 0001, p. 21 (loi comportant un article unique).

2035 — Séparation exceptionnelle de la fratrie. Selon 371-5 du Code civil, le juge est autorisé à titre d'exception à séparer la fratrie lorsque le maintien de celle-ci « n'est pas possible ou si l'intérêt de l'enfant commande une autre solution ». Selon la Cour de cassation, cette notion est appréciée souverainement par les juges du fond.

Cass. 2e civ., 19 nov. 1998 : Defrénois 1999, 684, obs. Massip J.

B L'éducation de l'enfant

2036 — Conception large de la notion d'éducation. Il appartient aux parents d'éduquer leur enfant, c'est-à-dire non seulement de faire en sorte qu'il suive une formation scolaire, mais aussi d'assurer son éducation sur les plans civique, politique et religieux notamment.

2037 — Prise des décisions éducatives par les parents. Les décisions relatives à l'éducation doivent être prises par les deux parents s'ils exercent en commun l'autorité parentale. La loi précise que « les parents associent l'enfant aux décisions qui le concernent, selon son âge et son degré de maturité » (C. civ., art. 371-1, al. 3). En cas de conflit (entre les parents ou entre l'enfant et ses parents), celui-ci est tranché par le juge, lequel doit statuer, selon la jurisprudence, dans le seul intérêt de l'enfant.

Cass. 1re civ., 8 nov. 2005 : Bull. civ. I, n° 404.

2038 — Obligation scolaire à respecter pour les parents. Les parents doivent respecter l'obligation légale de scolariser leur enfant entre 6 et 16 ans (C. éduc., art. L. 131-1). À défaut, ils encourent des sanctions : mesures d'assistance éducative, retrait de l'autorité parentale. La Cour européenne des droits de l'homme considère que les parents ne peuvent invoquer leurs convictions pour refuser à l'enfant le droit à l'instruction.

CEDH, sect. V, 11 sept. 2006, Konrad c/ Allemagne, n° 35504/03.

2039 — Conflit en matière d'éducation religieuse. L'obligation légale de recueillir le consentement des deux parents pour les décisions qui ont trait à l'éducation de l'enfant suscite parfois des conflits aigus entre eux s'agissant de la religion de l'enfant (choix ou pratique de celle-ci). Le contentieux est nourri en la matière. Pour trancher les litiges, les juges se réfèrent en général à la pratique familiale antérieure et aux accords parentaux (v. respectivement les C. civ., art. 373-2-11 et 373-2-7).

2040 — Droit de correction des parents. Autrefois, le Code Napoléon offrait au père légitime un droit de correction très fort puisqu'il pouvait même aller jusqu'à faire emprisonner ses enfants qui lui donnaient de graves sujets de mécontentement. Aujourd'hui, la jurisprudence considère que si les parents disposent d'un droit de correction à l'égard de leur(s) enfant(s), celui-ci doit être exercé de manière raisonnable. La frontière n'est pas toujours facile à délimiter entre le droit de correction et le délit de coups et blessures.

II L'exercice de l'autorité parentale

2041 — Plan. Tant la dévolution de l'exercice de l'autorité parentale (A) que ses modalités d'exercice (B) doivent être ici précisées. En outre, il est important de cerner le rôle du juge dans cette matière (C).

A La dévolution de l'exercice de l'autorité parentale

2042 — Progression de l'exercice conjoint de l'autorité parentale. À partir de la réforme de 1970, l'exercice conjoint de l'autorité parentale a peu à peu gagné du terrain pour finalement s'imposer comme étant le principe avec la loi du 4 mars 2002.

Loi n° 2002-305 du 4 mars 2002 relative à l'autorité parentale : JO 5 mars 2002, p. 4161.

1 Le principe : l'exercice conjoint de l'autorité parentale

2043 — Modèle de l'exercice conjoint de l'autorité parentale. L'article 372 du Code civil, dans sa rédaction issue de la loi du 4 mars 2002, énonce que « les père et mère exercent en commun l'autorité parentale » (al. 1er). Dès lors que la filiation est établie du côté paternel comme maternel, c'est donc un exercice conjoint de l'autorité parentale qui s'impose en principe, et ce, que l'enfant soit né en ou hors mariage, que ses parents soient unis, divorcés ou séparés.

2044 — Époux et parents homosexuels. L'article 372, alinéa 1er du Code civil n'a pas été modifié par la loi du 17 mai 2013 ouvrant le mariage aux couples de personnes de même sexe. Il continue de faire référence aux « père » et « mère » de l'enfant alors qu'un enfant peut, depuis son entrée en vigueur, avoir deux pères ou deux mères. En réalité, la parenté du couple homosexuel passe nécessairement par l'adoption. Il faut donc faire application des dispositions légales relatives à l'adoption, lesquelles se réfèrent, elles, indifféremment aux « adoptants » ou aux « époux » (C. civ., art. 356 et s.).

2045 — Exercice conjoint de l'autorité parentale par les époux homosexuels. Autorisés à se marier depuis la loi du 17 mai 2013, les couples homosexuels peuvent, par voie de conséquence, adopter conjointement un enfant ou adopter l'enfant de leur conjoint (adoption plénière ou simple). Dans ces cas, l'autorité parentale est exercée conjointement par les époux homosexuels. Néanmoins, en cas d'adoption simple de l'enfant du conjoint, elle est exercée unilatéralement par l'époux, parent par le sang de l'enfant (C. civ., art. 365, al. 1er), que les époux soient hétérosexuels ou homosexuels. Ceux-ci peuvent l'exercer en commun en faisant une déclaration conjointe devant le directeur des services de greffe judiciaires du tribunal de grande instance (TGI).

2046 — Exercice conjoint de l'autorité parentale lors d'une séparation parentale. L'article 373-2, alinéa 1er du Code civil énonce que « la séparation n'a aucune incidence sur les règles de dévolution de l'exercice de l'autorité parentale ». Il en résulte qu'en cas de divorce notamment, l'autorité parentale continue à être exercée, en principe, par les deux parents (v. *infra*, chapitre 11).

2 L'exception : l'exercice unilatéral de l'autorité parentale

2047 — Circonstances de l'exercice unilatéral de l'autorité parentale. À titre d'exception, l'autorité parentale peut être exercée unilatéralement par l'un des parents dans certaines circonstances. Ces dernières tiennent aux conditions particulières d'établissement de la filiation, au décès ou à la privation d'autorité parentale de l'un des parents ou encore au contexte de la séparation parentale.

a Les circonstances particulières relatives à l'établissement de la filiation

2048 — Exercice unilatéral de l'autorité parentale. Cette modalité est retenue à titre d'exception lorsque les circonstances mettent en évidence que la filiation de l'enfant n'a pas été établie de manière classique. Ainsi, lorsque la filiation est établie à l'égard de l'un des parents plus d'un an après la naissance d'un enfant dont la filiation est déjà établie à l'égard de l'autre, celui-ci reste seul investi de l'exercice de l'autorité parentale. Il en est de même lorsque la filiation de l'enfant est judiciairement déclarée à l'égard du second parent de l'enfant (C. civ., art. 372, al. 2).

2049 — De l'exercice unilatéral de l'autorité parentale à un exercice conjoint. Lorsque l'autorité parentale est exercée unilatéralement par un parent en raison des conditions particulières tenant à l'établissement de la filiation (C. civ., art. 372, al. 2), il est néanmoins possible de passer à un exercice conjoint de celle-ci. Deux modalités sont prévues à cet effet dans la loi (C. civ., art. 372, al. 3) : une déclaration conjointe des parents ou une décision judiciaire.

2050 — Modalité de l'exercice conjoint de l'autorité parentale : déclaration conjointe des parents. L'exercice unilatéral de l'autorité parentale peut céder la place à un exercice conjoint si les père et mère de l'enfant font « une déclaration conjointe (...) adressée au directeur des services de greffe judiciaires du tribunal de grande instance » (C. civ., art. 372, al. 3, dans sa rédaction issue de la loi nº 2016-1547 du 18 novembre 2016 de modernisation de la justice du XXIe siècle). Cette déclaration conjointe suppose que les parents de l'enfant s'entendent bien. C'est d'ailleurs la seule condition requise puisque le directeur des services de greffe judiciaires ne fait ici qu'enregistrer – et non contrôler – la déclaration conjointe des parents.

2051 — Exercice conjoint de l'autorité parentale : décision judiciaire. Si les parents ne s'entendent pas suffisamment bien pour faire devant le directeur des services de greffe judiciaires du TGI la déclaration conjointe leur permettant d'exercer en commun de l'autorité parentale, l'un d'eux peut alors saisir à cette fin le juge aux affaires familiales (C. civ., art. 372, al. 3 *in fine*). Ce dernier statuera au regard de l'intérêt de l'enfant (application par analogie de C. civ., art. 371-1).

b Les circonstances particulières tenant au décès ou à la privation d'autorité parentale de l'un des parents

2052 — Décès d'un parent ou privation de l'autorité parentale. Lorsque l'un des père ou mère est décédé ou se trouve privé de l'exercice de l'autorité parentale, l'autre parent exerce alors seul cette autorité (C. civ., art. 373-1). L'article 373 précise à ce titre qu'est privé de l'exercice de l'autorité parentale, le parent « qui est hors d'état de manifester sa volonté, en raison de son incapacité, de son absence ou de toute autre cause ».

c Les circonstances particulières tenant à la séparation des parents

2053 — Exercice de l'autorité parentale lors d'une séparation parentale. En cas de séparation parentale, l'autorité parentale continue à être exercée, en principe, de manière conjointe par les deux parents.

Néanmoins, le juge peut confier son exercice à l'un des deux parents « si l'intérêt de l'enfant le commande » (C. civ., art. 373-2-1, al. 1er). C'est par exemple le cas lorsque la séparation parentale est trop conflictuelle pour permettre un exercice conjoint serein de l'autorité parentale.

B | Les modalités d'exercice de l'autorité parentale

1 | L'exercice conjoint de l'autorité parentale

2054 — Cogestion parentale. L'exercice conjoint de l'autorité parentale signifie que les deux parents prennent ensemble, d'un accord commun, les décisions importantes relatives à la personne de leur enfant (en matière d'éducation, de santé...). Il a, par exemple, été jugé que le passage de l'enfant dans un documentaire diffusé à la télévision est un acte qui requiert le consentement des deux parents.

CA Versailles, 11 sept. 2003 : AJ fam., 383, obs. F. B.

2055 — Avantage de la cogestion parentale. Son avantage est de placer sur un pied d'égalité les père et mère de l'enfant. De la sorte, chaque parent est impliqué dans la prise des décisions relatives à l'enfant.

2056 — Inconvénient de la cogestion parentale. Exiger le consentement des deux parents peut se révéler lourd au quotidien, notamment pour les actes anodins. C'est pour cela qu'est posée dans le Code civil, une présomption d'accord des parents pour les actes usuels de l'autorité parentale (C. civ., art. 372-2).

2057 — Présomption légale d'accord parental pour les actes usuels. L'article 372-2 du Code civil énonce qu'« à l'égard des tiers de bonne foi, chacun des parents est réputé agir avec l'accord de l'autre, quand il fait seul un acte usuel de l'autorité parentale relativement à la personne de l'enfant ». C'est donc une gestion concurrente qui est retenue pour les actes usuels : l'accord de l'un des deux parents suffit.

2058 — Notion d'actes usuels. La jurisprudence qualifie notamment d'actes usuels de l'autorité parentale, les actes suivants : une intervention chirurgicale relativement bénigne de l'enfant ou encore l'inscription d'un mineur sur le passeport de son parent.

2 | L'exercice unilatéral de l'autorité parentale

2059 — Droits du parent exerçant l'autorité parentale. Lorsque l'autorité parentale est exercée unilatéralement par l'un des parents, celui-ci prend alors seul toutes les décisions relatives à la personne de l'enfant. Le parent qui n'exerce pas l'autorité parentale joue, lui, un rôle plus secondaire puisqu'il n'intervient pas dans la prise des décisions concernant notamment l'éducation ou la santé de l'enfant (choix de l'école, hospitalisation de l'enfant, intervention chirurgicale...).

2060 — Droit du parent n'exerçant pas l'autorité parentale. Le parent qui n'exerce pas l'autorité parentale reste néanmoins titulaire de celle-ci. À ce titre, il conserve le droit de consentir au mariage, à l'adoption et à l'émancipation de son enfant. Il dispose aussi de droits de visite et d'hébergement, lesquels ne peuvent lui être refusés « que pour des motifs graves » (C. civ., art. 373-2-1, al. 2). Enfin, il a le droit – et le devoir – de surveiller l'entretien et l'éducation de l'enfant, ce qui implique qu'il soit informé des choix importants relatifs à la vie de son enfant (C. civ., art. 373-2-1, al. 5).

C Le rôle du juge en matière d'autorité parentale

2061 — Mission du juge sur les questions d'autorité parentale. Le juge aux affaires familiales est compétent pour régler toutes les questions qui lui sont posées au sujet de l'autorité parentale sur la personne de l'enfant (2). La loi lui enjoint de le faire « en veillant spécialement à la sauvegarde des intérêts des enfants mineurs » (C. civ., art. 373-2-6, al. 1er). Il peut intervenir pour homologuer une convention parentale ayant pour objet l'autorité parentale (1).

2062 — Juge, divorce et questions d'autorité parentale. Le juge peut également intervenir dans le cadre d'un divorce par consentement mutuel des époux. Dans ce cas, il homologue la convention des époux (qui a pour objet de régler l'ensemble des effets du divorce) et prononce leur divorce « s'il a acquis la conviction que la volonté des époux est réelle et que leur consentement est libre et éclairé ». Il a la possibilité de refuser l'homologation et de ne pas prononcer le divorce lorsqu'il « constate que la convention préserve insuffisamment les intérêts des enfants ou de l'un des époux » (C. civ., art. 232). En revanche, s'il s'agit d'un divorce par consentement mutuel sans juge (divorce par acte sous signature privée contresigné par avocats, déposé au rang des minutes d'un notaire, C. civ., art. 229-1 nouveau issu de la loi n° 2016-1547 du 18 novembre 2016 de modernisation de la justice du XXIe siècle), la convention de divorce des époux – qui peut régler entre autres des questions d'autorité parentale – échappe alors au contrôle du juge. Il y a donc une inégalité à cet égard entre couples mariés (qui peuvent échapper à l'homologation judiciaire en passant par un divorce par consentement mutuel conventionnel) et les couples non mariés, qui doivent, eux, nécessairement agir sur le fondement de l'article 373-2-7 du Code civil, lequel impose que la convention parentale soit homologuée par le juge.

V. chapitre 5 sur le divorce.

1 L'homologation de la convention parentale

2063 — Possibilité de convention parentale. La loi du 4 mars 2002 a valorisé les accords parentaux. En témoigne notamment l'article 373-2-7 du Code civil qui en est issu. Selon ce texte, « les parents peuvent saisir le juge aux affaires familiales afin de faire homologuer la convention par laquelle ils organisent les modalités d'exercice de l'autorité parentale et fixent la contribution à l'entretien et à l'éducation de l'enfant » (al. 1er). Il y est aussi précisé que « le juge homologue la convention sauf s'il constate qu'elle ne préserve pas suffisamment l'intérêt de l'enfant ou que le consentement des parents n'a pas été donné librement » (al. 2).

2064 — Avantages de la convention parentale. Donner aux parents la possibilité de régler eux-mêmes l'organisation de certaines modalités d'exercice de l'autorité parentale, présente un avantage certain en cas de séparation du couple : les parents sont ainsi responsabilisés, et n'auront *a priori* pas de difficulté à respecter une convention qu'ils ont élaborée ensemble.

2065 — Auteurs de la convention parentale. Il ressort de l'article 373-2-7 du Code civil que tous les parents ont la possibilité de conclure des conventions ayant pour objet l'autorité parentale. Il faut et il suffit que la filiation de l'enfant soit établie des deux côtés, étant précisé qu'il peut s'agir d'une filiation biologique (en ou hors mariage) ou adoptive. Les auteurs de la convention peuvent donc être des parents, mariés ou non, hétérosexuels ou homosexuels, qui vivent ensemble, se séparent ou divorcent... Généralement, la convention est élaborée à l'occasion de la rupture du couple, mais elle paraît également possible indépendamment de toute séparation.

2066 — Objet de la convention parentale : modalités d'exercice de l'autorité parentale. La convention visée dans l'article 373-2-7 du Code civil peut contenir un accord des parents portant sur les modalités d'exercice de l'autorité parentale. Les parents peuvent, par exemple, s'accorder sur la résidence de l'enfant, sur l'organisation des droits de visite et d'hébergement du parent chez qui l'enfant ne réside pas, sur les relations entretenues par l'enfant avec les membres de sa famille (et ce, dans le respect des C. civ., art. 371-4 et 371-5).

2067 — Objet de la convention parentale : contribution à l'entretien de l'enfant. La convention visée dans l'article 373-2-7 du Code civil peut porter sur la contribution à l'entretien de l'enfant et plus précisément sur la mise en œuvre de l'obligation d'entretien. Ainsi, les parents peuvent notamment y insérer des dispositions relatives au montant de l'obligation d'entretien, à sa forme, à sa durée, à ses garanties ou encore au rattachement fiscal de l'enfant. Ils doivent respecter les dispositions de l'article 371-2 du Code civil.

2068 — Conventions parentales interdites. Les parents ne peuvent pas, par le biais de leur convention, déroger à l'exercice commun de l'autorité parentale en prévoyant un exercice unilatéral de celle-ci. De la même façon, la convention ne peut être l'occasion pour un parent de s'exonérer totalement de son obligation d'entretien à l'égard de son enfant.

2069 — Homologation judiciaire obligatoire de la convention parentale. La convention des parents passée sur le fondement de l'article 373-2-7 du Code civil doit nécessairement être homologuée par le juge aux affaires familiales. À cet égard, celui-ci exerce un contrôle de légalité mais aussi d'opportunité. Au titre de ce dernier, il s'assure, d'une part, que la convention des parents préserve suffisamment l'intérêt de l'enfant et que, d'autre part, le consentement des parents a été librement donné. Un décret du 28 décembre 2016 a simplifié la procédure d'homologation des conventions parentales en dispensant les parties de comparaître systématiquement devant le juge, sauf si celui-ci l'estime nécessaire (CPC, art. 1143 nouveau). Le décret ne s'applique pas aux demandes d'homologation pour lesquelles les parties ont été convoquées à une audience avant le 29 décembre 2016.

> Décret n° 2016-1906 du 28 décembre 2016 relatif à la procédure d'homologation judiciaire des conventions parentale prévue à l'article 373-2-7 du Code civil : JO 29 déc. 2016.

2070 — Possible révision de la convention parentale. Les dispositions contenues dans la convention parentale homologuée par le juge aux affaires familiales peuvent être modifiées ou complétées. Elles peuvent l'être par une nouvelle convention des parents soumise à l'homologation judiciaire. À défaut d'accord entre les parents, elles peuvent être modifiées ou complétées par le juge. Celui-ci peut être saisi à tout moment par l'un ou les parents ou par le ministère public (C. civ., art. 373-2-13).

2 La résolution d'un litige

2071 — Saisine du juge sur un litige relatif à l'autorité parentale. Selon l'article 373-2-8 du Code civil, le juge aux affaires familiales peut être saisi par l'un des parents ou le ministère public (qui peut lui-même l'être par un tiers, parent ou non) à l'effet de statuer sur les modalités d'exercice de l'autorité parentale et sur la contribution à l'entretien et à l'éducation de l'enfant. La possibilité de saisir le juge n'est donc pas seulement réservée aux membres de la famille.

2072 — Rôle premier du juge saisi d'un litige en matière d'autorité parentale. L'article 373-2-10 du Code civil énonce qu'« en cas de désaccord, le juge s'efforce de concilier les parties » (al. 1er). Comme en matière de divorce, le juge doit ici commencer par tenter de concilier les parents de l'enfant.

a La tentative de conciliation

2073 — Proposition judiciaire d'une médiation familiale en matière d'autorité parentale. Dans le cadre de sa tentative de conciliation, le juge aux affaires familiales incite les parents en conflit à recourir à la médiation familiale. À ce titre, il peut leur proposer une mesure de médiation et, s'ils sont d'accord, désigner un médiateur familial. Il ne peut les forcer à suivre une médiation, mais il peut leur enjoindre de rencontrer un médiateur familial qui les informera sur l'objet et le déroulement de cette mesure, sauf si des violences ont été commises par l'un des parents sur l'autre parent ou sur l'enfant (C. civ., art. 373-2-10, al. 2 et 3).

La médiation familiale est régie par le décret du 22 décembre 1996 (CPC, art. 131-1 et s.).

2074 — Organisation de la médiation familiale en matière d'autorité parentale. La médiation peut porter sur tout ou partie du litige. Elle peut être confiée à des personnes physiques ou morales. Elle ne dessaisit pas le juge qui peut prendre à tout moment les autres mesures qui lui paraissent nécessaires (CPC, art. 131-2).

2075 — Durée de la médiation familiale en matière d'autorité parentale. Elle ne peut, en principe, excéder 3 mois. Cette mission peut être renouvelée une fois, pour une même durée, à la demande du médiateur (CPC, art. 131-3).

2076 — Information du juge par le médiateur sur l'autorité parentale. À l'expiration de sa mission, le médiateur doit informer par écrit le juge de ce que les parties sont ou non parvenues à trouver une solution au conflit qui les oppose (CPC, art. 131-11).

2077 — Accord des parties dans le cadre d'une médiation familiale en matière d'autorité parentale. Lorsque les parties sont parvenues à un accord grâce à la médiation, elles peuvent le soumettre au juge pour homologation. L'homologation relève de la matière gracieuse (CPC, art. 131-12, dans sa rédaction issue du D. nº 2016-514, 26 avr. 2016).

b Les mesures prises par le juge

2078 — Objet des dispositions judiciaires sur l'autorité parentale. Le juge saisi sur le fondement de l'article 373-2-8 du Code civil peut rendre des mesures très diverses. Il peut, par exemple, statuer sur la résidence de l'enfant (C. civ., art. 373-2-9), prendre des mesures permettant de garantir la continuité et l'effectivité du maintien de ses liens avec chacun des parents, notamment en subordonnant sa sortie du territoire français à l'accord des deux (C. civ., art. 373-2-6, al. 3). Plus généralement, il peut se prononcer « sur les modalités d'exercice de l'autorité parentale » (C. civ., art. 373-2-8).

2079 — Critères pris en compte par le juge pour statuer sur les modalités d'exercice de l'autorité parentale. La loi enjoint au juge de prendre sa décision au regard notamment des six critères suivants (C. civ., art. 373-2-11) :

- la pratique antérieurement suivie par les parents ou les accords qu'ils avaient pu antérieurement conclure ;
- les sentiments exprimés par l'enfant mineur dans les conditions de l'article 388-1 (selon ce texte, le mineur capable de discernement peut, dans toute procédure le concernant, être entendu par le juge) ;
- l'aptitude de chacun des parents à assumer ses devoirs et respecter les droits de l'autre ;
- les résultats des expertises éventuellement effectuées, tenant compte notamment de l'âge de l'enfant ;
- les renseignements recueillis dans les éventuelles enquêtes et contre-enquêtes sociales ;
- les pressions ou violences, à caractère physique ou psychologique, exercées par l'un des parents sur la personne de l'enfant.

> L'adverbe « notamment » utilisé dans l'article 373-2-11 du Code civil met en évidence que le juge peut, pour statuer, prendre en considération d'autres critères que les six énumérés dans le texte.

2080 — Critère des sentiments exprimés par l'enfant. Selon l'article 388-1 du Code civil, tout mineur, dès lors qu'il est capable de discernement, peut être entendu par le juge ou une personne désignée par le juge à cet effet. Cette audition est de droit lorsque le mineur en fait la demande. S'il refuse d'être entendu, le juge apprécie le bien-fondé de ce refus.

2081 — Critère de l'aptitude de chaque parent à assumer ses droits et respecter les droits de l'autre. Ce critère a été officiellement introduit dans l'article 373-2-11 du Code civil à l'occasion de la réforme du 4 mars 2002, mais il était déjà mis en œuvre par les juges sous l'empire de la loi antérieure. La doctrine s'accorde à dire qu'il est pertinent.

Terré F. et Fenouillet D., *La famille*, 8e éd., 2011, Dalloz, n° 964.

2082 — Critère des renseignements recueillis dans l'enquête sociale. Visée dans l'article 373-2-12 du Code civil, l'enquête sociale tend à recueillir des renseignements sur la situation matérielle et morale de la famille et les conditions dans lesquelles vivent et sont élevés les enfants (al. 1er). Elle joue un rôle important en pratique.

2083 — Caractère révisable des décisions judiciaires relatives à l'autorité parentale. Les décisions prises à ce titre par le juge aux affaires familiales ne sont pas intangibles. Elles peuvent, en effet, être « modifiées ou complétées à tout moment par le juge, à la demande des ou d'un parent ou du ministère public, qui peut lui-même être saisi par un tiers, parent ou non » (C. civ., art. 373-2-13).

III Les événements affectant l'autorité parentale

2084 — Limitations et retrait de l'autorité parentale. L'autorité parentale vise à protéger l'enfant. Il est donc logique qu'elle soit, en présence de circonstances particulières, limitée (A) ou retirée (B) aux parents.

A La limitation de l'autorité parentale

1 La délégation de l'exercice de l'autorité parentale

2085 — Exception à l'indisponibilité de l'autorité parentale. L'article 376 du Code civil énonce qu'« aucune renonciation, aucune cession portant sur l'autorité parentale, ne peut avoir effet, si ce n'est en vertu d'un jugement dans les cas déterminés ci-dessous ». Ces cas visent la délégation de l'autorité parentale, laquelle résulte donc nécessairement d'un jugement.

2086 — Définition de la délégation de l'autorité parentale. Elle consiste « en un transfert provisoire des fonctions attachées à l'autorité parentale au bénéfice d'une tierce personne ».

Batteur A., Droit des personnes, des familles et des majeurs protégés, 8e éd., 2015, LGDJ.

2087 — Délégation de l'autorité parentale dans la loi de 1970. C'est la loi du 4 juin 1970 qui, la première, a autorisé la délégation de l'autorité parentale. Néanmoins, elle subordonnait celle-ci à une condition stricte. Il fallait, en effet, que préalablement à la demande de délégation, l'enfant ait été remis à un tiers ou à un établissement.

Loi n° 70-459 du 4 juin 1970 relative à l'autorité parentale : JO 5 juin 1970, p. 5227.

2088 — Délégation de l'autorité parentale dans la loi de 2002. La loi du 4 mars 2002 a supprimé la condition légale subordonnant la délégation de l'autorité parentale à la remise préalable de l'enfant à un tiers ou un établissement. Elle a donc assoupli celle-ci. Elle a aussi innové en permettant que cette délégation consiste en un partage de l'exercice de l'autorité parentale entre parent(s) et délégataire(s) alors que sous l'empire de la loi de 1970, la délégation ne pouvait avoir pour effet que de transférer l'exercice de celle-ci (C. civ., art. 377).

Loi n° 2002-305 du 4 mars 2002 relative à l'autorité parentale : JO 5 mars 2002, p. 4161.

2089 — Délégation-partage de l'exercice de l'autorité parentale. Elle consiste à partager l'exercice de l'autorité parentale entre le ou les parents de l'enfant et un délégataire. En autorisant celle-ci en 2002, le législateur y a vu un moyen de donner un rôle juridique aux beaux-parents, lesquels sont de plus en plus nombreux en France.

V. sur ce point *infra*, chapitre 11.

a Les cas de délégation de l'exercice de l'autorité parentale

2090 — Conditions communes à la délégation forcée ou volontaire de l'exercice de l'autorité parentale. Qu'elle soit forcée ou volontaire, la délégation nécessite d'introduire une demande en justice auprès du juge aux affaires familiales. Les parents doivent nécessairement être appelés à l'instance. Lorsque l'enfant concerné fait l'objet d'une mesure d'assistance éducative, la délégation ne peut intervenir qu'après avis du juge des enfants (C. civ., art. 377, al. 4).

α La délégation volontaire de l'exercice de l'autorité parentale

2091 — Cadre légal de la délégation volontaire de l'exercice de l'autorité parentale. La délégation volontaire est évoquée dans le premier alinéa de l'article 377 du Code civil dont la rédaction a été modifiée par les lois du 4 mars 2002 (réforme de l'autorité parentale) et du 14 mars 2016 (relative à la protection de l'enfant). Elle est subordonnée à des conditions relatives aux demandeurs à l'action, au tiers délégataire et aux circonstances.

2092 — Conditions relatives aux demandeurs de la délégation volontaire de l'exercice de l'autorité parentale. La demande est introduite par « les père et mère, ensemble ou séparément » (C. civ., art. 377, al. 1er). C'est justement parce qu'il y a une démarche parentale en ce sens que l'on parle de délégation « volontaire ».

2093 — Conditions relatives au tiers délégataire de l'exercice de l'autorité parentale. Le tiers délégataire de l'autorité parentale peut être un « membre de la famille », un « proche digne de confiance », un « établissement agréé pour le recueil des enfants » ou un « service départemental de l'aide sociale à l'enfance » (C. civ., art. 377, al. 1er). La formule légale étant relativement large, elle permet de prendre en compte des situations très diverses : enfant vivant au sein d'une famille recomposée, enfant remis à un tiers par ses parents, etc.

2094 — Conditions relatives aux circonstances de la délégation volontaire de l'exercice de l'autorité parentale. Pour qu'une demande de délégation d'exercice de l'autorité parentale soit formée, il faut que « les circonstances l'exigent » (C. civ., art. 377, al. 1er). Il ressort de la jurisprudence que ces circonstances sont souvent caractérisées dans les familles recomposées et dans les familles homosexuelles.

2095 — Délégation-partage et famille recomposée. En admettant la délégation-partage de l'exercice de l'autorité parentale dans les familles recomposées, la jurisprudence donne ainsi le moyen au beau-parent – délégataire en l'occurrence – d'être associé à l'éducation de l'enfant dont il partage le quotidien.

V. sur ce point *infra*, chapitre 11.

2096 — Délégation-partage et famille homosexuelle unie. Dès 2006, la Cour de cassation a jugé que « l'article 377, alinéa 1er du Code civil, ne s'oppose pas à ce qu'une mère seule titulaire de l'autorité parentale en délègue tout ou partie de l'exercice à la femme avec laquelle elle vit en union stable et continue, dès lors que les circonstances l'exigent et que la mesure est conforme à l'intérêt supérieur de l'enfant ». De la sorte, l'exercice de l'autorité parentale sur la personne de l'enfant est partagé entre sa mère biologique et la compagne de celle-ci, délégataire en l'espèce. Cette délégation présentait un véritable intérêt quand la loi française n'autorisait pas le mariage homosexuel.

Cass. 1re civ., 24 févr. 2006 : D. 2006, 897, note Vigneau D.

La même solution a été réaffirmée à plusieurs reprises ensuite.

2097 — Conditions de la délégation-partage de l'autorité parentale au sein d'un couple homosexuel. Selon une jurisprudence constante de la Cour de cassation, la délégation-partage de l'exercice de l'autorité parentale au sein du couple homosexuel est soumise à deux conditions. Il faut premièrement, comme l'impose l'article 377, alinéa 1er du Code civil, que « les circonstances l'exigent » et, deuxièmement, que la mesure soit conforme à l'intérêt supérieur de l'enfant.

Cass. 1re civ., 8 juill. 2010 : Bull. civ. I, n° 158.

2098 — Délégation-partage et famille homosexuelle désunie. Des juges du fond acceptent aujourd'hui, de manière de plus en plus fréquente, de prononcer la délégation-partage de l'exercice de l'autorité parentale après la rupture d'un couple homosexuel. Le prononcé d'une telle mesure permet à celle qui n'est pas la mère légale de l'enfant d'exercer officiellement une fonction de parent après la séparation du couple.

TGI Lille, 18 déc. 2007 : JCP 2009, I, n° 102, obs. Gouttenoire A.

2099 — Délégation-partage de l'autorité parentale dans le couple homosexuel après la loi du 17 mai 2013. La délégation-partage de l'autorité parentale a pour objet de partager l'exercice de l'autorité parentale avec un délégataire, lequel n'a pas de lien de filiation avec l'enfant. Elle permet dans la famille homosexuelle de donner des droits à la compagne de la mère biologique de l'enfant (délégataire), à défaut de pouvoir établir un lien de filiation. La loi du 17 mai 2013 ayant autorisé les couples homosexuels à se marier et à adopter (notamment l'enfant du conjoint), la délégation-partage devient du même coup un instrument de second choix pour les couples homosexuels. En effet, elle ne sera utilisée qu'à défaut d'adoption de l'enfant du conjoint.

β La délégation forcée de l'exercice de l'autorité parentale

2100 — Délégation non volontaire de l'exercice de l'autorité parentale. Elle concerne l'hypothèse dans laquelle les parents font preuve d'un désintérêt manifeste à l'égard de l'enfant ou sont dans l'impossibilité d'exercer leur autorité parentale. Dans ce cas, la demande de délégation est introduite par celui qui souhaite se faire déléguer l'exercice de l'autorité parentale, à savoir « le particulier, l'établissement ou le service départemental de l'aide sociale à l'enfance qui a recueilli l'enfant ou un membre de la famille » (C. civ., art. 377, al. 2). Depuis la loi du 14 mars 2016 relative à la protection de l'enfant, le juge peut également être saisi par le ministère public, avec l'accord du tiers candidat à la délégation de l'exercice de l'autorité parentale (al. 3).

Loi n° 2016-297 du 14 mars 2016 relative à la protection de l'enfant : JO 15 mars 2016.

b Les effets de la délégation de l'exercice de l'autorité parentale

2101 — De la délégation au partage de l'exercice de l'autorité parentale. La délégation a pour objet l'exercice de l'autorité parentale, ce qui veut dire que les parents de l'enfant restent titulaires de celle-ci. En principe, il s'agit d'une simple délégation. Néanmoins, depuis la loi du 4 mars 2002, il peut aussi s'agir d'un partage de l'exercice de l'autorité parentale entre parent(s) de l'enfant et délégataire.

2102 — Délégation (simple) de l'exercice de l'autorité parentale. Elle transfère au délégataire l'exercice de l'autorité parentale. Selon les cas, le juge peut décider d'une délégation totale ou partielle de l'exercice de celle-ci. Néanmoins, « le droit de consentir à l'adoption du mineur n'est jamais délégué » (C. civ., art. 377-3).

2103 — Délégation-partage de l'exercice de l'autorité parentale. Elle consiste à partager l'exercice de l'autorité parentale entre parent(s) et délégataire. Possible depuis la loi du 4 mars 2002, elle est néanmoins subordonnée à certaines conditions. Ainsi, le juge ne peut retenir cette modalité que si les parents sont d'accord. En outre, elle doit avoir pour objet « les besoins d'éducation de l'enfant » (C. civ., art. 377-1, al. 2).

2104 — Fonctionnement de la délégation-partage de l'exercice de l'autorité parentale. À l'égard des tiers de bonne foi, tant le(s) parent(s) que le tiers délégataire sont réputés avoir le pouvoir d'accomplir seuls les actes usuels de l'autorité parentale relativement à la personne de l'enfant (C. civ., art. 377-1, al. 2, renvoyant à C. civ., art. 372-2). Lorsque le fonctionnement de la délégation-partage donne lieu à des difficultés, le juge aux affaires familiales est compétent pour en connaître. Il peut être saisi « par les parents, l'un d'eux, le délégataire ou le ministère public » (C. civ., art. 377-1, al. 3).

2105 — Issue de la délégation-partage de l'exercice de l'autorité parentale. Selon l'article 377-2 du Code civil, la délégation de l'exercice de l'autorité parentale peut, dans tous les cas, prendre fin ou être transférée par un nouveau jugement à la condition qu'il soit « justifié de circonstances nouvelles » (al. 1er). Dans un arrêt en date du 4 janvier 2017, la Cour de cassation a approuvé des juges du fond d'avoir décidé que la séparation d'un couple homosexuel et la volonté de la mère de mettre fin à la délégation et au partage de l'exercice de l'autorité parentale ne constituent pas des « circonstances nouvelles ».

Civ. 1re, 4 janv. 2017 : Dr. famille 2017, Comm. n° 78, note Fulchiron H.

2 L'assistance éducative

2106 — Définition de l'assistance éducative. Il s'agit d'un ensemble de mesures prises par le juge des enfants lorsque le mineur est notamment en situation de danger. L'idée ici est, non de sanctionner les parents de l'enfant, mais de les aider lorsque le contexte est difficile à assumer leur mission d'éducation à l'égard de leur enfant.

2107 — Régime juridique de l'assistance éducative. Elle est régie par une ordonnance du 23 décembre 1958, laquelle a été introduite dans le Code civil par la loi du 4 juin 1970. L'ordonnance de 1958 a été modifiée à plusieurs reprises, notamment par la loi du 5 mars 2007 réformant la protection de l'enfance. Récemment, l'assistance éducative a fait l'objet de quelques retouches par la loi du 14 mars 2016 relative à la protection de l'enfant. Le juge compétent en matière d'assistance d'éducative est le juge des enfants.

Loi n° 2007-293 du 5 mars 2007 réformant la protection de l'enfance : JO 6 mars 2007.

Loi n° 2016-297 du 14 mars 2016 relative à la protection de l'enfant : JO 15 mars 2016.

a Les conditions de l'assistance éducative

2108 — Conditions légales de l'assistance éducative. Il résulte de l'article 375, alinéa 1er du Code civil que des mesures d'assistance éducative peuvent être ordonnées dans l'un des deux cas suivants : si la santé, la sécurité ou la moralité d'un mineur non émancipé sont en danger ou si les conditions de son éducation ou de son développement physique, affectif, intellectuel et social sont gravement compromises.

2109 — Appréciation jurisprudentielle des conditions légales de l'assistance éducative. Celles-ci sont appréciées souverainement par les juges du fond. Par exemple, il a été jugé que constitue un cas de danger justifiant une mesure d'assistance éducative, le risque de voir l'enfant soustrait aux soins que nécessite sa surdité, résultant de l'intention de sa mère de l'emmener à l'étranger.

Cass. 1re civ., 25 nov. 1981 : JCP 1983, II, 19952 (2e esp.), note Boulanger.

b La procédure de l'assistance éducative

2110 — Demandeurs de l'assistance éducative. Selon l'article 375, alinéa 1er du Code civil, le juge des enfants peut être saisi d'une demande d'ouverture de mesures d'assistance éducative, formée par :

- les parents ou l'un des parents de l'enfant ;
- la personne ou le service à qui l'enfant a été confié ou son tuteur ;
- le mineur lui-même ;
- le ministère public.

> À titre exceptionnel, le juge des enfants peut se saisir d'office.
>
> La liste légale des personnes pouvant déclencher la procédure est donc longue, ce qui est logique puisque l'assistance éducative tend à protéger l'enfant.

2111 — Audition du mineur dans le cadre d'une assistance éducative. Le juge des enfants doit, en principe, auditionner le mineur capable de discernement (CPC, art. 1182). Néanmoins, selon la jurisprudence, le juge peut décider de ne pas procéder à l'audition lorsqu'elle serait de nature à compromettre la santé ou l'état mental de l'enfant.

2112 — Audition des parents dans le cadre d'une assistance éducative. Le juge des enfants doit, en principe, entendre les père et mère du mineur avant de prendre ou de modifier une mesure d'assistance éducative (CPC, art. 1182). Encore faut-il, selon la jurisprudence, que l'audition soit possible et compatible avec l'urgence de la mesure.

2113 — Audition d'autres personnes dans le cadre d'une assistance éducative. Si l'enfant a un tuteur ou s'il a été confié à une tierce personne ou au service de l'aide sociale, ceux-ci sont entendus par le juge. Ce dernier peut aussi entendre « toute autre personne dont l'audition lui paraît utile » (CPC, art. 1182, al. 3).

2114 — Mesures d'instruction dans le cadre d'une assistance éducative. Le juge des enfants, saisi d'une demande de mesure d'assistance éducative, peut ordonner toute mesure d'information concernant la personnalité et les conditions de vie du mineur et de ses parents. À ce titre, il peut notamment prescrire une enquête sociale, des examens médicaux, des expertises psychiatriques et psychologiques ou une mesure d'investigation et d'orientation éducative (CPC, art. 1183).

2115 — Accès au dossier dans le cadre d'une assistance éducative. Le dossier peut être consulté au greffe par les avocats des personnes intéressées (mineur, parents, tuteur, personne ou service à qui l'enfant a été confié). Les avocats peuvent se faire délivrer des copies des pièces du dossier mais ils ne peuvent les transmettre à leur client. Le dossier peut aussi être consulté, sur leur demande et aux jours et heures fixés par le juge, par le père, la mère, la personne ou le représentant du service à qui l'enfant a été confié et par le mineur capable de discernement (CPC, art. 1187).

2116 — Relations entre le juge des enfants et le juge aux affaires familiales en cas d'assistance éducative. Lorsque la difficulté survient dans le cadre du divorce ou de la séparation des parents, le juge des enfants (compétent en matière d'assistance éducative) et le juge aux affaires familiales (compétent en matière d'autorité parentale) peuvent être amenés à travailler sur un même dossier. À ce titre, un décret du 10 avril 2009 a prévu des mesures tendant à faciliter leurs relations.

Décret n° 2009-398 du 10 avril 2009 relatif à la communication de pièces entre le juge aux affaires familiales, le juge des enfants et le juge des tutelles : JO 12 avr. 2009, n° 0087, p. 6418.

c La décision judiciaire d'assistance éducative

2117 — Directive générale en matière d'assistance éducative. Le juge statuant sur l'ouverture éventuelle d'une mesure d'assistance éducative « doit toujours s'efforcer de recueillir l'adhésion de la famille à la mesure envisagée et se prononcer en stricte considération de l'intérêt de l'enfant » (C. civ., art. 375-1, al. 2).

2118 — Maintien de l'enfant dans sa famille malgré l'assistance éducative. Chaque fois que cela est possible, le mineur doit être maintenu dans son milieu actuel (C. civ., art. 375-2, al. 1er). Selon la jurisprudence, ce terme désigne, en principe, le milieu familial naturel de l'enfant. Lorsque le juge fait ce choix, il désigne une personne qualifiée « en lui donnant mission d'apporter aide et conseil à la famille, afin de surmonter les difficultés matérielles ou morales qu'elle rencontre » (même texte). C'est ce que l'on appelle l'assistance éducative en milieu ouvert (AEMO).

2119 — Enfant, objet d'une mesure d'assistance éducative, retiré de sa famille. Dans les cas les plus graves, l'enfant est retiré de sa famille par le juge. Selon l'article 375-3 du Code civil, celui-ci peut alors le confier à :
- l'autre parent ;
- un particulier (membre de la famille ou tiers digne de confiance) ;
- un service départemental de l'Aide sociale à l'enfance (ASE) ;
- un service ou un établissement habilité pour l'accueil de mineurs à la journée ou suivant toute autre modalité de prise en charge ;
- un service ou établissement sanitaire ou d'éducation, ordinaire ou spécialisé.

2120 — Maintien de l'exercice de l'autorité parentale pendant une mesure d'assistance éducative. Lorsque l'enfant fait l'objet d'une mesure d'assistance éducative, ses parents continuent à exercer tous les attributs de l'autorité parentale qui ne sont pas incompatibles avec cette mesure. Néanmoins, tant que la mesure dure, ils ne peuvent émanciper leur enfant sans autorisation du juge des enfants (C. civ., art. 375-7, al. 1er).

2121 — Modalités d'exercice de l'autorité parentale pendant une mesure d'assistance éducative. Le juge peut être amené à procéder à des aménagements. Il peut, à titre exceptionnel, autoriser la personne à qui l'enfant a été confié, à exercer un acte relevant de l'autorité parentale en cas de refus abusif ou injustifié ou de négligence des parents. Si l'enfant a été placé en dehors de sa famille, ses parents conservent un droit de correspondance et des droits de visite et d'hébergement, lesquels peuvent être provisoirement suspendus par le juge « si l'intérêt de l'enfant l'exige » (C. civ., art. 375-7, al. 4).

2122 — Obligation d'entretien pendant la mesure d'assistance éducative. En principe, les frais d'entretien et d'éducation de l'enfant faisant l'objet d'une mesure d'assistance éducative continuent d'incomber à ses père et mère. Le juge a néanmoins la possibilité de les en décharger, en totalité ou en partie (C. civ., art. 375-8).

2123 — Durée de la mesure de l'assistance éducative. Toute mesure d'assistance éducative est provisoire. Sa durée est librement fixée par le juge, mais dans les limites imposées par la loi. Que l'enfant soit maintenu dans sa famille ou auprès d'un tiers de confiance, la mesure ne peut excéder 2 ans. Elle est renouvelable par décision motivée. Néanmoins, lorsque les parents présentent des difficultés relationnelles et éducatives graves, sévères et chroniques, la mesure d'accueil exercée par un service ou une institution peut alors être ordonnée pour une durée supérieure (C. civ., art. 375, al. 3 et 4).

2124 — Modification des mesures judiciaires de l'assistance éducative. Les mesures prises en matière d'assistance éducative peuvent être « à tout moment, modifiées ou rapportées par le juge qui les a rendues ». Ce dernier peut, soit se saisir d'office, soit être saisi par l'une des personnes autorisées par la loi à déclencher la procédure d'assistance éducative (C. civ., art. 375-6).

B ▌ Le retrait de l'autorité parentale

2125 — Définition du retrait de l'autorité parentale. Comme son nom le suggère, le retrait vise à retirer en totalité ou partie au(x) parent(s) les prérogatives attachées à l'autorité parentale. Il tend certes à sanctionner les parents qui se sont mal comportés à l'égard de leur enfant, mais aussi – et surtout – à le protéger.

1 Les cas de retrait de l'autorité parentale

2126 — Retrait de l'autorité parentale par une juridiction pénale. L'autorité parentale peut être totalement retirée par la juridiction pénale qui condamne les parents de l'enfant dans l'une des trois circonstances suivantes (C. civ., art. 378, al. 1er) :
- condamnation « comme auteurs, coauteurs ou complices d'un crime ou délit commis sur la personne de leur enfant » ;
- condamnation « comme coauteurs ou complices d'un crime ou d'un délit commis par leur enfant » ;
- condamnation « comme auteurs, coauteurs ou complice d'un crime sur la personne de l'autre parent ».

2127 — Retrait de l'autorité parentale par une juridiction civile : mise en danger de l'enfant. L'autorité parentale peut être totalement retirée aux parents par une juridiction civile lorsque « les père et mère qui, soit par de mauvais traitements, soit par une consommation habituelle et excessive de boissons alcooliques ou un usage de stupéfiants, soit par une inconduite notoire ou des comportements délictueux (...), soit par un défaut de soins ou un manque de direction, mettent manifestement en danger la sécurité, la santé ou la moralité de l'enfant » (C. civ., art. 378-1, al. 1er).

2128 — Retrait de l'autorité parentale par une juridiction civile : mesure d'assistance éducative. Selon l'article 378-1, alinéa 2 du Code civil, l'autorité parentale peut être totalement retirée par une juridiction civile lorsqu'une mesure d'assistance éducative avait été prise à l'égard de l'enfant et que les père et mère se sont abstenus pendant plus de 2 ans d'exercer les droits et de remplir les devoirs que leur laissait l'article 375-7 du Code civil (notamment les actes usuels de l'autorité parentale et l'exercice des droits de correspondance et de visite et d'hébergement à l'égard de l'enfant).

2129 — Juridiction civile statuant sur le retrait de l'autorité parentale. La juridiction civile compétente pour prononcer le retrait total de l'autorité parentale pour l'une des deux causes prévues à l'article 378-1 du Code civil est le tribunal de grande instance. Celui-ci peut être saisi :
- soit par le ministère public ;
- soit par un membre de la famille ou le tuteur de l'enfant ;

– soit, depuis la loi du 14 mars 2016 relative à la protection de l'enfant, par le service départemental de l'aide sociale à l'enfance à qui l'enfant est confié (C. civ., art. 378-1, al. 3).

2 Les effets du retrait de l'autorité parentale

2130 — Retrait, en principe, total de l'autorité parentale. En principe, le retrait de l'autorité parentale est total. Dans ce cas, il porte de plein droit sur tous les attributs patrimoniaux et personnels de l'autorité parentale (C. civ., art. 379, al. 1er). Mais le lien de filiation subsiste entre l'enfant et les parents qui se sont vus retirer l'autorité parentale.

2131 — Conséquences du retrait total de l'autorité parentale. Concrètement, le parent qui se voit retirer totalement l'autorité parentale ne peut plus prendre aucune décision relativement à l'enfant. Il ne peut plus résider avec lui. Il perd sur lui son droit de surveillance, ses droits de visite et d'hébergement. Il perd aussi le droit de consentir au mariage, à l'émancipation et à l'adoption de l'enfant.

2132 — Obligation alimentaire dans le cas d'un retrait total de l'autorité parentale. Le Code civil est explicite sur un point : l'enfant est dispensé de l'obligation alimentaire à l'égard du parent qui s'est vu retirer l'autorité parentale, sauf disposition contraire dans le jugement de retrait (C. civ., art. 379, al. 2). En revanche, le Code ne précise pas si le parent demeure, lui, tenu de son obligation alimentaire à l'égard de l'enfant.

2133 — Retrait partiel de l'autorité parentale. Si le retrait de l'autorité parentale est, en principe, total, le tribunal a néanmoins la possibilité de prononcer un retrait partiel de celle-ci. Dans ce cas, il spécifie les attributs de l'autorité parentale sur lesquels porte le retrait. Il peut, par exemple, décider de maintenir les droits de visite et d'hébergement du parent concerné.

2134 — Rayonnement du retrait de l'autorité parentale. Le retrait total ou partiel de l'autorité parentale s'étend en principe « à tous les enfants mineurs déjà nés au moment du jugement » du parent concerné (C. civ., art. 379, al. 1er *in fine*). Néanmoins, le tribunal peut décider que ce retrait n'aura d'effet « qu'à l'égard de certains des enfants déjà nés » (C. civ., art. 379-1).

2135 — Situation de l'enfant en cas de retrait de l'autorité parentale. Si le retrait de l'autorité parentale n'est prononcé qu'à l'égard d'un seul parent, l'enfant sera en principe confié à l'autre parent, sauf si ce dernier est décédé ou s'il a perdu l'exercice de l'autorité parentale. Dans ces cas, le juge devra, soit désigner un tiers auquel l'enfant sera provisoirement confié (à charge pour lui de requérir l'organisation de la tutelle), soit confier l'enfant à l'aide sociale à l'enfance (ASE).

2136 — Possible restitution des droits parentaux. Les parents qui, un temps, se sont mal comportés envers leur enfant peuvent changer. Aussi, la restitution des droits aux parents qui s'étaient vus retirer leur autorité parentale est possible, mais soumise aux conditions légales posées dans l'article 381 du Code civil. Le tribunal de grande instance est compétent à ce titre (al. 1er).

2137 — Conditions relatives aux parents. La restitution doit être demandée par les père et mère ayant fait l'objet d'un retrait total ou partiel de l'autorité parentale. Les demandeurs doivent être en mesure en justifier de « circonstances nouvelles » (C. civ., art. 381, al. 1er).

2138 — Conditions de délai. La demande en restitution des droits parentaux ne peut être formée qu'au moins un an après que le jugement de retrait de l'autorité parentale soit devenu irrévocable. La demande des parents est irrecevable, si avant le dépôt de la requête, l'enfant a été placé en vue de l'adoption (C. civ., art. 381, al. 2).

2139 — Décision du tribunal statuant sur la restitution des droits parentaux. Lorsque le tribunal rejette la demande en restitution des droits parentaux, aucune nouvelle demande ne peut être introduite avant un délai d'un an. Le tribunal qui accueille la demande en restitution a la faculté de restituer en totalité ou en partie les droits parentaux (C. civ., art. 381, al. 2). Il peut aussi, à la demande du ministère public, prescrire des mesures éducatives.

IV La cessation de l'autorité parentale

2140 — Fin de la vulnérabilité de l'enfant. Lorsque l'enfant n'est plus vulnérable, il cesse d'être sous l'autorité de ses père et mère. C'est le cas lorsqu'il devient majeur (A) ou qu'il est émancipé (B).

A La survenance de la majorité

2141 — Âge de cessation de l'autorité parentale : 18 ans. L'autorité parentale prend fin, en principe, à la majorité de l'enfant, c'est-à-dire lorsque celui-ci atteint l'âge de 18 ans. C'est la loi du 5 juillet 1974 qui a porté l'âge de la majorité à 18 ans. Sous l'empire de la loi antérieure, celui-ci était fixé à 21 ans.

2142 — Effets de la majorité. À compter de sa majorité, l'enfant devient juridiquement capable et cesse d'être frappé des différentes incapacités d'exercice instituées durant la minorité. Il est alors en mesure d'accomplir des actes juridiques, sauf si l'altération de ses facultés nécessite de mettre en œuvre une mesure de protection juridique à son égard (tutelle ou curatelle notamment).

B L'émancipation de l'enfant

2143 — Définition de l'émancipation. Elle est définie comme une institution ayant pour but de conférer à un enfant arrivé à un certain âge, la capacité d'un majeur.

2144 — Réglementation de l'émancipation. L'émancipation est régie par la loi du 14 décembre 1964 et la loi du 5 mars 2007 portant réforme de la protection juridique des majeurs. La loi du 5 juillet 1974, qui a abaissé en France l'âge de la majorité de 21 ans à 18 ans, a également eu des incidences sur cette institution.

1 Les conditions de l'émancipation

2145 — Deux causes d'émancipation. L'émancipation peut être légale ou judiciaire. Dans ce second cas, elle est prononcée par le juge des tutelles dans le respect des conditions imposées par la loi (C. civ., art. 413-2).

a L'émancipation légale

2146 — Émancipation légale. Selon l'article 413-1 du Code civil, le mineur est émancipé de plein droit par son mariage. En droit français, le mariage d'un mineur est possible, mais subordonné à une dispense d'âge accordée par le procureur de la République lorsqu'il existe des « motifs graves » (C. civ., art. 145) et à une autorisation de ses parents (C. civ., art. 148). Lorsque ces conditions sont remplies et que le mariage du mineur est célébré, cet événement provoque alors automatiquement son émancipation.

b L'émancipation judiciaire

2147 — Conditions légales de l'émancipation judiciaire. La demande d'émancipation ne peut émaner que des parents de l'enfant ou de l'un d'eux ou du conseil de famille si le mineur est resté sans parents. Le mineur concerné doit avoir au moins 16 ans. Il doit nécessairement être auditionné par le juge des tutelles. Ce dernier ne peut prononcer l'émancipation que s'il existe « de justes motifs » (C. civ., art. 413-2).

2148 — Appréciation jurisprudentielle des « justes motifs d'émancipation ». Constituent, par exemple, de justes motifs autorisant le juge des tutelles à prononcer l'émancipation du mineur, le projet du mineur de faire un voyage d'études dans un pays qui exige que tout mineur ait un représentant légal sur place, comme l'a jugé la cour d'appel de Fort-de-France en 2010. En revanche, il n'existe pas de justes motifs lorsque l'émancipation tend à permettre aux parents de se séparer d'un adolescent difficile.

Fort-de-France, 26 nov. 2010 : Dr. famille. 2011, Comm. n° 97, obs. Neirinck Cl.

2 Les effets de l'émancipation

2149 — Effets de l'émancipation sur la personne du mineur émancipé. L'article 413-7 du Code civil énonce que « le mineur émancipé cesse d'être sous l'autorité de ses pères et mère » (al. 1er). Les père et mère ne sont plus tenus de l'éduquer, de le surveiller, de le soigner, de contribuer à son entretien si le mineur émancipé fait des études... Néanmoins, leur autorisation reste nécessaire pour le mariage et l'adoption du mineur émancipé (C. civ., art. 413-6, al. 2). En revanche, le mineur, même émancipé, ne peut se pacser.

2150 — Effets de l'émancipation sur le patrimoine du mineur émancipé. L'émancipation rend le mineur indépendant. À l'instar d'un majeur, le mineur émancipé est capable « de tous les actes de la vie civile » (C. civ., art. 413-6, al. 1er). Il peut ainsi conclure des actes juridiques, ester en justice, exercer une profession, etc.

2151 — Interdiction d'être commerçant jusqu'en 2010 pour le mineur émancipé. Sous l'empire de la loi antérieure, le mineur émancipé pouvait exercer une profession, sauf celle de commerçant. En effet, le législateur considérait que, même émancipé, le mineur n'était pas suffisamment aguerri au monde des affaires. Cette interdiction légale suscitait, en pratique, des difficultés. Elle a été levée par une loi du 15 juin 2010 relative à l'entrepreneur individuel à responsabilité limitée.

Loi n° 2010-657 du 15 juin 2010 relative à l'entrepreneur individuel à responsabilité limitée : JO 16 juin 2010, n° 0137, p. 10984.

2152 — Possibilité d'être commerçant depuis 2010 pour le mineur émancipé. Il résulte de l'article 413-8 du Code civil et de l'article L. 121-2 du Code de commerce dans leur rédaction issue de la loi du 15 juin 2010 que le mineur peut devenir commerçant, soit sur décision du juge des tutelles rendue au moment de son émancipation, soit sur une décision du tribunal de grande instance intervenant après l'émancipation.

SECTION 2 L'autorité parentale sur les biens de l'enfant

2153 — Plan. Le titre IX du livre Ier du Code civil consacré aux personnes s'intitule « De l'autorité parentale ». Son chapitre II dédié à l'autorité parentale relativement aux biens de l'enfant contient trois sections. Dans la première est évoquée l'administration légale. La deuxième traite de la jouissance légale. Ce plan est ici repris.

I L'administration légale

2154 — Définition. L'administration légale confie aux parents l'administration et la jouissance des biens de leur enfant mineur (C. civ., art. 382). Elle octroie ainsi au(x) parent(s) le droit de gérer le patrimoine de celui-ci. Classiquement, elle prend fin à la majorité ou l'émancipation de l'enfant (C. civ., art. 393). Dans des circonstances plus exceptionnelles (décès des parents, privation de leur autorité parentale notamment), l'administration légale est transformée en tutelle des mineurs.

2155 — Historique de l'administration légale. Celle-ci a été appréhendée à de nombreuses reprises par le législateur contemporain, soit de manière directe, soit plus incidemment. Tel a été le cas – pour ne citer que les textes les plus importants – des lois suivantes :
- loi du 14 décembre 1964 (tutelle) ;
- loi du 4 juin 1970 (autorité parentale) ;
- loi du 23 décembre 1985 (régimes matrimoniaux) ;
- loi du 4 mars 2002 (autorité parentale) ;
- loi du 5 mars 2007 (protection juridique des majeurs) ;
- loi du 12 mai 2009 (simplification du droit et allégement des procédures).

2156 — Actualité. Plus récemment, la loi du 16 février 2015 relative à la modernisation et à la simplification du droit et des procédures dans les domaines de la justice et des affaires intérieures a habilité le gouvernement à prendre par voie d'ordonnance des mesures ayant pour objet de simplifier les règles relatives à l'administration légale. Dans la continuité, a été adoptée l'ordonnance du 15 octobre 2015, dont le chapitre II réforme en profondeur l'administration légale. Les dispositions issues de ce texte sont entrées en vigueur au 1er janvier 2016 et sont applicables aux administrations légales en cours. Pour comprendre la portée des changements issus de cette ordonnance, il est nécessaire de présenter les grandes lignes du système qui s'appliquait sous l'empire du droit antérieur.

Loi n° 2015-177 du 16 février 2015 à la modernisation et à la simplification du droit et des procédures dans les domaines de la justice et des affaires intérieures : JO 17 févr. 2015 (v. art. 1er).

Ordonnance n° 2015-1288 du 15 octobre 2015 portant simplification et modernisation du droit de la famille : JO 16 oct. 2015, n° 0240, p. 19304.

2157 — Présentation générale de l'ancien système. Avant le 1er janvier 2016, le droit français se caractérisait par une distinction, instaurée par la loi du 14 décembre 1964, entre administration pure et simple et administration sous contrôle judiciaire (C. civ., art. 389 ancien). Il y avait administration légale pure et simple lorsque l'autorité parentale était exercée par les deux parents. Dans ce cas, ceux-ci administraient ensemble les biens de leur enfant mineur. À l'inverse, l'administration était dite sous contrôle judiciaire lorsque l'autorité parentale était exercée par un seul parent. Dans cette hypothèse, seul ce parent était administrateur légal. La loi compensait alors l'absence de l'autre parent en instaurant un contrôle du juge, lequel devait autoriser certains actes. Cette distinction légale reposait sur l'idée que lorsque les deux parents sont administrateurs légaux de leur enfant mineur, ils se surveillent mutuellement ; en revanche, lorsque seul l'un des parents exerce cette fonction, il doit alors être surveillé par le juge.

2158 — Ancienne administration légale pure et simple. En cas d'administration légale pure et simple, chacun des parents était réputé, à l'égard des tiers, avoir reçu de l'autre le pouvoir de faire seul les actes pour lesquels un tuteur n'aurait pas besoin d'autorisation. Autrement dit, chaque parent pouvait accomplir seul des actes d'administration sur le patrimoine de son enfant mineur. En revanche, les parents accomplissaient ensemble les actes que le tuteur ne peut accomplir qu'avec l'autorisation du conseil de famille (C. civ., art. 389-5, al. 1er ancien). C'était notamment le cas de l'introduction d'une action en justice relative à un droit extrapatrimonial concernant le mineur ou encore de la conclusion d'un bail de plus de 9 ans. Enfin, certains actes des parents, réputés dangereux pour le patrimoine du mineur, étaient subordonnés à une autorisation du juge des tutelles. Ainsi, l'ancien article 389-5, alinéa 3 du Code civil disposait que même d'un accord commun, les parents ne pouvaient « ni vendre de gré à gré, ni apporter en société un immeuble ou un fonds de commerce appartenant au mineur, ni contracter d'emprunt en son nom, ni renoncer pour lui à un droit, sans l'autorisation du juge des tutelles ». La même autorisation était requise pour le partage amiable (C. civ., art. 389-5, al. 3 ancien).

Dans le décret nº 2008-1484 du 22 décembre 2008, les actes d'administration sont définis comme « les actes d'exploitation ou de mise en valeur du patrimoine de la personne protégée dénués de risque anormal ». Constituent notamment des actes d'administration, l'aliénation des meubles d'usage courant et des fruits, la conclusion des baux de moins de 9 ans ou encore l'exercice d'une action en justice relative à un droit patrimonial.

2159 — Ancienne administration légale sous contrôle judiciaire. L'administration légale sous contrôle judiciaire était confiée au parent qui exerçait seul l'autorité parentale (C. civ., art. 383, 389 et 389-2 anciens), ce qui était principalement le cas lorsque l'autre parent était décédé ou qu'il avait été privé par le juge, au nom de l'intérêt de l'enfant, de l'exercice de l'autorité parentale. Si le parent administrateur pouvait accomplir seul tous les actes de gestion courante portant sur le patrimoine de son enfant mineur, il devait en revanche obtenir une autorisation préalable du juge pour effectuer tout acte de disposition portant sur celui-ci (vente d'un immeuble, conclusion d'un emprunt notamment ; v. C. civ., art. 389-6 ancien).

2160 — Critiques adressées à l'ancien système. Peu à peu, la distinction légale entre administration légale pure et simple et administration sous contrôle judiciaire a fait l'objet de critiques. La plus sérieuse a consisté à dire que l'intervention systématique du juge en cas d'administration légale sous contrôle judiciaire (du moins pour les actes de disposition) était souvent inutile en raison du sérieux du parent exerçant seul l'administration légale. En outre, il a été invoqué à juste titre qu'il était démesuré d'instaurer une procédure de contrôle judiciaire lourde lorsque le patrimoine du mineur est inconsistant. L'administration légale a donc été profondément transformée par l'ordonnance du 15 octobre 2015.

2161 — Transformation du système par l'ordonnance du 15 octobre 2015. Cette ordonnance fait disparaître la distinction entre administration pure et simple et administration sous contrôle judiciaire. Elle ne retient qu'un seul régime, lequel s'inspire de l'administration pure et simple antérieure, et dont les grandes lignes sont ici présentées. Il est intéressant à cet égard de voir quels sont, dans le nouveau système, les pouvoirs du ou des administrateurs (A) et le rôle du juge (B).

A ▌ Les pouvoirs du ou des administrateurs

2162 — Philosophie du nouveau système issu de l'ordonnance du 15 octobre 2015. L'idée est « d'assurer une égalité de traitement, quel que soit le mode d'organisation de la famille, en mettant l'accent sur une présomption de bonne gestion des biens du mineur par ses représentants légaux et en réservant en principe le contrôle du juge aux seuls actes qui pourraient affecter de manière grave le patrimoine du mineur » (v. rapport au président de la République relatif à l'ordonnance du 15 octobre 2015). Dans cette perspective, lorsqu'un parent exerce seul l'autorité parentale sur son enfant mineur, il a strictement les mêmes pouvoirs d'administrateur que les parents qui exercent conjointement l'autorité parentale.

1 Les actes pouvant être librement passés par l'administrateur

2163 — Énumération des actes. Depuis le 1er janvier 2016, les pouvoirs des administrateurs légaux sont unifiés. Ainsi, que l'autorité parentale soit exercée conjointement par les deux parents ou unilatéralement par l'un d'entre eux, tout administrateur légal a le pouvoir d'effectuer seul, c'est-à-dire sans autorisation judiciaire, les actes suivants :

- les actes conservatoires, définis dans le décret du 22 décembre 2008 comme des actes permettant de sauvegarder le patrimoine ou de soustraire un bien à un péril imminent ou à une dégradation inévitable sans compromettre aucune prérogative du propriétaire (art. 3). C'est par exemple le cas du paiement des charges de copropriété ;
- les actes d'administration, définis dans le décret du 22 décembre 2008 comme des actes d'exploitation ou de mise en valeur du patrimoine de la personne protégée (le mineur en l'occurrence) dénués de risque anormal ;
- les actes de disposition relatifs au patrimoine du mineur, sauf les actes énumérés au nouvel article 387-1 du Code civil.

2164 — Présomption d'accord des parents. Comme sous l'empire du droit antérieur, l'ordonnance du 15 octobre 2015 pose, à l'égard des tiers, une présomption d'accord des parents pour les actes d'administration. En effet, l'article 382-1 du Code civil qui en est issu énonce que « lorsque l'administration légale est exercée en commun par les deux parents, chacun d'eux est réputé, à l'égard des tiers, avoir reçu de l'autre le pouvoir de faire seul les actes d'administration portant sur les biens du mineur ».

2 Les actes réglementés

2165 — Distinction. Doivent être évoqués tant les actes interdits à l'administrateur (a) que ceux qui sont subordonnés à une autorisation préalable du juge (b).

a Les actes interdits

2166 — Énumération légale. Certains actes sont interdits au(x) parent(s) administrateur(s). Autrement, le ou les administrateurs ne peuvent les passer, même avec l'autorisation du juge. Ces actes sont énumérés dans le nouvel article 387-2 du Code civil. Selon ce texte, « l'administrateur ne peut, même avec une autorisation :
1° Aliéner gratuitement les biens ou les droits du mineur ;
2° Acquérir d'un tiers un droit ou une créance contre le mineur ;
3° Exercer le commerce ou une profession libérale au nom du mineur ;
4° Transférer dans un patrimoine fiduciaire les biens ou les droits du mineur ».
Outre les actes interdits, d'autres sont soumis à l'autorisation du juge.

b Les actes de l'administrateur soumis à une autorisation judiciaire

2167 — Énumération légale. L'article 387-1 du Code civil énumère les actes passés par le ou les administrateurs qui nécessitent, au préalable, une autorisation judiciaire. Selon ce texte, « l'administrateur légal ne peut, sans l'autorisation préalable du juge des tutelles :
1° Vendre de gré à gré un immeuble ou un fonds de commerce appartenant au mineur ;
2° Apporter en société un immeuble ou un fonds de commerce appartenant au mineur ;
3° Contracter un emprunt au nom du mineur ;
4° Renoncer pour le mineur à un droit, transiger ou compromettre en son nom ;
5° Accepter purement et simplement une succession revenant au mineur ;
6° Acheter les biens du mineur, les prendre à bail ; pour la conclusion de l'acte, l'administrateur légal est réputé être en opposition d'intérêts avec le mineur ;
7° Constituer gratuitement une sûreté au nom du mineur pour garantir la dette d'un tiers ;
8° Procéder à la réalisation d'un acte portant sur des valeurs mobilières ou instruments financiers au sens de l'article L. 211-1 du Code monétaire et financier, si celui-ci engage le patrimoine du mineur pour le présent ou l'avenir par une modification importante de son contenu, une dépréciation significative de sa valeur en capital ou une altération durable des prérogatives du mineur.
L'autorisation détermine les conditions de l'acte et, s'il y a lieu, le prix ou la mise à prix pour lequel l'acte est passé. »

2168 — Désaccord des parents. En plus des actes énumérés dans l'article 387-1 nouveau du Code civil, le juge des tutelles a aussi vocation à intervenir en cas de désaccord entre les administrateurs légaux. En effet, dans cette hypothèse, l'article 387 nouveau du Code civil précise que « le juge des tutelles est saisi aux fins d'autorisation de l'acte ».

B Le rôle du juge

2169 — Maintien du rôle du juge dans le nouveau système. Bien que l'ordonnance du 15 octobre 2015 ait supprimé l'administration légale sous contrôle judiciaire pour instituer un modèle unique, le juge n'est pas pour autant absent du nouveau régime mis en place. Outre que le juge des tutelles est compétent pour autoriser certains actes (v. C. civ., art. 387-2 nouveau), il peut aussi être amené à exercer un contrôle dans le cadre de l'administration légale (1) ou encore mettre en place une tutelle des mineurs (2).

1 Le contrôle du juge dans l'administration légale

2170 — Saisine et rôle du juge. Selon le nouvel article 387-3, al. 2 du Code civil, le juge des tutelles peut être saisi par les parents, l'un d'eux, le ministère public ou « tout tiers ayant connaissance d'actes ou d'omissions compromettant manifestement et substantiellement les intérêts du mineur ». Lorsqu'il est saisi dans ce cadre, le juge a, à sa disposition, un certain nombre de remèdes. Il peut ainsi :
- étendre la liste des actes soumis à autorisation judiciaire, et ce, s'il l'estime indispensable (C. civ., art. 387-3, al. 1er nouveau) ;
- obliger le ou les parents administrateurs à réaliser un inventaire (C. civ., art. 387-4 nouveau) ;
- obliger le ou les parents administrateurs à établir des comptes annuels de gestion et à les soumettre au directeur des services de greffe judiciaires du tribunal de grande instance (C. civ., art. 387-5 nouveau) ;
- obliger le ou les parents administrateurs à déférer aux convocations du juge des tutelles et du procureur de la République (C. civ., art. 387-6 nouveau).

Et si ces mesures ne suffisent pas, le juge peut alors mettre en place une tutelle des mineurs.

2 La mise en place par le juge d'une tutelle des mineurs

2171 — Causes d'ouverture de la tutelle. La tutelle des mineurs est ouverte en cas de décès des parents, de privation de l'exercice de leur autorité parentale ou d'absence de filiation légalement établie au profit de l'enfant (C. civ., art. 390). Dans sa rédaction issue de l'ordonnance du 15 octobre 2015, l'article 391 précise qu'en cas d'administration légale, le juge des tutelles « peut, à tout moment et pour cause grave, soit d'office, soit à la requête de parents ou alliés ou du ministère public, décider d'ouvrir la tutelle après avoir entendu ou appelé, sauf urgence, l'administrateur légal. Celui-ci ne peut faire aucun acte de disposition à partir de la demande et jusqu'au jugement définitif sauf en cas d'urgence ».

2172 — Effets de la tutelle des mineurs. Si une telle tutelle est ouverte, le juge des tutelles convoque le conseil de famille, qui peut soit nommer comme tuteur l'administrateur légal, soit désigner un autre tuteur (C. civ., art. 391, al. 2).

2173 — Conclusion sur la nouvelle administration légale issue de l'ordonnance du 15 octobre 2015. Le nouveau système mis en place par cette ordonnance est intéressant en ce sens qu'il traite à égalité les parents d'un enfant, et ce, quelle que soit la structure ou le mode d'organisation de la famille. Le parent qui est administrateur unique de l'enfant gagne en autonomie, puisqu'il n'a à solliciter l'autorisation du juge que pour accomplir les actes de disposition les plus graves (énumérés au C. civ., art. 387-1 nouveau). En revanche, le nouveau système n'avantage pas les parents qui sont ensemble administrateurs légaux, en ce sens qu'ils doivent solliciter une autorisation du juge plus souvent que sous l'empire de l'ancien système (par exemple, pour accepter purement et simplement une succession revenant au mineur ou pour lui constituer, à titre gratuit, une sûreté réelle en garantie du paiement de la dette d'un tiers).

II Le droit de jouissance légale

2174 — Définition du droit de jouissance légale. Il s'agit du droit pour les parents qui exercent l'administration légale, de percevoir et de s'approprier les revenus de leurs enfants mineurs de moins de 16 ans. Seront ici évoquées son attribution (A), son étendue (B) et sa cessation (C).

A L'attribution du droit de jouissance légale

2175 — Droit de jouissance légale, droit exclusif des parents. La jouissance légale est un attribut de l'autorité parentale. Il en résulte que seuls les parents peuvent être titulaires de ce droit. Peu importe la nature de la filiation. Il peut s'agir d'une filiation biologique, par adoption ou encore issue d'une assistance médicale à la procréation.

2176 — Lien de la jouissance légale avec l'administration légale. En droit français, la jouissance légale est attachée à l'administration légale (C. civ., art. 386-1, dans sa rédaction issue de l'Ord. nº 2015-1288, 15 oct. 2015), laquelle est elle-même dépendante de l'exercice de l'autorité parentale.

2177 — Droit de jouissance légale attaché à l'exercice de l'autorité parentale. Lorsque les parents exercent en commun l'autorité parentale, la jouissance légale, à l'instar de l'administration légale, leur appartient conjointement. À l'inverse, lorsque seul l'un des deux parents exerce l'autorité parentale, le droit de jouissance légale lui appartient alors exclusivement.

B L'étendue du droit de jouissance légale

2178 — Droit d'usufruit conféré par la jouissance légale. Le droit de jouissance légale confère au(x) parent(s) de l'enfant un droit d'usufruit sur les biens de leurs enfants mineurs de moins de 16 ans.

> L'usufruit est un démembrement du droit de propriété qui confère à l'usufruitier le droit de jouir de la chose (*usus*) et d'en percevoir les fruits (*fructus*). En revanche, le droit de disposer de la chose (*abusus*) est conféré à une autre personne appelée nu-propriétaire.

1 L'assiette de l'usufruit

2179 — Biens inclus et biens exclus du droit de jouissance légale. Selon l'article 386-4 du Code civil dans sa rédaction issue de l'ordonnance du 15 octobre 2015, le droit de jouissance légale porte sur tous les biens de l'enfant de moins de 16 ans, mis à part :
- les biens que celui-ci peut acquérir par son travail ;
- les biens qui lui sont donnés ou légués sous la condition expresse que les parents n'en jouiront pas ;
- les biens qu'il reçoit au titre de l'indemnisation d'un préjudice extrapatrimonial dont il a été victime.

2 Les droits et les obligations des parents usufruitiers

2180 — Droits des parents usufruitiers. À l'instar de tout usufruit, le droit de jouissance attribué aux parents leur permet de jouir de tous les fruits (naturels, industriels ou civils) produits par les biens de l'enfant. Ils ont aussi le droit de se servir desdits biens – d'en user – à charge de les restituer à la fin de l'usufruit (C. civ., art. 582 et s.).

> Les fruits naturels sont ceux qui sont le produit spontané de la terre : C. civ., art. 583, al. 1er.
>
> Les fruits industriels sont ceux que l'on obtient par culture : C. civ., art. 583, al. 2.
>
> Les fruits civils sont notamment les loyers des maisons : C. civ., art. 584, al. 1er.

2181 — Obligations des parents usufruitiers. En contrepartie des droits qui leur sont conférés, les parents doivent remplir certaines obligations : faire dresser un inventaire des meubles et état des immeubles et supporter les charges usufructuaires. À ces charges classiques s'ajoutent, en vertu de l'article 386-3 nouveau du Code civil :
- la nourriture, l'entretien et l'éducation de l'enfant, selon sa fortune ;
- les dettes grevant la succession recueillie par l'enfant, en tant qu'elles auraient dû être acquittées sur les revenus.

C La cessation du droit de jouissance légale

2182 — Causes légales de cessation du droit de jouissance légale. L'article 386-2 nouveau du Code civil (art. 384 ancien) envisage trois causes de cessation du droit de jouissance légale : l'âge de l'enfant, la fin de l'autorité parentale et l'extinction de l'usufruit.

2183 — Cessation du droit de jouissance légale liée à l'âge de l'enfant. Le droit de jouissance légale cesse dès que l'enfant a 16 ans accomplis ou même plus tôt quand il contracte mariage (C. civ., art. 386-2, al. 1er).

2184 — Cessation du droit de jouissance légale liée à la fin de l'autorité parentale. Le droit de jouissance légale cesse « par les causes qui mettent fin à l'autorité parentale, ou même plus spécialement qui mettent fin à l'administration légale » (C. civ., art. 386-2, 2°). C'est, par exemple, le cas lorsque l'autorité parentale est retirée au(x) parent(s) titulaire(s) du droit de jouissance légale ou lorsque l'enfant ou ses parents décèdent.

2185 — Cessation du droit de jouissance légale liée à l'extinction de l'usufruit. En vertu du 3° de l'article 386-2 du Code civil, le droit de jouissance cesse « par les causes qui emportent l'extinction de tout usufruit », telles que notamment la perte ou la destruction du bien, objet du droit.

SECTION 3 Le devoir d'entretien

2186 — Définition du devoir d'entretien. C'est un devoir qui pèse sur les parents à l'égard de leur enfant. Il couvre les frais liés à l'entretien et à l'éducation de l'enfant. Il se distingue de l'obligation alimentaire qui est l'obligation de fournir une aide matérielle à un membre de sa famille proche (ascendants, descendants, alliés) dès lors qu'il est dans le besoin (C. civ., art. 205 à 207).

2187 — Devoir d'entretien rattaché au mariage en 1804. Dans le Code Napoléon, le devoir d'entretien était - maladroitement - rattaché au mariage. En effet, l'article 203 du Code civil énonce, depuis 1804, que « les époux contractent ensemble, par le seul fait du mariage, l'obligation de nourrir, entretenir et élever leurs enfants ». Aucune référence n'était faite à l'époque à ceux qui devenaient parents en dehors du mariage.

2188 — Devoir d'entretien rattaché à la filiation en 2002. L'article 203 du Code civil n'a pas été modifié depuis 1804. Mais il a été complété par un autre texte issu de la loi du 4 mars 2002, à savoir l'article 371-2 qui dispose, dans son premier alinéa, que « chacun des parents contribue à l'entretien et à l'éducation des enfants (...) ». Celui-ci consacre ainsi, à la charge de tous les parents, qu'ils soient mariés ou non, un devoir d'entretien, applicable dès lors que le lien de filiation est établi.

> Loi n° 2002-305 du 4 mars 2002 relative à l'autorité parentale : JO 5 mars 2002, p. 4161.

2189 — Contribution unilatérale au devoir d'entretien. L'obligation d'entretien pèse uniquement sur les parents. Les enfants ne sont, eux, tenus d'aucun devoir d'entretien à l'égard de leurs parents. En revanche, ils sont soumis à une obligation alimentaire en vertu de l'article 205 du Code civil.

> « Les enfants doivent des aliments à leurs père et mère ou autres ascendants qui sont dans le besoin » (C. civ., art. 205).

2190 — Devoir d'entretien : une contribution indisponible. Le devoir d'entretien pesant sur les parents est une obligation légale à laquelle ils ne peuvent échapper, sauf à prouver qu'ils sont dans l'impossibilité matérielle de l'assumer. Dès lors, tout pacte visant à dispenser l'un des parents de son obligation de contribuer à l'entretien de l'enfant serait nul. En revanche, les parents peuvent, par le biais d'une convention passée entre eux, s'accorder sur l'exécution du devoir d'entretien, son montant, etc. (C. civ., art. 373-2-7).

2191 — Plan. Seront ici successivement évoquées la teneur du devoir d'entretien (I) et les règles relatives à son exécution (II).

I La teneur du devoir d'entretien

2192 — Plan. Il est important d'apporter des précisions relatives à l'objet du devoir d'entretien (A) et à sa durée (B).

A L'objet du devoir d'entretien

2193 — Conception large du devoir d'entretien. Selon l'article 371-2 du Code civil, le devoir des parents englobe ce qui est relatif « à l'entretien et à l'éducation des enfants » (al. 1er). Selon la doctrine, cette expression légale a un objet plus large que l'obligation alimentaire classique dans la mesure où elle englobe, non seulement les besoins vitaux de l'enfant, mais aussi les dépenses liées à sa formation professionnelle ou à son épanouissement. Selon la jurisprudence, les besoins des enfants doivent être cernés en fonction de leur âge et de leurs habitudes de vie.

Cass. 1re civ., 22 mars 2005 : D. 2005, IR, 1112.

2194 — Limite au devoir d'entretien. L'enfant ne peut agir contre ses parents en vue de son établissement. Cette limite est évoquée dans l'article 204 du Code civil dans le strict cadre du mariage. Selon la jurisprudence, le terme « établissement » visé dans ce texte ne s'entend que d'une dotation en capital.

2195 — Montant du devoir d'entretien. Chaque parent doit contribuer « à proportion de ses ressources, de celles de l'autre parent ainsi que des besoins de l'enfant » (C. civ., art. 371-2, al. 1er). La jurisprudence a apporté, à ce titre, des précisions utiles.

2196 — Précisions jurisprudentielles sur les ressources du parent débiteur. Il ressort de la jurisprudence que sont englobées dans les ressources du parent débiteur, les différentes allocations qu'il perçoit (ex. allocation d'enfant handicapé, allocation d'éducation spéciale, allocations familiales). En revanche, n'est pas incluse la prestation compensatoire qu'il reçoit de son ex-époux. Si le parent débiteur de la contribution est remarié, il y a lieu d'apprécier ses ressources en prenant en compte les revenus de son nouveau conjoint.

2197 — Modification du devoir d'entretien. La contribution à l'entretien de l'enfant peut être révisée en fonction de l'évolution des revenus et des charges des parents débiteurs et de l'évolution des besoins de l'enfant.

B La durée du devoir d'entretien

2198 — Problème du devoir d'entretien en cas de majorité de l'enfant. Il est indéniable que l'obligation de contribution des parents à l'entretien de l'enfant existe pendant toute sa minorité. Mais qu'en est-il ensuite ? L'obligation d'entretien cesse-t-elle à la majorité de l'enfant ou perdure-t-elle au-delà ? La question de la durée de l'obligation d'entretien se pose avec d'autant plus d'acuité que les jeunes sont aujourd'hui rarement autonomes financièrement à 18 ans.

2199 — Position de la jurisprudence. Au départ, la Cour de cassation liait le devoir d'entretien à l'âge de l'enfant. Elle considérait que l'obligation d'entretien des parents cessait, en principe, à la majorité de l'enfant ou à son émancipation le cas échéant. Peu à peu, il est apparu sévère de faire cesser le devoir d'entretien à la majorité de l'enfant, notamment lorsque celui-ci poursuivait des études. Aussi, la Cour de cassation a jugé en 1963 qu'un parent a le devoir de participer, après la majorité de son enfant, aux frais des études commencées pendant sa minorité. En 1971, elle a retenu la même solution en présence d'enfants majeurs incapables d'assurer eux-mêmes leurs moyens d'existence en raison de graves maladies mentales.

Cass. 1re civ., 29 mai 1963 : JCP G 1964, II, 13651, note Savatier R.
Cass. 1re civ., 12 juill. 1971 : D. 1971, 689.

2200 — Consécration légale en 2002, de la jurisprudence relative à la durée du devoir d'entretien. Finalement, la jurisprudence de la Cour de cassation a été consacrée dans le Code civil, à l'occasion de la loi du 4 mars 2002 portant réforme de l'autorité parentale. En effet, le nouvel article 371-2, alinéa 2 du Code civil qui en est issu, précise que le devoir d'entretien des parents « ne cesse pas de plein droit lorsque l'enfant est majeur ».

2201 — Application jurisprudentielle du devoir d'entretien au-delà de la majorité. L'introduction du nouvel article 371-2, alinéa 2 dans le Code civil ne signifie pas que tout parent reste nécessairement tenu à l'obligation de contribuer à l'entretien de son enfant devenu majeur. En effet, selon la jurisprudence, encore faut-il que le majeur soit sans ressources et ce, pour des raisons justifiées : poursuite des études, problèmes de santé empêchant son entrée dans la vie active, etc.

II L'exécution du devoir d'entretien

2202 — Exécution, inexécution du devoir d'entretien. Il convient de préciser selon quelles modalités le devoir d'entretien est exécuté (A) et dans quelle mesure son inexécution est sanctionnée (B).

A Les modalités d'exécution

1 Les modalités d'exécution dans la famille unie

2203 — Exécution en nature du devoir d'entretien dans la famille unie. Lorsque l'enfant vit avec ses deux parents, la contribution de chacun d'eux à son entretien et à son éducation s'exécute en nature, c'est-à-dire par le paiement des dépenses engagées.

2 Les modalités d'exécution dans la famille désunie

2204 — Devoir d'entretien exécuté sous la forme d'une pension alimentaire. Lorsque l'enfant ne vit qu'avec un seul de ses deux parents ou avec un tiers ou lorsqu'il vit seul, la contribution parentale à son entretien et à son éducation prend la forme d'une pension alimentaire versée, selon les cas, par l'un des parents à l'autre, à la personne à laquelle l'enfant est confié (C. civ., art. 373-2-2), ou encore à l'enfant lui-même. Lorsque le débiteur du devoir d'entretien a fait l'objet d'une plainte ou d'une condamnation pour violence familiale, le juge peut prévoir que cette pension sera versée au directeur de l'organisme débiteur des prestations familiales (nouvel alinéa 4, issu de la loi n° 2016-1827 du 23 décembre 2016).

2205 — Recherche d'un accord parental pour fixer le montant de la pension alimentaire. Les modalités et les garanties de la pension alimentaire versée au titre de devoir d'entretien peuvent être fixées par les parents eux-mêmes, dans une convention. Cette convention doit être homologuée par le juge. Le juge doit en refuser l'homologation s'il constate que la convention ne préserve pas suffisamment l'intérêt de l'enfant ou que le consentement des parents n'a pas été donné librement (C. civ., art. 373-2-7).

> Si l'accord des parents intervient dans le cadre de leur divorce par consentement mutuel par acte sous signature privée contresigné par avocats, déposé au rang des minutes d'un notaire (C. civ., art. 229-1 nouveau issu de la loi n° 2016-1547 de modernisation de la justice du XXIe siècle), leur convention réglant les effets du divorce n'est pas homologuée par le juge.

2206 — Décision judiciaire en cas de désaccord parental sur le montant de la pension alimentaire. À défaut d'accord entre les parents, c'est le juge qui fixe les modalités et garanties de la pension alimentaire. Le juge aux affaires familiales est compétent à ce titre (COJ, art. L. 213-3).

2207 — Formes de la pension alimentaire. Classiquement, la pension alimentaire prend la forme d'une somme d'argent versée de manière régulière. Elle peut aussi prendre, en totalité ou en partie, la forme « d'une prise en charge directe de frais exposés au profit de l'enfant » tout comme elle peut être servie « sous forme d'un droit d'usage et d'habitation » (C. civ., art. 373-2-2, al. 3 et 4).

B Les mesures en cas d'inexécution

2208 — Sanctions civiles en cas d'inexécution du versement de la pension alimentaire. Lorsque la contribution parentale à l'entretien de l'enfant n'est pas spontanément exécutée par le débiteur, le créancier peut recourir aux procédures de paiement direct. Il peut ainsi mettre en œuvre le paiement direct dont la procédure a été instituée par la loi du 2 janvier 1973 ou la procédure de recouvrement public consacrée par une loi du 11 juillet 1975.

Loi n° 73-5 du 2 janvier 1973 relative au paiement direct de la pension alimentaire : JO 3 janv. 1973, p. 135.

Loi n° 75-618 du 11 juillet 1975 relative au recouvrement public des pensions alimentaires : JO 12 juill. 1975, p. 7178.

2209 — Sanctions pénales en cas d'inexécution du versement de la pension alimentaire. La non-exécution par un parent de son devoir d'entretien constitue un délit, et plus précisément le délit d'abandon pécuniaire de famille. Celui-ci encourt une peine d'emprisonnement de 2 ans et 15 000 euros d'amende (C. pén., art. 227-3).

CHAPITRE 11

L'enfant après la séparation de ses parents

2210 — Maintien du couple parental en dépit de la séparation. Après la séparation de ses parents (divorce, séparation de corps, rupture de la vie commune), la vie de l'enfant doit nécessairement être repensée et réorganisée. Depuis la loi du 22 juillet 1987, le législateur œuvre pour maintenir une égalité entre les parents malgré la séparation du couple. Cet objectif a été véritablement concrétisé à l'occasion de la loi du 4 mars 2002 portant réforme de l'autorité parentale. Il s'exprime notamment au travers du concept de coparentalité.

> « La séparation des parents est sans incidence sur les règles de dévolution de l'exercice de l'autorité parentale » (C. civ., art. 373-2, al. 1er). « Chacun des père et mère doit maintenir des relations personnelles avec l'enfant et respecter les liens de celui-ci avec l'autre parent » (C. civ., art. 373-2, al. 2) ; C. civ., art. 373-2 issu de L. n° 2002-305, 4 mars 2002 relative à l'autorité parentale : JO 5 mars 2002, p. 4161.

2211 — Nouvelles données sociales. Malgré les efforts faits par le législateur en 2002 pour maintenir la place des deux parents de l'enfant après leur séparation, force est de constater que de nouvelles réalités sociales sont récemment venues troubler le paysage juridique. Ainsi, de plus en plus d'enfants sont effectivement confrontés à la séparation de leurs parents. Les liens avec le parent légal qui n'héberge pas l'enfant après la rupture parentale se distendent puisqu'un enfant sur cinq ne voit plus son père légal, selon une enquête de l'Ined datant de 2013. Et l'enfant est amené de plus en plus souvent à évoluer au sein d'une famille recomposée.

> Enquête de l'Ined, Régnier-Lollier A., « Quand la séparation des parents s'accompagne d'une rupture du lien entre le père et l'enfant », Population et Sociétés mai 2013, n° 500.

2212 — Importance des familles recomposées. D'après l'Insee, en 2011, 1,5 million d'enfants de moins de 18 ans, soit plus d'un enfant sur dix, vivent dans 720 000 familles recomposées. Et 940 000 d'entre eux vivent avec un parent et un beau-parent.

2213 — Perspectives de réforme dans la « loi famille ». Dans ce contexte, certaines personnes ont fait valoir que le législateur devait intervenir tant pour renforcer la place des parents légaux que pour asseoir celle des beaux-parents. Au départ, il était prévu d'aborder ces sujets dans la « loi famille » que l'ancien président de la République, François Hollande, avait prévu de préparer et faire discuter dans le courant de l'année 2014. Mais sans doute parce que certains sujets se sont révélés trop polémiques (notamment celui de l'ouverture de l'assistance médicale à la procréation aux couples homosexuels), le gouvernement de l'époque a finalement renoncé en février 2014 à présenter la « loi famille » dans le calendrier prévu.

2214 — Perspectives de réforme par le biais d'une proposition de loi. La présentation et le vote du projet de loi « famille » ayant été différés en février 2014, des députés ont déposé, deux mois plus tard, une importante proposition de loi relative à l'autorité parentale et à l'intérêt de l'enfant, laquelle vise à adapter le droit de la famille aux nouvelles configurations familiales. Celle-ci contient quatre chapitres visant respectivement à renforcer l'exercice conjoint de l'autorité parentale en cas de séparation des parents, à reconnaître la place croissante prise par les tiers – les beaux-parents en particulier –, à définir la médiation familiale et à mieux prendre en compte la parole de l'enfant dans le cadre de toute procédure le concernant. Cette proposition de loi a été adoptée en première lecture par l'Assemblée nationale en juin 2014. Elle a ensuite été transmise au Sénat, lequel ne l'a néanmoins pas examinée pendant la présidence de François Hollande. Les élections tant présidentielles que législatives de 2017 ayant modifié le paysage politique, on ignore à l'heure actuelle quel sera le sort fait à cette proposition de loi. Cette dernière reste néanmoins mentionnée dans l'ouvrage pour une information complète du lecteur.

> Proposition de loi n° 1856 enregistrée à la présidence de l'Assemblée nationale le 1er avril 2014 « relative à l'autorité parentale et à l'intérêt de l'enfant ».

2215 — Plan du chapitre. Ce chapitre sera l'occasion de s'intéresser à l'enfant après la séparation parentale, en appréhendant tant sa relation avec ses parents légaux (section 1) qu'avec ses éventuels beaux-parents (section 2).

SECTION 1 L'enfant et ses parents

2216 — Plan. Seront successivement présentées les règles dites classiques (I) et celles qui ne s'appliquent qu'à titre exceptionnel (II).

I Les règles classiques

2217 — Parents décisionnaires et hébergeants ? Repenser la vie de l'enfant après la séparation parentale implique de fixer les règles relatives à l'exercice de l'autorité parentale et à sa résidence. En principe, l'autorité parentale est exercée conjointement par les deux parents de l'enfant (A). La fixation de la résidence peut, elle, être décidée selon diverses modalités (B).

A L'exercice conjoint de l'autorité parentale

2218 — Principe : exercice conjoint de l'autorité parentale en cas de séparation parentale. En cas de rupture, les parents continuent, en principe, à exercer conjointement l'autorité parentale à l'égard de leur enfant. Cet exercice conjoint signifie que, malgré leur séparation, ils prennent toujours ensemble les décisions importantes le concernant (décisions relatives à sa santé, à son éducation, au choix de son école, à ses activités extrascolaires...). Cette cogestion leur permet de continuer à s'impliquer dans la vie de leur enfant, en dépit de la disparition de leur couple.

Dans un arrêt du 18 juin 2015, la cour d'appel de Paris a affirmé que « le partage de l'autorité parentale entre les parents n'est pas un concept déconnecté de toute réalité, imaginé pour satisfaire les revendications égalitaires des adultes, mais la traduction juridique de l'intérêt pour les enfants d'être élevés par leurs deux parents », CA Paris, 18 juin 2015 : Dr. famille 2015, Comm. n° 216, note Binet J.-R.

2219 — Gestion concurrente pour les actes usuels de l'autorité parentale. En cas de séparation, la cogestion parentale est concrètement difficile à mettre en œuvre pour toutes les décisions relatives à l'enfant. Aussi, les actes usuels de l'autorité parentale relatifs à la personne de l'enfant peuvent être pris par un seul des deux parents. Ils sont ainsi soumis à une gestion dite concurrente par le biais d'une présomption légale de pouvoir posée dans l'article 372-2 du Code civil.

« À l'égard des tiers de bonne foi, chacun des parents est réputé agir avec l'accord de l'autre, quand il fait seul un acte usuel de l'autorité parentale relativement à la personne de l'enfant » (C. civ., art. 372-2).

2220 — Notion d'acte usuel de l'autorité parentale. Selon la jurisprudence, une intervention chirurgicale relativement bénigne constitue un acte usuel qu'une mère peut prendre seule. Il en est de même de la demande d'inscription, par la mère seule, de ses enfants mineurs sur son passeport.

Pour le passeport, CE, 8 févr. 1999 : D. 2000, somm. 161, obs. Vauvillé F. – CE, réf., 4 déc. 2002 : Defrénois 2003, 620, obs. Massip J.

2221 — Proposition de loi de 2014. Il est à noter que la proposition de loi relative à l'autorité parentale et à l'intérêt de l'enfant (avril 2014) visait notamment à renforcer l'exercice conjoint de l'autorité parentale en cas de séparation des parents, afin que l'enfant puisse conserver, malgré cette séparation, des relations équilibrées et régulières avec chacun de ses parents. En effet, même si l'autorité parentale s'exerce en principe conjointement après une séparation parentale, il ressort d'une enquête de l'Ined que près d'un enfant de parents séparés sur cinq ne voit plus jamais son père. Aussi, pour permettre aux enfants de conserver des relations équilibrées et régulières avec ses deux parents après leur séparation, le texte proposait notamment « de préciser la signification concrète de l'exercice conjoint de l'autorité parentale (...) et de clarifier la notion d'acte important, qui exige un accord exprès de chacun des parents ».

Proposition de loi « relative à l'autorité parentale et à l'intérêt de l'enfant » n° 1856 enregistrée à la présidence de l'Assemblée nationale le 1er avril 2014.

B Les règles relatives à la résidence de l'enfant

1 Le choix d'une résidence principale

2222 — Résidence principale de l'enfant après la séparation parentale. Classiquement, la résidence de l'enfant est fixée principalement chez l'un de ses parents après leur séparation tandis que l'autre parent se voit reconnaître des droits de visite et d'hébergement. C'est le système dit de la « résidence principale ». L'avantage de cette première modalité est qu'elle permet à l'enfant d'avoir un cadre de vie stable.

Lorsque les parents séparés vivent dans des pays différents, la résidence habituelle de l'enfant doit être fixée à partir d'une évaluation portant sur un ensemble de circonstances de fait telles que, notamment, la permanence du séjour, l'intention commune des parents, l'intégration familiale de l'enfant et son intérêt supérieur. Cass. 1re civ., 4 mars 2015 : Dr. famille 2015, Comm. n° 95, note Neirinck Cl.

2223 — Droits du parent chez lequel l'enfant ne réside pas. Dans la tradition juridique française, les droits de visite et d'hébergement du parent chez lequel l'enfant ne réside pas, sont fixés par le juge selon le modèle dit « libre et à défaut standard » : les droits de visite et d'hébergement de l'autre parent s'exercent librement et en cas de désaccord entre les parents, un week-end sur deux et la moitié des vacances scolaires.

2224 — Obligation du parent chez lequel l'enfant ne réside pas. Le parent chez lequel l'enfant ne réside pas, doit, après le divorce ou la séparation parentale, lui verser une pension alimentaire au titre de son obligation d'entretien (C. civ., art. 371-2).

2 Le choix d'une résidence alternée

2225 — Émergence du concept de résidence alternée. Lorsque la résidence de l'enfant est fixée principalement chez l'un de ses parents après leur séparation, celui-ci voit nécessairement moins son autre parent, ce qui peut avoir pour conséquence de précariser leurs relations. Pour pallier cet inconvénient, a été inventé le système de la résidence alternée qui consiste, comme son nom l'indique, à confier l'enfant de manière alternative à l'un de ses parents, selon un rythme déterminé (une semaine chez l'un, une semaine chez l'autre, par exemple).

2226 — Condamnation jurisprudentielle au départ de la résidence alternée. Avant 2002, le système de la résidence alternée était condamné tant par les juridictions du fond que par la Cour de cassation. Selon elles, la résidence alternée privait l'enfant de la stabilité dont il a besoin, et était ainsi contraire à son bon épanouissement et à son développement.

Juge qu'« une clause par laquelle pour la période scolaire les parents proposaient que l'enfant aille de l'un à l'autre, selon un tableau de quinzaine, sacrifiait sa liberté » et « préserve insuffisamment les intérêts de l'enfant », Cass. 2e civ., 21 mars 1983 : JCP G 1984, II, 20163, note Dekeuwer A.

2227 — Admission légale de la résidence alternée en 2002. Afin d'éviter que l'enfant ne soit privé en cas de séparation de ses parents de l'un d'eux, la loi du 4 mars 2002 fait le choix d'autoriser la résidence alternée. En effet, l'article 373-2-9 du Code civil qui en est issu énonce que « la résidence de l'enfant peut être fixée en alternance au domicile de chacun des parents » (al. 1er).

2228 — Notion de résidence alternée selon la Cour de cassation. La résidence alternée n'implique pas que le temps passé par l'enfant auprès de son père et de sa mère soit nécessairement de même durée. Le juge est libre de décider d'une alternance aboutissant à un partage inégal du temps de présence de l'enfant auprès de chacun de ses parents.

Cass. 1re civ., 25 avr. 2007 : Bull. civ. I, n° 156.

2229 — Conditions de la résidence alternée. Les juges français s'accordent à dire aujourd'hui que celle-ci n'est envisageable que si les deux domiciles parentaux sont proches l'un de l'autre.

Briand L., « Résidence alternée, paroles de juges », AJ fam. 2011, p. 573.

2230 — Résidence alternée subordonnée à l'accord des deux parents ? Selon l'article 373-2-9, alinéa 2 du Code civil, le juge peut, en cas de désaccord parental, ordonner à titre provisoire une résidence alternée dont il détermine la durée. Ceci étant, il faut être réaliste et reconnaître que si les parents d'un enfant ne parviennent pas à s'accorder sur le principe même d'une résidence en alternance, on ne voit alors pas comment ils peuvent s'entendre en pratique sur ses modalités concrètes d'application.

2231 — Pratique de la résidence alternée en cas de divorce. Les statistiques mettent en évidence que si la résidence alternée ne constitue pas le système le plus couramment retenu, elle a néanmoins tendance à augmenter de manière constante depuis 2004, en cas de divorce des parents. Elle était retenue dans 11,5 % des cas de divorces en 2004 et dans 16,9 % en 2009. En 2012, ce chiffre atteignait 21 %.

Statistiques émanant du garde des Sceaux, ministre de la Justice et des Libertés, dans une réponse ministérielle n° 125239 du 20 mars 2012 : JO 20 mars 2012, p. 2476.

V. aussi Infostat Justice janv. 2015, n° 132 ; L'ActuJustice 27 janv. 2015, n° 35.

2232 — Proposition de loi de 2014. Dans la proposition de loi relative à l'autorité parentale et à l'intérêt de l'enfant (avril 2014), il était suggéré de réformer les règles relatives à la résidence de l'enfant en cas de séparation. Les auteurs du texte souhaitaient mettre fin « au choix binaire devant être opéré entre résidence alternée ou la résidence au domicile d'un seul des parents qui cristallise trop souvent leur opposition et constitue une source de conflits ». Ils proposaient donc de faire de la résidence alternée le principe et de ne l'écarter qu'en cas de « circonstances exceptionnelles ». Aussitôt émise, cette proposition avait été très critiquée par les députés lors de la première lecture du texte à l'Assemblée nationale.

Proposition de loi « relative à l'autorité parentale et à l'intérêt de l'enfant » n° 1856 enregistrée à la présidence de l'Assemblée nationale le 1er avril 2014.

II Les règles exceptionnelles

2233 — Plan. À titre exceptionnel, l'autorité parentale peut être exercée de manière unilatérale après la séparation des parents (A). Cette modalité particulière implique de définir le rôle précis de chacun des parents dans la vie de l'enfant (B).

A ▌ L'exercice unilatéral de l'autorité parentale

2234 — Critère de l'exercice unilatéral de l'autorité parentale : l'intérêt de l'enfant. Si l'intérêt de l'enfant le commande, le juge peut confier l'exercice de l'autorité parentale à l'un des deux parents (C. civ., art. 373-2-1, al. 1er). C'est par exemple le cas quand, après la séparation, les parents se déchirent, rendant ainsi impossible dans les faits l'exercice conjoint de l'autorité parentale, ou lorsque l'un des parents ne fait preuve d'aucun investissement à l'égard de l'enfant.

2235 — Exercice unilatéral de l'autorité parentale et résidence alternée. Même si la loi ne l'interdit pas explicitement, il va de soi qu'une résidence alternée ne peut être mise en place en cas d'exercice unilatéral de l'autorité parentale. Cela n'aurait absolument pas de sens.

B ▌ Les rôles respectifs des parents

1 ▌ Rôle du parent exerçant l'autorité parentale

2236 — Rôle du parent exerçant unilatéralement l'autorité parentale. Le parent qui exerce l'autorité parentale prend alors seul toutes les décisions relatives à l'enfant. C'est chez lui qu'est fixée la résidence principale de l'enfant.

2 ▌ Rôle du parent n'exerçant pas l'autorité parentale

2237 — Maintien de la titularité de l'autorité parentale. L'autre parent reste néanmoins titulaire de l'autorité parentale même s'il ne l'exerce plus. À ce titre, il conserve certaines prérogatives : le droit de consentir au mariage, à l'adoption et à l'émancipation de son enfant.

2238 — Droits de visite et d'hébergement. Lorsque l'autorité parentale est exercée unilatéralement par l'un des parents après le divorce ou la séparation, l'autre parent dispose de droits de visite et d'hébergement, lesquels ne peuvent être refusés « que pour des motifs graves » (C. civ., art. 373-2-1, al. 2). Le juge peut organiser les droits de visite classiquement chez ce parent, mais également « dans un espace de rencontre désigné à cet effet » (al. 3).

2239 — Motifs graves de nature à priver le parent de ses droits de visite et d'hébergement. Selon la jurisprudence, constituent des « motifs graves » :
- la brutalité d'un parent ;

- les pressions morales et psychologiques qu'il exerce sur l'enfant, liées à ses convictions religieuses ;
- le fait que ce parent risque de soustraire l'enfant à l'autre parent à l'issue de ses vacances passées dans son pays d'origine.

Pour les pressions morales, Cass. 1re civ., 24 oct. 2000 : Bull. civ. I, n° 262.
Pour la soustraction d'enfant, Cass. 1re civ., 17 janv. 2006 : Bull. civ. I, n° 10.

2240 — Absence de motifs graves. La jurisprudence considère qu'il n'y a pas de motifs graves lorsque l'enfant refuse, après le divorce, de voir l'un de ses parents ou quand ce dernier contribue de manière irrégulière à son entretien.

2241 — Droit de surveillance de l'autre parent. Outre les droits de visite et d'hébergement, le parent qui n'exerce pas l'autorité parentale après le divorce, conserve le droit mais aussi le devoir de « surveiller l'entretien et l'éducation de l'enfant ». À ce titre, il doit être informé des choix importants relatifs à la vie de son enfant (C. civ., art. 373-2-1, al. 5). Et s'il n'est pas d'accord avec les décisions prises par l'autre parent, il peut alors saisir le juge aux affaires familiales sur le fondement de l'article 373-2-6 du Code civil.

SECTION 2 L'enfant et ses beaux-parents

2242 — Pas de lien de filiation entre l'enfant et son beau-parent. Sauf hypothèse particulière de l'adoption de l'enfant du conjoint, l'enfant et son beau-parent ne sont liés par aucun lien de filiation. Le beau-parent n'est donc pas titulaire de l'autorité parentale puisque celle-ci appartient aux parents légaux de l'enfant. Il ne peut, en conséquence, pas en exercer les prérogatives qui y sont attachées, ce qui peut être source de difficultés notamment lorsqu'il vit au quotidien avec l'enfant.

Rappelons que l'adoption croisée d'un enfant par ses deux beaux-parents est refusée par la Cour de cassation. Civ. 1re, 12 janv. 2012 : JCP G 2012, 415, note Bosse-Platière H. et Gouttenoire A.

2243 — Place du beau-parent ? Actuellement, aucun statut n'est accordé au beau-parent en droit français, et ce, malgré plusieurs tentatives politiques en ce sens. Il conviendra donc de cerner la place du beau-parent en l'état actuel du droit (I) et de voir comment celle-ci pourrait évoluer dans un avenir proche (II).

En faveur d'un statut des beaux-parents, v. notamment Versini D., *L'enfant au cœur des nouvelles parentalités – Pour un statut des tiers qui partagent ou ont partagé la vie de l'enfant et ont des liens affectifs forts avec lui*, 2006, La Documentation française.

I La place des beaux-parents sous l'angle de la loi actuelle

2244 — Plan. La place du beau-parent dans la vie de l'enfant doit être précisée pendant le temps de la vie commune que celui-ci mène avec son parent légal (A), mais également après la dissolution du couple (B).

A La place du beau-parent pendant la vie commune

2245 — Instruments exploitable et inexploitable. Le beau-parent peut, en l'état actuel du droit, occuper une place dans la vie de l'enfant par le jeu d'une délégation-partage de l'exercice de l'autorité parentale. En revanche, les accords parentaux ne sont pas possibles en la matière.

1 La délégation-partage de l'exercice de l'autorité parentale

2246 — Mécanisme de la délégation-partage de l'exercice de l'autorité parentale. Le beau-parent peut jouer un rôle officiel dans la vie de l'enfant si une telle délégation-partage est prononcée par le juge saisi sur le fondement de l'article 377 du Code civil, lequel a été réécrit par la loi du 4 mars 2002 relative à la réforme de l'autorité parentale pour justement prendre en compte les familles recomposées. Ce mécanisme peut être mis en œuvre au sein d'une famille « classique », mais également au sein d'une famille homosexuelle, comme cela a été admis par la Cour de cassation dès 2006.

Cass. 1re civ., 24 févr. 2006 : Bull. civ. I, no 101 : « L'article 377, alinéa 1er du Code civil, ne s'oppose pas à ce qu'une mère seule titulaire de l'autorité parentale en délègue tout ou partie de l'exercice à la femme avec laquelle elle vit en union stable et continue, dès lors que les circonstances l'exigent et que la mesure est conforme à l'intérêt supérieur de l'enfant ».

2247 — Inconvénients de l'actuelle délégation-partage de l'exercice de l'autorité parentale. En l'état actuel du droit, la délégation de l'autorité parentale implique nécessairement de saisir le juge, ce qui peut être un obstacle psychologique ou matériel pour certaines personnes. En outre, le juge ne peut être saisi que par les parents légaux de l'enfant (au moins un). Ainsi, le beau-parent ne peut prendre seul l'initiative d'une demande en délégation-partage de l'exercice de l'autorité parentale. Enfin, la délégation ne peut être prononcée que « lorsque les circonstances l'exigent ». Or, cette notion, soumise à l'appréciation souveraine des juges du fond, donne lieu à des interprétations divergentes.

2 Le refus des conventions parentales relatives au beau-parent

2248 — Admission des accords parentaux en droit français. La loi française donne la possibilité aux parents d'un enfant de conclure des accords ensemble. En effet, selon l'article 373-2-7 du Code civil, les parents peuvent saisir le juge aux affaires familiales afin de faire homologuer la convention par laquelle ils peuvent notamment organiser « les modalités d'exercice de l'autorité parentale » (al. 1er).

2249 — Accords parentaux inapplicables aux beaux-parents. Les parents d'un enfant peuvent-ils, sur le fondement de l'article 373-2-7 du Code civil, demander au juge d'homologuer une convention dans laquelle ils se sont entendus pour faire une place au beau-parent en décidant de lui confier, par exemple, l'exercice de prérogatives attachées à l'autorité parentale ? C'est une réponse négative qui s'impose en l'état actuel du droit dans la mesure où l'article 376 du Code civil énonce qu'« aucune renonciation, aucune cession portant sur l'autorité parentale, ne peut avoir d'effet, si ce n'est en vertu d'un jugement dans les cas déterminés ci-dessous ».

B La place du beau-parent après la vie commune

2250 — Organisation judiciaire du maintien des relations. Lorsque le beau-parent se sépare d'avec le parent légal de l'enfant, il peut continuer à entretenir des relations avec ce dernier sur le fondement de l'article 371-4 du Code civil, lequel a été réécrit à l'occasion de la loi du 17 mai 2013 pour justement faire une place au beau-parent. Ainsi, dans sa rédaction actuelle, celui-ci énonce que « si tel est l'intérêt de l'enfant, le juge aux affaires familiales fixe les modalités des relations entre l'enfant et un tiers, parent ou non, en particulier lorsque ce tiers a résidé de manière stable avec lui et l'un de ses parents, a pourvu à son éducation, à son entretien ou à son installation, et a noué avec lui des liens affectifs stables » (al. 2). Un droit de visite et d'hébergement peut notamment être accordé au beau-parent par le juge sur le fondement de ce texte.

II La place des beaux-parents sous l'angle de la loi future

2251 — Les beaux-parents dans la proposition de loi relative à l'autorité parentale et à l'intérêt de l'enfant (2014). L'un des objectifs de ce texte est de « reconnaître la place croissante prise par les tiers, les beaux-parents en particulier, dans l'éducation et la vie quotidienne des enfants, avec lesquels ils nouent des liens affectifs étroits et durables ». Si ce texte refuse d'instituer un statut du beau-parent (A), il propose des instruments ayant pour objet de clarifier sa place dans la famille (B).

Proposition de loi « relative à l'autorité parentale et à l'intérêt de l'enfant » n° 1856 enregistrée à la présidence de l'Assemblée nationale le 1er avril 2014.

A Le refus d'un statut du beau-parent

2252 — Refus d'un statut pour le beau-parent dans la proposition de loi (2014). Cette proposition de loi relative à l'autorité parentale et à l'intérêt de l'enfant n'a pas pour objet d'instituer un statut du beau-parent. Ses auteurs s'y refusent au motif que la consécration d'un tel statut « serait rigide et ne correspondrait pas à la diversité des situations et des attentes ».

2253 — Autres raisons du refus d'un statut pour le beau-parent. Beaucoup de personnes s'opposent à la consécration en droit français d'un statut du beau-parent. Selon elles, l'instauration d'un statut officiel serait dangereuse eu égard à la diversité des situations rencontrées dans les faits dans la mesure où tous les beaux-parents ne s'impliquent pas de la même façon dans la vie de l'enfant. Mais elle serait surtout dangereuse pour le parent légal avec lequel l'enfant ne vit pas puisqu'elle risquerait de fragiliser encore plus sa place.

B Les mesures tendant à clarifier la place du beau-parent

2254 — Pluralité d'instruments suggérés. La proposition de loi relative à l'autorité parentale et à l'intérêt de l'enfant de 2014 contient plusieurs mesures visant à asseoir la place des beaux-parents, dont les principales méritent d'être présentées ici.

1 Le mandat d'éducation quotidienne

2255 — Présentation du mandat d'éducation quotidienne. La proposition de loi relative à l'autorité parentale et à l'intérêt de l'enfant (2014) crée un « mandat d'éducation quotidienne » qui vise à permettre au tiers vivant de manière stable avec l'un des parents d'accomplir les actes usuels de l'autorité parentale à l'égard de l'enfant vivant avec le couple, pour la durée de la vie commune (art. 10).

2256 — Conditions du mandat d'éducation quotidienne. La proposition de loi relative à l'autorité parentale et à l'intérêt de l'enfant (2014) est souple s'agissant de la forme du mandat d'éducation quotidienne puisqu'elle prévoit qu'il pourra être rédigé par acte sous seing privé ou en la forme authentique. En revanche, elle précise que ce mandat ne pourra être établi qu'avec l'accord de l'autre parent.

2 L'extension de la présomption d'accord de l'article 373-2 du Code civil

2257 — Apport de la proposition de loi de 2014. En l'état actuel du droit, l'article 372-2 du Code civil prévoit qu'« à l'égard des tiers de bonne foi, chacun des parents est réputé agir avec l'accord de l'autre, quand il fait seul un acte usuel de l'autorité parentale relativement à la personne de l'enfant ». La proposition de loi relative à l'autorité parentale et à l'intérêt de l'enfant (2014) suggère d'étendre cette présomption d'accord « aux actes usuels qu'un parent a autorisé un tiers à accomplir ».

3 L'assouplissement de la délégation-partage de l'autorité parentale

2258 — Modifications proposées dans la proposition de loi relative à l'autorité parentale et à l'intérêt de l'enfant (2014). Ce texte suggère de réformer la délégation-partage de l'exercice de l'autorité parentale actuellement prononcée par le juge sur le fondement de l'article 377 du Code civil en prévoyant de le faire « par la voie d'une convention soumise à l'homologation du juge aux affaires familiales » et de supprimer l'actuelle condition légale liée à l'existence de « circonstances exceptionnelles » au motif qu'elle est « trop restrictive ». Le juge chargé de l'homologation devra s'assurer que la convention est conforme à l'intérêt de l'enfant et que le consentement du ou des parents a été donné librement.

2259 — Conditions imposées s'agissant des parents légaux. Le partage de l'autorité parentale entre parents et beaux-parents tel qu'envisagé par la proposition de loi relative à l'autorité parentale et à l'intérêt de l'enfant (2014) serait subordonné à l'accord des deux parents en cas d'exercice conjoint de l'autorité parentale. En revanche, en cas d'exercice unilatéral de l'autorité parentale, l'accord de l'autre parent ne serait pas imposé, mais son avis seulement recueilli.

Bibliographie

BATTEUR (A.), *Droit des personnes, des familles, et des majeurs protégés*, 8e éd., 2015, LGDJ.

BEIGNIER (B.) et BINET (J.-R.), *Droit des personnes et de la famille*, 2e éd., 2015, LGDJ/Lextenso, coll. « Cours ».

BELLIVIER (F.), *Droit des personnes*, 2015.LGDJ, Domat, coll. « Précis ».

BÉNABENT (A.), *Droit de la famille*, 3e éd., 2014, LGDJ, Domat, Précis.

BONFILS (Ph.) et GOUTTENOIRE (A.), *Droit des mineurs*, 2e éd., 2014, Dalloz.

BONNET (V.), *Droit de la famille*, 6e éd., 2016, Larcier, coll. « Paradigme ».

CAPITANT (H.), TERRÉ (F.) et LEQUETTE (Y.), *Grands arrêts de la jurisprudence civile*, 13e éd., 2015, Dalloz, t. 1.

CARBONNIER (J.), *Essais sur les lois*, 2e éd., 1995, Defrénois.

CARBONNIER (J.), *La famille, l'enfant, le couple*, 21e éd., 2002, PUF.

CORNU (G.), *Vocabulaire juridique*, 2016, Association Henri Capitant, PUF.

CORNU (G.), *La famille*, 9e éd., 2006, Montchrestien.

COURBE (P.) et JAULT-SESEKE (F.), *Les personnes, la famille, les incapacités*, 9e éd., 2015, Dalloz, Mémentos.

DOUCHY-OUDOT (M.), *Droit civil 1re année, Introduction – Personnes – Famille*, 8e éd., 2015, Dalloz, coll. « HyperCours ».

EGEA (V.), *Droit de la famille*, 2016, LexisNexis.

FENOUILLET (D.) et TERRÉ (F.), *Les personnes*, 8e éd., 2012, Dalloz, coll. « Précis ».

FENOUILLET (D.) et TERRÉ (F.), *La famille*, 8e éd., 2011, Dalloz, coll. « Précis ».

FENOUILLET (D.), *Droit de la famille*, 3e éd., 2013, Dalloz, coll. « Cours ».

GARRIGUE (J.), *Droit de la famille*, 1re éd., 2015, Dalloz, coll. « HyperCours ».

GOUTTENOIRE (A.) et COURBE (P.), *Droit de la famille*, 7e éd., 2017, Sirey.

LEVENEUR (L.), *La fam*ille, 7e éd., 1995, Montchrestien.

GRANET (F.) et HILT (P.), *Droit de la* famille, 5e éd., 2015, PUG.

GUINCHARD (S.) et DEBARD (T.) (dir.), *Lexique des termes juridiques*, 24e éd., 2016., Dalloz

MALAURIE (Ph.) et FULCHIRON (H.), *La famille*, 5e éd., 2016, LGDJ.

MALAURIE (Ph.), *Les personnes*, 8e éd., 2016, LGDJ.

MARAIS (A), *Droit des personnes*, 2e éd., 2014, Dalloz, coll. « Cours ».

MIRKOVIC (A.), *Droit de la famille et des personnes*, 2014, Studyrama, coll. « Panorama du droit ».

ROLAND (H.), *Lexique juridique, Expressions latines*, 7e éd., 2016, Litec.

TEYSSIÉ (B.), *Les personnes*, 18e éd., 2016, LexisNexis-Litec.

Index

A

B

C

D

E

F

G

H

I

J

L

M

N

P

R

S

T

V

Achevé d'imprimer en Italie en Août 2017 par Rotolito Lombarda